编 辑 委 员 会

名誉主任 郑欣淼 单霁翔
主任 王旭东
委员 王亚民 王连起
按姓氏笔画为序
王 素 王子林
冯乃恩 朱赛虹
刘 雨 任万平
李文儒 李 季
李辉柄 李小城
杜廼松 杨伯达
杨 新 肖燕翼
余 辉 宋纪蓉
陆寿麟 陈丽华
苗建民 单国强
施安昌 娄 玮
耿宝昌 聂崇正
晋宏逵

主 编 赵国英
执行主编 王子林
副 主 编 许冰彬

著作权使用声明

本刊已许可中国知网以数字化方式复制、汇编、发行、信息网络传播本刊全文。本刊支付的稿酬已包含中国知网著作权使用费，所有署名作者向本刊提交文章发表之行为视为同意上述声明。如有异议，请在投稿时说明，本刊将按作者说明处理。

故宫博物院
The Palace Museum

Journal of Gugong Studies 2022 Vol.23

故宫学刊

二〇二二年　总第二十三辑

故宫出版社 | The Forbidden City Publishing House

目录 故宫学刊 第二十三辑

CONTENTS

Journal of Gugong Studies, Vol.23

论明代宫廷的司法

On the Judiciary of the Ming Dynasty Court

柏桦

Bai Hua

内容提要：

中国古代法律深受《周礼》所讲的宫、官、国、野、军法体系的影响。以宫廷而言，除《大明律》有些条款之外，尚有宫中禁令及内令等。由于资料的缺失，难以窥测宫廷法规体系的全貌，但从具体案例中，还是能够看到宫廷法规的特殊性。君主专制政体则决定宫廷事务不可能脱离朝廷与社会，也决定宫廷司法的多样性。当在宫廷服务的人与朝官及外官共同犯罪时，案件的审理多交付法司审拟，但在具体处置上，宫廷服务人员与朝官外官所适用的法规与刑罚不同，宫廷服务人员犯罪则适用宫廷的刑罚。这种制度也就决定事涉宫廷司法的多样性，既可以纳入国家司法体制之中，又可以独立行使司法权。纳入国家司法体制中，宦官往往参与司法，进而出现"宦官与司法"的问题；独立行使司法权，则表明宫廷的特殊性，有其独立的司法体系。

关键词：

明代 宫廷司法 内官犯罪 宫廷刑罚 司礼监

ABSTRACT:

Ancient Chinese law was deeply influenced by the palace, official, state, field, and military law system described in the *Rituals of Zhou (Zhou li)*. As far as the court is concerned, in addition to some provisions in the *Great Ming Code (Daming lü)*, there are also imperial prohibitions and internal orders. Due to lack of information, it is difficult to glimpse the full picture of the court law system. However, specific cases do unveil the peculiarities of the court judicature. The monarchical form of government determines that court affairs cannot be separated from the court and society, and determines the diversity of court justice. When court servant commits a crime in consort with court or external officials, the trial of the case is usually transferred to the judicial department. When it comes to the handling of specific cases, nevertheless, the laws and penalties applicable to court service personnel and officials are different. Therefore, court penalties apply. This system also determines the diversity of court justice involved. It can either be incorporated into the state judicial system, or independently exercise judicial power. In the former case, the fact that eunuchs often participate in the judiciary justice often gives rise to the difficulty in separating the "eunuchs and judiciary power"; independent exercise of judicial power indicates the court's uniqueness and its own independent judicial system.

KEYWORDS:

the Ming dynasty, court judicature, crime committed by eunuchs, court penalties Directorate of Ceremonial *(Sili jian)*

谈到明代的司法，离不开君主，更离不开宫廷。有明一代16帝，或者17帝；南京故宫、北京故宫都曾经住过许多后妃、宫女、宦官，在各地还有镇守、分守的中官和近十万净身服务之人，以及为君主安全而守卫的军队，都与宫廷有密切的联系。全面审视君主们的司法实践，通过涉及宫廷的案件审理，既可以了解明代宫廷司法的特点，又可以看出宫廷案件的特殊性，还可以看到宫廷司法与朝廷司法的不同。

一 事涉宫廷的法规

洪武三十年（1397），历经三十多年编纂的《大明律诰》公布了。朱元璋登上午门，向天下宣布："凡榜文禁例悉除之，除谋逆并律诰该载外，其杂犯大小之罪，悉依赎罪之例论断。"[1]自此以后《大明律》的地位得以完全确立，但这个诏书还承认了诰及例的效用，也就决定《大明律》不可能是单独的法律，乃是与令、大诰、榜文、诏令、条例、则例、事例、告示禁约等彼此相连的法规体系。这种法规体系不但成为明代的特色，而且为清代法规所继承并有所增加。

《大明律》分为名例律、吏律、户律、礼律、兵律、刑律、工律等7篇。名例律是解释法律原则与法律术语，其中有关宫廷事项有"称乘舆车驾"，以及"八议""应议者犯罪""职官有犯"等条；吏律中的"奸党""交结近侍官员"；礼律中的"大祀丘坛""合和御药""乘舆服御物"等；兵律中的"太庙门擅入""宫殿门擅入""宿卫守卫人私自代替""从驾稽迟""直行御道""内府工作人匠替役""宫殿造作罢不出""辄出入宫殿门""关防内使出入""向宫殿射箭""宿卫人兵仗""禁经断人充宿卫""冲突仪仗""行宫营门""越城""门禁锁匙""悬带关防牌面"等；刑律中的"盗大祀神御物""盗内府财物""盗城门锁""盗园陵树木""宫内忿争""皇家袒免以上亲被殴""诈称内使等官""内侍诈称私行""夫匠军士病给医药""阉割火者""失火"等。这些条文都与宫廷有关，占《大明律》460条的8%强。当然，《大明律》其他的条文，在适合的情况下也可以应用于宫廷司法。比如刑律中的"人命"和"骂詈""犯奸"等门，无论是内官、守卫军士，事涉宫廷都有可能援引此律量刑。

黄彰健先生认为："明代法律实施分为三个时期，一是洪武、永乐两朝的以榜文为主，律为辅；二是仁、宣、英、景四朝的律为主，现任皇帝所定例为辅；三是孝宗（弘治）以后的例辅律而行[2]。随后则是"因律起例，因例生例，例愈繁而弊愈无穷矣"[3]。可以说明代的律、例、大诰、榜文、诏令、则例、事例等构成的法规体系，在具体实践过程中，都曾经发挥作用。如果用主辅的关系来论述，其实也有顾此失彼之嫌，因为不同的法规所发挥的效用不同。

除了《大明律》之外，还有《大诰》、《大明令》、《问刑条例》、榜文、诏令与众多的禁例等，而朱元璋时期所定的《皇明祖训》与御制书，也通行于有明一代，所以万历七年（1579）大名府刊刻的《皇明制书》中收有《大明令》《大诰》《诸司职掌》《洪武礼制》《礼仪定式》《教民榜文》《资世通训》《学校格式》《孝慈录》《大明律》《宪纲》《稽古定制》《大明官制》《节行事例》等，其中多是朱元璋时所御

1 《明太祖实录》卷二五三，洪武三十年五月甲寅条。
2 黄彰健：《明代律例汇编序》，"中研院"历史语言研究所专刊之七十五，1979年。
3 （清）张廷玉等：《明史》卷九三《刑法志一》，中华书局，1974年，第2279页。

制或敕纂的，亦可见这些规制曾被奉为定法而长期实行。

按照《明史·刑法志》载："中央决狱，一准三十年所颁。其洪武元年之令，有律不载而具于令者，法司得援引为证，请于上而后行焉。凡违令者罪笞，特旨临时决罪，不著为律令者，不在此例。"[1]这里的"违令者罪笞"，乃是各种禁令所规定的制度，而"特旨临时决罪"，则更出于上谕及诏令，是所有法律难以涵盖的。诏令谕旨如果"著为令"，或者"著为例"，也就成为法规。以宫廷犯罪而言，由皇帝亲自裁决的案件较多，交锦衣卫、司礼监、东厂办理的也不少，而法司审拟的也是皇帝交办。按制度，事涉宫廷案件都必须奏闻请旨，所适用的法律也仅仅是供皇帝参考，这是宫廷司法的特殊性。

中国自古以来就是按照宫、官、国、野、军序列进行立法的，除了军法特殊之外，按不同人群实施不同刑罚，乡村、城市、官员、宫廷，递次加重，相同的罪名所承担的刑事责任不同。明代凡是事涉宫廷的犯罪，处罚要比一般民人要重。如《皇明祖训·内令》规定："凡自后妃以下，一应大小妇女，及各位下使数人等，凡衣食金银钱帛，并诸项物件，尚宫先行奏知，然后发遣内官监官。监官覆奏，方许赴库关支。尚宫若不奏知，朦胧发遣，内官亦不覆奏，辄擅关支，皆处以死。"按照《大明律·户律·仓库·虚出通关朱砂》条规定，这类行为要计赃，以监守自盗论罪，自盗赃在40两以上才能够定为死罪，而"内令"规定，只要宫内有此行为，不论财物多寡，皆处以死。再如"内令"规定："凡私写文帖于外，写者、接者皆斩。知情者同罪，不知者不坐。"[2]按照《大明律·刑律·诉讼·投匿名文书告人罪》条规定："凡投隐匿姓名文书，告言人罪者绞。见者，即便烧毁。若将送入官司者，杖八十。官司受而为理者，杖一百。"显然，宫廷隐秘不容泄露，故此"内令"仅仅是规定"私写文帖"，而不管是什么内容，只要传出于外，就是"皆斩"；匿名告人罪文书送入官司及受理，属于知情，最重也就是杖一百，而"内令"规定则是"同罪"，也就是同受斩刑，则可见宫法处罚要重于律例。

除了涉及宫廷的律、例、大诰、榜文、诏令、则例、事例之外，宫廷还有专门的"禁令"和"内令"。如洪武五年（1372）所颁行的《宦官禁令》规定："凡内使于宫城内相骂詈，先发而理屈者笞五十，后骂而理直者不坐。其不伏本管钤束而抵骂者杖六十，内使骂奉御者杖六十，骂门官、监官者杖七十。内使等于宫城内斗殴，先斗而理屈者杖七十，殴伤者加一等，后应理直而无伤者笞五十。其有不伏本管钤束而殴之者杖八十，殴伤者加一等，殴奉御者杖八十，殴门官、监官者杖一百，伤者各加一等。其内使等有心怀恶逆、出不道之言者凌迟处死，有知情而蔽之者同罪，知其事而不首者斩，首者赏银三百两。"[3]从该禁令来看，处罚明显重于律例。按照《大明律·刑律·骂詈·骂人》条规定："凡骂人者，笞一十。互相骂者，各笞一十。"这里不分骂人原因而各笞十板，而"禁令"则以理直、理屈来论，其刑罚则重于律。按照《大明律·刑律·骂詈·佐职统属骂长官》条规定："凡首领官及统属官，骂五品以上长官，杖八十。若骂六品以下长官，减三等。佐贰官骂长官者，又各减二等。""禁令"规定宦官不伏本管钤束而抵骂者杖六十，而奉御是从六品，骂詈显然都是加一等。按照《大明律·刑律·斗殴·宫内忿争》条规定："凡于宫内忿争者，笞五十。声彻于

1 （清）张廷玉等：《明史》卷九三《刑法志一》，中华书局，1974年，第2285页。

2 张德信、毛佩琦主编：《洪武御制全书》，黄山书社，1995年，第402页。

3 《明太祖实录》卷七四，洪武五年六月丙子朔条。

御在所，及相殴者，杖一百。折伤以上，加凡斗伤二等。殿内，又递加一等。”律内的“忿争”不分理直、理屈，而“禁令”则分之，理直者减等则同律规定刑罚，理屈则加等，也可见“禁令”规定的刑罚比律至少加一等。《大明律·刑律·贼盗·造妖书妖言》条规定：“凡造谶纬、妖书、妖言，及传用惑众者，皆斩。若私有妖书，隐藏不送官者，杖一百、徒三年。”妖言罪处置很重，对知情者处置也不轻，而“禁令”对于这种类似妖言的“不道之言”，除凌迟处死之外，知情者也要同罪，知而不举者减等，依然是斩刑，而出首者所赏之银也超过律内所有检举给赏规定，亦可见宫内犯罪加等的原则。按照《大明律·刑律·诉讼·投匿名书告人罪》条规定：“凡投隐匿姓名文书，告言人罪者绞。”而“内令”则规定：“凡私写文帖于外，写者、接者皆斩。”[1]显然也是罪加一等。

宫中禁令与内令是不断增加的。如永乐七年（1409），司礼监榜示：“今后内官内使有言不实，及挟私枉人者，悉置重典。”[2]宣德六年（1431）榜谕有云：“自今内官内使出外，敢仍前有犯令，所在官司具奏，治以重罪，知而不奏罪同。”[3]宣德七年（1432），因戒斋“命内官内使各谨斋戒，如有饮酒食荤，及随侍入坛而唾地者，皆罪之”[4]。宣德九年（1434），敕内府各监局内官内使等：“凡在内各衙门创造修理，必须明白具奏，有擅为者，悉处重罪。”[5]正统六年（1441），宣谕内官内使曰：“今大内宫殿门庑一切新成，尔等凡供事出入，务要遵守礼法，谨慎爱护，不许磨擦点涴。敢有违者，许该管之人指实陈奏，治罪不宥。”[6]万历三十一年（1603），内府各衙门宦官经常私自出入禁门，因而禁谕：“今后如有此等情弊，在内著司礼监严拿奏请，在外著厂卫不时密切访拿具奏，如有知而不举者，一体治罪。”[7]可以说类似的禁例与禁令是不断增加的，因为事涉宫廷，没有编入《会典》之中，故此完整的“宫中则例”及“禁例”“内令”已经难以找到，从只言片语及相关案例之中，也只能够窥测一斑。可以说明代宫中有比较完整的法规，在清沿明制的情况下，从清代“宫中则例”也可以窥探因循的痕迹，诸多细则尚需要考证其渊源及发展过程。

二　宫廷司法的特殊性

因为宫廷情况特殊，事涉宫廷的案件处理也很特殊。凡是有违皇帝旨意及其所亲眼所见的事情，皇帝就能够裁决，而没有固定的司法程序。非皇帝亲眼所见，经人揭发检举，根据事由，皇帝既可以亲自裁定，也可以交有关司法部门处置，更可以交宫内宦官机构处置，而不同的皇帝所采取的处置手段也不同。这看上去似乎缺少严谨的司法程序，实际上还是有一定规律可循的。

皇帝钦裁案件，多是皇帝亲眼所见，虽然没有什么司法程序，但也有一定的理由。如洪武三年（1370），在宫内有两个内使穿着靴子在雨中行走，朱元璋见到而责怪他们：“靴虽微，皆出民力，民之为

1 张德信、毛佩琦主编：《洪武御制全书》，第402页。
2 《明太宗实录》卷九九，永乐七年十二月戊申条。
3 《明宣宗实录》卷八五，宣德六年十二月丙申条。
4 《明宣宗实录》卷八六，宣德七年春正月庚午条。
5 《明宣宗实录》卷一〇九，宣德九年三月壬辰条。
6 《明英宗实录》卷八四，正统六年冬十月乙酉条。
7 《明神宗实录》卷三九一，万历三十一年十二月癸未条。

此，非旦夕可成，汝何不爱惜，乃暴殄如此？”除了责怪之外，还“命左右杖之”[1]。这是皇帝亲眼所见，其罪名就是不爱惜民力而暴殄天物，直接行杖，也没有什么司法程序。洪武十年（1377），“有内侍以久事内廷，从容言及政事。上即日斥遣还乡里，命终身不齿”。其理由就是朱元璋曾经立法：“寺人不过侍奉洒扫，不许干预政事。”[2]这是亲近的宦官，而不许干预政事并没有明确的处罚标准，在朱元璋看来，驱赶出宫已经是很严厉的处罚了。宣德三年（1428），宣德帝登上皇城门楼，向外瞭望，发现有人修建豪华私第，便亲自过问，得知乃是太监杨庆所建，其木材砖瓦乃是少保兼行在工部尚书吴中所馈遗，便将吴中下狱。在审理过程中，又发现管理木厂的内官裴宗汉盗卖官木，曾经向太监杨庆行贿求免罪，便将之拿赴锦衣卫狱。此案交法司审理，发现锦衣卫指挥王裕居然“知而不奏”。宣德帝让法司与群臣会审，然后拟罪，以吴中“监守盗官物，结交内官，当斩”。王裕“不奏，当连坐”[3]。拟罪以后，奏闻请旨。宣德帝以吴中乃是旧臣，仅将其少保之职罢免，仍为尚书，罚俸一年，而王裕下狱后不久也被赦免。从司法程序来看，案件是由法司审理的，也将内官裴宗汉依“盗官物，应斩”拟罪，宣德帝“命付锦衣卫狱械系之”[4]。王世贞认为宣德帝“一时英断赫然，第不知于杨庆作何处耳”[5]。此案审理过程一直没有提到太监杨庆，而此案乃是其营建私第而引起的。从后来太监杨庆与都督任礼率官军二万留住北边[6]；率神机营铳手往蓟州、永平、山海等处备御来看[7]，让其北边驻守，应该算是惩罚了。

若是宦官犯罪与外官有所干连，皇帝往往让法司先行问拟，因事涉官员及宦官，都察院乃是首选。如永乐五年（1407），被派往山西采天花的内使李进，“诈传诏旨，伪作勘合，于彼召集军民，复以采天花为名，假公营私，大为军民之害”。永乐帝得知以后，当即传谕都察院臣，“即差御史二员，径诣山西，将李进一干为非之人，鞫问明白，械送京师，必置重法”[8]。按照《大明律·名例律·职官有犯》条规定：“凡京官，及在外五品以上官有犯，奏闻请旨，不许擅问。六品以下，听分巡御史、按察司并分司取问明白，议拟奏闻区处。若府州县官犯罪，所辖上司不得擅自勾问，止许开具所犯事由，实封奏闻。若许准推问，依律议拟回奏。委官审实，方许判决。”弘治《问刑条例》则云：“内官、内使、小火者、阍者等犯罪，请旨提问。”条例虽然是弘治时期增订的，而实际在弘治以前，凡是涉及宦官的案件，都要奏闻请旨，具体交付哪些部门审理，则完全由皇帝决定。

交都察院审拟的案件。如宣德元年（1426），司礼监太监侯泰谎报朱高煦之情，下都察院狱。景泰元年（1450），司礼监太监金英“付都察院鞫之”。景泰五年（1454），内使阮绢盗用官木，交都察院审拟。天顺八年（1464），太监牛玉坏朝廷大婚，下都察院狱。成化五年（1469），内使杜衡盗内府金，下都察院议罪。成化六年（1470），镇守太监钱能私通安南国王，交都察院审覆。成化十九年（1483），太监王敬因妖

1 《明太祖实录》卷五七，洪武三年十月丁巳条。
2 《明太祖实录》卷一一二，洪武十年五月丙午条。
3 《明宣宗实录》卷四四，宣德三年六月己亥条。
4 《明宣宗实录》卷四四，宣德三年六月丁酉条。
5 （明）王世贞撰，魏连科点校：《弇山堂别集》卷九一《中官考二》，中华书局，1985 年，第 1743 页。
6 《明宣宗实录》卷四七，宣德三年九月癸亥条。
7 《明宣宗实录》卷五七，宣德四年八月乙酉条。
8 《明太宗实录》卷六八，永乐五年六月庚子条。

人王臣案，下都察院狱鞫治。弘治十八年（1505）司设监太监张瑜因进药不符症状，送都察院会官鞫之。嘉靖十一年（1532），籍没已故宦官谷大用财产，交都察院覆议。

交刑部审拟的案件。如宣德三年（1428），金吾卫指挥同知傅广违例自宫，宣德帝将其“付刑部治罪”。成化十四年（1478），南京内官监覃力朋装载私盐拒捕杀人，交刑部议罪。弘治十三年（1500），内使刘雄弃关文强行渡江，由刑部拟罪。嘉靖元年（1522），镇守甘肃太监王欣克扣官军月粮，令刑部追赃。嘉靖九年（1530），太监韦霦勒索平江伯千金以上，发刑部按治。嘉靖三十六年（1557），司礼监太监李彬侵盗帝真殿工所物料及内府钱粮以数十万计，私役军丁造坟于黑山会，起丁字大券，僭拟山陵，下刑部拟罪。

交法司审拟的案件。如宣德六年（1431），内官监太监袁琦等因虐取军民财物，下法司拟罪。正统七年（1442）南京尚膳监内使郭敬因失火焚烧内府，下法司治罪。正统十四年（1449），镇守大同太监郭敬潜回京师，交法司议罪。景泰二年（1451），司礼监太监高显情强夺人房屋，命法司禁锢。正德四年（1509），内官监太监贩卖私盐，下南京三法司会鞫。嘉靖十三年（1534），南京提督织造太监李政，奏请添官，嘉靖帝以其狂率烦扰，下南京法司逮问。嘉靖十四年（1535），提督京通仓场内官监三凤、李慎互以奸讦奏，下法司逮问。嘉靖四十四年（1565），供用库管库内臣捏报火焚香料数目，下法司拟罪。

凡是宫廷内的案件，包括事涉宫廷内人员的案件，应该由三法司审理；在宫廷之外与宫廷有关的案件，包括出使镇守内官以及宗藩成员，也必须由三法司直接审理。三法司审理事涉宫廷案件的前提，必须是皇帝交付，如果没有皇帝的谕旨，三法司是不能够审理宫廷案件的。明中叶以后，凡是涉及宦官的案件，三法司多不能够审理，“辄以内臣奏请，事从中决，部臣执奏不听，其他下司礼监处分者甚多”[1]。即便是大臣多次奏请应该将内官内使犯罪交部院审拟，皇帝往往也不予以答复。

锦衣卫号称“诏狱”，“天下重罪逮至京者，收系狱中，数更大狱，多使断治，所诛杀为多”[2]。凡是涉及内官的案件，皇帝多先交之拷讯，讯问明白，或交法司拟罪，或皇帝直接下旨处置。如永乐七年（1409），有内使诬告城门郎擅离职守，则下锦衣卫治之。宣德六年（1431），内官监太监袁琦被凌迟之后，与其有关系的内官，不是下锦衣卫拷死，便是在锦衣卫磔尸，还枭首于市。正统八年（1443），内使张环、顾忠，写匿名书诽谤王振，由锦衣卫鞫之，诏磔于市而令内官俱出而观之。正统九年（1444），内官陈景先索取白金彩币等物，诏锦衣卫鞫实。正统十年（1445），司礼监太监吴亮、金英等，以私刍牧于南海子，下锦衣卫狱。景泰五年（1454），内使田福私自逃亡，锦衣卫捕得，诏即诛之。天顺元年（1457），因朱祁镇复辟成功，执司礼监太监王诚等于禁中，付锦衣卫狱，与景泰帝有关联的内官也多送锦衣卫鞫问或锢禁之。成化十九年（1483），太监王敬因妖人案下锦衣卫狱。弘治十四年（1501），内使刘雄弃关文渡江，付锦衣卫拷鞫之。弘治十五年（1502），奉御韦镕、张贤，沿途需索而杖死平人，由锦衣卫逮系而鞫问之。正德十五年（1520），南京守备太监刘瑯，与宁王朱宸濠有勾结，执付锦衣卫禁锢。嘉靖三年（1524），众多净身海户求乞收留，诏锦衣卫逮其首事者，杖而逐之。嘉靖五年（1526），970余名净身男子乞求收用，命锦衣卫逐回原籍而杖其首者。嘉靖十六年（1537），因陵工迟缓，内官监太监王朝，下锦衣卫拷讯。嘉靖三十六年

1 《明世宗实录》卷二〇，嘉靖元年十一月辛未条。

2 （清）张廷玉等：《明史》卷九五《刑法志三》，第2332页。

（1557），司礼监太监李彬侵盗内府钱粮，命锦衣卫镇抚司拷讯。隆庆二年（1568），内使百余人殴打巡视中城御史李学道，命锦衣卫执内使十余人，为首者杖一百、发烟瘴地面充军，余各杖六十、充孝陵卫军。万历二年（1574），京师内官赵忠、常福，因为谋求唐王府承奉之职，“著锦衣卫差官校，扭解来京问”[1]。万历二十七年（1599），“内官牛云鹄等吓诈税课，命锦衣卫逮治之”[2]。万历四十六年（1618），净犯庞忠等阻挠上用钱粮，“命锦衣卫拿送镇抚司究问”[3]。锦衣卫由皇帝直接控制，内官犯罪是否交付锦衣卫审讯，完全取决于圣旨。

事涉宫廷的重大案件，皇帝往往交群臣鞫问。如景泰元年（1450），御用监太监喜宁，因反叛罪而“诏群臣杂鞫之”[4]。天顺五年（1461），曹石谋反案，司设监太监曹吉祥，“命群臣廷鞫之”[5]。弘治去世，司设监太监张瑜等因进药有误，命多官鞫之[6]。刘瑾案件审理，则是在“午门前会多官鞫讯”[7]。案件交多官会审，也就使司法的合法性毋庸置疑，进而彰显了皇权。

三 司礼监的司法权

以宫廷案件审理而言，司礼监参与审理的最多。司礼监创立于洪武十七年（1384），当时的职掌是：“掌宫廷礼仪。凡正旦冬至等节，命妇朝贺等礼则掌其班位仪注，及纠察内官人员违犯礼法者。”[8]违犯礼法的含义很广泛，既有违反礼制的规定，也有各种犯罪。显然从司礼监初设之始，宫廷内的司法事务就由其承担。洪武二十八年（1395），司礼监改为“掌冠婚丧祭礼仪、制帛与御前勘合、赏赐笔墨书画、并长随当差内使人等出门马牌等事，及督光禄司供应诸筵宴之事”[9]。增加了掌管勘合、马牌、笔墨书画等事务。司礼监崛起的关键性契机是宣德帝令内阁诸臣条旨。所谓条旨是指内阁诸臣对于“凡中外章奏，许用小票墨书，贴各疏面以进，谓之条旨，中易红书批出，上或亲书，或否”[10]。宣德帝让信任的大臣以条旨的形式提出供自己参考的意见，而条旨要皇帝亲自朱笔批红，所以出现帮助皇帝誊写批红的秉笔太监，而这个太监来自司礼监。由于掌握批红之权，司礼监掌印与内阁对柄机要，成为“内相”。在皇帝怠政或者庸愚之时还可能变批红权为处理权，成为“站着的皇帝”。司礼监大权在握，从一个普通的内官衙门跃升为内官衙门之首。司礼监有两套平行的系统，即在掌印太监之下设立提督太监，负责宫内的一应礼仪刑名事件，一如锦衣卫之南镇抚司；设立秉笔、随堂太监等，负责批红事务，而东厂提督即由秉笔中选择“最有宠者一人”担任。由此可见，司礼监提督太监与东厂提督太监，都有宫廷案件的司法审判权。

1 《明神宗实录》卷二四，万历二年四月癸酉条。
2 《明神宗实录》卷三三五，万历二十七年五月辛酉条。
3 《明神宗实录》卷五七〇，万历四十六年五月戊子条。
4 《废帝郕戾王附录》卷七，景泰元年二月壬辰条。
5 《明英宗实录》卷三三〇，天顺五年秋七月癸卯条。
6 《明武宗实录》卷一，弘治十八年五月己亥条。
7 《明武宗实录》卷六六，正德五年八月丁酉条。
8 《明太祖实录》卷一六一，洪武十七年四月癸未条。
9 《明太祖实录》卷二四一，洪武二十八年九月附条。
10 （明）黄佐：《翰林记》卷二《传旨条旨》，台北“商务印书馆”《景印文渊阁四库全书》第596册，1986年，第12页。

提督太监"掌督理皇城内一应礼仪刑名，及钤束长随当差听事各役，关防门禁，催督光禄供应等事"[1]。刘若愚《酌中志》中记载稍有不同，谈到司礼监设提督太监一员，"职掌古今书籍、名画、册页、手卷、笔、墨、砚、菱纱、绢布、纸札"，"并内书堂亦属之"。其下有"监官、典簿十余员"，"第一员监官提督皇史宬并新房，候转提督俱轮流该正，在廊下家宿，专理皇城内一应礼仪刑名，钤束长随当差听事各役，关防门禁"。在其下还有"六科廊掌司六员或八员，分东西两房，管精微科内外章疏，及内官履历、脚色、职名，月报逃亡事故数目。其次又数十员或八员，管二十四衙门、山陵等处内官级职、姓名，撰写每日传行圣旨，稽查门禁，钤束当差听事，题奏应行礼仪，应颁赏赐"等。[2]其监官、典簿"候转提督俱轮流该正"，似乎宫内礼仪刑名并钤束、关防诸事都是由监官、典簿轮流负责，而提督太监虽然位在监官之上，却并不直接插手刑名等事务。在司礼监掌印的职掌中，也提到每日与秉笔、长随等人"先看文书房外本，次看监官典簿文书"[3]。文书房外本即是要批红的奏疏之类，监官、典簿文书则应是管理内官衙门及其各处内官的相关事务。此处不讲提督太监而只涉及监官、典簿，似乎也是提督不插手刑名事务的证据。不过，监官、典簿既是提督太监的下属，提督太监理所当然是掌管宫内一应礼仪刑名者。

负责内官刑名事务者是司礼监的提督太监，皇帝交司礼监审拟也是常态。如景泰元年（1450），锦衣卫百户金善贿赂管内海子内使叶景荣而索要营缮所砖瓦以造私室，都察院论二人斩罪，景泰帝则将内使叶景荣送司礼监追赃[4]。成化九年（1473），司设监太监沈绘、奉御贾祥以谋反罪被法司拟为斩刑，而"其党二十一人免赎，送司礼监奏请处治"[5]。成化二十一年（1485），尚宝司丞许瀚与太监邓才护斗殴，许翰下锦衣卫狱，邓才护则送司礼监发落。[6]弘治元年（1488），左通政李溥与尚宝监奉御姜荣斗殴，姜荣则交司礼监杖二十，降小火者。[7]弘治十五年（1502），泾王府承奉韦瑢等杖死船夫，命逮至京，"令司礼监奏请处治"[8]。嘉靖元年（1522），内官吴善良浮帖书写圣旨，送司礼监奏请发落。[9]对于"各内臣犯法，屡诏免逮问，惟下司礼监治"，群臣多有议论。如刑部尚书林俊等认为："诸内臣所犯，宜下法司明正其罪。"大理寺卿郑岳认为："内官内使等有犯，悉听部院问拟，发本寺审录。"[10]对此，嘉靖帝仅仅以"有旨"回复，内官内使犯罪依然下司礼监处分。如嘉靖三十一年（1552），内官监太监杜泰干没内帑银数万，送司礼监奏处，仅革任而已。[11]隆庆元年（1567），供用库内官翟廷玉、丁字库内官马尹，干没库藏，属司礼监治罪。[12]至万历时，"各内官衙门，凡有事情，俱送司礼监审处"[13]，已经成为惯例，故此事涉内官，多交司礼监审理。如万历七年

1 （清）张廷玉等：《明史》卷七四《职官志三》，第1819页。
2 （明）刘若愚：《酌中志》卷一六《内府衙门职掌》，北京古籍出版社，1994年，第94页。
3 同上，第96页。
4 《废帝郕戾王附录》卷一六，景泰元年十一月甲辰条。
5 《明宪宗实录》卷一一五，成化九年夏四月己卯条。
6 《明宪宗实录》卷二七一，成化二十一年冬十月壬寅条。
7 《明孝宗实录》卷一三，弘治元年四月壬寅条。
8 《明孝宗实录》卷一九〇，弘治十五年八月辛亥条。
9 《明世宗实录》卷一二，嘉靖元年三月辛未条。
10 《明世宗实录》卷二〇，嘉靖元年十一月辛未条。
11 《明世宗实录》卷三九二，嘉靖三十一年十二月丁巳条。
12 《明穆宗实录》卷九，隆庆元年六月戊戌条。
13 《明神宗实录》卷八一，万历六年十一月戊申朔条。

（1579），近侍孙隆、内使魏秀，凌虐职官，由司礼监拿问。[1]万历十一年（1583），因抄张居正家，内官向鲸因受张居正母亲嘱托，被司礼监拿问。[2]万历二十年（1592），内侍郭钦、姜朝等克扣门军粮米，由司礼监查究，责降有差。[3]万历二十七年（1599），西山宫女坟被盗，守坟内官由司礼监逮治之。[4]内侍蔡学、董敬等不法，命司礼监查明治罪。[5]万历三十三年（1605），教坊司左韶舞李泽在会极门自缢死，"守门内官，司礼监查究"[6]。内官税使高淮骚扰地方，交司礼监奏请定夺。[7]万历三十九年（1611），内官监太监卢进孝等酗酒殴死军人，送司礼监发落。[8]万历四十二年（1614），因陵工迟缓，内官监著司礼监查明具奏。[9]万历四十三年（1615），威逼人命内官赵文秀等，送司礼监发落。[10]内官赵斋营私将假硝进库，由司礼监拿究。[11]与强盗熟识的内官李胤、李朝用等，由司礼监严提究问。[12]

不但是内官内使，就是方士、术士，事涉宫廷，也往往由司礼监审讯。如嘉靖四十四年（1565），江西铁柱宫道士蓝田玉因扶鸾术不灵验，且诈传圣旨，便命付司礼监拷讯。[13]泰昌元年（1620），御史郑宗周弹劾内官崔文升，被下司礼监治罪。[14]可以说司礼监的司法权力不断扩大，即便是与宫廷无关的案件，皇帝往往让司礼监会同法司共同审理。

内官案件交付给司礼监处理，外廷诸臣进行过多次辩争，都以失败告终。将内官交付司礼监处理，原本是制度规定。宫禁事密，将宦官交付法司审理有泄露宫禁秘密的危险。因为宦官广泛地介入政治，很多违法事件并不是发生在宫内，而是发生在宫外，故外廷诸臣希望能够按照一般官员案件来审理这些内官案件。宦官们则希望内官案件交由"自己人"来处理，即由司礼监来处理。同类相护，司礼监拟罪一般都比法司拟罪要轻。

司礼监提督太监与提督东厂太监同为司礼监属下分支机构，都是重要的宫廷司法机关。提督太监是集侦缉、审判及处置于一体的司法机构，它不仅可以自己审理内官案件，而且负责执行所有内官的判决。那些交付法司审理的内官案件，一旦罪名成立，除处斩与交法司禁锢等之外，他如贬斥、充军、宦官抄家之类，都要"送司礼监发落"。法司将案件交由司礼监施行乃是典制所规定，但是将案件交由司礼监拟罪则有违典制。

1 《明神宗实录》卷九〇，万历七年八月丁酉条。
2 《明神宗实录》卷一三二，万历十一年正月壬戌条。
3 《明神宗实录》卷二五二，万历二十年九月壬戌条。
4 《明神宗实录》卷三三四，万历二十七年闰四月庚辰条。
5 《明神宗实录》卷三三七，万历二十七年七月乙卯条。
6 《明神宗实录》卷四一三，万历三十三年九月丁亥条。
7 《明神宗实录》卷四四七，万历三十六年六月乙酉条。
8 《明神宗实录》卷四八八，万历三十九年十月丙子条。
9 《明神宗实录》卷五二一，万历四十二年六月己亥条。
10 《明神宗实录》卷五三六，万历四十三年九月乙亥条。
11 《明神宗实录》卷五三九，万历四十三年十一月庚子条。
12 《明神宗实录》卷五四〇，万历四十三年十二月甲寅条。
13 《明世宗实录》卷五四六，嘉靖四十四年五月辛酉条。
14 《明熹宗实录》卷一，泰昌元年十月庚寅条。

四 宫廷犯罪的刑罚

按照司法程序，凡是事涉内官的案件，除皇帝特旨交法司及有关部门审理之外，都要送司礼监发落，而经司礼监审理的案件，往往是不依照律例进行判罚，而是按照内廷的规定，予以特别的处罚，这些处罚与律例规定有相同之处，也有不同之处。

第一，笞杖与墩锁。按照《大明律》规定，笞、杖、徒、流、死是“五刑”，笞杖之刑为轻刑，属于地方官自理案件权限之内，因此各部则例往往规定各级长官对下属可以用笞杖进行责罚，宫廷之内也是如此。如承奉正徐应元，依附魏忠贤，借势骄蹇，“笞詈左右无所忌”[1]。也就是说，作为宦官衙门的掌印太监，都有权对所管辖的宦官实施笞杖责罚，这被认为是天经地义的事，更不用说皇帝了。如万历帝在万历八年（1580），“夜宴宫中，为近侍孙海、客用所惑，杖二内使几毙”[2]。受到皇太后的训诫，只好归罪于司礼监不劝谏，将孙海、客用降为小火者，安置南京，而身为首辅的张居正则要求充为净军。万历帝当时受制于皇太后及张居正，还不敢为所欲为，待其主政，则“今日杖宫女，明日杖宦官”，以至于大理寺左评事雒于仁上疏讲：“彼诚有罪，置以法律责之，逐之可也，竟使毙于杖下。”[3]仅“中宫孝瑞王娘娘，其管家婆、老宫人及小宫人，多罹捶楚，死者不下百余人，其近侍内官亦多墩锁降谪”[4]。万历帝则认为：一些人臣的童仆家人有错，都可以自行责治，“如今内侍宫人等，或有触犯，及失误差使的，也曾杖责，然亦有疾疫死者，如何说都是杖死”[5]。皇帝与宦官衙门掌印太监，对宫女、宦官的责罚，是属于“教诲”，并不是法律意义上的惩罚，如果经过法司或司礼监拟罪，经皇帝批准，则是法律意义上的惩罚。

明代于五刑之外，在条例内规定还有枷号之刑，在宫廷也偶尔实行。如天顺元年（1457），内官刘茂曾经被枷于内府新房外。[6]在一般情况下，在宫内外及王府的宫女、宦官则用墩锁、提铃以抵枷号。如皇宫内设有宫内教书一职，由一名秉笔太监提督，各宦官衙门中选多读书、善楷书、有德行、无势力者三四名，或五六名出任教书之职，仍带原衙门职衔，来教读宫女，“学规最严，能通者升女秀才，升女史，或升宫正司六局掌印”。因为主管宫女教读，所以“凡宫人有罪者，发落责处墩锁，或罚提铃等名色以苦之。提铃者，每日申时正一刻并天晚宫门下锁时，及每夜起更至二更、三更、四更之交，五更则自乾清宫门里提至日精门，回至月华殿门，仍至乾清宫门里，其声方止。提者徐行正步，大风大雨不敢避”[7]。宦官则交付分为两班四拨的官下、官占，他们“专答应司礼监官、典簿人数。凡出票拿人、马房动刑、里外看守墩锁净军，皆其职管。夜则轮流叫火巡风，隔门缝听传使令，忙苦可怜”[8]。被墩锁者，“昼则墩锁，夜则打更”，要受监管墩锁的小火者的欺凌。其发往南海子还有“常川打更”的处罚，先要被“夹四夹，拶四拶，打一百”，然后再承受打

1 （明）刘若愚：《酌中志》卷八《两朝椒难纪略》，第 44 页。
2 《明神宗实录》卷一〇六，万历八年十一月戊寅条。
3 《明神宗实录》卷二一八，万历十七年十二月甲午条。
4 （明）刘若愚：《酌中志》卷二二《见闻琐事杂记》，第 203 页。
5 《明神宗实录》卷二一九，万历十八年正月甲辰朔条。
6 《明英宗实录》卷二七六，天顺元年三月戊寅条。
7 （明）刘若愚：《酌中志》卷一六《内府衙门职掌》，第 130 页。
8 （明）刘若愚：《酌中志》卷一六《内府衙门职掌》，第 126 页。

更的苦差，故此被罚者“十无一存者”[1]。这些有权者弄死那些净军，谎报病死也是常态。

笞杖与墩锁多是内廷直接实施处罚，并不是按照法律的裁决，因此有很大的任意性。如隆庆四年（1570），更鼓房牌子侯得用谋害净军梁暹等事发，即将梁暹升为牌子，将侯得用交付其处置，梁暹将其“登时捶死，哀惨万状，肢体离析”。更鼓房牌子仅是个小火者，在得到圣旨处置手下之人时，居然能够下此毒手，还能够“人甚快之”[2]。那侯得用就因为掌握这点权力，三四年间居然杖死百余名宦官。由于宫内刑罚滥施，宫人、内官动辄得咎，故万历二十四年（1596），“司礼监太监田义奏乞宽宫人、内官刑罚”，最终还是“不报”[3]。田义奏疏讲道：“用刑者因惧罪及于己，辄加数多酷责，而押解者复惧连累，日夜严加墩锁，致使受刑犯人得生者十无一二”；“凡宫人病死者，即连累内官，或打一百二十、一百五十，性命难存”[4]。这种刑罚多由皇帝决定，因为事涉宫廷琐事，很少见于文献，却可见皇帝对宫人、内官有不受限制的处置权，而按照典制，皇帝欲处置宫人、内官，应该让司礼监去实行。如万历八年（1580），万历帝因为夜宴在宫中将两个内使杖之几毙，其宣谕卸责云：“尔司礼监等，既受朝廷豢养之恩，见朕偶尔昏迷，就应力谏，乃图朕一时欢喜，阿顺不言。”[5]则可见皇帝裁断的刑罚，要通过司礼监执行，而司礼监也应该表示意见，而唯上是从，敢于劝谏者终是凤毛麟角。

第二，闲住与禁锢。闲住是指保留原有的职级，解除具体的职事，类似于文官被勒令退休。这里的闲住，并不是无事闲住。如宦官被发往闲住，一般是在南京皇城中的新房，或者是北京城内的私宅，皆在宫城之外。除了南北两京之外，凤阳等处皇陵也是放逐目的地之一。闲住也要限制自由，无论有官无官，都要被监视起来。

宫女犯罪一般发浣衣局或内安乐堂。“浣衣局，掌印太监一员，佥书等数十员，惟此署不在皇城内，在德胜门迤西，俗称‘浆家房’者是也。凡宫人年老及有罪退废者，发此局居住，内官监例有供给米盐，待其自毙，以防泄漏大内之事。”[6]安乐堂有内外之分，宫外安乐堂“在北安门里，掌房官一员，掌司数十员。凡在里内官及小火者有病，送此处医治。痊可之日，重谢房主，消假供职。如不幸病故，则各有送终内官，启铜符，出北安门，内官监给棺木，惜薪司给焚化柴，抬至净乐堂焚化”。宫内的安乐堂“在金鳌玉蝀桥西羊房夹道。掌司其事者二三十人。凡宫人病老或有罪，先发此处，待年久再发外之浣衣局也”[7]。在外安乐堂应该是内官医院，在内安乐堂应该是宫女医院，宫女有罪先发到内安乐堂，等于是过渡，这里的“有罪”则主要是违反“内官禁例”规定及触怒主子。

---

1 （明）沈德符：《万历野获编补遗》卷一《内臣罪遣》，中华书局，1959年，第815页。

2 （明）刘若愚：《酌中志》卷一七《大内规制纪略》，第148页。

3 《明神宗实录》卷二九八，万历二十四年六月丁未条。

4 （明）刘若愚：《酌中志》卷五《三朝典礼之臣纪略》疏略云：“臣义等窃见，御前执事宫人、内官，或干圣怒，责处发遣，络绎不绝，每致重伤兼患时疾而死亡者，殆无虚日。盖以圣旨钦传，即以本日动刑，而用刑者因惧罪及于己，辄加数多酷责，而押解者复惧连累，日夜严加墩锁，致使受刑犯人得生者十无一二。如此致伤天和，岂圣世所宜有哉！且如近日因争访杨山女一事，但两官回禄，咸称不知，炽火煅炼，或成灰烬，未审的确，罪及守门，又毙几命矣！凡宫人病死者，即连累内官，或打一百二十、一百五十，性命难存。一人病死者，尚然可悯，况又波及无辜生命乎？今耳闻目见，哭声载道，怨气冲天，景象如此，若不披沥上奏，则是臣等贪禄恋位，畏死偷生，直犬马之不如也。伏望圣断，将臣等分别罢斥。”第30页。

5 《明神宗实录》卷一〇六，万历八年十一月戊寅条。

6 （明）刘若愚：《酌中志》卷一六《内府衙门职掌》，第110页。

7 （明）刘若愚：《酌中志》卷一六《内府衙门职掌》，第115页。

宦官如果被发往闲住，就要放逐出宫。在万历年间，内官犯罪发遣，“多自内批。出其轻者，云降作奉御，私宅闲住，盖犹为六品官也。又降奉御者，或云发南京新房闲住，或云往凤阳祖陵司香。其重者，降作小火者，发去南京孝陵司香，则无官矣”[1]。私宅、新房、南京孝陵、凤阳祖陵是闲住与放逐的主要场所。如大宦官冯保在被江西道御史李植等人弹劾当诛十二罪之后，“从宽降奉御，发南京闲住”，其党羽“降小火者，发孝陵司香”[2]。可见闲住有带官品闲住，有贬官放逐闲住，也有夺官放逐闲住，其处罚有等级之分。

禁锢是限制自由的监禁，宫廷之内的人犯罪，视情况实施禁锢，其禁锢地点可以是法司监狱，也可以是锦衣卫监狱，还有可能是禁锢于某宫或宦官衙门的禁闭室。被禁锢于法司和锦衣卫者，多是经过审判裁决的。禁锢于宫内外某个地方，则多是君主或专权太监私自的决断，而被禁锢之人，除了饮食恶劣之外，还有可能被断绝饮食，活活饿毙。如魏忠贤专权，裕妃张娘娘被“封闭宫墙之内，无所饮食。经数日，后天雨，尚力疾匍匐于产溜之次，伏啖雨水数口气绝”[3]。隆庆四年（1570），在玄武门主管更鼓房的牌子侯得用欲杀打更净军梁暹、赵进忠，“命闭之幽室，刻期必死”[4]。无论是君主同意，抑或是专权太监矫旨，还是专权宦官独断专行，都不在律例规定范围，属于私刑性质。

第三，放逐与充军。宦官也有充军刑，但与一般人的充军不同。宦官充军都是发往孝陵、凤阳、皇陵、南海子等处充当净军。按照宦官的等级序列：内官—内使—奉御 火者—小火者—净军。净军是最底层，大多是在皇宫之外服务。充当净军与罚充净军不同，被罚充者要充当苦差。如发南京孝陵和南海子种菜，要由小火者督管，打骂是家常便饭。

发往京外各地充当净军，等于是充军，而罪重也有发边远或烟瘴地方充军者。如隆庆二年（1568），内使许义挟刀吓财，被巡视中城御史李道学抓获，施以笞刑，结果引起群珰愤怒。“是日朝罢，有内使百余人，突出走至左掖门外，捽道学众中，奋挺殴之踣地，百官相顾错愕。”[5]都御史王廷要上疏弹劾，先告知内阁首辅徐阶。徐阶通过游说司礼监尚文，要他率先弹劾，然后再助以都察院的弹劾，结果隆庆帝大怒，“杖其首恶三百人，发边戍九十人，各杖六十，为南京净军”[6]。这里所讲“首恶三百人”，应该是三人，故《实录》讲：“命锦衣卫执内使十余人，至东上门，杖为首者一百，发烟瘴地充军，余各杖六十，发孝陵卫充军。道学亦以擅笞内侍，不谙事体，调外任。”[7]前者讲“发边戍”，后者讲“发烟瘴地”，都是发往在外镇守太监所在充当净军，算是宦官充军最重的处罚。

1 （明）沈德符：《万历野获编补遗》卷一《内臣罪遣》，第815页。

2 《明神宗实录》卷一三一，万历十年十二月壬辰条。

3 （明）刘若愚：《酌中志》卷八《两朝椒难纪略》，第40页。

4 （明）刘若愚：《酌中志》卷一七《大内规制纪略》，第122页。

5 《明穆宗实录》卷二二，隆庆二年七月丙辰条。

6 （明）陈建撰，高汝栻订，吴桢增：《皇明法传录嘉隆纪》卷六，隆庆二年六月：“内使许义挟刀吓财，巡城御史李道学执而笞之。群珰愤，趣之司礼所，欲论纠御史，会有解之者，乃免，而御史欲纠珰。是日朝罢，其党百余，徼道学于午门外，殴辱之。都御史王廷欲上疏纠群珰，请于徐阶。阶曰：‘我疏即行，彼珰争自匿，欲得其主名者，且转展不可究诘，万一彼先以诬我，祸且叵测，先朝事可鉴也。’使人致言于司礼尚文曰：‘诸珰人群殴御史，业何处？’文据谓：‘内外各有体，相公毋但为御史惜耳！’阶曰：‘吾非为御史惜，为国家大体惜，为司礼诸公惜耳！’文怪问何谓？阶曰：‘毋论御史王臣，即天子临御之所，群而殴人，能保上之不怒乎？诸公何不以时调其人，速奏之，即外延有继者，其轻重在诸公手，上必不怒，诸公体故在也。’文悦，以告其长滕祥，悉得其主名，参之。都察院疏继上，群珰窘不能自匿，又无可以宛转道地者，悉就逮。杖其首恶三百人，发边戍九十人，各杖六十，为南京净军。”《续修四库全书》史部第357册，上海古籍出版社，2000年，第603页。

7 《明穆宗实录》卷二二，隆庆二年七月丙辰条。

第四，处死与抄没财产。《大明律》规定死刑是斩、绞二等，在条例内还有枭示、凌迟。其中凌迟处死有11种罪名，属于最残酷的死刑。在宫中“禁令”及“内令”中，也明确规定宦官有凌迟的刑罚。凌迟也有等级，据第一历史档案馆藏档案内夹带不知何人所撰的小抄讲，凌迟分为五等：一个月、十日、五日，三日，一日。从笔者所见明代史料来看，宦官刘瑾是被凌迟三日，五日以上则罕见，一般都是凌迟一日处死。

在宫廷司法中，死刑是按照律例规定判处，但也有别于一般的司法。由于内官经过法司裁决以后，要交司礼监审理定罪，如果确定为死刑，一般是采取赐死或秘密执行的办法，而不是押赴市曹。当然个别罪大恶极者除外，如宣德时宦官袁琦、景泰时的喜宁、正德时的刘瑾，都是于闹市处死，而且陈尸三日。

内官被判死刑，大多是要抄没财产，而降职发外闲住、充军、种菜等，往往也要抄没财产。如司礼监太监冯保有罪当诛，万历帝“念系皇考付托，效劳日久，姑从宽降奉御，发南京闲住。伊弟侄冯佑等，都革职，发原籍为民。张大受等降小火者，发孝陵司香，仍将各犯财产抄没入官”[1]。事涉宦官及与宦官有关的案件，所抄没的财产都归内府。

五 结 语

从明代宫廷司法情况可以看到，涉及的对象等级越高、权力越大，来自各方面的干扰越多，在司法过程中也不免会受到各种政治势力的影响，权力发挥着作用。皇帝是最大的权力主体，围绕着皇帝所发生的宫廷案件，也因此难以寻找规律。皇帝有时候完全凭借个人喜怒，任意加罚，完全无视法律法规与正常程序，而这种司法也彰显了宫廷司法的特殊性。

首先，由于君主能够决定左右的生死荣辱，也决定宦官、宫女必须以取悦皇帝为主要目标。如万历帝喜欢花卉，司礼监掌印太监陈矩则“好花木，鲜服饰”以取悦万历帝，在其属下主管文书房的卢受，当然也知道万历帝的嗜好，所以在万历四十三年（1615），万寿圣节时送上花卉。“时西山杨家顶观音庵僧处牡丹忽开一朵，管花内官知之，（卢）受费六十余两为寺中功德，将所开牡丹移进御前，神庙甚嘉悦为瑞焉。”[2]卢受也因此升授秉笔太监提督东厂。以取悦君主为己任，是宦官工作的重心，既可以谋取个人及家族的政治与经济利益，又可以避免刑罚，更可以利用制度之便而陷害他人，事涉宫廷的司法也会因此出现许多变数。

其次，在司礼监能够决定内官生死荣辱的情况下，宦官衙门的贿赂都集中到司礼监。清代史学家赵翼在谈到明代货贿问题时指出：“是可知贿随权集。权在宦官，则贿亦在宦官；权在大臣，则贿亦在大臣。此权门贿赂之往鉴也。”[3]有权势宦官所得到的贿赂，有来自外廷的，也有来自宦官的。为了贿赂，各宦官衙门必然要大肆贪污受贿和广开财源。如内官监，在修建分封藩王府第“须数万金营求，方能到手”；“天启元年春，庆陵工兴，御前所发帑银五十万，即有分侵八万者矣”。神宫监掌印太监杜用养狗，被东厂李太监访知

1 《明神宗实录》卷一三一，万历十年十二月壬辰条。
2 （明）刘若愚：《酌中志》卷五《三朝典礼之臣纪略》，第22页。
3 （清）赵翼：《廿二史札记》卷三五《明代宦官》，中国书店，1987年。

之，“指为违禁不敬，声欲参奏，费千余金方得免”[1]。“各门所栽枣树森郁，其实甘脆异常，众长随各以曲做酒，货卖为生，都人所谓‘廊下内酒’是也。”[2]只要有权力，都会利用手中的权力以谋私利，故此在外宦官犯罪，多与勒索财物及收取贿赂有关。

再次，由于各衙门掌印太监能够杖责下属宫女、宦官，他们只好取悦于上司，而取悦的方式，或是以上司某种癖好而投其所好，或是行贿以求恩宠免罪。投其所好，诸如琴棋书画、唱曲杂耍，虽然丰富了宫廷内的生活，但人际关系与金钱关系是在所难免的，而二者都需要钱财。没有钱就要想方设法得到钱，因此宫廷偷盗现象比较普遍。如万历年间不知何人盗去文渊阁玉印，佑国殿金铸安元帝圣像也被盗去熔化，仅留头颅。为了得到钱财，连死人的财物都不能够放过，“万历时，堂内有两人养病，一人已死，身旁无所有，止有一铜盆，被未死者力疾下床将盆藏之，死者之家人遍寻盆不见，而藏盆者不久亦气绝，比殓时则盆覆于被内。盖内臣性贪苟得，至死不二，遂传为笑柄云”[3]。内臣为什么性贪呢？以地位最为低下的官下、官占而言，他们不过是当差听事，常受上司打骂，忙苦可怜，“然间多骗诈嫖赌，答应宫人，贪忍无耻，与外廷斯役相似者，大抵习俗移，人不能特立，或为饥寒迫耳”[4]。不能够特立独行，这些身充贱役的宦官，即便是有微弱的权力，也要发挥到极致，更别说有权力的宦官了。

此外，由于宫廷司法的特殊性，给皇帝处理事涉宫廷的案件提供了便利。从众多的案例中可以看到凡是涉及宫廷的案件，皇帝既可以交法司审拟，也可以让多官会鞫，还可以交付厂卫处置，只要不是死罪，多交司礼监审拟。无论何者审拟，事涉宫廷案件都必须奏闻请旨，由皇帝来决定处置。宦官、宫女在外人看来是皇帝信任之人，实际上就是皇帝的家奴，作为主人有权决定他们的生死，故此许多被处罚的人，并没有什么司法程序。如万历王娘娘，捶楚致死百余人，而皇帝下令打死的则更难以统计。这种由皇帝及后妃直接处置的宦官、宫人，当然谈不上司法，这也是宫廷的特殊性。他们是皇家奴仆，在处置上也就难以区分“国法”与“家法”。在“家天下”的格局之下，皇帝喜怒带有“家法”性质，也就使原本没有充分制度化的宫廷司法，更具有家国一体的性质。至于宦官、宫人之间相互倾轧，或借助主人，或罗织罪名，或窥测其短，其借助主人则没有什么司法，而罗织罪名则要纳入司法程序，在宫廷之内，司礼监起到重要的作用。

最后，有关宫廷司法是否独立的问题。以往的研究多关注宦官参与司法的问题，以为皇帝用宦官来钳制文武官员，纵容宦官干预司法，袒护宦官而使他们逃避法律制裁。不能够忽略司礼监虽然参与朝廷司法，但也有约束宦官之责，事涉宫廷的案件及宦官、宫人，交由司礼监审拟请旨处置，其所拟之罪，除了依照律例之外，大多是依据宫中“禁令”“内令”，以宫廷而言，就是独立的司法。在朝官看来，司礼监处置宫廷犯罪乃是越权，因为不能够实现宫中府中事犹一体的原则；而在皇帝看来，若是将宦官案件移交法司审拟，法司就是侵权。如何处置，完全由皇帝决定，也使宦官系统与朝廷系统之间存在着一些“共享”的模糊区域，这乃是制度安排的妙用，因为它便于皇帝掌控局面。宫廷司法体制具体的情况，因为文献缺失而导致难以窥其详。

---

1 （明）刘若愚：《明宫史》，北京出版社，1963 年，第 30 页。

2 （明）刘若愚：《明宫史》，北京出版社，1963 年，第 16 页。

3 （明）刘若愚：《酌中志》卷一六《内府衙门识掌・安乐堂》，第 124 页。

4 （明）刘若愚：《酌中志》卷一六《内府衙门识掌・官下官占》，第 125 页。

朝廷司法体制有典章制度明文规定，而宫廷司法体制因为宫中“禁令”“内令”没有专门整理成文，而司礼监审理程序也多语焉不详，使宫廷司法更加扑朔迷离，也就难免被认为宫廷没有独立的司法。

明代宫廷应该是有独立的司法制度，其主要司法对象乃是宦官、宫女，在特别的情况下，也可以扩大到与宦官、宫女有关的人。早在汉代，就有宫中府中是否应该事犹一体的争论，明代也不例外。张居正认为：“臣等戴罪辅弼，宫中之事皆宜与闻。”[1]然而在处置内臣问题上，还要查宫中旧例，“孝陵种菜，皆军人为之。二犯既发令著役，不宜止降火者，须充做净军，乃为正法”[2]。不能够按照国法处置，只能够按照宫中旧例，实际上还是不能够实现宫中府中一体。君主专制政体，要求君主“在一些场合，君权要适用到它的极限；在另一些场合，适用则应有限制。行政的妙处，乃在于十分懂得在不同的情况下应使用哪一部分权力，而且宽猛得宜”[3]。宫廷司法的特殊性给皇帝驾驭宦官、控制臣僚提供了便利，也决定了对宫廷司法的研究，必须要结合君主专制与官僚政治进行深入探讨。君主专制与官僚政治相结合，使宫廷司法成为君主及官僚手中的工具，宦官成为皇帝的附庸，在宫廷司法问题上也难免出现各种变异。君主借此游刃于法律与权谋之间，施展其政治技巧驾驭全局。“权谋术数的玩弄，就成为专制君主及其大臣们统治上的日常课题了。”[4]君主专制政体不可能营造宫廷司法顺利实施的制度环境，所需要的是获得皇权宠信而不是法律保护，这也是宫廷司法的真实与现实规则。

[作者单位：安徽理工大学]

1 《明神宗实录》卷一〇六，万历八年十一月戊寅条。

2 （明）陈子龙等辑：《明经世文编》卷三二六，张居正《请处治邪佞内臣疏》，中华书局影印，1962 年。

3 ［法］孟德斯鸠著，张雁深译：《论法的精神》上册，商务印书馆，1961 年，第 308 — 309 页。

4 王亚南：《中国官僚政治研究》，中国社会科学出版社，1981 年，第 65 页。

清代《九卿议定物料价值》的分类整理*

——兼比较明代《工部广库须知》同类物品的价格

Sorting the Qing-Dynasty *Material Value as Agreed by the Nine Chief Ministers:* In Comparison with Similar Items in the Ming-Dynasty *Essential Knowledge of the Ministry of Public Works' Workshops and Warehouses*

高寿仙

Gao Shouxian

内容提要：

物价问题在经济史研究中具有基础性地位，然而受到资料限制，目前明清物价的研究成果绝大多数集中在粮食、土地和劳动力价格方面，只有少数成果扩及其他生产和生活物资。明清时期保留下来的粮食以外的物价资料，品种和规格相对较多、时点和币种较为统一的，当数官方会估确定的一些物料价格，《九卿议定物料价值》就是其中非常重要的一种。本文对这份资料中的物品价格进行了分类整理并制作成表格，同时还与明代《工部厂库须知》中名称相同或相近的物品进行了对比，得出的初步结论是：相比于明朝万历后期，清朝雍乾之际的粮食及其他物品价格都有明显上升，但工资水平的增长幅度更大，民众生活水平有所提高。

关键词：

明清时期　北京　物价　工资

ABSTRACT:

The issue of price occupies a fundamental position in the study of economic history. However, due to limited historical references, current research regarding prices in the Ming (1368-1644) and Qing (1644-1911) dynasties focus overwhelmingly on grain, land, and labor, except for a precious few extended to other production and living materials. Among extant records on prices other than grain from the two dynasties, those in which prices are determined through government assessment have relatively diverse varieties and specifications, and more uniform time and currency. The *Material Value as Agreed by the Nine Chief Ministers* (*Jiuqing yiding wuliao jiazhi*) is a vital case in point. This article sorts out the prices of the items in this record and convert them into a table, while comparing the entries with items with identical or similar names in the Ming-dynasty *Essential Knowledge of the Ministry of Public Works Workshops and Warehouses* (*Gongbu changku xuzhi*). The preliminary conclusion is that, compared with the late Wanli period (1573-1620) of the Ming dynasty, the prices of grain and other goods increased significantly during the Qing-dynasty Yongzheng (1723-1735) and Qianlong (1736-1795) period. Yet this period witnessed even greater increase in wages, as well as improved living standards.

KEYWORDS:

the Ming and Qing dynasties, Beijing, prices, wages

* 本文系国家社会科学基金重大项目“明代价格研究与数据库建设”（17ZDA192）阶段性成果。

一 引 言

物价问题在经济史研究中具有基础性地位，然而受到资料限制，目前明清物价的研究成果，大多数集中在粮食的长期变动趋势、地区差价与市场整合等方面[1]，此外对于土地和劳动力价格也关注较多，但扩展到其他生产和生活物资的成果为数甚少。长期致力于清代物价研究的岸本美绪在1987年发表的《清代物价史研究现状》中，曾做过这样的评论："不言而喻，相对价格的变化在物价史中是一个重要问题。与全体价格水准的变化相比，各商品间的价格结构是一个更为重要的问题，这也是普遍的看法。然而，在清代物价中，相对价格的问题几乎未被触及。其最大的障碍就是史料问题。关于米价以外的诸物价，就现状而言，可以说只有一些非常零星的资料。"[2]尽管时间已过去30多年，岸本氏指出的状况并无太大改观。目前亟须进行的工作，仍是尽力发掘整理各种物品的价格数据，为构建相对价格的变化趋势奠定资料基础。

笔者管见所及，明清时期保留下来的粮食以外的物价资料，品种和规格相对较多、时点和币种较为统一的，当数官方会估确定的一些物料价格。其中规模较大的有以下三种：（1）《工部厂库须知》12卷，成书于明万历四十三年（1615），由两度巡视厂库的工科给事中何士晋编纂[3]；（2）《九卿议定物料价值》4卷，成书于清乾隆元年（1736），由武英殿大学士兼吏部尚书兼管工部尚书事务迈柱领衔编纂[4]；（3）《钦定物料价值则例》220卷，成书于乾隆三十三年（1768），由东阁大学士管理工部事务（时革职留任）陈宏谋领衔编纂[5]。其中《工部厂库须知》（以下简称《须知》）和《九卿议定物料价值》（以下简称《价值》）的物品价格都是由在京官员通过会估确定，参考基准主要是京城北京的物价水平，因此两者具有很高的可比性；而《钦定物料价值则例》则是由地方官员开报，而且京城以及大兴、宛平两县并未包括在内，在价格确定机制和价格所属地域方面与另外两种差异很大，难以相互比较。

根据《价值》卷首所载工部等衙门题本可知，雍正元年（1723），曾由九卿议定一份物料则例，工部买办各项物料，俱照此则例核算。但有些物料并未包括在这份则例之中，工部只能比照以前旧案核算给价，随时轻重，未得划一。雍正七年，管理工部尚书事务和硕果亲王等提出如下建议："将未经定拟各项物料价值，敕下九卿统行定议。至于现行条例内，亦有过多过少，应行详核者，臣等逐一查明造册，会同九卿奏准之日，凡一应买办各项物料，管工官及商、窑、铺户，俱照定例准给。刊板贮库，永远遵行。"此议得到皇帝允准，于是工部派人采访确实时价并汇造成册，然后由九卿参考户部与内务府则例逐一核对，最后形成一

---

1 这方面成果数量众多，难以枚举，可参看以下研究综述：[日]岸本美绪：《清代中国的物价与经济波动》，刘迪瑞译，社会科学文献出版社2010年版，第一章；朱琳：《乾嘉道时期淮河流域粮价研究（1736－1850）》，南开大学历史学院博士学位论文，2014年，第2－25页；潘彩虹、穆崟臣：《21世纪以来清代区域粮价研究新进展》，《古今农业》2017年第3期；马国英：《清代粮价研究进展与述评》，《中国社会经济史研究》2020年第4期。

2 [日]岸本美绪：《清代中国的物价与经济波动》，第17－18页。

3 此书万历刻本收录于《北京图书馆古籍珍本丛刊》第47册，北京图书馆出版社，2000年；另见于《续修四库全书》第878册，上海古籍出版社，2002年；此外还有江牧点校本，人民出版社，2013年。

4 此书收录于《故宫珍本丛刊》第317册，海南出版社，2000年。

5 此书规模庞大，汇集了各省府厅州县共1557处的物料成规。但此书并未由中央政府统一刊刻，纂成后缮造黄册一部进呈御览，获得皇帝批准后，另缮副册交由各直省分别刊刻。目前已知尚存世的有直隶、江苏、山东、山西、陕西、甘肃、浙江、广东、云南等省的则例，散存于各收藏机构。参见盛俊：《清乾隆朝江苏省物价工资统计》，《学林》1940年第2期；程婧：《〈物料价值则例〉和有关数据的分析》，清华大学人文学院硕士学位论文，2004年。

份新的物料价值清单，于乾隆元年（1736）进呈御览，经皇帝批准后刊刻成书。可以看出，这份物料价值清单系以市场价格为基础，经过工部和九卿反复斟酌确定的，应当能够大致反映当时北京市场的价格水平。

根据卷前所列目录，《价值》共有4卷。但笔者查阅全文后，发现此书实际上还隐含着另外3卷，即分别有两个卷一、卷二、卷四。此外，卷一“乐器”条目下，附有“秧歌应用物件”，详细开列了秧歌所用的各种道具、服饰和乐器。为使读者明了此书实际内容，兹将其卷次结构抄录于下，隐含的内容加“【】”标示：

卷一：金银、铜器、铁器、锡器、瓷器、乐器【秧歌应用物件】

【卷一：松木】

【卷二：桅木、杂木、石料、砖瓦、灰斤、绳席、竹竿】

卷二：器皿、器械、鞍辔、缎绫、绸绢、纱布、绒棉花、颜料、香料、纸张

卷三：杂木、绳斤、席箔、竹竿、柴炭煤斤、杂项

卷四：毛羽、皮张、毡片油单、物料轻重、零星杂料、染价、赁价

【卷四：铜器、铁器、颜料、纸张、布匹、杂项、工价、运价】

可以看出，由于卷次重复舛乱，不少类别的物品被分割放置于不同地方。再加上以前有旧例此次重新核定价格的物品，与以前无旧例此次始予估定价格的物品是分别开列的，在工部则例之后又附列了“户部例”，这就造成很多同类物品，甚至一种物品的不同规格分散在全书不同地方，查阅起来十分不便。笔者十几年前已经对《须知》中的价格资料做过分类整理[1]，本文拟仿照前例，把《价值》中的同类物品汇聚到一起，以便读者查阅和利用。在此基础上，还将对《须知》与《价值》中同类物品价格做一比较，初步观察一下时隔120年左右的两个时期的价格异同。

在分类汇总《价值》所载物价之前，首先做几点说明：（1）由于以下几条原因，本文在汇总整理物品价格时略有舍弃：一是此书所载某些物料的品类和规格比较繁杂，像松木规格竟然多达400多种，本文只能从大到小选择几种规格列入表中，以反映其大致价格；二是此书所载某些物料，比如卷四“零星杂料”所列殡葬用品，都是用于特定场合的特殊物品，而且因系皇家或官府使用档次较高，恐怕难以反映普通的物价水平，本文未予列入；三是此书除物料本身的价格外，还记载了一些其他价格，如运价、染价、赁价等，这些也都带有特殊性，本文亦未予整理。（2）清代北京的货币是白银与铜钱相兼使用，但本文所说各种物品的价格，除特别说明者外，均指白银，单位为两。如一种物品有两种以上价格，中间用“/”号分隔。（3）原书计量单位不太统一，比如纺织品有的以匹计价，有的以丈计价，有的以尺计价，颜料有的以斤计价，有的以两计价，本文尽量做了统一换算，但规格不明者概仍其旧。（4）很多物品都可归入两种以上的类别，如有些物料既是食品又是工业原料，金属制品既可按材质又可按用途归类，本文只酌情将其归入某一类。（5）因同种物品往往分散在全书多处，为避免烦琐，各表不再一一注明资料来源。

1 参见高寿仙：《明万历年间北京的物价和工资》，《清华大学学报》2008 年第 3 期（收入《明代北京社会经济史研究》，人民出版社 2015 年版）。

二 食品、燃料、纺织品与服饰

表1 食品及茶酒烟

粮 食	白面每斤0.014；江米每石2.52；麸子每斗0.054；麦余每斤0.002；豆面每斤0.0135
副食品	鸡蛋每个0.001；蜂蜜每斤0.16；醋每斤0.009；盐每斤0.012；碱每斤0.02；花椒每斤0.08；香油每斤0.044；红枣每斤0.0135
茶酒烟	茶叶每斤0.058；松萝茶叶每斤0.2；干烧酒每斤0.038；烟叶每斤0.05

表2 燃料、秸秆及苇草

柴	木柴每百斤0.162/0.3；硬木柴每百斤0.266
炭	炭每百斤0.225；黑炭每百斤0.5/0.6；白炭每百斤1.1；红螺炭每百斤1.06 头号炭饼(重12两)每个0.012；二号(重6两)每个0.006；三号(重3两)每个0.003
煤	煤每百斤0.26/0.27；煤砟每百斤0.28
秸秆	秫秸每束0.03；去皮秫秸每百根0.036；麻秸每斤0.0018
苇草	苇子每斤0.0054；稻草每百斤0.18；锉草每斤0.045

表3 丝及丝织品

丝	生丝每斤0.9；青白丝每斤1.5；黄丝每斤1.49；生丝线每斤1.44；各色绢线每斤2.2；红金线每纽0.018；丝带每丈0.2
绒	各色绒每斤2.5；绒头每斤0.288
绵	丝绵每斤1.2
缎	内造金黄五爪寸蟒妆缎(宽2.2尺)每丈7.935；金黄/大红妆缎(宽2.2尺)每丈6.5；蓝/石青倭缎(宽1.5尺)每丈5；金黄/红片金(宽2.2尺)每丈2.5；各色汉府缎每丈2.3；大红云缎(宽2.2尺)每丈2；金黄串枝莲/蓝绿/石青片金(宽2尺)每丈1.8；青衣素缎(宽2.2尺)每丈1.7495；蓝闪缎每丈1.6；折支缎(宽2尺)每丈1.4；明黄/月白/青/绿云缎(宽2尺)每丈1.4；白/金黄/明黄/蓝素缎(宽2尺)每丈1.4；石青缎(宽2尺)每丈1.4；红/绿彭缎(宽2尺)每丈1.35
锦	石青/绿锦(宽2尺)每丈1.8
绫	各色绫(宽1.6尺)每丈0.8；五色绫(宽1.2尺)每丈0.509
绸	蓝大潞绸(宽1.5尺)每丈1.8；各色绸(宽1.4尺)每丈0.6；红杭绸(宽1.3尺)每丈0.4；各色绉绸每丈0.79；各色彩绸每匹1.5；各色纺丝每丈0.65；大红纺丝每匹1.7
绢	白熟细画绢每丈0.78；各色山西熟绢(宽2尺)每丈0.5；白熟绢(宽2尺)每丈0.4；生绢(宽2尺)每丈0.36；黄蓝绢每丈0.36；白山西绢每丈0.45；山西绢(宽2尺)每丈0.458
纱	明黄芝麻漏地纱(宽2.2尺)每丈1.07；桃红/蓝纱(宽2.2尺)每丈1.5；白云纱(宽1.4尺)每丈0.7254；银条纱每丈0.5
缨	南红紕缨每斤4.8；南紕缨每斤1.74；长红雨缨子每斤2.2；红雨缨每斤1.62

表4 棉毛麻棕及制品

棉	熟棉花每斤0.09；各色棉线每斤0.21；棉花钱串每条0.005；棉线带每副0.009；各色三梭布每丈0.205；各色漂白布每丈0.23；白粗布每丈0.09；白干线布每丈0.135；蓝标布(宽9寸)每丈0.188；细蓝布(宽1.1尺)每丈0.35；毛青布(宽1.1尺)每丈0.26；合线布片每丈0.25；金黄红蓝白三线布(宽1.6尺)每丈0.205；青蓝合线细布(宽1.6尺)每丈0.2；布城细生颜黄/蓝布(宽1.1尺)每丈0.188；绒花布(宽1.2尺)每丈0.12；冷布每匹0.07；红花布每匹0.07；各色油墩布每匹0.34；夏布(宽1.3尺)每匹0.45；白褡裢(长2.8尺宽8寸)每个0.28；垫印布手巾每条0.072；合线口袋每个0.13

（续表）

毛	细白羊毛每斤0.4；白羊毛每斤0.3；细山羊绒每斤0.6；花毛毯（长2丈宽1.5丈）每铺60；毛毯（长6.5尺宽4.5尺）每条0.45；双红毡（见方1尺）每块0.045；单红毡（见方1尺）每块0.026；黄绒毡（见方2.8尺）每块0.7；紫/白绒毡每尺0.066；蒙古毡（见方1尺）每块0.013；白细毡每尺0.022；白毡（见方1尺）每块0.017；黑毡（见方1尺）每块0.01；红花氆氇每丈1.3；红长毛氆氇每丈1；毛缏绳（长4丈）每根0.25
麻	苎麻每斤0.1458；苘麻每斤0.02/0.0162；川麻每斤0.17；线麻每斤0.06；苎麻线每斤0.5；麻布每匹0.216；苎布每丈0.05；红黄线麻绳每斤0.08；红黄苘麻连绳三股绳每斤0.027；红黄苘麻扎绳每斤0.026；苘麻大绳扎绳每斤0.0216；苘麻三股绳连绳每斤0.0225；红黄钱串每斤0.05；线麻绳每斤0.07；细线麻绳每斤0.16；红线麻笼头每个0.05；绳络子每个0.036；麻经每斤0.018；麻刀每斤0.015；麻搭每把0.036；苘麻口袋每条0.027；麻连口袋每个0.05
棕	木棕每斤0.1；细棕绳每斤0.12；棕毛每斤0.045

表5 服饰

衣服	老羊皮袄无面每件1.2 【宫衣每件6.3；锦缎厂衣每件2.7；大红金梗一树梅道袍每件4.5；平绉大红金梗一树梅道袍每件3.6；绿缎道袍每件3.5；松绿/蓝绸道袍每件3.2；石青云缎棉袍每件4.26；青云缎棉褂每件2.21；镶领袖杂色夹缎袄每件1.57；蓝绸衫每件2.2；松绿绸衫每件2.2；杂色绸小棉袄每件0.945；大红绸棉小袄每件0.945；印花布棉袄每件0.54；宫裙每条1.89；五色绸裙每条1.8；松绿绸棉裤每条0.9】
巾帽	绒缨凉帽每顶0.9；线缨凉帽（南红缨4两）每顶1.75；染骚鼠帽（连缨）每顶1.35；校尉绒缨凉帽每顶0.72；染貂皮帽（连缨）每顶6；狐皮帽（连缨）每顶1.2；貉皮帽（连缨）每顶0.7；羊皮帽（连缨）每顶0.5；雨缨凉帽每顶0.7；校尉毡帽（无缨）每顶0.078；红铜帽顶（重6钱）每个0.018 【公子巾每顶0.31；高方巾每顶0.25；乌绫包头每个0.1；印花布脑包每个0.018；印花布包头每个0.09；汉套头每个1；紫绒扎花和尚帽每顶0.315；紫绒扎花毡帽每顶0.25】
鞋	布鞋每双0.18；布靴每双0.6；缎靴每双1.215；翰鞋每双0.225；毛鞋每双0.45；马股皮靴每双1.39；鹿皮靴每双1.2；牛皮靴每双0.56；马皮靴每双1.17 【缎皂靴每双0.9；大红缎彩鞋每双0.315；杂色缎彩鞋每双0.3；满帮花鞋每双0.5】
袜	白布袜（夹的）每双0.16；毡袜每双0.27；细蓝布袜每双0.22 【蟒袜每双1；妆缎棉袜每双0.7；白绫袜每双0.252】
纽	镀金铜纽每个0.024；铜纽每百个0.07；锡纽子每百个0.045；驼骨纽子每个0.001
带	蓝棉线腰带每条0.027；绢线带（长7寸）每条0.15；凿铜镀带环每副0.9；丝线带（铜镀金钩圈全）每条0.9 【裙连带每条1.125；绸銮带每条0.4；丝线带每副0.2；大红纺丝带每条0.12；红/蓝丝线带每副0.2；绢线腰带每条0.45；丝线绦每条0.204】
头饰	【翠头髻每个0.063；月牙金箍每个0.09；箍子冠子每个0.015；铜饼子簪每根0.0036；铜万卷书每根0.0045；铜耳挖每根0.0027；翠抹眉苏每个0.09；白吊搭胡子每口0.045；头发每斤1.5】
其他	鋄银圈子（径5分）每个0.05；璎珞每架0.5；丝线扯手每条0.4；无毛羊皮手套每副0.12；斗篷每个0.144；蓑衣每件0.3；马皮甲包每个0.37；缎荷包每对0.45 【白绫护领每个0.135；妆缎扎袖每副0.225；五色绫手巾（长7尺）每条0.4；绸汗巾每条0.135；扇子每把0.045；五色绸伞边幌每顶1.08；腰子小络斗（连幌）每个0.18；豆儿幌子每个0.135；红漆元龙每个1.8；鹅黄细布包袱（见方6尺）每个0.36】

说明：【】内为秧歌应用物件，与日常服饰有所差异，列入表中以供参考。

三 家具、厨具与日用杂品

表6 家具与炉具

床	金漆床（长1丈宽5尺）每张8；金漆藤心床（长7尺宽5尺）每张8；松木白床（长6尺宽4尺）每张1.6；罗床每张0.12
柜	头号描金龙竖柜（高8尺宽5尺）每顶10；金漆竖柜（高6.5尺宽3.5尺进深1.8尺）每顶3；金漆顶箱柜（高8尺宽3.5尺）每对8；有盖黑漆柜（高1.6尺长2.5尺宽2尺）每顶1；白木大立柜（高6.5尺宽5.5尺）每顶1.4；有盖小木柜每个0.45；黄油橱柜（长5.5尺宽3尺）每口1.8
箱	皮箱（长3尺宽2尺高1尺/长2.2尺宽1.5尺高1尺）每个0.81/0.63；双皮皮箱（高9寸长2.4尺宽1.6尺）每个1.8；白木箱（长3尺高宽2尺）每个0.4；皮箱（长5尺宽3尺高1.6尺/长2.5尺高1.6尺宽1.5尺/长2.5尺高9寸宽1.5尺）每个1.6/1.2/1；印箱每个0.6/0.35；红油卷箱（长2.4尺宽1.6尺高1.6尺）每个0.53；缎箱每个0.2；纱箱每个0.2

（续表）

案桌几	金漆双抽斗跷头案（长5尺）每张1.44；金漆跷头案（长3尺）每张0.8；金漆连三抽屉桌（长8尺/长5尺）每张2.7/1.8；金漆抽斗高桌每张0.9；金漆榆木高八仙桌每张1.98；金漆八仙高/矮桌（见方2.9尺）每张1.2/1.1；金漆高/矮桌（长2.8尺宽2尺）每张0.8/0.7；金漆条桌（长5尺宽2尺）每张1.4；黑漆抽屉琴桌（长5尺）每张0.8；花梨桌（长2.75尺宽1.75尺高7.5寸）每张5；金漆小茶桌每张0.36；黄油八仙桌每张0.9；红油高桌（长3.5尺宽2.4尺高4.4尺）每张1.2；白木高桌（长2.5尺宽2尺）每张0.5；榆木矮桌（长3尺宽2.2尺高1尺）每张1.44；红油矮桌（长2尺宽1.4尺高8寸）每张0.55；香几（高2.5尺见方1.4尺）每张1
坐具	金漆藤椅每张0.9；金漆板椅每张0.45；黑漆春凳（长6.5尺宽2尺）每条0.8；黑漆板凳（长4.5尺宽6寸高1.7尺）每条0.45；高板凳每条0.15；金漆杌子每个0.4；白木杌子每个0.3；黄油杌子每个0.35；柳木墩（高5寸径1.5尺）每个0.08；金漆脚踏每个0.27
架槅	金漆衣架每架0.8；金漆铜镶有抽屉火盆架（高2尺见方2尺）每个2.7；金漆面火盆架（高2.2尺见方2.2尺）每个1.2；铜镶漆火盆架（高8寸见方1.6尺）每个1.2；金漆圆火盆架（高2.6尺见方2尺）每个1.2；金漆铜盆架每个0.54；帽架子（高9寸铜身木座）每个0.17；书架子（高6.5尺宽3.5尺进深1.1尺）每个1.35；油饰松木云牌架子（高3.5尺）每个0.8；茶槅子（径1尺铁箍2道）每个0.18
炉具	古铜大鼎炉（重12斤盖座全）每个8；古铜香炉（高1.3尺重9斤）每个6；铜香炉（重1斤/0.5斤）每个0.5/0.25；铜炉（重1斤花梨木座全）每个0.65；铜滑车拖炉每斤0.27；铜手炉脚炉每斤0.4；生铁拖炉（重1斤）每个0.036；铁提炉（长1.5尺高7寸宽9寸/长1尺高6寸宽7寸）每个0.6/0.45；火漆提炉挂钩每把0.03；铜火镊子（长8寸重1.5两）每把0.036；铁火掏子（长1尺）每把0.04；铁火筷（长8寸）每双0.03；小铁火柱（重10两）每根0.03；大铁钩头（重1.5斤）每把0.0675；火钩（重10两）每把0.036
苇竹席	苇席（长0.95至1丈宽5尺/长7.5至8尺宽4尺）每领0.08/0.06；合纹细席（长宽1丈）每领0.65；双纹粗席（长宽1丈）每领0.36；苇箔（长1丈宽7尺/长1丈宽5尺）每块0.07/0.05；炕席（长2.56丈宽5.7尺）每领0.408；南细竹席（见方6.5尺）每领1.3；竹席（长6尺宽4尺）每领0.4；仔儿箔（6根攒1根见方1丈）每块0.38

表7　厨具及其他器皿

锅	红铜锅（系铁口耳环）每斤0.23；板沿锅（口径3.4/3/2.4/2尺）每口2.295/2.025/1.62/1.35；大西铁锅（口径3尺）每口1.05；大广锅（口径2/1.7尺）每口1.5/0.6；淮潞锅（口径2.4尺）0.65；无锡锅（口径2.3/1.3尺）每口0.8/0.25；小铁锅（口径1.3尺）每口0.315；西铁锅（口径3.5/2.5尺）每口1.2225/0.875；红铜铫子每个0.33；大砂锅（径8寸）每个0.025；砂锅每套（5个）0.1；砂铫子（径4寸）每个0.013
刀铲	菜刀（重1斤）每把0.1；刮面有鞘刀（重12两）每把0.08；有鞘小刀（长8寸）每把0.27；铁锅铲（重6两）每把0.02；小铁铲（重3两）每把0.009
勺	铜马勺（口径1尺重1斤/口径0.6尺重8两）每个0.33/0.165；铁熂勺（口径1/0.7尺）每把0.28/0.117；铁马勺（口径8寸重1斤/口径6寸/口径4寸）每个0.11/0.08/0.015；铁漏勺（径4寸）每把0.072；木勺每个0.0063；马勺每把0.0225
匙筷签	铜匙箸（瓶全重4两）每副0.15；铜匙子（长1尺重4两）每个0.1；羹匙每个0.0035；铜香匙箸（长1尺）每副0.2；铜匙（重1两）每个0.025；铜茶匙每个0.0035；象牙匙每个0.72；铜筷（长7寸）每双0.05；乌木筷每把0.1；贴金筷每把0.012；红油筷每把0.0072；牙筷每把0.8；牙签（长5寸宽1.1寸）每根0.15；骨签每根0.0036；小牙签每根0.05
碗	大梨花瓷碗（璎珞栏杆全）每个1；细瓷碗（口径1/0.8尺）每个0.4/0.22；瓷盖碗（径6寸）每个0.15；折沿细瓷大菜碗每个0.06；点翠大花细瓷碗每个0.08；点翠瓷碗每个0.045；金瓷碗每个0.3；细白宫碗每个0.06；大瓷梨花碗每个0.03；花细瓷饭碗每个0.036；细瓷茶碗每个0.027；汤碗（系常用）每个0.015；饭碗（系常用）每个0.018；黑瓷碗每个0.0063；酱色碗（口径6.4寸）每个0.18；仿官窑蓝花瓷碗每个0.1；二号五篡撇碗每个0.052；细白羹碗（口径6寸）每个0.1；花宫碗每个0.04；品级汤饭碗每个0.072；官窑瓷供碗每个0.05；折边花碗每个0.026；白瓷碗每个0.01；粗大瓷碗每个0.02；绿花黄地茶碗每个0.045；酱色茶碗每个0.045；木茶碗每个0.027
盆钵	绿瓷盆（口径2尺）每个0.45；大瓷盆（口径1.9尺）每个0.162；二号盆并斗盆（口径1.5尺）每个0.1；瓷盆（口径1尺）每个0.12；缸盆（口径1尺）每个0.04；花瓷盆（径7寸）每个0.07；乳钵（径3寸）每个0.036；粗擂钵（径3寸）每个0.02
盘碟	细瓷盘（口径1/0.7尺）每个0.18/0.065；粗瓷盘（口径7寸）每个0.03；花瓷盘（口径8寸）每个0.1；仿官窑瓷盘每个0.045；瓷盘（径5寸）每个0.03；酱色秋色冰盘（口径1.5/1.3尺）每个0.81/0.5；大瓷冰盘（径1.1尺）每个0.2；毛血盘（径1.2尺）每个0.54；金漆茶盘每个0.065；油饰木方盘（长1.5/1尺）每个0.12/0.06；木盘（长5尺宽2尺高3寸）每个0.45；朱红油漆大捧盘每个0.18；供果品木盘（长2尺宽1尺沿高2寸）每个0.18；洋碟每个0.036；小菜碟每个0.01；酱色碟（口径8/6.5寸）每个0.1/0.066
缸坛	大白口缸（高3.1尺口径2.6尺）每口1.5；大缸（高2.8尺口径2尺）每口0.9；二号缸并矮缸（口径1.9尺）每口0.54；小缸（口径1.3尺）每口0.27；大瓷坛（高3.5尺围圆7尺口面9寸）每个7；小瓷坛（高1.9尺围圆4尺口面6寸）每个3；瓷坛（高1.5尺肚径1尺）每个0.3；砂坛每个0.16；有盖瓷坛（高1.3尺）每个0.27
瓶罐	细瓷青花白地宝瓶（高3尺腰径2尺）每个6.75；盛酒花瓷瓶（高1.3尺径8寸）每个0.63；粗瓷瓶（盛15斤12两酒）每个0.267；粗瓷瓶（高6寸）每个0.054；粗砂瓶（盛15斤酒）每个0.23；雕夔龙花梨木匙箸瓶（高4寸径1寸5分）每个0.3；花瓷罐（高2尺径9寸）每个0.9；化铜罐（径2.8寸高3.7寸）每个0.052；花瓷罐（高1.5/1.3尺）每个0.315/0.27；有耳瓷罐每个0.054；大柳罐每个0.08
钟斗	大铜水钟（重2两）每个0.05；茶盅每个0.01；细瓷酒盅每个0.03；粗酒盅每个0.0045；水斗每个0.03

（续表）

桶	坐桶（高2尺径2尺）每只0.3；抬桶（高2尺径1.8尺）每口0.23；洒金桶（长1.7尺径1尺）每只0.45；木桶（径1.5尺高1.5尺）每只0.135；铁箍水桶（口径1.2尺高1.8尺）每只0.198；把桶每只0.04；木桶每只0.077
盆	五腿大铁火盆（重40斤）每个0.9；大铁火盆（重22斤）每个0.495；三腿小铁火盆（重10斤）每个0.225；金漆腰子盆每个1.5；金漆小腰子盆每个0.28；金漆小木盆每个1.7；杉木盆（长4.5尺宽3尺）每个0.3；松木盆（长3尺高1尺宽1.2尺）每个0.3；松木灰盆每个0.05
匣	盛印色锡池木匣（高3寸见方8寸）每个0.18；油饰香匣每个0.35/0.23；盛象牙筷匙木匣（长1尺2寸宽3寸高1寸）每个0.27；椴木匣（长1.5尺宽6寸）每个0.27；朱红油漆木匣（高8.5寸见方9.5寸/高7.5寸见方8.5寸铜什件全）每个0.5；盛册无油松木匣（长2尺宽1.2尺高1.2尺）每个0.42；绫裱帽盒（高1.5尺径1.3尺）每个0.7；盛象牙筷匙纸匣每个0.027；黄绫二寸木匣每个0.3；黄绵纸裱糊匣子每个0.08
盒	花瓷盒（径3寸高1.5寸）每个0.063；黑漆香盒每个0.06；花梨木香盒（高1.3寸径2.4寸）每个0.2；帽盒（高5尺）每个0.4；细篾丝捧盒（径1尺2寸）每个0.6；红油香盒每个0.9；食盒（连盖4层各长2.2尺宽1.5尺高1.7尺）每架1.1
其他厨具	蒸笼（径3尺4层）每副0.7；水圈（径3.2尺）每个0.09；黄杨木圈（径1.5/0.8寸）每个0.009/0.0045；甑箅每个0.006；锅盖（口径2/1.5/1.2尺）每个0.12/0.06/0.05；托荆箅漏气板每块0.04；梨木面杖每根0.072；木把眼钱每副0.0054；大风箱（长4.5尺高2尺宽1尺）每个3；铁笊篱（径1.1/0.9/0.7尺）每把0.2/0.15/0.12；笊篱每个0.005；水瓢（口径9寸）每个0.02；稻草缸盖（口径3.5尺）每个0.09；席盖簟每个0.0077；杉木大板签（长7寸宽1.2寸）每块0.01；松木案板（长6尺宽4尺厚1寸）每块1.05；菜板每块0.043；饽饽模子每个0.06；月饼模子每个0.12；做酱模子每个0.072
编制器皿	黑炭筐（装60斤）每个0.0195；红螺炭筐（装10斤）每个0.0066；装牛犊荆筐（长7尺高3尺）每个0.8；装羊只荆筐（长5尺宽高3尺）每个0.5；装杂项荆筐（长2.5尺宽1.7尺高1.8尺）每个0.2；荆筐（长3.7尺口径1.5尺）每个0.15；果筐每个0.08；扭扭筐每个0.03；鸡鹅筐每个0.12；白柳条筐每个0.06；酒筐每个0.045；席筐（高1尺径1.6尺）每个0.03；有盖荆筐（长2.5尺宽1.6尺高1.8尺）每个0.16；有盖荆筐（长3尺宽1.8尺高2尺/长2.5尺宽1.3尺深1.8尺/长3.8尺圆径1尺）每个0.13；有盖荆筐（长2.8尺宽1.3尺高1.1尺）每个0.11；有盖荆筐（长1.4尺宽1尺高1.2尺）每个0.06；有盖荆筐（径5.8尺高2.6尺）每个0.3；装银荆筐每个0.1；有耳荆筐每个0.032；大草筐（口径2尺高2尺）每个0.06；抬筐（高1尺口面2尺）每个0.04；掇筐每个0.02；油篓（盛100/50/25/10斤）每个0.2/0.14/0.1/0.05；竹茶篓每个0.08；柳胎套（高1.65尺围圆2.2尺盖高5寸连顶全）每个0.15；有盖人柳斗（高1.5尺围圆2.3尺）每个0.216；荆囤（长5尺高3尺）每个0.28；荆笆（长1丈宽5尺）每个0.24；筐箩（径2.9/2/1.5尺）每个0.72/0.54/0.36；筐箩（口径2.5/1.5尺）每个0.16/0.09；竹箩（高1.5尺径1.2尺）每个0.09；竹倒箩每个0.09；腰子筐箩（长2.4尺宽1.3尺）每个0.18；柳条簸箕每个0.054/0.036/0.025；药簸子每个0.32；竹筛（口面2.8尺高3.5寸）每个0.4；细米竹筛每个0.3；荆筛（口面5尺帮深1.5尺）每个0.18；荆浅0.018；马尾箩0.022；绢罗每个0.0315

表8　照明用品

蜡烛	白蜡每斤0.45；白蜡烛每斤0.35；黄蜡每斤0.2；柏油烛每斤0.08；脂油每斤0.055；羊油蜡每斤0.07
灯笼	双铁丝灯笼（高1.4尺径1.2尺/高0.8尺径0.5尺）每个0.45/0.18；单铁丝灯笼每个0.25/0.07；大折叠铁线灯笼每个1.8；竹丝圆灯笼（径1尺/0.5尺）每个0.045/0.027；气杀风灯笼（头靶全）每个0.8；小灯笼每个0.003；木灯笼每个0.5
灯具	金漆满堂红高灯（高5尺）每对1.8；铁闷灯（重2斤4两）每个0.27；海灯（径6寸高7寸铜索全）每盏0.7；大纱灯（高3尺）每盏1.8；高灯（高5.5尺）每个1.2；古铜烛台（高1.5尺重4.5斤）每个6；铜灯盏头（重1两）每个0.021；铁灯盏头（口径4寸/3寸）每个0.012/0.01；金漆灯柱每个0.4；灯柱（即木灯台）每个0.025
其他	火把每根0.01；灯草每斤0.23；取灯每斤0.01；铜烛罐（重6两）每个0.15

表9　油单、油纸及褥垫帘罩帷套

油单油纸	大白素绉绸油单每尺0.1；纺丝绸油单每尺0.06；布油单每尺0.018；红布油单每尺0.02；双层高丽油单（长8尺宽4尺）每张0.45；高丽油纸每张0.04；油单纸每张0.02；山西油纸每张0.002；油纸（见方1丈）每张0.09；油纸（长8尺宽6尺/长6尺宽4尺）每张0.035/0.027；细油纸（长5尺宽3尺）每张0.0144；油纸每刀0.27
褥垫罩套	棉褥每个0.066；椅垫（布做）每副0.18；锦炉垫（径5寸高1.2寸）每个0.18；炉垫（锦做）每个0.05；红绸桌帷每张0.45；桌罩（见方2尺8寸）每架0.9；红布牌套（细红布夹的）每个0.135；油布牌套每个0.105；红布印箱棉套每个0.3
挂帘	冬单布帘（长5.7宽2.7尺细布）每挂0.33；夏帘（长6尺宽3尺）每挂0.45；斑竹帘条（长1丈）每块0.0126；竹帘条每百根0.045

表10　鞍辔轿

鞍辔	镀金剔凿鞍每副35.5；镀金无毡座鞍每副28.5；骆驼杨木板鞍（长4尺）每副0.495；骆驼榆木鞍架（长4尺）每副0.25；桦木板鞍每副0.72；倭缎鞍座红布裹素缎粘每个1.8；氆氇鞍座红布裹每个1.1；擦连皮蓝布裹鞍座每个0.7；细毛蓝布鞍座个0.3；鞍笼红布裹（长6尺宽2.9尺）每个0.7；骆驼鞍笼红布裹（长6尺宽2.9尺）每个2.5；有布粘骑鞍（内除牛皮鞍座）每副2.54；无布粘骑鞍（内除牛皮座鞍）每副1.68；无裹鞍箭每个0.5；双层毡屉每块0.35；骆驼毡屉每副2.9；稻草屉每个0.09；鋄银什件镶红氆氇沿夹板每副2.6；骆驼红棉线辔头（研金什件并缇胸缨全）每个2；红西牛尾踶胸（重6两）每对0.9；缇胸每副0.5；无什件丝线秋辔（偏缰湛水稍绳镫皮全）每副3

（续表）

轿	青布帷四人轿每乘9；驮轿架子（鞍子全）每乘3.6；红油杨木无帷四人轿（大小杠全）每乘9.5；红油松木轿上挑杆每根0.05；轿上松木撑杆每根0.03；红油搁轿板凳每条0.17；驮轿夹杆（长1.2丈径3.5寸）每根0.35

表11　树、花与花器

种树	马尾松（径1.4至1.5寸）每株0.5658；松树（径3至5分）每株0.3109；杨树（径1.8至2寸）每株0.2；柳树（高1.2丈径2.5寸）每株0.2；柳枝每枝0.07
鲜花	时鲜花每把0.01；栀子花每枝0.009
绢花纸花	绫绢大供花（高4尺）每对1.6；二号供花（高2.5尺）每对0.35；头号金花（高3.5尺）每对0.72；二号金花每对0.45；三号金绢花每对0.27；头号灯草花（高3.5尺）每对0.45；二号灯草花每对0.36；小灯草花每对0.225；宴花每枝0.027；杂色绢花每枝0.009；红纸顶花每朵0.005；像生宫花每对0.54
花器	种花瓦盆（高1.2尺径1.2尺）每个0.09；古铜花瓶（高1.5尺每对重7.5斤）每对5；瓷花瓶（高1尺）每对0.6；荆条花罩每尺0.015

表12　日用杂品

锁	铜锁（重1斤/10两/6两）每把0.4/0.25/0.15；铁锁（长4/3/2寸）每把0.08/0.06/0.02835；铁方锁（长3.2寸）每把0.04；徽锁（长2寸）每把0.04
度量衡	一千两大天平架子（铜盘铁梁铁索全）每架3；一百两小天平架子（铜盘铜梁铜索全）每架1.8；大秤（称100至500斤）每杆0.8；小秤（称10至50斤）每杆0.25；小盘秤每杆0.15；大戥（称50至100两）每把0.5；小戥子（称10至30两）每把0.18；杉木斛（连铁料）每个0.9；杉木斗（连铁料）每个0.369；杉木升（连铁料）每个0.108；杉木星（连铁料）每个0.0999；量米斗（无铁料）每个0.108；木升（无铁料）每个0.054；算盘（11位）每面0.18
帚掸刷	棕笤帚（长5寸）每把0.09；笤帚（长2丈）每把0.08；笤帚每把0.005；秫秸笤帚每把0.009；笤帚杆每根0.02；炊帚每把0.0036；纺丝掸帚每把0.1；黄布掸帚每把0.06；红油竹扫帚每把0.09；大扫帚0.04；小扫帚（长1.8尺）每把0.036；野鸡毛掸帚每把0.2；鸡毛掸帚（长1丈）每把0.2；狮子头二号鸡毛掸帚每把0.135；鸡翎手掸每把0.035；大掸帚每把0.16；蝇拂子每个0.045；棕刷子每把0.05；猪鬃小刷子每把0.03；马连刷子每把0.004；大糊刷每把0.015；小糊刷每把0.0067
杂物	铜镜（径8/3寸）每面0.4/0.15；木梳每个0.027；执事大雨伞每把1；朱红宝盖（径2/1.5尺）每个0.12/0.1；雕刻云龙象牙钥匙牌（长5寸宽4寸厚6分）每块1.35；绿头牌（长1.1尺宽2寸/长1尺宽1寸/长9寸宽9分/长8寸宽8分）每块0.1/0.03/0.027/0.024；挂牌每面0.09；木牌（高4尺）每块0.1386；蛤蚌方素窗户眼每块0.012；拉门皮条每根0.018；装一千两木鞘并铁箍四道钉锔全每个0.375；木碓每个0.18；撑杆（长8尺径1寸）每根0.09；红油旗杆连顶每根0.04；扒柄（长6尺径1.5寸）每根0.05；红油无量杆（长1.1丈径4寸）每根0.5；红油木杠（长6尺径1.5寸）每根0.08；木杠（长7尺径2.5寸）每根0.063；小木杠每根0.027；石磨盘子（径4尺厚5寸它子高1.7尺径1.5尺）每副4.8；磨刀红砂石（长1.5尺厚2尺宽5寸）每块0.059；大蒲包每个0.01

四　文具、乐器、工具与武器

表13　文具与纸张

笔	大纯毫水笔每支0.03；干判笔每支0.02；湖笔每支0.036；水笔每支0.01；大红袍笔每支0.012；大抓笔每支0.15；十六支头排笔每把0.3；画笔每支0.009
墨	顶烟徽墨每斤3.6；徽墨每斤0.6；蓝墨每斤0.342；青烟墨每斤0.04
砚	铜炙砚（重1斤3两）每个0.4；铜角砚（重4两）每个0.1；有楼铁炙砚（重1斤6两）每个0.15；无楼铁炙砚（重1斤）每个0.1；石砚（长8寸宽5寸）每块0.22；大石砚每块0.1；砚台（长3寸宽2寸）每块0.03
其他	铜界尺（长7寸重3两）每根0.08；镶边界尺（长3尺）每根0.09；铜镇纸（重2两）每个0.05；无油/有油印色每斤0.8；大骨印圈每个0.028；敕筒每个0.3/0.15；黄油描金竹筒（长8尺径4寸）每个0.81

（续表）

纸张及纸制品	黄白鹿纸（长1.2丈宽5尺）每张0.3；大白鹿纸每张0.15；各色高丽蜡花纸每张0.1；头号高丽纸每张0.08；黄高丽纸每张0.05；二号高丽纸每张0.04；洒金鲜红纸每张0.04；小官青纸每张0.0315；各色高丽纸每张0.03；各色笺纸每张0.03；衢红纸每张0.03；黄龙笺纸每张0.03；黄金笺纸每张0.03；江南纸每张0.027；大碌纸每张0.0243；双南红纸每张0.022；京红纸每张0.02；深红纸每张0.02；大白棉料呈文纸每张0.018；南红纸每张0.015；白翠榜纸每张0.012；各色毛边纸每张0.01；各色榜纸每张0.01；各色连四纸每张0.0085；各色开花连四纸每张0.01；棉料连四纸每张0.0063；竹料连四纸每张0.0055；各色连七纸每张0.0015；大连七纸每张0.0013；小连七纸每张0.0005；大刷黄连七纸每张0.0012；山东呈文纸每张0.01；夹榜纸每张0.009；木红纸每张0.008；南毛边纸每张0.007；黄本纸每张0.0065；各色呈文纸每张0.004；白棉料呈文纸每张0.004；山西呈文纸每张0.0035；月蓝绿紫色砑花纸每张0.0035；五色蜡花纸每张0.0033；直符纸每张0.0025；各色京文纸每张0.0025；山西大毛头纸每张0.00135；山西小毛头纸每张0.001；双层毛头纸每张0.00234；各色西纸每张0.0015；南小青纸每张0.015；杭州毛头纸每张0.0015；香色小笺纸每张0.0015；大曹黄纸每张0.0012；白表料纸每张0.0011；白栾纸每张0.001；将乐纸每张0.001；京高纸每张0.001；方高纸每张0.001；连四抄每张0.001；锦纸（长8寸宽6寸）每张0.001；元连纸每张0.0009；方蓝纸每张0.00067；二白栾纸每张0.00033；三白纸每张0.0003；总经黄经每本0.45；挂钱每百张0.135；纸门神（长5尺/4尺/3尺/2尺）每对0.3/0.18/1/0.062；本折子每个0.01

表14　乐器及配件

鼓	五彩抬鼓连架（面径2.4尺高1.3尺）每面4.7；抬鼓连架（面径3尺高2.2尺）每面4.5；抬鼓连架（面径2.2尺）每面1.8；五彩小鼓（面径1.8尺高8寸）每面1.25；挎鼓（径1.5尺）每面0.71；大铜鼓（径1.6尺）每对10；戏鼓每面0.9；五色串枝花鼓每面0.72；箭鼓每面0.6；鼓槌每副0.01；花鼓槌（连穗）每副0.0135；花棒槌每个0.027
锣	大铜锣（径1.8尺）每面3；云锣每架3；小响铜锣每面0.2；锣每面0.378（内含五色丝线穗0.0135）；去锣碗子每个0.3；铜锣每斤0.38；云锣槌每个0.03；锣槌每个0.03；黄皮锣号槌每个0.075；花锣槌每个0.018
其他	金钲每斤0.02；铜铙铜钹每斤0.468；铜小钹（径4寸）每对0.5；铜点子（每个重14两）每对1；钢铃（径5分）每个0.0063；大铜号（长1.75尺径6.3寸）每对6；大铜喇叭（长2.85尺径4.2寸）每对3.2；大木鱼（9寸）每个1.8；二号木鱼（6寸）每个0.9；木梆子每个0.017；筝每架1.5；琵琶每面0.8；弦子每张1；大洋笙一攒3；笙每攒2.52；箫每支0.5；乌木管子每支0.5；管子每支0.3；笛每支0.5；管哨每个0.009；花梨唢呐每对1.6；必儿他库每个0.03；琵琶弦每两0.17；笙簧片每片0.013；笙末每桶0.009；稳弦（长6尺）每根0.014

表15　工具与农具

刀斧	铡刀（连床长3/2.5尺）每副1.2/0.77；裁刀（长1.3尺宽1尺）每把0.4；弯刀（长1.4尺宽2.5寸）每把0.18；库刀（重1斤）每把0.1；镰刀（重12两）每把0.07；马蹄钢刀（重3斤）每把0.63；斧子（重1斤/10两）每把0.108/0.072
剪钳	剪羊毛剪子（重12两）每把0.2；核桃剪（重2两）每把0.05；铁烛剪（长4寸）每把0.03；钢剪每把0.2；铁剪子每把0.045；铜烛剪（重10两）每把0.05；铁钳（重1斤14两）每把0.2
锯锉	大铁锯每个0.18；小铁锯每个0.144；钢锉（长1尺宽8分/长5寸宽4分）每把0.08/0.04；骨锉（长1.2尺宽1寸）每把0.1
锤砧	金锤（重1斤4两）每把0.1；铁锤（重8两）每把0.027；檀木榔头每把0.032；铁砧子（重5.5斤）每个0.135
凿钻	钢凿子（重6两）每把0.063；錾子（重8两）每个0.09；冰镩（重7两）每个0.045；牛角钻子每个0.054
农具	铁犁（重3斤）每个0.09；铁铧（重3斤）每个0.09；铁镢每把0.135/0.1/0.07；铁锨每把0.08/0.07/0.06；红油木锨每把0.15；红油木叉每把0.15；榆木锨每把0.045；柳木锨0.036；木耙每把0.15；木夯每把0.54/0.36；铁钩叉（重1.5斤）每把0.09；钩担每副0.1；马槽（长3尺）每面0.6；螺钿鞭子每根0.45；魁藤鞭子每把0.03

表16　武器及配件

刀枪棍	铜镀金镶宝石什件腰刀每口5；长枪每杆0.5；描金枪每杆1；贴金龙头挑杆每根0.15；六道棍每根0.006；画皮枪帽（长9寸铜托圆径6.6寸）每个0.06；枪帽（长8寸宽2寸厚1寸）每个0.033；木顶每个0.0045；杨木穗顶每个0.0018
弓箭	弓每张1.2；插箭壶大箭每支0.2；插箭壶箭每壶（计17支）0.6；桦木箭杆每根0.006；研金拘花什件撒袋每副1.7；研金不拘花什件撒袋每副1.6；铜镀金镶宝石什件撒袋每副6.8；铜镀金玲珑什件撒袋每副5.8；倭缎镀金什件箭壶每个3.4；倭缎镀金什件拉都每对7.2；倭机带（长6.3尺）每条0.09

（续表）

火器	细火药每斤0.05；粗火药每斤0.03；烘药每斤0.2；催药每斤0.144；硝每斤0.035；鸟枪铁砂每斤0.14；药捻子（长5尺）每条0.009；药线（长1.3尺）每百根0.0765；鸟枪火绳（长2丈）每条0.018；炮靶（高7尺宽5.5尺厚1.4寸）每个1.15；枪靶（高2尺宽9寸厚1寸）每个0.2；炮刷子每把0.032；榆木炮套（高3尺圆径3.4尺）每个0.8；布棉炮套（外用黄油墩布内用粗白布）每个0.597；装火药皮褡裢每个0.35；装铅子皮褡裢每个0.25；火药烘药葫芦每副0.1；铸造铅子每百斤工料银9.257；铸造铅炮子每百斤工料银8.628；铸造铅子凤尾石模子（宽5寸厚2寸）每块0.15
盔甲	马军盔甲不绣花每顶副3.3；步军盔甲不绣花挂每顶身2.7；护军甲身连盔无裙袖每顶副3.7；护心甲无盔裙围脖遮耳每副2.15；绵子铁盔每顶1.386；铁盔每顶0.9；盔缨每个0.2

五　香料、各种原料与建筑材料

表17　香料、颜料与杂料

香料	麝香每斤32；沉香每斤4；攒香每斤2.4；乳香每斤0.8；芸香每斤0.499；白檀香每斤0.48；降香每斤0.4；白檀香末每斤0.3；紫檀香每斤0.24；松香每斤0.03；苏合油每斤1.4；速香每束0.01；香饼每个0.0027；柱香长定香每束0.01；长香每束0.02；水磨头香每包0.1
颜料与杂料	冰片每斤32；明光漆每斤0.5；熟漆每斤0.7；黑漆每斤0.376；生漆每斤0.6；龙罩漆每斤0.48；广熟漆每斤0.7；点生漆每斤0.45；白退光漆1；退光漆每斤0.8；广生漆每斤0.6；靛光漆每斤0.45；金漆每斤0.3；石碌每斤0.63；石大碌每斤0.5；石二碌每斤0.5；石三碌每斤0.35；大碌每斤0.151；二碌每斤0.144；松花石大碌每斤0.64；松花石三碌每斤0.6；松花石碌每斤0.45；铜碌每斤0.11；锅巴碌每斤0.16；紫艳青每斤3.488；梅花青每斤3.2；天大青每斤1.4；天二青每斤3.5；石三青每斤0.45；沥青每斤0.015；黑卤砂每斤9.6；石卤砂每斤4.8；盐卤砂每斤4.8；箭头朱砂每斤3；朱砂末每斤1.5；硼砂每斤0.25；宝砂每斤0.02；马牙砂每斗0.045；雄黄每斤0.8；明黄每斤0.8；漆黄每斤0.34；藤黄每斤0.25；石黄每斤0.16；油黄每斤0.05；姜黄每斤0.045；彩黄每斤0.04；土黄每斤0.018；泡黄每斤0.012；双料红花水每斤0.3；漆朱每斤0.6；银朱每斤0.46；银朱锭每斤0.56；川二朱每斤0.556；红/黄标朱每斤0.46；黄/白/黑矾每斤0.01；鱼胶每斤0.1；广胶每斤0.06；水胶每斤0.03；白煎油每斤0.2；贴金油每斤0.06；熟桐油每斤0.06；桐油每斤0.05；苏油每斤0.04；乌棓子每斤0.04；五棓子每斤0.023；广靛花每斤0.4；水靛花每斤0.054；栀子每斤0.041；苏木每斤0.05；黄栌木每斤0.022；茜草每斤0.1；白药茜每斤0.065；苍术每斤0.045；黄柏每斤0.16；黄丹每斤0.16；红棉每斤0.0038；乌梅每斤0.064；槐子每斤0.045；宝砂泥每斤0.045；潮脑每斤0.7；水银每斤0.55；陀僧每斤0.12；滑石每斤0.12；香墨每斤0.5；松烟每斤0.04；烟子每斤0.04；五色南硝子（珠细小者）每斤0.8；蒲草每斤0.005；胭脂每个0.01；单红胭脂每个0.006；神光每个0.004；海八每个0.001；泥稔草每担0.06；巴篓草每担0.07

表18　金属及其制品

金银	头等赤金每两10；二等赤金每两9；红泥金每两16.25；黄泥金每两13.75；红飞金（见方3.3/3寸）每块5.7/4.71；黄飞金（见方3.3/3寸）每块4.7/3.884；鱼子金每块1.8；红金皮每张0.1；黄金皮每张0.09；羊皮金每张0.16；章金每张0.0055；银累丝镀金带束（重2.5钱）每对0.625；章银每张0.0045；金银箔每张0.00015；银皮每张0.06
铜	白铜（成色十足）每斤1.4；熟铜每斤0.23；生铜每斤0.18；红黄铜丝每斤0.38；红黄铜叶每斤0.23；铜什件每斤0.23；小铜钉每百个0.117；铜法马每斤0.27；铜制子（长4寸重10两）每个0.05；铜模子（重4两）每个0.1；银模子（1钱/2钱/3钱/5钱/1两/4两/10两/50两）每个0.045/0.072/0.09/0.117/0.135/0.18/0.27/0.63
钢铁	钢每斤0.085；生铁每斤0.004；好熟铁每斤0.027；平常熟铁每斤0.0225；挫白铁料每斤0.07；生铁方砖灶门等项每斤0.02；铁条（长3尺径5分）每根0.17；铁索（长1尺重1斤）每条0.045；铁索（长5尺）每条0.12；熟铁顶火铁索等项每斤0.05；铁花丝每斤0.24；檐网铁丝每斤0.12；黄米条铁丝每斤0.1；黄豆条铁丝0.072；绿豆条铁丝每斤0.07；油条铁丝每斤0.098；锉磨亮钉每百个0.153；铁泡子钉每百个0.054；蘑菇钉每斤0.045；象鼻捏头枣核钉每斤0.029；雨点钉每百个0.025/0.0153/0.012；standard铁寿钉每个0.0153；熟铁钉橛等项每斤0.045；双连顶圆帽每斤0.032；梭叶每斤0.038；铁门叶每张0.036；铁键每块0.006；铁滑车（径2寸连铁圈）每副0.025；铁鬼脸（长5寸宽6寸重2斤）每个0.09；铁拍子每个0.045；铁马蹄每副0.1085；铁链手脚铐每斤0.05；小旗铁顶（径2寸高2.2寸重1斤2两）每个0.09
铅	黑铅每斤0.075；减等高锡每斤0.2；碗锡每斤0.108；中等锡器皿每斤0.145/0.18

表19　皮筋角尾翎

皮	生牛皮每张0.85；净血牛皮每张0.9；熟牛皮每张2；熏花儿牛皮每张1.5；熏牛皮每张0.9；牛皮绊每个0.4；马皮擦连每张0.72；马皮擦连（连脖股）每张0.85；马皮斜皮每张0.445；马脖皮每张0.2；骡皮擦连每张1.3；大骡子擦连斜皮每张0.48；驴股皮每张0.35；山羊皮每张0.2；黑羊皮每张0.3；老羊皮每张0.18；无毛羊皮每张0.16；猪皮每张0.23；红豹皮每张2.3；狐皮1.7；大黄鹿皮每张0.85；大鹿皮每张0.8；红鹿皮每张0.4；白鹿皮每张0.18；蟒皮（方8寸）每块0.2；沙鱼皮每张0.08

（续表）

筋	牛筋每斤0.15
角	牛角尖每个0.036；水牛角片（见方4寸厚5分）每块0.045；黑白羊角每对0.06；明羊角钩每只0.05；羊角片（长1.2尺宽5寸）每块0.25；鹿角尖每块0.01
尾	牛尾每斤0.27；长黑白红犀牛尾每斤2.4；寒羊尾每斤0.08；染红马尾每斤0.64；马头尾每副0.765；红大毛豹尾每个0.6；狐皮尾每个0.03；灰鼠尾每个0.005
翎	孔雀翎每根0.04；芝麻雕翎每副0.23；雕翎每根0.05；雉鸡翎每根0.07；校尉黄翎每根0.021；文生羽翎每根0.063

表20　竹木及枝叶

竹	猫竹（长2.4丈径4寸）每根0.3；笙竹（长2丈径1.2寸）每根0.081；薰竹竿（长2至2.5丈径1.5寸）每根0.04；细竹竿（径3分）每根0.015；冈竹每根0.15；细紫竹每根0.1；黄古竹每根0.081；实心竹（长1丈径6分）每根0.07；玉竹每根0.17；花竿竹（长1.3丈径5分）每根0.019；风阻竹（长2丈径1.2寸）每根0.65；虈竿（长1.3丈径1.8寸）每根0.05；小旗杆（长8尺径7分）每根0.03；熏竹篙（长1.7丈上径3.5寸下径4.5寸）每根0.2；竹杠（长6尺径3寸）每根0.07；有枝青竹每根0.1；竹片（长8尺宽7分）每块0.009；斑竹板每块0.033；水竹每斤0.85；竹筏每斤0.035
松木	黄松（长3.5丈径2.2/2/1.5/1尺）每根86.4/69.897/28772/5.496、（长2.5丈径2.2/2/1.5/1尺）每根49.143/42.037/20.552/4.121、（长1.1丈径2.2/2/1.5/1尺）每根15.628/13.467/5.814/1.281、（径0.5尺长1.5/1/0.5丈）每根0.93/0.51/0.27；红松（长3.5丈径2.2尺）每根76.8/62.13/25.576/5.26、（长2.5丈径2.2/2/1.5/1尺）每根43.683/37.366/18.268/3.904、（长1.1丈径2.2/2/1.5/1尺）每根13.892/11.971/5.168/1.213、（径0.5尺长1.5/1/0.5丈）每根0.883/0.484/0.256；夹板木（长3尺宽2.5尺）每副0.18 松橔木（长1丈宽1尺厚7寸）每料1.5、（长9尺宽1尺厚7寸）每料1.35、（长8尺宽1尺厚7寸）每料1.2、（长7尺宽1尺厚7寸）每料1.05；松橔（径9寸厚1.5寸）每块0.0108
柏木	柏木（长1.7丈小径1.6尺）每根95.262、（长1.4丈小径9寸）每根9.295、（长1.45丈小径1.6尺）每根74.837、（长1.3丈小径1.6尺）每根64.858、（长1.25丈小径1.2尺）每根14.287、（长1.1丈小径1.4尺）每根26.328、（长1.1丈小径1.2尺）每根12.485、（长1丈小径1尺）每根7.344、（长1丈小径9寸）每根5.829、（长1.1丈径8寸）每根6.462；地钉（长1丈径5寸）每根0.243；板（长1丈宽1尺厚1寸）每块1.133
椴木	椴木（长1.5丈径1.1尺）每根1.62、（长1.5丈径1尺）每根1.53、（长1.3丈径1.2尺）每根1.44、（长1丈径6寸）每根1.08；（见方1尺）每块0.118；椴木马每个0.003；椴木每斤0.00162 紫椴木（长1丈径1.2尺）每根2.601、（长1丈径1尺）每根1.951；（见方1尺）每块0.49
榆木	榆木（长1.4丈径5寸）每根1.62、（长1丈径1尺）每根3.15、（长1丈径8寸）每根2.7、（长1丈径6寸）每根1.359、（长1丈径4寸）每根0.925、（长7尺径7寸）每根1.62、（长6.5尺径5寸）每根0.682、（长5尺径4寸）每根0.45、（长5尺径3寸）每根0.36、（长3.5尺径2尺）每根2.52；（见方1尺）每块0.585；杠（长1.5丈径4寸/长7尺径3寸）每根1.432/0.5287；扁担（长6尺）每根0.08
杉木	杉木（长2.3丈大径1.3尺小径7寸）每根7.47、（长1尺宽1寸）每根0.0055；板（长1丈宽1尺厚1寸）每块0.489；（见方1尺）每块0.499；紫香杉木（见方1尺）每块4.626 桐皮槁（长2.4至1.6丈径3寸）每根0.18、（长1.8至2丈）每根0.11、（长1.6至1.9丈）每根0.08、（长1.5至1.8丈）每根0.07、（长1.7至2丈）每根0.09；太湖槁（长2.8至3.2丈）每根0.4
梨木	梨木板（长1.2尺宽1.5尺厚1.3寸）每块0.234、（长1.2尺宽1尺厚1寸）块0.12、（长5尺宽1尺厚2寸）每块1、（长1.7尺宽1.35尺厚1.2寸）每块0.2754、（长1.3尺宽1.1尺厚1.2寸）每块0.1716、（长1.9尺宽1.6尺厚1.2寸）每块0.3648；（见方1尺）每块1.458 花梨木（长3.5尺见方4寸）每根2.5263、（长1.3尺径1尺）每根4.464 茶梨木（长2.5尺见方2尺）每块1.98 铁梨木（长2.8尺宽1.9尺厚3寸）每块7.2
檀木	檀木（长6尺径6寸）每根0.36、（长1尺径1尺）每根0.102；棍（长5至7尺径1.5寸）每根0.03；把（长3尺）每根0.18；车轴（长1丈2尺径1尺）每根8；滑子（长7寸）每个0.01；拐子（长2.5寸）每个钱4文；橛子（长1.2尺径1寸）每个钱6文 紫檀木每斤0.24
槐木	槐木（长5尺径1.2尺）每根0.99；（见方1尺）每块0.72；扶条（长2尺宽3寸厚2寸）每根0.045；车轴（长7尺径7寸）每根1.2；车头（长1.2尺径1.2尺）每个0.45
桅木	桅木（长7.5丈大径1.8尺小径7寸）每根68、（长6.5丈大径1.5尺小径7寸）每根41.6、（长5丈大径1.2尺小径7寸）每根14、（长4丈大径1尺小径7寸）每根10
架木	架木（长4丈大径7寸）每根1.728、（长4丈大径6寸）每根1.008、（长3丈大径4寸）每根0.633；通梢架木（长1.8至2.3丈）每根0.26、（长3至2.4丈）每根0.35、（长2.1丈径3寸）每根0.45、（长1.7至2丈）每根0.22
其他木材	楠木（长6尺径1尺）每根5.4；（见方1尺）每块3.595 栗木（长9尺径8寸）每根1.68、（长5尺径1.2尺）每根1.4 樟木（见方1尺）每块0.9 桐木（长7尺径2尺）每根10.499；（见方1尺）每块0.9 枣木（长3尺径4寸）每块0.378；油榧每个0.18/0.027；辋（长1.5尺宽5.5寸厚4寸）每块0.306 杨木（长1丈径9寸）每根0.54；板（长7尺宽1.2尺厚2寸）每块0.45 柳木（长2.5丈径2尺）每根1.44；板（长5尺宽1尺厚1寸）每块0.216；杠（长6尺径2寸）每根0.036 桦木（长5尺径8寸）每根1.35；桦木刀把（长4寸）每把0.027 香椿木（见方1尺）每块1.133 银杏木（见方1尺）每块2.016

（续表）

枝叶等	白柳条每斤0.0252；青柳条每斤0.023；松柏枝每斤0.002；柏树叶每斤0.003；南芦叶每斤0.084；箬叶每斤0.09；桦皮（长2尺径4寸）每块0.2；暖木皮每两0.018；秋皮每斤0.011；藤皮每斤0.55；魁藤每斤0.2；马尾藤（即白线藤）每斤0.5；枣茨每斤0.003

说明：原书所列松、桅、椴等木规格较多，本表选择几种不同规格列入。

表21　砖瓦石灰土

砖坯	新样细泥砖（长1.5尺宽7.5寸厚4寸）每个0.035；旧样城砖（长1.5尺宽7.5寸厚4寸）每个0.021；尺二方砖（厚1.8寸）每个0.0171；尺二料半细泥方砖每个0.0297；尺四细泥方砖（厚2寸）每个0.033；尺七细泥方砖每个0.078；二尺细泥方砖每个0.12；二尺二寸细泥方砖每个0.138；二尺四寸方砖每个0.166；停泥滚子砖（长9.5寸宽4.7寸厚2寸）每个0.007；沙滚子砖（长9.5寸宽4.7寸厚2寸）每个0.0031；沙斧刃砖（长9寸宽4.5寸厚1.8寸）每个0.002；减角砖每个0.0018；汤泉烧造临清式样砖每块0.144；土坯每个0.001
瓦	头号筒瓦（长1.1尺宽4.4寸）每个0.004；二号筒瓦（长9.5寸口宽3.8寸）每个0.003；三号筒瓦（长7.5寸口宽3.2寸）每个0.002；十号筒瓦（长4.5寸口宽2.5寸）每个0.0015；头号板瓦（长9寸宽8寸）每个0.0015；二号板瓦（长8寸宽7寸）每个0.0013；三号板瓦（长7寸宽6寸）每个0.0011；十号板瓦（长4.3寸宽3.8寸）每个0.001；二号/三号/十号罗锅瓦每个0.0037/0.003/0.0；头号/二号/十号折腰瓦每个0.0019/0.0016/0.0012；头号/二号花边瓦每片0.004/0.003
建筑构件	头号/二号/三号/十号勾滴每个0.005/0.0037/0.003/0.002；头号兽头（1.8至3.5尺）每只0.7；二号兽头（1.4至1.6尺）每只0.5；三号兽头（1.2尺）每只0.35；四号兽头（6至8寸）每只0.15；头号/二号/三号/四号狮子每件0.07/0.065/0.055/0.0495；剑把背兽每件0.06；素通脊（长1.7尺高9寸/长1.5尺高8寸）每件0.11/0.1；花通脊（长1.65尺高8寸/长1.2尺高6寸）每件0.12/0.09；素垂脊（长1.2尺高6寸）每件0.08；垂兽（长1至0.8尺）每件0.15；十号狮马每件0.04
石砂灰土	棕荐石（长1.8尺宽8寸厚5寸）每块0.255；羊肝石每斤0.008；马牙石每斤0.16；石片每斤0.01；石头子每斗0.72；红绿石头（见方3分）每块0.03；河光砂每斤0.05；黄砂每筐0.03；青白灰每千斤1.1757；禅房峪烧造白灰每千斤1.71；砖灰每斗0.045；青坩土每斤0.0015；胶煤土每车0.08；煤土每车（重200斤）0.09；黄土（见方1丈高2.5尺）每方1.17；大粒砂子土每车0.18；泥弹（圆径1寸）每百个0.08

六　与《须知》同类物品的价格比较

从上列表格可以看出，《价值》所载物品种类繁多，而明代《须知》亦是如此。但由于物品名称、规格和计价单位存在差别，能够直接进行价格比对的物品，除颜料和杂料之外并不太多。兹将《须知》（《须知》未载而见于《万历会计录》和《宛署杂记》的物品，也列入以供参考）与《价值》所载类型相同或相近的物品汇总整理为表22，并简单做点说明和分析。

表22　《须知》与《价值》同类物品价格对照

食品	白面每斤0.008//0.014；江米每石1//2.52；香油每斤0.028//0.044；碱每斤0.005//0.02；乌梅每斤0.02//0.064；蜂蜜每斤[0.032-0.055]//0.16；花椒每斤[0.05]//0.08；茶叶每斤[0.02-0.025]//0.058；盐每斤[0.006-0.007]//0.012；红枣每斤[0.013]//0.0135
燃料	木柴每百斤0.125-0.35//0.162-0.3；炭每百斤0.12-0.75//0.225；白炭每百斤0.49-1.113//1.1；煤每百斤[0.1-0.12]//0.26-0.27；煤砟每百斤0.13//0.28
丝与丝线	生丝每斤0.5//0.9；生丝线每斤0.48//1.44；黄生丝线//黄丝每斤0.5//1.49；各色熟丝细线//各色绢线每斤0.9/0.87//2.2
棉与棉布	熟棉花每斤0.07//0.09；棉线每斤0.12//0.21；粗白棉布//白粗布每丈0.094//0.09；细三梭布//各色三梭布每丈0.09//0.205；腰机夏布//夏布每匹0.35//0.45；青细棉布//细蓝布每丈0.105//0.35
麻与麻布	苎麻每斤[0.1]//0.1458；苘麻每斤0.01-0.016//0.0162-0.02；白川线麻//川麻/线麻每斤0.03//0.17/0.06；麻线//苎麻线每斤0.11//0.5；白麻绳//线麻绳每斤0.028//0.07；麻布每匹0.2//0.216；苎布每丈0.1//0.05
羊毛	羊毛//白羊毛每斤0.05//0.3；白山羊绒//细山羊绒每斤0.3//0.6；红毡//单红毡/双红毡每平方尺0.025//0.026//0.045
棕	棕毛每斤0.04//0.045；树棕//木棕每斤0.035//0.1
服饰	进士巾//公子巾每顶0.2//0.31；履靴//布靴每双0.4//0.6；白夹布袜//白布袜（夹的）每双0.15//0.16；毡袜每双0.2//0.27；黑真牛皮靴//牛皮靴每双0.28//0.56；鹿皮靴//鹿皮靴每双1.5//1.2；蓑衣每件[0.03]//0.3

（续表）

家具	红油桌//红油高桌/矮桌每张0.3//1.2/0.55；卷箱//红油卷箱每个0.5//0.53；木凳//高板凳每条0.2//0.15；苇席每平方尺0.001//0.0016-0.0025；斜席//合纹细席/双纹粗席每领0.015-0.025//0.65/0.36；苇箔每平方尺0.008//0.01
厨具器皿	烧汤铁锅（口径4.5尺）//大西铁锅（口径3尺）每口0.5//1.05；大广锅每口0.17//0.6-1.5；小铁锅每口0.04//0.315；切刀//菜刀每把[0.05]//0.1；铁勺//铁马勺每个0.03//0.015-0.11；铜茶匙每个0.005//0.0035；乌木筷十双//每把0.04//0.1；汤碗每个0.015//0.015；饭碗每个0.01//0.018；瓷碟//小菜碟每个0.005//0.01；缸每口0.1-0.15//0.27-0.9；瓷瓶//粗瓷瓶每个0.01//0.054-0.267；花瓶//瓷花瓶每个0.02//0.3；瓷茶盅每个0.01//0.01；瓷酒盅每个0.01//0.03；水斗每个[0.015]//0.03；把桶每只0.02//0.04；挑水桶（担钩全）//铁箍水桶每只0.1//0.198；抬桶每口[0.2-0.25]//0.23；木桶每只[0.06-0.2]//0.077-0.135；火盆//小铁火盆每个0.14//0.225；锅盖每个[0.01]//0.05-0.12；笊篱每个0.005//0.005；水瓢每个0.01-0.02//0.02；荆筐每个[0.025-1]//0.15-0.8；荆笆每个[0.01]//0.24；竹箩每个[0.1]//0.09；柳条簸箕每个[0.02/0.03]//0.025-0.054；竹筛每个0.01//0.4
日用杂物	铁锁每把0.035//0.03-0.08；苗扫帚//扫帚每把[0.01]//0.036-0.04；竹扫帚//红油竹扫帚每把[0.015-0.02]//0.09；笤帚每把[0.005/0.01]//0.005-0.08；刷帚//炊帚每把[0.008]//0.0036；磨刀石//磨刀红砂石每块0.03//0.059；稻草每百斤0.18//0.18；苇子每百斤0.17//0.54
香料	沉香每斤[1.45]//4；白檀香每斤[0.6]//0.48；降真香//降香每斤[0.1-0.19]//0.4；松香每斤0.02//0.03
颜料杂料	光漆//明光漆每斤0.3//0.5；熟黑漆//黑漆每斤0.15//0.376；广漆//广熟漆每斤0.055//0.7；生漆//点生漆每斤0.065//0.45；熟金漆//金漆每斤0.24//0.3；石大碌每斤0.07//0.5；大碌每斤0.07//0.151；二碌每斤0.055//0.144；天大青每斤2//1.4；天二青每斤1.4//3.5；石三青每斤0.28//0.45；沥青每斤0.025//0.015；硼砂每斤0.55//0.25；雄黄每斤0.35//0.8；漆黄每斤0.03//0.34；石黄每斤0.042//0.16；姜黄每斤[0.006]//0.045；土黄每斤0.03//0.018；银朱每斤0.435//0.46；白矾每斤0.004//0.01；广胶每斤0.025//0.06；水胶每斤0.017-0.08//0.03；贴金油每斤[0.16]//0.06；桐油每斤0.03-0.036//0.05-0.06；五倍子每斤0.03//0.023；苏木每斤0.09//0.05；黄栌木每斤[0.02]//0.022；茜草每斤0.1//0.1；苍术每斤[0.01]//0.045；黄丹每斤0.037//0.16；槐子每斤0.01//0.045；胭脂每个0.0005//0.006-0.01；水银每斤0.73//0.55；陀僧每斤[0.015]//0.12；松烟每斤[0.01]//0.04；烟子每斤0.005//0.04
照明用品	蜡烛//白蜡烛每斤[0.08]//0.35；白蜡每斤[0.34]//0.45；黄蜡每斤0.12-0.16//0.2；油烛//柏油烛每斤0.08-0.1//0.08；火把每根[0.01]//0.01；灯草每斤[0.04]//0.23
文具纸张	大笔//大纯毫水笔每支[0.03]//0.03；判笔每支[0.015-0.02]//0.02；好墨//徽墨每斤[0.48]//0.6；墨//蓝墨每斤[0.3-0.64]//0.342；灸砚每个0.008//0.1-0.4；印色每斤0.8//0.8；锡池//盛印色锡池木匣每个0.07//0.18；黄红绫壳本匣//黄绫二寸本匣每个0.2//0.3；连四纸每百张[0.7]//0.85；连七纸每百张0.04-0.045//0.05-0.15；呈文纸每百张0.122-0.24//0.4；黄本纸每百张[0.6]//0.65；栾纸每百张[0.08]//0.1
农具	斧子每把[0.03]//0.072-0.108；铁镬每把[0.05]//0.07-0.135；铁锨每把[0.04/0.05]//0.06-0.08；木锨//榆木锨/柳木锨每把[0.03]//0.036/0.045；木耙每把[0.03]//0.15
金属	足色金//头等赤金/二等赤金每两6//10/9；红熟铜//熟铜每斤0.095//0.23；生铜每斤[0.05]//0.18；红熟铜丝//红黄铜丝每斤0.21//0.38；钢每斤0.0365//0.085；生铁每斤0.006//0.004；熟建铁//好熟铁每斤0.016-0.02//0.027；绿豆铁线//绿豆条铁丝每斤0.04//0.07；黑铅每斤[0.035]//0.075；锡//减等高锡每斤0.08//0.2
皮筋角翎	生黄牛皮//生牛皮每张0.36//0.85；山羊皮每张0.2//0.2；白硝鹿皮//鹿皮每张0.48//0.18-0.85；沙鱼皮0.15//0.08；牛筋每斤0.127//0.15；明羊角每只0.03//0.05；白雕翎/黑雕翎//芝麻雕翎/雕翎每根0.014/0.015//0.23/0.05；雉鸡尾翎//雉鸡翎每根0.007//0.07

说明：1.《须知》价格（少数采自《万历会计录》《宛署杂记》的价格加"[]"标示）在前，《价值》价格在后，中间用"//"隔开。2.如果《价值》与《须知》所载同种物品有数种价格，只选取最低价和最高价，中间用"-"隔开。3.如遇《须知》与《价值》计价单位不同者，本表以《价值》为基准对《须知》计价单位做了换算。

在物价研究中，食品价格因与生活水平密切相关而受到特别关注。但由于《价值》的使用对象主要是工部，所以只提到少数一些被作为物料使用的食品。同类食品价格见于《须知》者，有白面、江米、香油、碱，其价格均较《价值》低了不少，如白面价格《价值》是《须知》的175%，江米价格更是高达252%。此外，《万历会计录》《宛署杂记》载有红枣、茶叶、蜂蜜、花椒、盐的价格，除红枣价格较为接近外，其他也都比《价值》低了不少。上举可资对比的食品虽仅9种，但《价值》价格都相对较高。

作为生活必需品的燃料，当时主要有柴、炭、煤等。煤和煤砟的价格，《价值》与《须知》等书相比也高出一倍有余。木柴和木炭因质量不同，两书都记载多个价格而且差距较大，但两相对比，《价值》的最低价也明显更高。

《价值》丝类的价格，较《须知》等书也高出很多，以生丝和生丝线为例，前者分别是后者的180%和

300%。两书所载丝织品种类较多，但名称相同者为数不多，而且《须知》大多以匹计价，而《价值》大多以丈计价。古代虽有1匹等于4丈的说法，但查看《须知》标明尺寸的丝织品，每匹长3丈6尺、3丈2尺不等，难以直接换算比对。根据《须知》所标尺寸，可计算出部分丝织品的丈价，如潞绸每丈0.722两、苏州绢每丈0.4两、黄杭细绢每丈0.375两、红细熟大绢每丈0.265两、蓝细熟大绢每丈0.2两、绿细熟大绢每丈0.21两、红/青生绢每丈0.2两、黄绢每丈0.153、红纱每丈0.5两、杭纱每丈0.31两、黄纱绫每丈0.25两等。《价值》载蓝大潞绸每丈1.8两、白熟细画绢每丈0.78两、生绢每丈0.36两、黄蓝绢每丈0.36两、桃红纱每丈1.5两、白云纱每丈0.725、银条纱每丈0.5两，因名称不尽相同，难以得出确切结论，但似乎也是《价值》价格较高。

棉、麻、毛、棕方面，《价值》大多数也高于《须知》等书价格。以名称相同的几种为例，前者相对于后者的百分比是：熟棉花128%、棉线175%、苎麻146%、苘麻162%～125%、麻布108%、苎布50%、羊毛600%、山羊绒200%、棕毛113%、木棕286%，除苎布外，都是《价值》价格较高。特别是夏布，《须知》腰机夏布宽1.6尺，而《价值》夏布宽1.3尺，但后者却是前者价格的128%。

服饰类可资对比的不多，其中《价值》所载白夹布袜、毡袜价格略高，牛皮靴价格高出甚多。《须知》载白硝鹿皮每张0.48两、麂皮每张0.45两，鹿皮价格稍高，但《须知》麂皮靴价格高于《价值》鹿皮靴价格，这可能因为《须知》麂皮靴系“朝鲜陪臣特用”，所以价格要贵一些。

香料和蜡烛价格，除白檀香和油烛外，其他都是《价值》价格较高。颜料和杂料品名相同或相近者数量最多，共有37种，其中《价值》价格较低者只有8种，即天大青、沥青、硼砂、土黄、贴金油、五倍子、苏木、水银。不过，该书载天大青每斤1.4两、天二青每斤3.5两，可能是将两者价格弄颠倒了，若如此则天大青价格也高于《须知》所载者。细加比较，《价值》有些物料价格高出甚多，如白矾为250%、二碌为262%、石黄为381%、黄丹为432%、石大碌为714%、烟子为800%、漆黄为1133%。

金属方面，《须知》足色金每两值银6两，而《价值》二等赤金每两值银9两，看来金银比价有所升高。铜、钢、铅、锡的价格，《价值》较《须知》等书所载为高。生铁的价格，《价值》每斤0.004两，比《须知》每斤0.006两要低一些。但《价值》绿豆条铁丝每斤0.07两，又高于《须知》绿豆铁线每斤0.04两。此外，《价值》平常熟铁每斤0.0225两、好熟铁每斤0.027两，也都略高于《须知》熟建铁每斤0.016～0.02两。综合铁类物品看，《价值》的价格还是略高一些。

木材是工部使用较多的物料，《须知》和《价值》两书都记载较多，但品种和型号大多并不对应。从可以相互比较的几种看，《价值》明显高于《须知》。以松木为例，有两个型号大致可以对应：《须知》长1.6丈、围4.6尺（折合径1.46尺），每根1.6两；长1.6丈、围3.6尺（折合径1.15尺），每根1.4两。《价值》长1.6丈、径1.4尺，每根黄松7.797两、红松6.931两；长1.6丈、径1.1尺，每根黄松3.038两、红松2.878两。即以价格稍低的红松为标准，《价值》也大大高于《须知》。再如杉木，《须知》长3.5丈、围4.5尺（折合径1.43尺）者每根5.5两，而《价值》长2.3丈、大径1.3尺、小径7寸者每根7.47两；榆木，《须知》长1丈、围3尺（折合径9.55寸）者每根0.5两，而《价值》长1丈、径6寸者每根1.359两；栗木，《须知》长1丈、围2.5尺（折合径7.96寸）者每根1.08两，而《价值》长9尺、径8寸者每根1.68两。两相比较，后者也贵了不少。

除上述物品外，家具、厨具、文具、纸张以及各种日用杂物等等，受规格和质量影响，同类物品价格差别较大。《价值》和《须知》等书所载此类物品有些名称相同或相近，但因不清楚其规格和质量，难以对价格水平进行评估。表22将名称相同或相近者罗列在一起，聊供读者参考而已。

七 余论：工资水平的变化

通过上述比较，可以得出这样一个初步判断，清朝雍乾之际北京市场的物价水平，比明朝万历年间有较大幅度的上升。彭信威曾以大米价格为例，对明清白银购买力变动做过考察，如以指数表示：15世纪为100，16世纪为61.83，17世纪为41.80，18世纪为27.78，19世纪为17.37[1]。看来白银购买力呈现出长期持续的下降趋势。

那么，随着粮食和基本生活物品价格的上升，工资水平是否也出现了同步增长呢？《价值》所载物料几乎都以白银计价，但工资却以铜钱支给（详见表23）。清代从顺治年间开始，官定银、钱比价固定为银1两兑钱1000文，但实际上银、钱比价经常发生波动，不同时间、不同地域差别很大。关于雍乾之际北京的银、钱比价，相关记载不多，雍正九年（1731）户部议言："五城十厂粜卖成色米所得钱文，发五城钱铺，照定价九百五十文兑换。"[2]这是官定比价，可能有意提高了白银价值。乾隆二年（1737），户部会同提督衙门奏言："见在京城，每纹银一两，换大制钱八百文，较之往时稍觉昂贵。"[3]可以据此比例将铜钱工资折算为白银。

表23 《价值》所载工资数据

种　类	旧　例	新　定
木石砖瓦油画等匠	每日长工给钱180文、短工140文	不论长、短给钱154文
搭材	每日长工给钱170文、短工140文	不论长、短给钱140文
夯硪夫	每日给钱130文	给钱100文
壮夫	每日长工给钱80文、短工60文	不论长、短给钱75文

表23显示，在此次核定物价之前，长工和短工的工资有所差异，此次核定将两者拉平，工资最高者每日154文，最低者每日75文，整体看来有所下降。按照前述银1两兑钱800文的比例，154文折合白银0.1925两、75文折合白银0.09375两。从表1可知，当时白面每斤0.014两。据此计算，清朝雍乾之际日工资最高者可买白面13.75斤、最低者可买6.7斤。查检《须知》，明朝万历年间工部雇用的劳动者，分为匠和夫两个等级，匠、夫又各分为长工和短工，工资均有所差异，其中最高者每工0.07两，最低者每工0.03两。当时白面每斤0.008两。据此计算，则日工资最高者可买白面8.75斤，最低者可买3.75斤。两相对比，前者比后者要多出不少。由此看来，从明朝后期到清朝中期，工资的增长幅度要比粮价增幅更高一些，民众生活水平可能有所提高。当然这只是一个初步判断，还需要收集其他来源的物价和工资数据加以验证。

[作者单位：北京行政学院]

1 彭信威：《中国货币史》，上海人民出版社，2015年，第629页。
2 《清文献通考》卷三二《市籴考一》，《景印文渊阁四库全书》第632册，台湾"商务印书馆"，1986年，第673页。
3 《清文献通考》卷一六《钱币考四》，第330页。

"正大光明"匾辨析

Differentiation and Analysis on the "Upright and Pure in Mind" Plaque

尹一梅

Yin Yimei

内容提要：

乾清宫中的"正大光明"匾是一块墨拓纸匾，除顺治帝的书迹外，其上还有康熙、乾隆二帝的跋文。本文对匾额刻石的原因、刻石何时完成、跋文书写时间等方面进行了分析与阐释，同时对故宫现存的另一块"正大光明"匾予以介绍。文章梳理了清代五位皇帝的八块正大光明匾，并依据《活计档》中的资料，补充证明了乾隆帝书写安挂的正大光明匾不是两块，而至少有三块。按照时间顺序，最早的一块挂在圆明园奉三无私殿中。亦因有档案材料的支持，纠正了有学者关于奉三无私殿这座建筑名称首见于乾隆四年（1739）的误识，证实至晚于乾隆三年（1738）农历二月九日以前，"奉三无私"称谓就已经确定。

关键词：

正大光明匾　两块墨拓匾　八块匾额　奉三无私殿

ABSTRACT:

The plaque "Upright and Pure in Mind" (*Zhengda Guangming*) hanging in the Palace of Heavenly Purity *(Qianqing gong)* is a piece of ink rubbing on paper. In addition to the calligraphy by the Shunzhi Emperor (r. 1644-1661), postscripts were also added by the Kangxi (r. 1662-1722) and Qianlong Emperors (r. 1736-1795). This article analyzes and explains the reasons for carving the content of the plaque on stone, the time of its completion, and the dating of the postscripts. Additionally, another extant "Upright and Pure in Mind" plaque in the Palace Museum collection is also introduced. This article sorts out the eight identical plaques created during five emperors' reigns in the Qing dynasty (1644-1911) , and based on the information in the *Archives of the Imperial Workshops* (*Huoji dang*), proves that three instead of two such plaques were inscribed and mounted by the Qianlong Emperor. In chronological order, the earliest piece was hung in the Hall of Exercising Triple Impartiality (*Fengsan wusi dian*) in the Garden of Perfect Brightness (*Yuanming yuan*). With the support of archival materials, it corrects the scholarly misunderstanding regarding the year 1739, the fourth year of the Qianlong reign, as the earliest seen record of the name of the above-mentioned building. Records indicates before February 9th, 1738 in the Chinese lunar calendar, the name of the building had already been confirmed.

KEYWORDS:

"Upright and Pure in Mind" (*Zhengda Guangming*) plaques, two pieces of ink rubbed signboards, eight plaques, Hall of Exercising Triple Impartiality (*Fengsan wusi dian*)

高悬于故宫乾清宫中的“正大光明”匾，是一块墨拓纸匾。匾额正中是顺治帝“正大光明”四字书迹，从右向左行文。右起首为康熙帝的五行楷书，书于康熙十五年（1676）正月初一日，最后是乾隆帝的楷书五行，书于乾隆六十二年（1797）孟冬月。关于乾清宫的这块匾，所见记载皆讲述在它背后储藏立储遗诏之事，本文的重点则放在匾额自身，并通过档案资料对清代皇帝书写的正大光明匾进行梳理。

一 乾清宫的正大光明匾

乾清宫始建成于明永乐十八年（1420），曾因明清两代数次被焚毁而重建，现有建筑为清代嘉庆三年（1798）造，著名的“正大光明”匾即悬挂于此殿当中。“正大光明”意出《周易》：“大者，正也。正大而天地之情可见矣。”[1]“刚中正，履帝位而不疚，光明也。”[2]顺治帝书写这四字，即从此出，意为强大而中正之人君临天下，效法天地，顺应人情，就无瑕可指，才能皇位稳固，前途远大光明。

此匾额的出名，更多是因雍正帝秘密立储以密藏写有储君名字的谕旨，《清实录》记有密藏缘由及当时大臣们的态度。但迄今为止，对于顺治帝书写此四字的时间、最初情况等未见相关著录。清于敏中等编纂的《日下旧闻考》只记载：“乾清宫顺治十二年（1655）建，康熙八年（1669）重建。宫内恭悬世祖章皇帝御笔额曰‘正大光明’”（其下收录了康熙帝的跋文）[3]。

现悬挂于乾清宫的正大光明匾，有康熙帝的刻跋：“皇考世祖章皇帝御笔书‘正大光明’四字，结构苍秀，超越古今。仰见圣神文武，精一执中，发于挥毫之间，光昭日月，诚足媲美心传。朕罔不时为钦若，敬摹勒石，垂诸永久，为子孙万世法。康熙十五年正月吉旦恭跋。”并镌“广运之宝”印文。此跋言明康熙帝下旨摹镌“正大光明”上石缘由，并以期永久流传，为子孙做事法则。石头千年不朽，将文字刻石，存之久远，流传百世，为古人想法。事实证明，刻石成匾决策英明，在乾清宫遭遇火灾一切化为乌有后，顺治帝“正大光明”四

图1 乾清宫“正大光明”匾

1 《周易·大壮·彖辞》，见金易芳、吕绍纲著：《周易全解》，吉林大学出版社，1989年，第253页。可解释为：强大的人由于坚贞正直故而强大，天地之道从中可见。

2 《周易·履·彖辞》，《周易全解》第102页。大意为：刚而中正之人，一旦践履帝位，君临天下，即无瑕可指，前途光明远大。

3 （清）于敏中等编纂：《日下旧闻考》第一册，北京古籍出版社，1981年，第179页。乾清宫为明、清两代皇帝寝宫，其共经历火灾四次。明代三次重建，清代较大规模的修建共五次。参见李燮平：《清代乾清宫沿革概要》，《中国紫禁城学会论文集》（第六辑上），第193页。

字风貌仍能传示后世，实现了传之久远的目的。据刻跋，匾文依照顺治帝的字迹"敬摹勒石"，"摹"是仿效，照着样子做，即依照顺治帝的字迹描摹下来刻在石板上。匾的尾部有乾隆帝刻跋："皇曾祖世祖章皇帝御书匾额，四字传心，一中法守，义足以括典谟。皇祖圣祖仁皇帝恭摹上石，迹藏御书处。兹法宫重建，敬谨摹拓，恭揭楹端，对越羹墙，用诒示万叶云仍，其钦承无斁。乾隆六十二年孟冬月恭跋。"并镌刻"太上皇帝之宝"印文。〔图1〕

根据乾隆帝跋文年款，此匾系乾隆六十二年乾清宫失火重建后挂上去的。乾隆帝在位六十年，其退位后，做了三年太上皇，此时在宫中依然保留使用着乾隆年号，而官方文件则已是嘉庆二年（1797）。这块正大光明匾上的年款，是宫内继续沿用乾隆年号的实物证据，彰显了乾隆帝至高无上的地位和权力。

乾清宫这座建筑曾四次遭遇火灾，明代三次，清代一次。清代的火灾，起于嘉庆二年十月二十一日黄昏。当时乾清宫突起大火，并迅速延及弘德殿、昭仁殿及交泰殿，虽经奋力扑救，然损失惨重。此火是太监郝士通未将熏殿的火盆彻底熄灭，最终引起大火，使乾清宫化为灰烬。对此事件乾隆帝亲自批示惩罚，复建宫殿，也有谕旨。仍依照旧制，从嘉庆二年腊月安梁，嘉庆三年春工程全面启动，至同年十月完工，进展速度极快。十月十二日，太上皇父子视察乾清宫、交泰殿，嘉庆帝对工程极为满意："本日朕同皇帝进宫，阅视乾清宫、交泰殿工程，规模宏整，悉复旧观。朕心深为嘉悦。自上年腊月底择吉安梁，今岁春融兴工，秋仲即已告成，并不费采购之繁，办理妥速，允宜甄叙示奖……"[1]从乾隆帝书写跋文的年款看，"孟冬月"是农历十月。此次火灾在嘉庆二年十月二十一日，说明火灾后的十天之内，跋文即已写毕准备制作新匾。而且新匾悬挂时间应在嘉庆四年（1799）正月初一以前，因为正月初一时乾隆帝即御乾清宫受贺了。

二　两块墨拓匾与原石

从康熙和乾隆年间墨拓匾的跋文，可知其镌刻的原因、跋文具体书写年月，而文献记载又提供了相关资料助研究深入。

康熙帝的跋写在康熙十五年（1676），制作匾需要时间，从墨迹书写到匾文上石、镌刻、拓制、装裱、做匾到底多久？有张英、陈廷敬、高士奇三位大臣观看完工的康熙帝御制题跋记载能帮助推算时间[2]。张英《文端集》康熙十七年（1678）闰三月二十二日记："世祖皇帝御书'正大光明'大字，今上御制题跋勒石告成，蒙恩赐观恭纪：圣祖宸章日月昭，传心精义接唐尧。典谟四字垂千古，藻翰重华见两朝。如睹挥毫临墨沼，欣看勒石炳丹霄。吾君孝德兼文德，作述同光万祀遥。"[3]陈廷敬的《午亭文编》，有康熙十七年闰三月二十八日《赐御书恭纪二首有序》："世祖章皇帝御书'正大光明'四字，上御制题跋勒石赐观于内殿，进诗一首：'曾侍先皇近玉除，龙鸾重捧九霄书。两朝宝翰辉天府，奕叶奎文映禁庐。典册星云光绚烂，勋华日月

1 《清实录・高宗纯皇帝实录（一九）》第 27 册，第 1063 页。

2 参见李文君：《正大光明匾试说》，《中国匾额保护与文化传承论文集》，中国社会科学出版社，2018 年，第 118 — 132 页。

3 （清）张英：《文端集》卷二，《文渊阁四库全书》第 1319 册，台湾"商务印书馆"，1986 年，第 294 页。

气扶舆。还思开国规模远，金匮藏编在石渠"'[1]。高士奇的《随辇集》记："世祖章皇帝御书'正大光明'四字，皇上御制题跋勒石告成，蒙恩赐观恭纪：奎章巍焕五云生，笔力神奇风雨惊。受命皇图基正大，绍庭圣学日光明。欣瞻藻笔临摹法，仰识宵衣继述情。应有巨灵为劚石，镌来螭虎重连城。"[2]张英和陈廷敬的诗文，记载时间相差六天，他们可能在不同之日观看，或同日观看有人疏漏记错，抑或旁人整理文集时产生偏差，但可以肯定御制跋文刻石完毕的时间在康熙十七年闰三月二十八日以前。大臣们观看的是装裱完成的拓片或是完工的匾额，而非石板。因为石板沉重，抬进"内殿"费工费力，且不如拓片黑底白字清晰，所以这个答案是肯定的。通过大臣们的诗文，可以确定从书写跋文到刊石完毕，直至拓片或匾额完工，用时逾两年。

乾隆帝跋文中"皇祖圣祖仁皇帝恭摹上石，迹藏御书处"，讲的是康熙帝将顺治帝书迹摹勒上石之事，"迹"是指康熙年镌刻的石板存放在御书处。清宫御书处是隶属内务府的一个机构，专门负责镌刻碑帖、拓印拓片、托裱拓本、染造各色笺纸及制作朱墨等工作。《日下旧闻考》记载："御书处在西华门内南，共房四十三楹。康熙二十九年（1690）立，初名文书馆，后改今名。恭刻御制诗文法帖之属。"[3]

乾隆帝跋文中的"敬谨摹拓"，说明这块匾的内容是从康熙年镌刻的石板上拓取的。而他的跋文，是其后增刻的。嘉庆年间的《御书处石块墨刻法帖墨模数目总册》，对于石板和拓片有记录："正大光明石肆块"，其下小字注"跋石壹块"[4]。"正大光明肆张"，小字注"匾跋贰张"[5]。此记载言匾跋二张，应是康熙、乾隆二帝跋各拓一纸。

故宫博物院另藏一块顺治帝正大光明匾，也是墨拓纸匾，于2017年8月至2018年5月交文保科技部修复，此前未见相关介绍。是匾墨拓匾心下托命纸，其下还有织造稀疏俗称"豆包布"的白色冷布。托裱好的拓片，由木框、木条支撑。匾心靠近匾框处粘裱红色"万"字纹织锦，木匾框裱蓝色"万"字纹织锦，两色织锦均有褪色。匾框背面粘贴木浆纸遮挡。

此匾无乾隆帝刻跋，康熙帝刻跋在匾的后部。从匾心拓片反映的信息判断，"正大光明"的前三字每字各镌一石，最后一字与跋文刊一石，四字分石棰拓拼裱而成[6]。由于用纸尺幅较窄，拓时接纸。一宽一窄两纸相接，宽纸二尺有余，窄纸约为一尺，拼接在字左侧三分之一处。最后的"明"字与跋文间接纸涉及跋文首行部分字右侧长笔画。装裱时为照顾做匾尺寸，匾文四周另加墨纸数条，使整体增高、增宽。故宫文保科技部同人对修复之匾的尺寸进行过细致丈量，匾连外框纵为112.4厘米，横为397.8厘米。通过此匾尺寸的丈量，使我们对于高悬于乾清宫之匾的尺寸也有认识。〔图2〕

是匾外框的织锦与现挂于乾清宫匾的明黄织锦不同，框后部粘贴的木浆纸，在中国的生产时间是清末，

1 （清）陈廷敬：《午亭文编》卷一二，《文渊阁四库全书》，第1316册，第174页。

2 （清）高士奇：《随辇集》卷二，清康熙刻本，第7－8页。

3 （清）于敏中等编纂：《日下旧闻考》第4册，北京古籍出版社，1981年，第1190页。御书处专有法帖大库，这在清宫档案中有记载，应为准备上石的墨迹、拓本及新拓本的存放地。此外，管理镌刻完成的石板也属御书处职责。石板的存放地点原在御书处房后迤南，西华门内西南角楼下排列，后搬往御书处空闲房间放置，因数量太多房间尚不敷用，于是又在武英殿空闲库房内分存。

4 故宫博物院藏《清宫陈设档》之《御书处嘉庆二十五年正月初一日起至十二月三十日止库贮木版石块墨刻法帖墨模数目总册》，"各项法帖石块开后"条内记载。

5 见《御书处嘉庆二十五年正月初一日起至十二月三十日止库贮木版石块墨刻法帖墨模数目总册》"懋勤殿等处陆续交本处收贮墨刻法帖数目开后"条内记载。

6 石板现藏故宫。基于原石存放保管的特殊性，搬动核对有困难，未能亲核石板，大字与刻跋同刊一石的结论，系据拓片上信息得出。

图2 故宫博物院另藏“正大光明”匾（修复前）

图3 乾清宫的“正大光明”匾（老照片）

图4 溥仪朝服像

其装裱或修复的具体时间无法确定。故宫于20世纪60年代初开始整理清宫旧藏文物，冠“故”字号，这块匾所属号段于1964年申领。

此匾背部木框上供悬挂用的环纽——“屈戌”，摩擦痕迹不显，据现存老照片可见，匾曾挂于乾清宫。当时乾清宫内装饰已显破旧，柱子上的对子全部取下，屏门有破洞。宝座也不是乾清宫原物，顶部还装有电灯。照片确切拍摄时间未能断定，但照相技术于19世纪30年代被发明，40年代传入中国。紫禁城第一次被电灯点亮的时间在光绪三十三年（1907）年末，至宣统三年（1911）年底，清宫各殿电灯大致安装完毕，乾清宫安灯的时间亦在此期间，照片拍摄定居其后[1]。〔图3〕

比对上述二匾，确定“正大光明”四字及康熙帝刻跋，是从同一石板上拓下的，即乾隆时期的匾利用了康熙时期镌刻的石板棰拓，将原置尾部的康熙帝刻跋移到右面作为起首，乾隆帝的跋文裱在最后，于是就有了现在乾清宫里的正大光明匾（纵约130厘米，横约440厘米）式样。但这两块匾孰先孰后，何种原因更换，未见记载。按理，从康熙十七年匾成后，至嘉庆二年乾清宫焚毁前，所挂之匾应为康熙帝敕命制作，即匾上只有康熙帝一段刻跋。

1 尚国华、芮谦：《紫禁城宫殿采光和照明的发展》，《中国紫禁城学会论文集》（第二辑），紫禁城出版社，1997年。

乾清宫重建后，乾隆帝即书写了跋文令人做匾，除他的跋文为新镌外，原匾字迹可从之前的刻石上拓取，匾上也自然有了两位皇帝的刻跋。其后挂在乾清宫的匾，应一直延续此式样。这也在另一张老照片上得到印证，当时溥仪身着朝服坐于乾清宫，身后宝座上方之匾，即是乾清宫现在的挂匾式样。〔图4〕

鉴于只有康熙帝刻跋之匾存实物又有照片为证，确实曾在乾清宫安挂，因何换匾及何时安挂值得探讨。由于现阶段资料不完备，尝试分析如下：第一种可能是此匾为旧匾，在乾清宫遭火之前便更换下来，毕竟从匾制成到建筑烧毁，已近一百二十年时间。匾换下后保管妥善，延存至今，等现挂乾清宫之匾急需维护或更新，取出用以暂代。其再次安挂在乾清宫的时间应不长，也进行了修整，所以才有后部晚清时期的纸张材料。第二种可能是此匾为晚清制作的新匾，当时由于某种原因急需挂匾，由于一时未找到乾隆帝刻跋之石，只能棰拓康熙帝所刻的一组石板并裱好暂挂，完成使命后将其换下。

以上是据现有资料所做的两种推测，真相如何，有待新材料的发现方有确切答案。值得庆幸的是康熙帝期望以传久远的正大光明匾原石，还收藏在故宫博物院，这使两块拓匾和石板形成了一组具有密切联系的珍贵文物。

二　清代皇帝的正大光明匾

（一）顺治帝的正大光明匾

关于顺治帝书写正大光明匾的意义，专家学者多有论及。心怀坦白，正直无私，光明磊落是其基本寓意。作为清初的统治者，刚刚入主中原，面对的是在地域、人口、历史、文化各个方面都超越自己民族的广大民众。如何去领导，怎样树立统治权威，是当权者迫切需要解决的问题。顺治帝的“正大光明”，体现了儒家中正治国的思想，既提醒自己如要地位稳固，必须效法天地，顺应人情，又告诫臣民，大清的统治是上承天意，下顺民心的。他以这块匾文来发表治国施政宣言，彰示方针、政策的光明正大，让民众顺服，使国运久长。

由于皇位争夺激烈，自雍正帝实施秘密立储，以乾清宫正大光明匾来承担藏匿写有储君之名谕旨的重任，乾隆、嘉庆、道光、咸丰四位皇帝皆由秘密立储而顺利继位，这块匾额也因此增加了神秘的色彩为世人不断传扬。而自顺治帝以后，康熙、雍正、乾隆、咸丰四帝也都书写过正大光明匾。

乾隆帝的《避暑山庄五福五代堂记》曾提到了四块正大光明匾：

> 五福五代堂匾，既以额于宁寿宫之景福宫，兹复额于避暑山庄者何故？敬惟本朝家法，于凡内殿理事处，御书之扁，莫不历代樵勒，以志继绳殷志。故“正大光明”，自世祖至今四世；“勤政殿”，自圣祖至今三世，摹额诸楹，是训是行，章章可考（自世祖书“正大光明”四字，悬于乾清宫，嗣是圣祖书之观德殿，世宗书之圆明园，余又书之避暑山庄）……[1]

1 《秘殿珠林石渠宝笈合编（三）·石渠宝笈续编（一）》，上海书店，1988 年，第 229 页。

大意：宁寿宫区域的景福宫有匾额“五福五代堂”，为何又在承德避暑山庄挂此匾额？这是本朝家法，凡内殿处理国事之处有御书匾额的，皆历代摹勒，以记大志延续不断，前后相承。自世祖（顺治帝）题写正大光明匾悬于乾清宫，之后圣祖（康熙帝）书挂在景山观德殿，世宗（雍正帝）书在圆明园，我（乾隆帝）的题写安挂于避暑山庄。这段文字，不仅言明四位皇帝的正大光明匾挂在何处，还告知世人在不同之地的建筑上悬挂文字相同匾额的原因。

乾隆帝《上元后日小宴廷臣即席得句》诗注叙述得更清楚：

> 乾清宫“正大光明”匾额为世祖御书，景山观德殿“正大光明”匾额为皇祖御书，圆明园正大光明殿额为皇考御书，余于热河之勤政殿亦谨遵家法敬书四字悬之殿中。圣训绳承，实我国家万年所当奉为法守也[1]。

关于顺治帝书写正大光明匾的时间、场合等的详细信息，并未在档案、文献中找到。清世祖福临（1638—1661），六岁即位，是清朝入关后第一任皇帝，其书写的汉字到底怎样，风格如何，此方面材料和文章不多，主要原因是他的书法多藏深宫，世人难以得见。随着故宫对清代宫廷文物展开细致整理，也有研究成果面世，目前较全面总结和探究顺治帝书法的文章，当数傅红展先生（署名仁和）的《顺治的书法》一文[2]。作为清王朝的统治者，即位后一项重要的任务是接受和学习汉族文化。书法是汉文化中特有的传统艺术，是汉字美的艺术表现形式。作为一国之君，除了政务需要熟识汉字外，也希望能于书法艺术有成就，十四岁亲政后的顺治帝更压力倍增，愈加发奋研习汉字。从现存作品看，他的书法有临帖与自书，内容大致分为习字帖、佛家语录、临写诸家诗文及碑帖三类，有些作品还著录于《秘殿珠林》和《石渠宝笈》初编、三编。现故宫庋藏除有他的墨迹外，拓本中亦有书迹身影存留。这些保存下来的书迹，向世人展示了顺治帝在担当治理国家重任的同时，学习和游艺翰墨的历程及成果。虽然这些书法与“正大光明”匾字不全形似，但此四字为他的书迹是定论。

（二）康熙帝的正大光明匾

康熙帝下旨将顺治帝的御书镌刻上石并有御制跋文，除此之外，他在景山观德殿也有一块匾额，搜集到的资料仅有简单描述。《皇朝通志》载：“‘正大光明’四大字，康熙五十年（1711）正书”[3]；《国朝宫史》记景山观德殿云：“圣祖仁皇帝御笔匾曰‘正大光明’，联曰‘琴韵声清，松窗滴露依虫响；书帷夜永，萝壁含风动月华’”[4]，再未见更具体之说。

1 《清高宗（乾隆）御制诗文全集》第7册，中国人民大学出版社，1993年，第726页。

2 仁和：《顺治的书法》，《中国书法》2004年第2期。

3 《皇朝通志·金石略》，《清文渊阁四库全书》第645册，第539页。

4 （清）鄂尔泰、张廷玉等编纂：《国朝宫史》上册，北京古籍出版社，1987年，第266页。

（三）雍正帝的正大光明匾

雍正帝书写此字匾，以往只知悬挂于圆明园正大光明殿，其他鲜有相关信息发布。清人吴振棫《养吉斋丛录》记述："正大光明殿额为世宗御书。御园正衙也。圣诞旬寿，受贺于太和殿。常年则于此殿行礼。新正曲宴宗藩，小宴廷臣，大考、考差、散馆、乡试覆试。率在此殿。"[1]《日下旧闻考》记："正大光明殿内联曰：'心天之心而宵衣旰食'，'乐民之乐以和性怡情'。为世宗御书……"[2]。

《圆明园等园匾额略节》是圆明园近几年收藏的一件文物。其中收录了清代道光年间圆明园、长春园、绮春园的匾名共1041个，匾名条目下注有位置或材质等。对于正大光明匾的位置，只有"内檐"二字注释，也无更详细信息[3]。

清宫造办处《活计档》中有些许记录，可作为雍正帝书匾的补充资料[4]。乾隆九年（1744）农历六月十六日（记事录）："十六日，司库白世秀来说，太监胡世杰传旨：正大光明殿内现挂匾对，着换作黑漆地金字匾对。先画样呈览，准时再做。钦此。于本月二十一日，司库白世秀将画得黑漆地金云龙青字匾对纸样一张持进，交太监胡世杰呈览。奉旨：匾对俱照样准做，其对子放长大，将柱上匠出头去了。于本年七月十二，司库白世秀来说太监胡世杰传旨：正大光明匾对不必做了。钦此。"[5]此段记载了准备更换正大光明匾，原定做黑漆地金字，后画样是黑漆地金云龙青字，一月后又说不做了，而原匾具体式样不得而知。

乾隆九年七月（裱作）："十四日，司库白世秀、付催总达子来说，太监胡世杰交金笺纸'正大光明'匾文一张、金笺纸对一副，传旨：着做一块玉璧子匾一面、平面对一副[6]。钦此。于本年八月十八日，首领夏安持出世宗御笔金笺纸填骚青字匾文一张、对子一副。于十年（1745）正月十九日，司库白世秀将做得一块玉璧子匾一面、对一副持进，挂讫。"[7]宫廷的陈设、匾额时常更换，档案记录使乾隆十年用作替换之匾的情况大致清晰：乾隆九年七月奉乾隆帝旨意做雍正帝书匾，御笔本文是金笺纸填骚青字，做得式样为一块玉璧子匾。根据匾的式样和相配的平面对子，系挂于室内，乾隆十年正月完成并悬挂[8]。

（四）乾隆帝的正大光明匾

乾隆帝书写的正大光明匾，以往认为有两块，而《活计档》中的相关资料，证明其此书迹匾额至少有三块。按照时间顺序，最早的一块，挂在圆明园奉三无私殿。奉三无私殿于每年农历新年及正月十五宴请宗

1 （清）吴振棫：《养吉斋丛录》卷一八，北京古籍出版社，1983年，第189页。

2 《日下旧闻考》第4册，第1326页。

3 《圆明园等园匾额略节》，2017年8月圆明园管理处制有复制品。此《略节》情况，见张仲葛的《圆明园匾额》一文，载于《圆明园》第二期，中国圆明园学会筹备委员会，1985年1月出版。

4 《活计档》是清内务府造办处承办宫中各项活计档册的总称，其中最主要的是各作承办活计清档，此外还有为承办活计往来的文书簿册及值班、值宿档等。

5 中国第一历史档案馆、香港中文大学文物馆合编：《清宫内务府造办处档案总汇》第12册，人民出版社，2005年，第292页。

6 一块玉璧子，是匾和对联之类经常使用的一种方式，其中有两个概念。这里璧子与箅子相通，箅子是方格状的龙骨，薄的木板或纸绢类材料可以均匀平整地附着在其上，避免了实木的开裂、过重等问题，又便于悬挂或更换匾联内容。一块玉是形容匾联的表面不起边，状如整块玉材。此解释出自故宫朱传荣老师的研究。

7 《清宫内务府造办处档案总汇》第12册，第729页。

8 《活计档》乾隆九年农历八月（裱作）记录："初二日，太监张国祥持来《懋勤殿图记帖》一件，内开：首领郑爱贵行造办处：今有圆明园殿内正大光明匾一面、对一副，'长春仙馆' 横批一张，用骚青二斤，记此。" 正大光明殿雍正帝书匾及对子所用骚青数量，即包括其中。《清宫内务府造办处档案总汇》第12册，第741页。

室及名臣，清昭梿《啸亭杂录》记："曲宴宗室：每岁元旦及上元日，钦点皇子、皇孙等及近支王、贝勒公曲宴于乾清宫及奉三无私殿，皆用高椅盛馔，皆二人一席，赋诗饮酒行家人礼焉。""廷臣宴：每岁上元后一日，钦点大学士、九卿中之有勋勚者，宴于奉三无私殿，名廷臣宴。其礼一如曲宴宗室礼，蒙古王公皆预是宴，盖以别燕毛行苇之义也。"[1]

乾隆三年（1738）《活计档》（油作）："（二月）十二日，首领夏安来说，宫殿监督领侍苏培盛交御笔'正大光明'匾文一张、'富春楼'匾文一张、'生物气象'匾文一张，御笔'四海升平'绢对一副。传旨'正大光明'做璧子匾挂在奉三无私，'富春楼'做油饰匾一面挂在卧云霞处。'生物气象'做璧子匾一面，应挂之处挂。'四海升平'绢对做挂对一副，在四方宁静圆光门两边，钦此。……于本年八月二十八日，柏唐阿六十五，将做得油饰'富春楼'匾一面，'正大光明''生物气象'锦边璧匾二面，挂对一副，俱随托钉、挺钩持去安挂讫。"[2]由此可知，这块挂在奉三无私殿中的'正大光明'匾，是锦边璧子匾。同时也说明，圆明园中曾有两块正大光明匾，一块是雍正帝书写的，挂在正大光明殿；一块是乾隆帝书写的，乾隆三年曾挂于奉三无私。由于此殿之匾未见其他文献记载，是否抄写档案时误将正大光明殿写成奉三无私？这种可能性极小，正大光明殿与匾文有相同的文字，如果写错尚有可说，而无故写成奉三无私，则无理由。

《内务府造办处档案》的记录，也纠正了有学者关于奉三无私殿这座建筑名称首见于乾隆四年（1739）的误识，证实起码在乾隆三年农历二月九日以前，"奉三无私"称谓就已经确定[3]。

乾隆帝书写的第二块正大光明匾，在盛京（沈阳故宫）崇政殿。崇政殿是盛京等级最高、最重要的建筑，公元1636年，后金改国号为大清的典礼即在此举行。此殿是清太宗皇太极时期的"金銮殿"，用于日常临朝处理要务。据《盛京通志》："殿内正中恭悬御书'正大光明'匾额一，左右恭悬御书联'念兹戎功用肇造我区夏'，'慎乃俭德式勿替有历年'"[4]。

关于盛京之匾，《活计档》乾隆十九年（1754）十月（木作）记载："十三日，太监董五经来说，首领桂元交御笔米色绢'泰交景运'匾文一张盛京大政殿内挂，御笔'神圣子孙'对一副盛京大殿内挂，御笔黄绢'正大光明'匾文一张盛京崇政殿内挂，御笔黄绢'紫气东来'匾文一张盛京凤凰楼内挂……。传旨：'泰交景运'匾对，'正大光明'匾对，'紫气东来'匾俱做龙边铜字匾对。……再将本文做匣装好，随匾对发往本处供奉，钦此。"[5]要做的正大光明匾对式样为龙边铜字，写在黄绢上的御笔匾文，要做匣装好交回。乾隆十九年正值乾隆帝第二次东巡，按《起居注》，是年五月初六奉皇太后起銮，九月十一日入盛京，九月十八日起銮回京，十月十一日回到京城[6]。刚刚回京，十三日即有旨意，令做匾对。此匾为金漆九龙边框铜镏金字，"乾隆二十二年制"[7]，从制作时间及样式看，即《活计档》乾隆十九年十月木作承接完成之匾。

1 （清）昭梿《啸亭杂录·啸亭续录（卷一）》，清钞本。据学者研究，奉三无私殿曾于乾隆五年（1740）举办过后来定制的正月十四日至十六日的"上元三宴"，即正月十四日奉三无私殿宗亲宴、十五日正大光明殿朝正外藩宴和十六日正大光明殿廷臣宴。

2 《清宫内务府造办处档案总汇》第8册，第109页。

3 《活计档》（如意馆）："（二月）初九日，司库图拉来说，太监憨格传旨：奉三无私殿内上横楣中间着唐岱画山水，两傍横楣着沈源、丁观鹏画人物，其中山石地坡着唐岱帮画。钦此。"《清宫内务府造办处档案总汇》第8册，第211页。

4 《钦定盛京通志》卷二〇，《文渊阁四库全书》第501册，台湾"商务印书馆"股份有限公司，1986年，第346页。

5 《清宫内务府造办处档案总汇》第20册，第471页。

6 中国第一历史档案馆编：《乾隆帝起居注（十三）》，广西师范大学出版社，2002年，第439页。

7 佟悦：《盛京宫殿建筑探索拾零》，《沈阳故宫博物院院刊》2007年第1期。

第三块才是乾隆帝提到的避暑山庄勤政殿中之匾[1]，此匾最初安挂时间未见详载。《活计档》（油木作）乾隆二十八年（1763）九月二十九日记："二十九日太监吕进忠来说，首领董五经交御笔黄绢'正大光明'字匾文一张，热河传旨着做黑漆金字一块玉匾一面，随托钉、挺钩。钦此。于二十九年（1764）七月初六日，领催段六将做得黑漆金字匾一面送往热河挂讫。"[2]御书匾文原写于黄绢之上，传旨做成黑漆金字匾，于次年七月送往热河挂起。内务府杂件档案，有乾隆二十九年（1764）农历六月二十七日的行文，记录往热河送挂"正大光明"黑漆金字匾一面、安装靠背等活计，派领催、马夫、匠役等事[3]。

（五）咸丰帝的正大光明匾

咸丰帝书写的正大光明匾，曾悬挂于故宫养心殿西暖阁的勤政亲贤殿，除了实物外未见更多文字资料。〔图5〕

图5 咸丰帝的"正大光明"匾

据现存文物及资料记载，清代有五位皇帝的八块正大光明匾（包括在故宫文保科技部修复的一块）曾安挂于紫禁城、景山、圆明园、盛京及避暑山庄。

除上述记载外，故宫尚存几件"正大光明"匾文实物：乾隆帝行书匾两件；咸丰帝楷书匾（贴落）两件〔图6〕；无款、无印行书贴落两件；还有一件慈禧太后书迹缂丝品，说明她也曾于此文字有书写〔图7〕。此外，据老照片，太极殿东间东面门上曾挂正大光明匾。由于皇家宫殿、行宫及御园等处的陈设并非一成不变，随着时间的推移，往往增减移动或更新变化，不同朝代各殿内的布置摆设也会不同。这些匾文何时书写及与上述所论几位皇帝的匾文有无关系，详细信息的发布还期待今后故宫同人资料的继续整理挖掘和专家学者们的深入研究。

图6 咸丰帝的"正大光明"匾（贴落之一）

图7 慈禧太后的"正大光明"匾（缂丝）

四 正大光明匾资料择录释疑

《活计档》有圆明园更换正大光明匾式样的记录。

乾隆九年五月二十四日（木作）："……奉三无私殿内'正大光明'，亦照对子[4]做法款式，做黑漆地金

1 避暑山庄勤政殿，面阔五间，前后出廊，卷棚歇山顶，有东西配殿各三间。乾隆时期为临时接见群臣发布政令之地，殿内宝座上悬挂正大光明匾。《大清一统志》"勤政殿"条下："高宗纯皇帝敬天法祖，式勤民隐。巡行所至，离宫别殿，悉循圆明园之制，题以勤政殿，内面南额曰'正大光明'"。见（清）穆彰阿、潘戎恩等纂修：《大清一统志》卷四二，《续修四库全书》第613册，上海古籍出版社，2002年，第594页。

2 《清宫内务府造办处档案总汇》第28册，第364页。

3 《管理造办处事务郎中寅等为往热河行取口票事致都虞司文》，《活计档》第29册，第233页。

4 对子即对联，又称楹联，是写在纸上、织绣品上或刻在竹、木、柱子上的对偶语句。

字一块玉匾一面。……于十年三月初八日柏唐阿强湧将照'正大光明'对子样做黑漆金字匾一面，持进悬挂讫。"[1]这段记录也再次证明奉三无私殿确实挂过正大光明匾，并且乾隆十年三月时又挂上了新匾。而乾隆九年十月七日（记事录）记:"……初七日司库白世秀来说太监胡世杰传旨：将'慎修思永'金笺纸匾对送往盘山安挂。现做得盘山雕龙匾对挂在奉三无私殿内。其奉三无私换下'正大光明'旧匾配对一副，得时交开其里。钦此。于本月二十八日，首领夏安交御笔白绢对一副，系配'正大光明'匾款式做对，在奉三无私殿内东西边柱上挂。于十年二月十一日将做得盘山雕龙匾对，司库白世秀持进，在奉三无私挂讫。其奉三无私换下旧匾，于十年七月二十日配得对一副，交开其里收讫。……"[2]这两段文字，皆旨奉三无私殿内正大光明匾更换样式，短短几个月内两次要求换匾，并在二十几天内挂上两块新匾，致使事情有些迷乱。现梳理一下两段档案：1. 乾隆九年五月二十四日传旨木作"正大光明"照对子样式做黑漆地金字一块玉匾，说明原对子是黑漆地金字的，原匾式样未知。乾隆十年三月初八日，挂新匾于殿内。2. 据记事录，乾隆九年十月七日传旨将盘山雕龙匾对挂在奉三无私殿内，次年二月十一日匾对挂讫。3. 乾隆九年十月二十八日送来一副配"正大光明"款式的御笔白绢对子，指定挂在奉三无私殿内东西边柱上。4. 换下的"正大光明"旧匾配对一副，交开其里[3]。

为何在短时间内更换两块新匾？可能性有二：一是盘山雕龙匾并非替换"正大光明"，而是在殿内择处安挂。二是由于正大光明新匾制作时间较长，乾隆帝令暂时换上盘山雕龙匾。第一种可能性情况简单，不必分析，重点分析第二种。原正大光明匾与对子款式并不匹配，因此以对子为样子做新匾，做匾工期九月余。在九个多月当中，盘山雕龙匾成形，乾隆帝下旨将其替换旧匾挂入奉三无私。随后"正大光明"新匾完成，于二十几天后安挂，至于盘山雕龙匾再无记录提及。从首领夏安交来御笔白绢对，言为配正大光明匾款式做，并指定了安挂的具体位置看，乾隆帝无意替换掉"正大光明"，又安挂了一副对子与其相配，而此时新匾还在制作当中。

雍正帝的正大光明殿匾也曾想换式样，最终没有更换。乾隆九年六月八日（木作）："初八日，首领夏安来说，太监胡世杰交御笔白绢'乐善堂'匾文一张、钓得油纸对一副，传旨着做黑漆地铜镀金字一块玉匾一面、对一副。钦此。于本月二十一日，司库白世秀来说，太监胡世杰传旨：乐善堂匾对不必做铜字，着照'正大光明'匾对的做法做黑漆地金云龙青字匾一面、对一副。钦此。"[4]虽然是说乐善堂匾的制作，却透露了正大光明匾的式样。但所依照的是正大光明殿里雍正帝书匾，还是奉三无私中的乾隆帝书匾未记清楚。仔细分析，应为雍正帝所书之匾。首先，在上述五月二十四日（木作）档案中，有旨奉三无私殿内"正大光明"改做黑漆地金字一块玉匾，乾隆十年三月初八日做成并派人悬挂。虽然档案并未说明原匾样式，但既然此时

1 《清宫内务府造办处档案总汇》第12册，第490页。

2 《清宫内务府造办处档案总汇》，第12册，第311页。

3 清宫档案中多处提到开其里。雍正十三年（1735）时，有他往裱作送《无量佛经》着托裱的记录。乾隆元年（1736）以后，有到皮作送画配锦囊，到裱作托画、换画签，往珐琅作送鼻烟壶，传旨收拾粘补及完成后由其呈进的记录。从雍正末年至乾隆二年（1737）四月，《活计档》记为"太监开其里"。乾隆二年五月时，有了"首领太监开其里"的记录，七月以后基本即称"首领开其里"了。从档案看，他不仅接收换下来的旧匾，还遵旨往造办处传交了大量珍品进行修整、装配，如画卷的托裱、配匣、刻签，为器物制座、配饰件等等。各行宫物件的安置，也多经其手办理。自乾隆十年二月十日皮作记录称其首领之后，他的名字很长一段时间内极少出现。直至乾隆二十八年八月又有记录，称谓依旧。乾隆三十年（1765）八月至裱匣作，则冠以"总管"之称了。

4 《清宫内务府造办处档案总汇》第12册，第496页。

要更改匾的样式，说明不再中意，不应以其作样本。第二，前述“雍正帝的正大光明匾”段落中乾隆九年六月十六日记事录的记载与木作此条记载，同在六月二十一有旨，一条是准照画好的纸样做正大光明匾，为黑漆地金云龙青字；一条是“乐善堂”照“正大光明”做成黑漆地金云龙青字匾。这应是乾隆帝看毕准备更新的正大光明殿的雍正帝书匾纸样后，批示乐寿堂匾亦按此制作（虽然一个月后指示正大光明殿匾不必做了），同一天当中太监胡世杰传达了两条旨意。

五 结 语

正大光明匾没有顺治帝落款和钤印，但确系依其字迹摹刻上石并棰拓装裱而成。虽然顺治帝的原迹已无处寻觅，其字形态却依康熙帝摹刻的匾文传与后人，而自其后，清朝又有康熙、雍正、乾隆、咸丰四帝有此字匾额。顺治帝书此四字，以明其志，向世人宣告统治的正大光明。康熙、乾隆二帝则以表其心，言为承圣训，将“正大光明”作为子孙万世的法则遵守。这些保存下来的匾额，是珍贵的中华民族历史文化遗产，它们承载着厚重的历史，是重要的历史见证物。通过进一步搜寻和挖掘清内务府造办处《活计档》中的资料，从而得出圆明园奉三无私殿称谓不晚于乾隆三年农历二月，乾隆帝书写的正大光明匾也曾安挂于此建筑中的结论。

[作者单位：故宫博物院研究室]

钦安殿的位置与所供真武神像考

The Location of the Hall of Imperial Peace and Deities Worshipped

王子林

Wang Zilin

内容提要：

根据文献记载，钦安殿建于元代，本文以此为基础，考证了钦安殿的位置和所供真武神像的时间。分析了保留钦安殿名及为何无钦安殿供奉玄天上帝御制碑文的原因，论证了朱棣起兵时的天象特征与玄武显灵的关系以及玄天上帝对紫禁城的格局所产生的影响。通过对现存遗存与文献的二重考证，对厘清元明之际宫城的变化，紫禁城轴线的东移，具有重要的学术价值。

关键词：

钦安殿　中轴　真武

ABSTRACT:

Historical records indicates that the Hall of Imperial Peace (*Qin'an dian*) was constructed in the Yuan dynasty (1271-1368). Based on this evidence, this article studies the location of the building and the dating of the statue of the Great Emperor of the Perfect Martiality (*Zhenwu dadi*) worshiped inside. The reasons for keeping the name of the building, and for the absence of imperially commissioned stele on worship of the deity also known as Supreme Emperor of Dark Heaven (*Xuantian shangdi*) are explored. Astrological features at the time of the coup d'état staged by Zhu Di, later the Yongle Emperor (r. 1403-1424) and its connection with the divine manifestation, and the impact of this divine worship on layout of the Forbidden City are explored. The studies of both historical remains and related literature boost the academic value of this research in that it sheds light on changes during dynastic transition and the eastward shift of the Forbidden City's central axis.

KEYWORDS:

Hall of Imperial Peace (*Qin'an dian*), central axis, Great Emperor of the Perfect Martiality (*Zhenwu dadi*)

一 钦安殿建于元代

《明世宗实录》记："（嘉靖十四年十月丙午）初，上又以文祖建钦安殿祀真武之神，诏持增缭垣作天一门及大内左右诸宫，益加修饬，至是皆告成。上亲制祀文告列圣于内殿，仍具皮弁服祭真武之神于钦安殿。"[1]明嘉靖时的实录记载钦安殿建于永乐时期，殿内所供真武铜像亦是永乐帝所供。但这一记载被新发现的史料推翻，据《文章辨体汇选》记："公姓陈氏，讳达字，元达温之永嘉人，家婺之兰溪，妣江氏封温国夫人，而公沈氏出也。三岁而孤，伯母陈留郡夫人江氏鞠育之长大。年十五征入宿卫，二十学书于平章康里公库库，待制杜公本，学诗于张贞君、天雨马教授伯诚。年三十，书名于康里公上下。钦安殿成，在廷善笔札者，咸书榜上进，独用公进者。至正壬辰，擢端本堂司经，寻转正字，又迁文学。"[2]《（万历）金华府志》亦记："陈达，字先达，兰溪人，自中之孙，父萍仕元为宣使。达自少征入宿卫，学书于康里子山、杜清碧。诏书钦安殿榜，称寺，擢端本堂司经。"[3]陈达，祖籍永嘉，今温州，善书。钦安殿建成后，元顺帝下令大臣各书"钦安殿"匾呈进，唯陈达所书被选中。不久陈达转正字，又转文学，因劾弹元顺帝时奸臣秃鲁帖木儿而遭迫害，解官南归，病卧故里。据此，钦安殿建于元代，并非嘉靖帝所称为文祖朱棣所建。

二 钦安殿的位置

虽然钦安殿建于元代，但文献并没说明其位置。据现状，钦安殿位于坤宁宫后〔图1〕，御花园北，紫禁城的中轴上，而紫禁城却建成于永乐十八年（1420），显然永乐帝营建紫禁城时，将钦安殿置于了紫禁城的中轴上。

图1 钦安殿

元大内的中轴是在元世祖忽必烈时确定的，《析津志辑佚》记："世祖建都之时，问于刘太保秉忠定大内方向。秉忠以丽正门外第三桥南一树为向以对。上制可。"[4]元大内中轴上的建筑，据元代陶宗仪《南村辍耕录》记："大内南临

1 《明世宗实录》卷一八〇，嘉靖十四年十月丙午，台北"中研院历史语言研究所"校订影印，1966年，第3855页。
2 （明）贺复征编：《文章辨体汇选》卷六八八，《文渊阁四库全书》。
3 （明）陆凤仪：《金华府志》卷一六，明万历刻本。
4 《析津志辑佚》，北京古籍出版社，1983年，第213页。

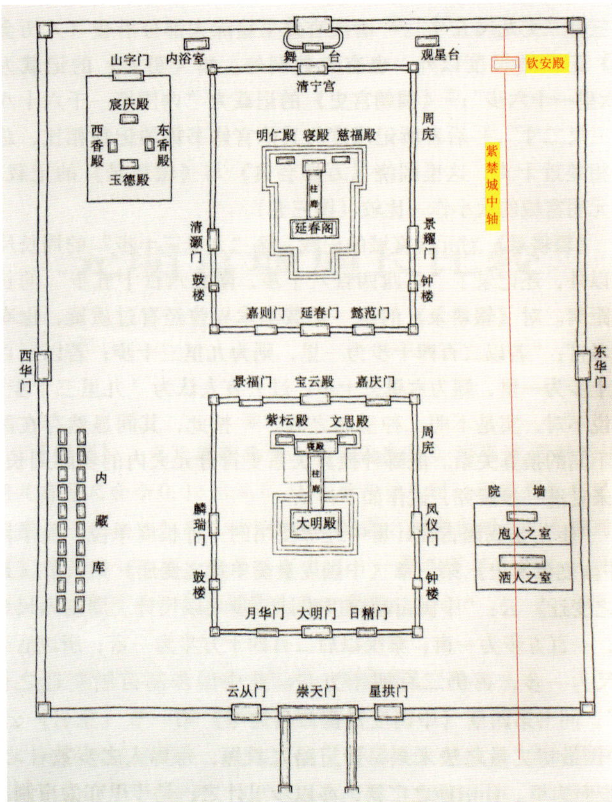

图2　钦安殿在元大内中的位置示意图（参考朱偰《元大都宫殿图考》）

丽正门，正衙曰大明殿、曰延春阁……正南曰崇天……北曰厚载……大明门在崇天门内，大明殿之正门也……文思殿在大明寝殿东……紫檀殿在大明寝殿西……宝云殿在寝殿后……延春门在宝云殿后，延春阁之正门也……慈福殿又曰东暖殿，在寝殿东……玉德殿在清灏门外。”[1]中轴线上的建筑有崇天门、大明门、大明殿、宝云殿、延春门、延春阁、厚载门，其所录元大内宫殿史料来自《经世大典》，比钦安殿建成时间早，故陶宗仪没有提到钦安殿。明初萧洵奉命至大都城，对元大内进行了考察，所著《故宫遗录》记：“南丽正门内曰千步廊……建棂星门……门内数十步许有河，河上建白石桥三座……度桥二百步为崇天门……由午门内可数十步为大明门……中为大明殿……连建后宫……障后即寝宫，深止十尺，俗称弩头殿……庑后横亘长道，中为延春堂丹墀……其上为延春阁……又后为清宁宫……又后为厚载门，上建高阁环以飞桥舞台于前……台东百步有观星台，台旁有雪柳万株。”[2]这是萧洵看到的元大内中轴一线的建筑，与《南村辍耕录》所记基本相同，只是增加了清宁宫和舞台两座建筑，没有钦安殿，说明钦安殿没在元大内中轴线上。

萧洵漏记钦安殿的原因，是因为他只走了中轴一线，故而未见钦安殿。从现存钦安殿位于紫禁城中轴北端的遗存看，紫禁城中轴与元大内中轴不是同一根轴线，笔者在《元大内中轴在武英殿与慈宁宫一线》[3]一文中对元大内中轴和紫禁城中轴的位置做了考证，紫禁城中轴较元大内中轴做了平行的东移。按《故宫遗录》所记，延春阁后为花园，植花卉、异石，再北为清宁宫、舞台，舞台有飞桥与厚载门相连。清宁宫西有内浴室和玉德殿、宸庆殿等，此地无空间可建，唯清宁宫东只有观星台一座建筑及台旁雪柳万株外，其东南有无建筑，萧洵没有记录，故后世所绘元大内图是一片空地。观星台距离舞台一百步，按元1步等于今1.54米，观星台距离舞台154米。笔者在《元大内中轴在武英殿与慈宁宫一线》一文中，详细论证了明紫禁城中轴较元大内中轴东移了约230米[4]，恰好落在元大内观星台东侧，故钦安殿只有建于观星台的东南侧，才能位于紫禁城中轴的北端〔图2〕，与现存遗存相符，从而证明元明宫城不是同一根中轴线。

1　（元）陶宗仪：《南村辍耕录》卷二一，中华书局，1997年，第250－252页。

2　（明）萧洵：《故宫遗录》，清乾隆道光间长塘鲍氏刻知不足斋丛书本。

3　王子林：《元大内中轴在武英殿与慈宁宫一线》，《故宫学刊》第22辑，故宫出版社，2021年。

4　同上。

三　钦安殿所供真武铜像为元代所供

据现状，钦安殿明间靠金柱设有一座巨大的神龛，龛内供有一尊座式铜鎏金真武像〔图3〕，高约2米。神像披发跣足，手执断魔雄剑，身穿金甲，目光如炬。这尊神像是否是元代所供，笔者论证如下：

图3　玄天上帝铜像

第一，钦安殿是一座神殿。按规制，当今王朝一般不会使用前朝的宫殿名，朱元璋曾说“盖我中国之民，天必命中国之人，以安之夷狄，何得而治哉！予恐中土久污膻腥，生民扰扰，故率群雄奋力廓清，志在逐胡虏，除暴乱，使民皆得其所，雪中国之耻”[1]，在当时，这种对立的思想与情绪是很大的。朱元璋定都南京之前，曾以何处定都有过一番陈述意见，他说：“若就北平，要之宫室，不能无更作，亦未易也。”[2]据《南村辍耕录》记载，元大内有棕毛殿、畏吾尔殿，还有覆白琉璃瓦顶的宫殿，这些不符合汉人的传统，改动太大，故朱元璋打消了定都大都的想法。所以朱棣迁都北京建紫禁城，继续使用元大内宫殿名，几乎是不可能的。为何永乐帝不改钦安殿名呢？笔者认为此殿一定是一座神殿，所供之神一定是汉人崇拜的神，只有这样，才使永乐帝不敢妄动此殿，不得不保留这座宫殿及宫殿名，并把它置于重新规划的中轴线之上，地位得到了最大限度的提高，最终成为他终身依靠的神。

第二，燕王起兵时的天象征兆。燕王府是由元大内改造而成的[3]，《明史》记起事之前，曾于燕王府内秘密练兵，起兵之时，“适大风雨至，檐瓦坠地，成祖色变。道衍曰：‘祥也。飞龙在天，从以风雨。瓦坠，将易黄也。’”[4]天空骤然变色，风雨大作，这一现象被认为是真武神显灵的征兆。真武神位居北方，《元始天尊说北方真武妙经》称“亿千变化，玄武灵真。腾天倒地，驱雷奔云”，真武神以风雨雷电的天象特征降临，朱棣在《御制真武庙碑》中称“肆朕肃靖内难，虽亦文武不二之臣疏附先后，奔走御侮，而神之阴翊默赞，掌握枢机，朝运洪化，击电鞭霆，风驱云驶，陟降左右。流动挥霍，濯濯洋洋，缤滨纷纷，翕欻恍惚，迹尤显著”[5]，认为真武神是以风雨雷电的方式护佑自己。这一记载，让我们不得不认为这是受到了钦安殿所供真武神的启示。真武神是元代帝王最崇信的一尊汉人的天神，原来蒙古兴起于北方，认为是受真武神的护佑所

1　《明太祖实录》卷二六，吴元年十月丙寅。
2　《明太祖实录》卷四八，洪武三年正月癸卯。
3　《大明太宗文皇帝实录》卷五，建文元年十一月乙亥。参见王子林：《元大内中轴在武英殿与慈宁宫一线》《故宫学刊》第22辑，故宫出版社，2021年。
4　《明史》卷一四五，“姚广孝传”。
5　（明）朱棣：《御制真武庙碑》，《道藏·大明玄天上帝瑞应图录》第19册，文物出版社、上海书店、天津古籍出版社，1994年。

致，翰林侍讲徐世隆《元创建真武庙灵异记》称："我国家肇基朔方，盛德在水，今天子观四方之极，建邦设都，属水行方盛之月，而神适降，所以延洪休昌景命，开万世太平之业者，此其兆欤！"赵孟頫《启圣嘉庆图序》亦称："皇元之兴，实始于北方。北方之气将王，故北方之神先降。事为之兆，天既告之矣。"朱棣起兵时利用天象正好嫁接于钦安殿所供之神的身上，为自己"靖难"找到了合法的借口。

第三，钦安殿供奉真武神无御制碑文的原因。靖难成功后，永乐十三年（1415），于北京地安门建佑显宫真武庙，供奉真武神，朱棣《御制真武庙碑》称："顾惟北京天下之都会，乃神常翊相予于艰难之地，其可无庙宇为神攸栖，与臣民祝祈倚庇之所？遂差吉创建，崇殿修庑，缔构维新，亢爽高明，规模弘邃。"[1]永乐十六年，又于武当山冶铜为殿，范神之像，供奉真武神，朱棣《御制大岳太和山道宫之碑》记："肆朕起义兵，靖内难，神辅相左右，风行霆擎，其迹甚著。暨即位之初，茂锡景贶，益加炫耀，至若榔梅再实，岁功屡成，嘉生骈臻，灼有异征。朕夙夜祗念，罔以报神之休。仰惟皇考、皇妣，劬劳恩深，昊天罔极，以尽其报。惟武当神之攸栖，肃命臣工，即五龙之东数里得胜地焉，创建玄天玉虚宫；于紫霄、南岩、五龙创建太玄紫霄宫、大圣南岩宫、兴圣五龙宫；又于天柱之顶，冶铜为殿，饰以黄金，范神之像，享祀无极。"[2]永乐帝于地安门佑显宫、武当山天柱顶建金殿供奉真武神，特别是武当山的金殿，是从北京铸好后通过万里水道运至武当山的，《敕建大岳太和山志》记："今命尔护送金殿船只至南京，沿送船只，务要小心谨慎。遇天道晴明，风水顺利即行。船上要十分整理清洁。故敕。"[3]唯独没有于紫禁城中供奉真武神的记录，原因是钦安殿里已有元人供奉的真武神了。

图4 玄天上帝神牌

第四，"玄天上帝"号为元代所封。真武神是汉人崇拜的北方天空七宿星神，原名曰玄冥即玄武，龟蛇是其化身，宋代得到帝王们的崇拜，不断被加封号，为避圣祖赵玄郎名而改称真武。元大德七年封真武神为"光圣仁威玄天上帝"，简称"玄天上帝"，地位被提高到了上帝之尊的高度。据现状，钦安殿所供真武铜像前立有"玄天上帝"神牌〔图4〕，证明玄天上帝像当为元代所供。

第五，紫禁城北方被设计成为一个玄武天神的空间。唐玄宗御撰《大唐六典》之"尚书省工部"条记载："殿（按：指紫宸殿）之北面曰玄武门。"原注曰："其内又有玄武观。"[4]大明宫北门玄武门内有玄武观，供真武神。紫禁城北方空间即按此设计，北门曰玄武门，门内为钦安殿，钦安殿相当于大明宫内的玄武观。永乐帝将紫禁城中轴对准元代钦安殿，其

1 （明）朱棣：《御制真武庙碑》，《道藏·大明玄天上帝瑞应图录》第19册，文物出版社、上海书店、天津古籍出版社，1994年。

2 《御制大岳太和山道宫之碑》，《武当山历代志书集注》，湖北科学技术出版社，2003年，第107页。

3 《武当山历代志书集注》，湖北科技出版社，2003年，第104页。

4 参见陈学霖：《"真武神、永乐像"传说溯源》，台北《故宫学术月刊》第一二卷，第三期（2001年第4期）。

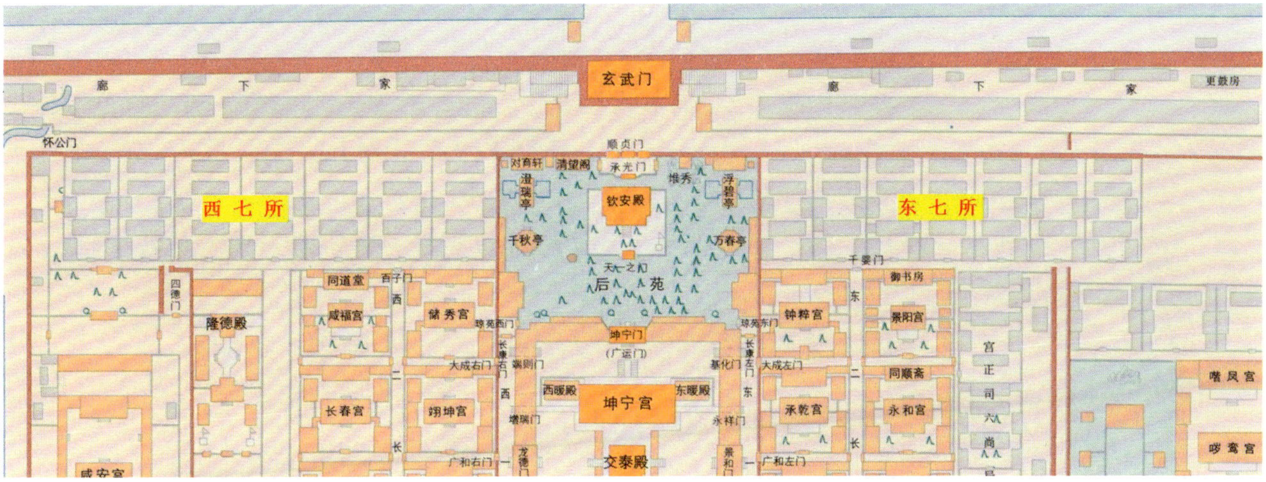

图5 钦安殿左右两侧的东西七所

目的是把钦安殿纳入北方天神的空间里，以符古制。因为永乐帝于钦安殿两侧建有东西七所〔图5〕。大学士杨荣《皇都大一统赋》称“六宫备陈，七所在列”，据杨文概《北京故宫乾清宫东西五所原为七所辨证》的考证，乾清宫东西五所原为七所。东西七所的设置，源于司马迁《史记•天官书》“北宫玄武”之说，“北宫”是指“北宫七宿”斗、牛、女、虚、危、室、壁，七宿为北方天空的星宿，其形如龟蛇缠绕[1]。以钦安殿为中心，后有玄武门，两侧有东西七所，使紫禁城北方形成了一个玄武空间，其目的是想借玄武天神继续镇佑紫禁城。

鉴于以上五点，笔者认为钦安殿所供玄天上帝铜像为元代所供，永乐帝只是利用了这尊神而已。

四 结 论

钦安殿自元代始建后，一直保存至今，殿内陈设丰富，是我们研究元明清宫廷史、道教史的重要参考。本文通过对钦安殿位置和所供神像的考证，结论如下：

第一，钦安殿位于元大内中轴的东侧，处紫禁城中轴的北端，元明宫城的中轴不是同一根中轴线。

第二，钦安殿所供玄天上帝铜像为元代供奉，非明代永乐帝所供。

第三，朱棣保留元代钦安殿名的原因，是利用钦安殿所供真武神为其南下“靖难”求证合法。

第四，以钦安殿为中心，紫禁城北方构成了一个玄武建筑空间。

[作者单位：故宫博物院研究室]

1 杨文概：《北京故宫乾清宫东西五所原为七所辨证》，《中国紫禁城学会论文集》第一辑，紫禁城出版社，1997年。

清代宫廷建筑内檐装修中的西洋卷草纹

The Western Curly Grass Patterns in the Interior Decoration in the Qing Dynasty Court Architecture

张淑娴

Zhang Shuxian

内容提要：

明末清初，随着全球航路大通，中国与欧洲的往来增加，欧洲卷草纹样进入清宫；清代中期，卷草纹被运用到了内檐装修中；清代晚期，随着西方列强的入侵，中国半殖民地化开始，西洋卷草纹样在清宫更加盛行，与中国的传统纹样结合，衍生出多种多样的纹饰图案，丰富了清代宫廷内檐装修的纹饰，也使内檐装修的风格逐渐西化。

关键词：

清代宫廷　内檐装修　纹饰　西洋卷草　茛苕叶

ABSTRACT:

In the late Ming (1368-1644) and early Qing (1644-1911) dynasties, with the increase of exchanges with Europe after the opening of global maritime route, European curly grass patterns were introduced into the Qing court. In the Qing dynasty, with the invasion of Western powers and the beginning of the semi-colonization of China, such patterns became more popular. Combined with traditional Chinese patterns, a variety of decorative patterns were derived, which enriched the interior decoration of buildings in the imperial palace. These patterns also facilitated the gradual westernization of the interior decoration styles.

KEYWORDS:

Qing court, interior decoration, design patterns, Western curly grass, acanthus leaf

纹饰，“一端是要求赏心悦目的装饰冲动（艺术意志），另一端则是赋予人最有意义的观念和感情以形象表达的欲望”。它是“形式美与深刻内容的协调融合——即，既令人愉快，又富有意义”[1]。因此，纹饰不仅具有装饰的作用，而且具有象征意义，它是各民族中最具代表性、象征性的标志之一，代表了一个民族和时代最具特征的物质。

在历史的长河中，中国纹样经历了几千年的演变，已经很难分清哪些是外来纹饰，哪些是传统纹样，在不断地吸收和交融中发展变化，互为你我，变换出新的图案形式。然而，当人们进入到故宫的内部，一种视觉效果极为强烈的不同于传统纤细缠枝花卉的大卷草图案装修映入眼帘，它们粗壮、卷曲、奔放、立体，不禁让人一下子就想到了欧洲纹样。

一　西洋草

明末清初，随着全球航路大通后，全球化浪潮的兴起，与欧洲的往来增加，欧洲大卷草纹样进入中国，与中国的传统缠枝纹样结合，衍生出多种多样的纹饰图案。

缠枝花卉是中国古代器物中典型的装饰纹样，它以一朵花卉为中心，四周缀连着起伏弯曲的缠枝，缠枝上带着尖状花瓣和小叶片，组成连续性的纹饰，作为器物的主体纹饰或边饰。

据英国艺术史学者罗森研究，缠枝花纹源自西方。在“秦朝与汉朝之前——几乎没有使用任何植物装饰图案。从西方引入的各种涡卷纹在秦汉时期尤其是汉代发展成为云纹或作为山石风景出现。花卉图案的雏形最早见于史称‘六朝’的分裂时期，在佛教建筑装饰中表现为极为简略的涡卷纹。隋唐时期，建筑装饰中终于出现了独立花卉图案，此时的中国又一次建立了强大的朝代，其影响远播中亚。在此之前，建筑中使用的涡卷纹尚未流行于世俗器皿，而至隋唐时期，银器上却开始出现简单的缠枝叶饰”。“几个世纪以来，早期叶饰茎部的弯曲轮廓被保留下来，运用于更加复杂、写实的图案中，决定了上述缠枝纹中的波浪形轮廓”。[2]

缠枝花卉图案中最为普遍的是缠枝莲，魏晋时期随着佛教传入，缠枝图案伴随着佛教莲花进入中原，使用在建筑上，自唐代以来不断演变，运用到各种器物上，图案基本定型化。缠枝牡丹纹也是器物上常见的图案。其他还有缠枝菊花、缠枝石榴、缠枝葫芦、缠枝葡萄等。〔图1〕

清代器物中出现了一种与缠枝图案近似又有着明显区别的纹样，它以大片卷曲的叶饰缠绕蔓延，即西洋卷草纹——茛苕叶。

图1　明宣德　青花缠枝莲纹绶带耳瓶　故宫博物院藏

1　［奥］阿洛伊斯·李格尔著，邵宏译：《风格问题——装饰历史的基础》，中国美术学院出版社，2016 年，第 83 页。

2　［英］杰西卡·罗森著，张平译：《莲与龙：中国纹饰》，上海书画出版社，2019 年，第 8 － 9 页。

图2　科林斯柱头

图3　“平台挂檐雕番草花样图”　故宫博物院藏

茛苕，是原生于地中海地区的一种植物，叶片阔大有锯齿。希腊时期，被运用到建筑上，成为科林斯柱的一部分。

意大利建筑学家维特鲁维给科林斯柱的起源编撰了一个神话般的故事。在科林斯有一位少女，出身于市民阶层，已到了婚嫁年龄，却因病早逝。葬礼之后，她的乳母将她生前钟爱的小玩意收集起来，装在一个篮子里并放在坟头上。为了使这供品保存得长久些，她在篮子上盖了一片屋瓦。这只篮子恰巧放在了一株茛苕的根茎上。当春天来临，被篮子长久压在下面中部的茛苕开始长出枝叶，卷须沿篮子周边向上伸展并向外卷曲。当卷须遇到瓦片棱角阻碍时，枝梢开始卷曲，最终在边缘形成了涡卷。卡利马库斯因擅长优雅精美的大理石雕刻，被雅典人称作“katatexitechnos”（技艺精湛者）。他途经此墓，注意到这只篮子被鲜嫩枝叶所包裹着的优美造型，十分喜爱这大自然创造的新颖形式。他以此为原型，为科林斯人创作了柱子的造型。[1]〔图2〕

著名的艺术史家李格尔对这个吸引人的虚构的故事不以为然，他以深厚的学术功底对茛苕叶的来源进行了细致的分析，推断出古埃及莲花、半棕叶饰到茛苕装饰的演变过程，认为“茛苕装饰并非源自直接模仿自然中所见的原型，而是源自装饰历史中本质上是艺术性发展的变化过程”[2]。

茛苕叶在西方艺术发展的进程中，不断地演变和强化，最终成为西方最具典型性的纹样。

“西方的茛苕图案与中国早期叶饰之间的联系早已得到承认。”[3]它与中国缠枝花纹的关系源远流长，“以古典茛苕纹和葡萄藤涡卷纹为基础的西方叶饰在中国变为莲花和缠枝牡丹纹”，“缠枝牡丹和莲花纹保留了茛苕涡卷纹波浪形的茎部轮廓”[4]，茛苕涡卷纹的形式延续下来，而茛苕的叶饰则被莲花或牡丹花等花卉取代，涡卷的茛苕半叶也变成了缠枝的小勾卷叶片或牡丹叶片，西方的茛苕叶饰演变为缠枝花卉的藤蔓。

清代宫廷里出现了新型的大型卷草茛苕纹饰，有独立的大茛苕叶纹饰〔图3〕，也有以牡丹、莲花为主体花卉，四周缠蔓大型茛苕叶纹饰，这些纹样中卷曲的茛苕叶硕大而明显，被称为“卷草纹”“西洋草”“西洋吉

1　［古罗马］维特鲁威著，［美］罗兰英译，陈平中译：《建筑十书》，北京大学出版社，2017年，第117－118页。

2　阿洛伊斯·李格尔：《风格问题——装饰历史的基础》，第201页。

3　杰西卡·罗森：《莲与龙：中国纹饰》，第9页。

4　杰西卡·罗森：《莲与龙：中国纹饰》，第23页。

祥草”“番草花”“洋式花纹”等。

二 清宫西洋卷草纹装修实物遗存及纹饰分析

西洋卷草纹饰进入清宫后，被运用在各种器物上作为装饰纹样，也逐渐运用在建筑装修中。

（一）清代中期

清代中期的档案记载，雍正二年（1724）制作了一架“番花紫檀木插屏”镜和一架“番草楠木插屏”镜[1]，雍正五年为圆明园万字房内铺设制作“西洋吉祥草毯子”[2]。雍正时期的家具中也出现一些带有西洋卷草的纹样。

图4 清 旭辉庭栏杆罩

乾隆时期，随着东西方交流的进一步深入，西洋艺术对中国宫廷的影响加深，皇家建筑室内装饰中出现很多外来装饰艺术品，装修中也出现了西洋纹饰。《圆明园内工装修作则例》中记载有“栏杆柱子（上做西洋头）”“楠木栏杆柱上雕西洋宝鼎头”“楠木毗卢帽三块，起香草如意线，雕西洋莲瓣藏字金铃宝杵”“紫檀花梨木西洋宝鼎头栏杆柱子”“楠木西洋券墙柱子”“楠木柱头花，长八寸、宽四寸、厚三寸五分，三面满雕连珠西洋草”“椴木券头上花墙板三块，满雕西洋花草”“椴木落堂看墙花板二块，满雕西洋花草”“楠柏木西洋柱子”“雕叠落西洋岔角香草” “栏杆雕做西洋净瓶番荷叶”[3]等西洋式柱子装饰及西洋纹饰的做法。档案中也常出现“番草”[4]“西洋叠落花纹”[5]的记载。其中“西洋花草”和“西洋草”应为西洋大卷草纹样。

乾隆三十七年（1772）修建宁寿宫，宁寿宫花园中旭辉庭室内两槽西洋莨苕卷草纹栏杆罩〔图4〕，栏杆罩上部中间为大花罩，两边小花罩，均雕刻西洋卷草纹。花罩中心纹饰为一束向上的三叶卷草，其上圆环中穿出两支卷叶，中心纹饰两侧卷草叶向两边卷曲蔓延，转角处卷草中包裹一朵盛开的莲花。栏杆裙板亦贴雕西洋草纹饰，中心由中上下翻卷的三叶草两边一朵叶饰构成，上下左右连珠纹与裙板边饰相连，左右连珠中间各加入一个叶纹组成的花朵，四边纹饰中心为贝壳纹，由贝壳中心一支卷草藤蔓向两边延伸环绕一周。栏杆罩纹饰虽由欧洲洛可可典型的莨苕叶纹和贝克纹样构成，但它与中国传统缠枝纹饰风格相似，叶脉纤细。

---

1 中国第一历史档案馆、香港中文大学文物馆合编：《清宫内务府造办处档案总汇》（以下简称《总汇》）第 1 册，人民出版社，2005 年，第 336 页。

2 《总汇》第 2 册，第 767 页。

3 《圆明园内工装修作则例》，王世襄主编：《清代匠作则例》第一卷《内庭圆明园内工诸作现行则例》，大象出版社，2000 年，第 53 — 110 页。

4 《总汇》第 7 册，第 70 页；第 13 册，第 305 — 306 页等。

5 “嘉庆六年九月二十七日总理工程为养心殿添盖平台等需用银两事”，《内务府来文》建筑工程第 2036 包（长编 69833）。

（二）咸丰同治时期

道光二十年（1840），中国社会进入了一个新的历史时期，西洋商船在洋大炮的掩护下长驱直入，中国的门户逐渐被打开。随着西洋器物的大量进入，西洋卷草纹饰作为内檐装修构件中的主体纹样逐渐增加。

国家图书馆藏咸丰九年（1859）修改长春宫图纸中，标号为YSL291-0009的图纸上标注“长春宫前殿西进间东缝向东”的装修图，飞罩上为西洋大卷草纹。〔见附：栏杆罩西洋卷草纹大花罩演变图式一〕“红木洋式”标号为YSL167-0137，亦为西洋卷草纹样。

长春宫建筑群现存有一些卷草纹饰装修：长春宫明间东西缝楠木透雕花卉卷草大小花罩花卉净瓶贴雕花卉卷草盒子心栏杆罩〔见附：栏杆罩西洋卷草纹大花罩演变图式四〕，绥寿殿楠木透雕花卉卷草大小花罩花卉净瓶贴雕花卷草盒子心栏杆罩，怡情书室楠木透雕缠枝花卉落地花罩。长春宫建筑在清晚期经过了多次的改造[1]，现存的内檐装修年代尚难以确定，这几槽装修推测为同治晚期。

另一个卷草纹样装修较为集中的区域是养心殿后殿、体顺堂、燕喜堂。体顺堂和燕喜堂的透雕卷草花卉大小花罩圆雕卷草花卉净瓶双面贴雕卷草花卉盒子心栏杆罩，据分析均为咸丰晚期遗物[2]。养心殿后殿明间西缝的楠木透雕卷草花卉葫芦小花罩云龙纹大花罩卷草花卉葫芦宝瓶绦环裙板栏杆罩，后殿东次间的楠木透雕卷草缠枝葫芦大小花罩卷草缠枝葫芦净瓶绦环裙板栏杆罩。〔图5〕养心殿后殿栏杆罩为同治十年至十二年制作。[3]

图5　养心殿后殿东次间栏杆罩

咸丰至同治时期，大卷草纹饰主要运用在内檐装修的栏杆罩和飞罩上。这一时期的西洋卷草纹装修，形式基本相同。花罩中心纹饰为贝壳造型，贝壳内雕刻一朵盛开的正面花朵，其上接出一朵盛开的侧面花朵，贝壳边缘饰螺丝卷纹，贝壳下部两边各饰一涡旋翻卷着大卷草由下往上包裹着贝壳。中心纹饰与西方卷草纹饰造型相似，西方装饰以人头或花卉为中心纹饰，清宫则是以清代常见的上下正侧两朵花卉相串而成，大型卷草从贝壳的下方两边涡旋状翻卷向上包裹着贝壳。

中心花卉底部向两边蔓延的纹饰，以中国传统缠枝纹饰为主，有缠枝牡丹、缠枝葫芦，也有缠枝葫芦葡萄等，其间夹杂着几片翻卷的大西洋卷草。栏杆荷叶净瓶绦环板裙板纹饰与花罩相似，略简化。

花罩透雕正反两面均有花纹，无底纹；栏杆圆雕荷叶净瓶扁平，绦环裙板浅浮雕。无论透雕、圆雕还是

1　刘畅、王时伟：《从现存图样看清代晚期长春宫改造工程》，《故宫博物院院刊》2005 年第 5 期。

2　张淑娴：《养心殿内檐装修现状年代分析》（未刊稿）。

3　同上。

浮雕，纹饰均较为单薄。

咸丰同治时期的卷草纹装修的特点是中心花纹为西洋卷草纹饰造型，周边纹饰则以传统缠枝花纹为主加入几片西洋卷草叶饰。纹饰细密，雕刻单薄，西洋风格与中国传统纹饰相结合。

（三）光绪时期

紫禁城建筑中还遗留大量另一类风格较为相似的大卷草纹装饰内檐装修槅罩，呈现出明显的西洋风格，较为集中地分布在太极殿、体元殿、漱芳斋、乐寿堂等区域。

太极殿和体元殿内檐装修中均采用了大卷草纹装饰，太极殿花梨木透雕球纹锦地凤鸟落地花罩，太极殿花梨木透雕万字锦地花卉卷草大小花罩花卉卷草栏杆栏杆罩〔图6〕，体元殿花梨木透雕万字锦地卷草缠枝花卉落地花罩，体元殿花梨木透雕花卉卷草大小花罩楠木花卉净瓶贴雕花卉卷草盒子心栏杆罩。太极殿及体元殿在清代晚期经历了多次的改造，光绪十一年档案记载，如意馆画士张恺等人为太极殿绘制画条、横披、提装大小二十四件[1]，说明这一年长春宫区域的内檐装修进行了较大变化，档案中仅记载绘制画条、横披和提装，没有绘制槅眼，是否能够说明此时制作的是不带槅眼的落地花罩尚不能确定。推测太极殿和体元殿的内檐装修为光绪时期。

图6　太极殿花梨木透雕万字锦地花卉卷草大小花罩花卉卷草栏杆栏杆罩

漱芳斋现存前殿明间东缝为楠木透雕鱼鳞地牡丹缠枝花卉大小花罩花卉净瓶贴雕花卉卷草盒子心栏杆罩，西缝是楠木透雕鱼鳞地牡丹花卉落地花罩，明间后檐即工字穿堂的前檐是楠木透雕缠枝花卉落地花罩，三槽卷草纹饰的花罩、栏杆罩把漱芳斋前殿装饰得极具西洋风格〔图7〕。漱芳斋现存装修为光绪十二年（1886）之后制作，具体年代不详[2]。漱芳斋的这几槽装修与紫禁城内宝蕴楼装修风格相似，宝蕴楼建成于1915年，推测漱芳斋的装修时间应为清代末年至民国初年。

图7　漱芳斋落地花罩

其他的大卷草纹样装修散落在紫禁城建筑各处，乐寿堂楠木透雕绣球锦地缠枝花卉隔断是光绪二十年（1894）改造为慈禧太后的寝宫时制作的[3]。绛雪轩楠木透雕牡丹花卉卷草寿石圆光罩，养性斋楠木透雕缠枝牡丹圆光罩，坤宁门西板房花梨木缠枝花卉花牙子横披心透雕球纹地蜂鸟牡丹卷草花卉落地花罩，坤宁门西板房花梨木透雕绣球锦地牡丹花卉卷草大小花罩绣球锦地花卉卷草栏杆镶玻璃镜栏杆罩，根据纹饰分析均为清

1　光绪十一年十月十八日，“太极殿殿内用绢画条、横披、提装大小二十四件，随交下白画绢二十四块。传旨：如意馆画士张恺等恭画着色钩金翎毛草虫各样花卉横披、提装、画条大小二十四件，赶紧要得。钦此。”中国第一历史档案馆藏：内务府《活计档》，胶片 46 号。

2　张淑娴：《清代皇宫室内戏台场景布局探微》，《中华戏曲》2016 年总第 52 辑。

3　张淑娴：《权力与艺术——考察慈禧居室空间的内檐装修》，《故宫学刊》2017 年总第 18 辑。

图8　楠木卷草纹栏杆罩　故宫博物院藏

图9　乐寿堂楠木透雕绣球锦地缠枝牡丹葡萄落地花罩

晚期的遗存。

清代末期大卷草纹装修，使用范围广，落地花罩、圆光罩、栏杆罩、隔断中均采用大卷草纹的装饰。

现存于故宫古建部库房内的一座楠木卷草纹框夹纱横披心透雕卷草花卉大小花罩花卉净瓶贴雕花卉卷草盒子心栏杆罩〔图8〕，栏杆罩上部由大花罩和两旁小花罩组成，大花罩位于栏杆罩中部上方，倒凹形边框，边框下部雕刻卷草花卉，内安双面透雕球纹锦地卷草牡丹纹花罩，中央花纹由一圈椭圆形连珠纹包裹着花蕊，花蕊中央一朵小花，花朵下方用叶片连缀着一朵下垂的盛开的牡丹，花蕊下方延伸出二层大卷草叶向上翻卷。两边卷草牡丹与中央纹饰相似，不同的是中央卷草捧着的是一朵向上盛开的牡丹。两边上方小花罩亦是双面透雕球纹锦地卷草牡丹纹花板。花罩采用多层透雕工艺，先透雕球纹锦地，再高浮雕卷草花卉，花纹凸起于锦地之上。两边下方安荷叶净瓶栏杆，圈口内圆雕荷叶净瓶，双面贴雕卷草花卉盒子心，双面贴雕卷草纹绦环板。

乐寿堂寝床前的落地花罩〔图9〕，为楠木透雕绣球锦地缠枝牡丹纹饰，纹饰以上下两朵牡丹居中，两边各一行水涡形大型卷草纹，其间夹杂着小型缠枝葡萄和折枝梅花，西洋卷草纹布满花罩，突出、醒目。纹饰层次丰富，先透雕绣球锦地，再高浮雕卷草花卉，花纹凸起。大型卷草花卉纹样的造型和透雕加上高浮雕手法具有典型的西洋洛可可风格。

漱芳斋楠木透雕鱼鳞地牡丹花卉落地花罩，花罩整体雕刻鱼鳞纹为地，上雕牡丹花，花罩上方中心以一朵盛开的牡丹为轴线，两边对称布置叶饰包裹的花卉与盛开的牡丹花相间排列，花罩两边中心为叶饰环绕的如意纹开光，底部中心用叶片围绕的牡丹花卉，开光上部中心一朵盛开的牡丹，四周布满连绵的卷曲的牡丹花，卷草纹装点在花纹之间，整体纹饰疏朗、流畅。

这一时期西洋卷草纹装修的纹饰特点为：

第一，装修纹样以大卷草纹与中国传统纹样如牡丹和凤鸟等结合。中心图案形式多样，有的保留了贝壳形造型中间夹以花朵，花朵有单朵盛开的花卉，有连缀的花饰，基本不见正面和侧面花朵相连的形式；有的无贝壳造型，中心花卉或凤鸟环以翻卷的大莨菪叶。

第二，卷草纹布满装修，并以卷草带动整体图案，牡丹叶、折枝梅以及葫芦葡萄等传统缠枝花纹仅起连接和点缀作用；另一种以牡丹叶饰替代卷草，整体纹样具有西洋卷草风格。纹饰奔放、夸张，有很强的动感。

第三，采用多层次透雕工艺，正反两面均先透雕锦纹地，有球形锦、万字锦、鱼鳞锦等，再浮雕卷草花卉，花纹层次丰富，雕刻纹饰深邃，立体感强；纹饰布局疏朗。栏杆荷叶净瓶采用圆雕手法雕刻卷草花卉和花瓶，较传统的荷叶净瓶浑厚、立体、叶饰阔大。大型卷草花卉纹样的造型和透雕加上高浮雕手法具有典型的西洋洛可可风格。

三　清宫内檐装修中西洋卷草纹的吸纳与融合

清代中国传统的纹样已高度发展，创造新的本土纹样变得更加困难。随着西风东渐，新奇的纹饰不断涌入，为固有的纹样增加了新鲜的血液。

如何将一种外来的纹饰运用在本土的器物装饰上则是艺术家们面临的问题。以一件乾隆时期的紫檀西洋花纹扶手椅为例〔图10〕，椅子靠背板作瓶形，中心一朵牡丹两边饰有向下翻卷的西洋卷草，下部一朵下垂的牡丹边饰卷草，搭脑为西洋式扇形，靠背边框及扶手亦为西洋式与巴洛克搭脑相连；曲边牙条上雕西化的玉宝珠纹，三弯腿上部雕西洋花纹；鹰爪抓珠式足，下承带圭脚托泥。椅子的上半截采用西洋式搭脑、靠背以及边框和扶手，改变了中国传统扶手椅的造型和纹饰，看起来不伦不类；下半截则是在传统造型的基础上，在牙条底边和弯腿的上部将原来惯用的如意夔龙等纹样改为雕刻西洋纹饰，曲卷的西洋花纹与传统的如意、流云、夔龙等纹饰很相似，它的下部以传统的椅腿造型和纹饰为基础进行改造，将西洋纹饰作为边饰，因此椅子的下半部看起来很协调。由此看来将新的纹饰融合在传统中的做法较为成功。

图10　清　紫檀西洋花纹扶手椅　故宫博物院藏

这些从西方舶来的西洋卷草纹饰，运用到中国的器物装饰中必然要有一个从接受到吸收的过程，再与中国固有的装饰纹样相结合，则是变通的接受和再创造。

17—18世纪的西方建筑或家具中卷草图案常用的图式为中心为扇贝形轮廓，扇贝之中饰有花卉或人头纹饰，下方涡旋翻卷出的莨苕叶包裹着扇贝并向两边延展〔图11〕。异域装饰纹样的运用需要本土传统为基础，中国传统的缠枝花纹在不断的交流过程中，发展出一种“中心花纹两边对称”的形

图11　西洋卷草图案

式，中心花纹图式由正面盛开的花卉和侧面花朵上下相连，四周卷草缠枝蔓延〔参见图4〕。这为西洋图式的吸纳提供了基础，将这种图式与西洋建筑装饰图案相结合运用到内檐装修中，西洋的贝壳和卷草元素组成的造型位于花纹的中心，内饰缠枝花卉中正侧两朵花纹上下排列置于贝壳中，贝壳的下方采用西洋式涡旋卷草，四周蔓延的缠枝演变为连绵的缠枝与西洋大卷草相夹，就构成了咸丰同治时期内檐装修上的装饰纹样〔参见图5〕。

“从异域装饰传统中获得原动力，并且异域母题迅速被吸收，并以富于创造性的新方式进一步发展。最重要的是……他们必须通过传统来延续，每一代人都可以从传统中挖掘、发挥和延伸。”[1]以缠枝花卉纹样为基础吸收西洋贝壳卷草所形成的装修纹样，经过不断演化，中心纹饰的贝壳造型逐渐弱化，贝壳内由正侧相缀的花朵发展为层层开放的花朵，两边延展的缠枝纹图案逐渐演变成一朵朵翻腾的卷草包裹花卉的图案，创造出更加奔放和动态的装修纹样。

装饰图案不仅要给人视觉上的享受，还要给人心灵上的愉悦。“真正的美来自视觉、智力与情感都获得满足而无所他求时的恬静感。”[2]图案除了装饰作用之外也具有一定的象征意义，中国传统的植物纹样莲花、牡丹、岁寒三友、石榴、葡萄等都具有美好的寓意。西方的莨苕叶饰以植物藤蔓为纽带，互相交错，连续重复，它用生动的线条构成生命化的有机纹样，在西方以重生、复活的象征意义而被崇拜和景仰。

具有象征性意义的装饰母题，离开了原产地则可能变成纯粹或主要由于装饰性理由而存在的装饰，失去了其象征意义。这也是艺术史中的一个现象：一直附着于最初创造的装饰母题的观念之上的任何具象性意义，在转换为异族的装饰图案时，曾经富有再现性意义的母题此时成了纯粹和单纯的装饰。莨苕叶，这种西方标志性的装饰母题和形式，进入中国后其原始的含义便消失了。纯粹的装饰效果并不符合装饰的法则，因而具有美好寓意的传统母题的吉祥花鸟如牡丹、翠鸟、葡萄、石榴等纹饰便加入进来，与装饰性极强的西洋的莨苕叶构成了清代晚期内檐装修中的主题装饰纹样。

西洋卷草纹在清宫装修中的运用，经历了西洋纹饰与中国传统纹饰在构图和题材方面的吸收和融合过程。以现存栏杆罩图纸和实例中的大花罩为例，可以清晰地看出西洋卷草纹饰在清宫内檐装修上的演变过程。

图式一　乾隆时期旭辉庭（红木洋式YSL167–0138），中心三叶草束，两边卷草蔓延，转角处卷草包裹莲花。纹饰窄小、纤细。

1 ［英］杰西卡·罗森：《莲与龙：中国纹饰》，第 205 页。

2 ［英］欧文·琼斯著，张心童译：《装饰的法则》“本书提倡的在建筑与装饰艺术中关于形式和颜色布局的基本原理”“原理 4”，浙江人民出版社，2018 年。

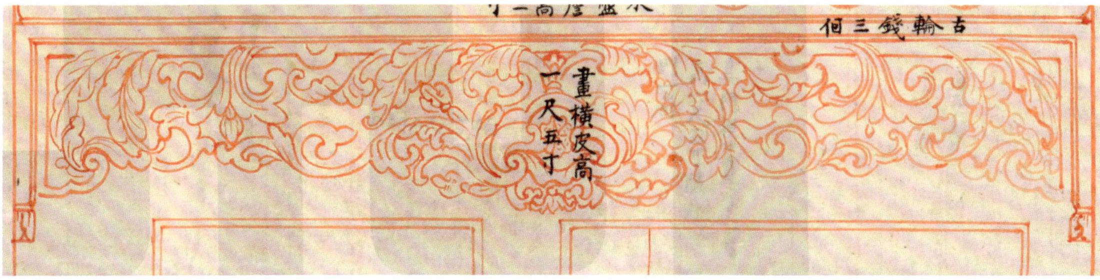

图式二 咸丰九年长春宫（国家图书馆藏样式雷图YSL291-0009），中心为西洋卷草包裹的花卉，两边卷草延展。

图式三 咸丰十一年养心殿燕喜堂（平安室），中心图案为贝壳造型，边缘有螺丝卷装饰，内雕刻花朵，贝壳下部两边各一涡旋翻卷着大卷草由下往上包裹着贝壳。两边为中国传统缠枝花纹图式的延展，缠满葡萄、葫芦的传统题材与西洋卷草结合。纹饰较为稀疏。

图式四 同治晚期或光绪早期长春宫，图式发生变化。中心图式与前面相同，两边图式为各一个卷草包裹的花卉，形成一正两副图式。纹饰繁密。

图式五 光绪时期，一正两副图式。中心花纹卷草包裹花蕊，下坠花朵；两副图案卷草上方一朵盛开的花朵，下坠花朵。底纹雕刻锦地，形成上下两层纹饰，卷草花卉图案凸起、显著，折枝牡丹点缀。纹饰疏朗。

附：栏杆罩西洋卷草纹大花罩演变图式

图式与题材构成了装饰纹样的两个方面，清宫内檐装修上的西洋卷草纹饰，在发展的过程中经历了相反的演变道路。

在纹饰的题材上经历了一个逐渐中国化的过程。清中期的纯粹大卷草纹的点缀；咸丰时期卷草中的中心纹饰换以中国花卉，两边蔓延的卷草中加入中国缠枝花纹；光绪时期大型的凤鸟、牡丹纹饰与卷草结合，部分以牡丹叶饰取代卷草。

在纹饰的布局和风格上则是朝着另一个方向即不断的西洋化发展。清中期的西洋卷草仅作为边饰或加入在中国原有的图案中；发展到咸丰同治时期西洋卷草已成为主体纹饰，但是构图和风格除中心对称外则与繁密的传统缠枝花卉相同；到光绪时期，纹饰则变得疏朗、遒劲，以及雕刻多层次化、立体化。

清宫西洋卷草纹装修，在不断地融入中国传统题材的同时构图则是朝着不断西洋化的方向前进。

四 清代晚期的西洋风

从艺术的发展规律而言，异域装饰纹样被吸收后与本土纹样融合，并以新的方式进一步发展，它们的来源很快就被掩盖了。然而，从雍乾时期装修的点缀式装饰到清代末年彰显的西洋格调，西洋卷草则是朝着相反的方向发展，而不是逐渐融入中国传统纹样中。

自16世纪末期以来，根植于全球航路大通后，第一波全球化浪潮兴起，中国和西方的接触越来越频繁，在欧洲兴起了一股“中国风”。同时，西方科学、文化、艺术，也逐渐渗入中国皇宫。

康雍乾时期，皇帝们对于西洋的器物产生了浓厚的兴趣，“乾隆皇帝休闲时常去的几个宫殿中不但有挂毯，还有镜子、绘画、座钟、分枝吊灯及他们欧洲的其他各种最珍贵的饰物”[1]，造成了清宫的西洋情调。

那时的清代帝国蒸蒸日上，胸怀博大，博采众长，有着强烈的自我意识。对于外来艺术采取主动态度，将其逐渐根植于中国传承几千年的文化中，服从于中国的本土文化。清代中期内檐装修中的西洋纹饰，表现为西洋的卷草和贝壳纹样，在运用的过程中，与中国传统装修中的缠枝花卉纹饰比较相似，花纹小，装饰面积也比较窄小，表现为西洋花卉中国式构图。且目前在清代中期大量的内檐装修中仅见旭辉庭一处。这说明，清中期对于西洋纹饰的吸收，仅作为一种异域情调的点缀，并未将其纳入主流纹饰中。

1840年鸦片战争之后，中国的大门被西方列强强行打开，中国社会发生了强烈的变化，“西人东侵是三千年来所发生的最大的变化”“这是五千年来最大的变化”“亘古未有的奇变”[2]。西方文化以一种势不可遏的态势向东推进，西方人大量来华，中西杂处，以及中国人走出国门，在生活、物质、文化、艺术上都给中国带来了前所未有的变化。

清代宫廷艺术试图保守着传统，对于西洋的事物表现得更为谨慎。在八国联军到来之前，宫廷内保守势

1 董建中：《传教士进贡与乾隆皇帝的西洋品味》，《清史研究》2009年第3期，第102页。

2 ［美］费正清、刘广京编：《剑桥中国晚清史》（下卷），中国社会科学出版社，1985年，第155页。

力仍然占有强大的地位，醇亲王奕谖建议，“朝廷应向人民以身作则，率先摒弃无用的西洋物品”[1]。“闻醇邸条陈内有圣学一条，责成倭某等四人，并保举托云等数人教蒙古语，又请摒除一初奇技淫巧洋人器用。又言奇服间色不可服御，余未知何事。”[2]“据说，他痛恨看到西式建筑物，他说宁愿让他的国家残破，也不愿它改革”[3]。

作为统治清代晚期朝廷四十余年的慈禧太后，早在她甫入宫之初，就发生英法联军之役使得咸丰逃难热河且病死异乡，而她主政以后，又不断与外国签订丧权辱国的条约，使得她的仇外情绪日甚一日。德龄在回忆录中提到慈禧太后对洋人的怨恨：“他们凭什么对我如此傲慢无礼？……这里并不是他们自己的国家，大清帝国的内政岂容他们随意插嘴！他们不喜欢我们的生活之道，可这就是我们的生活之道……他们完全可以离开我中华，我们并没有邀请他们这些不速之客。他们能够来到我中华帝国，那是仰仗了我们的宽容和友善。……这帮蛮夷之国，跟我罔谈什么文明。远古之时，我中华早已成为泱泱文明之帝国，他们的祖先还悬尾倒挂，附树攀枝。……”[4]

这样的氛围中，装饰的品位必定是传统的。这一点可以从她统治时期的建筑装修中得到印证，咸丰至同治时期清宫内已经出现了大量的西洋卷草纹装饰。但是，光绪十年，慈禧太后为自己改造的储秀宫建筑群内檐装修全部采用中国传统的花卉图案，如喜鹊登梅、凤穿竹林、缠蔓葡萄、兰花寿石等等，竟无一处西洋卷草纹样。

然而在强劲的西风之下，宫廷艺术也在悄悄地发生变化，尤其是遭受到八国联军强烈的打击之后，慈禧太后的态度发生了转变，她由仇外转而采取在外交上主动出击的态度。回京之后，她对西方艺术的看法也发生很大的改变，接受了西方人为她绘制油画的提议，还让人给她照相，并开始迷恋一些西洋的事物，“太后最喜欢洋货，尤其是法国锦缎”[5]。法国的女装、高跟鞋、香水、香皂等她都喜爱，华尔兹舞、钢琴、西餐等她也都试过，据说她也学过英文。

宫廷建筑也开始采用西方的式样，光绪二十七年（1901），慈禧太后决定在被八国联军烧毁的中海寝宫——仪鸾殿的基址上，参照长春园西洋楼海晏堂式样改建样式楼房，专做接见、宴请外国女宾之所。“以前宫中的房屋完全是中国式的，这一次却也稍稍参照西式”，室内的装修和家具也采用了西式的风格，“殿内的一切设备早已决定完全采用西式，当然只有宝座仍旧是满洲的风格。太后参照着我们从法国带来的目录单，一一比较着各种家具的型式，最后才决定选用路易十五式，但各物都须漆有皇家特有的色泽——黄色，帘毯等的颜色也必须如此。太后一切都选择定了，我母亲就请求把这些东西作为她送给太后的礼品。太后允准了，立刻通知巴黎一家我们以前一向定制家具的店送货。家具到时，工程已完成，于是立刻安排起来”[6]。且“殿上有供列泰西装饰品多事”[7]。“1903年她在宫中以国际礼仪设宴招待了外国公使夫人便是一大创举与突破，慈禧太后不但亲自接见这些驻华国际妇女，带领她们在颐和园内游览，事后还对西洋妇女的服饰及体态

1 ［美］费正清、刘广京编：《剑桥中国晚清史》（下卷），中国社会科学出版社，1985年，第175页。

2 翁同龢：《翁同龢日记》（同治九年十一月十八日）第2册，中华书局，1989年，第819页。

3 ［美］费正清、刘广京编：《剑桥中国晚清史》（下卷），中国社会科学出版社，1985年，第176页。

4 德龄著，顾秋心译：《慈禧御前女官德龄回忆录》，黑龙江人民出版社，1988年，第121－122页。

5 《慈禧御前女官德龄回忆录》，第269页。

6 同上，第360页。

7 ［美］卡尔女士著，陈霆锐译：《慈禧写照记》，中华书局，1925年，第31页。

进行一番评头论足。这项打破对洋人固有成见的轻松片刻，代表她晚年趋向改革和理性的心态。"[1]

随着慈禧太后对于西洋观念的转变，导致西洋装饰纹样在宫廷建筑内檐装修上遍地开花。德龄回忆录中所说的路易十五式，即是洛可可风格，它具有优雅、弯曲的艺术特点，正是装修所表现出的西洋风格。在时代的洪流中，西洋卷草纹饰的大面积使用是前所未有的现象。

五 结 语

西洋卷草纹在清宫建筑装修上的使用，与清代对外开放的程度相适应，随着开放程度的扩大，西洋卷草的运用越来越普及。

清代早中期，西洋卷草纹已经进入宫廷的建筑装修中，但在清代中期，西洋艺术在中国宫廷经历了中国化的过程，卷草纹饰被运用在内檐装饰中，起到点缀和装饰作用，西洋卷草纹饰与中国传统构图结合，西洋味被同化。鸦片战争之后，西风东渐势不可当，在生活、物质、文化、艺术上都给中国带来了前所未有的冲击。西洋装饰、西洋艺术也源源不断地进入宫廷，逐渐改变了原有的面貌。西洋卷草纹饰在装修中的使用逐渐普遍，中心纹样来源于西洋贝壳式构图，以中国传统的牡丹花卉为中心包裹西洋卷草纹，周边纹饰则以传统藤蔓花卉为主夹杂着几片大卷草，西洋纹饰和中国纹饰相互掺杂。清代末期，中国大地几乎全面开放，西洋器物的影响进一步加深。清宫装修上的西洋卷草纹装饰运用范围扩大，装饰纹样呈现多样化的发展态势。或者中心纹样保持西洋式构图，以牡丹和凤鸟为中心周围包裹着卷草，周围传统的缠枝藤蔓由西洋卷草取代，缠枝牡丹葡萄的枝叶仅起点缀作用；或者大型卷草布满整个画面，将传统的纹饰融入西洋纹饰中。纹样的层次增加，雕刻深度加深，立体感增强。

清宫内檐装修上的西洋卷草纹饰，经历了吸收、融合、发展的历程，清代晚期整体风格则是朝着西洋化的方向发展，改变了传统的内檐装修古拙、含蓄、细密的装饰风格，呈现豪迈、奔放的气息，与传统装修形成了鲜明的对比。

[作者单位：故宫博物院故宫学研究所]

1 冯幼衡：《皇太后、政治、艺术——慈禧太后肖像画解读》，(《故宫学术季刊》，第三〇卷第二期，第 121 — 122 页。

体和殿内檐小考

Research on the Interior Decoration of the Hall of Harmonious Conduct

贾薇

Jia Wei

内容提要：

体和殿，原为翊坤宫后殿，在光绪九年至十年间为迎慈禧太后五旬大寿而重修。翻新后的体和殿明间为穿堂，东西次间、西梢间添设花罩，东梢间添设碧纱橱，前檐添挂体和殿匾额。根据档案记载，体和殿原为慈禧太后的餐厅与书房，其内有三间设炕；婉容居此时体和殿不再承担用膳的职能，其内布局与陈设也随之变化。本文根据2018年体和殿的修缮情况及现存图文史料，对其内檐结构及装修进行考述，试图还原体和殿在晚清至民国时期的内檐风貌。

关键词：

体和殿　内檐装修　慈禧　宫廷原状

ABSTRACT:

The Hall of Harmonious Conduct (*Tihe dian*), initially the rear hall of the Palace of Earthly Honor (*Yikun gong*), was rebuilt on the occasion of the fiftieth birthday of Empress Dowager Cixi from 1883 to 1884, the nineth to the tenth year of the Guangxu reign (1875-1908). After the refurbishment, the central space was converted into a hallway. Carved wood partitions (*huazhao*) were added to the adjacent chambers to the east and west, as well as the one on the westernmost side, while the chamber on the east end was equipped with partitions screens (*bishachu*). The plaque bearing the hall's name was hung under the front eave. According to the archives, this space was originally used as Empress Dowager Cixi's dining room and study. Three chambers were equipped with heatable brick beds (*kang*). When Wanrong, the last empress (1906-1946) inhabited, it no longer served the catering function, thus its internal layout and furnishings changed accordingly. Based on records of the Palace Museum's renovation project regarding the hall carried out in 2018, as well as existing illustrative and textual resources, this article reviews the space's structure and interior decoration, in an attempt to represent its interior décor from the late Qing dynasty to the Republican period (1912-1949).

KEYWORDS:

Hall of Harmonious Conduct (*Tihe dian*), interior decoration, Empress Dowager Cixi, court historical installations

体和殿，原为翊坤宫后殿，光绪九年至十年（1883—1884）间为迎慈禧太后五旬万寿曾有过翻新加盖。现体和殿内东西次间各存落地花罩一槽，西梢间存几腿罩一槽，东梢间存碧纱橱一槽，殿内无炕床结构。根据《宫女谈往录》记述，体和殿内部空间按功能划分明确：西边两间为休息室，东边两间为用膳的地方。[1]百年荏苒，今体和殿内已不复旧时原状。笔者以2018年参与体和殿重修的工作经历结合现存档案文书及相关老照片，对其内檐装修及布局进行了考证，冀其对世人了解慈禧太后生活寝居及后宫宫廷室内陈设有所裨益。

一 体和殿之花罩与隔扇

体和殿易名前为翊坤宫后殿，即使在光绪九年至十年间有过翻盖，但其建筑仍延续了原翊坤宫后殿的主体结构。翊坤宫后殿在光绪九年前，一直作为寝宫使用。其内的花罩、隔扇与隔断等布局，在设计上更注重寝居的体验感。

> "道光十三年（1833）正月二十五日，小太监沈魁传旨谕总管王住将……翊坤宫后殿……西次间北面格断一槽，真假门夹门窗楠木色，东真门西假门格断内，西边安小床一张，上安飞召。西里间安曲尺，候明春再行修理，钦此。十二月初七日总管王住奉旨翊坤宫后殿西里间改安寝宫，格洞放宽，床召摘去，安飞召……后殿明间安壁子格断一槽安□门一扇……"[2][3]

可见，在道光时期，西梢间（即档案中的西里间）为寝宫，门口设有曲尺，如今储秀宫西梢间的构造；其内床上安有飞罩。西次间于北侧有隔断一槽，东侧设真门，西侧为假门，两门中间开窗。明殿与今天所见的穿堂形式不同，其后檐为墙体，中间安有隔断。档案中未涉及东边两间，但由于此时翊坤宫后殿的使用功能与光绪九年后迥然不同，这时期东边两间的布局和内檐应与后来的体和殿亦大不相同。

体和殿现存的内檐装修为光绪九年重建后所造，其修缮的契机是为迎合次年慈禧太后五旬生辰。这次营缮及装修的范围囊括翊坤宫、（原翊坤宫后殿）、储秀宫及丽景轩（原储秀宫后殿）。光绪九年，储秀门拆除，体和殿被改为穿堂，翊坤宫、储秀宫从两个独立的两进院变为一个前后贯通的四进院。由于此次改造规模巨大，内务府特将此次营缮的《活计档》独立辑成一册，名为《翊坤、储秀等处题头清档》。此册档案的起止时间为光绪九年二月至十月[4]，但这一区域的修缮一直到光绪十年还未止息。

根据档案记载，在光绪九年七月，体和殿正殿的结构发生了极大的改变。首先，明间变为穿堂，并于"前后檐添安楠木雕万福万寿五福捧寿群板玻璃隔扇风门帘架窝风槅二槽"[5]。同时，屋内添安了花罩与碧纱橱，将体和殿空间划分为五个部分。为直观呈现体和殿殿内花罩碧纱橱的改造情况，笔者将光绪九年七月初

---

1 金易：《宫女谈往录》，紫禁城出版社，2010年，第49页。

2 《钟粹宫后殿并翊坤宫永和宫等处油糊清册》，第一历史档案馆。表中尺寸按清代营造尺一丈为320厘米换算。

3 在此感谢林姝老师及邢陆楠老师，对档案中"飞召"二字的辨识，及与我对"召"字为"罩"的讨论及认可。

4 《活计档》，胶卷44，第一历史档案馆。

5 同上。

一日《旨意题头清档》的相关记载整理成表[1]。

表1 光绪九年体和殿添安隔扇及碧纱橱详情表

房间	花罩/隔扇样式	尺寸	其他信息
西梢间[2]	花梨木雕牡丹花天然式飞罩一槽	通高一丈三尺四寸(428.8厘米)，通面宽一丈六尺七寸八分(536.96厘米)	紫榆木包厢杴框安装料
西次间	花梨木雕玉兰花天然罩一槽	通高一丈三尺四寸(428.8厘米)，通面宽一丈六尺七寸八分(536.96厘米)	紫榆木包厢杴框安装料
东次间	花梨木雕玉兰花天然罩一槽	通高一丈三尺四寸(428.8厘米)，通面宽一丈六尺七寸八分(536.96厘米)。	紫榆木包厢杴框安装料
东梢间	花梨木碧纱橱一槽计十扇	通高一丈三尺四寸(428.8厘米)，通面宽一丈六尺七寸八分(536.96厘米)，门口高七尺二寸(230.4厘米)，宽三寸零五分(97.6厘米)	紫榆木包厢杴框安装料。横楣、隔扇、帘架，安洋玻璃。随铁鋄金面叶、纽头环帘架绊、鹅项碰铁

通过这次改造，体和殿的功能发生了重要的改变。修缮前的体和殿（翊坤宫后殿）在布局上更注重后宫寝居的私密与舒适性，改后的体和殿则因其“餐厅”与“外书房”的新职能[3]，而具有了更为敞亮的视觉效果，以及更便于穿行的使用空间。

根据档案中记载，体和殿竣工后仅东梢间设有碧纱橱，但《宫女谈往录》中，旧宫人回忆道“西两间中间有虚扇隔开，这是老太后饭前饭后休息、喝茶、吸烟的地方”[4]。今体和殿西梢间仅存档案中所记的“花梨木雕牡丹花天然式飞罩”一槽，并未有“虚扇”遗存。但在民国时期的老照片中，我们可以看到旧宫人所说的“虚扇”位于西梢间飞罩下方，为棉质垂帘，纵向行线，犹如隔扇形状。虚扇分南、北两面，中间留门洞，棉帘东侧及门洞上均有刷子，棉帘下方南北向躺放一整根木条做门槛，棉帘自然垂于槛东侧。目前体和殿西梢间飞罩中槛东侧存帘子钩2排：上排9钩，下排2组、每组2钩，均为当时悬挂“虚隔扇”之用。

在慈禧太后于体和殿用膳时期，虚扇西侧（即西梢间）的空间内设有炕床，是慈禧太后休憩的场所。虚扇的设计既满足了阻断外侧视线的私密性需求，又较普通木质隔扇更具保暖特性[5]，是一种灵活而实用的室内软装装饰。即便此间屋室后被婉容改作书房，虚扇依旧得以保留。[6]

图1 民国时期体和殿西屋老照片

1 《活计档》，胶卷44，第一历史档案馆。

2 《活计档》中并无记载西梢间、西次间花罩的尺寸及颜色，但根据档案记载的顺序及现场目验的情况可以推测，应是因西梢间、西次间花罩的尺寸颜色与东次间的相同，故在记录时被省略。

3 金易：《宫女谈往录》，紫禁城出版社，2010年，第49页。

4 同上。

5 体和殿东、西梢间均设有地暖，前檐廊下尚存火道口。

6 故宫博物院摄影室：《参观故宫纪念影片》，二十世纪二三十年代。

“虚扇”撤收的时间大约在20世纪50年代。根据1953年故宫博物院《体和殿改辟明代展室内修整计划》记载，此前体和殿尚保留溥仪出宫时的原状陈设，此次撤收体和殿内檐陈设时，拆除了“花木罩三槽及活隔扇一槽”[1]。虽然档案内并未提及“虚扇”的存留，但因其附于西梢间的飞罩上，应是与飞罩同时被拆撤的。

2018年，体和殿内檐重新修缮，共揭去横披心、隔扇心、门楣心、贴落共计63件[2]。此外，故宫现存体和殿旧藏挂轴3件，分别为故008486清人山水图轴、故008521清人松树孔雀图轴，及故008526清人松鹤图轴。三幅绘作均从体和殿西梢间顺山墙上摘下。根据民国老照片，三幅挂轴的放置顺序自南向北依次为松鹤图轴—松树孔雀图轴—山水图轴，且均无落款。

根据档案记载，体和殿内檐所用之诗文绘画，与翊坤宫、储秀宫、丽景轩内檐用书画，均为光绪九年至十年间由如意馆恭谨绘制：

> “（光绪九年）十一月初一日……长春宫总管刘增禄传旨：着如意馆画士张恺等画储秀宫、翊坤宫、体和殿、丽景轩等处用五彩拘金人物、花卉、翎毛、草虫、博古等画横批、画条、画斗、画对大小共七十三件……”[3]
>
> “（光绪十年）二月二十一日，值班库掌英文、催长敬安，接收催长延荣持来报单一件，内开如意馆为具报题头事，光绪九年十二月初二日懋勤殿太监刘志安传画体和殿殿内用画大小九十七件，随交下白画绢九十七块，传旨：着如意馆画士张恺等绘画钩金博古各色兰花横批、提装、斗方、画条等，共九十七件，钦此……如意馆呈稿。”[4]
>
> “（光绪十年）九月十四日值班库掌广铨、催长广庆，由懋勤殿太监陆吉祥交体和殿槛柱上画条二十件，传旨：著造办处托裱上一块玉壁子，随蓝绫边钦此。金玉作，铜鋄作、匣裱作、油木作呈稿。九月十五日值班库掌广铨催长广庆由懋勤殿太监陆吉祥交体和殿画隔扇屉九十一件，传旨著造办处托裱随蓝绫边急速要得钦此。匣裱作呈稿。”[5]

档案中的画条 、画斗、画对并未有实物留存至今。根据其现存横披心、隔扇心及门楣心以类型划分，可分为横披40幅，隔扇心20幅，门楣心2幅；以作者划分，可分为张恺26幅、梁德润16幅、梁耀枢10幅、陆润庠10幅；以内容分，书法20件，绘画42件（见表2—3）。殿内横批以字画交替的形式陈设：其中书法多为词臣题写历代经典诗文，绘画作品则以兰草为主。东梢间隔扇心的画作以竹石、兰草、宝瓶为题材，东西两面门楣心为兰草。体和殿内长帖落原应有8件，现仅存1件，由东次间花罩迎风板西侧揭下。2018年所揭贴落、横披心、隔扇心与门楣心，均有档案所记的“蓝绫边”。

---

1 《翊坤宫体和殿改辟明代馆修正计划储秀宫原状陈列室调整陈列计划》，19530008z，故宫博物院。

2 据故宫博物院藏档案《19530208z 翊坤宫体和殿两处室内雕花木罩所嵌书画须即修裱的通知》，体和殿内“雕花木罩所嵌之书画屏心因年久失修破裂甚多”，曾于1953年下半年进行过“加工修裱”。

3 《活计档》，胶卷44，第一历史档案馆。

4 《活计档》，胶卷45，第一历史档案馆。

5 同上。

表2 体和殿横披心详情列表

编号	方位	作者	内容	编号	方位	作者	内容
1	西梢间/西次间	梁耀枢	诗文	21	穿堂/东次间	陆润庠	诗文
2	西梢间/西次间	梁德润	兰花	22	穿堂/东次间	梁德润	兰草
3	西梢间/西次间	梁耀枢	诗文	23	穿堂/东次间	梁耀枢	诗文
4	西梢间/西次间	张恺	竹	24	穿堂/东次间	张恺	兰草
5	西梢间/西次间	梁耀枢	诗文	25	穿堂/东次间	陆润庠	诗文
6	西梢间/西次间	梁德润	兰草	26	穿堂/东次间	张恺	兰草
7	西梢间/西次间	陆润庠	诗文	27	穿堂/东次间	陆润庠	诗文
8	西梢间/西次间	梁德润	兰草	28	穿堂/东次间	梁德润	兰草
9	西梢间/西次间	梁耀枢	诗文	29	穿堂/东次间	陆润庠	诗文
10	西梢间/西次间	张恺	兰草	30	穿堂/东次间	梁德润	兰草
11	西次间/穿堂	张恺	兰草	31	东次间/东梢间	陆润庠	诗文
12	西次间/穿堂	梁耀枢	诗文	32	东次间/东梢间	梁德润	兰草
13	西次间/穿堂	张恺	兰草	33	东次间/东梢间	陆润庠	诗文
14	西次间/穿堂	陆润庠	诗文	34	东次间/东梢间	梁德润	兰草
15	西次间/穿堂	张恺	兰草	35	东次间/东梢间	陆润庠	诗文
16	西次间/穿堂	梁耀枢	诗文	36	东次间/东梢间	张恺	兰草
17	西次间/穿堂	张恺	兰草	37	东次间/东梢间	梁耀枢	诗文
18	西次间/穿堂	陆润庠	诗文	38	东次间/东梢间	梁德润	兰草
19	西次间/穿堂	张恺	兰草	39	东次间/东梢间	梁耀枢	诗文
20	西次间/穿堂	梁耀枢	诗文	40	东次间/东梢间	梁德润	兰草

表3 体和殿东梢间碧纱橱隔扇心、门楣心详情表

编号	西侧	作者	编号	东侧	作者
1	西隔扇心	张恺	12	东隔扇心	张恺
2	西隔扇心	张恺	13	东隔扇心	梁德润
3	西隔扇心	张恺	14	东隔扇心	张恺
4	西隔扇心	梁德润	15	东隔扇心	梁德润
5	西隔扇心	张恺	16	东隔扇心	张恺
6	门楣心	张恺	17	门楣心	张恺
7	西隔扇心	梁德润	18	东隔扇心	张恺
8	西隔扇心	张恺	19	东隔扇心	张恺
9	西隔扇心	梁德润	20	东隔扇心	张恺
10	西隔扇心	张恺	21	东隔扇心	张恺
11	西隔扇心	梁德润	22	东隔扇心	张恺

二 体和殿之炕床及炕上陈设

体和殿原为翊坤宫后殿，在顺治十二年（1655）曾有过一次重建。此后，体和殿（翊坤宫后殿）长期作为寝宫使用。其东西梢间下设地龙，为暖阁。目前可见最早关于此处设炕的记载源自嘉庆十五年（1810）的《为查验乾清宫慈宁宫等处并储秀宫等岁修活计找领银两事》[1]。至道光年间，祥妃居此，并在此先后诞育皇二女（早殇）、皇五女寿臧和硕公主，及皇五子惇勤亲王奕誴。在道光十三年至十四年间，内务府曾对殿内西梢间、西次间及明间的炕床进行过改造[2]。

光绪九年体和殿翻盖重修，自此以后，体和殿不再作为寝宫。但作为用膳及休息的场所，慈禧同样在其中三间添设了炕床：

> “（光绪九年）七月初一日值班库掌国旺、催长敬安，接收催长永惠等持来报单一件。内开金玉、铜鋄、油木、广木作为具报题头事。六月十六日，长春宫总管刘增禄传旨：……（体和殿）殿内东次间……后檐安花梨木边腿紫榆木挂檐板杉木床……东进间后檐安花梨木边腿紫榆木挂檐板杉木床。西进间顺山花梨木边腿紫榆木挂檐板杉木床，分五堂式，代楠木抽屉，钉安西洋锁钥。通面宽一丈六尺一寸五分。先做小样呈览钦此。于六月二十日将画得纸样并做得木样持进呈览，随总管刘增禄传旨着照样准做钦此。金玉作，铜鋄作呈稿，油木作，广木作。”[3]

表4 光绪九年体和殿内檐装修添设炕床情况

房间	方位	形制	尺寸
东次间	后檐	花梨木边腿紫榆木挂檐板杉木床	不超过468厘米[4]
东梢间	后檐	花梨木边腿紫榆木挂檐板杉木床	不超过468厘米[5]
西梢间	顺山	花梨木边腿紫榆木挂檐板杉木床，分五堂式，代楠木抽屉，钉安西洋锁钥	通面宽一丈六尺一寸五分，约516.8厘米[6]

档案中的“花梨木边腿”指的是炕罩，“紫榆木挂檐板”为炕床正面正中的炕檐板。这种设计在这次翊坤—储秀区域改造中，同样被用于储秀宫正殿东梢间的前檐炕、翊坤宫西梢间炕床，以及体和殿东西配殿的炕床[4]。体和殿西梢间为顺山炕，呈五堂式样，挂檐板上均配钉安了“西洋锁钥”的抽屉。据《宫女谈往录》中老

---

1 第一历史档案馆藏嘉庆十五年十二月二十六日内务府呈稿《为查验乾清宫慈宁宫等处并储秀宫等岁修活计找领银两事》一文中有“翊坤宫后殿……拆搭地炕”的记载。

2 《钟粹宫后殿并翊坤宫永和宫等处油糊清册》，第一历史档案馆。

3 《活计档》，胶卷 45，第一历史档案馆。

4 《活计档》，胶卷 44 — 46，第一历史档案馆。

4 体和殿东次间东西间距 468 厘米。

5 体和殿东梢间东西间距 468 厘米。

6 清代营造尺一丈约为 320 厘米。

宫女回忆，慈禧太后居储秀宫期间：

> “（体和殿西两间）是老太后饭前饭后休息、喝茶、吸烟的地方……老太后有个习惯，吃饱了饭就不爱再闻到菜的油腻味，所以饭后经常在西二间来休息。尽西头一间，等于储备室，饭后小解等等都在这里。总之，老太后早点在储秀宫用，中午、晚上两正餐，多在体和殿。说俗一点，体和殿就等于老太后的外书房和餐厅。”[1]

体和殿作为“书房”的功能一直延续到民国溥仪出宫。据《故宫物品点查报告》（后简称《点查报告》）统计，至1925年，体和殿西梢间仍存《左传》（霜二三三-26）、《易经》（霜二三三-26）等四书五经，《通鉴地理今释》（霜二三三-6）、《资治通鉴》（霜二三四）等地理史书，以及《红楼梦》（霜二五一-7）、《大小芥子园画谱》（霜二五一-27）等小说画谱，共计百余册，这些书应系慈禧太后时便存于此处。婉容在此读书时，体和殿又添“英文书”46册（霜二七九）、“中学乐典教科书等”53本（霜二八一）等书目；与此相对应，殿内于此时增设“英字打字机一架”（霜二四一）、“风琴一架”（霜二一八）[2]。

在慈禧太后使用体和殿时，体和殿内的3铺炕床上陈设有5件家具。根据光绪十年的《旨意题头清档》记载，这5件家具应是由西六宫其他宫殿挪至此处，故需先行“出土见新，找补齐整”[3]。在这5件家具中，有“花梨木炕桌二张”“紫檀木炕案三张”[4]。根据毓庆宫西梢间顺山炕的陈设，基本可以判断体和殿西梢间顺山炕上南北两侧置炕案，中间设炕桌一张。而另外的一桌一案，则分别位于东次间后檐炕与东梢间后檐炕。

目前此5件家具，尚存4件于故宫博物院。1925年溥仪出宫后，清室善后委员会点查体和殿，殿内存“雕花木炕几一张（霜二○九）”“雕花木炕几一张（霜一八○）”“硬木带四屉炕桌一张（霜二○○）”[5]。1935年文物南迁之际，国立故宫博物院再次清点体和殿时，仍记有“雕花木炕几一张（霜二○九）”“雕花木炕几一张（霜一八○）”“硬木带四屉炕桌一张（霜二○○）”[6]。根据记载的特征与文物编号可以推知，《点查报告》与《体和殿现存文物点收清册》（后简称《点收清册》）中的“雕花木炕几”与“硬木带四屉炕桌”，即为《旨意题头清档》中的“紫檀木炕案”与“花梨木炕桌”（表五）。

同时，综合《点查报告》《点查清册》和故宫现藏文物进行比对，通过对西六宫陈设家具的查阅，笔者发现光绪年间记载的另一件“花梨木四屉炕桌”亦尚存，其记录的点查方位为体和殿北面的储秀宫，参考号为“霜三七八”。应是后来由体和殿移至此处的。

体和殿内炕桌、炕案数量的减少，与其内檐的布局变化息息相关。慈禧太后在此活动时，体和殿内设3铺炕床；但到民国婉容居此时，炕床减少为2铺。从溥仪出宫之际的体和殿老照片上可见，当时体和殿西梢

1 金易：《宫女谈往录》，紫禁城出版社，2010年，第49页。

2 清室善后委员会：《故宫物品点查报告》第六册，线装书局，2004年，第71－106页。

3 《活计档》，胶卷45，第一历史档案馆。

4 清室善后委员会点查时，将此炕案命名为炕几，《点查清册》及目前故宫系统均沿用炕几之名，但两者实为一物。

5 清室善后委员会：《故宫物品点查报告》第六册，线装书局，2004年，第71－106页。

6 《体和殿现存文物点收清册》，故宫博物院。

间已无顺山炕，取而代之的是顺山墙前的“朱漆镀螺钿书架”二个（霜二三三、霜二五一）、“木案”一张（霜二四〇）、“硬木桌子”一张（霜二四五）、“带花缎垫紫檀镶景泰蓝椅”一对（霜二四二）。其中“朱漆镀螺钿书架”便是专用来收贮藏书的。东次间后檐炕在婉容居此时已无存，而是挪安在西次间前檐处；并于炕上东西两侧设炕案（霜二〇九、霜一八〇），中间放置炕桌（霜二〇〇）（表5）。体和殿东梢间的后檐炕此时尚存，但其上陈设非常简单。在炕床的旁边是一张铜床（霜六六），上面还铺有“红缎棉褥一，线毡一”[1]。显然，铜床已取代后檐炕的坐卧功能；炕更多用以临时置物。

中华人民共和国成立后，体和殿改为明代馆。其内檐木结构与陈设均被撤收。从此，体和殿内再无炕床结构，原存东次间炕上的紫檀木炕案（霜二〇九、霜一八〇）被挪至储秀宫东次间炕上陈设，花梨木炕桌（霜二〇〇）则被挪至体顺堂东梢间炕上陈设。而原藏体和殿、婉容时期挪至储秀宫的花梨木炕桌（霜三七八），今陈列于咸福宫。

表5　旧藏于体和殿内之炕上家具

参考号	文物名称	图片	尺寸	《旨意题头清档》	《点查报告》	《点收清册》
霜二〇九	紫檀木雕花纹炕几		长128厘米 宽28厘米 高33厘米	紫檀木炕案三张	雕花木炕几一张	雕花木炕几一张
霜一八〇	紫檀木雕花纹炕几		长127厘米 宽34厘米 高35厘米	紫檀木炕案三张	雕花木炕几一张	雕花木炕几一张
霜二〇〇	花梨木四屉炕桌		暂无尺寸	花梨木炕桌二张（破坏）	硬木带四屉炕桌一张	硬木带四屉炕桌一张（报告原主屉内存纸张杂件，无）

三　体和殿内檐的其他陈设

体和殿内檐的其他陈设花罩将体和殿的平面划分为5个区域，而炕床、灯具及匾额等的陈设，又使体和殿的内檐装修富有韵律美与层次感。在内檐装修中，炕床占据中下部分区域而自成格局，匾额及挂灯则以网状散布于体和殿各间屋室的不同角落，装点了体和殿内檐的上部空间。

1925年溥仪出宫后，清室善后委员会点查体和殿时，记有电灯2例：“霜二三七，红料花瓶式电灯二盏”，“霜二八六，电灯二五盏”[2]。1935年国立故宫博物院再次清点体和殿内文物时，记体和殿明殿存有“电灯一个（霜一四五，报告原注一对）”“电灯二十五盏（霜二八六）”“电灯一盏（霜一三二）”“桌电灯一盏（莫一一〇）”“红料花瓶式电灯二盏（霜二三七）”[3]。

1　《体和殿现存文物点收清册》，故宫博物院。

2　清室善后委员会：《故宫物品点查报告》第六册，线装书局，2004年，第71－106页。

3　《体和殿现存文物点收清册》，故宫博物院。

“霜一四五”电灯在《点查报告》中被记为“桌上带座电灯（一对）”，它与“霜一三二 电灯一盏”均在《点查报告》之翊坤宫文物清单里。这两个文物号之所以在十年之后出现在《点查清册》中，很有可能是因这之间文物南迁装箱搬运等人为扰动造成了文物易位。“莫一一〇”是1935年清点体和殿时的补号，属于1925年未点查之物，但不能排除其亦为十年之间扰动的结果。因此明确为体和殿的灯支只有《点查报告》中的“霜二三七”与“霜二八六”。

早在宣统二年（1910），西苑电灯公所便奉懿旨“著电灯公所速将储秀宫正殿及东西两配殿安设电灯钦此”[1]。这是关于翊坤—储秀这一区域安装电灯的最早记录。宣统二年正月十六日西苑电灯公所又奉懿旨在“长春、建福、储秀宫各宫安设得律风，钦此”[2]。可见，翊坤—储秀宫区域至迟在宣统二年已铺设有电路。

体和殿安设电灯的时间应稍晚于储秀宫，其安装时间约在民国初年。从清室善后委员会于二十世纪二三十年代拍摄的老照片来看[3]，当时体和殿内悬挂之吊灯与储秀宫此时买办之吊灯非常相似，两者区别唯在吊灯之下是否缀有装饰物而已。从照片上看，体和殿内电灯分为吊灯和壁灯两种。体和殿东西次间的南北的间柱上均设有壁灯，款式相同，均为金属柄吊垂喇叭花口。东西次间及明间的正上方，悬挂有金属柄三头吊灯，灯头同样呈喇叭花式。由于拍摄角度问题，从老照片上无法得知体和殿东、西梢间安装吊灯的情况，但可以肯定的是西梢间南北槛窗间柱上并未安装壁灯，而东梢间安装壁灯的情况则尚不明确（表6）。

表6 体和殿内壁灯及吊灯安装情况

房间	吊灯	间柱壁灯
西梢间	不详	无
西次间	1件	4件
明间	1件	无
东次间	1件	4件
东梢间	不详	不详

继点亮体和殿后，体和殿内又相继引入电扇及留声机等用电设备[4]。尤其是1935年再次点查体和殿文物时，在体和殿正殿内发现了“留声唱片四十六片”（莫一〇三）[5]，可见婉容曾常于此处消遣娱乐。

除用电设施外，体和殿还悬挂有匾额、福方、吉祥话等内檐装饰。2018年体和殿撤陈时，揭下匾额7块。其中有黄倬书横匾2块，孙诒经书横匾1块，殷兆镛书横匾1块，徐郙书横匾1块，参考号均为“停三六”，为玄穹宝殿文物补号；有潘祖荫书横匾2块，参考号为“逾八〇四”，为1943年至1951年故宫新发现文物的补

1 《为呈请给发储秀宫等处安设电灯购办电线等项所需银两事致奉宸苑档房等》，05－08－032－000059－0201，第一历史档案馆。

2 在此感谢赵丛山老师指正，得律风为 telephone 之音译，为电话。《为长春宫各宫安设得律风事致奉宸苑档房》，05－08－031－000098－0016，第一历史档案馆。

3 故宫博物院摄影室：《参观故宫纪念影片》，二十世纪二三十年代。

4 “电扇一架，霜八七三”及“留声机一架，霜八五〇”。

5 《体和殿现存文物点收清册》，故宫博物院。

号。潘祖荫所书的两块匾额均题于"光绪乙酉中秋（光绪十年）"，此时正是翊坤—储秀区域翻修完竣之际；上钤"慈禧皇太后御笔印宝"、"数点梅花天地心"及"和平仁厚与天地同意"，与翊坤—储秀区域在这一时期添挂的其他匾额一致。目前可以肯定的是这两块匾额属于翊坤—储秀区域，但由于《点收清册》所记录体和殿内匾额并无潘祖荫所书，故此两件匾额并不属于体和殿原状陈设。

据内务府档案记载，宣统二年八月前后曾对体和殿内匾额进行过一次大规模的修补见新：

> "金玉、匣裱、铜鋄、油木作呈为实销工料银两事，今为宣统二年六月二十五日值班员外郎荣锟由懋勤殿太监刘长茂传体和殿撤下御笔匾十九面，福方二十八件，吉祥话二十五件，画挂屏十六件，字画提装八件，字画嵌扇三十一件，旨著造办处从新托裱换边随托钉挺钩得时仍还原处，莫误，钦此。总管事务准行记此。"[1]

根据档案记载，此时体和殿内尚存完整的内檐装饰。1925年点查体和殿文物时，清室善后委员会并没有对体和殿内匾额进行登记编号。1935年再次清点时，则将匾额、福方等内檐装饰也纳入点查范围。根据《点收清册》记载，1935年时，体和殿内尚存慈禧太后御笔匾4组（莫八四、莫九二、莫九四、莫一〇四），每组3块，计12块。其中"莫九二、莫九四、莫一〇四"各"附福寿字四块"。除此以外，还有"陆润庠墨书匾一块 莫九三"、"童华墨书匾一块 莫九五"、"梁燿枢墨书匾一块 莫一〇五"及"福寿字斗方二个 莫一一七"[2]。

今体和殿内仅存慈禧太后书"体一苞元"横匾一件。匾额目前冠"资古建"文物号，属于未曾移动的文物，应为1935年点查体和殿的12块慈禧御笔匾额之一。但很遗憾的是，此匾额已失《点收清册》清点时所冠参考号。此匾上钤"慈禧皇太后御笔印宝"、"数点梅花天地心"及"和平仁厚与天地同意"三印，黄底黑笔，画云龙纹边框，目前匾额悬于体和殿明间内檐北面风门之上。

四 结 语

体和殿于光绪九年（1883）正式登上历史舞台，作为连接翊坤宫与储秀宫的一个重要枢纽，体和殿内檐装修风格与材质，与翊坤宫、储秀宫保持着高度的统一性。同时，体和殿的穿堂结构又赋予其与其他宫室不同的内檐布局与装饰特点。总体而言，体和殿内檐空间呈现了布局紧凑、功能集中，兼具私密性与便于穿行的特点。

光绪九年重新营缮的体和殿，其功能定位为慈禧太后的餐厅与外书房。东两间作为太后日常用膳的场所，均设后檐炕。用餐时，东次间炕前会由南向北添置两张圆桌用于传菜，膳桌放于中间，太后则坐东向西用膳[3]。用于饭后休憩的西梢间设顺山炕，以"虚扇"作为软装隔断与西次间相隔，里面作为慈禧太后休憩、小

1 《为实销成做体和殿安挂匾挂屏上黄铜镀金云头托挂钉等项活计所用工料银两事等》，05－08－030－000615－0041，第一历史档案馆。

2 《体和殿现存文物点收清册》，故宫博物院。

3 金易：《宫女谈往录》，紫禁城出版社，2010年，第79页。

解的场所[1]，较为私密隐蔽，其内的顺山炕也较东两间的后檐炕床更为宽大舒适。

婉容居于储秀宫时，改于储秀宫北侧的丽景轩用膳，并将体和殿的西两间作为书房。此时西梢间的顺山炕被书格、桌案所取代，后檐的窗下还添设了带有抽屉的书桌。西次间的北侧沿虚扇设案，案上放有书籍，南侧则改为炕床。东次间变为南北轴对称的格局，前后檐窗下分别设案子、八仙桌与座椅，碧纱橱西侧则设一对穿衣镜，整体布局更像是一个会客空间。东梢间是一间临时休息室，室内添西洋铜管床一铺[2]，后檐炕则用来置物。

今体和殿内之隔扇、碧纱橱仍为光绪时期旧物，但其内炕床与灯支俱已无存，匾额等装饰也所剩无几。在这一百多年的岁月里，体和殿内檐装修及装饰的变迁，既是晚清后宫陈设与生活方式的体现，也是慈禧太后专权、溥仪夫妇偏安的一面镜子。对体和殿逐步深入的探讨，将为这段宫廷历史研究提供一片弥足珍贵的史料拼图。

[作者单位：故宫博物院宫廷历史部]

1 金易：《宫女谈往录》，紫禁城出版社，2010 年，第 49 页。

2 铜床，参考号为霜六六，点查时上还铺有“红缎棉褥一，线毡一”。

故宫奉先殿现状调查及分析研究*

Investigation and Analysis of the Hall of Ancestral Worship in the Forbidden City

卓媛媛

Zhuo Yuanyuan

内容提要：

为配合故宫博物院奉先殿研究性保护项目，2020—2021年对奉先殿建筑进行了全面的勘测，并取得了未曾收录过的第一手资料。在这些资料的基础上，首次从台基、柱顶、彩画、大木构架的形制尺寸和构造做法等方面，对奉先殿建筑进行全方位的分析说明。与历史文献及其他同类型建筑相比照，全面解读奉先殿建筑的形制特征，证实现存奉先殿主体建筑应为清初遗构。

关键词：

故宫奉先殿　调查分析　台基　柱顶　彩画　大木构架

ABSTRACT:

In line with the Palace Museum's "Hall of Ancestral Worship Research and Conservation Initiatives", from 2020 to 2021, a comprehensive survey of the Hall of Ancestral Worship (*Fengxian dian*) building was carried out, and, as a result, first-hand information that has not been written down before was obtained. On this basis, for the first time, an all-round analysis of and elaboration on the building were carried out from the aspects of terrace foundation, column top, polychrome decorative paintings, timbre structure, and construction methods. Compared with historical documents and other buildings of the same type, comprehensive interpretation of its architectural features proves that the Hall's main structure should be a legacy of the early Qing dynasty (1644-1911).

KEYWORDS:

the Forbidden City's Hall of Ancestral Worship (*Fengxian dian*), investigation and analysis, terrace foundation, column top, polychrome decorative painting, timbre structure

* 本文系故宫博物院科研课题《故宫奉先殿建筑及祭祀空间原状研究》的阶段研究成果。

奉先殿位于紫禁城乾清宫东侧，景运门之外，是皇家祭祀祖先的家庙。建筑群占地面积10822平方米，坐北朝南，分为内院、外院、南院及东院。南院为原神厨、东院为原神库所在地。外院为诚肃门至奉先门间长方形院落，奉先门以内为内院。奉先殿主要建筑坐于台基之上，“工”字形平面，分为前殿、后殿及穿堂，见图2。前殿为正祭与合飨的场所，设帝、后宝座及祭祀陈设等。后殿为寝室，设暖阁、神龛，并按“同殿异室”制度设帝、后神位。

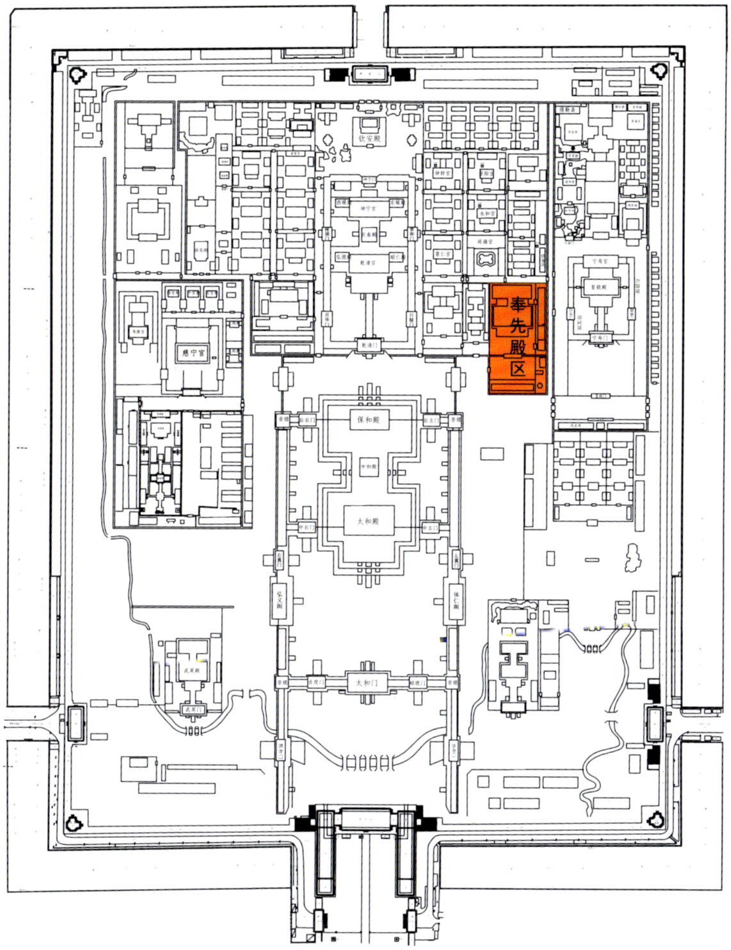

图1 故宫奉先殿位置示意图

清顺治十三年（1656），顺治帝考明代典制[1]，决定在乾清宫东侧重建奉先殿。于是，第二年在明代奉先殿遗址上进行了旧基翻新，重修了台基，重建了宫殿。康熙十八至二十年（1679—1681），康熙帝遵顺治帝遗愿将奉先殿东、西廊间并入殿内，满足了“敞殿九间”[2]的形制，但未改变建筑总平面，同时又将奉先殿区向南扩充，增加了外院，增大整个奉先殿区的面积，基本奠定了今日所见奉先殿建筑形式和区域范围。之后，乾隆二年（1737）在奉先门东、西两侧，新开角门。乾隆十二年（1747）又在内院东侧添建了大墙和琉璃门，遂形成今日之院落格局。

本文基于2020—2021年对奉先殿建筑的勘测成果，对奉先殿建筑的台基和柱顶、彩画、外檐装修及大木结构等进行全面的解读，希望进一步理解奉先殿建筑所呈现的特征。

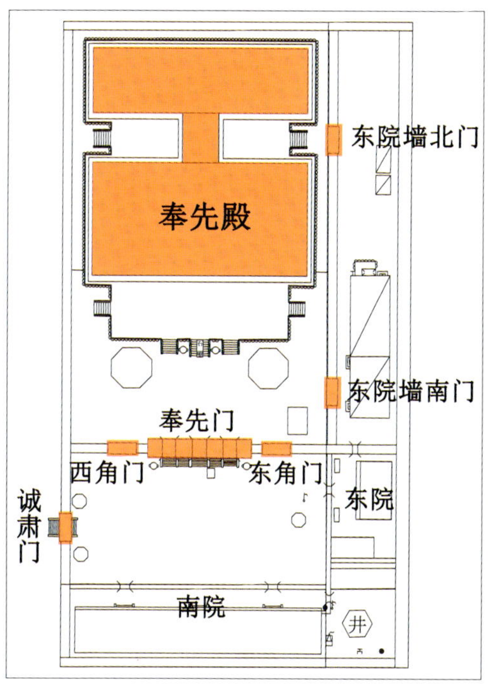

图2 奉先殿区布局示意图

1 “朕考往代典制，岁时致享必于太庙，至于晨昏、谒见、朔望、荐新、节序、告虔、圣诞、忌辰行礼等事，皆另建有奉先殿，今制度未备，孝思莫伸，朕心歉然。尔部即察明旧典具奏。”《清实录》第三册《世祖章皇帝实录》卷一〇五，顺治十三年十二月二十五日戊戌，中华书局，1985年，第820页。

2 “奉先殿享祀九庙，稽考往制，应除东西夹室行廊，中建敞殿九间，斯合制度，前兴造时该衙门未加详察，连两夹室止共造九间，殊为不合，今宜于夹室行廊外，中仍通为敞殿九间以合旧制”，《清实录》第三册《大清世祖章皇帝实录》卷一三五，顺治十七年五月十八日壬申，中华书局，1985年，第1044页。

图3 奉先殿正立面

图4 奉先殿后殿及工字廊

一 台基和柱顶

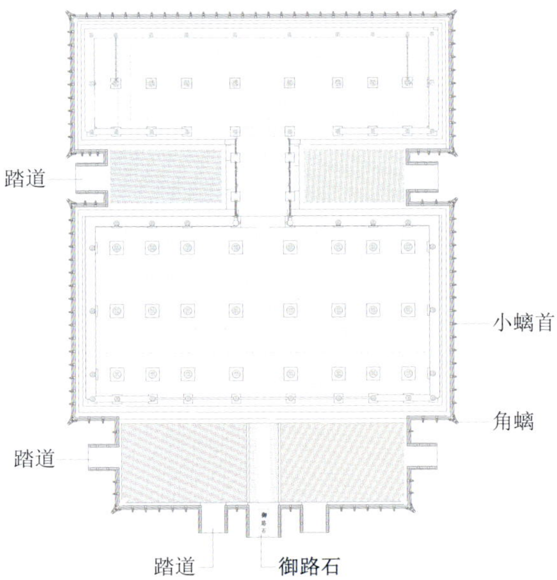

图5 奉先殿台基平面图

图6 奉先殿须弥座局部

（一）须弥座台基

奉先殿台基为“土”字形汉白玉须弥座，东西宽51.07米，南北长66.01米，高1.6米，占地面积约3266平方米。月台前三出踏道，中为御路石，月台东、西两侧及穿堂两侧各一出踏道。台基四周布有110个形象生动的小螭首和10个大角螭，角螭鼻头向上卷起，上肢与头部比例较大。台基上围以海棠池子式勾栏望柱及栏板，望柱头以剔地起突手法雕刻龙、凤纹，望柱头龙、凤相间排列，雕琢细致。

1、须弥座尺寸

奉先殿须弥座形式为明、清建筑须弥座常用形式，由上下枋、上下枭、束腰及圭角组成，总高1.6米。各层之间设皮条线，在增加了艺术装饰性的同时，也有对齐修正的作用，各层尺寸比例详见图7。

明初官式建筑须弥座各部分比例中，圭角所占比例最大，至永乐朝，束腰、圭角的比例逐渐缩小，随着上下枋、上下枭的高度增加，圭角逐渐趋近于束腰的高度。明、清官式建筑须弥座的发展趋势由各部位高度比例明显至逐渐趋于相近或相同。

《清式营造则例》中将须弥座高度划分为51份，“高低按台基明高五十一分归除，得每分若干；内圭角十分；下枋八分；下枭六分，带皮条线一分共高七分；束腰八分，带皮条线上下二分，共十分；上枭六分，带皮条线一分，共高七分；上枋九分”[1]。

奉先殿须弥座各部位高度间的比例趋近，但明显圭角高度最高。与清式规定相比略有不同，如奉先殿须弥座圭角占比例最大，清式中两者同高；奉先殿须弥座下枋高度最小，清式中上、下枭高度最小。

奉先殿须弥座各部位高度比例关系为：圭角＞束腰＞上枋＞上枭=下枭＞下枋

清式须弥座各部位高度比例关系为：圭角=束腰＞上枋＞下枋＞上枭=下枭

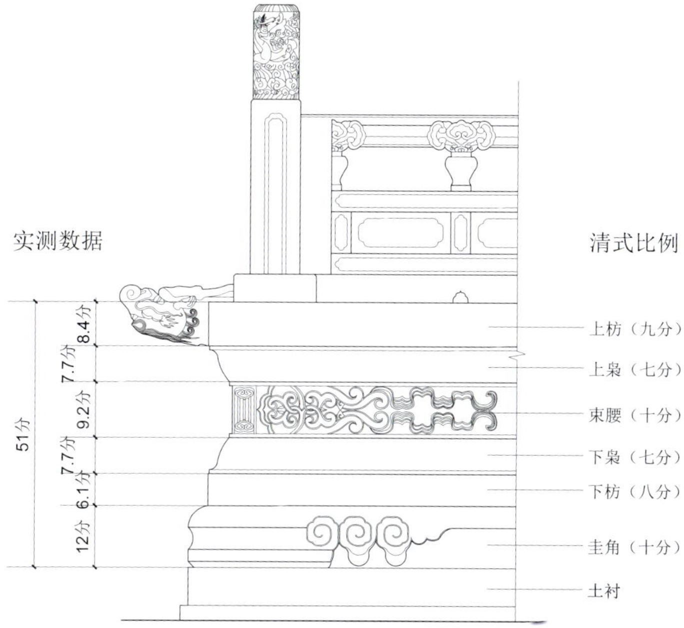

图7 奉先殿须弥座各部位高度与清式规定对比

2.须弥座束腰纹饰

奉先殿区建筑台基及各门均为石质须弥座（各门分布位置见图2），束腰刻有纹饰，圭角做素线卷云。除奉先门须弥座外，其他须弥座束腰纹饰以椀状花草为主要构图元素，辅以飘带，拉长整体构图。纹饰分为头部、身部和尾部三部分，头部为如意状，身部以卷草花枝为柱，以飘带结尾，整体构图上下对称，详见表一。

图8 奉先门南立面

通过分类对比，结合档案研究及《乾隆京城全图》，发现奉先殿区内各须弥座不同的束腰纹饰也从侧面反映了乾清宫东部区域布局的变化，详见图9—11。

此外，绘制于“清早期”的《皇城宫殿衙署图》也展现了奉先殿一区的格局，但图中所示与清顺治及康熙二十年以前档案记载的奉先殿台基形式、建筑开间等内容有较大差距。而关于此图的绘制时间，已有顺治十四年至十八年间（1657—1661）、康熙八年（1669）、康熙十九年（1680）之前及康熙二十二年（1683）等多种观点，目前学界尚无定论。因此，此图暂不作为本文分析的可靠依据。

1 梁思成：《清式营造则例》，清华大学出版社，2006年，第175页。

表一 奉先殿区须弥座束腰纹饰说明表

位置	图片及说明		建造年代
1.奉先殿须弥座	 椀花结带式。头部如意状椀花，如意造型较方正。如意头内上下两束缠枝，各出3朵卷草花头，6朵花头大小、形状相同，形状丰满，近圆形。身部卷草缠绕相交，花枝宽厚肥大，构图饱满，上下空间留白，装饰花骨朵，整体纹饰简洁流畅	束腰端头刻如意金刚柱，柱身直线，上下对称如意云头	明代旧基改建
2.奉先门须弥座	 海棠池子式。中间使用“隔身版柱”。整体造型洗练、朴实	束腰两端刻金刚柱式	明代遗物
3.诚肃门须弥座	 椀花结带式。头部如意状椀花，如意上下两端已出现弧形趋势。如意头内上下两束缠枝，各出3朵卷草花头，花头轮廓曲线起伏明显，已不是圆形，6朵花头大小、形状相近。身部卷草缠绕相交，上下空间留白处也装饰花骨朵，卷草花枝适当缩小，所有卷草附生抱瓣，抱瓣几乎覆盖整个花头	束腰端头转角处为玛瑙柱做法	清康熙十八—二十年
4.奉先门角门须弥座	 椀花结带式。椀花头部也为如意状，但与奉先殿及诚肃门须弥座形式不同，如意头凹凸弧线走向更为明显，造型形象立体。如意头内上下两束缠枝，对称三瓣做法，一为卷草花头，一为蜷缩卷草，一为伸展卷草上下合捧石榴花头。身部卷草并不相交缠绕，而用绶带绑缚成束，花枝较为宽厚，上下空间留白较小，所有卷草花头局部附生抱瓣。雕刻手法更注重细节	束腰端头转角处为玛瑙柱做法	清乾隆二年
5.奉先殿东院墙门须弥座	 束腰内四角做如意卷云岔角。束腰内纹饰椀花结带式。椀花头部为异形如意状，如意头内上下两束缠枝对称做法，以根部两朵卷草花头最大，占据一半空间，前部伸展出两对细小卷草，呈合抱姿态。身部卷草缠绕相交，分枝处饰以环扣，上下空间留白处装饰花骨朵后，仍有空间。卷草花枝较纤细，所有卷草附生抱瓣，抱瓣几乎覆盖整个花头。整体纹饰细节雕刻清晰，技法娴熟，纹饰最为繁复	束腰端头转角处为玛瑙柱做法	清乾隆十二年

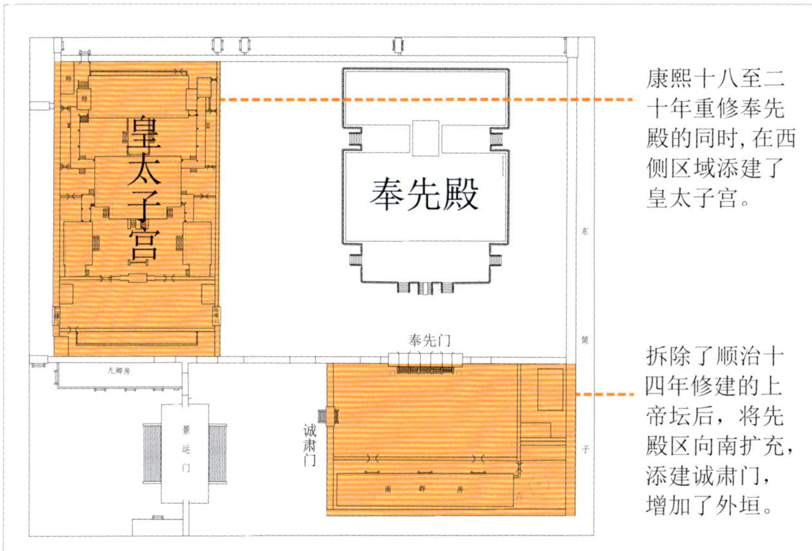

图9　康熙二十年奉先殿区平面

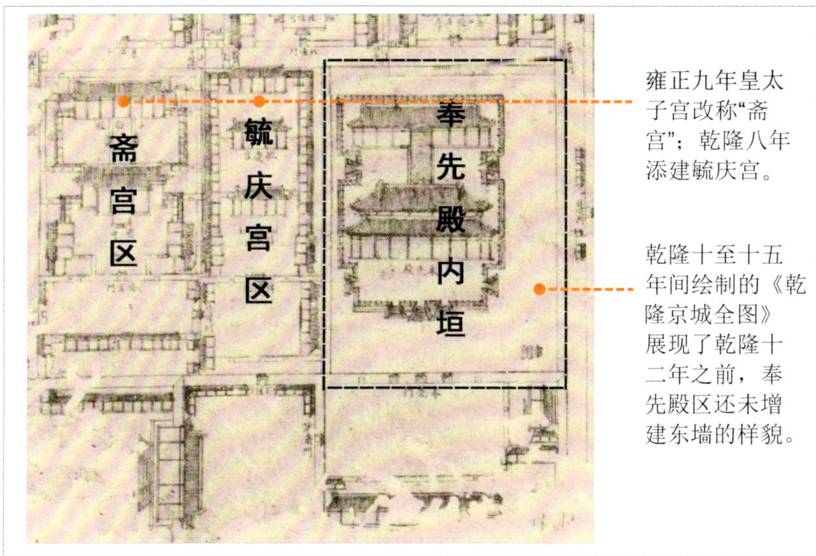

图10　乾隆十至十二年奉先殿区平面

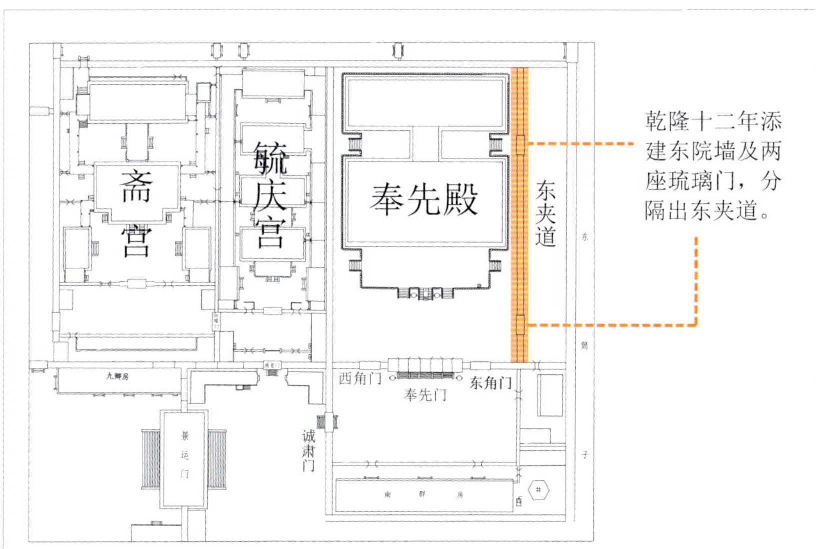

图11　乾隆十二年至今奉先殿区平面

（二）奉先殿柱顶

柱顶为古建筑承托立柱的基础石构件，宋代称为柱础，清代称为柱顶，是古建筑不可缺少的一部分。在北方官式建筑中，柱顶一部分埋于台基之中，一部分露出台明，具有立柱基础取平、传递荷载、隔潮及装饰等功能。露出台明部分常被雕刻吉祥纹饰或为素平做法。

奉先殿建筑平面立柱84根，柱顶84个，均为莲花纹样，柱顶地面以上部分高度相同为0.165米，保证了前、后殿及穿堂建筑的立柱基础取平。柱顶大小随各建筑立柱直径而不同。

1、柱顶尺寸

因古建筑柱顶埋于地面以下，奉先殿现场勘测时对柱顶整体高度难以测量，因此仅以柱顶平面尺寸及鼓径高度作为主要勘测对象，尺寸详见表二。

宋、清均对柱顶的尺寸有所规定：

宋《营造法式》："造柱础之制，其方倍柱之径（谓柱径二尺即础方四尺之类）。方一尺四寸以下者，每方一尺，厚八寸；方三尺以上者，厚减方之半；方四尺以上者，以厚三尺为率。若造覆盆（铺地莲华同），每方一尺，覆盆高一寸；每覆盆高一寸，盆唇厚一分"[1]。

清工部《工程做法》："凡柱顶以柱径加倍定尺寸。如柱径七寸，得柱顶石见方一尺四寸。以见方尺寸折半定厚，得厚七寸。上面落古镜，按本身见方尺寸内每尺做高一寸五分"[2]。

宋、清制柱顶尺寸都是以柱径作为换算基础，即大式做法柱顶见方尺寸为柱径2倍，柱顶高度尺寸为见方尺寸一半。唯鼓径高度要求不同。经核算，宋制文中"覆盆"或"铺地莲华"可视为鼓径高度，因此按法式取得鼓径高为柱顶见方尺寸的1/10，再加盆唇一分，推算鼓径高为柱顶见方尺寸的11/100；清制鼓径高为柱顶见方尺寸的15/100。

古建筑柱础从宋、明至清，是一个逐渐加高的过程。通过奉先殿柱顶尺寸与宋、清对比，其柱顶鼓径的尺寸符合宋、明至清逐渐增高的发展趋势，但是未达到清雍正《工程做法》中的规定。

表二　奉先殿柱顶尺寸与宋、清规定对比表

位置	柱径实测尺寸（米）	柱顶石见方尺寸			鼓径高		
		实测尺寸（米）	清雍正（米）	宋制（米）	实测尺寸（米）	清雍正（米）	宋制（米）
前殿檐柱	0.73	1.19	1.46	1.46	0.165	0.179	0.131
前殿金柱、中柱	1.08	1.8	2.16	2.16	0.165	0.270	0.198
后殿檐柱	0.67	1.26	1.34	1.34	0.165	0.189	0.139
后殿金柱	0.76	1.35	1.52	1.52	0.165	0.203	0.149
穿堂檐柱	0.60	1.2	1.20	1.20	0.165	0.180	0.132

2、雕刻做法和纹饰类型

奉先殿柱顶为最上层环绕连珠纹饰，下为铺地莲花做法，莲花瓣内雕刻三朵如意云纹。为了更好地分析

1 （宋）李诫撰：《营造法式》（一）卷三，第58页。

2 （清）允礼等撰：《工程做法》，卷四二，雍正十二年三月颁布。

其雕刻做法和纹饰类型，参考宋《营造法式》雕镌及纹饰制度：

“其雕镌制度有四等，一曰剔地起突；二曰压地隐起华；三曰减地平钑；四曰素平……其所造华[1]文制度有十一品，一曰海石榴华；二曰宝相华；三曰牡丹华；四曰蕙草；五曰云文；六曰水浪；七曰宝山；八曰宝阶；九曰铺地莲华；十曰仰覆莲华；十一曰宝装莲华。或于华文之内间以龙、凤、狮、兽及化生之类者，随其所宜分布用之……有施减地平钑及压地隐起于莲华瓣上者，谓之宝装莲华。”[2]

对于难以理解的雕镌做法，梁思成先生在《〈营造法式〉注释》中做出了解释说明：

“‘剔地起突’即今所谓浮雕；‘压地隐起’也是浮雕，但浮雕题材不由石面突出，而在磨琢平整的石面上，将图案的地凿去，留出与石面平的部分，加工雕刻；‘减地平钑’是在石面上刻画线条图案花纹，并将花纹以外的石面浅浅铲去一层；‘素平’是在石面上不做任何雕饰的处理。”[3]〔见图12〕[4]

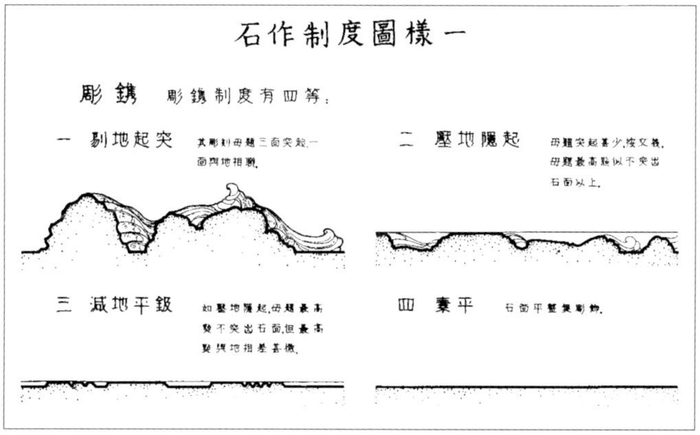

图12 宋代雕镌做法图示

奉先殿柱顶莲花形式与宋“铺地莲华”形式相似。依据梁先生的说明，奉先殿柱顶莲花瓣内的三朵如意花头为压地隐起做法。因此，奉先殿柱顶亦可称为宝装莲花做法。

3、莲花纹饰

莲花是佛教中重要的象征符号，被尊为佛门“圣物”。尤其是类似佛教莲花座的覆盆莲花造型常被用于佛教寺庙和与佛教相关官式建筑的柱础。佛教中“以莲喻佛”象征佛的庄严、崇高、圣洁和光明。尤其是在中国古代，佛教认为世人若想进入佛国净土，必须远离人世间的欲望与争夺，“莲华往生”是一种解脱的过程，是通向往生佛国的必经之途，也代表了生死轮回。奉先殿前、后殿及穿堂的柱顶均雕刻相同的莲花纹，表达了后人对祖先的崇敬和怀念，希望其灵魂顺利到达西方净土的美好愿望。

通过现场调查发现，紫禁城内还有一处使用“铺地莲华”柱顶的建筑，是清中期乾隆十五年（1750）修建完成的雨花阁。作为清宫内最重要的藏传佛教佛堂，雨花阁内供奉西天梵像，使用圣洁的莲花做柱顶，象征佛门的庄严和无上的崇高，但柱顶做法远不如奉先殿柱顶雕刻得饱满、形象。

1 “华”同花。作者注：文献引用中按原文“华”字引用，论述中为表述清楚，以“花”字表述。

2 （宋）李诫撰：《营造法式》（一）卷三，第57页。

3 梁思成：《梁思成全集》（第七卷），中国建筑工业出版社，2004年，第48页。

4 梁思成：《梁思成全集》（第七卷），中国建筑工业出版社，2004年，第371页。

图13　元　景德镇窑青花缠枝牡丹纹罐巴达玛纹样

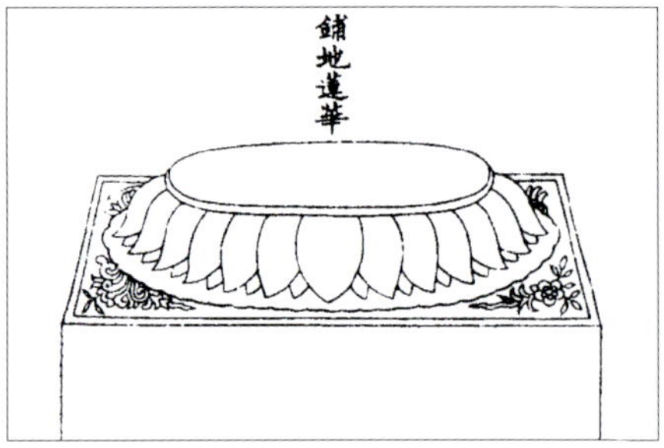

图14　宋“铺地莲华”柱顶

图15　清顺治十四年奉先殿柱顶

图16　清乾隆十四年雨花阁柱顶

图17　明嘉靖二十四年太庙柱顶

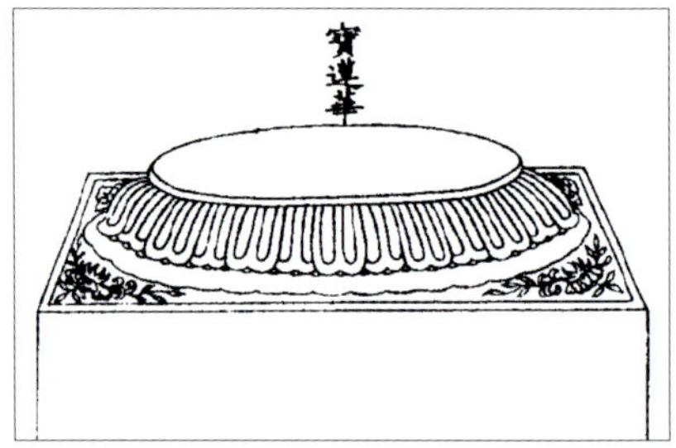

图18　宋“宝莲华”柱顶

图19　清乾隆七年建福宫柱顶

图20　清乾隆三十七年景福宫柱顶

图21　清乾隆三十七年符望阁柱顶

乾隆年间，紫禁城内修建的休憩、游乐区内的各功能建筑多见巴达玛纹样的柱顶。“巴达玛”为莲花梵文“padma”的音译，原多形容古瓷上的八瓣莲花，见图13。后被古建筑石作引用，常见于古建筑的须弥座、柱顶及各类陈设石座等。“巴达玛”被视为莲花的变形体，已不见莲花代表性的尖形花瓣，取而代之的是更圆滑的花边，类似宋《营造法式》中提到的“宝莲华”。例如乾隆六至二十八年间（1741—1763），渐次修建而成的建福宫区（建福宫、惠风亭、抚辰殿等）和建福宫花园区建筑（静怡轩、延春阁、敬胜斋、慧曜楼等）；乾隆三十五至四十四年（1770—1779），仿建福宫花园建造的宁寿宫区后半部分建筑（符望阁、倦勤斋、佛日楼、梵华楼[1]、景福宫等），均使用巴达玛纹样的柱顶。〔见图14—21〕

另外，同为清代重要祭祖场所的太庙，其前殿柱顶也使用铺地莲花纹样。但与奉先殿所有柱顶雕刻莲花的做法不同，太庙前殿平面立柱68根，柱顶68个，其中仅明间前、后金柱和中柱位置的6个柱顶雕刻莲花，其他均

1　佛日楼、梵华楼为佛堂建筑，也使用巴达玛纹样柱顶。

图22　前殿外檐金线大点金旋子彩画

图23　前殿内檐浑金旋子彩画

图24　前殿内檐浑金金莲水草天花

图25　后殿内檐金莲水草天花

图26　后殿内檐梁枋金线大点金旋子彩画

图27　工字廊内檐梁枋金线大点金旋子彩画

图28　前殿明间脊部浑金旋子彩画

图29　后殿明间脊部金线大点金旋子彩画

为素平柱顶，而且柱顶石材、雕刻手法和纹样也不同。结合太庙修建档案，推断该柱顶为明中晚期遗物。

综上，通过对紫禁城内现存古建筑的调查，除上述提到的古建筑外，其他各类建筑柱顶均为素平做法，无雕刻纹饰。因此，奉先殿是紫禁城内清早期建筑中唯一一处使用了铺地莲花柱顶，在这样一个祭祀祖先的空间内，柱顶雕刻莲花纹饰具有重要的精神内蕴及神圣的象征意义。

二 彩 画

（一）外檐彩画

奉先殿外檐彩画为一字方心金线大点金旋子彩画。除前、后殿檐檩外，其他彩画为近代按原样式新绘并做过表面封护保护，整体保存状况较好。根据梁枋尺寸不同，找头部位所用旋花组合分为喜相逢、一整两破、一整两破加喜相逢或勾丝咬等，额枋使用整十字别旋花盒子，檐檩使用整栀花盒子。平板枋绘降魔云纹，柱头绘两整旋花纹，上青下绿箍头。斗拱金边黑老，空垫拱板。檐头方飞头绿底片金边框，内做片金万字。圆椽头为退晕金龙眼宝珠纹饰，青绿相间排列。

（二）内檐彩画

前殿内檐为浑金一字方心旋子彩画。所有天花、支条、梁、枋、柱头及斗拱均为浑金做法。

后殿及穿堂内檐彩画与外檐形式相同，但有明显过色还新及局部修补填色的修缮痕迹。梁枋彩画一字方心金线大点金旋子彩画，根据梁枋尺寸不同，找头部位所用旋花组合分为勾丝咬、一整两破加喜相逢、一整两破加勾丝咬等，跨空枋加用一个盒子，绘整十字别旋花。平板枋绘降魔云纹，柱头绘两整旋花立云纹，上青下绿箍头。斗拱金边黑老，空垫拱板。天花为金莲水草天花，贴两色金，岔角云为烟琢墨拶退点金做法，天花支条为烟琢墨拶退点金轱辘燕尾。

（三）脊步彩画

前殿脊步：明间及东、西一次间梁架内脊步构件绘有一字方心旋子彩画，浑金做法，整体保存较好。脊檩及垫板为祥云纹饰。明间脊枋绘一字方心，一整两破加喜相逢找头，整十字别盒子。东、西一次间脊枋绘一字方心，一整两破找头，整十字别盒子

后殿脊步：明间及东、西一次间梁架内脊步构件绘有彩画，整体保存较好。脊檩及垫板为典型五彩祥云纹，中心祥云沥粉贴金，两翼祥云为金琢墨拶退做法。脊枋为一字方心金线大点金旋子彩画。明间脊枋绘青底金线一字方心，绿棱线，两整四破找头，整旋花盒子，绿箍头。东、西一次间脊枋绘，绿底金线一字方心，青棱线，找头做一整两破加二路瓣，整旋花盒子，青箍头。

（四）彩画形制分析

旋子彩画最早见于元代，经元、明、清三朝的发展从生动、写实的绘制手法和丰富的构图特点到“最终呈现出程式化和定型化的特征”[1]，尤其是旋眼、旋花、方心头等彩画基本要素，经历了不断传承和创新的演变过程。

奉先殿外檐彩画除檐檩外，其他彩画均为近代重绘。殿内彩画受后期扰动较少，仅做过颜色修补或见

1 刘一鸣：《明清两代旋子彩画结构的比较研究——以北京地区明清古建旋子彩画为例》，《遗产与保护研究》，2019 年 3 月。

新，彩画形制特征基本保持原貌，具有重要的分析价值。从奉先殿彩画的旋眼、旋花、方心头等旋子彩画细节和脊步彩画进行分析说明。〔见图30—31〕

旋眼：旋花的旋眼好像横向生长的莲花，层层花瓣叠压，但旋眼端头又如写实花卉石榴花的花头，整体形状近似圆形，如同花瓣包裹着石榴花头。比明代写实花卉的画法进一步简化。旋眼占整个旋花比例较大，与清代中晚期小旋眼大旋花的做法不同。

旋花：旋花周围二路瓣和三路瓣是叠压式花瓣状，每个旋瓣内绘有黑老。旋瓣形状近圆形，不同于明代写实性花瓣画法，也不同于清代中期以后近正圆形的画法。

方心头：方心头为清代外弧式花瓣状，但端头为明代内凹弧线做法，比康熙朝中期以后出现的花瓣状方心做法更为生动。

盒子：使用了明代晚期至清初期常用的十字别纹饰盒子[1]。

脊步彩画：以奉先殿后殿明间脊步彩画为例，见图29。脊步两翼祥云设色为紫红、绿色、章丹及青色，在单朵云团中均为如意云头造型，下端云层为上升云气，两翼祥云轮廓线均沥粉贴金，中心祥云全部沥粉贴金，与明早期滚云造型、少量用金的做法相比，更符合明代嘉靖朝以后至清代初期的特征[2]。

图30　奉先殿内檐彩画找头

图31　奉先殿内檐彩画十字别盒子

因此，奉先殿殿内旋子彩画较明代较为写实的旋子彩画更抽象、更简洁，但又不具备清中晚期旋子彩画的程式化、规范化特点。符合旋子彩画纹饰在明末清初时期承上启下的发展趋势，纹饰细节如旋瓣、方心头等符合清初的绘制手法。

三　外檐装修

奉先殿外檐装修以三交六椀菱花隔扇门、窗为主。主要位于前殿前檐、后殿前檐及穿堂东、西两侧。三交六椀菱花隔心是皇家建筑外檐装修中最高等级做法，常用于如故宫前朝太和门、太和殿、中和殿及保和殿等中轴线主要宫殿，外朝武英殿、英华殿、外东路皇极殿及午门、东华门、西华门、神武门等重要建筑。前

1　张秀芬：《元、明、清官式旋子彩画分析断代》，《中国文物保护技术协会第六次学术年会论文集》，科学出版社，2010 年。

2　曹振伟：《紫禁城建筑脊步祥云彩画调查研究》，《故宫博物院院刊》2019 年第 7 期。

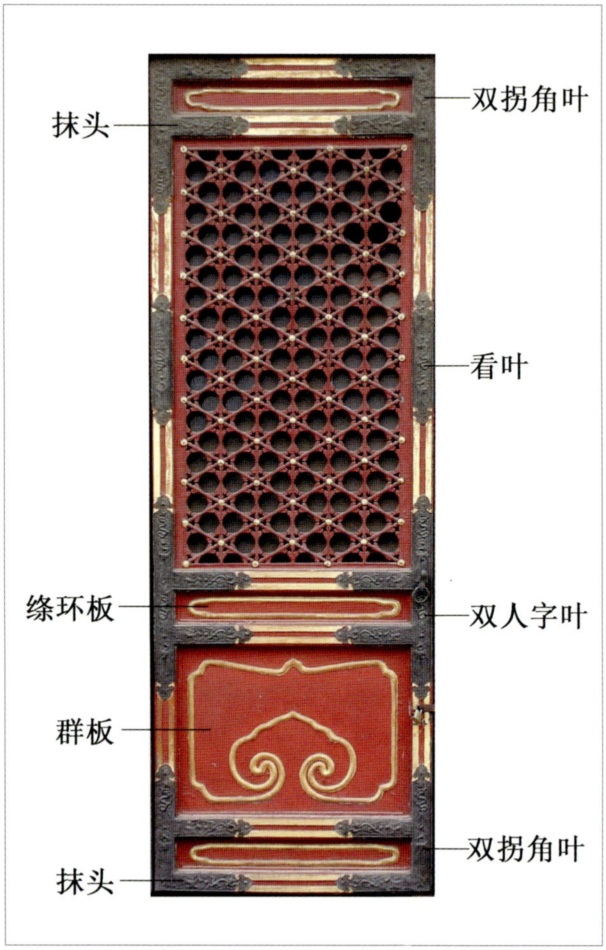

图32　奉先殿隔扇门说明图

图33　奉先殿六抹三交六椀菱花隔扇门

图34　奉先殿四抹三交六椀菱花隔扇窗

图35　穿堂五抹三交六椀菱花隔扇门

图36　奉先殿如意头铜质镏金面叶

后殿东、西山墙隔扇窗为1955年新开，不在本文讨论范围。

前殿前檐明间、东西一次间、东西二次间为六抹三交六椀菱花隔扇门，其余四间为四抹三交六椀菱花隔扇窗。东、西北三面为山墙，后檐墙明间与穿堂相接。后殿前檐明间与穿堂相接，东、西一次间为六抹三交六椀菱花隔扇门，其余六间为四抹三交六椀菱花隔扇窗。东、西、北三面为山墙。穿堂南、北分别与前、后殿明间相接。东、西两侧檐部柱间安装五抹三交六椀菱花隔扇门，明间均开四扇，南、北次间各对开两扇。额枋与中槛间安装三交六椀菱花横披窗，明间三槽，南、北次间各两槽。各隔扇门、窗随各间上、下槛高度定高。〔见图32—35〕

奉先殿隔扇门、窗的隔心为内外两层夹堂做法，根据不同季节安装纱或纸的夹心。隔扇门、窗的绦环板、群板做云盘线如意头纹，纹饰贴金。边梃起双皮条线贴金。

隔扇门、窗的边梃均安装如意头铜质镏金面叶〔图36〕，主要装在边梃榫卯节点处，使其连接更加稳固。面叶表面錾刻龙凤宝珠纹，空地布满流云及火焰，整体纹饰细腻、精美，面叶四周镏金铜钉嵌固。前、后殿每扇隔扇门自上而下安装上双拐角叶、看叶、双人字叶及下双拐角叶，计四套八片。前、后殿每扇隔扇窗自上而下安装上双拐角叶、看叶及下双拐角叶，计三套六片。穿堂每扇隔扇门自上而下安装上单拐角面叶、看叶、双人字叶及下双拐角叶，计四套八片。穿堂每扇横披窗安装两对拐角面叶，计四片。所有面叶表面原镏金层均已全部脱落。

四　大木构造[1]

奉先殿前殿平面为“身内分心斗底槽，副阶周匝”式，殿身周围有廊，正面九间，侧面四间，进深方向五排柱列，属十三檩殿堂式建筑。四样黄琉璃瓦顶，九跑走兽，重檐庑殿顶，建筑等级是古代最高级别。下檐施单翘重昂七踩斗拱，上檐施双翘重昂九踩斗拱。长方形平面，通面阔45.44米，通进深23.41米。檐柱柱根径0.73米，柱高6.77米。柱头间依次叠装小额枋、由额垫板、大额枋及平板枋增强檐柱间的联系，平板枋上承托单翘重昂七踩溜金斗拱，溜金斗拱后尾连接金柱花台枋。檐柱与金柱间以挑尖梁连接，挑尖梁前出为柱头科斗拱，梁后尾插进金柱柱身，通过溜金斗拱和挑尖梁加强了檐柱与金柱间的联系。内金柱柱根径1.08米，柱高11.95米。各金柱柱头间依次安装承椽枋、垫板、围脊枋和平板枋，平板枋上承托上层双翘重昂九踩斗拱。殿内中柱与金柱同径、同高，中柱与金柱间用进深方向跨空枋加强联系，承托隔架科斗拱。中柱间联以面阔方向大额枋，承托中缝品字科斗拱。屋盖层主体结构为层叠式构架，最大承载构件为十一架梁，跨度16.89米。

奉先殿后殿屋盖层主体结构与前殿相同，为叠梁式构架。面阔九间，殿内分心槽，进深二间，进深方向三排柱列，属十一檩殿堂式建筑。四样黄琉璃瓦顶，九跑走兽，单檐庑殿顶。檐下施重昂五踩斗拱。长方形平面，通面阔45.45米，通进深12.91米。最大承载构件为九架梁，跨度12.91米。檐柱柱根径0.67米，柱高6.24

1　因篇幅所限，此段以结论为主，详细分析过程另撰文说明。

米。檐柱柱头间依次叠装小额枋、由额垫板、大额枋及平板枋增强檐柱间的联系，平板枋上承托重昂五踩斗拱。内中柱柱根径0.76米，与檐柱同高。檐柱与金柱间用进深方向跨空枋加强联系，承托隔架科斗拱。中柱间联以面阔方向大额枋，承托中缝品字科斗拱。穿堂南、北三间，东、西一间，六样黄琉璃瓦，单层歇山顶，通面阔9.75米，通进深12.22米。

（一）平面特征

宋《营造法式》的《总铺作次序》中举例说明了斗拱数量对开间的影响：一种情况是，斗拱数量相同时，建筑开间相同；另一种情况是，斗拱数量不同时，次间占明间的66.7%。因此，建筑开间有三种可能，各间均相等，明次稍间依次减小，明间最大而次、梢间相等。清代则明确规定间架面阔定分，以明间为准，其余比照明间递次减小。以奉先殿前殿为例，各开间关系为：明间＞一次间＞二次间＝梢间＞廊间（尺寸详见表三）。后殿与前殿相同。基本符合宋、明、清各间递次减小的规律。

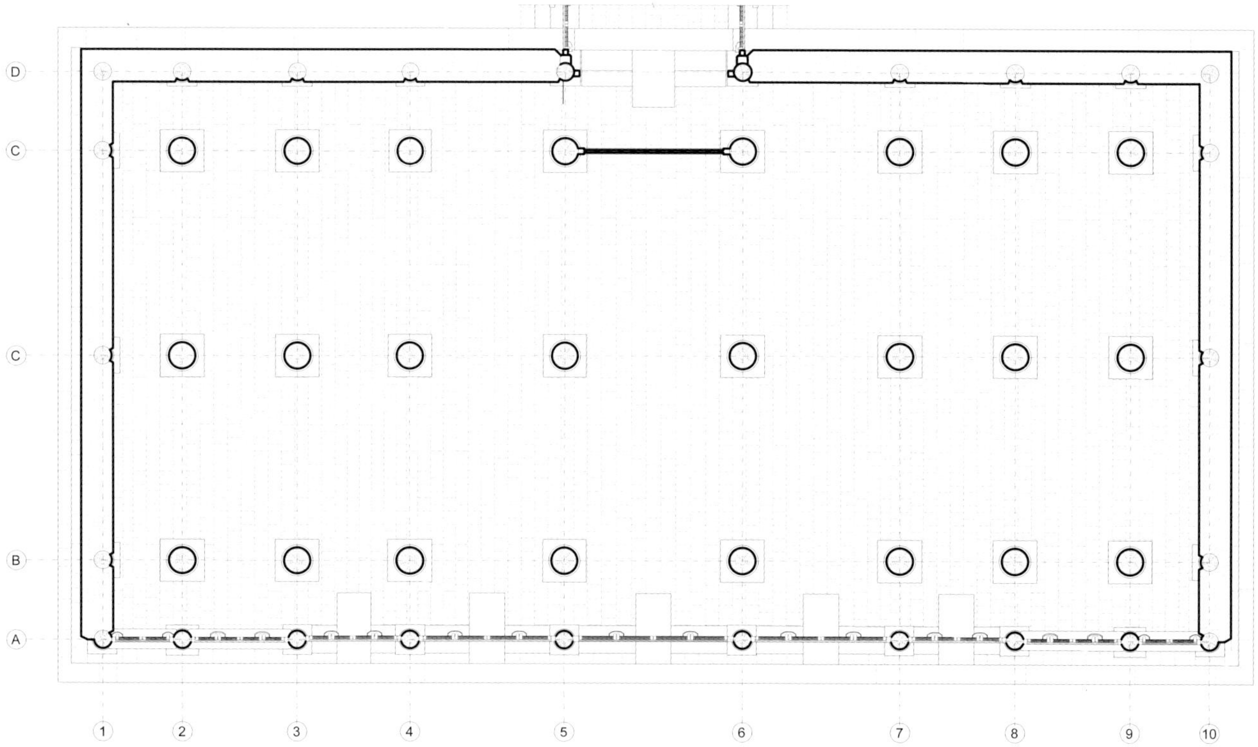

图37 奉先殿前殿平面图 故宫博物院古建部提供

表三 奉先殿前、后殿各开间尺寸与斗拱数量统计表（斗口=90mm）

位置项目		明间	一次间	二次间	梢间	廊间
前殿上层	开间尺寸(米)	7.28	6.4	4.71	4.71	——
	平身科斗拱数量(攒)	6	6	4	4	——
前殿下层	开间尺寸(米)	7.28	6.4	4.71	4.71	3.26
	平身科斗拱数量(攒)	6	6	4	4	2

（二）构架特征

1、举折特点

宋代《营造法式》中将屋面曲线确定的方法规定为举折制，先定举高后做折法。[1]

宋、辽、金建筑举架基本接近《营造法式》，元代建筑举折曲线较宋式和缓。

明代初期部分建筑遵循宋代规制，明代中后期建筑举屋特点为"各步架在坡度取值上趋近整数比值……而整个屋面的高跨比却并非整数比值"[2]。实际上，从明中后期到清雍正十二年颁布工部《工程做法》之前，官式建筑大多符合这个特点。

清代《工程做法》中规定为举架制，先定折法后定举高。其特点为从檐部五举开始逐步增加，各步架坡度取值多为整数比或整数加0.5。

以奉先殿前殿为例，除檐步外，在其他各步架尺寸均相等的前提下，以宋、清制不同的计算方法与实测数据对比，发现屋架的举折设计方式更接近清制，从屋面曲线上看，曲线走势与清制相同，但屋面凹曲度更大大，曲线更明显。〔见图40〕

另外，奉先殿前殿屋架除檐步外，下金、中金、上金至脊步呈递增趋势。通过各步举折对比，奉先殿脊步举折未超过十举，符合清代大式建筑不过十举的要求；各步举折趋于整数；屋面高跨比较大且为非整数。与明中后期到清初期官式建筑举屋特征相符。

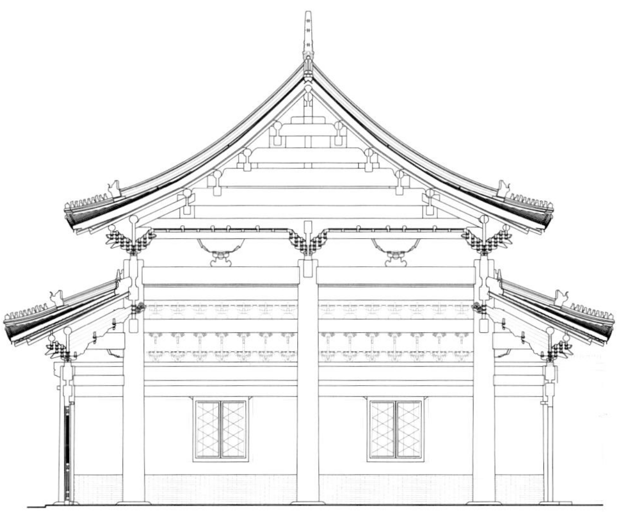

图38 奉先殿前殿横剖图
故宫博物院古建部提供

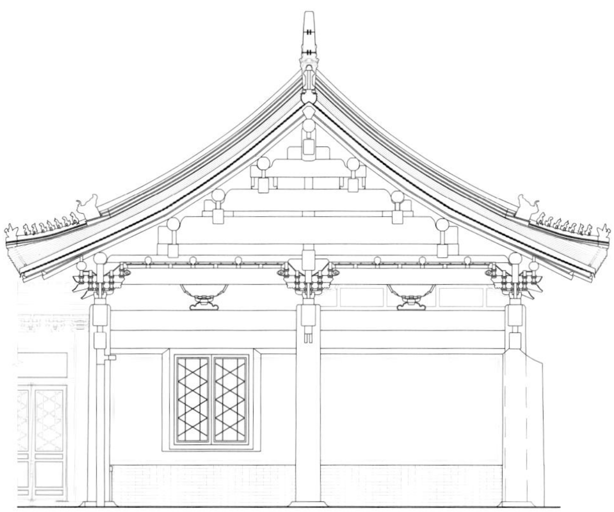

图39 奉先殿后殿横剖图
故宫博物院古建部提供

1 "举屋之法：如殿阁楼台，先量前后橑檐方心相去远近，分为三分，从橑檐方背至脊槫背，举起一分，（如屋三丈，即举起一丈之类）；折屋之法：以举高尺丈，每尺折一寸，每架自上递减半为法。如举高二丈，即先从脊槫背上取平，下至橑檐方背，其上第一缝折二尺，右缝上第一缝槫背取平，下至橑檐方背，于第二缝折一尺，若椽数多，即逐缝取平，皆下至橑檐方背，每缝并减上缝之半。（如第一缝二尺，第二缝一尺，第三缝五寸，第四缝二寸五分之类）。如取平，皆从槫心抨绳令紧为则。如架道不匀，即约度远近，随宜加减。（以脊槫及橑檐方为准）"，（宋）李诫撰：《营造法式》卷五，第 113 — 114 页。

2 郭华瑜：《明代官式建筑大木作》，东南大学出版社，2005 年，第 62 页。

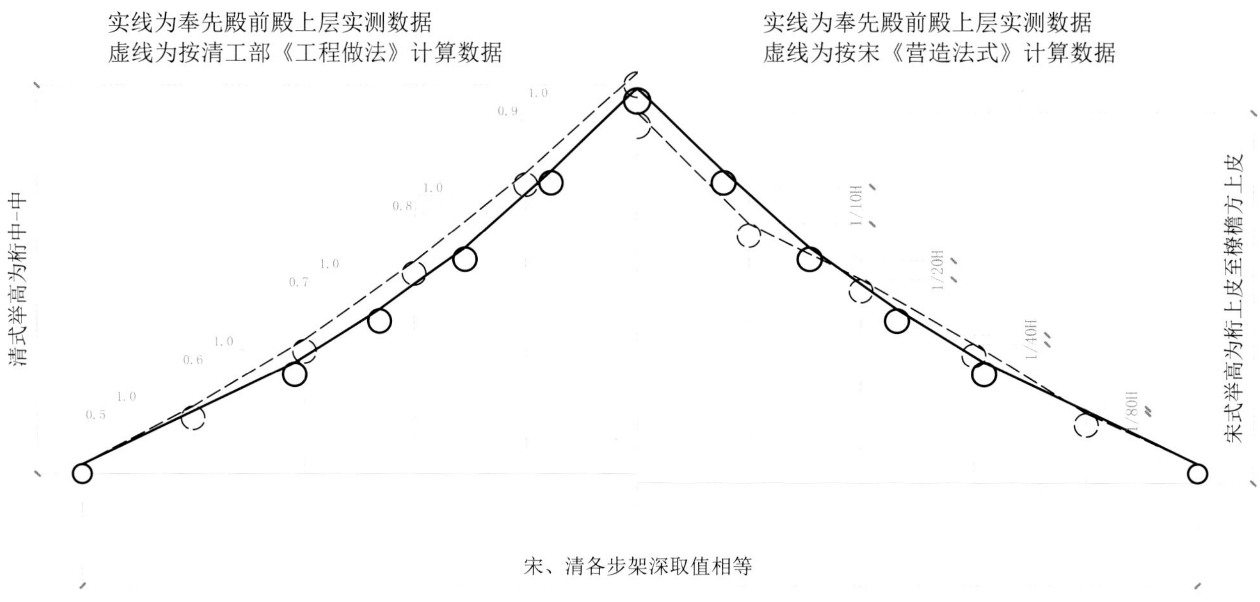

图40　奉先殿前殿举折与宋、清做法对比

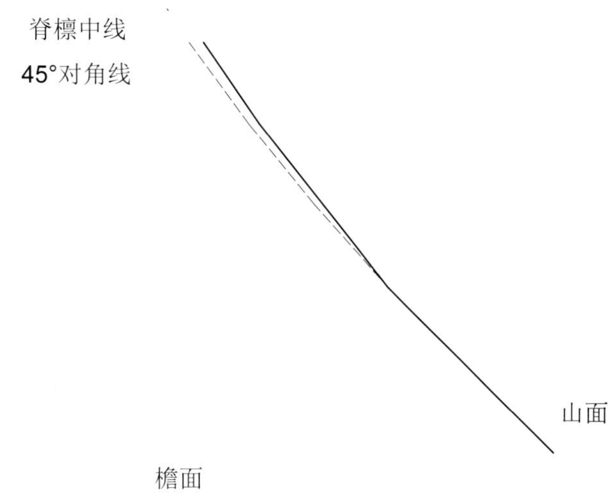

图41　奉先殿前殿推山曲线

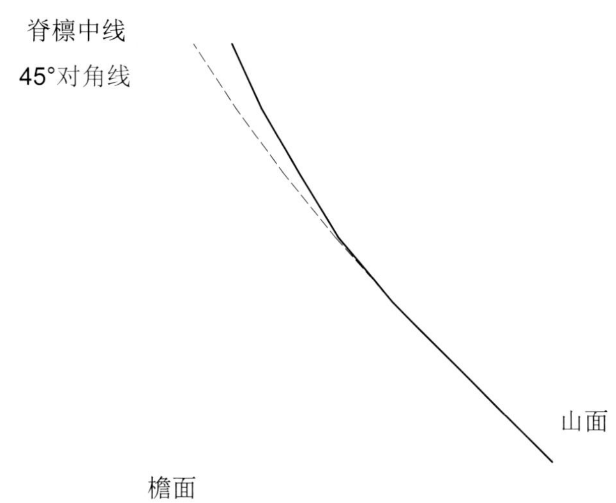

图42　奉先殿后殿推山曲线

说明：图中虚线为《营造算例》计算推山，实线为各建筑实际推山。

2、推山做法

推山是庑殿建筑独有的设计方法，做法是向两山推出屋脊，使正脊加长，因此四条戗脊的顶端也随着向两山移动，从而使屋面变陡，戗脊成为柔和的弧线。梁架内，前殿脊端部在正身梁架东西两尽端，根据推山需要，设置雷公柱和太平梁，将脊步由戗直接插入雷公柱。后殿与前殿做法相同。

宋代庑殿建筑仅将脊步推出，但做法并不普遍。明代庑殿建筑的推山做法日渐增多，但并未完全定型。清代关于庑殿推山的计算方法是在各步架尺寸相同的情况下，除了檐步不推外，其他各步均按一成推山。[1]

以奉先殿前殿为例，上层金、脊各步架尺寸相等，也视为各步架相同，可按照此方式计算推山。即檐步不推，下金步14.65米，按一成推1.465米后，余13.185米；依此类推。推山后，山面各步架减小，

1　清《营造算例》中规定：除檐步方角不推外，自金步至脊步，每步递减一成。如七檩每山三步，各五尺；除第一步方角不推外，第二步按一成推，计五寸；再按一成推，计四寸五分，净计四尺〇五分。梁思成：《梁思成全集》（第六卷），中国建筑工业出版社，2001年，第130页。

而举高未变，增大了两山的举架，使屋面更加陡峻。经过对比发现，奉先殿前、后殿的推山实际推出的尺寸都比按《营造算例》计算的数值大，也就是说实际屋面的造型比清式规定更加雄伟挺拔，见图41—42。

3、建筑材料及材种

北京明代官式建筑用材以楠木、杉木为主，楠木更是皇家专用品，并禁止民间采伐。

至清代，顺治初期，全国尚未统一，未实行皇木采办，仅通过市场采买和少量的民间捐赠，不能解决修建宫殿用材紧张和大尺寸楠木材稀缺的问题。

在对奉先殿现场勘察时，对前、后殿及穿堂的柱子、十一架梁、九架梁、七架梁、五架梁、三架梁及各位置额枋、金枋等重要承重构件进行了采样。经鉴定，大部分构件的材种为硬木松（Pinus sp.）。硬木松属松科，为针叶材，是较好的建筑用材。其物理力学强度小于桢楠，而与润楠、樟木相近，具有一定的天然耐腐性，但其弦径向干缩比大于楠木类，因此较容易产生干缩变形。

通过现场勘察还发现，奉先殿前、后殿及穿堂的大部分承重构件均使用小型硬木松材料包镶或拼合的做法。这样既能节约木材，又能满足大体量建筑用材的需要。这也直接反映了奉先殿为清代建筑的史实。

（三）斗拱特征

奉先殿前殿斗拱按结构形制和部位共分为10种。外檐6种，分布于上、下檐平身、柱头和转角位置，外檐下层为单翘重昂七踩溜金斗拱，外檐上层为双翘重昂九踩斗拱；内檐斗拱4种，分布于前、后金柱与中柱的跨空枋上、分心槽的平身、柱头和两山位置，跨空枋上坐隔架科斗拱，分心槽上设七踩品字科斗拱。

奉先殿后殿斗拱结构形制和部位共分为7种。外檐3种，分布于外檐平身、柱头和转角位置，为双翘五踩斗拱。内檐斗拱4种，分布于前、后金柱与中柱的跨空枋上、分心槽的平身、柱头和两山位置，跨空枋上坐隔架科斗拱，分心槽上设五踩品字科斗拱。

奉先殿穿堂斗拱结构形制和部位共分为2种，分布于外檐平身和柱头位置，为一斗二升交麻叶斗拱。

1、斗拱用材与形制特征

奉先殿前殿斗拱斗口90毫米，合2.8营造尺，相当于宋制等外材，用材高宽比为2:1，与清式规制相同。

图43 奉先殿平身科——斜出昂

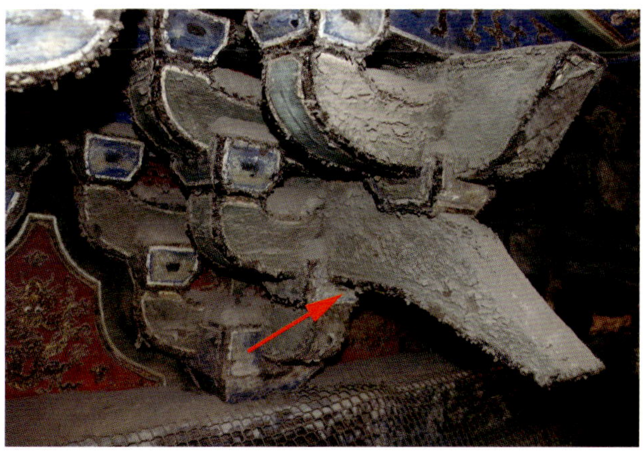

图44 养心殿平身科——平出昂

图45　奉先殿柱头科——挑尖梁头

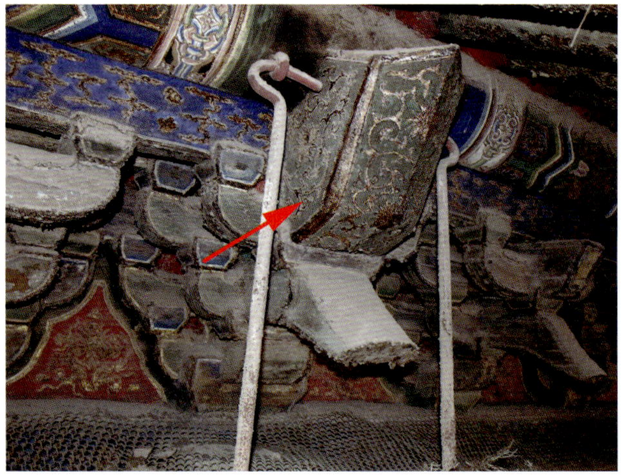

图46　养心殿柱头科——挑尖梁头

图47　奉先殿角科——鸳鸯交首拱

图48　养心殿角科——鸳鸯交首拱

平身科斗拱外拽各出跳尺寸并不相等，取值在2.7至3.0斗口之间，已趋于清式规定的3.0斗口的取值。各斗拱的栱瓣与清式规定"万三、瓜四、厢五"基本一致。昂从十八斗直接向下斜出，无平出部分的做法与清式规定一致。

另外，与明嘉靖十六年（1537）养心殿的斗拱进行对比发现，奉先殿斗拱还具有一些明晚期至清初期均有的特征，也说明清初斗拱的一部分做法沿袭了明制。例如：斗拱要头为足材，不设齐心斗；角科斗拱采用鸳鸯交首栱；柱头科斗拱伸出挑尖梁头类似要头的形象等等。〔见图43—48〕

2、溜金斗拱

奉先殿前殿下层檐部使用了溜金斗拱。溜金斗拱主要特征是以大斗为支点，昂为横杆，前檐为荷载，昂后尾下金桁上的重量下压以维持其均衡，运用"支点左右力矩相等"的原理，使斗拱成为一种有机的杠杆结构承载屋顶重量。因此，"昂"在溜金斗拱中的作用十分重要，在斗拱历史的演变过程中也显示了非常清晰的时代特征。

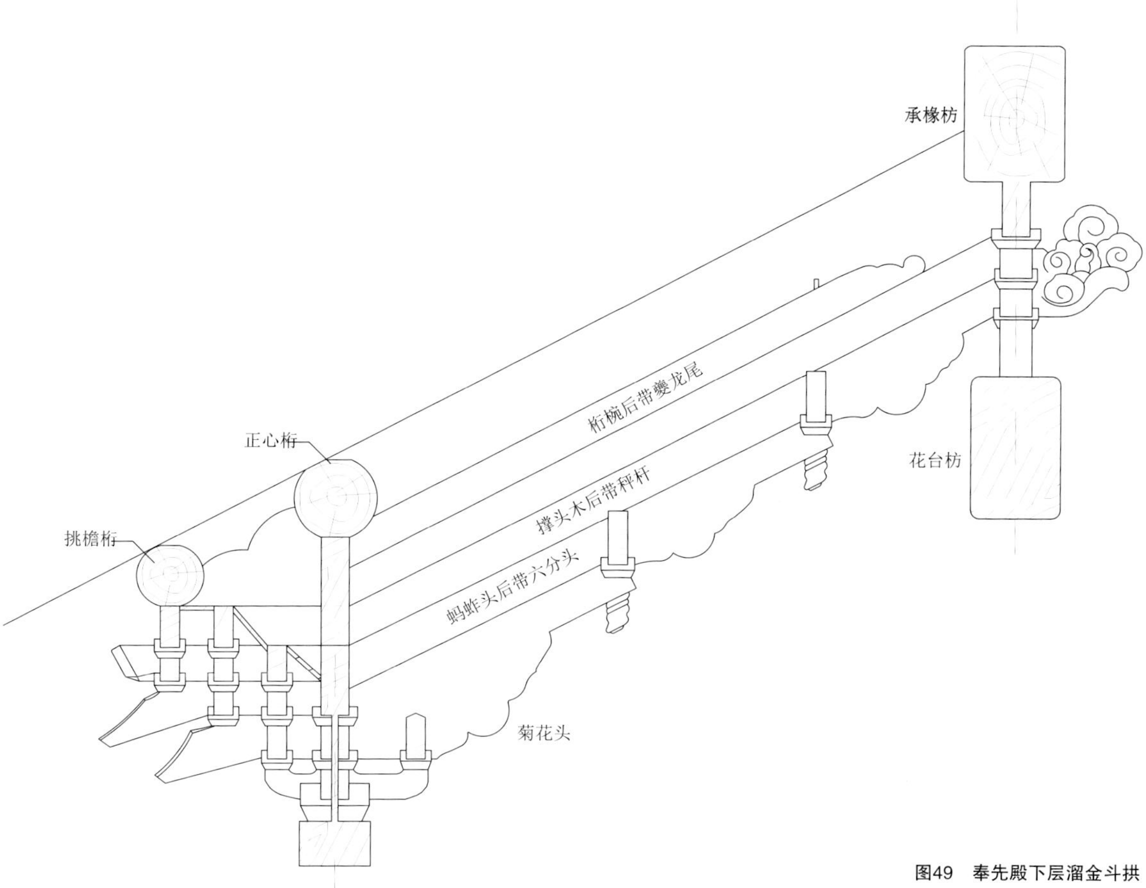

图49 奉先殿下层溜金斗拱

经现场勘察，奉先殿前殿下层溜金斗拱为落金做法。外檐翘、昂和耍头等构件做水平状态，内檐顺举架斜起秤杆，秤杆后尾落在花台枋上，插入花台科斗拱，后尾伸出，雕做三幅云，秤杆身上横向安装三幅云和麻叶云，叠加秤杆用伏莲销固定。溜金斗拱的昂、耍头外檐部分为水平状态，内檐秤杆部分以正心缝为折点位置并形成折线型。相对于明代溜金斗拱耍头、撑头木后尾常以挑檐桁位置为折点，下部挑斡折点位置并不固定的特点，奉先殿溜金斗拱体现了明清建筑史的继承性和发展性，符合清朝初期建筑设计尚未成熟和定型的特点。〔见图49〕

五 结 语

在对奉先殿勘测之前，通过前期调研了解到关于其建造年代，目前有三种不同的观点，一说奉先殿前殿是明嘉靖十八年遗构，而后殿建于清顺治十四年[1]；一说奉先殿前、后殿均建于清初或为顺治十四年[2,3,4]，但

1 徐怡涛：《明清北京官式建筑角科斗拱形制分期研究——兼论故宫午门及奉先殿角科斗拱形制年代》，《故宫博物院院刊》，2013年第1期。
2 郑燕梅：《故宫奉先殿建筑及其祭祀》，《中国紫禁城学会论文集》（第三辑），紫禁城出版社，2000年。
3 刘鸿武：《紫禁城内奉先殿修建概略》，《历史档案》2009年第3期。
4 杨新成：《明代奉先殿建筑沿革与形制布局初探》，《故宫博物院院刊》，2014年第3期。

不明确；另一说认为现存奉先殿为清康熙二十年重建后的遗构[1][2][3]。学术界对其建造年代一直有所争议，未有定论。在此基础上，我们制订了尽可能详尽的勘测计划。本次勘测的主要成果之一是搞清了奉先殿建造的时间是在清代初期[4]。

以下就奉先殿建筑的若干问题进行概要说明。

奉先殿建筑梁、枋、柱等主要承重构件均采用拼合梁方式，材种以硬木松为主。如果是明代遗物，如此重要的高等级祭祖建筑，应像明代同期建筑太庙及养心殿一样使用珍贵的楠木整材。另外，奉先殿建筑结构及斗拱特征也均体现了明末清初的时代特点。因此，这应是一座清初遗构。

奉先殿区各台基、墙门须弥座束腰纹饰不统一，说明建造时间有先后，从侧面反映了整个区域格局在清代的变迁，这种变化影响了乾清宫东部区域的整体布局，现场勘测的结果支持了这个观点。

奉先殿柱顶是紫禁城内唯一一处清早期铺地莲花柱顶。仅此一例不足以说明清初石刻的一般制度，但不能不说明这对今后的清初石刻研究具有重要意义。

（附记：未注明出处图片为笔者自绘、实地拍摄）

[作者单位：故宫博物院古建部]

1　刘榕：《奉先殿大木构造浅析》，《中国紫禁城学会论文集》（第三辑），紫禁城出版社，2000年。

2　闫凯：《北京太庙建筑研究》，天津大学硕士论文，2004年。

3　周悦煌：《景山寿皇殿建筑研究》，天津大学硕士论文，2018年。

4　通过现场勘测初步推断奉先殿为清初遗构。随着后续研究的深入，进一步考证奉先殿建筑为顺治十四年始建，康熙二十年重修后形成的现今规模。因篇幅所限，考证过程另撰详文说明。

四川省石渠县麻达寺护法殿考察报告*

Survey Report on the Protector Chapel of 'Ba' dha dgon in Ser shul County, Sichuan Province

罗文华　邵玲

Luo Wenhua　Shao Ling

内容提要：

2017年故宫考察队在金沙江东岸的石渠县真达乡麻达村的麻达寺护法殿内发现了明代壁画与泥塑造像，是目前藏东地区唯一一座壁画与雕塑均有较好保存的寺庙。本报告就寺庙的现状、壁画的分布与图像、尊像雕塑的身份及其宗教意义做了较为详尽的解读，同时对于护法殿的原状做了还原，并在此基础上，对于雕塑与15—16世纪西藏中部艺术风格的近缘关系，绘画的艺术风格及其与玉树地区独特的地方艺术风格、宗教文化的关系做了探讨。由于此殿建筑、壁画和雕塑均处在危殆之中，笔者希望通过此报告的发表，引起文物部门的高度重视，尽快采取措施予以保护。

关键词：

石渠　麻达寺　护法殿　壁画　泥塑　玉树

ABSTRACT:

In 2017, a survey team from the Palace Museum discovered a Protector Chapel with murals and clay statues dated to around 16th century called 'Ba' dha dgon in 'Ba' dha village, Ser shul County, located on the east bank of the Jinsha River in western Sichuan Province (Khams area). It is the only temple with well-preserved murals and statues in the east of Tibet. This report presents the temple's current situation, the layout of murals, their iconography, the identity of the figures, and the religious symbolism they carry. In the meantime, the original design of the Protector Chapel is represented. On this basis, this article further link the artistic style of the mural paintings to the unique regional artistic style and religious culture in Yul shul area on the opposite side of Jinsha River, as the style of statues bears close relations with those in central Tibet during the 15th to the 16th centuries.

Since the chapel's structure, murals, and statues are in danger, the authors' hope is that this report could draw close attention from the cultural heritage administration so as to take measures for its timely preservation.

KEYWORDS:

Ser shul, 'Ba' dha dgon, the Protector Chapel, murals, clay statues, Yul shul

* 2017年8月1日故宫博物院罗文华，中国社科院研究生院研究生胡筱琳、闫博君，中国艺术研究院研究生院研究生邵玲受石渠县委的邀请对麻达寺进行为期两天的考察。本报告即是此次调查的成果。此次考察得到了石渠县罗林县长、宣传部李红部长的大力支持，借此深表谢忱。除图3是由中兵勘察设计研究院有限公司提供之外，本文所用其他绘图和地图均由邵玲绘制与标注，照片由罗文华拍摄。

一 寺庙概况

石渠县（Ser shul rdzong）位于四川省甘孜州（Gantse）西北部，西与青海省玉树州（Yul shul）隔金沙江相望，北与青海果洛州（mGo log）的玛多县（rMa stod rdzong）毗邻，东与果洛州的达日县（Dar lag rdzong）接壤，西南方与西藏昌都（Chab mdo）地区相望。自古为唐蕃古道和古代丝绸之路的重要通道之一。

麻达寺（'Ba' dha dgon）位于石渠县真达乡（rTse 'da' shang）麻达村（'Ba' dha grong tsho），北纬32°52′256″，东经97°23′462″，海拔3569米，西隔金沙江与青海玉树市相对，东距石渠县真达乡政府5公里，县政府所在地尼呷镇（'Ju sgar grong）约144公里，距离成都市约1140公里。寺院与石渠县只有县道连接，沿金沙江东岸有道路向北可直达玉树机场，全程约68公里，属州级文保单位。寺院建于金沙江东岸台地上，寺院依山形而建，背靠群山，向西南方延伸，俯瞰金沙江，气势雄伟，视野开阔。寺院的左边有一条河名为左河，右边有一条河名为右河，两河均为季节性的小河。〔图1〕

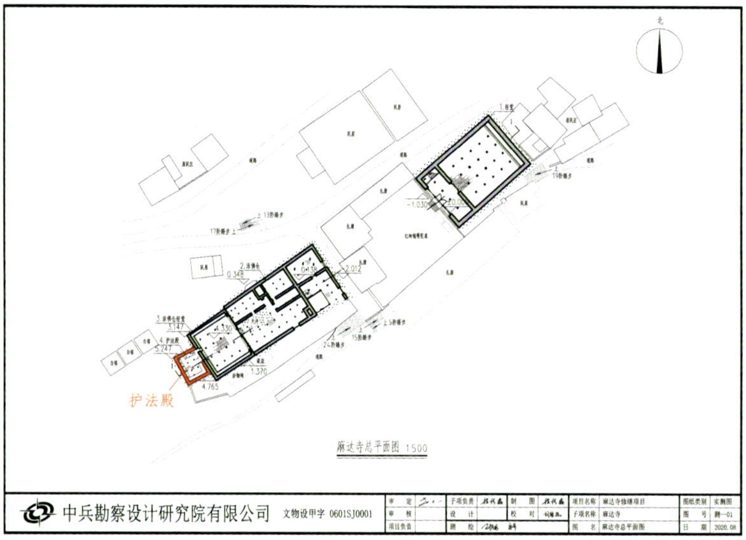

图1 麻达寺总平面图

据该寺提供的一份近年书写的该寺史志介绍[1]，麻达寺，全称"嘛达桑周寺"（'Ba' dha bsam grub gling），始建于1269年，即八思巴由萨迦寺返回大都的第二年[2]。可能是受八思巴影响于此地建立萨迦派寺庙。1440年由一名叫岭觉松（Gling jo bzang）的人将其改宗为格鲁派。但笔者对此寺改宗格鲁派的时间有点怀疑。15世纪中叶，格鲁派尚处在初创时期，即便是在西藏中部地区，其影响力也颇为有限。一直到16世纪后半叶在内蒙古和理塘才初建了格鲁派寺庙，所以笔者怀疑寺庙改宗的时间可能最早在16世纪[3]。

寺庙主殿多毁于二十世纪六、七十年代，近年来复建一新；只有活佛仓基本上保存了旧建筑的格局，但是年代晚近。活佛仓，顾名思义是寺院活佛居所。据寺庙僧人提供的资料称，该寺原有三位活佛转世系统，分别为大贡巴（Gung 'bar che tshang rin po che）、小贡巴（Gung 'bar chung tshang rin po che）、嘎拉（'Gag la rin po che）。大贡巴和小贡巴互为师徒。但仅从该资料上看，其活佛传世系统形成年代较晚[4]。

1 佚名：《麻达寺简史》，麻达寺喇嘛提供。

2 ［意］伯戴克著，张云译：《中部西藏与蒙古人：元代西藏历史》，兰州大学出版社，2010年，第22页。

3 王森著：《西藏佛教发展史》，中国社会科学出版社，1987年，第174—175页。

4 佚名：'Ba' dha dgon gyi lo rgyus snying bsdus，寺庙提供。

活佛仓与寺院大经堂建筑群相对而建，面朝东北，一共有三层。第一层用来圈养牲口及用作柴房和库房，第二层为经堂、活佛与管家的住房、生活起居所、仓库、厨房等，第三层为平台和露台。此次重要的发现——护法殿即位于活佛仓二层西侧，经堂后部，同为东北朝向，其后壁与护法殿旧建筑本体相连。〔图2〕经堂后壁以木板装修，封闭了通往护法殿的通道，仅留有暗门一道可以开启。由于长期的封闭，几无人知，历次文物普查均未发现。此前，当地政府偶然发现护法殿内有早期旧雕塑和壁画。2017年7月31日至8月3日受四川省甘孜州石渠县委之邀请，故宫藏传佛教文物研究所一行四人前往考察。本文即为此次考察的初步报告。

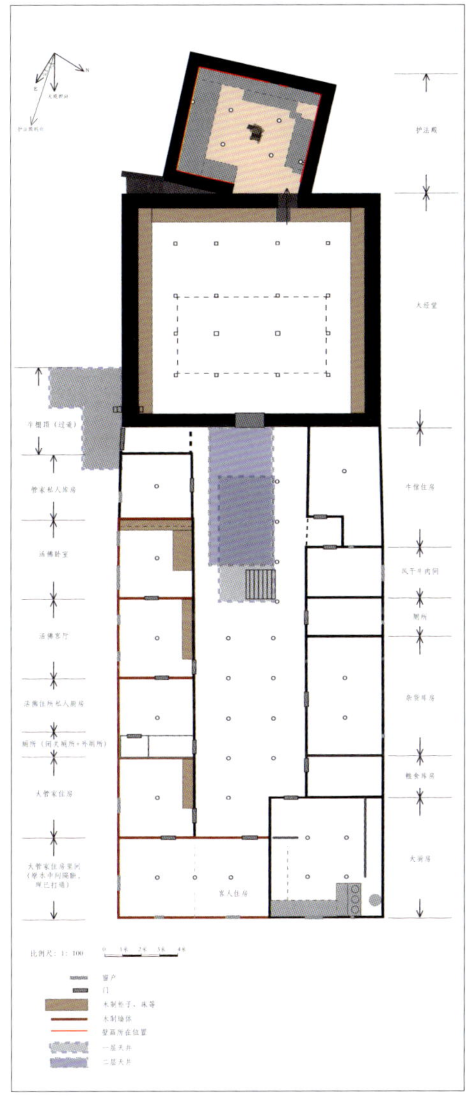

图2 麻达寺活佛宅院二层平面图

二 护法殿现状

护法殿进深三间，面阔三间。由于长期封闭，年久失修，整体建筑状况令人担忧。其夯土墙体结构因年久失修，每面墙体均有开裂和鼓突现象，呈倾斜状态；殿内地面垮塌，地板形成一个大洞，导致整个佛堂岌岌可危，人在里面走动都能感觉到建筑的晃动。殿内原有四柱，后经加固增加了支撑木柱，但是无法改变佛堂倾圮的危险。〔图3〕

图3 麻达寺护法殿内景

不过，当初兴建活佛仓经堂时，经堂Ⅲ壁与护法殿I、IV壁相接，护法殿I壁入口处约有3.075米长的墙壁借用了外经堂正壁；IV壁距入口处1.479米的墙面为外经堂正壁所打破。相互倚靠，对于缓解护法殿建筑倾垮的危险有一定好处。不过，由于活佛仓与护法殿朝向略有不同，经堂的后壁与护法殿的前壁存在明显的小夹角。

护法殿室内长6.831米，宽5.872米，面积计40.11平方米，室内平均高度2.5米。殿内四面靠墙体部分均残存有大小不一的夯土供台，第I壁前供台残存长1.998米，宽1.0米，高0.493米；第II壁供台长5.872米，宽1.396米，高0.491～0.331米，第Ⅲ壁供台长6.831米，宽0.684米，高0.651米，第IV壁供台残存长2.8米，宽1.06米，高0.42～0.30米。〔图4〕

四壁夯土供台以上部分原来均绘有壁画，壁画现存面积约31平方米，15铺（编号1－15），各壁壁画保

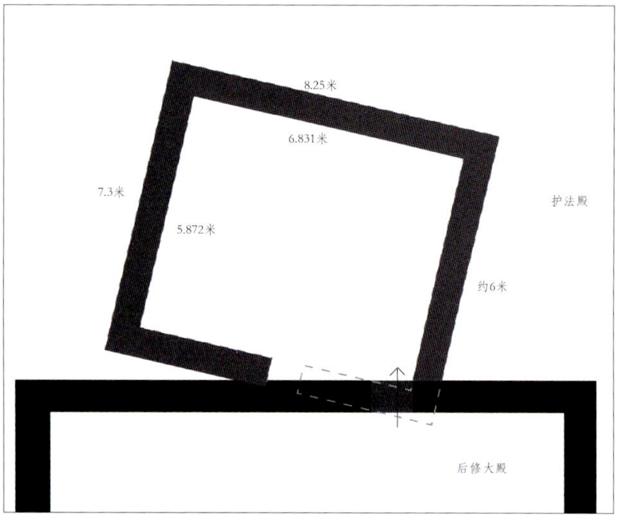

图4　护法殿新旧墙体平面示意

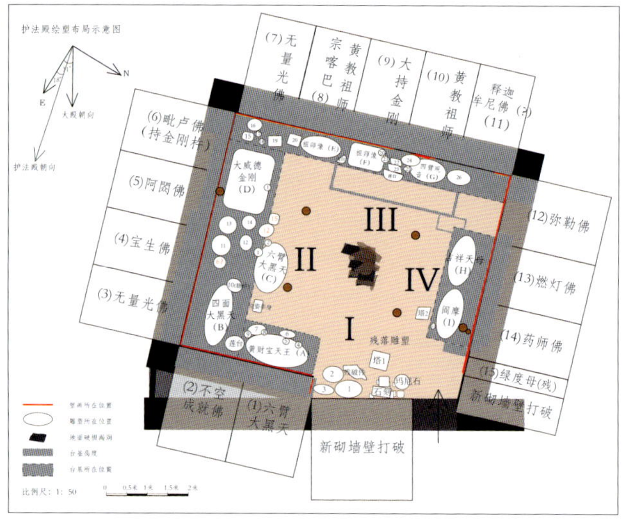

图5　护法殿绘塑现状示意图

存状况不一。外经堂修建时，将I壁门口和IV壁一部分墙壁打破[1]，导致壁画和雕塑破坏严重。其中I壁左侧旧墙体部分以及入口处尚有旧壁画残存；II壁壁画除有数道漏雨痕和局部壁画墙皮剥落现象外，保存基本完整；Ⅲ壁画从无量寿佛下部向右整体残损。IV右侧佛像下部和左侧被打破墙体部分壁画被毁。

供台上原供奉泥塑造像，因受到严重破坏。据寺僧介绍，殿内壁画与雕塑毁于“文革”中，整个经堂尊神的残件四处散落，又因房屋漏雨，后期有人为扰动痕迹，加剧了破坏的严重性，现存能识别得较为完整的塑像共9尊（编号A—I）。〔图5〕

我们从积尘泥土中还采集到唐卡7幅，原来应挂供墙壁上，后随墙皮垮塌后被埋泥土中。在I壁新墙下堆放有佛经经叶已经残损严重，彩画和文字多不能识。其中一块嘛呢石板上有阴线刻无量寿佛像。下文将对佛堂中的这些发现做详细的考察。

三　壁画与雕塑的图像识别及其象征主义

护法殿内雕塑残损严重，而壁画保存较为完整，本文将主要以壁画为主，结合雕塑，来讨论此经堂的图像组合及其象征主义。

Ⅲ壁为主壁，从此壁上每铺主尊占据壁面的大小和位置分析，原来壁面上应绘有5铺主尊像（编号7—11），现在只有右边的无量光佛（Ⅲ-7.1）较为完整，正中的三位主尊只剩半身勉强可识，右边的主尊完全被毁。〔图6—7〕

5铺主尊中，居中一尊〔图8—9〕为暗绿身色，菩萨装，戴五叶冠，身披璎珞和帔帛，双手交持铃杵，可以判断他为大持金刚（Ⅲ-9.1）。两边各有一位胁侍菩萨，均为白色身，右侧菩萨（Ⅲ-9.2）左手稍高，胸前持杵，右手稍低，掌心向下持铃；左侧菩萨左半身残（Ⅲ-9.3），仍能看出双手持物中露出金刚杵头的痕迹，右

1　关于护法殿I壁和IV壁被打破，经堂修建的原因，可能和邓柯一带清光绪年间（1894）发生7级强烈地震有关。经堂修建的时间与此大致吻合。详见石渠县志编纂委员会编纂：《石渠县志》（下文简称《石渠县志》），四川人民出版社，2000年，第8页。

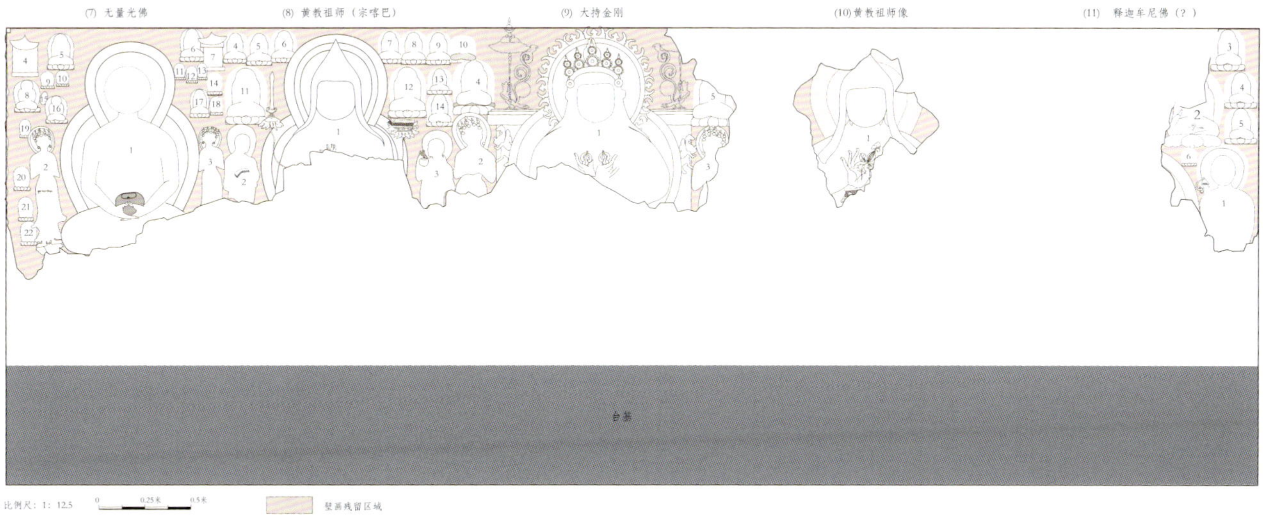

图6　护法殿III壁壁画分布图

图7　护法殿III壁现状

图8　护法殿III壁第9铺大持金刚像分布图

图9　护法殿III壁第9铺大持金刚像

手稍低，掌心向上，当持杵，左手稍高，掌心向下，当持铃。大持金刚的胁侍一直没有固定组合，两尊金刚部的菩萨也是比较少见的，怀疑右侧可能是金刚手菩萨，左侧可能是金刚萨埵。右上角是一位暗红身色大成就者（Ⅲ-9.4），菩萨装，应当是毗卢巴（Virupa），相对应是左上角的形象虽然破坏较严重，但依然可以识别出来是一位白衣祖师的形象（Ⅲ-9.5），其侧有金汁书藏文Sa chen（萨钦），是萨迦五祖中的初祖萨钦·贡嘎宁波（Sa chen Kun dga' snying po，1092—1158），二尊的出现暗示了萨迦派道果传承的影响[1]。

大持金刚右侧一铺〔图10—11〕的主尊是祖师像（Ⅲ-8.1）。颊颐丰满，头戴黄色班智达帽，着袈裟，双手应施转法轮印，各牵莲枝在左右肩头开敷，右肩花蕊上立宝剑，左肩花蕊上置般若经，与文殊特征一致，似为宗喀巴大师的标准像，很可能此祖师就是格鲁派大师宗喀巴的形象。其左右各有一位胁侍弟子，未有题记，可能是他的两位大弟子克主杰与甲曹杰。左上角有四位祖师像，右上角有七位祖师像，均有藏文题写尊名。惜右上角漏雨之水渍所覆盖，尊像与题记已经无法识读。左上角最上一层四尊，文字也漫漶不清。最右一尊藏文为rNam grol sde （Ⅲ-8.7）（解脱军，菩提道次第传承师中获中观道的印度圣者），中间一尊藏文为dByig gnyen （Ⅲ-8.8）（世亲），左三尊藏文受损过多，鉴于前二位均属于广大行传承祖师，推测此尊应为无着（Ⅲ-8.9）（Thogs med pa），最左一尊菩萨装，双手转法轮印者，右侧有藏文题记Byang pa，可知是弥勒菩萨（Ⅲ-

1　类似的图像见于贡嘎曲德寺壁画中。罗文华、格桑曲培：《贡嘎曲德寺：藏传佛教美术史的里程碑》，故宫出版社，2015年，第30－31页，示意图01。相关传承介绍详见：土观·罗桑却季尼玛著，刘立千译注：《土观宗派源流》，西藏人民出版社，1999年，第101－102页。

图10 护法殿Ⅲ壁第8铺宗喀巴像分布图

图11 护法殿Ⅲ壁第8铺宗喀巴像

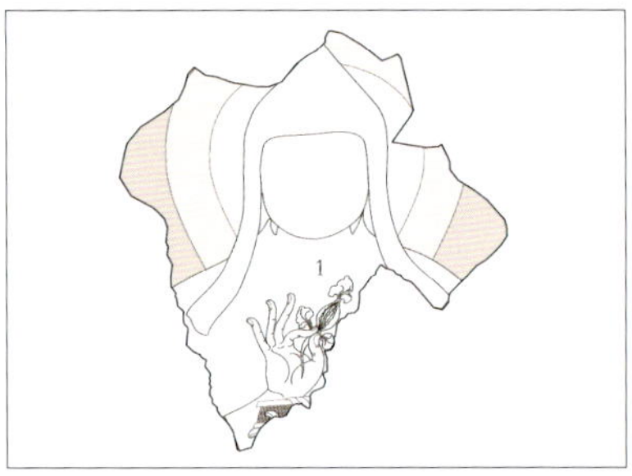

图12 护法殿Ⅲ壁第10铺祖师像分布图

图13 护法殿Ⅲ壁第10铺祖师像

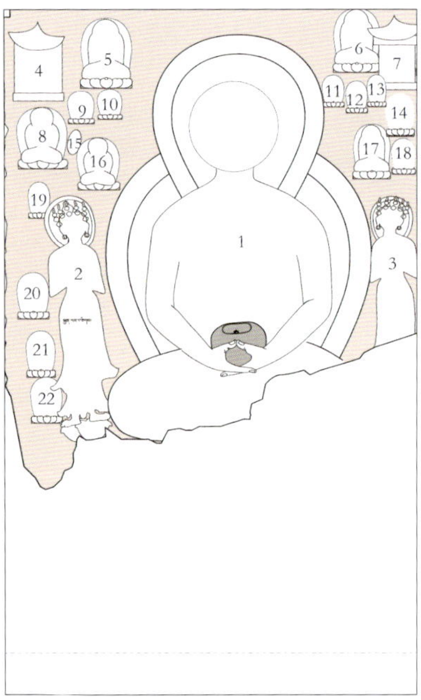

图14 护法殿Ⅲ壁第7铺无量光佛像分布图

图15 护法殿第Ⅲ壁第7铺无量光佛像

8.10），与其余各尊构成广大行传承祖师的组合。其下左侧两尊小祖师像，上下排列，上尊藏文有部分被遮挡，根据后半部分可读为rNam snang mdzad（Ⅲ-8.13）（毗卢遮那），下尊祖师，藏文名为Seng 'ge（ge） bzang（Ⅲ-8.14）（狮子贤），也是广行派传承祖师之一。二尊之前大祖师像有藏文'Brom ston（Ⅲ-8.12）（种敦，1005—1064年，阿底峡大师的弟子之一，噶当派的创始人）。据格鲁派传统观点认为，广大行和甚深见是宗喀巴大师学术传承的两个重要来源，于阿底峡才合二为一，到宗喀巴大师最后发扬光大[1]。由此可以推断右上角最上层三尊均应为甚深见传承祖师的组合（Ⅲ-8.4、Ⅲ-8.5、Ⅲ-8.6），下方的戴帽大祖师像很可能是阿底峡（Ⅲ-8.11）。

大持金刚左侧一铺〔图12—13〕的主尊同样是戴金色班智达帽的祖师像（Ⅲ-10.1），大部残损，幸好能见到他的右手拇指与食指相拈，持带叶的果子（药果？），下方可见一部佛经，应是左手捧持之物。其身份不明。查现存的祖师像图像资料并未见到持果子的祖师像，很可能此尊是麻达寺的某位创始人形象。

1 格鲁派传统将菩提道次第师承谱系有两种观点，一种是两谱系，即甚深见、广大行；一种是三谱系，即甚深见、广大行和伟大行三派。但是壁画中的祖师像似乎只涉及甚深见和广大行两个谱系，因此，本文不再涉及两谱系与三谱系之分。另外，目前所见明确谱系分晰只见于18世纪及以后的文献，此前的文献并没有如此明确的表达，但是显而易见，这种思想的起源应当在宗喀巴大师之时就已经出现了。见韩封三祝：《道次第传承谱系研究：从阿底峡到宗喀巴》，第15－21页，吉林大学硕士研究生论文，2012年；长尾雅人：《西藏佛教研究》，东京：岩波书店，1954年，第31页。

最右侧一铺（Ⅲ-7.1）〔图14—15〕，佛装，红色身，双手施禅定印托钵，全跏趺坐，莲座以下残损，使得我们没有可能观察是否如无量光佛一样坐于鸟兽座上。一般而言，无量光佛与无量寿佛的明显差别是，虽然二者均双手施禅定印，但无量光佛双手无持物或仅托钵；无量寿佛则双手施禅定印托甘露寿瓶。此尊双手施禅定印托钵，虽与II壁五方佛中所见无量光佛仅施禅定印的形象（II-3.1）不同，但属无量光佛无疑。另外，无量光佛有佛装和菩萨装两种形象，但无量寿佛仅见菩萨装，二者均可共用孔雀座，此尊座下可能与II壁的无量光佛一样坐于孔雀座上[1]。类似的无量光佛图像在我们考察的四川木雅地区15—16世纪经堂碉壁画中每每可见，且多与其他诸尊，如般若佛母、药师佛、绿度母、龙尊王佛、四臂观音、敏捷文殊、六字观音等形成吉祥护佑类组合[2]。此壁单绘无量光佛一尊，也应与IV壁其他诸尊作为一个组合来考察（详见下文讨论IV壁壁画部分）。

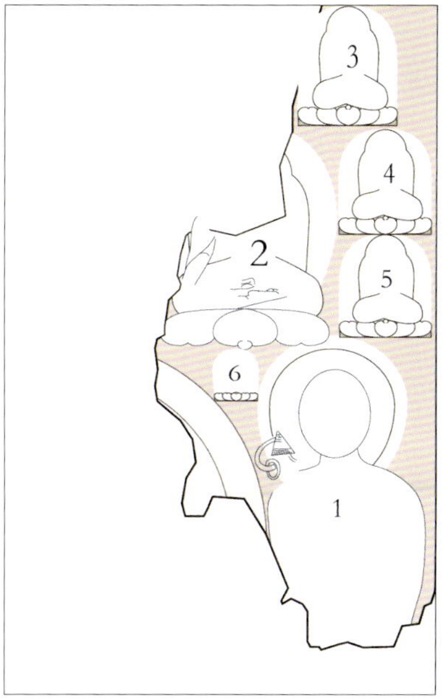

图16　护法殿第III壁第11铺分布图

无量光佛右侧胁侍菩萨白色身（Ⅲ-7.2），双手施转法轮印，右腿上有藏文题记sKyan ras gzig（应作sPyan ras gzigs，观音菩萨），左侧胁侍菩萨（Ⅲ-7.3），绿色身，双手施转法轮印，未见藏文题记，可能是金刚手菩萨。左右上角各有四尊佛的形象，身色为金色，手印各不同，右上角佛施与愿印（Ⅲ-7.5），其下方佛施转法轮印（Ⅲ-7.16）；左上角佛（Ⅲ-7.6）施一种奇怪的手印，右手拇指与食指伸出，二手小手指相勾；其下方有一尊施转法轮印佛（Ⅲ-7.17）。四佛组合意义不明。围绕着诸佛和两位胁侍菩萨周围的是施礼敬印的佛弟子与戴黄帽的僧人形象，他们都坐于各种莲台上，莲台下方有莲枝支撑，似与西方净土信仰有关。

这一壁最后一尊（Ⅲ-11）〔图16〕因壁面大部损毁，无法识别。左上角残存尊像多为祖师像，左侧保存一位胁侍，弟子装束形象，右手持锡杖，其主尊身份难以推测，推测可能是释迦牟尼佛。具体原因，在讨论到IV壁画时，我们有详细说明。

从Ⅲ壁壁画的内容来看，以大持金刚为中心，配置祖师像，大持金刚被称为秘密主，代表佛教密宗的最高尊神本初佛，决定了此佛堂以密法和金刚上师为主题。壁画的祖师像也可看出该经堂长期存在萨迦派和格鲁派不同教派共存的现象，这种现象与该寺由萨迦派改宗格鲁派有关，多派共处一寺的现象在多康地区是较为常见的。

第Ⅲ壁前供台窄而高，可能是为了抬升主供台上诸尊的高度〔参见图7〕。平台上现存较完整的雕塑主要有二尊祖师像（E、F）〔图17—18〕、一尊施禅定印佛像（26）〔图19〕和一尊小型佛弟子像（20）〔图20〕，其余多为残件，能够识别出来的主要有：佛像躯干（19）〔图21〕、六字观音（G）〔图22〕和菩萨像（25）〔图23〕，其中第一尊祖师像（E）的头部在旁边找到，拼合在一起，可以恢复原貌，算是万幸。

1　故宫博物院编：《故宫经典 故宫唐卡图典》，故宫出版社，2011年，第186页，图141"无量寿佛"；第189页，图144"阿弥陀佛极乐世界"。

2　罗文华主编：《木雅地区明代经堂碉壁画》，故宫出版社，2012年，第179－184、305、314－315、357、370－371、377、391、398、406－407、444、456－457、462－463页。

图17 护法殿III壁前祖师像

图18 护法殿III壁前祖师像

图19 护法殿III壁前佛像

图20 护法殿第III壁前佛弟子像

图21 护法殿第III壁前佛像躯干

图22 护法殿第III壁前六字观音像

图23 护法殿第III壁前菩萨像

图24 护法殿第III壁前菩萨头像

图25 护法殿第III壁前两个菩萨头像

图26 护法殿第III壁前菩萨头像之一

图27 护法殿第III壁前护法神形象

图28 护法殿第III壁前护法神形象

另外，台上还保存了三个菩萨头像〔图24—25〕。其中三尊菩萨像颊颐丰满，面庞方正，眼角如豆荚状，颇有东北印度造像遗风（21）〔图26〕。还有很多残件堆放在一起，一片狼藉，无法复原。这层平台上还有一些愤怒尊的小像，应当是来自于Ⅱ壁或Ⅳ壁的残件（15—16、22—23、25）〔图27—28〕。

此外，Ⅰ壁靠近门口的地下有一尊施禅定印菩萨装的造像（Ⅰ-3）〔图29〕，头部缺失，持物亦缺，其身

图29 护法殿I壁前菩萨像

图30 护法殿I壁前佛像

图31 护法殿I壁黄财宝天王前两位佛弟子像

图32 护法殿I壁前佛头像

图33 护法殿I壁前竹巴噶举祖师头像

图34 护法殿II壁前佛弟子像

份难以确认。不知道是五方佛中的无量光佛还是单尊无量寿佛，保存相当完整。同一地点还发现释迦牟尼佛（2）〔图30〕，似施触地印。另外，在I壁供台上的黄财宝天王脚下摆放了两尊小像（4—5）〔图31〕，一尊是佛弟子像，另一尊残缺上半身，身份不明，但是两尊像作法接近，估计同为佛弟子像。旁边还放置了一个佛头（8）〔图32〕、一个祖师头像（9）〔图33〕，估计原来都是供奉在Ⅲ壁供台上。这尊祖师像戴着独特的帽子，与竹巴噶举派祖师像有点相似。笔者怀疑当时殿内所供的祖师可能不止来源于格鲁派、萨迦派，至少还应当有竹巴噶举派。

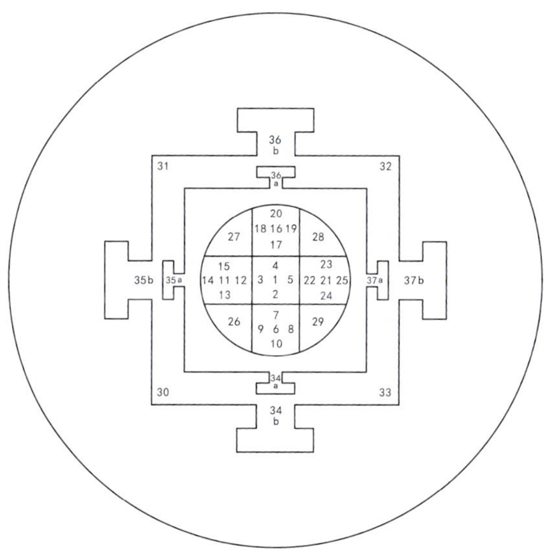

图35 37尊金刚界曼荼罗结构图

同样情况出现在II壁，II壁雕塑残件中另有一件佛像或佛弟子像〔图34〕和一个菩萨头像。

Ⅲ壁雕塑破坏严重，四处散落，导致我们对于三壁雕塑的原始状态无法复原。从目前状况来推测，原来可能供奉了诸佛和祖师，但是无法判断诸佛的组合身份。Ⅲ壁雕塑的残损使我们确认佛堂思想困难较大。

下面考察I、II、IV壁壁画的内容。虽然部分壁画受损较为严重，但是I、II壁的五方佛的组合非常明显表现了藏传佛教密宗瑜伽品的金刚界曼荼罗为代表的主题，即金刚界曼荼罗37尊的组合。该曼荼罗的组成是五方佛（1、6、11、16、21），四波罗蜜（2—5），十六尊亲近菩萨（7—10、12—15、17—20、22—25），内外供八尊（26—33）和四摄菩萨组成（34—37）〔图35〕

II壁的毗卢佛（II-6.1）、阿閦佛（II-5.1）、宝生佛（II-4.1）、无量光佛（II-3.1）和I壁的不空成就佛（I-2.1）〔参阅图69—70〕，分别位于五方佛曼荼罗中的中、东、南、西、北各方，均作菩萨装束。〔图36—37〕

毗卢佛〔图38—39〕白色身，头戴五叶宝冠，耳上各别红花一朵为饰，颊颐丰满，面色沉静，缀圆形耳环，上首披繁复的帔帛，胸前饰细珠缀成的璎珞和圆形与菱形宝石，双手于胸前持金刚杵，是金刚界毗卢佛的一种特别形式，全跏趺坐于仰莲台上，下承狮子座方台。台座正面的垂幔中有端坐的高僧像（II-6.4）〔图40〕，戴黄色班智达帽，双手抬于胸前，右手拇指与无名指相拈，左手拇指与食指相拈，像是格鲁派僧人。其两侧各有一胁侍菩萨（II-6.2－6.3），左右上角两尊分别是无量寿佛与三面八臂尊胜佛母（II-6.15－6.16），代表祈寿之

图36　护法殿II壁壁画分布图

图37　护法殿II壁现状

图38　护法殿II壁第6铺毗卢佛像分布图

图39　护法殿II壁第6铺毗卢佛像

图40　护法殿II壁第5铺毗卢佛座前祖师像

图41　护法殿II壁第5铺阿閦佛像分布图

图42　护法殿II壁第5铺阿閦佛像

图43　护法殿第II壁第5铺阿閦佛座前金刚钩像

图44　护法殿第II壁第5铺阿閦佛最下排，可能是金刚爱像

图45　护法殿II壁第4铺宝生佛像分布图

图46　护法殿II壁第4铺宝生佛

意。考虑到主尊座前的高僧像，推测可能有为此高僧祈寿之意味，因此，座前格鲁派祖师的身份很值得注意。

阿閦佛（II-5.1）〔图41—42〕蓝色身，右手施触地印，左手施禅定印，全跏趺坐于仰莲台上，下承象座方台。台座正面的垂幔中右舒坐姿绿色身女尊（II-5.4）〔图43〕，菩萨装，右手施与愿印，左手施拈持印，应是四摄菩萨之一的金刚钩（rDo rje lcags kyu）。其两胁侍分别属于四亲近菩萨中的两位：金刚萨埵（II-5.2）和金刚喜（II-5.3）。右上角的未见菩萨身，而为一尊萨迦派祖师像所占据（II-5.12），笔者怀疑下方的红色身双臂张开的尊像可能就是金刚爱（II-5.24）〔图44〕，可能是由于空间不够而委屈于此[1]。左上角已毁，应绘有金色身金刚王（？）。

宝生佛（II-4.1）〔图45—46〕，黄色身，右手施与愿印，左手施禅定印，全跏趺坐于莲台上，下承驮宝马方台。正中垂幔正中有黄色身菩萨像，双手向两侧伸出施印，应是四摄菩萨之一的金刚索（rDo rje zhags pa）（II-4.4）〔图47〕。其左右胁侍与左右上角的二菩萨构成了四亲近菩萨：金刚宝（II-4.2）、金刚光（II-

1　有关此尊的身色和身姿可以参考《西藏曼荼罗集成》No.22，“金刚界曼荼罗 37 尊”中金刚爱的图像（9）。

图47 护法殿II壁第4铺宝生佛座前金刚索像

图48 护法殿II壁第3铺无量光佛像分布图

图49 护法殿II壁第3铺无量光佛

图50 护法殿II壁第3铺无量光佛座前金刚锁像

图51 护法殿I壁第2铺不空成就佛像分布图

图52 护法殿I壁第2铺不空成就佛像

4.11）、金刚幢（II-4.12）[1]和金刚笑（II-4.3）。

无量光佛（II-3.1）〔图48—49〕，红色身，双手施禅定印，全跏趺坐于莲台上，下承孔雀方台，正中垂幔正中有红色身菩萨像，右手施触地印，左手禅定印，应是四摄菩萨之一的金刚锁（rDo rje lcags sgrogs）（II-3.4）〔图50〕。其两侧胁侍与左右上角四尊菩萨构成四亲近菩萨：金刚法（II-3.2）、金刚利（II-3.12）、金刚因（II-3.13）和金刚语（II-3.3）。

不空成就佛（I-2.1）〔图51—52〕绿色身，右手施无畏印，左手施禅定印，全跏趺坐于莲台上，下承金翅鸟方台。其台座正面的垂幔中坐一绿色身菩萨像，右手置膝上，施与愿印，左手胸前施无畏印，应是四摄菩萨之一的金刚铃（rDo rje 'bebs pa）（I-2.4）〔图53〕，右手上举持梵夹，左手覆掌向下，置左膝，可能是十字交杵菩萨。其两侧胁侍与左右上角四尊菩萨构成四亲近菩萨：金刚业（I-2.2）、金刚护（I-2.13）[2]、金刚牙（I-2.14）和金刚拳（I-2.15）。

在阿閦佛和毗卢佛两铺最下方绘画了诸供养天（II-5.22—5.23，6.24—6.29），虽然未绘画持物，但从身体姿势，尤其是手势来看，与内外八供养天女形象很接近〔图54〕。至此，37尊金刚界曼荼罗的成员除四波

1 金刚幢本应是青色，但是本壁画中为黄色。

2 此尊画面虽漶漫不清，但其金色身仍依稀可见，与文献记载一致。

罗蜜基本完整[1]。

此外，我们还注意到，五方佛的左右上角均绘有数量不等的佛装五方佛小像（I-2.5—2.16、II-3.5—3.10、II-4.5—4.9、II-5.5—5.10、II-6.5—6.7）〔图55〕，应当是贤劫千佛的体现；宝生佛、无量光佛和不空成就佛周围还绘有十六贤劫菩萨（II-4.5—4.7、II-4.10、II-3.5—3.11、II-3.14、I-2.15—2.16）中的14尊〔图56〕，可能由于画面有损坏，尚缺二尊。千佛和十六贤劫菩萨常出现在金刚界曼荼罗的外围，按照传统曼荼罗绘画者可以按照自己的喜好添画，并不严格遵循经典。在金刚界曼荼罗和西藏寺庙绘塑作品中，类似的实例并不少。如西藏江孜白居寺金刚界殿、西藏西部阿齐寺新堂的曼荼罗绘画中均有表现[2]。

特别需要注意的是，在阿閦佛、宝生佛、无量光佛和不空成就佛下方还有一行西藏祖师形象和四组愤怒相守门尊神，由于绘在壁面最下方，多受损严重。守门尊神共16尊（5.14—5.17、4.16—4.19、3.14—3.17、2.17—2.20）〔图57〕，身色各不相同对照资料，我们发现这些愤怒相并不属于37尊金刚界曼荼罗的成员，而是出现在恶趣清净曼荼罗中[3]，在藏区现存的各个时期曼荼罗绘画中，金刚界曼荼罗的差异性和混合性每每可见，不足为奇，可能由教派传承的不同，也可能由艺术家的底本各异所致。作为金刚界九会曼荼罗中降三世释续曼荼罗的恶趣清净曼荼罗与金刚界曼荼罗互相影响，其成员互相借用的情况也属正常[4]。

IV壁仅存三铺较为完整的形象（IV-12—14）〔图58—59〕，最后一铺（IV-15）局部残余。

第一铺（IV-12）〔图60—61〕为黄色身佛像，双手施转法轮印，

图53　护法殿I壁第2铺不空成就佛座前金刚铃像

图54　护法殿第II壁 第5铺底下供养天女形象

图55　护法殿II壁第6铺毗卢佛右上角贤劫千佛像

图56　护法I壁左上角贤劫千佛与十六贤劫菩萨像

图57　护法殿II壁第4铺宝生佛下方守门诸尊像

1 金刚界大曼荼罗中，四波罗蜜多以尊像形式出现，如《究竟瑜伽鬘》中均是此例(Lokesh Chandra and Nirmala Sharma, *Niṣpanna-Yogāvalī: Sanskrit and Tibetan texts with English translation*, New Delhi: International Academy of Indian Culture and Aditya Prakashan, 2015, pp.154-155)。也有以三昧耶形式出现的情况。俄寺所藏金刚界曼荼罗中四波罗蜜即为三昧耶形（立川武藏编：《西藏曼荼罗集成》，东京：讲谈社，1983 年，图 22）。实物中，在藏西的阿齐寺三层殿的二层东壁的大曼荼罗壁画中四波罗蜜以尊形描述出现；但在白居寺五层东无量宫殿北壁壁画正中所绘的大曼荼罗毗卢佛四方即为三昧耶形四波罗蜜。此殿没有表现出来，具体原因不明。森雅秀：《チベットの仏教美術とマンダラ》，名古屋大学出版社，2011 年，照片 4 — 6，5 — 1。有关四波罗蜜的成立，参见：田中公明：《インドにおける曼荼羅の成立と発展》，东京：春秋社，2010 年，第 229 — 232 页。

2 栂尾祥云著，高洪、辛汉威译：《曼荼罗研究》（中），香港：志莲净苑文化部，2013 年；立川武藏编，1983 年，图 22。

3 借此感谢曼达拉博士提醒笔者夏鲁寺甘珠尔殿内的壁画，并慷慨提供了她尚未刊布的甘珠尔殿金刚界曼荼罗的研究成果供笔者参考。郑堆、罗文华编：《五百佛像集：见即获益》（下文简称《五百》），中国藏学出版社，2011 年，第 260 页；立川武藏编，1983 年，图 27。

4 田中公明：《インドにおける曼荼羅の成立と発展》，第 268 页。

图58 护法殿IV壁壁画分布图

图59 护法殿IV壁现状

图60 护法殿IV壁第12铺燃灯佛像分布图

图61 护法殿IV壁第12铺燃灯佛像

全跏趺坐姿，坐于莲台上，莲台以下残损。左右各有立姿二胁侍弟子像，周围为佛装五方佛千佛小像，主尊左右上角部分各绘一尊较大的阿閦佛（IV-12.13）和无量光佛（IV-12.14）。第二铺（IV-13）〔图62—63〕由于受到前面雕塑的遮挡，无法拍摄到尊像全身。此尊为红色身，佛装，右手施说法印，左手施禅定印，全跏趺坐姿。莲座下部残损。左右各有一胁侍菩萨。周围为佛装五方佛千佛小像，主尊左右上角部分各绘一尊较大的不空成就佛（IV-13. 8）和毗卢佛（IV-13. 9）。另有四尊（IV-13.14—13.17）为菩萨。

这两尊佛像的身份并不容易确认。参照我们在四川西部木雅地区经堂碉壁画的成果，可以判断这两尊像应当分别是燃灯佛与弥勒佛。我们判断的标准是，燃灯佛的胁侍是二弟子，弥勒佛的胁侍是二菩萨。然而问题是，弥勒佛双手施转法轮印，燃灯佛右手施说法印，左手手印有两种，一种是手臂抬高，施类似于与愿印的手印，与右手相应；一种是禅定印。第一种手印似乎受汉地三世佛的图像影响更明显，后者在藏传佛教绘画中较多见[1]。对比图片〔图61—62〕，二者的手印明显不同，而且弥勒佛身色为红色，也颇为少见。存疑。

图62　护法殿IV壁第13铺弥勒佛像分布图

图63　护法殿IV壁第13铺弥勒佛像

如果这个结论成立，则IV壁壁画的主题就比较清晰了，即由过去佛燃灯佛、现在佛释迦牟尼佛和未来佛弥勒佛组成的三世佛的组合。不过，这个组合尚缺少中心尊释迦牟尼佛。这不禁让我们再次回到Ⅲ壁第11铺残毁的主尊，身份不明，是否有可能就是主尊释迦牟尼佛?

另外，一般三世佛中，三佛的排列顺序是燃灯佛、释迦牟尼佛与弥勒佛，此壁却将释迦牟尼佛置于燃灯佛与弥勒佛之前，也颇为奇怪。这种现象是否有例可查呢?

比较我们在考察四川甘孜木雅地区5处经堂碉壁画，我们发现存在接近的组合和三世佛的排列方法，对于理解此壁的组合和经堂的设计思想颇有启发，现列表格如下[2]：

表一　四川甘孜木雅地区5处经堂碉壁画Ⅲ壁主尊组合

经堂碉	所绘主尊					
	第一铺	第二铺	第三铺	第四铺	第五铺	第六铺
甲根坝	大持金刚	燃灯佛	宝冠释迦牟尼佛	弥勒佛	布顿•仁钦珠	
朋布西	无量光佛	不空成就佛	大持金刚	宝冠释迦牟尼佛	燃灯佛	弥勒菩萨（？）
上赤吉西	四臂般若佛母	大持金刚	释迦牟尼佛	燃灯佛	弥勒佛	
普沙绒	大持金刚	燃灯佛	释迦牟尼佛	弥勒佛	无量光佛	
汤古乡	大持金刚	燃灯佛	释迦牟尼佛	弥勒佛	药师佛	

显然，上表中5处经堂碉Ⅲ壁壁画与麻达寺护法殿Ⅲ壁所表现的主尊有颇多相似之处，如大持金刚或为主尊（如朋布西），或为壁面首尊（如甲根坝、普沙绒、汤古乡），其中心地位非常明显；三世佛的组合有正常排列（如甲根坝、普沙绒、汤古乡），也有不符合正常排列顺序的，如朋布西、上赤吉西的顺序是释迦牟尼佛、燃灯佛、弥勒佛，与护法殿完全一致，可见，藏东地区三世佛的排列顺序并非如汉地那么严格。

第三铺（IV-14）〔图64—65〕画面受损严重，面部全毁，但有一些特征仍然可以判断他的身份，佛装，蓝

1　西藏自治区文物管理委员会编：《西藏唐卡》，文物出版社，2005年。可以比较其中的汉藏两种风格的三世佛组合中两种不同手印的燃灯佛形象，即图25与图26－27。

2　罗文华主编：《木雅地区明代经堂碉壁画》，第173页，“表一、后壁主铺尊神”。

图64　护法殿Ⅳ壁第14铺药师佛像分布图

图65　护法殿Ⅳ壁第14铺药师佛像与绿度母像

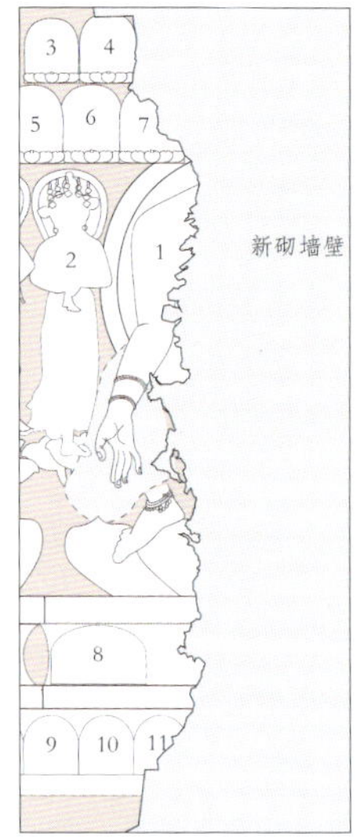

图66　护法殿Ⅳ壁第14铺绿度母像分布图

色身，左手托钵，右手已经受损，当是药师佛。左边胁侍为月光菩萨，右边胁侍为日光菩萨。最上一排为六尊佛像（IV-14.4—14.10），另有两尊大像（IV-14.11—14.12）为两位大成就者，左边的一尊手持药果。剩下三尊为祖师像，其中左胁侍菩萨右下方的祖师像（IV-14.15），戴红色僧帽，类似竹巴噶举祖师像。

第四铺（IV-15）〔图66〕画面损伤更大，不过仍可见到右手施与愿印，右脚下踏小莲台，身体呈绿色，应当是绿度母。左胁侍菩萨装，蓝色身，一面四臂三只眼，为独髻母（IV-15.2）。左上方残剩五位女尊，从其面数和臂数来看，推测为苏雅笈多（Sūryagupta）传承的二十一度母组合[1]。另外，在女尊下方、独髻母头顶可见到有藏文题记：bKra shis gnang （snang） sgro（sgrol） ma，是二十一度母中的吉祥光救度母（Maṅgalāloka-Tārā）[2]，由此可证，此铺当以二十一度母为主题。绿度母台座下为一排女尊。其余形象均已被毁不可见。

正如上文指出的，此壁药师佛与绿度母的组合应当与Ⅲ壁的无量光佛视为同一组合。我们在四川木雅地区经堂碉壁画和西藏中部寺院15—16世纪的藏传佛教壁画中，每每可见同样的组合，均具有吉祥、消疫祛灾、祈求福寿的功能[3]。

I壁右侧为新砌，壁画内容已经无法得知。〔图67—68〕左侧仅存两铺〔图69〕，第一铺为六臂大黑天（I-1.1）〔图70〕，第二铺已经在讨论五方佛时提及（参见图51—52），为不空成就佛。按照西藏经堂壁画的布局惯例，I壁多以绘画护法神为主题。六臂大黑天，深蓝色身，一面六臂，戴骷髅冠，以蛇为饰物，愤怒相，焰燃状红发和须眉，三目圆睁，龇獠牙，正二手各持钺刀和嘎巴拉碗，左上手持三叉戟，二手持金刚索，右余二手均被毁。左展姿，下踏白色身仰面象鼻天，右手持萝卜，左手持物不明[4]。其完整形象可以从

1　参见喜马拉雅艺术网站：https://www.himalayanart.org/search/set.cfm?setID=2749 .

2　《五百》图 290。

3　罗文华主编：《木雅地区明代经堂碉壁画》，第 180 — 185 页。

4　有关六臂大黑天的形象描述见［奥地利］勒内・德・内贝斯基・沃杰科维茨著，谢继胜译：《西藏的神灵和鬼怪》（上）（下文简称《神灵和鬼怪》），西藏出版社，1993 年，第 44 页。

图67 护法殿I壁壁画分布图

故宫博物院保存的一尊紫金六臂大黑天像清楚看到[1]。

从14世纪以来，藏传佛教经堂I壁多以绘画护法神像为主，尊神的组合也有固定模式，多以大黑天和吉祥天母在门两侧相对出现，或者以大黑天、吉祥天母与财宝天王相对。其中大黑天和吉祥天母是男女护法之首[2]。大黑天变化身众多，西藏不同教派对于不同的大黑天各有推崇。因此，由不同的大黑天形象可以判断出其教派特征。由于此铺六臂大黑天已近门口〔图67—68，图71〕，所以它应当是护法神中唯一的大黑天像。由此主尊，笔者也可推断出，此殿护法神具有格鲁派的特点。格鲁派推崇六臂大黑天，萨迦派则以宝帐护法和吉祥天母为主[3]。

此佛堂空间狭窄，壁画中诸尊组合较为明显，但往往随壁面太小不得不被打乱，如五方佛组合第一尊不空成就佛就排列在第I壁，与六臂

图68 护法殿I壁现状

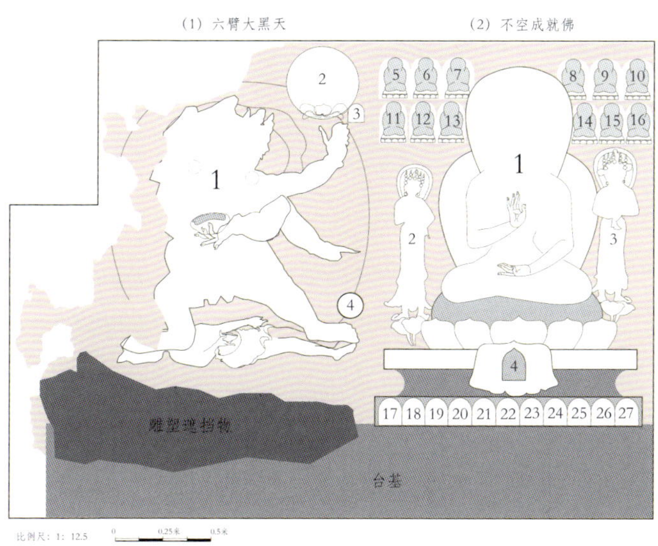

图69 护法殿I壁第1–2铺画分布图

1 罗文华：《藏传佛教造像》，故宫出版社，2020年，第271页，图169。

2 见《造像量度经续补》。

3 Marylin M. Rhie, Robert A. F. Thurman ed., *World of Transformation: Tibetan Art of Widsom and Compassion*, New York: Tibet House, 1999, p. 281, pl. 83.

图70 护法殿I壁第1铺六臂大黑天像

图71 护法殿I壁第1铺六臂护法右侧旧门残迹

大黑天相邻，其他四佛出现在II壁。这是小型佛堂壁画中常见的现象。

此殿护法神的组合应当将壁画与I、II、IV三壁前的雕塑放在一起统一讨论〔参见图5〕。虽然雕塑残损较重，但是其形象尚属完整。从现状来看，I、II壁供台至少应供奉了四尊雕塑，即II壁的大威德金刚、六臂大黑天、四面大黑天和I壁的黄财宝天王。〔参见图37、68〕

大威德金刚（D）〔图72—74〕九面三十四臂十六足，拥抱明妃。正面为牛面，牛面上有一个红色愤怒面，愤怒面上有一个文殊面，其余六个面中每三个面分别分布在牛面的两边，这就是Jeff Watt（杰夫・瓦特）所说的环状分布（circular faces），专属于格鲁派。格鲁派对于大威德金刚情有独钟，宗喀巴创立格鲁派以后，将其推至最重要本尊的行列，大大提升了其在无上瑜伽品诸尊中的地位。左右各手持物多有残损，九足下踏鸟兽和印度教诸神也颇有散失。由于形体较大，为了加强稳定性，主尊身体中间有一根方木穿过插入地上，现在方木已经松动，导致尊像前倾，目前仅靠一块板木支撑明妃身体，勉强维持其不倒。

正如Jeff Watt（杰夫・瓦特）强调的，在藏传佛教神系中，大威德金刚不是护法神，是本尊，但是大威德金刚经常与大黑天之类护法神在一起，甚至作为守卫入口之尊神，故极易使人们混淆其身份。这从另外一个角度也可看出，大威德金刚虽然从未列居护法神之行列，但是其角色却跟护法神有诸多相近之处。西藏有八凶仇神（Drag gshed brgyad）的组合，吉祥天母、大黑天、黄财宝天王、阎摩和降阎摩尊赫然在列，或许这种组合反映的正是类似的组合思想[1]。此殿陈设也一样，它位于两位大黑天之前。

15世纪以来，藏传佛教寺院I壁多表现护法神形象，其中黄财宝天王与大黑天总是分别位于寺庙门内两侧，作为经堂的护法神，成对出现。此殿由于空间的限制，大黑天、吉祥天母、黄财宝天王、阎摩以壁画和雕塑相互映衬的方式展现出来。根据我们对木雅地区经堂碉壁画的调查，大黑天的变化身出现更多，占据I壁面积大，有时还会移至邻壁，吉祥天母和阎摩也多以较小形象出现在大黑天的周围[2]。这当然与经堂碉佛堂面积多不大有关，与藏传佛教寺庙护法

1 《神灵和鬼怪》(上)，第 26 页。

2 罗文华主编：《木雅地区明代经堂碉壁画》，第 357、364 — 368、391、422 — 434、444、472 — 479 等页。

图72 护法殿II壁前大威德金刚（D）

图73 护法殿II壁前大威德金刚（D)细部

图74 护法殿II壁前大威德金刚（D)细部

图75 护法殿II壁前四面大黑天像（B）

图76 护法殿II壁前四面大黑天（B）细部

图77 护法殿II壁前六臂大黑天像（C）

神阵营分明，分列门内两侧的情形不同。此殿I壁一侧黄财宝天王塑像、六臂大黑天壁画与IV壁吉祥天母、阎摩塑像的布局与木雅地区的组合并不相同，尤其是阎摩与吉祥天母的组合似乎更具有格鲁派的特点，格鲁派热衷于将阎摩作为护法神的重要成员。虽然I壁有一半壁画的壁画和雕塑被毁，但是可以想象，其主题也许仍然是以大黑天为主，现存的多身大黑天塑像即是最好的证明。

四面大黑天像一尊（B）〔图75〕，四面四臂二足，身黑色，主面黑色，头上方一面，同为黑色，主面右侧为白色面，左侧为红色面。每个面均有三目，怒目圆睁，作愤怒相。正二手持钺刀和嘎巴拉碗，右上手持物缺失（应是剑），左上手持物亦失（应是三叉戟），身上以蛇为饰，最为独特的是，腹部两蛇交缠，缠绕了一个实物腿骨〔图76〕，可见雕塑师的精心。大黑天着虎皮裙，左展姿而立，双足下各踏一仰面而卧的暗红色身魔。《五百》中称其为“成就时所修四面吉祥护法”（dPal mgon zhal bzhi sgrub dus dang 'brel ba），归入其他大黑天一类[1]，为五种大黑天之一，萨迦派、觉囊与格鲁派关系最为密切。

在四面大黑天一侧还有残像六臂大黑天一尊（C）〔图77〕。六臂大黑天，黑色身，一面六臂，六臂手

1 罗文华编：《五百》，第386页。

图78 护法殿第I壁黄财宝天王像（A）

图79 IV壁吉祥天母与阎摩像（H、I）

图80 护法殿IV壁吉祥天母像（H）

图81 护法殿II壁前摩羯鱼面护法像

图82 护法殿II壁狮面佛母像

腕以下全部残缺，正二手应各持钺刀与嘎巴拉碗，右上手应持嘎巴拉念珠，左上手应持三叉戟，二手应在身后张持象皮，右二手应持嘎巴拉鼓，左二手应持金刚索，下踏仰面大象形象。现在雕塑移至台下靠供台而言，足见破坏之重。《五百》称其为“除中断护法”，《诸佛菩萨圣像赞》第297号称其为“六臂勇保护法”[1]。此尊最早由香巴噶举的创始人琼波南交引进西藏，为萨迦、噶举、觉囊诸派所重，后为格鲁派吸收，成为主要的护法尊。

地上还散布了大黑天的各种眷属像残肢断臂，不一而足。

I壁在六臂大黑天画像前，尚有一尊泥塑黄财宝天王像（A）〔图78〕。黄财宝天王，黄色身，做武将打扮，头戴宝冠，着铠甲，正中冠中尚存摩尼宝图案。面庞方圆，虽然怒目圆睁，但憨态可掬。本应持胜幢的右手残断，左手持吐宝鼠，双目圆睁，身着铠甲，内罩软袍，腹甲和小腿正面甲胄有怪兽面衔丝巾装饰，着靴，侧坐狮子背上，做武士打扮，狮形已毁，难以辨识出来。

IV壁的供台不全，现存雕塑主要是吉祥天母、阎摩可以识别出来（H、I）〔图79〕。两尊雕塑都供奉在一座较矮的莲台上，莲台的仰莲部分仍然可以清晰地看到。吉祥天母（H）〔图80〕的特征比较明显，她原本头戴五骷髅冠，现仅中间一个骷髅头保存下来，黑色身配上红色的怒目和龇着獠牙的血口衔着一个小人。右手上举，手臂残断，应持金刚杖，左手持嘎巴拉碗于腰部，上身披人皮和璎珞，双乳下垂，着双蛇相系的虎皮裙，侧坐于骡背的人皮之上。作为其独特识别标志之一的骡子臀部一只睁开的眼睛，保存十分完整。骡子头已经断开，掉在地上。吉祥天母变化身颇多，这是其中一面二

1 《五百》，第341页；罗文华编：《诸佛菩萨圣像赞》（下文简称《诸佛》），中国藏学出版社，2009年，第299页。

图83 护法殿II壁吉祥天母变化身之一

图84 护法殿III壁吉祥天母眷属中的两尊（22–23）

图85 护法殿IV壁前阎摩（I)的坐骑

臂吉祥天母像，《诸佛》称“二臂天母护法”（dPal lha mo phyag gnyis ma），《五百》和《神灵和鬼怪》称“吉祥兵符佛母”（dPal ldan gmad zor rgyal mo）[1]。吉祥天母是藏传佛教最重要的女护法神，与作为男护法神的大黑天相对应，在《造像量度经》里有清晰的表述。吉祥天母眷属有29尊之多，很多的眷属现已经不见，应当是残损后移动到他处所致，如这尊〔图81〕，蓝色身，右腿前迈，胸部饱满的愤怒尊形象，很有可能是吉祥天母坐骑前的牵骡子缰绳的摩竭鱼面佛母（Chu srin gdong can）；此尊〔图82〕，红色身立姿愤怒尊像，面部受损严重，乳房低垂，右腿前迈，很可能是在吉祥天母坐骑背后跟随的狮面佛母。此尊同样为蓝色身，侧身骑骡（或马？）背上，更像是另一种吉祥天母的变化身〔图83〕；此两尊造像（22—23）〔图84〕，其后方的蓝色愤怒尊形象（22），乳房低垂，骑动物背上，与吉祥天母形象接近，也应属于其眷属。前面一尊（23）为深蓝色（黑色？）身，骑熊（？）形象与大黑天身边的眷属，似应当是六臂大黑天的眷属护国护法（Kṣetrapāla）[2]。

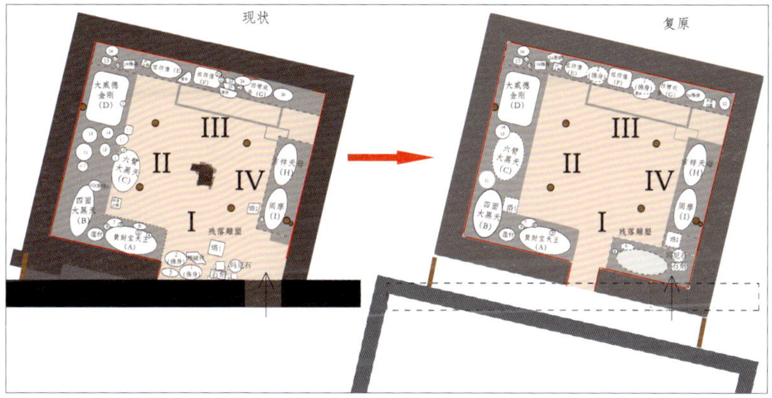

图86 护法殿雕塑分布及建筑复原

在吉祥天母之外侧后方，仅有一牛形坐骑还保存下来，其牛头断开，尾巴残缺（8450）〔图85〕，半卧于人身上，由此坐骑特点即可断定其应当是以牛为坐骑的阎摩，这是阎摩中的外修阎摩形象，应当还有伴神，即他的妹妹阎咪（也有说法认为，阎咪是他的妻子）[3]。

至此，我们大致可以复原护法殿空间及雕塑与壁画的内容与方位〔图86—87〕。从这两个图中，结合上面的论述，我们大致可以梳理出整个经堂的主要布局：经堂以大持金刚、三世佛、祖师像为中心，右侧绘画五方佛，左侧绘画吉祥类尊神，门口两侧以绘塑方式表现了大威德金刚为领队的大黑天、黄财宝天王、吉祥天母和阎摩诸护法尊。虽然由于空间狭窄，有些尊神不得不借位于他壁，有些尊神位置比较随意，但整体设计思想是较为清晰的。这种布局与四川木雅地区的经堂碉壁画、西藏山南达垄寺大经堂壁画、西藏阿里白殿的

1 《诸佛》，第315页；《五百》，第395页；《神灵和鬼怪》，第28－29页。

2 《诸佛》，第317页。

3 《神灵和鬼怪》，第95页。

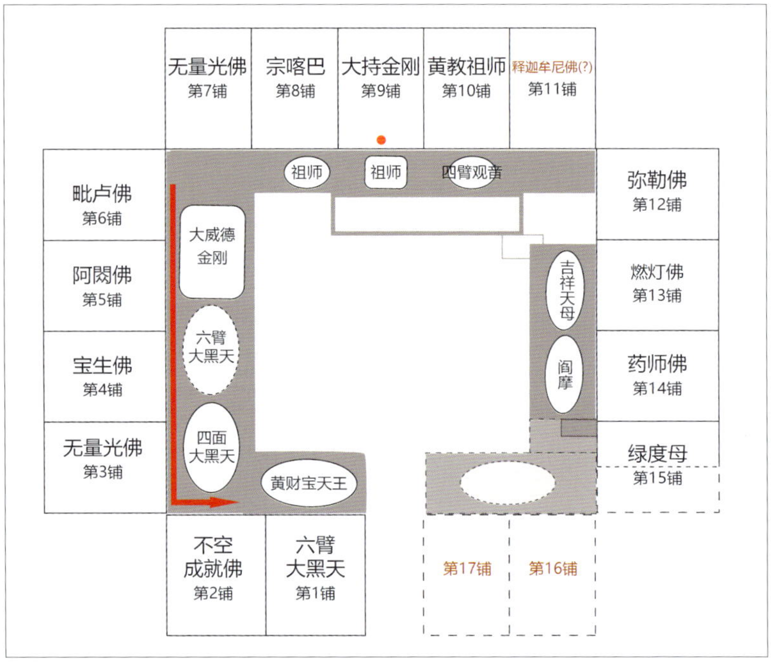

图87 护法殿绘塑复原

壁画等同时期的壁画一样，均表现出相似的藏传佛教象征主义思想，是整个藏区流行的成熟的经堂设计模式。

泥胎彩塑是喜马拉雅地区常见的造像形式，现存实例较为集中的是藏西拉克地区[1]。正如《元代画塑记》云："古之象物肖形者，以五彩章施五色，曰绘、曰绣而已。其后始有范金埏土而加之彩饰焉。"[2]中国古代称泥塑为"埏土"肖形，是古代重要的艺术形式之一。

从雕塑残件我们借此可一窥这些塑像的一般性做法。I壁前这尊伏倒在地的蓝色愤怒尊雕塑残件（3）〔图88〕，如同解剖了的一尊雕塑一样，展示出内部的工艺结构与流程。在做雕塑之前，先以一根方木为主心木，建构起身体的中轴，通常在主心木靠近头、颈和口部会书写OṂ ĀḤ HŪṂ，象征对身语意三密的加持，在IV壁前吉祥天母的两位眷属前残断的头部露出的主心木上均可见到清晰的墨书三密咒字〔参见图84〕。以中轴木为中心，绑上代表上臂、腿和头部的小木头或粗且韧性很强的藤条，再缠上布条等〔参见图81〕，建立起身体的基本框架，然后在木轴上包裹小荆棘条一层，以草绳或麻绳捆绑固定〔图89—90〕。这尊弟子像〔图91〕的做法与前一尊愤怒尊相不同，我们明显能看到，在木胎上装有布卷，麻绳捆绑，上身部分麻绳外还包裹蓝粗布。在表现灵活、姿态多变的四肢和手指时，需要用铁丝为主杆塑形（参见图81、84）。

图88 护法殿I壁前残损雕塑（3）

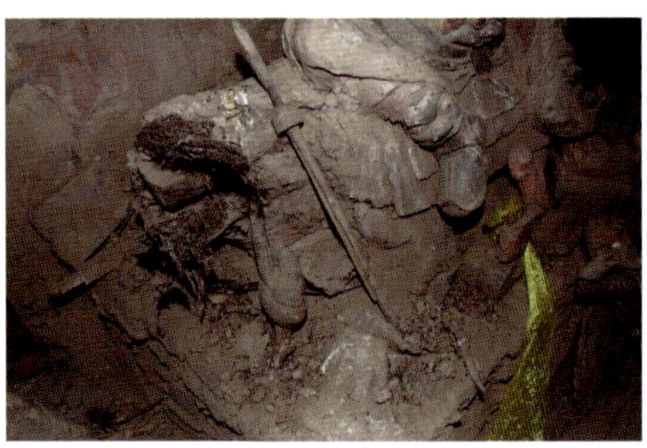

图89 护法殿I壁黄财宝天王（A）细部

其外以拌草的厚灰泥涂抹表面以塑其形，再以细腻的白灰装饰表面，使之光滑，并用泥条或堆塑的方式表现出身体各个肢节的细节变化、重叠的衣纹和繁复的璎珞装饰，根据不同的身色、织物和璎珞分别施彩绘画，方告完成。

麻达寺泥胎彩塑的做法与新疆托普鲁克墩佛寺遗址中出土的泥塑像做法异曲同工[3]。也与魏小杰总结的三个步骤无不相合[4]。

1 ［奥地利］克里斯汀·卢扎尼兹著，熊文彬、赵敏熙译：《喜马拉雅西部早期佛教泥塑》，中国藏学出版社，2018年。

2 （元）佚名撰：《元代画塑记》，《中国美术论著丛刊寺塔记·益州名画录 元代画塑记》，人民美术出版社，1983年，第1页。

3 李永康：《于阗佛教雕塑风格及其特征》，《美术研究》2001年第1期。

4 魏小杰：《山西古代寺观彩塑艺术技法探析》，《美术教育》2012年第11期。

从做胎、成型到彩绘准确的用料和工艺限于目前所见残件细部必不能详述，藏传佛教相关记载也很少见。查《元代画塑记》有相关的记载，可资参考。如元仁宗皇庆二年（1313）八月十六日奉旨为大都藏传佛教寺庙大圣寿万安寺内五间殿和八角楼四座内的泥塑像，所用材料有：黄土、红土、好麻、睛目、滑石、净砂、莞豆铁条、绿豆铁条、黄米铁条、粳米、安西香、北土布、江淮纸、油、柏木、榆木、椴木、明胶、铁攀、丁线、赤金、平阳土粉、石青、上等西碌、心红、朱砂、官粉、回回青、白矾、皂角、包金、蛤粉、大赭石、南细墨、三色笔、石材、条砖、下水砂、东筒铁、江沙石等[1]。除了塑像需要的土、石、砂、铁条、布、纸、木料，大量的是颜料。从护法殿色彩丰富的雕塑彩绘来看，当时使用的颜料也不少，虽然时代不同，用料有多寡优劣，但是工艺技术基本上一致。从卢扎尼兹对于藏西悬塑为代表的泥胎彩塑像的简要描述中也可以见到类似的工艺特点[2]。可见，各地的泥胎彩塑造像在工艺和装饰方法上并没有太大差距，材料和色彩才是判断产地的重要标准。

有时，寺庙的泥塑为了稳固，会将身体内连接的木杆与墙体通接。但此殿中所有的泥塑均未有与墙间以杆相连的痕迹，一些大像如大威德金刚〔参见图72〕将主心木直接插在供台的夯土里已较稳固，应与佛堂低矮，泥塑尺寸不大有关系。一些较小泥塑像，如II壁前的一尊大黑天的小眷属〔图92〕则直接安在木板上，方便安供与挪移。

四　其他可移动文物

经堂由于层顶有裂，有过漏雨的现象，导致部分泥塑和唐卡遭到雨水浸湿，损毁严重。在经堂测绘过程中，我们清理地表残件时，发现了一些散落的可移动文物，包括嘛呢石刻像、唐卡7幅，也一并在此介绍。

嘛呢石造像是一种传统称呼，指在天然的石块上以阴刻或阳纹的形式表现的造像。类似作品多见于藏区，多安放在路口、湖河畔或寺

图90　护法殿IV壁前阎摩（I）坐骑细部

图91　II壁前佛弟子像

图92　护法殿II壁前小护法神像

1 《元代画塑记》，第13－14页，“佛像”条下。

2 〔奥地利〕克里斯汀·卢扎尼兹著，熊文彬、赵敏熙译：《喜马拉雅西部早期佛教泥塑》，第303－320页。

图93 护法殿Ⅰ壁前无量寿佛嘛呢石

图94 双身普贤如来唐卡

庙旁的嘛呢石堆上，作为祈福的一种形式。寺庙内也有收藏供奉的现象，比如在青海海东瞿昙寺发现了一批嘛呢石刻造像，年代在明万历时期。此殿也发现一块类似的造像，年代也与之相当，约在15世纪，表现的无量寿佛像〔图93〕，头戴五叶宝冠，项链、璎珞、臂钏、手镯、足镯严身，上身袒裸，下身着裙，全跏趺坐，仰莲台完整。面相方正，身体宽厚，整体风格不晚于16世纪。

在灰泥之中共清理出7幅唐卡。具体如下：

表二 麻达寺护法殿唐卡记录

编号	主尊名	尺寸与材质	年代（世纪）	画面描述	现状
1	大鹏金翅鸟	70×50厘米，布本彩绘	19世纪	主尊为蓝色身大鹏金翅鸟展翅立于单层莲台上，周围火焰包围。正上方为愤怒金刚手，右上方为格鲁派僧人形象，左上角为白色身骑狮文殊菩萨，正下方为蓝色身，施转法轮印，全跏趺坐姿龙尊王佛	画面破裂，表面泥污，有水渍
2	金刚亥母曼荼罗？	50×30厘米，布本彩绘	18或19世纪	曼荼罗结构清晰，主尊似金刚亥母，其他眷属分布呈放射状	颜料脱落严重，画面模糊
3	罗汉像四尊	75.5×40厘米，布本彩绘	18或19世纪	四尊罗汉呈“之”字形分布，持物不明，根据其僧人形象，均作汉式装束，山水、云气分布周围可知是罗汉形象	颜料脱落严重，画面模糊
4	双身普贤如来〔图94〕	73×43.4厘米，布本彩绘	16世纪	主尊为菩萨装普贤如来拥抱明妃，周围围绕着诸佛、菩萨、护法以及宁玛派祖师，主尊面相方正，用色庄重，具有明代风格	下部残断，颜料脱落严重，画面重折
5	不空羂索观音与黄财宝天王	71×46厘米，布本彩绘	19世纪	画面分为上下两部分，上部以一面六臂不空羂索观音为中心，周围有祖师像和鸟兽面眷属；下部以黄财宝天王骑狮像为中心围绕着八大马王	颜料脱落严重，画面模糊，画面重折，有破洞
6	宗喀巴像	78.3×57厘米，布本彩绘	19世纪	主尊似为宗喀巴像，周围有祖师、显密主尊、护法等，下方似乎有故事场景	颜料脱落、画面污、有破洞
7	宗喀巴像	70.4×53厘米，布本彩绘	19世纪	主尊似为宗喀巴像，右上角有黄色文殊像，下方有各位格鲁派祖师像	颜料脱落、画面污、右下角有残

五 风格、年代与区域文化特点

麻达寺虽然面积不大，但是它的发现却有独特的学术价值。这是整个藏区佛堂中罕见的同时保存有绘画和雕塑作品的少数几个佛堂之一。藏区雕塑多为泥塑，不易保存，尤其是经过“文革”大面积破坏以后，泥塑作品保存相对完整的大小佛殿屈指可数，在整个多康地区，像这样既保存有雕塑也保存有壁画的寺庙几乎没有。此为其一，极为难得。即便是在藏传佛教中心地区的西藏，二者兼有的寺庙也是屈指可数。目前仅在西藏江孜15世纪中期完成的白居寺的大经堂和吉祥多门塔可见到雕塑与壁画交相辉映的例子[1]。从这个意义上说，麻达寺是独特的，也是它的价值所在。

图95　护法殿II壁前大威德金刚像细部

图96　护法殿II壁前大威德金刚像细部

图97　西藏拉萨公堂寺大经堂内护法殿内大黑天像　14世纪　2017年7月9日摄

麻达寺的雕塑保持了卫藏地区传统的风格，具有相当高的艺术水平，可以与西藏江孜白居寺及吉祥多门塔内雕塑的艺术特点一致。以四面大黑天为例，在黑暗狭窄的空间里，其吐出的红舌、长獠牙和鼓突的三目令人不寒而栗，白色的骷髅冠、漆色粗壮的身体以及身上装饰着的白色珠串和蛇饰，更增添了它的恐怖气息，最令人惊讶的是，腹部蛇身缠绕的竟是用真的动物腿骨插在雕塑上的。这种做法可能是15世纪以来较为独特的做法，但类似的例子似乎在整个藏传佛教文化区尚未见到过，令人印象深刻〔参见图76〕。大威德金刚像，身形高大，手臂众多，左臂整齐完整，其持物清晰可数，其前后不同颜色的面孔〔图95—96〕与IV壁前的吉祥天母一样具有动人心魄的效果。塑像表面色彩光亮，衣纹与璎珞装饰流畅繁复，展示出较高的艺术水平。

其艺术水平还体现在尊神肢体与面相的写实性手法。这尊菩萨造像〔参见图29〕帔帛薄衣贴体，突显胸肌的力量，宽肩细腰，身体比例匀称，肌肉起伏自然柔和，与这尊佛像〔参见图30〕手法一致，颇有尼泊尔风格特点。这尊竹巴噶举派祖师像〔参见图33〕双目炯然出神，鼻梁细挺，眉眼细长，面庞清秀，双层薄，紧抿，很能表现人物独特的内在气质；这尊祖师像〔参见图17〕脸部较长，鼻梁较粗，嘴唇厚，面庞饱满，虽然表面有损伤，但祖师沉静庄重的气质跃然而出，颇具藏族人物的写实效果；这件菩萨头像（参见图24、26）虽然与竹巴噶举派祖师像的面部特征较为相近，有真人的效果，不过其眼睛是印度式豆荚状，与祖师像写实的特点不同，可见神人之间还是有所不同。这尊祖师像〔参见图18〕是典型的藏式僧人打扮，双目圆睁，炯炯有神，内着藏式坎肩，外罩袈裟，有本土人物写实效果。这件菩萨像〔参见图23〕胸前的项链、璎珞层层叠叠，色彩鲜艳，联珠粒粒晶圆，精致细腻。上述细节透露出多康地区雕塑艺术家的水平不容忽视。

可与比较的雕塑作品有14世纪的公堂寺门口两侧的护法殿〔图97〕，与15世纪中叶白居寺大经堂护法殿

1　熊文彬：《中世纪藏传佛教艺术——白居寺壁画艺术研究》，中国藏学出版社，1996年；熊文彬、杨立泉：《白居寺吉祥多门塔》，四川民族出版社、西藏人民出版社，2001年。

图98 西藏江孜白居寺护法殿宝帐护法像 15世纪 2019年5月30日摄

图99 西藏江孜白居寺护法殿宝帐护法像细部 2019年5月30日摄

图100 西藏江孜白居寺吉祥多门塔一层大黑天殿宝帐护法像 15世纪 2014年6月10日摄

〔图98—99〕、吉祥多门塔一层大黑天殿的雕塑〔图100〕的风格特点相当一致。虽然相较之下，水平稍有不逮，但是其制作手法与风格特点相当接近，应当是继承了14—15世纪以来西藏中部雕塑艺术的特点。

壁画大量使用红色，背景色相对单一，装饰图案中有14—15世纪的残余，但是线条更加活泼、人物布局趋向自然，植物纹华丽多样，表现出向后期新艺术风格的转变的趋势。壁画表现出从古典主义风格向晚近艺术风格演变的轨迹。佛菩萨的脸形偏方正，造型庄严，色彩和背光形式都比较古朴。但是细节上装饰纹样又有很多变化，比如五方佛与菩萨的帔帛和裙子，层层叠叠，繁而不乱，色彩纷呈，明暗交替，令人目不暇接。再如莲花花瓣，每个莲座上的莲瓣色彩晕染与构图均有变化，反映出画师绘画手法的高超。现存雕塑诸像也表现出较高的水平，愤怒尊身材粗壮，肌肉劲健有力，黑身色，红色须发与唇舌、三目鼓突，摄人心魄，极具表现力。

麻达寺的壁画在四川甘孜地区并非只是孤例。2018年，故宫博物院考察团队在与金沙江一江之隔的青海玉树地区开展调查，8月31日在囊谦县（Nang chen rdzong）能日哇村（Nun ru ba grong tsho）纳温拉康仓（Na bun lha khang tshang）保存尚属完整的壁画中看到类似的艺术样式〔图101〕，冠叶、面部特征和莲瓣都与麻达寺的壁画相似，但是该殿的壁画有明显的保守主义风气，与麻达寺壁画风格相去稍远。9月10日在称多县（Khri 'du）尕朵乡（sGa stong）格秀卓木村的格秀拉康（Gu shri lha khang）发现殿内的壁画与麻达寺更为接近。以麻达寺的毗卢佛〔参见图39〕与格秀拉康内殿II普慧毗卢佛〔图102〕为例做详细的比较后，我们发现二者在冠叶、耳上戴的花瓣、璎珞、项链、嘴唇、耳环、披肩发辫、帔帛、莲瓣样式都极其相似，上身肌肉，尤其是腹肌的表现方式都非常相近〔图103—108〕，除了画师的习惯表现方法不同外，二者之间最为明显的区别是色彩和精细程度不同。麻达寺的色彩更为饱满明丽，线条更加生动流畅，仔细观察帔帛的明暗婉转之处，麻达寺的技法要更胜一筹。特别是，当我们把腿部的细部照片〔参见图106—107〕放在一起，比较裙上的装饰纹样时发现，格秀拉康毗卢佛除了敷色外，几乎是素面，色彩饱和度都比较低，给人清雅的感觉；而麻达寺毗卢佛的裙上有繁密精致的花纹，各种饱和色彩构成精巧多变的花纹，线条婉转流畅，细节处理相当精彩，特别是多处使用了一种沉稳的红色，整个画面流淌着一股辉煌又不失庄重典雅的富贵气息。二者之间，画家的

图101 青海囊谦县能日哇村纳温拉康仓III壁无量光佛 16世纪 2017年8月31日摄

图102 青海省玉树州称多县格秀拉康II壁普慧毗卢佛像 16世纪 2017年9月10日摄

图103 护法殿II壁第6铺毗卢佛像细部

图104 青海省玉树州称多县格秀拉康II壁普慧毗卢佛像细部

图105 护法殿II壁第6铺毗卢佛像细部

图106 青海省玉树州称多县格秀拉康II壁普慧毗卢佛像细部

图107 护法殿II壁第6铺毗卢佛像细部

图108 青海省玉树州称多县格秀拉康II壁普慧毗卢佛像细部

图109 永乐时期 青海瞿昙寺弥勒菩萨像

审美旨趣不同表露无遗。麻达寺的画家更注重细节和装饰效果，擅长表现各种各样精密的纹样，以绚丽的色彩表现织物的华丽图案和层次结构，绘画水平明显高出一筹，特别是衣纹的处理上，将灵动飘逸和自然垂落有机结合，两种质感都表现得淋漓尽致〔图105〕。但二者艺术风格上具有相当明确的近缘关系是毋庸置疑的，格秀拉康的壁画线条同样流畅婉转，技术高超，五方佛的造像形象也很接近，从结构和装饰样式来说，是和麻达寺非常接近的庄重典雅的样式，与其他典型的明代藏传佛教造像[如瞿昙寺的弥勒菩萨像〔图109〕]一样，流露着非常明显的明代藏式典雅气息，即细节繁复增添富贵之感，整体又庄重雅致不失大气。2021年，范久辉在西藏昌都（Chab mdo）八宿县（dPa' shod rdzong）夏里乡左西村附近的苯教寺院薪日寺（Shing rwa dgon）发现了时代与麻达寺护法殿相当的壁画。从主殿Ⅲ壁的壁画来看，与这两处的壁画风格截然不同〔图110〕[1]。因此，据现有的研究资料，我们可以判断，以囊谦纳温拉康、称多格秀拉康和石渠麻达寺为代表的壁画的存在表明在以石渠和玉树为中心的金沙江两岸存在着一种较为独特的区域性绘画艺术风格。

与卫藏地区相对保守的艺术传统不同，麻达寺的壁画兼具保守与变革两种风气，此次发现填补了15世纪至17世纪之间，西藏东部地区藏传佛教绘画艺术风格的过渡与演变阶段文物资料的空白，对于研究这一时期康区艺术发展史有重要的学术价值，正是

1 感谢范久辉提供他的考察照片，并允许在本文发表。

图110 西藏昌都市八宿县夏里乡左西村附近的薪日寺主殿第三壁 16世纪 2019年 范久辉摄

通过该寺的壁画，我们第一次将石渠与玉树联系起来，更为完整地拼接出康区藏传佛教艺术风格的版图。

壁画方面，格鲁派祖师占据Ⅲ壁主位，毫无疑问，其壁画内容以格鲁派为主，其绘制年代不应早于该寺改宗的年代。前引寺志提到该寺于1440年改宗格鲁派云云，其说不足信。

玉树位于青海省西南部，东南与四川省甘孜州石渠毗邻，南与西藏昌都接壤，下辖玉树、囊谦、杂多、治多、称多、曲麻莱六县，在长江、黄河之源，为唐蕃古道的通衢，沿途至今保留了一批9世纪的摩崖石刻佛像[1]。吐蕃时期玉树一带及通天河下游两岸均为吐蕃王朝的附属国，9世纪中叶后，随着吐蕃王朝的瓦解，玉树地区也形成大大小小各自为政的部落，有一些势力进入玉树，约12世纪中叶，曾经担任过内地朝廷内大相（即囊伦谦波，简称囊谦，意为内务大臣）的珠氏家族的吉乎·祜隆荣布的后代直哇阿路由今四川甘孜藏族自治州康定折多山一带及部分属民迁入玉树南部，因其先祖吉乎·祜隆曾任内大臣，遂名其部落为“囊谦”，囊谦部落逐渐形成，并逐步扩大其势力于玉树，成为一方豪酋。当此之时，各教派均在玉树地区竞相传播，形成了多教派共存共生的宗教特点。其中以噶举派教法最先进入，形成政教合一的统治体制。

1264年，元朝在大都设置总制院，掌管全国佛教和藏族地区的军政事务，玉树地区隶属吐蕃等路宣慰使都元帅府管辖。八思巴以国师身份兼管总制院，玉树地区成为他的辖区之一。囊谦部落在玉树出现的同时，在通天河两岸出现了六个较大的部落，即年错部落、固察部落、称多部落、安冲部落、隆保部落、扎武部

1 蒲文成：《青海佛教史》，青海人民出版社，2001年，第21－22页。

图111 西藏江孜白居寺吉祥多门塔第三层第8间金刚萨埵殿毗卢佛

落。八思巴颁布的文册中明文规定六部落由囊谦王管理。

明朝袭元朝的土司制度，1408年，四世囊谦王甲根巴日的弟弟、根蚌住持吉乎·桑州尖措通过黑帽系五世大宝法王的引见，被明朝册封为“功德自在宣抚国师”，赐金印、象牙章。此外，明朝为了保障通往乌斯藏大道上的通天河渡口畅通无阻，赐给喇嘛锦敦钻竹以印信，负责管理通天河渡口事宜[1]。

从南宋开始，囊谦王的统辖范围曾经伸到四川邓柯等地，元明两朝似乎都继续承认了囊谦王对邓柯的统治。德格土司在明末清初之际，扩大地盘，进而拥有现在的邓柯、德格、白玉、石渠以及西藏的江达县[2]。历史上，真达、洛须、奔达、正科、嘛嘎五地均属于邓柯县，与玉树及同在通天河东岸的称多一体归属囊谦王治下，直到1978年才从行政上归属石渠县[3]。可见，麻达寺所在地区在明代早中期应属于玉树文化带，同归囊谦王统治，因此麻达寺、纳温拉康和格秀拉康绘画风格表现出相近特点并不令人惊讶，应当是文化艺术同源的结果。

格鲁派在玉树地区的传播、发展和后来形成一定规模，是从16世纪三世达赖喇嘛索南嘉措（bSod nams rgya mtsho，1543—1588）受蒙古土默特部的俺答汗（1507—1583）的邀请，于1578年东去青海与俺答汗会见，并将格鲁派的影响传播到蒙古各部中。三世达赖喇嘛前后两次来青海进行传教活动，使格鲁派迅速传播，如塔尔寺和佑宁寺的建成。他途经玉树期间，为多人剃度出家，弘法传教，不少他派寺院纷纷改宗格鲁派，从而扩大了该派在玉树地区的影响[4]。

护法殿壁画有明显艺术风格转变时期的特点，但总体风格靠近古典主义，如白居寺多门塔的壁画〔图111〕有庄重之气，所以壁画和雕塑的年代不会太晚近，寺院差不多在三世达赖喇嘛去青海传教的16世纪晚期改宗，护法殿壁画和雕塑也差不多在此时期完成。

此外，从上文对护法殿的壁画以及雕塑和唐卡的残件分析来看，此殿活跃时期，格鲁派为主导，但是萨迦派似乎从来没有完全消失，而且可能还有竹巴噶举和宁玛派的上师也参与到法事活动中来。这并非臆测，

1 陈庆英主编：《中国藏族部落》，中国藏学出版社，2003年，第14页。
2 同上，第506页。
3 《石渠县志》，第25页。
4 罗桑开珠、昂文格来主编：《玉树文化研究》，中国藏学出版社，2014年，第604页。

在我们调查过的四川西部地区，多教派共存共荣的现象比比皆是，教派分别并不重要，同一个经堂在不同时期，完全有可能由不同教派的僧人住持。

最后需要特别说明的是，笔者推测，此殿原来可能只是专属活佛个人使用的小经堂。寺僧习惯称之为“护法殿”，恐无依据，可能是由于佛堂内现存的雕塑多为愤怒尊，故误以为是护法殿。其实，从布局来看，这是一个具体而微的标准佛堂，供奉尊神体系完整，依教理而设计，并非只供奉护法神之所，故称之为“护法殿”是不妥当的。本文沿用“护法殿”之名，只是为行文方面而已。

[作者单位：故宫博物院宫廷部、中国艺术研究院]

新发现的昌都明代苯教薪日寺壁画

Recently-Discovered Murals of the Ming Dynasty in the Bon Shing rwa dgon pa in Chamdo

范久辉　金琳

Fan Jiuhui　Jin Lin

内容提要：

由于众所周知的原因，相对于藏传佛教，苯教古代壁画存世量较少。最新发现的苯教薪日寺壁画，虽然无人看管，但是它填补了昌都及至整个藏东南地区明代苯教壁画的一个空白，其地位十分重要及特殊。本文探讨薪日寺的建寺者及废弃原因，并分析此寺壁画的图像内容、布局构图、艺术风格及宗教含义等方面，认为此寺壁画的绘制年代应为15—16世纪，对研究苯教绘画艺术的发展及神明体系的演变具有重大意义。

关键词：

苯教　壁画　薪日寺　叙氏家族　四部如来　雍仲苯

ABSTRACT:

Compared with those of Tibetan Buddhism, it is well-known that few ancient Bon murals survived. Although left unattended, the recently discovered mural paintings in the Bon Shing rwa dgon pa fill a gap of Ming-dynasty (1368-1644) Bon murals in the Chamdo region and the entire southeastern Tibet at large. Therefore, they have important academic value. This article discusses the creators of the Shing rwa dgon pa and the reasons for its abandonment, and analyzes the characteristics of the image, composition, artistic style, and religious meaning of the murals. It argues that the murals could be created in the 15th or 16th century, thus of great significance in the study of the artistic development of the Bon murals and the evolution of the deity system.

KEYWORDS:

Bon religion, murals, Shing rwa dgon pa, the Zhu tshang family, bDer gshegs gtsho bzhi, g-Yung drung bon

雍仲苯教(g-Yung drung bon gyi bstan pa)，简称为苯教(Bon bstan)，是产生于青藏高原、与藏民族息息相关的古老宗教。佛教传入雪域高原后，众所周知，苯教受到了排挤与打压，几经波折，至今它仍是西藏及其周边地区重要的精神信仰，对藏民族的精神文化生活发挥着不可缺少的作用。

自8世纪雅隆河谷修建桑耶寺后，“佛苯之争”日益激烈，特别是11世纪后，藏传佛教蓬勃发展及其政治地位确立，尤其是格鲁派势力的进一步巩固；“佛苯”在藏区的地位发生转变，苯教逐渐退出青藏高原的中心地带，只剩下部分寺庙和少许信众。在这样的挤压下，很多苯教寺院或被改宗，或被破坏损毁，或被遗弃，作为不可移动文物的壁画自然也受到影响。自2013年12月起，我们对西藏自治区、四川甘孜藏族自治州及阿坝藏族羌族自治州、青海热贡地区、尼泊尔王国的木斯塘（Mustang）与多尔波（Dolpa）等地方的近百座苯教寺庙(dGon pa)、拉康（Lha khang）、闭关处(mTshams khang)进行了考察，新发现了一批苯教古代壁画遗存，其中以西藏自治区昌都(Chab mdo)市八宿(dPav shod)县的薪日寺(Shing rwa dgon pa)明代壁画最为精美，可加入目前发现的年代最为古老的苯教壁画的行列。

下文为薪日寺及其壁画的一个简要介绍。

一 叙氏的薪日寺

薪日寺位于昌都八宿县夏里乡(rDzong skya res shang)左西村(mDzo shi grong tsho)上部的冬季草场上，不通公路，徒步需约两小时。其地理位置坐标为北纬30°37′ 82.55″，东经96°41′ 61.12″，海拔4350米。

据给我们提供壁画线索并亲自担任向导的朗拉寺[1](Lam lah dgon pa)僧人四朗仁青(dSod nams rin chen)介绍，薪日寺为苯教五大世系喇嘛[2]中的叙氏(Zhu tshang)家族所创建，创建者及年代不详。叙氏家族第一个历史性人物叫叙叶拉布(Zhu g-yas legs po)，是公元11世纪初苯教最著名的掘藏师(gTer ston)及传教喇嘛辛钦鲁嘎(gShen chen klu dgav)的四大亲传弟子之一，也是第一位拜见辛钦并接受其苯教典籍的徒弟。12世纪，叙叶拉布的后代叙・绰甲巴(Zhu kho rgyal vbar)在江孜金尕乡创建叙氏家族的第一座寺院旺丹伦珠岗寺(dBang ldan phun grub sgang)后，叙氏就开始往其他藏区扩散，“这时叙氏不仅寺院建设发展得比较迅速，叙氏家族自身建设也取得了前所未有的发展。比如，家族驻地分成东西两大院子，同时也有其他一些小分支。从这些小分支把叙氏扩散到西藏的众多苯教聚居地区。据资料显示，叙・绰甲巴生活年代大致可以推算为12世纪中叶”。[3]14世纪初，叙氏家族的堪钦扎甲(mKhan chen grags rgyal)出家为僧，在他担任旺丹伦珠岗寺(dBang ldan phun grub sgang)堪布期间，“为了扩建寺庙和更好地维持叙氏家族在后藏地区的生存，曾多次亲临其他藏区苯教聚居地，如藏北那曲、藏东昌都等地区”[4]。经过几代人的不懈努力，“叙氏家族是苯教五大世系喇嘛中分布范围最广的一个家族。到了15世纪后，该家族在西藏境内就有三大府邸，即上、中、下三个府邸。上

1 此寺院为苯教寺院，位于洛隆县腊久乡拉玛村境内，为古时苯教著名圣地，14 世纪末“叶茹十八导师”(g-Yas ru ston pa bco brgyad) 中的最后一位克朱仁青洛珠 (mKhas grub chen blo gros) 对它进行修缮。

2 此五大世系喇嘛即：辛 (gShen)、竹 (Bru)、叙 (Zhu) (zhu)、巴 (sPa)、美乌 (rMvu)。

3 才让太、顿珠拉杰：《苯教史纲要》，中国藏学出版社，2018 年，第 159 页。

4 同上，第 159 — 160 页。

府邸就是该家族最早最大的家族府邸——金尕府，也就是叙氏家族的大本营；中府邸在西藏那曲境内，叫“索雍仲林”(Sog g-yung drung gling)[1]，也是寺院与府邸一体；下府邸在昌都境内，叫“查根尼普”(Khra rgan nyi phug)，也是寺院与府邸一体”[2]。

查根尼普位于昌都洛隆县(Lho rong rdzong)马利(dMar ri)镇，是与薪日寺地理位置最近的叙氏寺院。由于薪日寺的壁画中没有发现任何题记，相关资料尤其是藏文资料的缺失，目前无法考证这两个寺之间的联系及薪日寺的叙氏家族传承谱系。在距薪日寺约三十公里的朗拉寺的转经道中，有两块刻有叙氏名字的石刻：一块上沿刻有叙叶·索朗洛珠(Zhu yas bsod nams lhun grub)，下面有一双脚印，脚印被信徒用酥油涂成黑色，每个脚印都刻有三字明“嗡、啊、吽”（ōm a hūm），与苯教古代常见的三字明“啊、嗡、吽”（a ōm hūm）不同，似有某种特殊含义；另一块石刻上方为一双手印，手印下方刻有“叙叶·索朗嘉赞(Zhu yas bsod nams rgyal mtshan)”。叙氏家族在苯教仪轨方面很有影响力，薪日寺的这一支也如此——这石刻中的脚印与手印分别是叙叶·索朗洛珠与叙叶·索朗嘉赞显示“神通”而留下的印迹。在传说中，叙叶·索朗洛珠是猎人，把猎获的动物吃完后，用兽皮把骨头包起来，对着它们吹一口气，猎物就能照原样活过来。而叙叶·索朗嘉赞是为密咒师(sNgags pa)，仇人用刀用剑都不能伤害他，只能用哈达塞住他的嘴，再杀死他。密咒师说：“在我死前让我说几句话可以吗？”获得同意后，他说道：“我将被你们杀死，但我诅咒你们断子绝孙。”过了几年，果然如他所愿，仇敌的家庭成员死绝。

据四朗仁青介绍，薪日寺所在的左西村位于八宿县夏里乡、洛隆县腊久乡(Nsgs lcog shang)与波密县康玉乡宗热村(sPo bo rdzong khams yul shang rdzong rwa grong)交界处，为古代的交通要道。叙氏家族鼎盛时在现今的洛隆县、八宿县及波密县拥有多处田地，并积累了巨大的财富。约一百年前，叙氏家族与波密县康玉乡宗热村的村民因灌溉用水发生纠纷，虽然宗热村也有叙氏的信徒，但为了争取各自的权利（有人认为其实质是“佛苯”两教派相争），矛盾激发，最终进行了惨烈的争斗。上文的叙叶·索朗洛珠与叙叶·索朗嘉赞就是在这场争斗中被杀害的。在民间传说中，他们还有一弟一妹，弟弟为出家僧人，不问家事，一心闭关静修，妹妹或出家为尼，或嫁于他人，此一血脉最后不知所终——叙氏因此断嗣绝后；也有村民说，直到西藏和平解放初期，还有叙氏家族的后裔居住在薪日寺，如今他们散落在腊久乡的村庄内，收藏有与叙氏家族相关的一些文物。在这争斗期间，薪日寺曾受过三次较大的破坏，如今处于无人看管的境地。

图1 叙氏家族府邸遗址

1 此寺院在17世纪中叶遭到毁灭性打击，现残存遗址。

2 才让太、顿珠拉杰：《苯教史纲要》，中国藏学出版社，2018年，第162页。

相传左西村的村民在古时皆为叙氏家族的差民，如今从左西村至薪日寺半道上的废墟及田地，是为叙氏的府邸〔图1〕。若如此，则此支系的叙氏的寺院与府邸是分开的，可能也意味着其宗教活动场所与世俗生活所在是分开的。在寺院与府邸之间的草场上，还能看到据说是古时僧人进行传统体育活动，如抛掷石块、抱大石的场地。

二 殿 堂

薪日寺(Shing rwa dgon pa)建在一山脊的台地上，门朝东方，为两层的夯土建筑。寺院左后侧及右侧各长有巨柏，其寺名中的“薪”(Shing)有“树木”之意，“日”(Rwa)有“角”之意，可能与这数棵巨柏有关，并指出寺院的地望：处于树木中凸起的台地（角）中。如今唯一完整保留下来的建筑，应是薪日寺的主殿，其附属建筑均被破坏：前殿倒塌，东南方有房基及玛尼石堆遗存〔图2〕。正后方有用柏树原木围着的遗址，中间立根柏木——若这遗址是佛塔(mChod rten)，此柏木应是佛塔的“命木”(Srog shing)，在遗址中依稀可见擦擦(Tsh tsh)，但被雨水侵蚀，大多化为泥土，不可辨识。从薪日寺保存的总体情况来分析，寺院曾受到严重破坏，被废弃后，无人看管已有时日，与民间传闻也大体吻合。

图2–1　薪日寺建在一处台地上

图2–2　薪日寺及附属建筑，前殿已倒塌，屋顶也多处坍塌

图2–3　薪日寺正面，殿门上方二楼的土墙有倒塌

薪日寺殿堂坐西朝东，为两层的藏式平顶夯土墙建筑，略呈正方形，墙厚约0.7米。其屋顶为藏式阿嘎土平顶，多处坍塌，尤其是东边与西边屋顶，未坍塌处多长有杂草，它已基本丧失对建筑的保护作用，雨水可直接渗入屋内，对底层的壁画造成毁灭性的伤害[1]。二层封闭，与一层之间无直接的通道，其墙体素面，无壁画，东面殿门上方的墙壁部分倒塌，西北角墙壁及地板部分倒塌；在顶层倒塌下方的阿嘎土地板长有灌木、青草〔图3〕。

底层即殿堂内宽5.5米，长5.7米，墙高3.25米，壁画高2.78米。四面墙壁均不设窗。东面墙壁设殿门，位置偏右（正对

图3　二楼及坍塌的屋顶

1　此壁画发现的报告在中国西藏网、人民网、新华社等网站发表后，得到了有关部门及有识之士的关注，在僧人四朗仁青的大力推动及不懈努力下，2020年12月，屋顶被换成更结实的铁皮屋顶。

图4 殿堂内部的立柱及横梁

门向），从右至左尺寸（内墙）分别为：1.73米（右墙），1.64米（门），2.13米（左墙）。殿门上有木门楣，下有门槛，门扇高2.6米。地面杂乱铺有数根木板、木椽，已不可分辨是从其他建筑搬移至此还是此殿堂原有之构件。西北角堆有从二层倒塌的土层。

殿堂有立柱两根〔图4〕，立柱上方有五根木椽层叠组成的横梁，第三、四根横梁之间置有纵向的托木，外侧绘有

图5 第三、四根横梁，它们之间的托木前端绘有“卍”字符，第四根横梁用达瑟文写有经咒

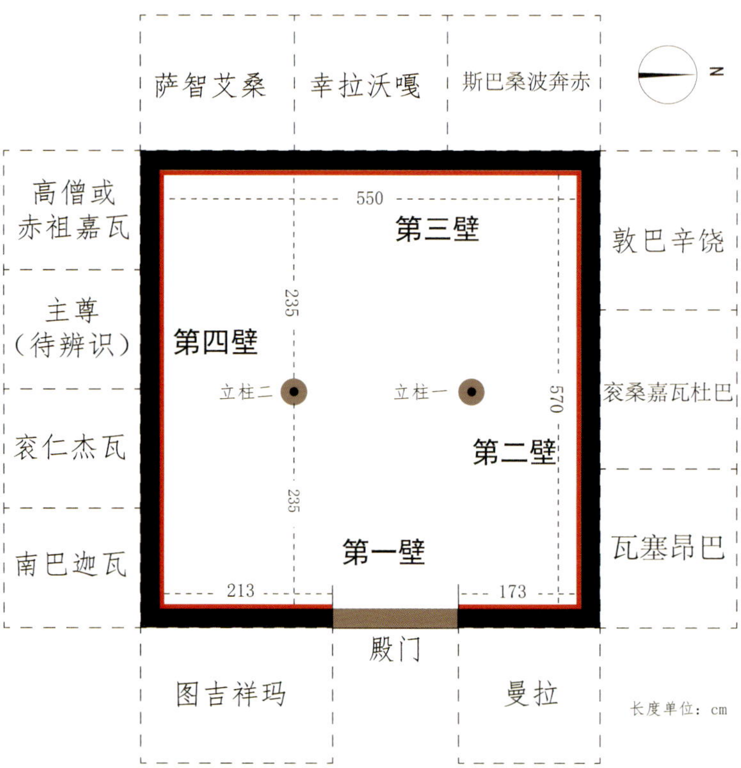

图6 薪日寺平面及壁画分布图 邵玲制图

左旋雍仲“卍”字符；第五根横梁纵向铺木椽，上面横向铺木板，再覆盖含有沙土的阿嘎土形成楼层。自下而上，第一根横梁采用“沥粉”工艺，绘有卷草纹；第二根横梁绘有杂色莲瓣；第三根横梁饰有用凿刻的几何四方形组成的金字塔形图案；第四根横梁用“达瑟文”(sTag gzigs yig ge)写有一排经咒〔图5〕，已不可辨识；第五根没有图案。从横梁破坏第二壁第二铺壁画的完整性分析，它们应该是为了确保整体建筑的安全，于后期在一次“大揭顶”式的维修中设立的。

为了方便叙述，把这两根立柱分别标为立柱一与立柱二〔见图6〕，两者皆为八棱柱，柱上均有莲座、柱头及托木，立柱一的立柱、莲座、柱头和托木的高度分别为1.69米、0.19米、0.19米、0.23米。莲座位于立柱上端，均雕有八瓣莲瓣，柱头绘有“直巴扎”(Tsi

图7-1　立柱一正面

图7-2　立柱一背面

图7-3　立柱一右侧的立龙

图8-1　立柱一之现在佛敦巴辛饶弥沃及莲座

图8-2　立柱二前面之过去佛敦巴夺嘉耶钦

图8-3　立柱二背面之未来佛敦巴唐玛美贞

pa ta)兽面纹，托木正中均绘有头顶双角的黑色琼鸟(Khyung)一只，喙衔蛇，两爪各持蛇的一端（立柱一的琼鸟双爪持蛇身向上直举，立柱二的琼鸟双爪向下置于腹部抓蛇），两侧各绘有卷草纹；两立柱的右侧均绘有立龙一条〔图7〕。立柱一正对殿门的三片棱柱上自下而上绘有宝瓶，从宝瓶中伸出六枝莲蔓，正中的莲蔓上有坐佛坐于盛开的莲花中；坐佛身色黄，着通肩式红色僧衣，雍仲跏趺坐(g-Yung drung dkyil krung)，左手于双腿上施禅定印，右手施触地印（降魔印），白色马蹄形头光，红色背光，头光与身光的外缘对称绘有五片（左右各二片，头顶一片）绿色的叶片（莲瓣？）。此立柱托木后面绘有五朵莲花。立柱二正面的构图与立柱一类似，只是坐佛与立柱一不同：身色为红，着通肩式黄色僧衣，两手于双腿上施禅定印。立柱二背面还绘有坐佛一尊，身色为白，双手于胸前施说法印，着通肩式黄色僧衣，墨绿色头光与身光。立柱二的柱头与托木上绘有莲蔓及三朵莲花。

立柱一与立柱二共绘有三尊坐佛，可能是苯教三世佛“都松敦巴”(Dus gsum ston pa)[1]组合，这三世佛代表着佛法在过去、现在及未来之间的传承不断及思想。立柱一的坐佛身色黄，可能为“现在佛”敦巴辛饶弥

1 “都松敦巴”(Dus gsum ston pa)中的“都松”(Dus gsum)为三世之意；“敦巴”(ston pa)有导师、祖师、佛陀之意。

沃[1](Da ltavi ston pa gshen rab mi bo)，但施触地印之右手未绘出“雍仲恰幸”(g-Yung drung chag shing)[2]，立柱二前面的坐佛身色红，双手施禅定印，可能为“过去佛”敦巴夺嘉耶钦(vDas payi ston pa gto rgyal ye mkhyen)[3]，立柱二背面的坐佛施说法印，可能为“未来佛”敦巴唐玛美贞(Ma vongs ston pa thang ma me sgron)[4]，身色白，与《无垢庄严经》蓝色身形不符〔图8〕。

三 壁 画

薪日寺的殿堂的一层四壁均绘有壁画，其保存状态受渗水、回潮、开裂及墙壁破裂倾倒、脱落等影响，岌岌可危。虽然有些壁面的壁画因雨水渗漏而不可细识，但还是能辨识出共有十二铺壁画，按苯教传统绕转方式即“左转”来描述，其中，第一壁有二铺壁画，第二壁有三铺壁画，第三壁有三铺壁画，第四壁有四铺壁画。除第二壁第一铺壁画为愤怒本尊(Yi dam)或称怒相报身(rDzogs sku)[5]外，其他铺的壁画主尊均为寂静本尊或称为寂静相报身，饰有宝冠、耳饰、颈饰、项链、臂钏、手镯、脚镯、肩帔、彩裙等十三种圆满报身装饰[6]。各铺壁画都采用“中心构图法”：中心的主尊体量巨大，四周环围众多与主尊有关的眷属神明大都以对称的形式排列。围绕主尊四方的小像多安排在方格内，且大部分为正面像，严格按照对称的方式排列。下面按苯教“左转”的方式对各壁的壁画进行介绍。

（一）第一壁壁画

第一壁的殿门内侧有另加的“门”形木框架，其上的横梁与上层纵向木椽相接，木框的两个立柱比门框宽，把部分壁画遮挡住。此木框架与门框一起承担楼层对殿门的重量，起到加固墙体的作用，从其表面的“包浆”分析，应不是近世所为。此壁有壁画两铺：第一铺主尊为图吉祥玛(Thugs rje byams ma)[7]，为苯教“十二

1 敦巴辛饶弥沃 (sTon pa gshen rab mi bo)，常称为敦巴辛饶 (sTon pa shen rab)、辛饶弥沃 (gShen rab mi bo)、辛饶弥沃、辛饶米沃等，为雍仲苯教的“祖师”或“鼻祖”，与释迦牟尼在佛教中的地位相似。在苯教的经典中，“现在佛”敦巴辛饶弥沃一面二臂，身色黄颜，右手持雍仲恰幸施触地印，左手施禅定印；也有经典认为，现在佛为赤祖嘉瓦 (Da ltavi ston pa khri stsug rgyal ba)，为敦巴辛饶弥沃的出家相。

2 雍仲恰幸 (g-Yung drung chag shing) 为一种两端饰有左旋雍仲“卍”的短“棒”法器，为雍仲苯教的主要标志，“雍”(g-Yung) 表示胜义无生，“仲”(Drung) 表示引入解脱，“恰”(Chag) 表示降灭邪见，幸 (Shing) 表示引入解脱。其两端左旋雍仲符“卍”符分别象征着雍仲苯教的“显宗”和“密宗”，居中连接的短棒象征着“无上大圆满”。

3 在苯教的经典中，过去佛敦巴夺嘉耶钦一面二臂，身色紫红，双手施禅定印，双足雍仲跏趺坐。

4 在苯教的经典《无垢庄严经》中，未来佛敦巴唐玛美贞一面二臂，身色蓝，双手结说法印置于胸前，双足雍仲跏趺坐。《无垢庄严经》（mDo dri med gai brjid），又译为《无垢威光经》、《无垢光荣经》等等，为琼布丁青地区的苯教著名伏藏大师、大圆满成就者祖古洛丹宁布（sPrul shu blo ldng snying po,1360-1406）在昌都丁青县萨伊扎让地方闭关修行时，用耳传（sNyan rgyud）的方式掘藏出的经典，共用十二卷，是为敦巴辛饶弥沃传记中最长的一部。

5 根据《无垢庄严经》记载，怒相报身及下文的寂静相报身都为法身 (Bon sku) 衮德桑波 (Kun tu bzang po)) 为普度众生而化现。衮德桑波常汉译为普贤如来。

6 按《根本续日光》(rTsa rgyug nyi zer sgron ma) 释义：“五种宝贝的头饰、金银耳饰、如意宝贝颈饰、金玉相融念珠项链、珍珠双股项链、金制太阳和晶玉月亮图案的臂饰、金银珍珠镶嵌的手镯、金玉珊瑚打制的足镯、大宝坐垫、白绸肩帔、班札勒嘎裙（天神菩萨的一种服饰）、白云光耀之华盖、五色彩虹般的靠背等，为圆满报身的十三大装饰 (Zhi rgyan bcu gsum)。”《根本续日光》相传为苯教著名高僧本钦占巴南喀 (Bla chen dran pa nam mkhav) 所著，为 1107 年掘出的苯教伏藏文献。此译文为生根活佛提供，未出版。

7 为苯教代表慈悲的女性神明，现多汉译为大悲佛母，也译为大慈佛母、大悲慈母、慈母佛等。为敦巴辛饶 24 岁时向年域 (gNyan yul) 向年族 (gNyan rigs) 王子示现的报身佛。

图9　第一壁全图

图10　第一壁第一铺壁画

图11-1　图吉祥玛

图11-2　图吉祥玛三层圆柱状高发髻均外罩头发网兜

图12　背光局部之狮羊兽与骑兽童子

图13　图吉祥玛左上侧神明

图14-1　须弥座右下侧的二天王与弥堆江巴查郭护法

图14-2　须弥座右下侧之多闻天王

仪轨本尊”(Cho ga bcu gnyis)[1]之一，位于殿门左侧，第二铺主尊为曼拉(sMan lha)，也为苯教“十二仪轨本尊”之一，位于殿门右侧。〔图9〕

第一铺壁画前面偏左位置竖有木柱一根，顶部承托一根纵向木椽，应也是分担此壁所承之重量。由于雨水的渗漏，壁画表面布满水渍，下部脱落〔图10〕。主尊图吉祥玛在壁面中占据主要地位，一面二臂，身色黄，右手当胸持甘露之“宝瓶”(Bum pa)，左手于肩部持大悲之“铁钩”(lCags kyu)[2]，雍仲跏趺坐于仰莲座之上，莲座下有法轮须弥座相承[3]。须弥座正前方铺有两层盖布，遮盖着中心部分。肩披肩帔，下着罗裙，并饰有各种璎珞；面相慈祥，饰大耳环，三层圆柱状高发髻均外罩头发网兜，网兜沿饰有珍宝；着五叶冠，叶冠饰满珍宝，红色冠结被艺术化为喇叭状；前额留有“刘海儿”。墨绿色的身光头光，头光外缘饰有白色莲瓣纹〔图11〕。

暗红色弧形背光由五种“拏具”(Na drug)组成，从上至下分别为：位于头光正顶的白色之直巴扎，三眼，

1　“十二仪轨本尊”是苯教绘画艺术中常见的一组神明，均饰有圆满报身的十三大庄严，经典中记载为敦巴辛饶在世时，应各种需求的信徒的祈请而传授、开示的十二种仪轨的主尊。《无垢庄严经》中有详细的阐述。

2　铁钩或长柄又称大悲铁钩 (Thugs rje lcags kyu) 为大悲摄持的喻示物，救度轮回有情者，有时也作为武器。

3　现在的图吉祥玛的形象多为身色黄，右手持宝瓶，左手持明镜，须弥座为雪狮相承的形象。在笔者所掌握的有限之资料中，此图吉祥玛形象见苯教经典《持明大师集结方便续》之记载，“以此不二平等母，明妃大悲慈母佛（图吉祥玛）；一面二臂红黄颜，形象圆满报身相；上衣彩绸装饰美，下衣罗裙压群艳；右持大悲之铁钩，救度轮回有情者；左持甘露之宝瓶，夫妇不二之誓愿”。另有救死亡危难之大悲佛母。《大悲佛母仪轨导释大宝伏藏》中记载：南方救死亡危难之大悲佛母（图吉祥玛），为长寿持瓶之佛母，身为黄色，装饰富有，右手持召寿铁钩，左手持测寿宝瓶，居于金色莲花座上。以上，摘自生根活佛提供的汉译本，未出版。

表情呆萌，兽耳上有角，黄色的头发绾成束并竖直向上；头光与身光交会处伸出一“横杠”，是为“台座”，摩羯立于其上，灰红身色，白色尾巴，口吐一枝顶端为宝珠的莲枝，有从下腹部向上卷起的黄色缠枝纹；墨绿色的狮羊兽与骑于其上的黄色童子，狮羊兽直立，身材修长，极具动感；白色的大象〔图12〕。上部背光外侧各绘有三位神灵，右侧下方应为一施说法印之僧人，浅红色身色及僧衣；其余五位均赤裸上身，穿罗裙，头发绾于顶上，其身色分别为红（右手当胸持宝瓶）、绿（左手当胸持宝瓶）、黄（左手于腹部持宝瓶）、白（当胸施说法印）、白，由于没有题记，此五位神明待辨识，但很有可能是五方祥玛（Byams ma rigs lnga）〔图13〕。

图吉祥玛的须弥座右侧绘有两天王，靠门一侧的天王身色黄，着甲胄，右手持宝伞，左手当胸似施期克印，应为四大天王(rGyal chen sde bzhi)中的多闻天王(rNam thos sras)，另一天王身色白，着甲胄，可能为持国天王(Yul vkhor srung)。持国天王下方有一护法，蓝色身形，三目圆瞪，表情愤怒地朝向殿门，右手持铁斧举至头部，左手持宝珠，可能为弥堆江巴查郭护法(dMU bdud vbyams pa khrag mgo)〔图14〕。

在主尊图吉祥玛的外侧，除去上述的六尊神明及二天王一护法外，还以棋格式成排分布着“化佛”，他们共有白、红、黄、绿、蓝五种身色，均赤裸身体，雍仲跏趺坐，双手于腹前施禅定印，戴项链，着五叶冠，高发髻，有的头发披在肩部。

第二铺壁画的主尊为曼拉(sMan lha)，在壁面中占据主要地位，两侧各有一位胁侍〔图15〕。“曼拉”常汉译为药师佛，身色黄绿，手心与脚心为红色，佩耳环、项链、璎珞、臂钏，戴五叶宝冠，耳际处有喇叭状冠结；披肩帔，肩帔下垂有飘带，穿罗裙。右手持简化版的雍仲恰幸法器（其两端未绘出雍仲“卍”），左手当胸持黄色之宝瓶，宝瓶瓶口上有浅红色的丹药（或宝珠）。雍仲跏趺坐于覆莲座之上，莲座下有法轮须弥座[1]相承。须弥座正前方铺有两层垂幔，遮盖着中心部分。墨绿色身光，白色头光外缘饰有红、绿、粉红色的色带，最外缘为粉红色莲瓣纹。

曼拉的背光顶部为墨绿色琼鸟一只，双手呈拳状向上高举，黄发绾束后竖直向上，头光与身光交会有一台座，巨鳌（Chu srin）立于其上，灰红身色，尾巴白色，有从下腹部向上卷起的黄色缠枝纹，中间为龙口向外的墨绿色立龙(g-Yu vbrug)吞噬着白色“鲁族”(kLu phrug)，立龙四爪，鲁族人身蛇尾，双手合十，顶部都有墨绿色的蛇头，脸部均朝向绿龙头，下方为白狮吞噬黄色的婆罗门(Bram ze)〔图16〕。背光中，琼鸟、巨鳌、吞噬着鲁族的玉龙及吞噬着婆罗门的雄狮，为典型的苯教“萨柱”(Za drug)背光样式。“萨柱”背光也称为威严（畏怖）拏柱(vJigs pavi na drug)，在苯教经典《无垢庄严经》的第二卷第二函中对此有描述：“威严六纳乃如此，首先雄狮食梵志(Seng ge khan a bram ze za)，其上玉龙食小鲁(gYu vbrun kha na klu phrug za)，其上大鹏食巨鳌，宣示其等之深义，双狮狮神人怙与，天神君王须知之，震慑广袤之大地。”[2]其中的“大鹏食巨鳌”应是指琼鸟吞噬摩羯向上翘的尾部，但此壁画未表现此场景[3]。

曼拉两侧各有一胁侍，脸部皆侧向主尊，露出3/4的面部，上身着肩帔，飘带自身体两侧下垂至脚踝，

1 在《无垢庄严经》中，曼拉的须弥座为大象相承。

2 青海贵德第七世卡纳尔·格桑嘉措活佛提供的汉译资料，未出版。

3 此场景在现今的唐卡中也少有体现。

图15　第一壁第二铺壁画

图16　曼拉

图17　曼拉右侧胁侍及背光

图18-1　斯巴嘉姆及最下一排的眷众

图18-2　斯巴嘉姆

均施说法印，以立姿站于覆莲座之上，跣足并向着主尊呈“一”字形。右侧胁侍身色白，穿绿色长裤，桶状高发髻，黄色的宝冠顶饰同色之金刚杵，冠带下延至肩部〔图17〕。左侧胁侍墨绿色身形，桶状高发髻，三叶冠，着杂色罗裙。

斯巴嘉姆(Srid pa rgyal mo)及其眷众位于壁画下端〔图18〕。斯巴嘉姆其藏文有“战胜世界一切之王母”之意，又称为世间胜母护法神，象雄文为“勒尼牟卫”。在苯教中，她是非常殊胜的遣除障碍的护法神，为所有“母系”(Ma rgyub)护法类的首领。斯巴嘉姆位于红色椭圆形身光内，身色黑，三面三目六臂，左面红色，右面黄色，口露獠牙，三目圆瞪，面容愤怒，发丝如铁丝般竖直向上，六臂所持之法器已漫漶不可辨识，腰围虎皮裙，坐于黑骡之上，黑骡面朝殿门。最下一排有斯巴嘉姆的眷众或地方神域拉（Yul lha），身色身形各异。此排靠殿门处还绘有两天王，身色青蓝，着甲胄，应是增长天王(vPhags skyes po)；另一尊身色红，着甲胄，应是广目天王(sPyan mig bzang)。

（二）第二壁壁画

第一壁与第二壁的壁画交会处以黑色与白色相间的"V"形色块相隔。第二壁共有三铺壁画，前两铺依次为瓦塞昂巴(dBal gsas rngam pa)及眷众、衮桑嘉瓦杜巴(Kun bzang rgyal ba vdus pa)及眷众，最后一铺壁画虽被雨水侵蚀严重，但根据幸存的造像因素及综合第三壁壁画进行分析，此铺壁画的主尊应为敦巴辛饶(sTon pa gshen rab)〔图19〕。

第一铺壁画尤其是主尊及其右侧受雨水侵蚀，破坏严重，一些造像及细节已漫漶不可辨识〔图20〕。主尊瓦塞昂巴，为苯教圣坛五部本尊(gSas mkhar mchog lnga)[1]之一，是苯教一切愤怒本尊的总集，墨绿色身形[2]，怀抱同样身色的明妃楠摩雍钦(rNam mo yum chen)立于仰莲座之上。莲座下的须弥座由琼鸟、马、大

图19 第二壁全图

图20 第二壁第一铺壁画

图21-1 瓦塞昂巴

图21-1 瓦塞昂巴局部

图22 瓦塞昂巴莲座左侧的上师与眷属

1 其他四位本尊为拉郭托巴 (Lha rgo thog pa)、佐穹喀京 (gTsho mchog mkhav vgying)、格阔桑瓦扎庆 (Ge khod gsang ba drag chen)、普巴珠塞庆巴 (Phur pa vbyug gsas chim pa)。

2 在苯教经典，瓦塞昂巴的身色常为深蓝色，如《总集回遮》中言："瓦塞昂巴之身色，宝光闪闪相深蓝"，生根活佛汉译，未出版。在此本尊的左侧的部分手足之色为深蓝色，极可能是因画匠所用的蓝色颜料因氧化、褪色而变成深绿色；或因画匠所采用的度量为某个不为所知的版本而绘成深绿色，个中缘由有待继续研究。

图23 第二壁第二铺壁画

图24 衮桑嘉瓦杜巴（局部）

图25 主尊右侧上方及中部的双身佛（局部）

象、狮子等兽相承。瓦塞昂九首四足[1]十八臂，身披罗刹皮衣。九首分三层，每层均有三首，最上一层三首从左到右依次为摩羯头、蓝色的琼首、龙头；第二层三首分别为豹头、狮头、虎头；最下层三首左红中绿右白，饰有骷髅五头冠，三目圆睁，口露獠牙呈愤怒相〔图21〕。黄发如铁丝向上竖立，双足左腿稍弯踩一蓝灰色妖魔，右腿伸直踩一白色之妖魔。十八臂各持有法器，左右第一臂怀抱明妃并于胸前合掌持金刚橛(Phur pa)，右侧余下的八臂依次持胜利幢(rGyal mtshan)、宝剑、板斧、幡旗、长矛、鹏头胜利幢(Khyng gi rgyal mtshan)（画面模糊，疑是鹏头胜利幢）、猛虎、天生铁锤，左侧余下之八臂依次持弓箭、绳索、铁钩、弯刀、铁镣、单面钹(gShang)、某种动物（应为猫）及巨岩。火焰纹红色背光，外缘的火焰类似叶片。明妃楠摩雍钦一面二臂，面对主尊，左腿伸直与主尊右腿同踩白色妖魔，右脚勾起。

背光周围有眷众及上师如棋格式分布，眷众有一部分为兽头人身，弓脚站立于椭圆形红色的身光内。主尊左侧上方的上师着各色僧衣，部分上师绾发于顶，均施说法印，侧脸面向主尊。主尊莲座左右侧均绘有一上师，内穿红色坎肩，外披黄色大衣，双手施说法印，面带微笑，表情安详〔图22〕。

第二铺壁画如上文所述，在一次“大揭顶”的维修中，用于加固的横梁破坏了壁画的完整性，不仅如此，现今主尊左侧的壁面脱落，渗水严重，又给壁画的完整性造成二次破坏。为了加固此壁面，后人在横梁下又立一根承重柱，遮挡住第二铺的部分壁面〔图23〕。

从残存的壁画上来分析，此铺壁画的主尊应是衮桑嘉瓦杜巴，为苯教所有寂静本尊的总集（首领），常汉译为“普贤寂静总集”或“希瓦阿瑟”。完整的衮桑嘉瓦杜巴造像应是五面十臂，五面分三层，第一层三面，右面黄、中面白、左面红，第二层、第三层均为一面。十臂中起始二手于胸着棒托日轮与月轮，右三手中第一只手持胜利幢，第二手持左旋雍仲“卍”，第三手持左旋轮；左三手第一只手持弓箭，第二只手持羂索，第

1 在经典上应为四足，但在此壁画中似乎只能看到双足。

图26 第二壁第三铺壁画

图27 主尊之右侧胁侍

三手持长柄铁钩；最末左右两手施触地印垂于膝。此铺壁画残存的衮桑嘉瓦杜巴身色白，雍仲跏趺坐于宝座上，俱足寂静相报身的十三种装饰庄严：耳环，项链，璎珞，臂环，手镯，脚钏，上身披飘带，下着宝裙，等等。其五面只余正白右黄的两面，右侧现存五臂分别当胸托月轮、胜利幢、左旋雍仲符“卍”、法轮，施触地印。其两侧各有一胁侍，右侧胁侍身色白，双手施说法印，高发髻，戴红色五叶冠，冠带垂至肩部；前额留有散碎之刘海，上身着肩帔，飘带自身体两侧下垂至脚踝；两足分开以“一”字形立于覆莲座之上；蓝色头光，两肩外侧绘有仰莲一朵。左侧胁侍其身色绿〔图24〕。

在此铺壁画主尊的右侧上方，绘有数位上师，呈棋格式分布。而且在此侧，共绘有双身佛九尊：从上至下的第三排有二尊，第四排有三尊，第五排有二尊，第六排有一尊，主尊须弥座的正下方还有体量稍大的一尊。双身佛的主佛高发髻，戴五叶冠，雍仲跏趺坐，除第四排的二尊穿粉红色罗裙外，其他的均赤裸身体，其身色各有不同，手中所持之物漫漶不清，可能是寂静相报身的一种特殊身相〔图25〕。明妃也均赤裸身体，其左手环抱主尊，右手向上高举，手中所持之物也已不可辨识。

第二铺与第三铺壁画之间用白灰色的粗线条相隔。第三铺壁画的主尊左右两侧各有一胁侍，周围有如棋格般布满化佛。主尊壁面被雨水侵蚀严重，其身形及手持之物难以辨识〔图26〕。从残余的壁画可能看出主尊蓝色身形，雍仲跏趺坐于仰覆莲座之上，莲座下有法轮须弥座相承；报身佛装饰，头光白色，外缘饰有红、绿、粉红色的色带，最外缘为粉红色莲瓣纹，身光红色，外缘饰有与光头一致的色带，最外缘为白色的莲瓣纹。背光应是苯教的“萨柱”样式，下部有“白狮吞婆罗门，青龙吞鲁族”这两个典型的要素，但又有变化——其中部的巨鳌腹部向上的卷草纹顶部又绘有一鲁族。主尊两侧各有一胁侍，除了身色不同（左侧胁侍身色绿、右侧身色白），其装饰基本相同：均肩披飘带，上身裸露，下身着罗裙，立姿站于覆莲座之上，跣足并向着主尊呈“一”字形，侧3/4脸侧向主尊，黑色圆柱形的发髻顶端饰有宝珠，戴三叶宝冠，冠带垂至肩部，耳际处绘有扇形冠结〔图27〕。

此铺壁画与第三壁的三铺壁画在构图、布局、背光、莲座等方面十分相似，应与它们一起组成苯教四部如来[1] (bDer gshegs gtsho bzhi) 组合中坐于法轮须弥座的敦巴辛饶(sTon pa gshen rab)。四部如来组合为萨智艾桑(Sa tre er sangs)、幸拉沃嘎(gShen lha vob dkar)、斯巴桑波奔赤(Srdi pa sangs po vbum khri)及敦巴辛饶，它们又常简称为：拉姆[2](Lha mo)、拉吉[3](Lha chen)、斯巴[4]（Srdi pa）和辛饶（gShen rab），此组合在11世纪的伏藏经典《塞米》[5](mDo gzer mig)中有详细描述:

“首先向大母敬礼！
空间之母萨赤尔桑[6]，
彼如黄金般之本色，
其装饰、衣着和天宫，
在金色光芒中如黄金般美丽 。
其右手执着“五种子”，
左手执着金光宝镜，
彼坐于双狮宝座如宝石在发光，
同祝福普救众生，
向伟大的萨赤尔桑敬礼。
智慧之神辛拉欧噶[7](gshen-lha vod-dkar)
如水晶之本色，
其装饰、衣着和天宫，
在水晶光中如水晶般美丽 。
彼手执铁钩用以导引众生 ，
坐于双象宝座如宝石般发光。
彼以慈悲救度众生，
向伟大的辛拉欧噶敬礼！
至善之道，世间神桑波蚌赤[8](Sang-po vbum khri)
如银之本色 。
其装饰、衣着和天宫，
在银光中如银般美丽。

1 也常译为善逝四尊、四大如来佛等等。
2 “拉姆”有天母、天女、女神、仙女的意思，在这里则指佛母与圣母。
3 “拉吉”有大天、大神、大仙、大自在天的意思，在这里则指大佛与圣士。
4 “斯巴”有轮回、有为、有漏、世间、世界、原始等意思，在这里则指原始佛与圣明。
5 “共两部，系著名的苯教掘藏师在章杰・尊巴 (Drang rje btsun pa) 大概于 11 世纪发掘于桑耶寺。”才让太、顿珠拉杰：《苯教史纲要》，中国藏学出版社，2018 年，第 65 页，注释 3。
6 即萨智艾桑，常汉译为智慧佛母。
7 即幸拉沃嘎，常汉译为白光佛。
8 即斯巴桑波奔赤，常汉译为斯巴桑波奔赤佛。

彼手执宝幡，

坐于双鹏之宝座如宝石般发光。

彼以幻术救度众生，

向伟大的桑波蚌赤敬礼！

祖师辛饶米沃[1]，智慧圆满，

如宝石般发光。

装饰、衣着和天宫，

如宝石般闪烁着美丽的光芒。

彼手执黄金的笏[2]，

坐于九层轮之宝座上，

如宝石般发光，

彼以发光救度众生，

向伟大的辛饶米沃致敬！[3]

图28 敦巴辛饶的“化身”（局部）

1 即敦巴辛饶。

2 应为雍仲恰幸。

3 ［德］霍夫曼著，李冀诚译注：《西藏的苯教》，《西藏研究》1985年第4期，第141－142页。

主尊敦巴辛饶与胁侍之外，呈棋格盘分布着报身佛，其身色有白、绿、黄、红、蓝五种，均赤裸身体，饰项链，着五叶宝冠，高发髻，有的头发披在肩部，双手于腹前施禅定印，饰各色半圆或椭圆形头光、身光。这些报身佛都是敦巴辛饶的“化身”(sPrul ba)。据《赛米》经记载，四部如来中的每个“如来”在“十方”（即东、西、南、北、东南、西南、东北、西北、上、下）中均有5尊“身”(sKu)的化身、5尊“语”(gSung)的化身、5尊“意”（Thugs）的化身、5尊“功德”（Yon tan）的化身、5尊“事业”(vPrin las)的化身，如此，在每个方位均有25尊化身，十个方位共有250尊化身。而且“身”之化身为白色，“语”之化身为绿色，“意”之化为黄色、“功德”之化身为红色，“事业”之化身为蓝色。在壁画上，敦巴辛饶250化身(gShen rab kyi sprul ba gnyis brgya lnga bcu)在此铺壁画的数量似乎不够：敦巴辛饶两侧的报身佛共为60尊，主尊上部5排的部分壁面不可辨识，假设它与主尊下部4排的每排的报身佛数量（每排20个）是一样的，那么上下9排的数量为180个，共计240尊，有10尊的差数〔图28〕。这种不足的情况，在第三壁壁画上也有体现。

（三）第三壁壁画

第二壁与第三壁的壁画交会处也以黑色与白色相间的“V”形色块相隔。虽然此壁主尊下部的壁画大都漫漶不可辨识，左侧（殿堂的西南角）二层楼层与相连的墙壁局部坍塌造成的泥土堆积及雨水渗漏对第三铺壁画造成严重破坏，但此壁面的保存还是相对完好，尤其是色彩〔图29〕。

第三壁的壁画内容依次是斯巴桑波奔赤组合、幸拉沃嘎组合、萨智艾桑组合。如上文所云，它们与第二

图29 第三壁全图

图30 第一铺与第二铺主尊下部的化身与护法

壁的第三铺壁画敦巴辛饶组合组成了完整的四部如来组合。三铺壁画的构图基本相似：主尊体量巨大，占据画面的中心位置，其两侧均有两胁侍，身后的背光虽有差别，但大体上都为苯教独特的萨柱背光样式。三铺壁画之间用两列化身佛进行相隔，且三主尊所化现的“身、语、意、功德、事业”(sKu gsung thugs yong tan vphrin las)没有区别，都与第二壁的敦巴辛饶的化身佛如出一辙：都是白、绿、黄、红、蓝五种身色，均赤裸身体，雍仲跏趺坐，双手于腹前施禅定印；戴项链着五叶冠，高发髻；饰头光、身光。这些化身对称分布在主尊与胁侍所构成的主画面四周，如棋格般整齐。

此壁壁画的主尊下部的细节大都漫漶而不可认，但可看出有四排化身佛，在第一铺的斯巴桑波奔赤与第二铺的幸拉沃嘎的正下方，还可以看到一个护法神（在倒数第一、二、三排），依据其身形，可能是九头十八臂护法(dBu dgu phyag bco brgyad)[1]〔图30〕，由此推理，在如今已不可辨识的敦巴辛饶及萨智艾桑主尊的下方，应都有一尊此护法。

与上文的敦巴辛饶的化身数量不足的情况一样，此三铺壁画所绘的斯巴桑波奔赤的化身250尊(Srid pavi sprul ba gnyis brgya lnga bcu)、幸拉沃嘎的化身250尊(Lha chen gyi sprul ba gnyis brgya lnga bcu)、萨智艾桑的化身250尊(Lha movi sprul ba gnyis brgya lnga bcu)数量也不足。以相对清晰的第一铺斯巴桑波奔赤为例，若以第一铺与第二铺壁画之间的中线为分割线，主尊的上部有4排每排20尊化身，下部有2排每排20尊化身及2排每排17尊化身（九头十八臂护法占3尊化身佛的位置），这样上下两部分有154尊化身，加上主尊两侧之化身72尊，共计226尊，与足数250尊有24尊的差数。

第一铺壁画主尊斯巴桑波奔赤身色蓝[2]，面相慈祥，戴三叶冠，圆锥状高发髻分三层，三层发髻的两侧均有冠叶，呈三角形层叠，耳际处有扇形冠结，上身披飘带，下身着宝裙，俱足各种装饰庄严：耳环，项链，璎珞，臂环，手镯，脚钏〔图31〕。一面二臂，双手施禅定印，胜利幢倚于右肩[3]，雍仲跏趺坐于仰莲座之上，莲座下有头上具两角的琼鸟须弥座相承。须弥座正前方铺有两层垂幔，遮盖着中心部分，饰白色头

1 九面十八臂（dBu dgu phyag bco brgyad）为苯教特有的守护四方的本尊，其中守护东方为措沃九面（Shar zo bo dbu dgu），守护北方的为瑟玛九面（Byang du gze ma dbu dgu，守护西方的为热觉九面（Nub tu ru co dbu dgu），守护南方的为如若九面（Lho ru rom bo dbu dgu）。他们的身形均为九面十八臂四足，其身色、装束及所持法器等基本相同。

2 如今常见的斯巴桑波奔赤的身色多为白色。

3 常见的斯巴桑波奔赤的身形为右手握胜利幢，左手仰放双腿之上。

图31 第三壁第一铺壁画

图32-1 斯巴桑波奔赤

图32-2 斯巴桑波奔赤（局部）

图33 背光之共命鸟

图34 左侧萨柱背光与胁侍

图35 左侧上方的化身

光与粉红身光，其外缘都饰数条色带，最外缘分别为粉红色及白色莲瓣纹〔图32〕。

主尊背光顶部为一只绿色琼鸟，具双角，黄色头发束冠直立向上，双手呈拳状向上高举。琼鸟下方左右各有龙女，均双手合十似向其顶礼。龙女白色人身，绿色蛇尾蜷曲，两个蛇头自项上伸出。头光与身光交会处有巨鳌，身色绿，口吐一枝顶端为宝珠的枝茎。头光与身光交会下方的台座外缘有人首鸟身之共命鸟(Shang shang)，黄色的头发向两边分开，上身裸露，两翅张开，手持张开的宝伞，黄色的尾部卷曲向上扬起，形成缠枝纹〔图33〕。此台座下方为"白狮吞婆罗门，青龙吞鲁族"的苯教萨柱背光样式。

主尊两侧各有一胁侍：左侧胁侍身色绿，一面两臂，两手当胸施说法印，头部向外微斜，上身赤裸，下身着浅绿色轻薄长裤并外罩同色短裤，腰系红色腰带，其中两股分别位于腿部两侧，中间一股向下垂至腿踝，立姿站于绘有云彩的台座之上，跣足，两足分开呈“一”字形，黑色圆柱形的发髻顶端饰有宝珠，戴五叶宝冠，红色冠带垂至肩部，耳际处绘有扇形冠结，白色椭圆形头光；右侧胁侍身色白，披肩帔，右手当胸似持胜利幢，俱足种种装饰，立姿站于覆莲座之上〔图34〕。

主尊背光及胁侍周围界限分明，划分出大小一致的小格，格内安置有斯巴桑波奔赤的身、语、意、功德、事业之化身，如上文所述，只有226尊〔图35〕。

第二铺壁画主尊为幸拉沃嘎，多汉译为白光佛〔图36〕。身色白，面相慈祥，圆锥状高发髻束成两节，顶髻饰珍宝，着五叶宝冠，中间的三冠叶以弧形的装饰镶边，其叶冠也饰满珍宝；有散碎对称的刘海，耳际处有红绿黄三色彩带向上扬起；身饰各种庄严繁复装饰，上身裸露，着肩帔，下穿轻薄罗裙，俱足各种装饰庄严：耳环，项链，璎珞，臂环，手镯，脚钏。一面二臂，双手施禅定印，长柄铁钩倚于右肩[1]，雍仲跏趺坐于仰莲座之上，莲座下有大象须弥座相承，左右各有胁侍。须弥座正前方铺有两层垂幔，中间垂幔饰有黑白相间的菱形格。黄绿色头光与身光，外缘饰色带及有莲瓣纹，背光顶端为蓝色琼鸟，具双角，束起的黄色头发竖直向上，并饰有日月及宝珠，双爪高擎下方龙女向上卷曲的蛇尾，其喙衔两蛇尾。台座上巨鳌身色墨绿，白色腹部及短尾，前脚抬起，口吐一枝顶端为宝珠的枝茎，黄色缠枝纹从下腹部绕后肢向上卷起。背光下部为“白狮吞婆罗门，青龙吞鲁族”的苯教萨柱背光样式〔图37〕。

主尊两侧各有一胁侍，左侧胁侍身色绿，右侧胁侍身色白，均侧3/4脸向主尊；均黑色圆柱形的发髻，戴五叶宝冠，红色冠带垂至肩部，上身赤裸，披肩帔，穿三层罗裙，一面两臂，俱足种种装饰，立姿站于覆莲座之上〔图38〕。左侧胁侍两手当胸施说法印，右侧胁侍左手当胸持长柄铁钩。主尊背光与胁侍周围界限分明，划分出大小一致的小格，安置有幸拉沃嘎的身、语、意、功德、事业化身佛，他们的身色分别是白、

图36　第三壁第二铺壁画

图37　幸拉沃嘎（局部）

1　现今常见的身形为右手持铁钩。

图38 右侧背光及持铁钩胁侍（局部）

图39 第三壁第三铺壁画

图40 萨智艾桑

图41 萨智艾桑左侧背光局部与胁侍，立龙上方的“圆盘”应为其法器“金光宝镜”

绿、黄、红、蓝。

第三铺壁画左侧受雨水侵蚀，已不可辨识〔图39〕。主尊为萨智艾桑，常汉译为智慧佛母，又常称为“雍吉姆”(dByings chen mo)，意为“伟大的母亲”，在苯教中被视为“众神的佛母”[1]，“据说，萨豆艾桑（即萨智艾桑）是象雄的名字，其意为先饶强玛，即：可敬的智慧之母”[2]。此萨智艾桑身黄色，表情安详，上身披肩帔，下穿罗裙，圆锥状高发髻层叠，戴五叶宝冠，佩耳环、项链、璎珞、臂钏等种种庄严装饰，一面二臂，双手施禅定印；雍仲跏趺坐于仰覆莲座之上，莲座下有白狮须弥座相承；其身形、装饰与上面的其他四部如来十分相似，并没有明显的差别，而且其身姿也没有明显的女性特征。主尊左侧背光上部与绿龙的上方有黄色圆盘，应为其左手的法器“金光宝镜”(gSer gyi me long)[3]，右侧壁画被雨水浸渗，故其右手之法器不得而知〔图40〕。

从残存的背光来分析，其背光下部为苯教的萨柱背光样式。在头光与身光交会处绘有绿色摩羯，口吐一枝顶端为宝珠的枝茎。在伸出的台座上，有瑞禽尾部卷曲向上扬起呈卷草状，顶端的白色琼鸟只绘出上半身，具蓝绿色双翅与双角，双手于胸前握成拳状。

主尊两侧应都有胁侍，右侧胁侍已不存，左侧胁侍身色绿，施说法印立于覆莲座之上。主尊背光与胁侍周围界限分明，划分出大小一致的小格，安置有萨智艾桑身、语、意、功德、事业的化身〔图41〕。

（四）第四壁壁画

第四壁有四铺壁画，第一铺壁画与第四铺壁画被雨水侵蚀严重，画面不清，主尊已不可辨识〔图42〕。第二、三铺壁画两位主尊的须弥座成排相连，须弥座下方如棋格般绘着白、绿、黄、红、蓝五种身色的化身

1 ［英］桑木旦・G. 噶尔梅：《概述苯教的历史及教义》，摘自［法］图齐等著，向红笳译：《喜马拉雅的人与神》，中国藏学出版社，2005 年，第 143 页。

2 同上。

3 此宝镜常置在祥玛左手所持的一朵莲花上，此莲花常置于与左肩相平之处。

图42 第四壁全图

图43 第四壁第一铺与第二铺壁画

图44 第一铺壁画主尊右侧的胁侍与上师

图45 第二铺壁画

图46 第二铺壁画主尊

佛。第二、三铺壁画中间上方有横梁承重，前面立有后加的柱子，不同于第二壁的衮桑嘉瓦杜巴壁画，此两铺的壁画主尊保存相对完好，主尊的高度也较低。第四铺壁画前面也立有两根柱子，柱子之间有三条横杠加固。

第一铺壁画只余主尊右侧的胁侍弟子、上部呈棋格分布的上师及部分背光〔图43〕。胁侍着外红里蓝的僧衣，左手托钵，跣足立于覆莲座之上，蓝绿色椭圆形头光。此胁侍右侧绘有一排上师，与第二铺壁画进行相隔。上师均穿通肩僧衣，戴黄色莲花法帽(Pad zhu)，跣足，双手于胸前施说法印，脸部皆侧向主尊，露出3/4的面部。残余的背光中可见大象、狮羊兽、口吐蓝色宝珠的摩羯等拿具，似与第一壁第一铺的图吉祥玛背光相似〔图44〕。虽然主尊不可辨识，从其胁侍为弟子来分析，他可能是一位高僧，抑或更可能为敦巴辛饶的出家相赤祖嘉瓦(Khri gtshug rgyal ba)。

第二铺壁画主尊待辨识〔图45〕。主尊面露微笑，身色红，有少许脱落露出白色的底层，其装饰与四部如来的主尊相似：戴饰满珍宝五叶宝冠、身饰各种庄严繁复装饰：耳环，项链，璎珞，臂环，手镯，脚钏等。上身裸露，着肩帔，下穿轻薄罗裙，一面二臂，右手当胸持胜利幢置于左肩之上，左手仰放于双腿上，雍仲跏趺坐于仰覆莲座之上，莲座下有法轮须弥座相承〔图46〕。上文四部如来中斯巴桑波奔赤的功德化身的身色也为红色，右手持胜利幢，但其琼鸟须弥座与此尊的法轮须弥座不符。主尊头光上方壁画脱落严重，但可见有一个待辨识的人物（可能为大成就者）：身色黄，披肩帔，穿罗裙，两手中指伸直于胸前相触，双脚以左伸右屈之姿骑在一只似为摩羯的动物上〔图47〕。

在第二、三铺壁画之间，即横梁结构的下方，绘有一高僧，着通肩式僧衣，头戴莲花帽，双手施说法印，灰蓝色的头光与身光交会处各有蓝莲花盛开。高僧雍仲跏趺坐于一朵盛开的蓝莲花之上，综观薪日寺的壁画，以此高僧的体量最大，其极有可能与叙氏家族的渊源极深的某位高僧，抑或就是叙氏的某位大德，也不排除为在苯教中有"第二佛陀"美誉的高僧良美·喜饶坚赞（mNym med shes rab rgyl mtshn，1355—1415）。高僧之下，有一白色身形的寂静相报身，上身裸露，下穿轻薄罗裙，俱足各种装饰庄严：耳环，项链，璎珞，臂环，手镯，脚钏，面向第三铺主尊[1]，双手当胸施说法印，以游戏姿坐于仰莲座之上。此报身佛身光与头光向上伸出七枝莲枝，正中莲枝最高，高僧即坐在此枝上端盛开的蓝莲花上〔图48〕。

第三铺壁画面露微笑，身色白，其装饰也与四部如来的主尊相似：戴饰满珍宝五叶宝冠、身饰各种庄严繁复装饰。上身裸露，着肩帔，下穿轻薄罗裙，俱足各种装饰庄严：耳环，项链，璎珞，臂环，手镯，脚钏，等等。一面二臂，右手当胸持胜利幢置于右肩上，左手仰放于双腿上，雍仲跏趺坐于仰莲座之上，莲座下有雪狮须弥座相承〔图49〕。雪狮似从方形窗格向外望，只现正脸，一双前蹄"扒"在窗沿。鬃毛如铁丝卷

图47 主尊上方大成就者

图48 第二、三铺壁画之间的高僧与报身佛

图49 衮仁杰瓦

1 从这点上分析此报身佛可能是第三铺主尊的眷属或胁侍。

图50 第四铺壁画

图51 第四铺壁画的主尊上部

曲，双目圆睁，血口张开露獠牙，尽显凶猛之相。从主尊的身色、持物及雪狮须弥座等方面来分析，此主尊可能为苯教“十二仪轨本尊”之衮仁杰瓦[1](Kun rig rgyal ba)。此佛常汉译为普明佛、普明大日如来等。《无垢庄严经》记载：“衮仁杰瓦的宝座为八狮组成的宝座，是消净八邪妄之象征；莲花、日、月之坐垫是洁白纯洁之象征；身躯颜色为白色是智慧明镜纯洁之象征；右手持永固胜利幢，是菩提之心在三界永不落之象征；左手手心向上平放是永恒空性与慈悲之心二合一禅定之象征。”[2]

第四铺壁画因雨水渗漏，几近无存〔图50〕。从主尊上方有两尊似为九头十八臂护法(dBu dgu phyag bco brgyad)，左侧可见一组神明组合，数尊人身蛇尾、顶部都有蛇头的鲁族(kLu phrug)等方面分析，此铺壁画的主尊极有可能是南巴迦瓦(rNam par rgyal ba)。南巴迦瓦常汉译成尊胜佛，围绕的数组神明中，其中的宗纳仁青龙王(kLu rgyal gtshug) (na rin chen)与角巴龙王(kLu rgyal vjog pa)的眷属中都有鲁族，而四尊九头十八臂护法是为其四个方位的护法〔图51〕。当然，这也只是作者的大胆揣测。

四 结 语

虽然薪日寺毁于古时的争执，但因地处荒野，现今人迹罕至等各种原因而保存下来的精美壁画，着实是一个巨大惊喜。作为本土宗教，苯教曾经在青藏高原得到了较充分的发展，但由于后期的“佛苯”之争，在藏传佛教的强势之下，苯教发展日渐式微，其古代壁画的存世量相对较少。在幸存的壁画遗址中，以日喀

1 是敦巴辛饶为超度大食南部一个无恶不作的国王及清除他的孽障而显身的报身佛，向此佛祈祷，能消除二障，升入密法五道，得到三身圆满菩提之正果。生根活佛提供的汉译资料，未出版。

2 生根活佛提供的汉译资料，未出版。

则地区聂拉木县佩古措湖（dBal gu mtsho）湖畔的喇普德庆寺(La phug bde chen sgang)[1]、谢通门县塔丁乡门吉康[2](sMon skyid khang)，四川省小金县大寨村查纳日追石窟(Brag nag ri khrod)[3]、金川县独脚沟嘎达神山查威森格宗（Brag dben seng ge rdzongdgon，俗称悬空寺）[4]等地的壁画较为人知。但据笔者了解，国内学界对苯教壁画（包括上述寺院）的神明体系、造像风格等方面进行详细分析研究的文章还比较少，这给笔者在研究新发现的薪日寺壁画时造成了一定的困难。

图52 静猛(zhi khro)本尊唐卡，上方主尊为衮桑嘉瓦杜瓦，下方主尊为瓦塞昂巴，是为苯教修行的核心教法 长107cm 宽68cm
四川省阿坝县朗依寺僧人藏

从上文对图像的分析中可以看出，若以14世纪末掘藏的《无垢庄严经》中“定型”的造像描述为标准，有些主尊，比如图吉祥玛、曼拉在细节上还是有些不同，可能反映了其遵循的样式不同，或在绘制壁画时，《无垢庄严经》还没有深刻地影响到薪日寺壁画的设计者，当然，工匠对苯教绘画不熟悉也是一个可能的原因。

由于第四壁第一铺与第四铺壁画破坏严重，其主尊均已不可辨识，若上文笔者对这两铺壁画的揣测，即第四壁第一铺壁画为赤祖嘉瓦或高僧、第四铺壁画为南巴迦瓦是正确的，那对于一个虔诚的苯教信徒来说，他礼拜绕转薪日寺时会有什么直入心扉的宗教体验？或者说叙氏的建寺者想传达什么宗教理念或功用呢？信徒入门后左转，看到的第一铺壁画是曼拉（药师佛），据《无垢庄严经》记载，向曼拉祈祷，能从四百零四种疾病中解救出来。接下来的瓦塞昂巴与衮桑嘉瓦杜巴是苯教一切愤怒本尊及寂静本尊的总集，不仅是苯教修行的核心教法，也是超度亡者的一种重要法门，至今盛行不衰〔图52〕。下面的“四部如来”有三尊处于最主要的第三壁中，他们是苯教“四十二位静神中最主要的”[5]，而且在《塞米经》中的《雍仲隆吉经》里，四部如来不仅可解脱生者，而且还有专门针对亡者的救度仪轨。朝拜完第四壁第一铺的赤祖嘉瓦或高僧后，经第二铺不可辨识之主尊，就是敦巴辛饶为清除恶人的孽障、利益今世、来世众生而示现的衮仁杰瓦——他的救度及超度亡者的功能如今还在苯教信仰圈盛行。再下来的南巴迦瓦在苯教中被视为驱除邪恶之胜利佛，转到这

1 夏格旺堆：《佩古措湖边沉寂数百年的两座寺院：恰芒波拉康与喇普德庆寺的最新考古调查》，载谢继胜、罗文华、石岩刚主编：《汉藏佛教美术研究：第四届西藏考古与艺术国际学术讨论会论文集》，上海古籍出版社，2014年，第379－403页。在此文中，夏格旺堆先生认为此寺院壁画绘于15－16世纪。

2 拥中：《西藏日喀则塔定乡门吉康苯教始祖辛饶米沃切十二传壁画考》，载拉萨市委宣传部、拉萨市文化局编，《第二届象雄文化学术研讨会论文集》，民族出版社，2021年，第159－174页。

3 罗文华：《四川阿坝州苯教壁画的发现与初步整理报告》，2008年北京藏学研讨会，未发表。

4 霍巍：《川西北高原嘉绒藏区嘎达山古寺壁画考古调查记》，谢继胜、沈卫荣、廖旸主编：《汉藏佛教美术研究：第二届西藏考古与艺术国际学术讨论会论文集》，中国藏学出版社，2006年，第335－359页。

5 才让太、顿珠拉杰：《苯教史纲要》，中国藏学出版社，2018年，第264页。

里，意味着信徒的所有障碍，包括最重要的亡者（如果有的话）终被超度了，达到某种“圆满”的状态。礼拜的最后一尊神明是图吉祥玛，她乐善好施，能满足信徒的求助，实现他们的种种心愿，这样，“圆满”的状态就得到了进一步的加强。

在距薪日寺约100公里八宿县同卡镇的藏传佛教寺院八宿寺(dPav shod dgon pa)中，保存的数铺壁画与薪日寺的壁画高度相似[1]，尤其是西壁的阿閦佛。此阿閦佛的中心式构图、圆锥状高发髻、头光身光外缘饰色带及莲瓣纹，身上的繁复及华丽的装饰，与图吉祥玛背光几近雷同的狮羊兽、童子及大象等等，都反映出来这两处壁画的极近的渊源关系。《西藏自治区·文物志》认为，“该寺由洛巴·坚参僧格修建于1473年，是一座始建于明初的格鲁派寺院”[2]。由此可见，薪日寺壁画可能也绘于此时期，也有可能稍晚，即绘于15—16世纪。这也与上文的“《无垢庄严经》还没有深刻地影响到薪日寺壁画的设计者”的假设相符。

虽然薪日寺几近泯没在历史的长河中，如今处于无人看管的境地，壁画及建筑岌岌可危，但它依然有重要的学术价值与社会意义。首先它填补了藏东地区明代苯教壁画的空白，与远在藏西南的喇普德庆寺壁画遥相辉映，是研究苯教信仰体系的变化及造像风格演变的重要资料。其次，是研究苯教在藏区的传播，尤其是11世纪苯教在后藏兴盛后，向其他藏区传播的路径、方式的一个不可多得的样本。再者，薪日寺与格鲁派八宿寺的壁画风格高度相似，几近相同，这又为研究那段时期的苯教与藏传佛教的绘画艺术提供一个珍贵的样本，而两个教派之间的关系、审美情趣及画师们遵循的度量也是让人感兴趣的话题。

由于作者学识浅薄，对于苯教神明的研究也是处于起步阶段，文中也应当存在错误及不足之处，还请各位方家指正。希望此文能起到抛砖引玉的作用，让更多的专家学者参与对薪日寺的研究。在此也呼吁有关部门加强对薪日寺的保护，尽快采取相关措施，让历经岁月及沧桑而幸存的壁画能更加长久地留存于世。

致谢：本文撰写首先应感谢四朗仁青师父，他发现了此壁画后，及时告知我们，并亲自充当向导，在考查过程中，给我们提供了众多帮助。在本文的撰写过程中，得到了生根·仁孜尼马、卡纳尔·格桑嘉措、李勤璞、炉霍扎西（@阿咪罗罗）、则介等老师的无偿帮助，不厌其烦地解答我们提出来的各种问题，并向我们提供大量的汉译资料，在此一并表达谢意。

（本文摄影为范久辉）

[作者为独立学者]

1 详见熊文彬、泽巴多吉：《金链中的缺环：昌都八宿寺鲜为人知的古代壁画遗珍》，《中国西藏》，2020年第3期，图4、7、8、9、10。

2 熊文彬、泽巴多吉：《金链中的缺环：昌都八宿寺鲜为人知的古代壁画遗珍》，《中国西藏》，2020年第3期，第85页。

伍瑞隆的牡丹图与清初另类水墨画

Peony Paintings By Wu Ruilong and Alternative Ink Monochrome Paintings in the Early Qing Dynasty

朱万章

Zhu Wanzhang

内容提要：

伍瑞隆在清初以画水墨牡丹见长，但知其人、知其画者却寥寥。本文考证其行迹及艺术嬗变历程，梳理其传世作品，并与晚明及清初的水墨花卉名家如徐渭、陈道复、石涛等比对，解析其水墨牡丹在清初画坛的生存状态。就其艺术特色而言，作为明遗民的伍瑞隆水墨花卉迥异于时流，其笔墨的"野趣"与飘逸得到最大限度的释放，为清初艺坛中的一股清流。在题材上，伍瑞隆迎合了大众的审美趣好，而在意境及气韵上，则保持了遗民的孤高与野逸。这也是他写牡丹与众不同之处，同时反映出明遗民那种淡泊、寂寥而又隐逸的普遍心态。

关键词：

伍瑞隆　清初　水墨　牡丹　野趣

ABSTRACT:

In the early Qing dynasty (1644-1911), Wu Ruilong was known for his ink monochrome paintings of peonies, but few people knew about him or his works. This article examines his travels and artistic evolution, sorts out his extant works, and compares it with famous ink monochrome painters in the late Ming (1368-1644) and early Qing dynasties, such as Xu Wei (1521-1593), Chen Daofu (1483-1544), and Shitao (Zhu Ruoji, 1642-ca. 1718), so as to analyze the status of his peony paintings in contemporary art scene. In terms of artistic style, Wu, a remnant loyalist of the defunct Ming dynasty, departed from mainstream features of ink flower paintings. The "rustic charm" and ease of his brush style have been represented to the maximum extent, lending fresh air to contemporary art scene. In terms of subject matter, Wu caters to popular aesthetic tastes, while for artistic conception and charm, he maintains the aloofness and reclusive charm of a Ming loyalist. This is what distinguishes his peony paintings. At the same time, it reflects the common mentality of indifference, loneliness, and reclusiveness of Ming loyalists.

KEYWORDS:

Wu Ruilong, early Qing period, ink monochrome, peony, rustic charm, leisurely ease

“一斗墨汁，点出名花。淡处娇艳，浓处繁华。好风吹动，姚家魏家”[1]，这是清初诗人兼画家伍瑞隆所题《牡丹图》的诗句。从诗意不难看出，伍瑞隆以水墨写牡丹，以浓淡见其“繁华”与“娇艳”，这是其水墨牡丹的特殊之处。在明代以徐渭（1521—1593）和陈道复（1483—1544）为代表的水墨写意花卉的大背景下，僻处岭海一隅的伍瑞隆以特立独行的水墨牡丹驰誉画坛，与“青藤白阳”后相呼应。但与“青藤白阳”不同的是，伍瑞隆虽然以水墨花卉擅场，但知其人、其画者却寥寥。这不仅因其僻处岭海，平生交游及艺术活动区域受到局限，在主流文人的诗文中并未留下一定数量的记载，更重要的是，他的画迹大多集中在岭南，传播不广，使时人及后人对其艺术缺乏足够的了解。但就其艺术特色而言，作为明遗民的伍瑞隆在水墨花卉方面的造诣与其时主流艺术圈相比，不遑多让，且有迥异于时流的风貌，不啻清初喧嚣的艺坛中的一股清流。但由于史料的阙如与画迹所限，美术史学界及书画鉴定界均对其有些疏离，甚至并不了解，基于此，笔者拟对其牡丹图所呈现的独特画风做一些梳理和讨论，或可有助于洞悉较为完整的清初水墨画风貌。

一 伍瑞隆行迹及艺文评述

图1 伍瑞隆像 选自《广东文物》

伍瑞隆（1585—1668）[2]，字国开，又字铁山，晚年隐居鸠山、艾山，故别署鸠艾山人，广东香山榄溪镇（今中山市）人。他在明崇祯十年（1637）会试，授化州教谕，翌年改授化州学正。崇祯十四年（1641），伍瑞隆升为翰林院待诏，旋迁户部主事，再迁员外郎，官至河南巡道，后谢病归[3]。伍瑞隆所居的村名曰雩栎社，后改为雩乐林，并辟玉溪园、白燕池，时常与文士名流唱酬无虚日。明崇祯十七年（1644），伍瑞隆游黄山，后客居金陵，参与复社，又与画家陈洪绶（1599—1652）、诗僧金堡（1614—1680）等结诗社[4]，是清初较为活跃的遗民诗人。〔图1〕

伍瑞隆工诗书画，擅画水墨花卉，尤以牡丹见长，著有《怀仙亭草》《雩乐林草》《临云集》《辟尘集》《金门草》《白榆草》《石龙草》《赋草》《游梁草》《铁笛草》《少城别业近草》《鸠艾山近赋》等，但诗集多已失传，今有李履庵辑其诗文，成《鸠艾山人遗集》和《鸠艾山人遗集·续集》。〔图2〕

在诸多艺术字的笔记中，伍瑞隆是以诗歌留名的。清王士祯（1634—1711）的《渔洋诗话》收录他的一

1 （清）伍瑞隆：《鸠艾山人诗辑·题画》，载伍瑞隆撰，李履庵辑《鸠艾山人遗集》，台湾李承祖1993年印行，第261页。

2 汪宗衍：《广东人物疑年余录》，载汪宗衍《广东文物丛谈》，中华书局香港分局，1974年，第188页。

3 李履庵：《明遗民伍瑞隆评传》，《广东文物》卷七，上海书店，1990年，第633－641页。

4 周亮工：《读画录》卷一，西泠印社出版社，2008年，第74页。

首《竹枝词》:“蝴蝶花开蝴蝶飞，鹧鸪草长鹧鸪啼。庭前种得相思树，落尽相思人未归”[1]，对其画艺并未言及。王士祯在《渔洋诗话》中还说:“东粤诗自屈、程、梁、陈之外，又有王邦畿（说作）、王鸣雷（震生）、陈子升（乔生）、伍瑞隆（铁山）数人，皆有可传”[2]，“屈”为屈大均（1630—1696）、“程”为程可则（1627—1676）、“梁”为梁佩兰（1629—1705）、“陈”为陈恭尹（1631—1700），他们和王邦畿（1618—1668）、王鸣雷、陈子升（1614—1692）都是清初广东有名的诗人，王士祯将伍瑞隆与他们并论，显示出伍瑞隆诗歌在清初岭南诗坛的地位。

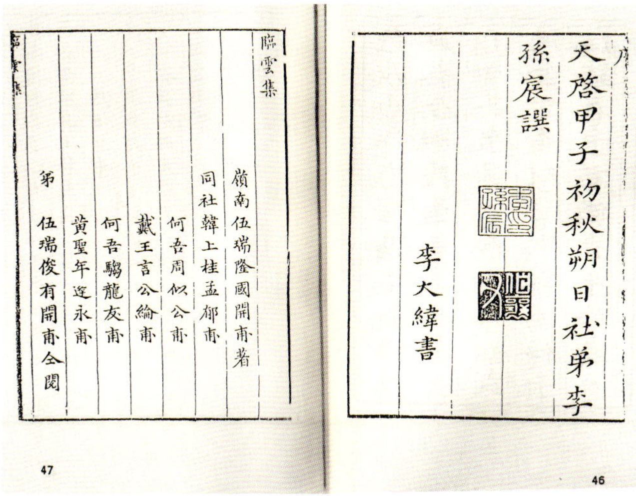

图2 清 伍瑞隆《鸠艾山人遗集》书页

在时人对伍瑞隆的评述中，鲜见论其画艺者。欧必元（1573—1642）在作于明天启元年（1621）的《伍国开诗稿叙》中称其“髫年补诸生，才名即噪岭外”，“以经术文词雄示当世”[3]，而李孙宸（1576—1634）在作于明天启四年（1624）的《临云集·序》中也仅评其诗文，称其“无体不厚，无气不沉，无骨不古，无力不劲，无格不高，无法不从，而冲然、泊然，绝无体气、骨力、格法之可寻”[4]。近人潘飞声（1858—1934）有《题鸠艾山人遗集》诗云:“零缣碎锦作百衲，如此工夫亦大难。并世才人几同调，张苍水与屈翁山[5]。”“张苍水”即张煌言（1620—1664），“屈翁山”即屈大均，两人皆为清初的明遗民，以诗文著称。由此不难看出，在明代享有功名，进入清朝成为明遗民的伍瑞隆，最初是以诗文闻名于世的。

耐人寻味的是，虽然伍瑞隆在明末清初享有诗名，但其为后世留下的精神财富，诗文并不是主要的，甚至在清代广东人张维屏（1780—1859）编撰的《国朝诗人征略》和今人陈永正主编的《岭南文学史》中也均不见“伍瑞隆”的名字。真正使后人记住伍瑞隆名字的则是其绘画与书法。《历代画史汇传》称其“善写牡丹，工书”[6]，李履庵《榄溪画人小传》称其“书法逼近晋贤，画水墨牡丹兰竹石，并精妙”[7]，可知其以绘画与书法俱佳，而绘画方面则以牡丹最擅。伍瑞隆的水墨牡丹，与清初主流画坛风格迥异，既不同于“青藤白阳”恣肆淋漓的泼墨大写意，又别于同时期的石涛（1642－1707）、朱耷（1626－1705）等画僧较为孤高冷峻的水墨画，成为清初水墨画的另类。

关于伍瑞隆的水墨画，在汪兆镛（1861—1939）的《岭南画征略》[8]和谢文勇（1927—2003）的《广东画

1 （清）王士祯:《渔洋诗话》卷下，钦定四库全书本，第 16 页。

2 《明诗纪事》卷二五，清陈氏听诗斋刻本。

3 （明）欧必元:《伍国开诗稿叙》，载伍瑞隆撰、李履庵辑《鸠艾山人遗集》，台湾李承祖 1993 年印行，第 20 － 29 页。

4 （明）李孙宸:《临云集·序》，载伍瑞隆撰、李履庵辑《鸠艾山人遗集》，台湾李承祖 1993 年印行，第 40 页。

5 潘飞声:《题鸠艾山人遗集》，载伍瑞隆撰、李履庵辑《鸠艾山人遗集》，台湾李承祖 1993 年印行，第 9 页。

6 《历代画史汇传》卷四五，清道光刻本。

7 《广东文物》卷八，上海书店，1990 年，第 704 页。

8 汪兆镛:《岭南画征略》卷二，广东人民出版社，1988 年，第 66 － 67 页。

人录》中有所言及[1]，但仅限于词条性介绍或资料搜集，并无专门研究。在20世纪40年代，李履庵在《明遗民伍瑞隆评传》中对其绘画多有评述，历述诸家对伍瑞隆画艺之评鉴，不仅评其水墨牡丹，亦论及其兰竹、写石与书法[2]，是最早对伍瑞隆画艺做综合考察者，但均为综合他说，并无深入探讨。但无论如何，汪兆镛、李履庵和谢文勇在伍瑞隆画艺的评介与传播中，其筚路蓝缕之功，是值得铭记的。

早在十八年前，笔者就开始对伍瑞隆的水墨画有所关注，先是撰写了《伍瑞隆的水墨牡丹》一文。该文最初刊发于香港《大公报》[3]，后收入《粤画访古》[4]。随着伍瑞隆画迹的不断公之于世，新的资料也有所发现，两年后，在原文的基础上，又写成《清初伍瑞隆的水墨牡丹》一文，刊于《收藏·拍卖》[5]，该文后收入《明清广东画史研究》中[6]。在此之后，伍瑞隆的水墨画开始引起学术界的关注，有学者于2014年发表了《伍瑞隆的水墨画——从晚明文人的生活说开去》[7]，通过梳理明末文人的生活状态来解读伍瑞隆水墨画的各种因素，这是在笔者的两文之后目前所见唯一一篇研究伍瑞隆水墨画的文章。

近年来，各大博物馆藏品资料相继公之于世，网络资源也愈见丰富，新的文献资料也有突破性的发掘，笔者之前所撰写的两文无论就资料的搜集方面，还是论述的视角方面，都有待补充和完善。有感于新材料的增加，且对伍瑞隆绘画又有了新的认知，笔者遂重拾旧笔，在两文基础上，对伍瑞隆传世书画及时人文献资料钩稽索隐，对伍瑞隆的水墨画——尤其是牡丹图重新考察与审视，希冀为这一时期的水墨画发展提供新的参照体系。

二 伍瑞隆传世书画考察

清初岭南画坛以一艺而独擅胜场者不乏其人，山水如新会的高俨、佛山的赖镜、顺德的梁梿（1628—1673），鹰马如东莞的张穆（1607－1683），水墨花卉如番禺的赵焞夫，兰草如杨昌文，竹石如顺德的彭睿壦等，而以水墨牡丹擅长的当数香山的伍瑞隆。当然，如果只是将伍瑞隆置于清初岭南画坛的语境中，似乎并无多大意义。事实上，将伍瑞隆的水墨画并置于整个清初画坛，就会发现，其画特立独行，具有一种远离主流艺术圈的逸气与野趣。这种逸气与野趣，和正统的王时敏（1592—1680）等人的水墨画迥然有别，和石涛、朱耷及“金陵画派”和“新安画派”诸家的清初非正统派相比，也具有其独特之处。

要对伍瑞隆的水墨画做深入的探讨，势必需要了解其传世书画。据笔者所搜集的海内外公私藏家作品，伍瑞隆传世书画大致有四十五件[8]，现将其列表整理如下：

---

1 谢文勇编：《广东画人录》，岭南美术出版社，1985年，第37－38页。
2 李履庵：《明遗民伍瑞隆评传》，《广东文物》卷七，上海书店，1990年，第640页。
3 朱万章：《伍瑞隆的水墨牡丹》，《大公报·艺林》2003年1月24日。
4 朱万章：《粤画访古》，文物出版社，2005年，第24－27页。
5 朱万章：《清初伍瑞隆的水墨牡丹》，《收藏·拍卖》2005年第5期。
6 朱万章：《明清广东画史研究》，岭南美术出版社，2010年，第124－127页。
7 张伟文、吴慧平：《伍瑞隆的水墨画——从晚明文人的生活说开去》，《美术学报》2014年第6期。
8 近年来在北京、香港、广州等地的拍卖行中也出现不少伍瑞隆书画，因笔者未曾寓目，真赝难以确证，故不在本文考察的范畴。

序号	作品名称	创作时间	尺寸 （厘米）	质地颜色	收藏单位（文物编号）
1	牡丹图卷	1631年		纸本墨笔	故宫博物院(新00153348)
2	竹石图轴	1640年	103.5×33	纸本墨笔	广州艺术博物院(B2:0740)
3	牡丹图轴	1642年	159×47	纸本墨笔	广东省博物馆(B496)
4	墨兰图卷	1652年	25.6×276.8	纸本墨笔	青岛市博物馆
5	牡丹兰石图轴(与杨昌文合作)	1659年	208×81	纸本墨笔	广东佛山博物馆
6	牡丹图轴	1660年	104.5×44	纸本墨笔	广东省博物馆(B2858)
7	牡丹图轴	1660年	169×68	纸本墨笔	广州艺术博物院(B2:3188)
8	牡丹图轴	1662年	159×47	纸本墨笔	广东省博物馆(B423)
9	牡丹图轴	1662年	115×40	纸本墨笔	香港艺术馆[1](FA83.137)
10	牡丹修竹图轴	1662年[2]	86.5×41.5	绫本墨笔	天津博物馆
11	牡丹图轴	1664年	151×67	纸本墨笔	广州艺术博物院(B2:2472)
12	平安富贵图卷	1664年	24.5×393.5	纸本墨笔	广州艺术博物院(B2:2582)
13	墨牡丹图	1665年	174.9×70.5	纸本墨笔	苏州博物馆
14	牡丹图轴	1666年[3]	130.5×65	纸本墨笔	香港中文大学文物馆(73.108)
15	牡丹图轴	1667年	130×40.5	纸本墨笔	香港中文大学文物馆(73.107)
16	牡丹图轴		106.8×29.5	纸本墨笔	广东省博物馆(B1804)
17	牡丹图轴		94×43.5	纸本墨笔	广东省博物馆(B3220)
18	牡丹图轴		159.7×65	纸本墨笔	广西壮族自治区博物馆
19	牡丹图轴		124×52.5	纸本墨笔	广州艺术博物院(B2:3443)
20	牡丹图轴		118×63.5	纸本墨笔	广州艺术博物院(B2:3456)
21	牡丹图轴		107×38.5	纸本墨笔	广州艺术博物院(B2:3480)
22	牡丹图轴		173.5×60.5	纸本墨笔	广州艺术博物院(B2:3632)
23	牡丹图轴		157×70	纸本墨笔	广州艺术博物院(B2:3649)
24	牡丹图斗方		32.3×38	纸本墨笔	广州艺术博物院(B2:2706)
25	牡丹图轴			纸本墨笔	汕头市博物馆
26	牡丹图		192×94	纸本墨笔	香港艺术馆(FA83.138)
27	花卉图轴			纸本墨笔	广东汕头澄海区博物馆
28	风竹图轴			绫本墨笔	故宫博物院
29	墨竹图轴		201×56.5	纸本墨笔	广州艺术博物院(B2:4579)
30	书画卷		30×476	纸本墨笔	台北何创时书法艺术基金会
31	行书诗页(两开)[4]	1658年	28.5×22.6	纸本	天津博物馆
32	草书千字文册(8开)	1665年	26.5×27	纸本	广州仪清室

1 《广东历代绘画展览图录》误作“香港中文大学文物馆藏”，广东历代绘画展览组委会主编：《传承与发展：广东历代绘画展览图录（上编）》，岭南美术出版社，2010 年，第 80 页。

2 中国古代书画鉴定组编：《中国古代书画图目（九）》误订为“壬申（1692）”，实为“壬寅（1662）”，文物出版社，1992 年，参见该书 187 页。

3 该画作者题识曰：“庚子仲夏作于鸠艾山中，八十二老种花农伍瑞隆”，“庚子”为清顺治十七年（1660），时年伍瑞隆应为七十六岁。若以八十二岁推算，则应为清康熙五年（1666）丙午，故此画当为作者将年款与年龄误记。综合伍瑞隆晚年的绘画风格及画中所题的年龄，此画当以其所署年龄为准，故其作画时间当为康熙五年（1666）。《广东书画录》著录此画，香港中文大学文物馆，1981 年，参见该书第 53 页。

4 此为多人作品合装《书法册》，计有张骏、赵善鸣、何元逢、黄衷、黄士俊、梁鈫、陈子壮，邝露、陈恭尹、伍瑞隆、王隼、赵焞夫、高俨、朱实莲、梁佩兰、函昰、道忞书迹，参见中国古代书画鉴定组编《中国古代书画图目（九）》，文物出版社，1992 年，第 39 － 44 页。

（续表）

序号	作品名称	创作时间	尺寸 （厘米）	质地颜色	收藏单位（文物编号）
33	草书杂咏诗轴	1666年	166×45.2	纸本	广东省博物馆(B360)
34	草书五律扇面			纸本	故宫博物院(新00150537)
35	行书赠陈正子诗轴		113.5×49.5	绢本	广东省博物馆
36	行书卷		30×224.5	纸本	广东省博物馆(B2275)
37	草书杂咏诗册(18开)		28.5×31.5	纸本	广东省博物馆
38	草书七律诗轴			绫本	南京博物院
39	行草诗轴		152×40	纸本	广州艺术博物院(B1:0088)
40	草书诗轴			纸本	青岛市博物馆
41	草书自作诗册页			纸本	广东珠海斗门区博物馆
42	草书卷			纸本	广东江门新会区博物馆
43	草书七言诗轴		165×38.5	纸本	香港尤氏
44	草书七言诗轴		178×48.7	纸本	谭氏阅剑楼
45	书札			纸本	曾藏上海钱镜塘[1]

从列表中可看出，在四十五件书画中，绘画二十九件，书法十五件，书画合卷一件（其中绘画为水墨牡丹）。在绘画中，独立创作者二十九件，与他人合作者一件。从题材上看，以牡丹为主题或画中有牡丹者二十六件，占绘画总数的百分之八十三点八，其余为墨兰一件，竹（石）三件，未详主题者（《花卉图》轴）一件。从设色看，全部为水墨。从尺幅看，除四件手卷和一件斗方外，其余二十五件全部为立轴。很显然，在伍瑞隆传世书画中，水墨牡丹占其主导部分。以如此单一的绘画题材出现，在清初画坛，并不多见，因而本文所讨论的主要对象，即是最能代表其艺术风貌的水墨牡丹。

在伍瑞隆的四十五件书画中，署有年款或标注年龄者有十六件，最早者为作于明崇祯四年（1631）的《牡丹图》卷（故宫博物院藏），伍瑞隆时年四十七岁；最晚者为作于清康熙五年（1667）的《牡丹图》轴（香港中文大学文物馆藏），伍瑞隆时年八十三岁。在绘画方面，除最早之作外，有一件作于明崇祯十三年（1640）的《竹石图》轴（广州艺术博物院藏），伍瑞隆时年五十六岁；另有一件作于明崇祯十五年（1642）的《牡丹图》轴（广东省博物馆藏），伍瑞隆时年五十八岁。除此之外，其余的均作于入清以后。入清时，伍瑞隆已届花甲之年。在其他有纪年的作品中，作于六十八岁者一件，作于七十五岁者一件，作于七十六岁者两件，作于七十八岁者三件，作于八十岁者两件，作于八十二岁者一件，作于八十三岁者一件。据此不难看出，伍瑞隆的绘画大多作于入清之后的晚年，尤其是以七十岁以后的作品最多。

此外，在《广东文物》中刊载伍瑞隆绘画六件，分别为《墨水牡丹轴》（孙仲瑛藏）、《墨水花卉卷》（黄氏劬学斋藏）、《牡丹轴》（陈雄标藏）、《为王铎画墨竹轴》、《墨竹小直幅》、《墨水牡丹金扇面》（均为李履庵藏）[2]，除《为王铎画墨竹轴》与上述列表中《墨竹图》轴（广州艺术博物院藏）为同一件

1 朱万章：《广东传世书迹知见录》，天津人民美术出版社，2003 年，第 12 — 13 页。

2 《广东文物》，上海书店，1990 年，第 12 页。

外，未详其他作品是否与列表之画作有相同处，存此备考。

三 伍瑞隆水墨牡丹及与同时代水墨画

正如上文所述，除去两件六十岁以前所作的水墨牡丹外，伍瑞隆有纪年的作品均作于六十岁以后，而且老而弥坚。其耄耋之年的作品，占其绘画的八成以上。由于文献资源和绘画作品的阙如，现在已无从得知伍瑞隆早年的绘画情况。就现存作品看，最早的水墨牡丹是作于四十七岁的《牡丹图》卷〔图3〕，该图也是

图3 明 伍瑞隆《牡丹图》卷 纸本墨笔 故宫博物院藏

目前所见伍瑞隆传世画作中少有的手卷。该图所绘在画卷中一株折枝牡丹，枝叶向左右两侧伸展。整幅画中，中心较为繁密，两侧则较为疏朗。而在墨色的运用方面，花蕊较为淡雅，而衬托之花叶大多较为浓厚，而花枝之墨色介于花蕊与花叶之间。作者在卷尾题识曰：“辛未秋尽，贞度弟携酒过饮大成堂，兴发弄笔，瑞隆”，钤朱文方印“伍瑞隆字国开”和白文方印“别号铁山先生”。“辛未”为明崇祯四年（1631），这一年伍瑞隆年近半百，应该还赋闲在家。在此之前的明天启元年（1621），伍瑞隆参加乡试，中解元副使[1]；天启五年（1625），伍瑞隆参加会试，中副榜，未能达到心愿，故撰有《惜士不遇赋》以抒怀。一直到作此画的三年后即明崇祯七年（1634），五十岁的伍瑞隆到了京师，才开启了进入仕途的人生之旅。故此画既是现存作品中最早者，亦是其早年以布衣身份所绘的一件画作。从其题识可知，此画乃酒后“兴发弄笔”，完全是随心所欲的遣兴之举，故最能反映其个性所在。从其笔墨不难看出，此时的伍瑞隆在水墨牡丹方面，已然表现得纯任自然，技法娴熟。

在《牡丹图》卷之后，较早的作品是作于明崇祯十五年（1642）、伍瑞隆五十八岁时的《牡丹图》轴（广东省博物馆藏，以下简称“粤博甲本”）〔图4〕。该图所绘一株折枝牡丹，由画轴地头直上、向左侧弯曲，直达天头。牡丹顶天立地，中部右侧巧妙地留出大片空白。整株牡丹扶摇直上，从构图上，呈现曲线美。在画幅右上侧的空白处，为作者题识：“壬午初夏，伍瑞隆”，钤白文方印“伍瑞隆印”和朱文方印“国开氏”。和同时期其他画家用印不同的是，两印

图4 明 伍瑞隆《牡丹图》
纸本墨笔 159厘米×47厘米 1642年
广东省博物馆藏

1 郝玉麟监修：《广东通志》卷三三，钦定四库全书本，139 页。

均为大印，其尺幅远大于款识，而第一方印钤盖在"隆"字上，这在明末清初的画家用印中，是极为罕见的。看得出来，无论是构图与造型，甚至在用印方面，伍瑞隆试图都在追求一种有别于时人的新奇。作此画的前一年也即崇祯十四年（1641），伍瑞隆供职京曹，擢翰林院待诏，迁户部主事，再迁员外郎。而在作此画的当年，伍瑞隆出官河南兵游道，备兵大梁，以黄河驻节于阳武[1]，故此画乃作于宦途中。在此画之后，伍瑞隆的画作无一例外的都是画轴。此画和前述《牡丹图》卷以及作于明崇祯十三年的《竹石图》轴（广州艺术博物院藏），是伍瑞隆传世作品中仅见的三件作于明代的绘画。

饶有趣味的是，在作此画的两年后，明亡清兴，政治鼎革带来的时空巨变与人生际遇并未在伍瑞隆画作中留下明显痕迹。伍瑞隆入清以后的众多水墨《牡丹图》，几乎都沿袭了清以前的画风。

伍瑞隆在明代经历了短暂的仕途，入清以后，亦曾有心辅助南明小朝廷，但最终深感大势已去，回天乏力，遂隐于山中，从此过着不问世事的半隐逸生活。因而在进入清朝之后的作品，大多书有"写于鸠艾山中"，"移居山城"，"终日谢客读书，闭门独坐，出门独行"[2]，足见其晚年生活的真实状态。

图5 清 杨昌文、伍瑞隆《兰石牡丹图》 纸本墨笔 208厘米×81厘米 广东佛山市博物馆藏

现在所见入清后较早的作品是作于清顺治十六年（1659）的《牡丹兰石图》轴（广东佛山博物馆藏）〔图5〕，这一年伍瑞隆七十五岁。这件作品系伍瑞隆与杨昌文合作，笔者已在一篇讨论杨昌文画兰的专论中谈及[3]。该图虽然是合作，但两人并非作于同时。杨昌文的兰花作于清顺治十四年（1657），题识曰："丁酉新秋写似兰翁老亲台荣寿，北畹杨昌文"，钤白文方印"杨昌文印"和"宪卿"。伍瑞隆的牡丹则作于两年后，其题识曰："素笔写繁华，春风五色纱。顾尔维摩室，年年见此花。己亥春为邓美度盟兄写祝兰翁老先生寿，七十五老农伍瑞隆"，钤白文方印"伍瑞隆"和"国开氏"[4]。很显然，这是一幅先由杨昌文绘兰石，再由伍瑞隆写牡丹，共同为兰翁祝寿而创作的艺术佳构。杨昌文绘兰花一簇在乱石草丛中傲然不阿，旁有翠竹、杂草相衬；伍瑞隆所写之墨笔牡丹则为旁枝，婀娜多姿，在画的右上部与兰草相映成趣。两画虽然成于不同时间，却和谐统一，不分轩轾。伍瑞隆尝言："花中以海棠为仙，以姚黄为王，魏紫为后，莲为君子，菊为高士，芙蓉为美人，兰为绝尘清贵之客，桃李为天下英才"[5]，所有的花卉都赋予其特定的性情。在此杨、伍合作画中，杨氏绘画代表了"绝尘清贵"，而伍氏绘画则代表了富贵。二者都在表现出

1 李履庵：《明遗民伍瑞隆评传》，《广东文物》卷七，上海书店，1990年，第635－636页。

2 李履庵：《明遗民伍瑞隆评传》，《广东文物》卷七，上海书店，1990年，第637页。

3 朱万章：《杨昌文画兰与遗民情结》，《收藏·拍卖》，2008年第9期。该文辑入朱万章《明清广东画史研究》，岭南美术出版社，2010年，第62－72页。

4 佛山市博物馆等编：《佛山市博物馆藏绘画》，文物出版社，2013年，第60页。

5 伍瑞隆：《赠海棠之作》，伍瑞隆《鸠艾山人遗集》，台湾吹万楼丛书，1990年，第279－280页。

一种“贵”，这正是贺寿的最好愿景。在清初画坛中，较为多见的是一种多人合作书画为同一人祝寿，一般都是册页，像杨、伍这类合作绘画并以立轴形式祝寿的，还较为少见。该画是高头大轴，悬挂在堂屋之中颇具磅礴气势，也反映出他们在创作时关注作品的实用性。就艺术品格而论，虽然只是一件祝寿的应景之作，但其用笔、用墨以及气韵，非但没有意笔草草之嫌，反而笔精墨妙，代表了二人的基本风格。

最能代表伍瑞隆晚年水墨牡丹的是作于七十八岁的《牡丹图》轴（香港艺术馆藏，以下简称“港艺本”）、八十一岁的《墨牡丹图》（苏州博物馆藏，以下简称“苏博本”）、八十二岁的《牡丹图》轴（香港中文大学文物馆藏，以下简称“中大甲本”）和八十三岁的《牡丹图》轴（香港中文大学文物馆藏，以下简称“中大乙本”）等。

“港艺本”《牡丹图》轴〔图6〕所绘两株牡丹，从画幅右下侧沿右侧直上，到达画心上侧，再向左斜出，开枝散叶，树梢则向右上侧斜出。画心左下侧及左侧中部为留白，右上侧为题识：“壬寅秋杪，七十八老人伍瑞隆”，钤白文方印“伍瑞隆”。在裱边，有近人伍宪子（1881—1959）题跋曰：“铁山公墨水牡丹，三百年来负盛誉，笔势飘扬苍劲。海宁查伊璜称为绝品。此幅晚年所作，民国初元偶于北京琉璃厂肆购得之。明季南都鱼烂，铁山公列名复社隐然，为东南坛坫所重。乙酉丙戌之际，知事无可为，居南岳岁余，始一致书留守瞿式耜，其隐遁之志早决，乃黄宗羲《绍武争立记》谓丙戌广州之陷，瑞隆从降，《永历纪年》继之，益恣谣攻，不知铁山此时尚游南岳也。因附志于此，以存信史。甲午秋日，宪子谨跋”，钤朱文方印“伍宪子印”[1]。此跋不仅对伍瑞隆水墨牡丹赞誉有加，更纠正了既往文献记载中的误记，明确了伍瑞隆的明遗民身份。

“苏博本”和“中大本”《牡丹图》轴均与“港艺本”较为相近。“苏博本”《墨牡丹图》〔图7〕所写一株折枝牡丹由画幅右下侧向左上侧伸展，形成一条对角线。牡丹枝繁叶茂，画幅正面有四朵盛开的牡丹，最下侧一朵与最上侧两朵均为淡墨与浓墨混合晕染，当为色彩鲜艳之牡丹，居中一朵牡丹则为淡墨勾线，花瓣留白，当为白牡丹。而在牡丹枝叶的侧面，则可见若隐若现小朵的牡丹。作者在画幅右上侧题识曰：“错综白玉条，颠倒胭脂红。化工是谁手，写出倾城面。八十一翁伍瑞隆”，钤白文方印“伍瑞隆印”和“搜筹翰史说剑礼臣”。

图6 明 伍瑞隆《牡丹图》轴 1662年 纸本墨笔 115厘米×40厘米 香港艺术馆藏

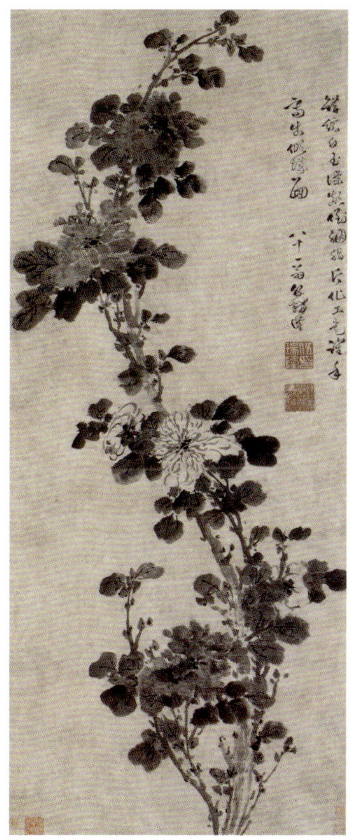

图7 明 伍瑞隆《墨牡丹图》 纸本墨笔 174.9厘米×70.5厘米 苏州博物馆藏

1 《明清广东绘画》，香港艺术馆，2000 年，第 45 页。

图8 清 伍瑞隆《牡丹图》 纸本墨笔
香港中文大学文物馆藏

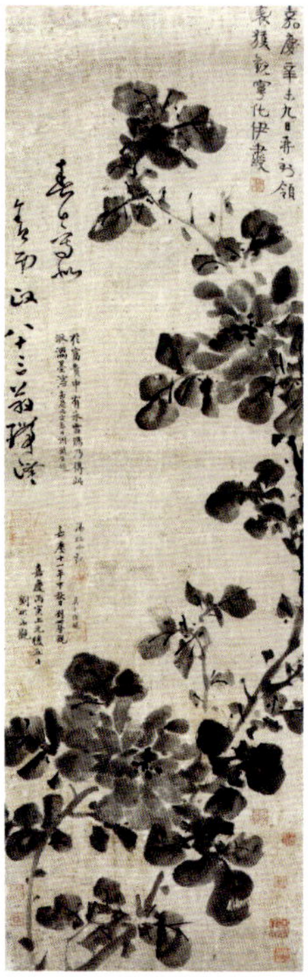

图9 清 伍瑞隆《牡丹图》
纸本墨笔
130厘米×40.5厘米
1667年 香港中文大学文物馆藏

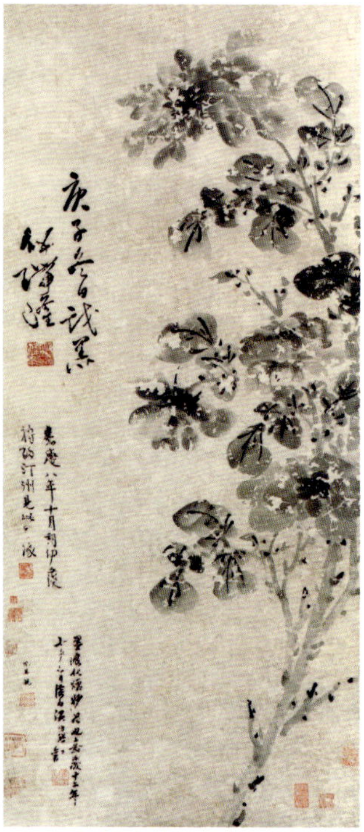

图10 清 伍瑞隆《牡丹图》
纸本墨笔 104.5厘米×44厘米
广东省博物馆藏

图11 清 伍瑞隆《牡丹图》
纸本墨笔 159厘米×47厘米
广东省博物馆藏

"中大甲本"《牡丹图》轴〔图8〕写的是折枝牡丹从画幅下侧向上伸出，枝叶繁茂。到画幅中部时，另有一枝牡丹向左上侧斜出，直达左上侧边沿，再向右上伸展，而画幅上侧则有四分之一左右留白。作者所绘牡丹均为淡墨勾线，花瓣留白，花蕊则为浓墨点缀。作者在画幅右上侧题识曰："庚子仲夏作于鸠艾山中，八十二种花农伍瑞隆"，钤白文方印"伍瑞隆"和"国开氏"。

"中大乙本"《牡丹图》轴〔图9〕写的是长短两株折枝牡丹从画幅左下侧伸出，短者仅至画幅四分之一处，花瓣为淡墨晕染，而花蕊则为焦墨点缀；长者向右上侧伸展，至画幅中部再向右折，树梢直达画幅上侧且居中，其花叶及花瓣均为淡墨晕染，而叶茎及花蕊均为浓墨点染。作者在画幅左上侧题识曰："春日写似□□舍弟政，八十三翁瑞隆"，钤白文方印"伍瑞隆印"。与此图相似的是作于清顺治十七年（1660）的《牡丹图》轴〔图10〕（广东省博物馆藏，以下简称"粤博乙本"），该图为一株折枝牡丹从画幅右下侧向右上侧伸出，直达画幅顶部，而至画幅四分之一处，繁密的枝叶向左侧斜出。枝干、叶及花瓣、花蕊均为淡墨晕染，而叶茎及枝干枝节处均为浓墨点染。整幅画面形成左右两侧对半的构图，左侧为留白，仅有作者题识："庚子冬日试墨，伍瑞隆"，钤白文方印"伍瑞隆印章"。

此外，伍瑞隆作于清康熙元年（1662）的《牡丹图》轴（广东省博物馆藏，以下简称"粤博丙本"）和无年款的《牡丹图》轴（广西壮族自治区博物馆藏，以下简称"桂博本"）也都代表其成熟期的水墨画风格。

"粤博丙本"《牡丹图》轴〔图11〕写的是一株折枝牡丹从画幅左下侧向右上伸出，枝干隐身于画幅外，复从画幅左下侧三分之一处伸出盛放之花枝，再直往画幅上侧。枝叶婀娜多姿，成妖娆之势。画幅右下侧为大片留白。整幅牡丹形断而神韵犹存。作者在画幅右上侧往下以“一炷香”模式题识曰：“壬寅仲夏八十二老人伍瑞隆”，钤白文方印“伍瑞隆印章”和朱文方印“铁山道人”。右侧的题识与左侧的牡丹相对应，成倚侧之势。

“桂博本”《牡丹图》轴〔图12〕写的是一株折枝牡丹从画幅下侧正中向上侧伸出，抵达画幅上侧四分之一处时往左上侧斜出。从画面效果看，整枝牡丹居于画幅中央，左右两侧均有留白。而在主干下侧，则有两枝折枝牡丹相配衬。作者在画幅右上角顶格题穷款曰：“伍瑞隆”，钤白文方印“伍瑞隆印”和“国开氏”。其中，“伍瑞隆印”钤押于“瑞隆”二字之上。与其他诸作不同的是，该画所绘牡丹用墨厚重，非大写意风格，工整中略带写意，或为其早期画作。

图12　清　伍瑞隆《牡丹图》
纸本墨笔　纵159.7厘米×65厘米
广西壮族自治区博物馆藏

在单纯的牡丹作品之外，在伍瑞隆传世画作中，尚有至少三件作品乃牡丹与兰、竹等混搭而成，体现其不一样的艺术造型。三件作品分别是作于清顺治九年（1652）的《墨兰图》卷（青岛市博物馆藏）、康熙元年（1662）的《牡丹修竹图》轴（天津博物馆藏）和康熙三年（1664）的《平安富贵图》卷（广州艺术博物院藏）。

《墨兰图》卷〔图13〕的绘画主体是墨兰，但却穿插于水墨牡丹和墨竹之间。画幅为长卷，从左至右分别画墨兰、垂下之牡丹、墨竹、三株折枝野蔷薇、盛开之牡丹花朵、兰叶、盛放之牡丹花朵及茂盛之花叶、墨竹、繁盛之兰草及花叶。从画面整体看，多处出现牡丹，占据画面的主要位置，可见即便是以“墨兰”为主题的绘画，在伍瑞隆笔下，仍然是其一以贯之的水墨牡丹。卷尾有作者题识曰：“壬辰秋九月写于鸠艾山中，伍瑞隆”，钤白文方印“伍瑞隆印”。

《牡丹修竹图》轴〔图14〕写的是一株牡丹和一株墨竹并列从画幅下侧居中向上伸出，牡丹向右上侧斜

图13　清　伍瑞隆《墨兰图》　纸本墨笔　25.6厘米×276.8厘米　青岛博物馆藏

图14 清 伍瑞隆《牡丹修竹图》
绫本墨笔 86.5×41.5厘米 天津博物馆藏

出，而墨竹向左上侧斜出，形成“丫”字形构图，一朵盛放之牡丹居于牡丹主干和墨竹之间。牡丹花瓣为淡墨勾线，浓墨点花蕊，竹叶及花叶之墨色或浓或淡，墨韵明净。作者在左上侧题识曰：“壬寅首夏，七十八老农伍瑞隆”，钤白文方印“伍瑞隆印”和朱文方印“国开氏”。

《平安富贵图》卷〔图15〕是一幅以牡丹为主体、墨竹为陪衬的画卷。从左至右分别写枝叶繁茂的两株折枝牡丹、一浓一淡的两株翠竹、垂下的折枝牡丹、向左右两侧斜出的折枝牡丹、垂下的墨竹枝条和盛开的一株折枝牡丹。画面构图简洁，写出水墨牡丹和墨竹的蓬勃生机。在传统文化语境中，“竹”有竹报平安之意，而“牡丹”则有富贵之隐喻，故此图命名为“平安富贵图”，正是取其吉祥寓意，前述《牡丹修竹图》轴亦是如此。此图所写牡丹均浓墨与淡墨兼容，墨竹亦如此，充分体现作者在水墨运用方面纵横捭阖、游刃有余的艺术技巧。作者在卷末题识曰：“甲辰三月写于鸠艾山之紫薇岩下，八十二老种花农伍瑞隆”，钤白文方印“伍瑞隆印”和“国开氏”。

伍瑞隆的水墨牡丹几乎都是以立轴为主，仅有极少的手卷。在其传世作品中，仅有一件立轴和手卷之外的《牡丹图》斗方〔图16〕（广州艺术博物院藏）。该图在仅咫尺的斗方中绘一株折枝牡丹，花朵与枝干各占一半空间。花朵在斗方中央向右斜出，花瓣为淡墨勾出轮廓，花叶则为浓墨晕染。画上无年款，亦无款识，仅钤白文方印“伍瑞隆印”，故此画或为失群的一本册页之一。这在伍瑞隆作品中，是较为少见的。很显然，立轴更便于悬挂，随时欣赏，而手卷及斗方（含册页）仅便于收藏，不便悬之厅堂。因牡丹题材多蕴含富贵之意，故为人所追捧，而悬之而赏，更符合普通民众的审美趣好。

伍瑞隆本身是个文人，他在绘画题材方面，也和传统文人一样，有过绘兰花、竹石的记录。据不完全统计，伍瑞隆尚有《风竹图》轴（故宫博物院藏）、《竹石图》轴、《墨竹图》轴（均藏广州艺术博物院）等水墨牡丹之外的作品行世。

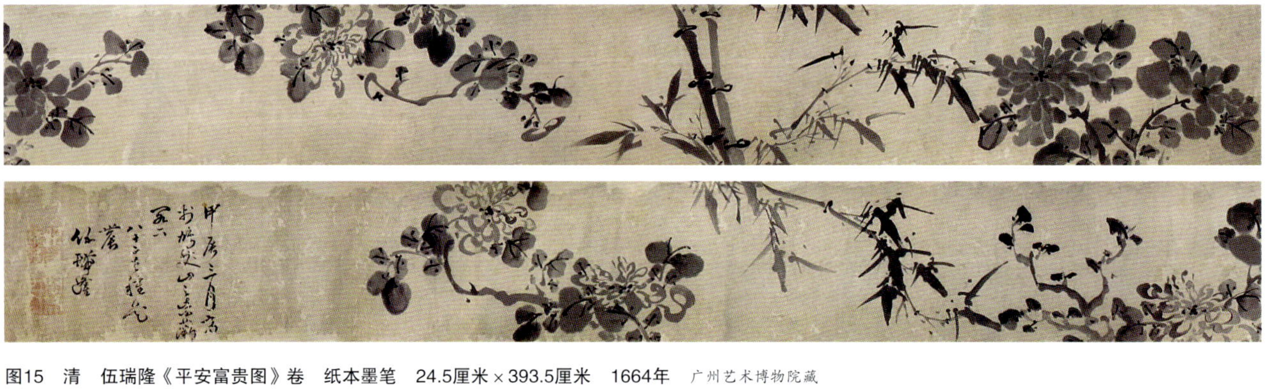

图15 清 伍瑞隆《平安富贵图》卷 纸本墨笔 24.5厘米×393.5厘米 1664年 广州艺术博物院藏

伍瑞隆偶亦写竹石，其作于崇祯十三年（1640）的《竹石图》轴（广州艺术博物院藏）虽也能将竹、石写至形神皆备的境界，但毕竟不是他的特长，显然不及牡丹之笔精墨妙。其他如署穷款的《风竹图》（故宫博物院藏）和为王铎（1592—1652）所作《墨竹图》轴（广州艺术博物院藏）〔图17〕，都能将风竹的摇曳婀娜展露无遗，与静态的水墨牡丹有异曲同工之处。

伍瑞隆亦擅书法，其草书在当时享有盛名。其书得法于东晋王献之，又参合唐代张旭、怀素的笔意，结体潇洒自然，用笔挥洒自如。他善于在字体的大小、粗细和墨色的浓淡方面下足功夫，因而变化万端，别有一种意趣，作于八十二岁的《草书轴》（广东省博物馆藏）〔图18〕便是如此。

图16　清　伍瑞隆《牡丹图》斗方　纸本墨笔　32.3厘米×38厘米
广州艺术博物院藏

图17　明　伍瑞隆《墨竹图》
纸本墨笔　201厘米×56.5厘米
广州艺术博物院藏

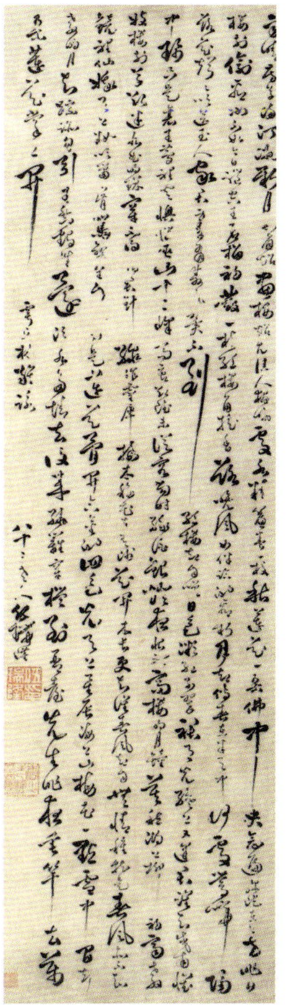

图18　清　伍瑞隆《草书杂咏诗》
纸本　166厘米×45.2厘米
广东省博物馆藏

伍瑞隆所处的时代，前有沈周、陈道复和徐渭，后有石涛等，都兼擅水墨牡丹。沈周有《玉楼牡丹图》（南京博物院藏）、陈道复有《牡丹花卉图》、徐渭有《水墨牡丹图》、石涛有《牡丹兰石图》（中国国家博物馆藏）等行世，但其风格各有不同。沈周的水墨牡丹工整秀逸，水墨浓淡分明，并辅之以淡紫色；陈道复的水墨牡丹以小写意为主，枝干与花叶均为淡墨，而花茎则为焦墨勾线，花瓣与花蕊为淡墨和留白；徐渭的水墨牡丹则为大写意，墨韵由浓到淡自然散开，不求形似而神韵自足；石涛的水墨牡丹亦为小写意，枝干与花叶为浓墨，花瓣与花蕊为渐变式淡墨，且牡丹与兰石等相配搭。从气息看，沈周、陈道复、石涛具秀逸之气，文人情趣较浓，而徐渭则恣肆淋漓，解衣磅礴，颇具豪迈之气。四家均不以牡丹专擅，沈周擅画山水，陈道复和徐渭花卉竹石兼擅，石涛擅画山水、花鸟，兼擅人物。相比较而言，伍瑞隆以水墨牡丹独擅，多为水墨小写意，花叶、枝干和花瓣、花蕊间并无浓淡之分，但就整幅画来说，以淡墨为主，浓墨为辅，浓淡之间亦有渐变之痕，且画多具有野逸之气。如果水墨牡丹亦有富贵和野逸之分的话，沈周、陈道复、徐渭、石涛当为前者，而伍瑞隆很显然当属后者。〔图19〕〔图20〕〔图21〕〔图22〕

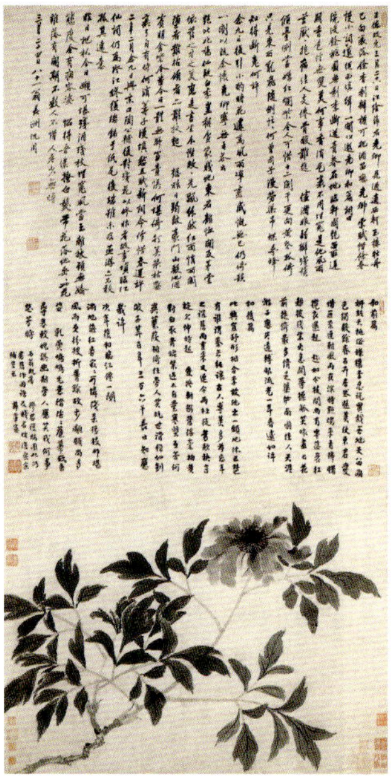

图19 明 沈周《玉楼牡丹图》
纸本设色 150.4厘米×47厘米
南京博物院藏

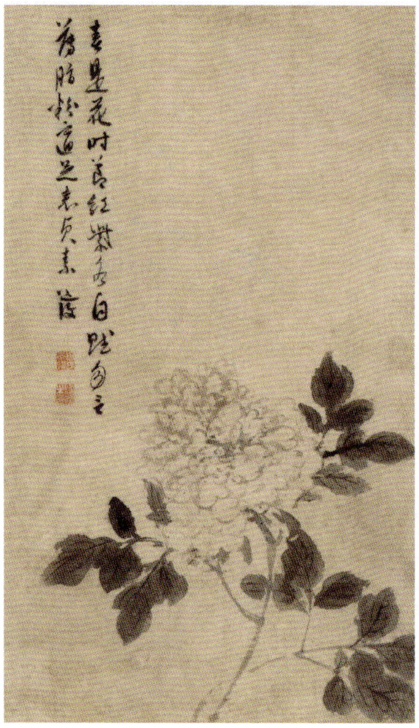

图20 明 陈道复《牡丹花卉图》
纸本墨笔 54.8厘米×30.8厘米

图21 明 徐渭《水墨牡丹图》 纸本墨笔
109.2厘米×33厘米

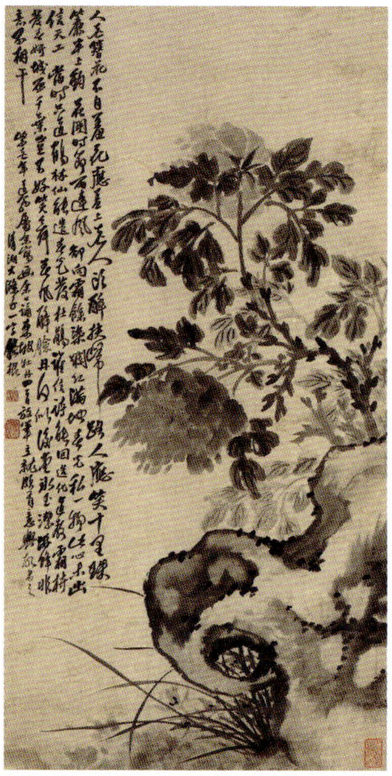

图22 清 石涛《牡丹兰石图》
纸本墨笔 123.7厘米×51.4厘米
中国国家博物馆藏

四 伍瑞隆水墨牡丹之传承

李履庵在《明遗民伍瑞隆评传》中谈到了伍瑞隆水墨画的源头："瑞隆晚年，专致力于水墨，自谓学兰于刘子清，学牡丹于赵裕子"[1]。"赵裕子"即赵焞夫（1578—1667年后），字裕子，一字意子，广东番禺人，年少时以诗名，后专攻水墨花卉，尤其擅画牡丹，兼擅兰竹，著有《草亭稿》，其传世画作有作于清顺治九年（1652）的《牡丹》扇面（辽宁省博物馆藏）、顺治十年（1653）的《墨竹图》卷（广东省博物馆藏）、顺治十五年（1658）的《湖石牡丹》轴（广东省博物馆藏）、顺治十六年（1659）的《牡丹》斗方（广州艺术博物院藏）、康熙三年（1664）的《花卉册（十二开）》和《山水图》小品（广东省博物馆藏）、康熙四年（1665）的《竹石图》轴（广东省博物馆藏）以及无年款的《牡丹湖石图》（香港中文大学文物馆藏）和《肤公雅奏图》卷（广东省博物馆藏）等[2]。

赵焞夫的画作中，有三件水墨牡丹，其风格与伍瑞隆有神奇的相近之处。尤其是两件《湖石牡丹图》〔图23〕〔图24〕，除在构图上多出太湖石外，其折枝水墨牡丹的墨色、造型均与伍瑞隆相类。清初岭南画僧成鹫（1637—1722）有诗咏及两人之画艺："前有铁山伍太史，后有山人赵裕子。先后齐名写牡丹，不尚铅华工墨水。伍公气古骨格高，信笔直书不求似；赵公取态妙传神，浓淡浅深皆至理"[3]。伍瑞隆比赵焞夫小七岁，伍瑞隆自谓其向赵焞夫学画，故两人从年龄上看或为亦师亦友的关系。成鹫在诗中言"前有铁山伍

1 李履庵：《明遗民伍瑞隆评传》，《广东文物》卷七，上海书店，1990年，第640页。
2 关于赵焞夫水墨画，笔者已有专文讨论，参见朱万章：《赵焞夫的水墨画》（《大公报·艺林》1994年9月23日）和《堪与"青藤"比肩之赵焞夫》（《中国书画·文摘版》2007年8期），后收入《明清广东画史研究》，岭南美术出版社，2010年，第38－46页。
3 汪兆镛：《岭南画征略》卷二，广东人民出版社，1988年，第67－68页。

太史，后有山人赵裕子”或为误记，但其在诗中对两人的水墨牡丹的评介，则可反映出两人在其时均以水墨牡丹驰誉画坛，且画风各异：伍瑞隆气格高古，信笔写来，不求形似；而赵焞夫则取其神态，侧重墨色的浓淡深浅。就伍瑞隆传世的诸多水墨牡丹可知，其确乎对赵焞夫画艺有一脉相承之处。

图23 清 赵焞夫《湖石牡丹图》 1658年 纸本墨笔 198.5厘米×74.2厘米 广东省博物馆藏

图24 清 赵焞夫《牡丹湖石图》 纸本墨笔 142厘米×75厘米 香港中文大学文物馆藏

在赵焞夫之外，伍瑞隆还谈及其牡丹的另一源流：“又谓学牡丹五十年，近渐为海内所推，因念兹事，历五代以迄赵宋，所得十有五人，而牡丹之行世者，亦仅一百四十轴，皆未有以墨戏者。万历间曾有赵备一人，得创法，自余作者非不佳，而妇人女子之情多矣”[1]，这里讲到伍瑞隆学画牡丹五十年，可见其对牡丹情有独钟，至老弥笃。他谈到的赵备，字湘兰，浙江鄞县人，晚明画家，擅画竹石、花卉，在其传世作品中，也不乏水墨牡丹。在一件作于明万历四十年（1612）的《百花图》卷〔图25〕（广东省博物馆藏）中，便有一株折枝水墨牡丹。其牡丹之花瓣为淡墨勾线，花叶及枝干则为浓墨所绘。与伍瑞隆相比较，赵备的牡丹工整秀逸，而伍瑞隆的牡丹写意而随性，二者都是将水墨的运用发挥到极致。从气韵上看，赵备的牡丹严谨而形神皆备，更像“吴门画派”沈周（1427—1509）的水墨画；而伍瑞隆的牡丹恣肆淋漓，更接近徐渭（1521—1593）的泼墨大写意。伍瑞隆谈到自古以来的牡丹画中，“自余作者非不佳，而妇人女子之情多矣”，在其水墨牡丹中，确乎可见其婀娜多姿与柔弱之态。伍瑞隆有《题牡丹图》诗曰：“谁将颜色领春光，竞说开元第一妆。独有佳人雪肌骨，亭亭清影月中芳”[2]，另有《题画墨牡丹》诗曰：“一朵玉凤凰，一朵金鸳鸯。一朵珠明月，一朵绣绡囊。东风吹上林，历落摇春光”[3]，从两诗及伍瑞隆传

1 李履庵：《明遗民伍瑞隆评传》，《广东文物》卷七，上海书店，1990 年，第 640 页。

2 伍瑞隆：《临云集》，载伍瑞隆撰，李履庵辑《鸠艾山人遗集》，吹万楼丛书，台湾李承祖 1990 年印行，第 204 页。

3 伍瑞隆：《鸠艾山人诗辑》，载伍瑞隆撰，李履庵辑《鸠艾山人遗集》，吹万楼丛书，台湾李承祖 1993 年印行，第 261 页。

图25 明 赵备《百花图》卷（局部） 纸本墨笔 30.5厘米×700.5厘米
广东省博物馆藏

世作品均可看出，伍氏的水墨在继承传统的基础上，别有一种娇媚与柔美，这与徐渭画中所表现的狂怪与恣肆是迥然有别的。

成鹫另有《题伍铁山水墨牡丹》诗曰："铁山写铁干，留色不留香。墨妙传三昧，灵台放宝光。天香非有相，国色亦无常。即此明真幻，何须问洛阳。"[1]对其水墨牡丹给予很高评价，据此亦可知伍氏写牡丹重在神韵的刻划与墨色之运用。在清初画坛以山水画为主流的风气下，伍瑞隆能以水墨牡丹自鸣天籁，并且已形成自己的特色，应该说是非常难得的。

伍瑞隆的画艺在当时也有不少传人，其中较著名者有弟子何斌。何斌，字鼎新，亦为广东香山榄溪人，崇祯间诸生，明亡后隐于榄溪之凤山，尝从伍瑞隆学画，长于兰竹、牡丹，深得师赏。伍瑞隆在一篇画学笔记中提及："坐中偶及水墨之法，鼎新之所领悟者，每高吾十倍，而犹不自信，欲吾多作以资发明，因援笔共得十数纸，以归鼎新。昔吴道子与杨惠之同学字于张僧繇，而皆不自得，遂弃去字学，以僧繇字法学僧繇画；无何，惠之见道子画法日上，叹曰：'吾将来必为若人所掩，不足进取也'。乃又弃画，以僧繇画法学塑。其后吴道子、杨惠之各为天下第一，而皆出于僧繇之字。始知文章一道，师友相承，青胜于蓝，冰寒于水，自是常事。韩山门人卢文长尝谓予曰：'闻师尝学兰于刘子清，学牡丹于赵裕子，得毋都叛去乎？'余笑而然之。若鼎新者，他日必不叛余，直掩余则有之矣"[2]，虽然至今尚未见何斌画迹传世，但据此亦可知其画似有出蓝之誉。

五 伍瑞隆水墨牡丹之鉴藏与传播

伍瑞隆传世的二十六件以水墨牡丹为主题的画作，至少有七件有鉴藏印鉴或题跋等收藏信息，据此大抵可看出伍瑞隆水墨牡丹的鉴藏与传播情况。其中，六件作品分别为"粤博乙本""港艺本""苏博本""中大乙本"和"桂博本"《牡丹图》轴，另有一件为《书画》卷，画为水墨牡丹图。

"粤博乙本"《牡丹图轴》有伊秉绶、温汝能和岑菴三人观款。伊秉绶题曰："嘉庆八年十月朔，伊秉绶将归汀州见此墨缘"，钤朱文方印"墨乡鉴赏"；温汝能题曰："墨痕化烟，妙□也。嘉庆十二年七月六日谦山

1 汪兆镛：《岭南画征略》卷二，广东人民出版社，1988 年，第 66 页。
2 汪兆镛：《岭南画征略 · 续录》，广东人民出版社，1988 年，第 260 页。

温汝能观”，钤朱文方印“熙堂真赏”；岑菴题曰：“岑菴观”，钤朱文方印“子寿信印”。观款之外，另有鉴藏印八枚，分别为白文方印“吕坚私印”“冯敏昌印”，朱白文相间印“吕氏图章”“刘世馨印”，朱文方印“朴石”“路寄珍藏”，白文长方印“陈二郎贵生氏珍藏”，其中一四字白文方印漫漶不清，仅依稀可辨最末一字为“观”。从观款和印鉴可知，此画曾经伊秉绶、温汝能、吕坚、冯敏昌、刘世馨、刘彬华和岑菴、陈贵生、路寄等鉴定或收藏，除岑菴、陈贵生和路寄不可考外，其他数人均为清代嘉庆、道光时期的诗人或书画家“港艺本”《牡丹图》轴有伍宪子边跋，跋文已见前文。伍宪子是晚清民国时期文人，早年积极从事政治改良及新闻工作，晚年寓居香港，著有《梦蝶文存》。

“苏博本”《牡丹图》轴钤白文方印“剑光兜耀室主珍藏”、朱文长方印“琅琊王氏世宝”和朱文方印“苏州博物馆藏”，另有一方漫漶莫辨。其鉴藏者身份不详。

“中大乙本”《牡丹图轴》有伊秉绶、谢兰生、汤贻汾、莫元伯、刘世馨和刘彬华六人观款。伊秉绶题曰：“嘉庆辛未九月再到领表获观，宁化伊秉绶”，钤白文方印“西湖长”和朱文方印“伊秉绶印”；谢兰生题曰：“于富贵中有冰雪肠，乃得此淋漓墨沈。嘉庆丙寅春日，谢兰生题”；汤贻汾题曰：“汤贻汾观”，钤朱白文相间印“雨生鉴赏”；莫元伯题跋曰：“莫元伯观”，钤朱白文相间印“莫元伯印”；刘世馨题曰：“嘉庆十一年中秋日，刘世馨观”，钤白文方印“臣馨”；刘彬华题曰：“嘉庆丙寅上元后五日，刘彬华观”，钤朱文方印“朴石”。另有鉴藏印多枚，分别为朱文方印“温子汝能”“彬”“斑园所藏”和白文方印“王玉树印”“梁枢”“吕坚介卿”。此画与前述“粤博乙本”《牡丹图》轴有一定的关联性。此画的鉴藏者中，至少有伊秉绶、温汝能、刘彬华、吕坚、刘世馨等五人与前述鉴藏者是同一批人，可见两画应属同一人曾经收藏，且与上述五人（其收藏者或为其中之一）关系密切。伊秉绶在观款中谈到“再到领表获观”，与“粤博乙本”的观款前后呼应。在五人之外，此画尚经谢兰生、汤贻汾、莫元伯、梁枢和简又文鉴定或收藏，除简又文为今人外，其他四人也都为清代嘉庆、道光时期的书画家或诗人。

“桂博本”《牡丹图》轴钤朱文长方印“季彤秘玩”和朱文方印“荷屋珍赏”“醇士”，三印分属潘正炜、吴荣光和戴熙。潘正炜和吴荣光都是清代后期有名的书画鉴藏家，潘正炜著有《听帆楼书画记》，吴荣光著有《辛丑销夏记》；戴熙（1801—1860）则是晚清时期山水画家，与奚冈、黄易、汤贻汾并称“奚黄汤戴”。

《书画》卷前为草书，后为水墨牡丹图。卷首钤朱文椭圆印“伍氏迂盦主人”和朱文方印“伍元蕙俪荃

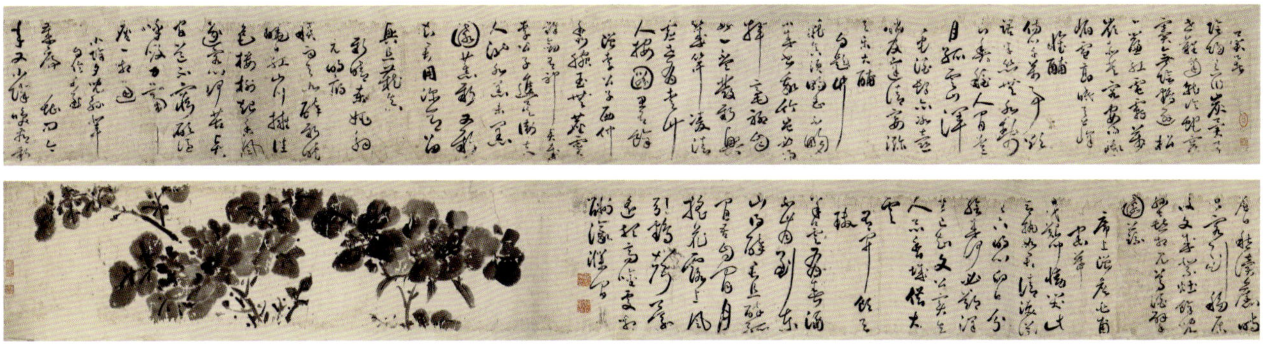

图26 清 伍瑞隆《书画》卷 纸本墨笔 30厘米×476厘米 台北何创时书法艺术基金会藏

氏”，卷尾钤朱文长方印“南海伍氏南雪斋秘籍印”和朱文方印“迂庵秘玩”。值得注意的是，该卷无论就书风还是绘画，应都是典型的伍瑞隆手笔，但在书卷后却钤了白文方印“倪元璐”和“鸿宝”，而且在两印处有挖补痕迹。倪元璐（1593—1644）是晚明书画家，长于草书和兰竹。倪元璐的书名和画名均远甚于比伍瑞隆，很显然，这是后来的好事者为了增加其收藏价值，挖去了伍瑞隆印章，盖上了倪元璐印。卷中藏印为伍元蕙所有。伍元蕙（1834—1865），名葆恒，字良谋，号俪荃，又号南雪道人、迂庵主人，广东番禺人，富藏金石书画，刻有《南雪斋藏真》《澂观阁摹古帖》。〔图26〕

此外，清代金石学家和书画家陈鸿寿（1768—1822）有《伍瑞隆墨牡丹》诗曰：“姚黄魏紫辨依稀，似带春阴露未晞。莫是玉环新被酒，倾将御砚污龙衣”[1]，可知陈鸿寿直接或间接参与过伍瑞隆水墨牡丹的鉴藏。

现将所涉鉴定（含寓目）或收藏过伍瑞隆水墨牡丹者以时序列表如次：

序号	鉴藏者	鉴藏家郡望	鉴藏信息来源	鉴藏时间	所藏《牡丹图》本
1	冯敏昌(1747—1806)	广东钦州	钤印		“粤博乙本”
2	刘世馨(1752—1837)	广东阳春	题跋钤印	嘉庆十一年(1806)	“中大乙本”
			钤印		“粤博乙本”
3	伊秉绶(1754—1815)	福建宁化	题跋钤印	嘉庆八年(1803)	“粤博乙本”
				嘉庆十六年(1811)	“中大乙本”
4	温汝能(1760—1814)	广东顺德	题跋钤印	嘉庆十二年(1807)	“粤博乙本”
			钤印		“中大乙本”
5	谢兰生(1760—1831)	广东南海	题跋	嘉庆十一年(1806)	“中大乙本”
6	陈鸿寿(1768—1822)	浙江杭州	题诗		不详
7	吴荣光(1773—1843)	广东南海	钤印		“桂博本”
8	汤贻汾(1778—1853)	江苏武进	观款钤印		“中大乙本”
9	潘正炜(1791—1850)	广东番禺	钤印		“桂博本”
10	戴熙(1801—1860)	浙江杭州	钤印		“桂博本”
11	伍元蕙(1834—1865)	广东番禺	钤印		《书画》卷
12	吕坚	广东番禺	钤印		“中大乙本” “粤博乙本”
13	刘彬华	广东番禺	题跋钤印	嘉庆十一年(1806)	“中大乙本”
			钤印		“粤博乙本”
14	莫元伯	广东高要	观款钤印		“中大乙本”
15	梁枢	广东顺德	钤印		“中大乙本”
16	王玉树		钤印		“中大乙本”
17	陈二郎(贵生)		钤印		“粤博乙本”
18	岑菴(子寿)		观款钤印		“粤博乙本”
19	路寄		钤印		“粤博乙本”
20	伍宪子(1881—1959)	广东顺德	题跋钤印	1954年	“港艺本”
21	简又文(1896—1978)	广东新会	钤印		“中大乙本”

1 阮元辑录：《八砖吟馆刻烛集》卷一，清嘉庆道光间阮元刻，道光二十二年（1842）阮亨汇印文选楼丛书本，第23页。

（续表）

序号	鉴藏者	鉴藏家郡望	鉴藏信息来源	鉴藏时间	所藏《牡丹图》本
22	剑光兜耀室主		钤印		"苏博本"
23	琅琊王氏		钤印		"苏博本"

从所涉人物里籍看，除伊秉绶、戴熙、汤贻汾、陈鸿寿和六个无法考证姓名的鉴藏者外，广东籍者十三人，占总数（二十三人）的约三分之二，而且在非粤籍鉴藏者中，伊秉绶、戴熙和汤贻汾也都曾流寓广东。从所涉人物的时代看，除伍宪子、简又文主要活动在20世纪前期及六个无法考证姓名的鉴藏者外，余下的鉴藏者多集中在清代嘉庆、道光时期，也占总数的三分之二以上。从鉴藏者身份来看，多集中为两类，一为书画家和诗人，如冯敏昌、刘世馨、伊秉绶、温汝能、谢兰生、陈鸿寿、汤贻汾、戴熙、吕坚、刘彬华、莫元伯、梁枢，一为书画鉴藏家，如吴荣光、潘正炜、伍元蕙。由此可知，伍瑞隆的水墨牡丹大多为广东籍或流寓广东的书画家、鉴藏家所激赏，且在清代嘉庆、道光时期出现一个鉴藏的高峰。这一时期，广东的书画鉴藏盛极一时，涌现出诸如吴荣光、叶梦龙（1775—1832）、潘正炜、潘仕成（1804—1873）、罗天池（1805—？）、伍元蕙、孔广陶（1832—1890）等著名书画鉴藏家[1]，在此情况下，伍瑞隆的水墨牡丹得到前所未有的青睐，受到书画家及书画鉴藏家追捧。但不可回避的事实是，伍瑞隆水墨牡丹的鉴藏者活动区域几乎都集中在岭南地区，甚至在现有的收藏其作品的公立博物馆中，除故宫博物院、青岛市博物馆、天津博物馆、南京博物院和苏州博物馆等有少量收藏外，其作品多集中在广东省博物馆、广州艺术博物院、香港艺术馆、香港中文大学文物馆、广东佛山博物馆、广西壮族自治区博物馆、广东汕头市博物馆、广东汕头澄海区博物馆、广东珠海斗门区博物馆、广东江门新会区博物馆等两广和香港地区，这就使其水墨牡丹的影响力几乎未能走出岭南。因而，在任何一本研究中国绘画史或花鸟画史的论著中，都很难找到伍瑞隆的位置，也就在情理之中了。

六　余　论

在晚明写意花卉名家中，最具代表性的莫过于徐渭和陈道复。他们两人虽然一直并称"青藤白阳"，但其画风也有明显的不同。书画鉴定家谢稚柳（1910—1997）在谈到他们的区别时，认为"陈的精力所聚，在于秀媚的风姿与疏宕的情趣，墨韵明净，而笔意也非常清发，粗中带细的描绘，法度仍然很谨严"，"而徐的注意力，集中在情意的散豁，水墨泛滥，舞秃笔如丈八蛇矛，对于形象的描绘，也只是一种可以意会的神气"[2]。显而易见，伍瑞隆既不同于陈道复，又迥异于徐渭，但在其画中，似乎既有陈道复的影子，也有徐渭的墨痕，亦不乏石涛的印记，伍瑞隆属于在晚明清初写意水墨画中较为特出者。他因为远离主流画坛，在一个相对偏僻的地域从事单一题材的绘画创作，又缺乏足够的机会观摩前贤名作，也很少能与同时期主要画家交流

1　关于这一时期的广东书画鉴藏，可参阅庄申《从白纸到白银——清末广东书画创作与收藏史》，台北东大图书出版公司，1997 年；朱万章：《论清代岭南刻帖与鉴藏》，《书法研究》2018 年第 4 期。

2　谢稚柳著，徐建融导读：《水墨画》，上海画报出版社，2002 年，第 138 页。

切磋，故其画中表现出的自我元素或许更为明显，其个性亦能得到肆意的张扬，而其笔墨的“野趣”与胸臆逸气也能得到最大限度的释放。

伍瑞隆的水墨牡丹在中晚期并无多大变化。他的水墨牡丹多为立轴，在构图方面也多写一折枝牡丹于画心之左侧或右侧，上下及画心一侧有大片留白，款识多在画心的另一侧，且多为草书。在用笔、用墨方面也是别出心裁。一般多用浓墨勾线，淡墨晕染，枝单叶茂，玉柄袅风，仪态万千，虽无色泽渲染，但牡丹之王者风范已毕现墨中，这是伍瑞隆运墨之独具匠心处。这种程式化的风格成为伍瑞隆水墨牡丹的一大特色。因为牡丹具有富贵之意，伍瑞隆不厌其烦地对这一题材甚至同一造型的画图反复绘制，很显然是来自于受众的需求。前述伍瑞隆与杨昌文合作的《牡丹兰石图》是为贺寿所作，而伍瑞隆具有祥瑞主旨的牡丹题材也应是基于社会要求所作。因伍瑞隆并未有固定的职业，但又不愿完全融合于世俗之中，故其特意选择了既具有吉祥寓意的牡丹，但却用水墨来渲染——不至于以彩墨表现大富大贵，因而成为清初水墨画的另类。在题材上，伍瑞隆迎合了大众的审美趣好，而在意境及气韵上，则保持了遗民的孤高与野逸。这种在一定程度上受制于艺术赞助人的绘画题材，美国的中国美术史论家高居翰（1926—2014）将其界定为“功能性图画”。“功能性图画是专为特殊目的或特殊场合而作，并描绘特定题材以满足该目的或场合的需要”[1]，伍瑞隆的水墨牡丹便是应“特殊目的”（祈求富贵）创作的此类画。当然，虽然如此，但在伍瑞隆水墨牡丹中常见的清新脱俗却是一以贯之的。这也是他写牡丹与众不同之处，同时反映出明遗民那种淡泊、寂寥而又隐逸的普遍心态。

[作者单位：中国国家博物馆]

1 高居翰：《中国绘画中画家与赞助人交易的各种类型》，李铸晋编，石莉译：《中国画家与赞助人——中国绘画中的社会及经济因素》，天津人民美术出版社，2013年，第10页。

故宫博物院藏康里巎巎跋《职贡图》残片研究*

Study of Kangli Naonao's Postscript Fragment Piece on *Illustrations of Tributaries* Collected by the Palace Museum

段莹

Duan Ying

内容提要：

康里巎巎书法包括题跋墨迹等，目前传世约有十余件，而又有一件较少披露者，藏于故宫博物院，即曾入藏清内府、经《石渠宝笈》著录、目前藏于国家博物馆的传阎立德《职贡图》后的康里巎巎题跋。故宫所藏者为一段残片，仅余首七行。从书法风格来看，有笔锋尖利和迅疾恣肆之态，与《杜秋娘诗》卷接近，应为40岁以后中期的作品。国家博物馆又藏有此跋末尾两行及王余庆跋半段，可资参证。此为研究康里巎巎书法提供了重要样本。

关键词：

康里巎巎　跋《职贡图》　故宫博物院

ABSTRACT:

Kangli Naonao's (1295-1345) surviving calligraphy works, including inscriptions and postscripts, amount to approximately above ten pieces. Yet there is still another one collected by the Palace Museum that is not frequently revealed, namely his postscript on *Illustrations of Tributaries (Zhigong tu)*. The painting is attributed to Yan Lide. Once collected by the Qing imperial palace, recorded in the *Precious Collection of the Stone Moat (Shiqu baoji)*, and now kept in the National Museum of China. This postscript collected by the Palace Museum is a fragment of first seven lines. Its impetuous, sharp, unrestrained brush style is close to that in the scroll *Poem on Du Qiuniang (Du Qiuniang shi)*, indicating that it should be a work created after he was forty years of age. The National Museum also kept another piece with the last two lines of Kangli's postscript and half of that by Wang Yuqing, which serves as a piece of evidence for reference. This gives an important sample for the study of Kangli's calligraphy.

KEYWORDS:

Kangli Naonao, postscript on *Illustrations of Tributaries*, the Palace Museum

* 本文受"2021 年度国家社科基金冷门绝学研究专项：清宫流散损毁书画调查与研究"资助。

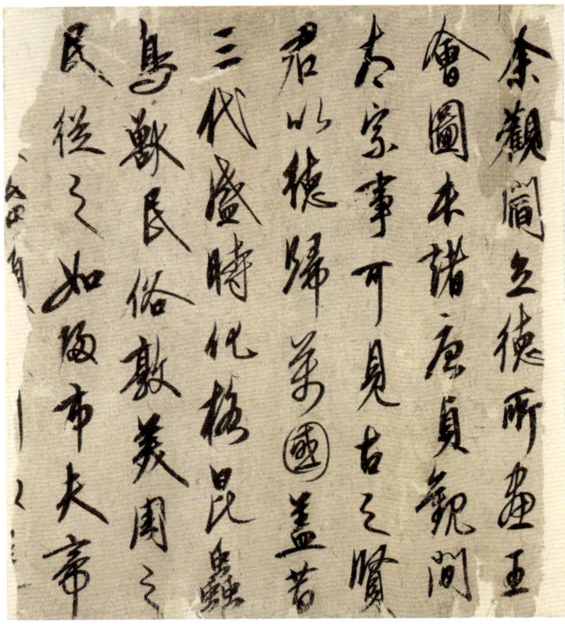

图1 康里巎巎跋《职贡图》残片 故宫博物院藏

故宫博物院藏一件书法残片，行书七行，内容为：

余观阎立德所画《王会图》本诸唐贞观间太宗事，可见古之贤君以德归万国，盖昔三代盛时，化格昆虫鸟兽，民俗敦美，周之民从之如归市。夫帝〔图1〕

后缺。书者名款亦缺失，书法却近于康里巎巎。其中提到阎立德《王会图》。经点检文献，发现《石渠宝笈初编》著录"阎立本《职贡图》"，后康里巎巎跋云："余观阎立德所画《王会图》本诸唐贞观间太宗事，可见古之贤君以德归万国，盖昔三代盛时，化格昆虫鸟兽，民俗敦美，周之民从之如归市。夫帝王之治，顺之则归，逆之则去，后至战国暴秦以下，无可观者。太宗平定之后，以诗书赐外邦，文化所至，率宾遐荒，其庶几乎。有国家者，观此孰无感焉。是图诚为后世珍鉴，又非庸常绘画所能以拟也耶？是宜宝也。子山记。"[1]

与此残片内容正相符合。事实上，明张丑《真迹日录》初集著录"阎立本王会图"[2]、清吴升《大观录》卷十一著录"阎立德王会图"[3]，均提及康里巎巎跋，张丑著录并录康里巎巎跋全文，与《石渠宝笈》著录也是一致的。

《石渠宝笈》及《真迹日录》《大观录》所著录者，即国家博物馆所藏《职贡图》残卷。徐邦达先生在《清宫流散损毁书画摭拾》中讲道："唐阎立德（传）《职贡图》卷，《石渠宝笈初编》著录。今被撕去后半部及元人题跋。前半段尚完整。残卷今藏中国国家博物馆。"[4]在《古书画伪讹考辨》中亦提到此卷流出清宫及撕毁缘由，并云："其后宋元题跋亦佚去，曾见有一小部分残字，现在故宫博物院。"[5]

徐邦达先生提到的宋元题跋中现藏故宫的"一小部分残字"，应即此残片。本文即拟对此残片的书法及流传问题进行讨论。

一 关于康里巎巎跋《职贡图》残片书法

康里巎巎（1295—1345），字子山，父祖皆为元名臣。康里巎巎自幼受业国学，博通群书，曾任兵部郎

1 （清）《石渠宝笈》卷三二，清文渊阁四库全书本。

2 （明）张丑：《真迹日录》卷二，清文渊阁四库全书本。"阎立本《王会图》，绢本，大着色，前后凡廿四国，每国标题字颇拙朴，不入真赏。后有康（注：应为康里）子山等三跋。并录苏颂、康里巎巎、王余庆三人题跋。"

3 （清）吴升：《大观录》卷一一，民国九年武进李氏圣译廔本。

4 徐邦达：《清宫流散损毁书画摭拾》，《故宫博物院院刊》2005 年第 1 期。

5 徐邦达：《徐邦达集·古书画伪讹考辨一》，故宫出版社，2015 年，第 53 页。

中、秘书监丞、集贤直学士、礼部尚书、奎章阁学士院大学士、浙西廉访使，翰林学士承旨、知制诰兼修国史等职。为文宗、顺帝两朝侍讲，《书史会要》评价云："刻意翰墨，正书师虞永兴，行草师钟太傅、王右军，笔画遒媚，转折圆劲，名重一时。"[1]

康里巎巎书法目前存世者，大多为草书或行书。也有少量楷书。包括：

1.柳宗元梓人传卷。现藏普林斯顿大学美术馆。草书书《梓人传》，款云："康里巎巎为侍郎书。时至顺二年（1331）冬十月之廿八日也。"书于37岁。

2.跋宋人溪山无尽图卷。现藏美国克利夫兰博物馆。行草书，款云："至顺三年（1332）暮春之月，康里子山识。"时年38岁。

3.张旭笔法记卷。现藏故宫博物院。草书，款云："至顺四年（1333）三月五日，康里巎巎为麓庵大学士书。"书于39岁。

4.杂诗帖卷之唐人六绝句。日本东京国立博物馆藏。草书，款云："元统二年三月廿三日，子山识。"书于40岁。

5.杜牧杜秋娘诗卷。故宫博物院藏。行草书，款云："至元二年（1336）岁丙子正月廿四日，冰壶为余画杜秋娘，遂书杜牧之诗于其后。二月十七日，子山识。"书于42岁。

6.跋欧阳询化度寺碑。藏地不详。楷书，款云："至元六年（1340）岁庚辰三月十六日康里巎巎书。"书于46岁。

7.杂诗帖之秋夜感怀。日本东京国立博物馆藏。行草书，款云："时至正四年（1344）岁甲申八月十一日，在杭州和南王之西楼。"书于50岁。

8.跋赵孟頫常清静经。弗利尔美术馆藏。款云："至正四年五月十六日题于杭州河南王之西楼，康里巎巎识。"时年50岁。

9.杂诗帖卷之李白诗。日本东京国立博物馆藏。行书，有章草笔意，无年款。

10.柳宗元谪龙说。现藏故宫博物院。草书，无年款。

11.奉记帖。故宫博物院藏。行书，无年款。

12.宣使帖卷。台北"故宫博物院"藏。行草书，无年款。

13.临十七帖。现藏故宫博物院。草书临《十七帖》中五帖，无年款。

14.跋任仁发张果老见明皇图。故宫博物院藏。行书，无年款。

15.跋曹娥碑卷。辽宁省博物馆藏。草书，无年款。

16.跋王庭筠幽竹枯槎图。日本有邻馆藏。行书，无年款。

17.跋定武兰亭真本。台北"故宫博物院"藏。楷书，无年款。

从康里巎巎存世书法的演变来看，其早年时取法"二王"，兼学虞世南，有初盛唐孙过庭、张旭遗意。虽时见锋棱，仍不失温润蕴藉之旨。中年即40岁以后，下笔往往迅疾，《南村辍耕录》云："江浙平章子山

1 （元）陶宗仪：《书史会要》卷七，清文渊阁四库全书本。

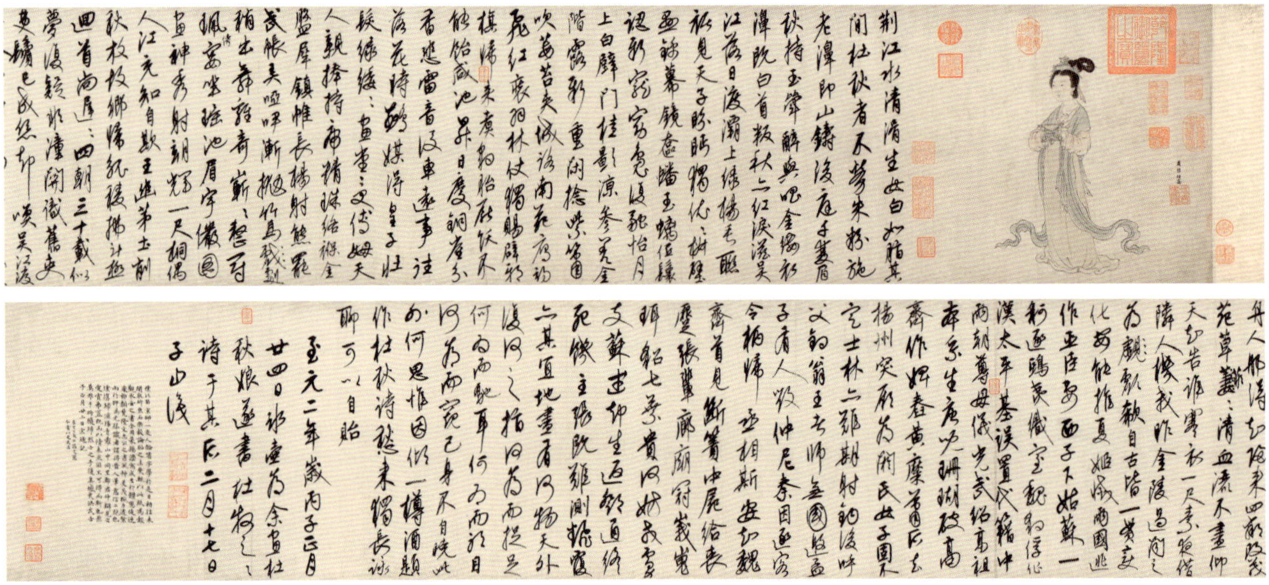

图2 康里巎巎书《杜秋娘诗》卷 故宫博物院藏

公，书法妙一时。自松雪翁之后便及之。尝问客：'有人一日能写得几字？'客曰：'闻赵学士言，一日可写万字。'公曰：'余一日写三万字，未尝以力倦而辍笔。'"[1]这一风格的变化以《杜秋娘诗》为一个分水岭，体现出与前作的明显区别。以《杜秋娘诗》为例，可以看到，较之40岁以前的温润蕴藉，行笔渐趋尖利，笔势更显恣肆，捺笔、斜画、转折等多下笔轻浅，应是书写过快所致，于圆转中多有浮滑流利之感。在《杜秋娘诗》外，跋任仁发《张果老见明皇图》、跋王庭筠《幽竹枯槎图》等，同样体现出迅疾尖利之感，应也作于这一时期。晚期即50岁左右的书风又有一些变化，以《秋夜感怀》、跋赵孟頫《常清静经》为例，于迅疾之外，又显出沉稳蕴藉，体现出书风的锤炼成熟。除此两件之外，《谪龙说》《杂诗帖之李白诗》等，于放逸中，更见深稳遒健，颇有成熟笔意，应都作于此时期。从细部来看，康里巎巎对一些字形部首的写法创造出独有的定式，比如"心"，钩笔向左延伸，两点笔连成一短横；"山"中间一竖由下向上书，又急转而下构成第三笔，在款书中十分常见，这些成为康里巎巎书法的特色。

此残片书法初看似显尖峭有余，蕴藉不足，但对比康里巎巎存世书法真迹，其风格气韵与《杜秋娘诗》〔图2〕非常接近，捺笔、斜画、转折等处行笔轻浅，体现出迅疾之感。虽不似《谪龙说》《临十七帖》等书法的蕴藉，时有尖利之态，但落笔于流利圆转中，时见劲健苍率，较之《杜秋娘诗》中部一段及跋任仁发《张果老见明皇图》等书法的放逸，仍显沉稳遒劲。"心"字的写法具有典型康里巎巎书法的特征。此残片书法运笔爽利自如，毫无拘滞、疲弱之感，可知并非临摹之物。据此判断，此跋应为其中年笔力迅疾遒健之作。

近期从友人处获知，国博藏另一段残跋〔图3〕，有康里巎巎跋末两行，第一行仅余半侧，第二行六字，落款"子山记"，钤朱文"子山""正斋恕叟"二印。落款"子山"者，有《唐人绝句六首》（三出）、《杜秋娘

1 （元）陶宗仪：《南村辍耕录》卷一五，四部丛刊三编景元本。

诗》等，朱文“子山”“正斋恕叟”二印，在跋任仁发《张果老见明皇图》、跋赵孟頫《常清静经》后亦钤，可相参照。

后接一段跋九行，据《石渠宝笈》等著录可知为元王余庆跋。此跋目前自第七行始中部残损，第八行仅余“胪所得续著”五字，第九行仅余“制凡蕃客”四字。首行“二十”后亦有一字抹去，与著录中缺字相合。

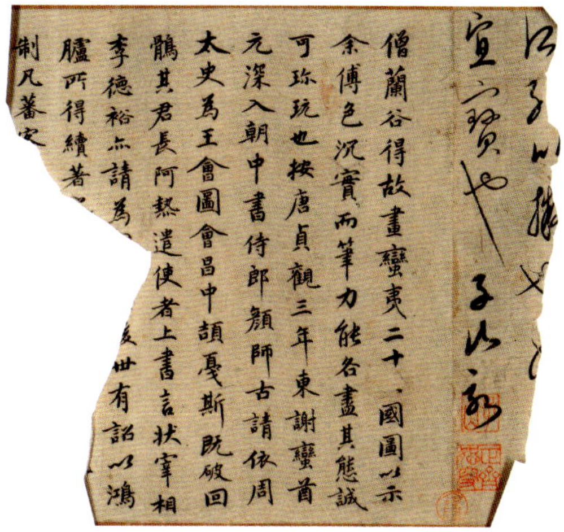

图3　康里巎巎及王余庆跋《职贡图》残片　中国国家博物馆藏

张丑《真迹日录》《石渠宝笈初编》皆著录王余庆跋全文，吴升《大观录》亦提及，据著录全文内容如下：“僧兰谷得故画蛮夷二十□国图以示余，傅色沈实，而笔力能各尽其态，诚可珍玩也。按唐贞观三年，东谢蛮酋元深入朝，中书侍郎颜师古请依周太史为《王会图》。会昌中，黠戛斯既破回鹘，其君长阿热遣使者上书言状，宰相李德裕亦请为图以示后世。有诏以鸿胪所得续著之。黠戛斯本坚昆国也。唐制，凡蕃客至，鸿胪讯其国山川风土为图奏之。前上于职方殊俗入朝者，图其容状衣服以闻，此所以诏鸿胪也。《宣和画谱》则以《王会图》为阎立德之笔云。又按宋祥符间，判鸿胪寺张复亦请，以朝贡诸国绘画其衣冠，采录其风俗，为四夷述职图注。辇国王罗荼罗乍遣使娑里三文贡方物，而张复复图其衣冠上之。今有元大德被海内外，四夷万国，莫不尊亲，来讴来歌，混处无间，孰得而毕状哉？于乎盛矣。金华王余庆。”[1]

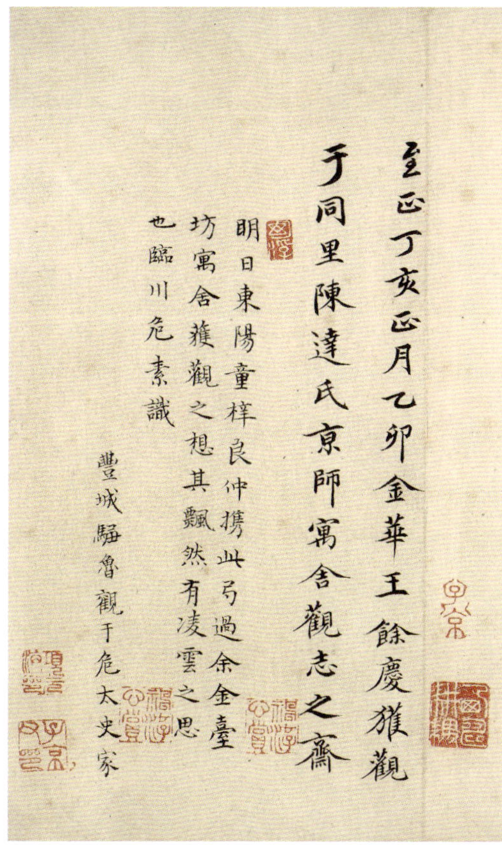

图4　王余庆跋李白《上阳台帖》　故宫博物院藏

此跋内容与著录吻合，缺字处亦与著录一致。王余庆字叔善，金华人，为元末名文儒。《元史·儒学传》提及，云其“仕为江南行台监察御史，亦以儒学名重当世”[2]。《两浙名贤录》称其受业许谦之门，“初入经筵为检讨官，累拜监察御史，政声著称。后使广东，询问疾苦，惠政为多”[3]。《书史会要》云其：“草书学巎正斋甚似。”[4]王余庆书法传世者，亦见于传李白《上阳台帖》后跋。〔图4〕对比可知，此跋为王余庆真迹，可无疑义。这段残跋不仅成为康里巎巎残跋的重要补充，且保留了部分王余庆跋，为元人书法提

1　参吴升《大观录》《石渠宝笈初编》。

2　（明）宋濂等：《元史》卷一九〇，第14册，中华书局，1976年，第4344页。

3　（明）徐象梅：《两浙名贤录》卷三五，明天启刻本。

4　（元）陶宗仪：《书史会要》卷七，清文渊阁四库全书本。

供了另一则样本，具有宝贵的价值。

二 康里巎巎跋与国博本《职贡图》的关系

关于此卷《职贡图》，金维诺《“职贡图”的时代与作者》[1]、岑仲勉《现存的职贡图是梁元帝原本吗？》[2]、徐邦达《古书画伪讹考辨》[3]、王素《梁元帝〈职贡图〉新探——兼说滑及高昌国史的几个问题》[4]等文章著论都有过探讨。基本认为此画内容反映的是梁代列国使者面貌，其原本应为梁元帝萧绎所作，此本应是宋熙宁间摹本。

据《石渠宝笈》等书著录，此卷后有宋苏颂，元康里巎巎、王余庆跋。苏颂跋称：“《王会图》熙宁丁巳传张次律国博本，杭州山堂校过，子容题。”曰“王会图”，未提及作者为谁。而康里巎巎跋则云：“余观阎立德所画《王会图》本诸唐贞观间太宗事”，以所跋画卷为阎立德所作《王会图》，并认为所画内容为唐贞观间事。

据史料记载，宋人对所见《职贡图》创作背景及各国国名的考证已十分具体详赡，康里巎巎为元后期名儒臣，学识渊厚，又曾供职奎章阁，过眼大量内府藏古书画，不应出现这样的失误。实际上，这与《职贡图》在元代有多本的流传情况有关。

画史上的《职贡图》主要有两个系统，一是梁元帝萧绎所作《职贡图》（今传世之本应属于此系统）。二是阎立德、立本兄弟所作《职贡图》（或云《王会图》）。萧绎《职贡图》是在其任荆州刺史时所作《蕃客入朝图》基础上创作，为纪念梁武帝在位四十年而作[5]。后世不传的梁江僧宝《职贡图》亦应从属于此系统。关于萧绎《职贡图》的流传，自唐至元皆有相关记载。张彦远《法书要录》记载萧翼赚兰亭故事，即稍及此卷下落。萧翼为萧绎曾孙，携先祖《职贡图》向辩才出示，始为唐太宗骗取《兰亭》[6]。则知唐初此卷在萧绎曾孙萧翼手中。南宋刘克庄云：“按梁元帝自画《职贡图》，至唐犹存。”[7]即言此。唐末五代时，此卷辗转各政权间，多次为陶穀所得。事见吴澄跋语[8]。宋以后，此本逐渐匿迹。南宋楼钥《攻媿集》著录一本《职贡图》。其云：“正字傅钦甫携《职贡图》见示，不惟画笔精好，其上题字亦自合作。李龙眠有帖云：梁元帝萧绎镇荆时，作《职贡图》，首虏而终蠡，凡三十余国。今此卷才二十有二，必有遗脱者。余试考之，其一曰鲁国使，龙眠以为首虏，而此曰鲁，岂有误耶？遍阅《南史》、梁之记传及《通典》《太平御览》，皆无鲁国，与丙丙国其下二十国则有之。既列于前，皆曾朝贡于梁者也。《武帝纪》中又有扶南、邓至、于阗、蠕蠕、高丽、干陁利、新罗、盘盘、丹丹九国，岂图之所遗耶？亦不见所谓蠡者。按海南诸国普

1 金维诺：《“职贡图”的时代与作者》，《文物》1960年第7期。

2 岑仲勉：《现存的职贡图是梁元帝原本吗？》，《中山大学学报》1961年第3期。

3 徐邦达：《徐邦达集・古书画伪讹考辨一》，故宫出版社，2015年，第49页。

4 王素：《梁元帝〈职贡图〉新探——兼说滑及高昌国史的几个问题》，《文物》1992年第2期。

5 参见王素《梁元帝〈职贡图〉新探——兼说滑及高昌国史的几个问题》。

6 （唐）张彦远：《法书要录》卷三，清文渊阁四库全书本。

7 （宋）刘克庄：《后村集》卷一〇二，四部丛刊景旧钞本。

8 吴澄：《题梁湘东王绎〈贡职图〉后》：“（陶）穀初得于石重贵末年之丙午，其年晋亡而失。再得之于刘知远初年之丁未。庚戌汉亡再失，复得之于郭威广顺之癸丑。明年甲寅，以侍郎充学士，又有跋语。丙午至甲寅九年之间，三姓五君，穀仕晋为中书舍人，仕汉为给事中，视易姓易君如置棋，曾不以为意，而独拳拳于此一图之得丧，不知其孰重孰轻也。”

代通中国者盖鲜，故不载史官。及宋齐至梁，其奉正朔，修职贡，航海往往而至……纸之寿虽过于绢素，亦不应尚尔全好，恐是龙眠摹本，前帖即其自跋也。”[1]

楼钥对国名进行了一番考证，特别指出此图保存过于完好，应是李公麟摹本。据楼钥所记，此本为纸本，且仅余二十二国，又无今本存的邓至、高丽、于阗等国，则必非传世的这件，但应也是出自同一个系统。

萧绎《职贡图》又有摹本流传入元，见于吴澄《题梁湘东王绎〈贡职图〉后》记载：“古有《王会图》，不可得见。此图南梁萧绎所作也。……绎图仅仅二三十国，奚足多哉？或谓萧梁无有是事，绎作此以欺后世矣。虽陶穀跋语亦云：斯盖卑陋萧梁臆度立论，未尝读史书、考事实而。然夫梁虽偏霸一隅然南十年，元魏扰乱故三十余年，魏人不以一矢相加，遗境内小康多历年所，为南北七代之最。遐僻小邦闻风慕利而来，史不绝书。绎据实而图之，岂欺也哉？但元魏乃梁敌国……魏分东西之后，元善见始与梁通，以魏列于贡职之首，则欺也。……观其摹本，有缺落字，或谬误。梁史所载若扶南、若林邑、若婆利、若于陁利，及蠕蠕、盘盘、丹丹等，并有使至，而此无之，宜借善本完补改正。陶穀跋语亦紊前后之次。”[2]

吴澄对此图创作背景做了详细的考释，可知此图的两个情况：一是此图后有陶穀跋，应附于原图之后，但据吴澄所言陶跋“紊前后之次”，说明可能发生过割配，由原图移至此图之后。二是此图全本是将魏列于贡职之首。吴澄跋称此萧绎《职贡图》为摹本，有缺落字，图绘二三十国，而无史传记载曾经朝贡的扶南、林邑、婆利、干陁利，及蠕蠕、盘盘、丹丹等国，这与传世《职贡图》的情况非常接近。但以魏为首国，似又非今本。吴澄所跋摹本应与原作关系密切，其记载也为探究此图内容提供重要线索。

又，《石渠宝笈续编》著录顾德谦《蕃客入朝图》，绘三十一国，卷首尾有宋理宗题识云：“梁元帝《蕃客入朝图》，定为南唐顾德谦所临。”此卷现不知下落，不明真赝，但从内容上看应也是属于此系统。

《职贡图》的另一个系统则是由阎立德、立本兄弟所绘，或云《王会图》。唐贞观年间，颜师古上言请求作《王会图》。《新唐书》卷二二二载：“贞观三年，其酋元深入朝……中书侍郎颜师古因是上言：‘昔周武王时，远国入朝，太史次写《王会篇》。今蛮夷入朝，如元深冠服不同，可写为《王会图》。’诏可。”[3]《王会图》的提法是追溯周朝，实际上，贞观时期所谓《王会图》《职贡图》等仅是称谓不同，都是绘制番邦来朝这一题材。

《王会图》的作者，据《宣和画谱》记载为阎立德。《宣和画谱》称：

> 唐贞观中，东蛮谢元深入朝。颜师古奏言：“昔周武时远国归款，乃集其事为《王会图》。今卉服鸟章，俱集蛮邸，实可图写。”因命立德等图之。[4]

1 （宋）楼钥：《攻媿集》卷七五，清武英殿聚珍版丛书本。

2 （元）吴澄：《吴文正集》卷五九，清文渊阁四库全书本。

3 （宋）欧阳修、宋祁：《新唐书》卷二二二，第20册，中华书局，1975年，第6320页。

4 （宋）《宣和画谱》卷一，明津逮秘书本。

其中仅言阎立德奉诏绘《王会图》，而未著录其所作《王会图》。阎立本条下著录《西域图》二、《职贡图》二、《职贡狮子图》，似阎立本创作此类题材较阎立德为多，而实际上据画史所载，阎立德、立本兄弟皆是创制此类题材画的重要人物。《历代名画记》载："阎立德，父毗在隋以丹青知名，与弟立本俱传家业。武德中为尚衣，奉御造衮冕大裘等六服，腰舆伞扇，咸得妙制。贞观初为将作大匠，造翠微玉华宫，称旨，官至工部尚书，封大安县公。显庆元年赠吏部尚书、并州都督，谥曰康文成。立德弟立本，显庆初代立德为工部尚书，总章元年拜右相，封博陵县男。有应务之才，兼能书画，朝廷号为丹青。……时天下初定，异国来朝，诏立本画外国图。……至若万国来庭，奉涂山之玉帛；百蛮朝贡，接应门之位序。折旋矩度，端簪奉笏之仪；魁诡谲怪，鼻饮头飞之俗，尽该毫末，备得人情，二阎同在上品。"[1]

由此可知，阎立德、立本书画皆传家学，阎立德又曾任朝中尚衣，熟知服制，二人皆"机巧有思"[2]，同样擅长番邦人物。《唐朝名画录》亦云："阎立德《职贡图》，异方人物，诡怪之质，自梁魏以来名手不可过也。……其弟立本……先图秦府十八学士、凌烟阁二十四功臣等，实亦辉映今古。惟职贡、卤簿等图与立德皆同制之。"[3]

可知在贞观朝，阎立德、立本兄弟皆是创作《职贡图》及相近题材的核心人物。这也是后世著录《职贡图》《王会图》，常常将阎立德、立本混为一谈的原因。

又宋董逌《广川画跋》卷二记载了"上《王会图》叙录"，云："秘阁《王会图》帐录，总幅二十四，亡者十有二矣。其传制度犹可概见，盖王者元日受朝之图也。……或疑此图衣冠服物非周汉制度，臣得考于载籍，殆唐贞观所受贡于四海者也。……凡国之异，各依其方。……尝考之贞观十七年，其制如是，颜籀请比周之王会作图以叙传后世，使著事得以考焉。又为王会篇上之，今其书具存，可以察也。……崇宁五年七月五日编校臣某上。"[4]

董逌称考证此本，所绘应为贞观受朝贡之事，则同样是来自阎氏兄弟所绘《职贡图》系统。

金代亦流传有阎立本《职贡图》。元好问《阎立本职贡图》诗云："谔谔昌周此一书，形容职贡写成图。宁知右相无深意，莫指丹青便厚诬。"[5]赵秉文亦有诗《题阎立本职贡图临本二首》云："周王职贡朝万邦，右相丹青古无双。好本不应天下独，解如明月印千江。金犀剺面觇天庭，王会图中见典刑。已了宣威沙漠事，更烦右相写丹青。"[6]

由赵秉文诗可知，在金人的观念中，职贡、王会两种称法可以混同，不必截然区分。金人所见《职贡图》其后流传入元。元汤垕《画鉴》"唐画"云："阎立本画《三清像》《异国人物》《职贡图》《传法太上像》《五星像》，皆宣和、明昌物，余并见之。"[7]王逢又有《阎立本职贡图为章修齐题》[8]，可知此画流传到

1 （唐）张彦远：《历代名画记》卷八，明津逮秘书本。
2 （宋）欧阳修、宋祁：《新唐书》卷一〇〇，第13册，中华书局，1975年，第3941页。
3 （唐）朱景玄：《唐朝名画录》，清文渊阁四库全书本。
4 （宋）董逌：《广川画跋》卷二，清十万卷楼丛书本。
5 （金）元好问：《中州集》卷九，四部丛刊景元刊本。
6 （金）赵秉文：《滏水集》卷八，四部丛刊景明抄本。
7 （元）汤垕：《画鉴》，明万历程氏丛刻本。
8 （元）王逢：《梧溪集》卷四，清知不足斋丛书本。

元末明初。

据此，康里巎巎所跋应是金元流传的阎立本（立德）所作《职贡图》（又称《王会图》），而非萧绎《职贡图》的宋摹本，即流传至今之本。应是后来在流传过程中，遭到割配，遂附于今本《职贡图》之后。

宋《宣和画谱》著录及金、元流传，都称“阎立本《职贡图》”，而康里巎巎将此图定名为阎立德《王会图》，大约是根据《宣和画谱》及其他文献，进行了相关考证。王余庆跋同样提到“《宣和画谱》则以《王会图》为阎立德之笔”，可知这一考证结论影响之广泛。康里巎巎自幼受业国学，得许衡及父兄家传，人品方正，身居高位，致力于推行儒学，以古贤君臣事迹讲诵帝侧。康里巎巎于顺帝时曾任经筵侍讲，非常注重古画的政教意义。《元史》载：“帝暇日欲观古名画，巎巎即取郭忠恕《比干图》以进，因言商王受不听忠臣之谏，遂亡其国。帝一日览宋徽宗画称善，巎巎进言，徽宗多能，惟一事不能。帝问何谓一事。对曰：‘独不能为君尔。身辱国破，皆由不能为君所致。人君贵能为君，它非所尚也。’”[1]

可见，康里巎巎向顺帝讲授古画，着重点不在艺术，而是着眼于其相关的政治内涵，将其视作宣扬儒学、劝谏君王的一种手段。在这一背景下，《王会图》也被赋予了此类意义。贞观之治为后世君王执政的典范，贞观时期由颜师古倡议、阎立德所作的《王会图》恰恰反映出政治昌明、德被四海、万国来朝的盛况。即如康里巎巎所言：“本诸唐贞观间太宗事，可见古之贤君以德归万国”。这也成为他倾重此卷的原因。王余庆跋云：“今有元大德被海内外，四夷万国，莫不尊亲”，可见在康里巎巎影响下对此卷政治意义的推重。

徐一夔评价康里巎巎书法云：“当是时，得公片纸只字，宝之不啻拱璧。”[2] 可知在元代康里巎巎书法就已十分珍贵。今康里巎巎跋《职贡图》存世残片的发现，不仅为康里巎巎书法增加了重要样本，对于研究康里巎巎及元代书法、梳理文物现状更具有重要价值。

（本文在写作过程中，得到姜鹏的帮助，谨致谢忱。）

[作者单位：故宫博物院研究室]

1 《元史》卷一四三，第11册，第3414页。

2 （明）徐一夔：《始丰稿》卷一四，清武林往哲遗著本。

元末画家马琬书画艺术浅说

On the Painting and Calligraphy Art of Late Yuan-Dynasty Painter Ma Wan

盛洁

Sheng Jie

内容提要：

马琬，字文璧，号鲁钝生，为元代末年流寓松江的文人画家。本文通过分析《春水楼船图》等存世真迹，认为马琬的笔墨宗法黄公望，但略失之于烦琐；同时其作品存在相似图式，或可说明其作画的程式化倾向。《松壑观泉图》等传为马琬的作品则在水平及风格方面与上述真迹相抵牾，值得进一步推敲。马琬的书法真迹主要为画作款识和为知友所作的题跋，具有书风浑朴、结体多近方、捺笔和横画收笔较重的特点；见于前人作品卷后的马琬题跋几乎皆为伪作，其原因或许与明清之时伪造古画并在其后添上元末诸家题跋这一作伪风气有关。

关键词：

马琬　元代绘画　书画鉴定

ABSTRACT:

Ma Wan (courtesy name Wenbi, sobriquet Ludunsheng, ca. 1310-1378), was a literati painter who stayed in Songjiang in the late Yuan dynasty (1271-1368). By analyzing Ma Wan's extant authentic works such as *Spring Landscape,* this article argues that his brushwork was after Huang Gongwang's style, but more tedious in comparison. At the same time, similar schemas can be detected in his works, probably indicating the stylized tendency. Some works previously attributed to Ma, such as *Viewing Spring in Pine Valley*, diverge from above-mentioned authentic works in terms of virtuosity and style, thus are worthy of further scrutiny. Ma authentic calligraphy is mainly inscriptions on his own paintings or on his friends' artworks. It is characterized by primitive simplicity, mostly square character structure, and more forceful ending for right falling and horizontal strokes. Almost all postscripts claimed to be by Ma Wan found at the end of previous artists' works are falsified. The reason may be related to the phenomenon of forging ancient paintings in the Ming (1368-1644) and the Qing (1644-1911) dynasties and adding inscriptions and postscripts of late Yuan-dynasty masters.

KEYWORDS:

Ma Wan, Yuan-dynasty paintings, authentication of paintings and calligraphy

马琬的诗书画在当时即有“三绝”之誉，贝琼说他：“读书之暇，往往托兴毫素，三吴人以重价购之”，又称“长忆秦溪马文璧，能诗能画最风流；酒酣落笔皆天趣，剪断巴江万里秋”，可见他笔墨酣畅天真，在当时是颇负盛名的。然其作品存世不多，且真伪杂糅，本文将依照文献记载并参考前人可靠的鉴定意见，对马琬的书画作品进行考证与辨伪。

一 马琬的绘画

（一）马琬的绘画师承

马琬从谁学画，史籍中并无明确记载。贝琼称：“文璧工画山水，能兼董北苑、米南宫笔法，视今人蔑如也。”点明他从董源和米家云山中汲取了养分。他的米家云山，应当是从高克恭上追二米的，如顾复《平生壮观》卷九著录的纸本小条幅《云山图》即点明了其笔墨“如房山”。马琬虽未与高房山见面，但当时流传于江南的高克恭山水，马琬应不难得见[1]。

此外，后世鉴藏者也有称其“学巨然”[2]“仿马和之”[3]等等。但更多记载还是称其“规模大痴”，董其昌甚至还误将马琬的绢本大幅《夏山图》误题为黄公望所作。现如今马琬的存世作品中，《雪冈渡关图》中可见《九峰雪霁图》的笔墨意趣，《春山清霁图》又与《富春山居图》较为相似，《春水楼船图》《乔岫幽居图》《暮云诗意图》等则多有取法《天池石壁图》之处，由此观之，马琬虽未必有机会直接向黄公望学画[4]，但其笔墨深受大痴影响。除此之外，从马琬的籍贯和交游上来看，他还受到了父亲马致远，以及前辈吴镇、王蒙的影响。

（二）马琬的传世真迹

目前马琬传世的公认真迹有《春水楼船图》《乔岫幽居图》《暮云诗意图》《雪冈渡关图》《春山清霁图》五幅作品。

1.《春水楼船图》〔图1〕

《春水楼船图》[5]又名《春江待渡图》或《春林楼船图》。部分著录中称其为《鲁钝生瀛海图》，一些研究者认为《瀛海图》与《春水楼船图》并非一图，但从本纸上杨维桢和龚瑾的题跋来看，两者应当是同一幅作品。

此图为纸本设色山水，是马琬现存最早的可靠画迹。左侧有马琬自题：“至正三载（1343）冬仲廿五

1 张光宾：《马琬的山水画》，载《读书说画：台北故宫行走二十年》，蕙风堂，2008 年，第 320 页。

2 （清）顾复：《平生壮观》卷九，清抄本。

3 （明）汪砢玉：《珊瑚网》卷四三《胜国十二名家》，清文渊阁四库全书本。

4 关于马琬的交游，参见盛洁：《元末画家马琬生平考略》，《美术研究》2020 年第 5 期。

5 关于此图的现藏地和尺寸。徐邦达《古书画过眼要录》中著录为美国沙可夫博物馆藏（笔者按：应即塞克勒美术馆），今见佛利尔—塞克勒美术馆官方网站上亦有此图，藏品来源为塞克勒博士的捐赠。傅申有专文研究此图，称藏于普林斯顿大学美术馆，其后张光宾、周积寅皆从此说。从印刷品和网站图片上来看，二者分毫不差，暂存疑待考。另外在尺寸上，徐邦达、傅申、张光宾、周积寅皆记为纵 83.2 厘米、横 27.5 厘米，佛利尔美术馆则记为纵 235.7 厘米、横 54.4 厘米，相差一倍有余。从图的比例来看，应当是佛利尔美术馆记录有误。

图1 元 马琬《春水楼船图》轴
美国弗利尔美术馆藏

日，文璧为刘本中写。”上方左右分别有元末张士诚的部下龚瑾以及马琬的老师杨维桢的题跋。此图远景以湿润的披麻皴画出远山，两艘小船向左方驶去。近景为一组山峦，山中楼宇掩映其间，两位头戴风帽的士人策马而行，两侧以夹叶法画出红叶，比起“春水”，更似是秋景。此图用笔湿润，披麻皴与点苔都较为率性天真，略有吴镇遗意，堪称马琬的佳作。

图上的收藏印鉴有项元汴的“项元汴印”“墨林秘玩”“子孙永保”“神品”“退密”等印，张珩的“张珩私印”“韫辉斋印”“暂得于己快然自足”“珍藏”“张氏宝藏书画之章”。曾经郁逢庆《书画题跋记》、汪砢玉《珊瑚网》、吴其贞《书画记》及卞永誉《式古堂书画汇考》著录。

关于此图的真伪问题，傅申曾有长文专论此图是马琬真迹[1]，张珩也认为此图是文璧早年笔[2]，徐邦达认为“较早制作，犹未到遒劲地步。杨题字亦与习见稍异”[3]。唯美国弗利尔美术馆认为是明代的作品。综合笔墨风格考量，此图应是马琬早年真迹。

2.《乔岫幽居图》〔图2〕

图2 元 马琬《乔岫幽居图》轴
台北“故宫博物院”藏

《乔岫幽居图》是马琬于至正九年（1349）在杨谦的不碍云山楼创作的作品。此图现藏台北“故宫博物院”，绢本墨笔，纵119.9厘米，横57.8厘米。马琬自题：“至正九年夏六月哉生魄，秦溪马琬文璧，为竹西聘君写于不碍云山楼。”钤印“马琬私印”（白文方）、“鲁钝生”（白文方）、“马琬文璧印章”（朱文方）。

此图笔墨学黄公望，尤与《天池石壁图》《九峰雪霁图》相似，山石皴法及点苔都较为简练、松动，多用湿笔晕染。画面中绘万山积雪，但应当不是实景，首先，夏六月的江南是见不到这样的雪景的；另外，不碍云山楼所在的张堰地处平畴沃野之间，南可望海中大小金山，北可远望云间九峰，张雨有诗《题杨竹西不碍云山楼》可证：“吴淞别有隐人邱，大小金山翠欲流。屋宇云山俱不碍，老夫伸脚卧西楼。”《乔岫幽居图》描绘的绝壁峻岭应当不是不碍云山楼能看到的场景。此图与黄公望《九峰雪霁图》作于同一年，在笔墨和意境上有颇多相似之处，《九峰雪霁图》自识为：“春雪大作，凡两三次”，马琬此作或许正是效法《九峰雪霁图》，所绘的同样是松江九峰的春雪。

本图的收藏印鉴有明内府的“司印”半印、“图书”半印，另有项子京“墨

1 傅申：《马琬画杨维桢题的春水楼船图》，《故宫季刊》1972年第七卷第三期，第31－61页。
2 张珩：《木雁斋书画鉴赏笔记》第三册，上海书画出版社，2015年，第1849页。
3 徐邦达：《徐邦达集》卷九《元明清绘画》，故宫出版社，2015年，第205页。

林秘玩"、梁清标"蕉林居士"及清内府诸印，著录于《石渠宝笈三编》。尤其需要注意的是明内府的"司印"半印，此印很少钤印在元代画迹上，马琬作为一个并不知名的画家和中下级官员，其作品进入同时期的宫廷，不太可能是特意购藏或来自元内府，应当为抄家所得或得自张士诚政权[1]。

关于此图，张珩先生认为："（此图）与暮云诗意图同一年所作，而风格变化甚多，皆文璧早年真迹也。"[2]徐邦达对此图的评价较高，认为："此图笔法较为简穆，胜于前轴（笔者按：春水楼船图），应为佳作。"[3]

3.《暮云诗意图》〔图3〕

《暮云诗意图》现藏上海博物馆，绢本，设色，纵95.6厘米，横56.3厘米。马琬自题："暮云诗意（笔者按：隶书）。至正己丑闰七月望日马琬文璧作"。钤印："鲁钝生"（白文）、"马琬文璧印章"（朱文）。左上方有四明僧如皋的题记，印鉴漫漶不清。僧如皋，字物元，临海（今浙江省宁波市）人，生卒年不详，明洪武初以高僧被召至金陵，不久之后即故去。如皋能作诗，诗风温润有意境，在当时也是颇具盛名的[4]。

图3 元 马琬《暮云诗意图》轴 上海博物馆藏

此图与《乔岫幽居图》同样作于至正九年，陶喻之认为所绘应当是杨谦不碍云山楼的景色。但在风格上，二者确实相差颇多。此图按张珩先生语："中年笔，春山过雨光景，山石用侧绿间以横点，参以米法，树亦如之，盖从高尚书脱胎者。"[5]细观此图皴法，不难看出坡脚与卵石笔墨浑穆，确与高克恭有一脉相承之处，但更多的还是《天池石壁图》的影子。而冈峦上圆浑柔和的披麻皴又源自董源，山顶多矾头或有师法巨然的地方，点苔则近似于吴镇。图中绘山中雨后日暮之景，远山绵连起伏，云雾在其间弥漫，更显出峰峦的深远。中景有小桥村舍掩映在暮霭之中，山间小径通幽，给人以可游可居之感。近处为郁郁葱葱的山林与丘陵，树石之上分染石青石绿，十分清新雅致。

顾复《平生壮观》卷九著录："春云图，二尺绢轴着色山水，学大痴，款两行，绢素颇黑。归希之物。"今轴上有"希之"小印，应当就是归老箧中旧物。

4.《雪冈渡关图》〔图4〕

《雪冈渡关图》现藏故宫博物院，绢本，设色，纵124.7厘米，横57.3厘米。马琬款云："雪冈渡关（笔者

1 此蒙浙江大学艺术与考古学院赵晶老师见告，在此特表谢忱。
2 张珩：《木雁斋书画鉴赏笔记》第三册，上海书画出版社，2015年，第1850页。
3 徐邦达：《徐邦达集》卷九《元明清绘画》，故宫出版社，2015年，第206页。
4 张志哲主编：《中华佛教人物大辞典》，黄山书社，2006年，第776页。
5 张珩：《木雁斋书画鉴赏笔记》第三册，上海书画出版社，2015年，第1851页。

图4　元　马琬《雪冈渡关图》轴　故宫博物院藏

图5　《雪冈渡关图》《乔岫幽居图》对比

按：篆书），文璧为彦明作。”[1]

此图无论尺幅还是内容、意境都与《乔岫幽居图》别无二致。尤其是远山的平台，近景处的松树，以及右侧层叠递进的一组房屋，二图几乎完全相同。陶喻之因此认为二者可能作于同年。在用笔上，二者也较为相似，《雪冈渡关图》的皴法要更琐碎一些。二图俱是真迹，之所以如此相似〔图5〕，或许因为这是马琬用来应酬的惯用图式，所以无论是构图还是笔墨都体现出了程式化的特点。徐邦达曾作此评价：“此图（雪冈渡关）学黄公望一派。构图严谨，笔法浑穆，比一般黄画略为板滞一些。但在马画中已为佳作。”[2]

5.《春山清霁图》〔图6〕

《春山清霁图》为台北“故宫博物院”藏《元人集锦卷》之五，纸本墨笔，纵27厘米，横102.5厘米。马琬自题：“春山清霁（笔者按：楷书，微带隶法）。至正丙午岁（1366）春正月望日。马文璧画于书声斋”。这是马琬存世纪年最晚的作品。钤印“马生印”（白文）、“北园灌者”（白文），此二枚印章不见于马琬其他作

1　《元人传记资料索引》中记载字“彦明”者有二十四人之多，还有许多并不见于记载。陶喻之提出了三名疑似是受画对象的“彦明”，但究竟是云间徐彦明，还是邢台张德昭又或是甫里张彦明，均留待做更进一步考察。参见陶喻之：《关于杨谦本事与马琬等的沪上创作》，《东方早报》，2013年11月11日。

2　徐邦达：《徐邦达集》卷九《元明清绘画》，故宫出版社，2015年，第206页。

图6 元 马琬《春山清霁图》卷 台北"故宫博物院"藏

品，应是晚年所用。

此图笔墨湿润，绘平远之景，比起上文提及的画作要更为谨严一些。图绘春山延绵不绝，茂树长林，村舍掩映，曲径通幽，溪水蜿蜒，隐者泛舟江上，所绘无不精妙，一片生机勃勃的景象。安岐评价此图"深得董巨规范，江贯道不能胜此。余见文璧画以此为第一。"[1]此图结构皴法，大抵出于黄公望《富春山居图》，特别是近者淡远者浓的笔墨晕染，画法极为相似，所绘的也是江南丘陵起伏之景。

此图的收藏印鉴有项元汴"子孙永保""墨林"（半印）；李肇亨"醉鸥""檇李李氏鹤梦轩珍藏记"；张洽"张洽之印"；梁清标"梁清标印"；安岐"仪周鉴赏"；另有三印漫漶不可识。画心有乾隆题记与"宣统御赏"，裱边则有乾隆朝文臣奉题诗。著录见于李日华《味水轩日记》卷三、顾复《平生壮观》、吴升《大观录》、安岐《墨缘汇观》卷四。经王耀庭考证，此图与项元汴手中散出后曾经重裱，又转入李日华、李肇亨父子手中，后在梁清标手中之时，又由装裱师张镠重新装潢。

综上所述，马琬现存作品的面貌主要有三：第一类笔墨多得于黄公望《天池石壁图》，用笔较湿润，意境清远，运笔深厚从容，也有取法吴镇和高房山之处，如《春水楼船图》《暮云诗意图》；第二类与黄公望《九峰雪霁图》较为相似，用笔浑厚肃穆，气象开阔，但略显笔墨烦琐，如《乔岫幽居图》《雪冈渡关图》；第三类则仿《富春山居图》，皴笔浓淡相宜，得自然神趣，如《春山清霁图》。

（三）马琬的画作辨伪

马琬的存世作品虽然较少，但也存在真伪杂糅的问题。接下来，笔者将以上文总结的马琬绘画风格为基准，参考前人鉴定意见，对《松壑观泉图》《溪山新雨图》《秋山行旅图》《秋江钓艇图》四幅作品进行辨析。

1.《松壑观泉图》〔图7〕

此图纸本设色，纵60.8厘米，横29.3厘米，现藏台北"故宫博物院"。右上角马琬自题曰："松壑观泉。

1 （清）安岐：《墨缘汇观》卷四，岭南美术出版社，1994年，第297页。

图7 （传）元 马琬《松壑观泉图》轴
台北“故宫博物院”藏

图8 元 王蒙《林泉清集图》轴
玻璃底片

戊辰冬日。扶风马文璧制”。钤印“梦笔山房”（白文方）。按戊辰为天历元年（1328），此图一般被看作是马琬现存纪年最早的一件作品。左上角为一笠道人题：“峭壁嶙嶙积古苔。梧花将落渚花开。闲评最是山中闹。更上白云生处台。一笠道人题。”印记仅存右半，左半似有挖补痕迹，不知是否是有意为之。收藏印记有清内府乾隆、嘉庆、宣统三朝印记，另有“墨林山人”“珍玩”“有竹人家”印和一漫漶印。

徐邦达先生在《重订清故宫旧藏书画录》中将此图鉴定为“伪劣”[1]。除笔墨伪劣之外，此图在构图和技法上还与王蒙《林泉清集图》〔图8〕极为相似[2]，而非马琬常见的拟黄公望风格。《林泉清集图》是王蒙的名作，真迹于1929年为张学良所购得，后不知下落。对比玻璃底片可见[3]，《林泉清集图》近景处的九人各司其事，士人饮酒、隐士观泉、妇人在后屋顾盼的情景在马琬款《松壑观泉图》中被简化成了三人相对独立的行为，此外后者笔墨更为琐碎散乱，树枝的穿插较生硬，水平远不及上述马琬真迹，应是明清时的普通画手所仿。

另外从收藏印记上来看，清内府印记应当无误，但项元汴的“墨林山人”与现存世的几枚同印文的项元汴真印明显不同，从印泥质感上来看也逊色不少。再仔细观察，发现“墨林山人”“珍玩”两枚收传印和此幅作品中押在马琬姓名上的“梦笔山房”印色、质地基本一致，有可能是同时钤盖的。由此推断，《松壑观泉图》的创作时间应当是在晚明项元汴之后，清代入乾隆内府之前，添上马琬伪款的年代也约在此时。

2.《溪山新雨图》〔图9〕

台北“故宫博物院”藏。款书：“至正二年（1342）十月望日。扶风马文璧。”《溪山新雨图》自题的书法也较为稚拙，与马琬的小楷风格毫无关联，倒与上图《松壑观泉图》略有相似之处。笔墨上来看，此图用较为湿润的长披麻皴写出山坡沙渚，和《春水楼船图》一样，都是董巨传派的风格，但笔墨较为粗简呆板，没

1 徐邦达：《重订清故宫旧藏书画录》，人民美术出版社，1997年，第78页。
2 此蒙南京大学历史学院车旭东老师见告，在此特表谢忱。
3 此玻璃底片原系徐邦达先生旧藏，感谢故宫博物院王连起先生、汪亓先生惠赐图档。

图9 （传）元 马琬《溪山新雨图》轴
台北“故宫博物院”藏

图10 （传）元 马琬《秋山行旅图》轴
台北“故宫博物院”藏

图11 （传）元 马琬《秋江钓艇图》轴
台北“故宫博物院”藏

有《春水楼船图》的酣畅浑朴。对比之下，发现此图的构图和现藏日本黑川文学院的董源《寒林重汀图》下半部分较为相似，应当是受到了该图式的启发。在马琬所处的年代，有数本《寒林重汀图》存世。其一即今黑川文学院所藏本，据图上钤印的“宣文阁宝”可知，此图元末之时藏于元顺帝内府。至正元年（1341），元顺帝依康里巎巎议，设立宣文阁取代奎章阁，周伯琦奉敕篆刻“宣文阁宝”印。至正五年（1345）康里巎巎死后，宣文阁名存实亡。《寒林重汀图》经宣文阁鉴藏的时间应在这五年之间。流寓江南的马琬，应当是没有机会寓目这一内府藏品的。但当时的江南可能还流传着另一本董源《寒林重汀图》，吴镇《梅道人遗墨》中有："董源画寒林重汀，笔法苍劲，其真迹世所罕见，因观是图，摹其万一。"[1]贝琼《题董源〈寒林重汀图〉》注云："余客云间邵公筠谷所，暇日观画西清庵，而董源《寒林重汀》为第一，而筠谷出入，必置之左右，未尝舍去。"[2]作为华亭邵家收藏之首，此图在江南尤其是在松江华亭一带应当有很大名声，马琬得见此画并进行临仿，也是极有可能的。笔者因此认为，马琬原有《寒林重汀图》临仿真迹，后世作伪者以此为据再次临摹，并添加上了马琬的名款，即是此《溪山新雨图》。只可惜马琬的临摹真迹今已不知所在。

此图的收传印记除了清内府诸玺印之外，还有一枚"何氏元朗"，细审之下其与真印也并不相同，恐怕是作伪之人为了借其名声提高画价所钤的伪印。据此推断，此图的作伪时间与《松壑观泉图》一样，应在明中后期以后，清代入乾隆内府之前。

3.《秋山行旅图》〔图10〕

此图无马琬款印，董其昌题："马文璧秋山行旅图。其昌审定"。定为马琬所作。张珩先生称："姑仍董题记以俟考。"[3]董其昌的书法具有生拙之气，造诣颇高，反观此图董跋，不仅行气不顺，而且笔力不精，特别是"图"字的歪斜颤抖与董其昌真迹判然有别。"董其昌"朱文方印更是粗拙。由此大致可以判断，董其昌的题跋有可能也是伪迹，是后世作伪者妄添上去的。

此图从风格上来看，和马琬真迹距离较远，明显受到了吴门画派特别是文徵明的影响，和宋旭、宋懋晋的风格较为相似。应当是出自明末松江画派画家之手。

4.《秋江钓艇图》〔图11〕

此图为纸本，墨笔，纵152.9厘米，横42.5厘米，现藏台北"故宫博物院"，向来被认为是马琬于至正十年赠予杨维桢的答谢礼。但细审之下，书法结字偏长，与马琬较方甚至有些扁方的结字不同。画风虽然也沿袭自黄公望，但比起马琬的朴实要松散得多，更多地体现出了程式化的特点。其真伪恐也值得质疑。

除了本文列举的这几幅画作之外，马琬还有《秋林钓艇图》轴（台北"故宫博物院"藏）、《青山红杏图》册（天津博物馆藏）等作品存世，前辈学者已有定论（参见[附表]），本文不再赘述。

二　马琬的书法

作为一位"时称"三绝的书画家，除了画作之外，马琬的书法也同样值得关注。关于马琬书风的记载极少，仅有贝琼说他"书似颜鲁公"，李日华称他在《春山清霁图》中的自题"书法用急就"。马琬存世的书迹较少，本文拟在真伪判断的基础上总结马琬的书法风格。

1　黄宾虹、邓实编：《中华美术丛书》三集第四辑《梅道人遗墨》，北京古籍出版社，1998年，分卷第54页。
2　（元）贝琼著，李鸣校点：《贝琼集》诗集卷四《题董源〈寒林重汀图〉》，吉林文史出版社，2010年，第247页。
3　张珩：《木雁斋书画鉴赏笔记》第四册，故宫出版社，2015年，第2596页。

（一）马琬的书法真迹

马琬的书法真迹集中于画作自题和为当时好友所作书画的题跋之上。计有八件，分别为《春水楼船图》《乔岫幽居图》《暮云诗意图》《雪冈渡关图》《春山清霁图》上的自题，和张渥《竹西草堂图》（辽宁省博物馆藏）、王绎、倪瓒《杨竹西小像》（故宫博物院藏）、朱德润、王渊《良常草堂图》（美国私人藏）卷后题跋。

《竹西草堂图》大抵作于至正九年，马琬题跋约在同时。此跋为行楷书〔图12〕，结字长方，笔法较为硬挺方峻，似有取法欧阳询之处，但略给人以拘谨之感。与此跋风格较为相似的有《春水楼船图》自题〔图13〕，此书确有颜字笔意，结字比起《竹西草堂图》跋更为稚嫩，但从瘦硬挺健之处，仍然可以看到二者之间的联系。

马琬的书法还有一种小楷面貌，见于《乔岫幽居图》《暮云诗意图》和跋《良常草堂图》〔图14〕。前二图均作于至正九年，风格上也如出一辙，皆为结字近方，捺笔和横画收笔较重，颇有生拙之气。跋《良常草堂图》则更为萧散一些，此跋署名"鲁钝生"，或作于至正初年，仍然具有捺笔和横画收笔较重的特点。但整体水平上明显要逊色于《暮云诗意图》与《乔岫幽居图》，结体不稳以至于歪斜失步之处较多，点画用笔也较弱。这可能是与马琬当时的书写状态有关。

此外马琬还有行草一路的书迹。如自题《春山清霁图》和跋《杨竹西小像》〔图15〕。《春山清霁图》作于至正二十六年（1365）丙午，书法笔意近于章草，较为纯朴圆润，规矩适度，平实秀美，具有较高的书法造诣。《杨竹西小像》中马琬自称："扶风人马文璧"，按照张光宾先生的鉴定，马琬是秦溪人而非扶风

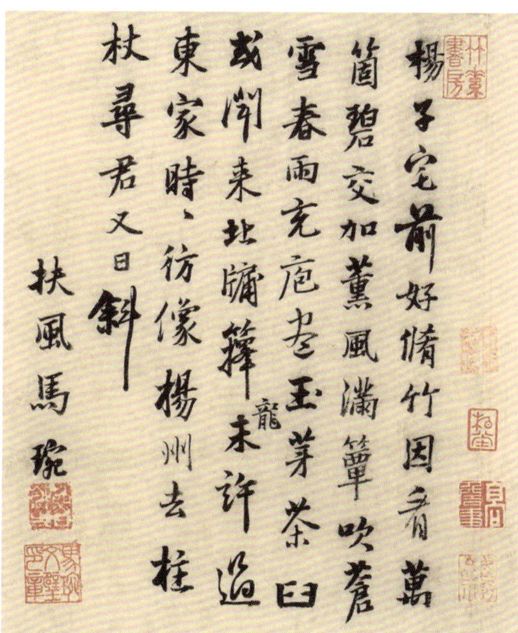

图12　元　张渥、赵雍《竹西草堂图》马琬题跋

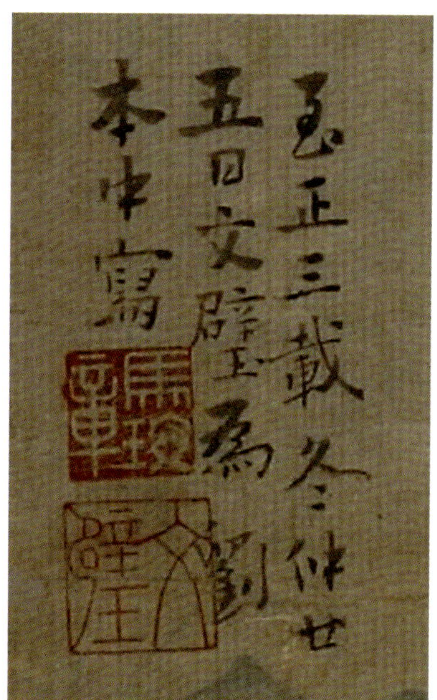

图13　元　马琬《春水楼船图》自题

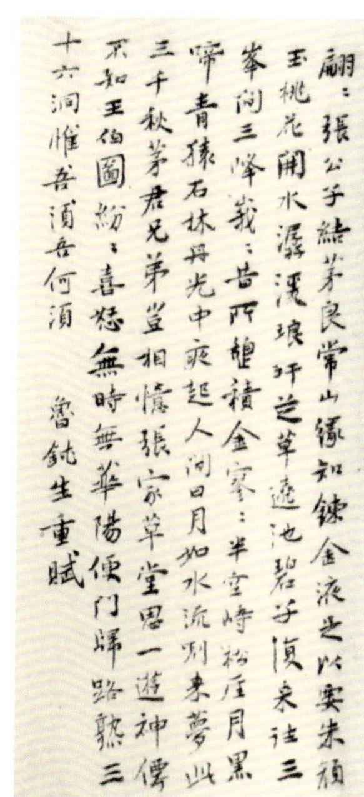

图14　元　王渊、朱德润《良常草堂图》马琬题跋

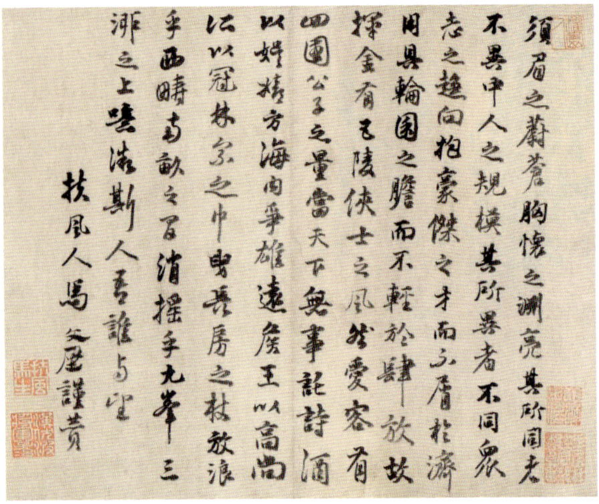

图15 元 倪瓒、王绎《杨竹西小像》马琬题跋

人士，凡写作“扶风人马文璧”的都应是伪作[1]，《杨竹西小像》跋也无疑被张光宾先生定为赝品了。另外，此跋马琬落款中的“马文璧”作“壁”字，也确实是一个疑点。但《杨竹西小像》为王绎、倪瓒的巨制，又有郑元祐、杨维桢的题跋，独拆去马琬的题跋配上伪迹，其实是有些不符情理的。而且，此跋的用笔习惯与《良常草堂图》及《竹西草堂图》一致，水平也相差不多。特别是落款，马琬的落款“马”字三横几乎与下面的横折等长，“文”字捺笔也写得较舒展，《杨竹西小像》的马琬跋也符合这一特性。总而言之，笔者认为《杨竹西小像》的题跋应当还是真迹。跋《杨竹西小像》与跋《良常草堂图》一样，都约作于至正末年，水平上与《春山清霁图》自题有一定距离，捺笔的处理上也过分追求一波三折，或是马琬有意为之；又或是与《良常草堂图》跋一样，受到了当时书写条件的限制。

综上所述，马琬的书法特点有三，一是结体近方；二是捺笔和横画收笔较重；三是书风较为生拙浑朴。

（二）马琬的书迹辨伪

《竹箫铭》〔图16〕现藏美国弗利尔美术馆，为存世唯一署名为马琬的书法作品，纵29.4厘米，横462.9厘米，文曰：“竹箫铭。真定杜彦清得湘竹箫于重华，杨籓领至正辛丑（1361）来赤松溪，为承一弄，因作秋林吹箫图以报之，后系以铭，人物是兴姚彦卿作也。铭曰：□□（缺损不识）拊缶之音渺渺，如采芝之曲激烈，似寒江之涛惨戚，类渐离之筑喧。苍梧崩，湘水绝，竹上之泪乃可灭。扶风人马文璧顿首”。马琬未钤印。后有云间谭立礼、华亭朱堂、天台王泽、郑元祐、崔亮（寅斋）、陈璧、邵思文、刘元俊、刘俨、杨谦（竹西）、芝涧的书迹，所论皆与杜彦清湘竹有关。

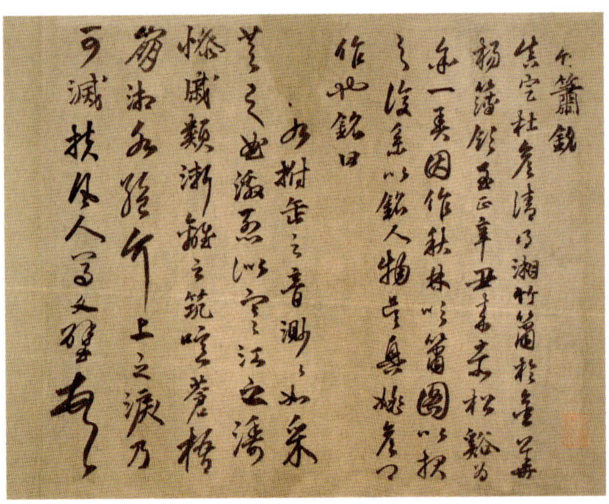

图16 （传）元 马琬《竹箫铭》 美国弗利尔美术馆藏

杜彦清，真定（今河北正定）人，约元中后期在世。主要活动于江南，与杨维桢有交，曾同游山水[2]。《东维子文集》卷一一中有《赠杜彦清序》一篇，盛赞其歌声与笛声。但是，杨维桢并无“杨籓领”的称号，马琬在《竹箫铭》所称的“杨籓领至正辛丑来赤松溪”，所指是否为杨维桢，还值得推敲。

1 《马琬的山水画》，第318页。
2 李修生主编：《元曲大辞典》，江苏古籍出版社，1995年，第61页。

此卷书法水平不高，行气并不连贯，字与字之间像是独立存在，书风也与马琬真迹并不相同，王连起先生认为有一些詹僖的意思，基本可以断定《竹箫铭》为伪迹，并且是明清人所伪造的作品。卷后陈璧、郑元祐题跋并未公布图像，其余题跋由于没有可以对比的材料，也无从断定真伪。

此卷鉴藏印有"子佩珍玩""香东审定"两枚，为清人桂芳的收藏印。著录见于《平生壮观》卷四，题为《元人十四家书》，《大观录》中也有相似的记载。在著录中，马琬之前还应有《张天雨次韵谢天镜上人送柑诗》，此外，竹西之后也不是芝涧的书法，而是龙河大䜣在至正二年八月二十七日的书迹。只可惜，《平生壮观》与《大观录》都没有详录诗文，无法与现今《竹箫铭》中的内容相互对照。不知二书所录是否就是此卷，只不过张雨和龙河大䜣的诗词已被割去；或是二书所录是此卷的原本，今天已经佚失。

此外，部分宋元作品卷后也可见马琬题跋，然而均有可推敲处，兹录于下：

1.旧传董源的金人佚名《重溪烟霭图》（现藏故宫博物院）

此图旧题董源，据杨仁恺考证："董源款是后添，拖尾元人诸题俱伪，惟极精好，色笺描金引首亦佳。就原作时代风貌考察，当是宋代北方山水，具体说应纳入金代，仍不失为杰出佳作。"[1]马琬书迹应亦是伪迹。

2.传赵伯驹《江山楼阁图》卷（现藏辽宁省博物馆）[2]

此图原藏清内府，后因溥仪以赏赐溥杰为由流落在外，现藏辽宁省博物馆。拖尾处有马琬、邓文原、文徵明等人题跋，马琬自称作于："至正甲申（1344）端阳后一日。"中国古代鉴定小组意见为："明人伪作，好的。"杨仁恺鉴定意见为："拖尾马文璧、邓文原、文徵明、许初等跋均伪。可能万历年间苏州片。画学仇英，高手之作。"马琬跋水平与风格均与真迹相差甚远，应是后来的画贾妄加上去的。

3.传米友仁《楚山秋霁图》（现藏美国弗利尔美术馆）〔图17〕

米友仁《楚山秋霁图》原为庞虚斋旧藏，著录于《虚斋名画录》卷一，美国弗利尔美术馆定为清代画手所伪。此图款署"襄阳米元晖作"，引首有周伯琦篆书"楚山秋霁"四字，拖尾有元、明、清二十多人题跋。经比对，发现白珽、解缙、文嘉、董其昌等人的题跋与真迹水平相去甚远，宋无、马琬、醉樵似出自一手，马琬的"鲁钝生印"（白文）、"马文璧"（白文，文字为朱文）也与其他作品上的马琬印不同，值得怀疑。

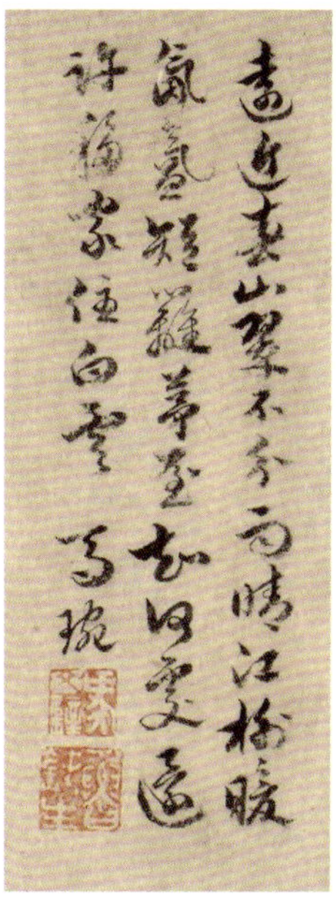

图17 （传）宋 米友仁《楚山秋霁图》马琬题跋

此外，相同内容的马琬题跋还出现在端方、蒯寿枢递藏的郭畀《云山烟树图》卷后[3]；而米友仁、郭畀二图后醉樵的题跋也完全相同，与之一致的跋文还出现在北京保利2017年春拍的郭畀《云山图》卷之上，但是被改换了名姓。

4.鲜于枢《佛遗教经》（现藏上海静安寺）

此卷经陶梁所撰写的《红豆树馆书画记》卷一著录，现藏上海静安寺。鲜于枢自题："延祐六年五月初六日写于六和精舍，鲜于枢。"其后有马琬、吴孟思、刘珏等

1 杨仁恺：《国宝沉浮录：故宫散佚书画见闻考略》，上海人民美术出版社，1991 年，第 459 页。

2 此图的相关信息，蒙辽宁省博物馆的郭丹女士见告，在此特表谢忱。

3 周积寅、王凤珠编著：《中国历代画目大典辽至元代卷》，江苏教育出版社，2002 年，第 215 页。

人题跋。马琬题跋为:“伯几书负雄劲之气加以清苦之学,故其超诣如此。今观此经,使人肃然起敬。至正十年冬十月,扶风马琬”。

本幅鲜于枢墨迹恐非真迹,考鲜于枢卒于大德五年或六年(1301年或1302),延祐六年(1319)鲜于枢早已谢世十余年之久了,如何能再书此《佛遗教经》。马琬距离鲜于枢的时代并不远,此跋是马琬误记鲜于枢生卒年,还是从他处移来,抑或是伪跋,笔者未见原作,不敢妄断。

三 余 论

后世在评价马琬书画艺术时,常说他规模黄公望,笔墨浑厚。但是比起黄公望的平淡天真,马琬显得要板滞一些[1],甚至透露出了一些程式化的迹象。董其昌在《山水书画合册》(故宫博物院藏)第一开中的评价十分到位:“马扶风学黄子久,得其皮骨形,未得者韵耳!”

马琬书画艺术的影响,很大程度上在于他的绘画扩大了黄公望及其传派的流布,是后世学习、临仿黄公望的桥梁。可惜的是,并没有明确的文献记载证明马琬在当时曾课徒授业,但他对明清画家学习黄公望一派的画风应当是起到了桥梁和辅助的作用的。如明代华亭派开山之祖顾正谊,即是从研习马琬入手上溯至黄大痴乃至元四家。王鉴的《仿宋元山水十帧册》和《仿宋元八家册》中皆有仿马文璧一帧,足见其对马琬的重视。恽寿平亦有《仿马琬山水轴》,此画现藏故宫博物院,未署年月,自题“客玉峰园池观马文璧大帧,略仿其意”。戴熙也对马琬的画作多有临仿,其《习苦斋画絮》卷九即著录了《溪亭烟树仿马文璧为畹》《溪路入寒烟仿马文璧为子谦》与《深居岚翠中高出云气上仿马文璧》三幅临仿马琬的画作。另外,从马琬伪作的作伪时间来看,或许在明清之时,马琬的书画作品具有一定的影响力和收藏价值。

最后讨论马琬的伪跋问题。就笔者目力所及,除自题及为知友所作题跋之外,马琬在前人作品上的题跋几乎全为伪作,究其原因,或许与明清之时伪造古画并在其后添上元末诸家题跋这一作伪风气有关。如《青霞馆论画绝句》中论及《宝绘录》所录宋以前诸图,“皆有赵松雪、俞紫芝、邓善之、柯丹丘、黄大痴、吴仲圭、王叔明、袁海叟十数人题识,终以文衡山,而不杂他人,览之足以发笑。岂先流布其书,后乃以伪画出售,希得厚值耶?数十年间,余见十余种,其诗跋乃一人所写,用松江粉黄笺居多”。《宝绘录》中所载题跋,确也出现了两宋题跋罕有而元末诸家题跋较多的现象。作伪者伪造马琬题跋于卷后,无疑是要利用马琬的声名及其盘桓松江期间的交游关系为赝品增色,同时,由于马琬作品并不多见,藏家不易把握马琬的书风,更不易辨明真伪。这一现象在元末诸家中,应当具有一定的普遍性。

1 徐邦达:《徐邦达集》卷九《元明清绘画》,故宫出版社,2015年,第206页。

附表　马琬作品的鉴定意见、收藏著录情况一览表

绘画作品：

名称	质地尺寸	年代款识	藏地	前人鉴定意见
松壑观泉图(轴)	纸本，设色 纵60.8厘米，横29.3厘米	元天历戊辰(1328)	台北"故宫博物院"	徐邦达：伪劣
溪山新雨图(轴)	纸本，水墨 纵69.7厘米，横21.7厘米	至正二年(1342)	台北"故宫博物院"	
春水楼船图(轴) *又名瀛海图	纸本，设色 纵83.2厘米，横27.5厘米	至正三年(1343)	美国弗利尔美术馆	张珩：文璧早年笔。 徐邦达：较早制作，犹未到遒劲地步。杨题字亦与习见稍异。 傅申：真迹
暮云诗意图(轴)	绢本，设色 纵95.6厘米，横56.3厘米	至正九年(1349)	上海博物馆	张珩：文璧早年真迹……中年笔，春山过雨光景，山石用侧绿间以横点，参以米法，树亦如之，盖从高尚书脱胎者
乔岫幽居图(轴)	绢本，水墨 纵119.9厘米，横57.8厘米	至正九年(1349) 写于不碍云山楼	台北"故宫博物院"	张珩：与《暮云诗意图》同一年所作，而风格变化甚多，皆文璧早年真迹也。 徐邦达：此图笔法较为简穆，胜于《春水楼船图》，应为佳作。真迹上上
雪冈渡关图(轴)	绢本，设色 纵124.7厘米，横57.3厘米		故宫博物院	徐邦达：此图学黄公望一派。构图严谨，笔法浑穆，比一般黄画略为板滞一些。但在马画中已为佳作 陶喻之：尺幅、内容、意境与《乔岫幽居图》相近，可能作于同年
秋江钓艇图(轴)	纸本，水墨 纵152.9厘米，横42.5厘米	至正十年(1350)为铁崖先生画	台北"故宫博物院"	
秋林钓艇图(轴)	纸本，水墨 纵92厘米，横38厘米		台北"故宫博物院"	张珩：姑存俟考 徐邦达：伪作 张光宾：赝品
春江问渡图(轴)	纸本，水墨 纵49.9厘米，横34.2厘米	至正二十年(1360)	台北"故宫博物院"	
秋山远寺图(轴)		至正二十年(1360)	平等阁旧藏	
山水图(轴)		至正二十一年(1361)	藏地不明，《支那南画大成》卷九影印	周积寅：待考
春山清霁图(卷)	纸本，水墨 纵27厘米，横102.5厘米	至正丙午岁(1366)春正月望日，马文璧画于书声斋。	台北"故宫博物院"	
青山红杏图(册页)	绢本，设色 纵24.2厘米，横22.7厘米		天津博物馆	
春林清兴图(册页)	纸本，设色 纵26.5厘米，横32.5厘米	无款，"马氏文璧"印	台北"故宫博物院"	
秋山行旅图(轴)	纸本，浅设色 纵124.5厘米，横33.3厘米		台北"故宫博物院"	徐邦达：无名款，董其昌鉴定。 张珩：姑仍董题记以俟考
夏山欲雨图(轴)	纸本，水墨浅设色 纵103厘米，横32.1厘米		日本大阪市立美术馆	
幽居图(卷)	纸本，水墨 纵27.9厘米，横110厘米		日本冈部长景旧藏	徐邦达：旧摹本

（续表）

名称	质地尺寸	年代款识	藏地	前人鉴定意见
溪山行旅图 (形制不详)	绢本，水墨 尺寸不明		美国高居翰景元斋	无款，传为马琬
澄溪静樾图(轴)	纸本，水墨 纵58.5厘米，横31厘米		美国辛辛那提美术馆	周积寅：真伪待考
春云晓霭图(轴)	纸本，设色 纵291厘米，横41.6厘米	款书：扶风马琬文璧为碧溪高士作	庞莱臣旧藏	
山水图(轴)	纸本 尺寸不明		藏地不明，《神州国光集》第七集影印	周积寅：待考
山水图(卷)	纸本，水墨 尺寸不明		天津博物馆	中国古代书画鉴定小组：伪迹
策蹇探梅图(轴)	纸本，设色 尺寸不明		广州艺术博物院	中国古代书画鉴定小组：资料

已佚画作：

名称	著录	其他
雪景山水图(轴)	袁中道《珂雪斋集》外集卷三《游居柿录》著录	至正八年(1348)款。有杨维桢题
着色山水(轴)	顾复《平生壮观》卷九著录	绢本。有俞和题诗
春云图(轴)	顾复《平生壮观》卷九著录	绢本。归希之旧藏。 按：有可能是《暮云诗意图》
云山图(小条幅)	顾复《平生壮观》卷九著录	纸本。中楷书款两行，有"纵笔乱涂"之语
绢本山水小册	顾复《平生壮观》卷九著录	绢本。董其昌题为黄公望，实为马琬
夏山图(轴)	顾复《平生壮观》卷九著录	绢本。无款，董其昌题为黄公望，实为马琬
仿巨然秋峦烟树图	卞永誉《式古堂书画汇考》卷五四著录	款书文璧为彝斋作。有马治、张弼题跋
春云晓霭图(轴)	葛嗣浵《爱日吟庐书画续录》卷二著录	纸本。款书："文璧为叔端作。"有杨维桢、朱吉题
秋山图	赖良《大雅集》卷五著录	有鲁源题
幽居图	钱维善《江月松风集》补遗著录	有钱维善题
云林隐居图	贝琼《清江文集》文集卷之一三著录	
册页一帧	汪砢玉《珊瑚网》卷四三名画题跋十九著录	原在《唐宋元宝绘》册中，董其昌旧藏，汪砢玉第二次寓目之时，此图已经失去
册页一帧	汪砢玉《珊瑚网》卷四三名画题跋二十、卞永誉《式古堂书画汇考》卷三四著录	《胜国十二名家》第十七帧，马文璧仿马和之
佳意图	卞永誉《式古堂书画汇考》卷三三著录	款署"至正二十三年(1363)元日"。纸本。有王文麟题
春山晚翠图	卞永誉《式古堂书画汇考》卷三四著录	款署"至正十三年(1353)五月"。绢本淡设色。为斋贤学博写

书迹：

名称	时代及款署	藏地或出处
跋张渥、赵雍《竹西草堂图》	至正九年(1349)到至正十五年(1355)之间	辽宁省博物馆
跋倪瓒、王绎《杨竹西小像》	至正二十五年(1365)到至正二十六年(1366)之间	故宫博物院
跋王渊、朱德润《良常草堂图》	署款"鲁钝生"	美国私人
跋赵伯驹《江山楼阁图卷》	至正甲申(1344)端阳后一日	辽宁省博物馆

（续表）

名称	时代及款署	藏地或出处
跋鲜于枢《佛遗教经》	至正十年（1350）冬十月	上海静安寺
跋赵孟頫《出师陈情二表册》	至正十六年（1356）正月廿八，倪中、马琬观于杭城寓舍	藏地不明，著录于《石渠宝笈》卷一〇
竹箫铭（卷）	至正二十一年（1361）	美国佛利尔美术馆
跋旧传董源的金人佚名《重溪烟霭图》		故宫博物院
跋米友仁《楚山秋霁图》		美国佛利尔美术馆
跋郭畀《云山烟树图》		蒯寿枢旧藏
跋赵孟頫山水卷		藏地不明，《盛京故宫书画录》著录
跋刘松年《西苑雅集图》		藏地不明，《佩文斋书画谱》卷九九著录
跋杨维桢《书巫峡云涛石屏志》		藏地不明，《赵氏铁网珊瑚》卷九著录

[作者单位：故宫博物院研究室]

武官来访：明杜琼《友松图》主题、图式再研究

Military Officer's Visit: Revisiting the Theme and Schema of Du Qiong's *Yousong* Painting in the Ming Dynasty

秦晓磊

Qin Xiaolei

内容提要：

经翻阅文献与再度检视画面本身，对杜琼存世《友松图》的主题、受画人等提出新的看法，否定了自明末张丑以来对该作的一贯认识。并依据画面采用的图像模式，将此作置入元、明时期书斋山水图的制作脉络中进行观察，认为此作是杜琼为纪念与答谢一位拥有四品及以上官职的武官友人来访，绘制并相赠的图画。根据同时期主题、制作情境相近画作的定名原则，此作名“东原斋图”当更为贴切。

关键词：

杜琼　武官　《友松图》　书斋山水

ABSTRACT:

After reviewing the literature and re-examining the painting itself, this article puts forward new perspectives on the theme and recipient of Du Qiong's *Yousong* painting, against the long-lasting dominant opinion led by Zhang Chou since the late Ming dynasty (1368-1644). On the basis of the painting's schema, when placed within the context of the landscape related to literati living space in the Yuan (1271-1368) and the Ming dynasties, this painting was probably created to commemorate the visit by a certain high-ranking military officer and presented to him as a gift of gratitude. According to the naming principle of contemporary works with identical themes and creative context, it would be more appropriate to be named after Du Qiong's study "Studio of Dongyuan" (*Dongyuan zhai*) .

KEYWORDS:

Du Qiong (1396-1474), military officer, the *Yousong* painting, landscape painting of literati living space

图1 明 杜琼《友松图》卷 纸本设色 纵28.8厘米 横92.5厘米 故宫博物院藏

现藏故宫博物院的杜琼（1396—1474）《友松图》卷〔图1〕，经明末张丑（1577—1643）定名、著录，并称其是画家为姐夫魏友松所作的别号图[1]，后世多承其说[2]。刘九庵在关于吴门画派别号图的研究文章中，引用了张丑的说法，视其为年代较早的存世别号图[3]。杨丽丽发展了这一说法，更结合画面内容，将两位主体人物中官员装扮者解读为魏友松，文士装扮者解读为画家本人，并分析创作背景是魏友松来到杜琼家中做客，杜琼绘图赠之[4]。经翻阅文献与再度检视画面及相关图像，笔者对张丑关于此作受画人及制作背景的说法产生了质疑，故撰文提出新的认识，以求教于方家。

一 对张丑“别号图”说的再检视

现存此作无署款，本幅钤有杜琼“东原斋”“杜氏用嘉”等印。拖尾有文伯仁（1502—1575）书于隆庆三年（1569）的题跋〔图2〕，详述杜琼在文艺上的成就并肯定此作的价值。结合画面笔墨风格来看，确为杜琼之作无疑。根据张丑的著录，可知其寓目时，在文伯仁的题跋前，还有刘珏（1410—1472）的题诗与张情[5]书于嘉靖四十四年（1565）的大段诗跋。何以生活在距离此作绘制年代更近的张情与文伯仁看起来对其主题及制作背景一无所知，反倒是

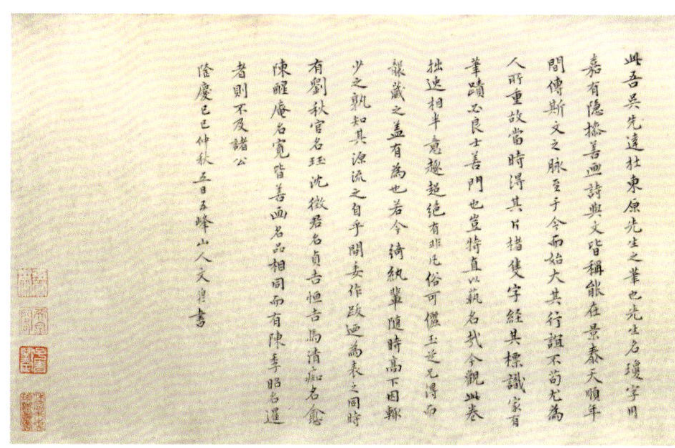

此吾吳先達杜東原先生之筆也先生名瓊字用
嘉有隱操善画詩與文皆稱能在景泰天順年
間傳斯文之脉至于今而始大其行誼不苟尤為
人所重故當時得其片楮隻字經其標識家有
筆蹟必良士善門也豈特直以藉名哉今觀此卷
拙逸相半意趣超绝有非凡俗可儗玉述見得而
韞藏之盖有為也若今綺紈輩隨時高下因鄙
少之孰知其源流之自乎閒妄作跋迺為表之同時
有劉秋官名珏沈徵君名貞吉恒吉為清痴名愈
陳醒庵名寬皆善画名品相同而有陳季昭名暹
者則不及諸公
隆慶己巳仲秋五日五峰山人文泉書

图2 《友松图》文伯仁题跋

1 （明）张丑撰，徐德明校点：《清河书画舫》，上海古籍出版社，2011年，第579－581页。

2 《式古堂书画汇考》抄录了《清河书画舫》的著录。见（清）卞永誉：《式古堂书画汇考》卷五六，《景印文渊阁四库全书》第829册，台湾“商务印书馆”，1986年，第417－419页。

3 刘九庵：《吴门画家之别号图及鉴别举例》，《故宫博物院院刊》1990年第3期。

4 杨丽丽：《杜琼生平及其艺术初探》，《故宫博物院院刊》1995年第1期。

5 张情，字约之，号安里散人，是张丑的祖父。

又晚生了七八十年的张丑言之凿凿？

张丑因撰《清河书画舫》《真迹日录》等书画著录类书籍，今日被视为收藏家与鉴定家。但细检其对于画家风格及画作真伪的判断，不乏令人难以信服之处。约在万历三十四年（1606），张丑收购了一卷据称为沈周作于成化十七年（1481）前后的《仙山楼阁图》[1]，并视之为绝世名迹[2]。该图今不传，据张丑记述，乃为精细层叠、用笔细润之作，“其间千山万树，寸屋分人，各有生态”[3]，“图中……楼居结构极密，布置详悉”[4]，这非但与今日学界对沈周中年时期绘画面貌及艺术趣味的认识相去甚远，在当时也受到众人的质疑[5]。万历四十五年（1617），张丑将一张“青绿满幅”的细笔山水画定为“天下倪画第一，即举世非之不顾也”[6]。倪瓒绘画向来以幽淡疏简的水墨形象示人，张丑此举颇有些语不惊人死不休的意味。面对非议，张丑丝毫不以为然，反而自信满满：“余初收蓄启南《仙山楼阁》袖卷，人多致疑焉，赖久而论自定。既又识拔海岳《宝章待访》小册，世皆骇异之，未几而品日高。乃今赏鉴元镇《僦居城东》矮幅，虽家喻户晓弗信也，鲜有不非笑之者，然不笑不足以为道。”[7]随后，张丑将此画的制作年代、受画人一一道来：“至正癸未，元镇时年四十有三，为进道写青绿细山水，笔意仿效荆、关，兼有董、巨遗意。”[8]

一张“无能识者”[9]的青绿细笔山水，张丑轻而易举就“还原”了其制作原委。相似的情形，亦发生于万历三十七年（1609）。十月末张丑购得一张杜琼的画作，其后有刘珏、张情、文伯仁的题跋，张丑当天便迫不及待地续跋之，并讲述了一个人皆不晓的故事：“东原先生为其姊丈魏友松写号图，当有诗，不知何缘脱落……伏读文五峰题识，虽能闻发尔时诸名家画品，惜乎失叙图赠友松一节，犹是未窥前人用意之妙，故为补书于末。”[10]这便是《友松图》得名之由来。张丑此说所据为何，今已不得而知，然而这一说法是否确切，值得检视。

据罗振玉（1866—1940）考证，杜琼的姐姐嫁予魏姓人氏，并育有一子名魏晟，字公明[11]。结合杜琼与吴宽（1436—1504）的记述来看，杜琼还有一位外甥名魏昌，字公美，为魏晟之兄。魏昌、魏晟的父亲名魏茂，字本成[12]。而刘珏作有《题杜东原赠魏友松姊丈山水图》诗[13]，虽与张丑著录的《友松图》卷后所题诗不同，但亦可证实“友松”确为魏茂的别号。现存杜琼此作会是画给魏茂的吗？

---

1 “此卷留心二年始就绪……成化己亥秋，启南客游洞庭……比归，写《仙山楼阁》卷见寄。”见《清河书画舫》，第582页。

2 “求之唐宋名卷，目中罕俦，真可雄视一世。”“即翁《西园十景》《春山欲雨图》《赠吴文定公行》长卷，号为生平极笔者，一一出其下，自当与摩诘《江山雪霁》声价争先。下视正道《清明上河图》、子久《浮峦暖翠》真迹，且退避三舍矣。”见《清河书画舫》，第582页、第584页。

3 《清河书画舫》，第582页。

4 《清河书画舫》，第584页。

5 “余初收蓄启南《仙山楼阁》袖卷，人多致疑焉”，见《清河书画舫》，第556页。

6 《清河书画舫》，第556页。

7 《清河书画舫》，第556页。

8 《清河书画舫》，第556页。

9 《清河书画舫》，第556页。

10 《清河书画舫》，第581页。

11 见《杜东原先生年谱》，（明）杜琼：《杜东原集》，台北“中央”图书馆，1968年，第10页。

12 “外甥魏公美以奇石寿予……”见（明）杜琼：《奇石八咏》序，《杜东原集》，第1页。“以公明之骨授其兄公美，其兄公美受之而恸……公明讳晟，世居苏城，曾祖宗吉，祖景仁，父本成”，见（明）杜琼：《故湖广岳州府澧州石门县儒学训导魏公明墓志铭》，《杜东原集》，第142页。“曾祖文原，祖德，父茂。茂娶杜氏，生君。其讳昌，字公美。耻斋其自号也。”见（明）吴宽：《耻斋魏府君墓表》，《家藏集》，《景印文渊阁四库全书》第1255册，第724页。

13 （明）刘珏：《重刻完庵刘先生诗集》，沈乃文主编：《明别集丛刊》第1辑第42册，黄山书社，2013年，第26页。

图3 明 谢环《杏园雅集图》卷（局部） 绢本设色 纵37厘米 横401厘米 镇江博物馆藏

从画面来看，此作的主角当为并坐于舍内榻上，背倚屏风，正面面向观者的两人。左侧一人身着红衣，头戴官帽；另一人手持纸卷，着文士服。在谢环（1377—1452）作于正统二年（1437）描绘十位高级文官于春日聚会的《杏园雅集图》卷（镇江博物馆藏）中，官阶最高的两位杨士奇（1366—1444）与杨荣（1372—1440），即被画家安排并坐于石屏前的榻上，其中杨荣还是此次聚会场地杏园的主人[1]。〔图3〕杜琼本人从未入仕，故其在画面中安排官员的形象，当与受画人的身份有关。杨丽丽称魏友松一家皆为仕宦文人[2]，但实际上，在魏氏家族中，除魏晟做过县学训导这类未入流的学官外，更无人有仕宦经历，这在杜琼为魏晟撰写的墓志中说得非常清晰："公明讳晟，世居苏城，曾祖宗吉，祖景仁，父本成，皆不仕，而善誉闻于乡。"[3]

成化四年（1468），杜琼应同为布衣的周鼎（1401—1487）之请，为其新落成的别业作图。这张兼具庆贺与纪念意味的画作即《南湖草堂图》轴（台北"故宫博物院"藏）〔图4〕，南湖是周鼎别业所在地。画面中心为数株巨松掩映的临水草堂中，一位文士正在伏案读书，当为别业与主人周鼎的写

图4 杜琼《南湖草堂图》轴 1468年 纸本水墨 纵119.8厘米 横55.5厘米 台北"故宫博物院"藏

1 尹吉男：《政治还是娱乐：杏园雅集和〈杏园雅集图〉新解》，《故宫博物院院刊》2016年第1期。

2 杨丽丽：《杜琼生平及其艺术初探》，《故宫博物院院刊》，1995年第1期。

3 （明）杜琼：《故湖广岳州府澧州石门县儒学训导魏公明墓志铭》，《杜东原集》，第142页。

照。若杜琼以魏茂的别号为题作画，当采用相似的读书图像模式进行呈现，从而契合受画人无功名与官职在身的布衣身份。由此判断，杜琼此图当非为魏茂所作。而张丑或许是依据画幅起首处，生长于书斋旁的几株松树，粗率地得出为“友松”所作的结论。

二 《友松图》受画人新探

从居于画面核心位置的红衣官员形象来看，这件被张丑定名为《友松图》的画作，其受画人很可能是一位官员。按明代服饰制度，四品及以上官职的官员才可着绯色服[1]。而刘珏书于卷后的题诗，亦透露了关于受画人身份与画作主题的信息：“虬髯燕颔总堪怜，岁久交情似漆坚。都尉不骄能刮目，大夫虽老是忘年。笑迎高盖疏帘外，坐挹清风短榻前。昨夜分明来入梦，公侯自此有超迁。”[2]

起首“虬髯燕颔”应化自白居易《赠李兵马使》中“江南别有楼船将，燕颔虬须不姓杨”[3]句。“虬髯”“虬须”皆指蜷曲的连鬓胡须。“燕颔”出自《后汉书·班超传》：借看相人之口，说明班超日后投笔从戎，封侯万里的功业，在其“燕颔虎颈”的形貌中已见征兆[4]。后世多以上述词语形容人相貌威武，尤其多用于武将[5]。颔联引用了“刮目相看”的典故，故事的主角吕蒙是三国时期东吴的武将，曾被封平北都尉[6]。结合“岁久交情似漆坚”“大夫虽老是忘年”句来看，刘珏此诗前半部分描述了一段历久弥坚的忘年之交，而主角之一当为一位武官。颈联则是对画面情节的补充：主人于门外亲自迎接了一位身份尊贵之人，两人同坐榻上亲密交谈。这段描述，与杜琼对与自己交游的显贵者来访时的场景之描述十分接近：“殆夫名公巨卿之过从者，舍驺从于外门，与予握手徒步于苍雪翠雾之中。”[7]尾联书写相交甚好的两人分别后，对此刻相聚时光的怀念，及因思念彼此而出现在对方的梦中，同时表达了对武官身份者越级升迁，如前诗用典中涉及的古代名将一般拜将封侯的祝愿。

再来看张情的题跋。张情先是详细陈述了自身的仕宦经历。自嘉靖十七年（1538）举进士以来，历任处州府推官、刑部主事、南京兵部三司官员、九江知府、福州兵备副使（正四品）等职[8]。对任福州职兵备副使期间的繁难，如有职无权、抗倭等诸事责重而权轻、将骄兵惰等着墨尤多[9]，继而表达了浓重的归隐之

---

1 “洪武二十六年定文武官公服……一品至四品绯袍，五品至七品青袍，八品九品绿袍。”见（明）申时行等修，（明）赵用贤等纂：《大明会典》卷六一，《续修四库全书》第790册，上海古籍出版社，2002年，第237页。

2 《清河书画舫》，第579－580页。

3 （唐）白居易撰，谢思炜校注：《白居易诗集校注》，中华书局，2006年，第1398页。

4 “相者指曰：‘生燕颔虎颈，飞而食肉，此万里侯相也。’”见（南朝宋）范晔撰，（唐）李贤等注：《后汉书》，中华书局，1965年，第1571页。

5 如“雕弓玉斧皆廷赐，燕颔虬髯有父风”，见（明）李濂：《送王都阃之广西》，《嵩渚文集》卷二六，《四库全书存目丛书》集部第70册，齐鲁书社，1997年，第540页。再如“丹青仿佛见真容，虬髯燕颔方颐红”，见（明）郑汝璧：《关汉寿亭侯像长歌》，《由庚堂集》卷四，《续修四库全书》第1356册，第462页。

6 （晋）陈寿撰，（南朝宋）裴松之注：《三国志》，中华书局，1982年，第1273页。

7 （明）杜琼：《与陈永之书》，《杜东原集》，第120页。

8 “予嘉靖戊戌进士，庚子授处郡节推。逾四载，以急缺被召……类补刑属。既而以便养陈情，改南兵，历职方、武库、车驾（原文为‘车马’，据《景印文渊阁四库全书》改为‘车驾’）三署。年资积累，甲寅拜九江之命，则科第十有七年矣。守郡六载，入觐者再，事竣，类转福建宪副。岁在己未，科第凡二十有二年矣，初补清军协堂缺，未莅任，旋改福州兵备。旧福、宁一道，兼制福、兴、泉三郡……”见《清河书画舫》，第580页。

9 “二道离省稍远，犹得各自专制。惟福州分道建治省城，兵将俱军门统之，号曰标下。军门遣将发兵，道惟授成拥虚而已，虽时或建白，亦谩不加省。且目为纷纷多事，平居不得一有所为，有事则出兵将，俱非素统，未免仓皇失措。又日与倭寇对垒，从事逾年而敕寝阁不下，责重而权轻，将骄而兵惰，城社凭依，事多掣肘。”见《清河书画舫》，第580页。

情："六载以来，百念俱灰，日惟就阴息影，待尽余生而已。"[1]及观看杜琼画作的感受："偶展小景，台榭参差，山林掩映，恍然置身其间。而与二三野老相遇……"[2]

张情之所以会在杜琼图画后，以数百字的长文剖白心迹，当是因画中官员与文士并坐于书斋的场景，令其心有戚戚，不禁感怀身世。尽管他是科举正途出身的文官，却因职务的关系常年与武将打交道，观杜琼画读刘珏诗，他不经意地将自我投射于画中的红衣官员形象，于山林台榭间畅游，与布衣者交接，忘却了仕宦生涯的诸多不如意："聊把画图为苑囿，更将吟韵当笙歌。就阴息影甘终老，曝日余诚空自多。"[3]

画作经张丑寓目并定名时，后有刘珏题诗及张情、文伯仁的题跋，张丑又书长跋于后。而今藏于故宫博物院的图画之后，仅有文伯仁所书题跋，内容与张丑所录一致。从以上分析来看，刘珏题诗的内容对存世画作之画面情节起到了补充和说明的作用；张情长跋，乍看似与画面内容无涉，细推敲之，亦与画中景观及人物形象设置息息相关。故现存杜琼此作，当与今已不存、仅留文字记录的刘珏、张情题跋为原配。二跋与张丑之跋，其后或是在重新装裱时丢失，又或是出于作伪的目的被重组于其他画作之后。

从杜琼存世诗文对其交游情况的反映来看，他的确认识不少武官，且其中有不止一位官居四品及以上者。杜琼曾为一位姓何的指挥使赋诗，题跋其收藏的《倦绣图》[4]。还曾为一位姓张的指挥使以"芝轩"为题赋诗[5]。从"侯门积德产英贤，轩下芝生岂偶然"句来看，"芝轩"很可能是张氏的别号或是斋号。指挥使是明代卫所的长官，品级为正三品，勋阶名"上轻车都尉"，在级别上属于世官职级的范围，即可以世袭[6]，故杜琼以"侯门"称之。刘珏题画诗中的"公侯"与之意涵相似。

就杜琼的主要活动范围而言，他接触到苏州卫武官及太仓镇海二卫武官的可能性较大。如其曾为一位昭信校尉李某作《寿意图序》，李某便是苏州卫的百户（正六品[7]）。据杜琼记述，其"从名师学，有文武才"，在同官者中出类拔萃，缙绅大夫与文学之士亦与之交好。众人赋诗作图为贺其母亲七十寿辰，并邀杜琼作序[8]。

从何氏收藏绘画、张氏拥有书斋、李某制图诗为母贺寿来看，这些任职于江南地区的武官，受当地文人艺术趣味与生活方式影响不浅。不过，他们也有与文人差异较大的，独特的口味与好尚。杜琼曾为一位姓盛的都指挥使（正二品）题跋画卷或诗卷，所使用的语汇及表达的思想，便与文人旨趣相去甚远："凤阙新承阃外封，楼舡千里下江东。腰横一剑明秋月，牙建双旌掣海风。麾下貔貅方耀武，岛中狐兔已潜踪。圣朝仁覆如天大，未必全凭血战功。"[9]为镇海卫的指挥使武氏——杜琼尊称其为"武公"者——所作诗篇，与上诗格

1 《清河书画舫》，第 580 页。

2 《清河书画舫》，第 580 页。

3 《清河书画舫》，第 580 页。

4 （明）杜琼：《倦绣图为何挥使题》，《东原集》，《四库全书存目丛书》集部第 78 册，第 632 页。

5 （明）杜琼：《芝轩为张挥使作》，《东原集》，《四库全书存目丛书》集部第 78 册，第 616 页。

6 梁志胜：《明代卫所武官世袭制度研究》，中国社会科学出版社，2012 年，第 36 － 38 页。

7 参见"明代武职品勋禄阶表"，《明代卫所武官世袭制度研究》，第 38 页。

8 "昭信校尉、苏州卫百户李某，生八月而孤，母夫人张氏犹少艾……今夫人鹤发朱颜，年将七十……某又从名师学，有文武才。郡之帅阃同官者甚夥，出其类者殊鲜，某盖一二数者也。由是缙绅文士皆乐与之交……是为太夫人设帨之辰，缙绅之交某者，赋诗写图为寿，需言序其上。"见（明）杜琼：《寿意图序》，《杜东原集》，第 88 页。

9 （明）杜琼：《题盛都指挥卷》，《杜东原集》，第 34 页。

调十分相似："连云雉垒控娄东，十万貔貅属总戎。鼙箫调高山月冷，鼓鼙声振海潮雄。风前赤帜翻飞虎，帐外金矛闪断虹。但使边疆烽堠息，不图钟鼎铸勋功。"[1]两诗皆以华丽的辞藻形容武将的威猛与气势，以及令敌人（从"海风""岛中""海潮"等词，结合镇海卫的职能来看，此处多指犯境的倭寇）闻风丧胆的战斗力，最后赞颂其卓越的功绩。

从在杜琼存世诗文中出现的频次来看，相较其他武官，武指挥使与杜琼的关系似乎更为密切。武氏曾自海中得一巨蚌，其纹理非凡，呈蛇状，武氏惊奇之余，将之镶金制成酒杯，名之为"海灵杯"，并广邀诗赋赞颂之，杜琼也在受邀之列[2]。这件无论形状、色泽、材质、名称，皆充满猎奇色彩与豪奢感的器具，与江南文人渴望并追求的朴素、平淡、雅致的审美和生活趣味大相径庭[3]。不过，杜琼欣然应邀赋诗，并着意凸显此杯之来历的神异色彩[4]，当与武指挥使心中愿景十分契合。

从杜琼与上述高品级武官的往还来看，虽不乏文人式的题跋藏品、写赠诗画，但在行文及应对具体事件时，又有迎合武人趣味处。这并不矛盾，正如杜琼对自身园居生活的描述，既有追求隐逸一面："予于暇日簪鹿冠，披鹤氅……斯亭喧嚣不闻，一尘不到。焚香静坐，以观造化生意……"[5]也有世俗化的一面："殆夫名公巨卿之过从者……其横金衣紫又能照耀林园……"[6]

从图像本身，结合刘珏题诗，及杜琼与武官们的频繁交往来看，杜琼此作很可能是为一位与镇海卫武指挥使身份、地位相似的武官所作。

三　书斋山水的发展及两种访友图式

杜琼此作描绘山水与书斋的组合，隶属于元、明文人绘画中书斋山水[7]这一重要绘画类型，更于其中融入了与友人会晤的访友情节。

书斋山水是元代的流行画题。在朱德润（1294—1365）作于至正二十四年（1364），以吴人周景安隐居之地[8]为题的《秀野轩图》卷（故宫博物院藏）中，便有对访友场景的描绘。位于画面中部，为群山环抱的书斋中，有二人对坐，似在交谈，与杜琼画作中的友人会晤情节相类。〔图5〕此外，亦有描绘访客将至未

---

1 （明）杜琼：《赠镇海卫武公》，《杜东原集》，第43页。

2 （明）杜琼：《镇海指挥武公得巨蚌于海滨，中有一蛇，坟起如生，头目鳞甲俱备。公以金装成饮器，命曰海灵杯。邀余赋此》，《杜东原集》，第59页。

3 从杜琼于春日家居时所作的述怀诗，可窥知其生活旨趣："红尘道上马纷纷，延绿亭中杳不闻。日转长林移树影，雨余芳径长苔纹。闲吟自策青藜杖，高卧谁书白练裙。寡过未能身易老，此生惟恐负斯文。"见（明）杜琼：《春日闲居述怀》，《杜东原集》，第33页。

4 "摩天鹳鸟不敢窥，樵海仙童亲得见。捧归来献镇海公，分开两瓣金芙蓉。中有灵蛇不飞起，蜿蜒屈曲如蟠龙。"见（明）杜琼：《镇海指挥武公得巨蚌于海滨，中有一蛇，坟起如生，头目鳞甲俱备。公以金装成饮器，命曰海灵杯。邀余赋此》，《杜东原集》，第59页。

5 （明）杜琼：《与陈永之书》，《杜东原集》，第120页。

6 同上。

7 书斋山水是何惠鉴在《元代文人画序说》中提出的概念，用以指代作为元代绘画主要题材之一的，以文人书斋为对象和主题的山水画。这个概念的提出，或曾受到张丑"元写轩亭"这一对历代画题创新之总结的影响，并成为今日学界理解元、明文人画的重要范畴。参见刘耕：《心栖之境——论"吴门画派""书斋山水"的渊源及时空意识》，《荣宝斋》2019年第3期。

8 "吴人周君景安，居余杭山之西南。其背则倚锦峰之文石，面则挹贞山之丽泽，右则肘玉遮之障，左则盼天池之阪。双溪界其南北，四山之间，平畴沃野，草木葱蒨，卓然而轩者，景安之所游息也。"见《秀野轩图》朱德润自题。据考余杭山是阳山的古称，明代时属吴县，其南部有锦峰山、玉遮山、贞山、天池山等，与跋文相合。见钦瑞兴：《诗意画境秀野轩今何在》，《苏州日报》，2020年9月10日。

至，主人于书斋静候的。如王蒙《秋山草堂图》轴（台北“故宫博物院”藏）中，位于画面中心靠右位置的书斋里，主人正安闲地半卧于榻上读书，左侧江水中一叶小船，船尾童子在奋力划桨，船头坐着一位红衣文士，似是赶来拜会主人。〔图6〕以上两图，反映了于书斋图中融入访友情节的两种典型模式。随着书斋山水在明代的流行，书斋图及两种访友图像模式亦为吴门文人绘画所继承与发展。

图5 朱德润《秀野轩图》卷（局部） 1346年 纸本淡设色 纵28.3厘米 横210厘米
故宫博物院藏

明初吴门画家谢缙为杜琼所作的《东原草堂图》轴（浙江省博物馆藏）〔图7〕便延续了《秀野轩图》卷中的人物形象与情节安排。画面描绘山脚下为松树环抱的草堂，与题画诗中“松影满庭闲白日，茶烟绕榻飏清飔”[1]的意境相合。草堂中有主客二人，红衣者正面坐于榻上，手中持一纸卷，正与背向而坐的访客对谈。门外一客持杖越桥而来。这件书斋山水图，融两种访友图像模式于一作。

图6 元 王蒙《秋山草堂图》轴（局部） 纸本设色 纵123.3厘米 横54.8厘米
台北“故宫博物院”藏

《东原草堂图》轴的画面内容与其制作情境十分契合：永乐十六年（1418）农历三月初三日，杜琼前来拜访远游归乡的前辈谢缙。此时的谢缙已是画风成熟、远近闻名的画家，而年仅二十出头的杜琼则刚刚步入艺坛，尚需前辈的提携。为答谢杜琼来访的厚意，同时满足求其画的愿望，谢缙作诗画相赠。除在题跋中盛赞杜琼在文艺方面的才华外，还将杜琼出身的宗族上溯至唐代诗人杜甫一脉[2]。从制作背景出发观察画面，草

1 此诗被收录在谢缙文集《兰庭集》中，名为“题杜琼草堂遗意卷”，与之同名的还有一首五言律诗。见（明）谢缙：《题柱（杜）琼草堂遗意卷二首》，《兰庭集》卷下，《景印文渊阁四库全书》第1244册，第466页。或许杜琼来访时，亦携带有自己的绘画作品，请画坛前辈指点品评一二。

2 “用嘉，少陵裔也。文雅不凡，□攻诗画。知仆远归，来需俗笔，复赘鄙语云。□（永）乐戊戌上巳日葵丘谢缙识。”见《东原草堂图》谢缙自题。明代初中期的吴门文坛，崇尚唐诗并以之为师法对象。刘珏写给沈周之父沈恒吉的诗中有“茧纸有书皆晋体，锦囊无句不唐人”句，显示出此时吴门的文化精英们在法书诗文上的趣味。见（明）刘珏：《寄沈同斋》，《重刻完庵刘先生诗集》，沈乃文主编：《明别集丛刊》第1辑第42册，第20页。故谢缙此举包含为杜琼扬名的意味。

图7 谢缙《东原草堂图》轴 1418年 纸本设色 纵109.9厘米 横50.14厘米 浙江省博物院藏

图8 刘珏《清白轩图》轴 1458年 纸本水墨 纵97.2厘米 横35.4厘米 台北“故宫博物院”藏

堂中的主客当为谢缙与杜琼的写照。主人谢缙年纪长、辈分高，故居于主位。手中所持纸卷，既表明主人的画家身份，又暗示出二人的谈话内容。

这幅《东原草堂图》轴，当在杜琼于几十年后为武官友人作画时，提供了不少灵感和可供借鉴的元素。对比谢缙、杜琼两图，画面中的书斋形象十分相似，除皆为松石掩映外，屋舍结构、取景视角亦类同。考虑到情境差异及来客身份的尊贵，故将人物由一正一背的对坐改绘为正面面对观者的并坐。又由于画幅形制不同，一为立轴一为手卷，故将原本位于书斋后方的山体移入左侧的庭园中[1]。

在刘珏所绘的《清白轩图》轴（台北“故宫博物院”藏）〔图8〕中，亦采用了凸显来客身份、且主客二人平等的图像模式。由画家自书题跋[2]，可知此图制作之始末。天顺二年（1458），僧人西田来访居家的刘珏。为纪念此次燕集并答谢西田的友谊，刘珏绘图并题诗相赠。画面延续了元代书斋山水的图式，绘山水与斋室的组合，临水轩室中二人侧对观者，相对而坐，一人凭栏。对坐的二人中，右侧者为僧人装扮，当为西田的写照，左侧之人，应是清白轩的主人刘珏。

从《东原草堂图》轴，《清白轩图》轴的制作情境来看，绘制这样一幅寓主客话谈场景于其中的书斋山水图，来酬谢到访的朋友，是明代初中期吴门艺坛的通行做法。推测杜琼此作的制作情境，应与刘珏《清白轩图》轴相似，不同的是，到访者是一位官居四品或以上的武官。清白轩是刘珏的书斋之名。根据《清白轩图》轴的定名原则，杜琼此图名“东原斋图”当更为贴切。

在杜琼之后，书斋山水及两种访友图式被延续并发展出新的面貌。成化二十年（1484）农历十一月十九

1 尽管杜琼已尽可能地将之改画得接近于园林中的假山石，然而依旧略显生硬，人物与山体比例等细节不甚协调，反映了此时吴门新兴的园林绘画的发展状态。

2 “戊寅孟夏朔日，西田上人持酒肴过余清白轩中。相与燕乐，恍若致身埃壒之外。酒阑上人乞诗画为别，遂援笔成此以归之。先得诗者，座客薛君时用也。”见《清白轩图》刘珏自题。

日，沈周（1427—1509）的旧友，也是他格外尊敬的老师陈宽的儿子陈仪来访。时值深秋，沈周在家中的秋轩接待了他[1]，临别作诗画相赠，便是《秋轩晤旧图》轴（上海博物馆藏）〔图9〕。该图亦采用了于书斋山水中融入访友场景的图式。狭长的画面中，上部绘秋景山水，位于左下角的书斋中，两人围坐桌前，正亲切地交谈。有别于杜琼采用青绿色，对家中园林之小桥流水、亭台楼阁等精心、别致处的刻画，沈周的画面更为朴素、家常，以灰色调（描绘山水时所用）为主，间杂橘黄色（描绘树叶、斋室时所用）的画面，有种淡淡的温情感。这当与画家和受画人关系之亲疏不同有关。沈周在题跋中说，作诗画不仅是为了纪念此次会面，也是为了给下次会面提供一个契机[2]，点明了这类书斋山水图在维系情谊上的作用。

图9 沈周《秋轩晤旧图》轴 1484年 纸本设色 纵157.3厘米 横33.6厘米 上海博物馆藏

图10 史忠《仿黄公望山水图》轴 1504年 纸本设色 纵142.7厘米 横46.1厘米 台北“故宫博物院”藏

吴门绘画自沈周时影响力逐渐扩大。主要活动于南京地区，今被归为浙派画家的史忠，也曾作融入访友场景的书斋图赠予友人。今藏台北“故宫博物院”，被定名为《仿黄公望山水图》轴〔图10〕的史忠画作，虽笔墨趣味有异于吴门地区的文人画家，但画面上高耸主峰下，丛树环绕草堂中二人对谈的画面模式，与已在吴门地区流行了一个多世纪的图式十分相似。据题跋可知，此图作于弘治

1 “雪崖陈君世则，为吾醒庵先夫子之主器……故周不获相见累经岁年，然其谊如日接者，盖自丱角迨白首，未始有少变……甲辰十一月十九日，来顾秋轩。”见《秋轩晤旧图》轴之沈周自题。

2 “因记此诗，复为图，系书之，庸作后会话柄云。”见《秋轩晤旧图》轴之沈周自题。

图11 明 唐寅《事茗图》卷 纸本设色 纵31.1厘米 横105.8厘米 故宫博物院藏

图12 文徵明《洛原草堂图》卷 1529年 绢本设色 纵28.8厘米 横94厘米 故宫博物院藏

图13 文徵明《真赏斋图》卷 1549年 纸本设色 纵36厘米 横107.8厘米 上海博物馆藏

十七年（1504）立春后一日，因友人杨天泽到访居所时，言谈中提及其兄天德对自己的绘画十分欣赏，故史忠作诗画答谢[1]。赠画之举，及选取这一关乎友情的主题，并在题画诗中将受画人杨天德置于知己的位置[2]，

1 “金台杨天泽，过痴楼。谈及乃兄天德，知痴之为人，能鉴痴之拙笔，可为米南宫能鉴赏也，因作此以赠之。江东痴史写。□□（弘治）十七年岁甲子立春后一日也。”见《仿黄公望山水图》史忠自题。

2 “……天真自不知工拙，理性从人较短长。却有南宫能鉴赏，时人几个识苏黄。”见《仿黄公望山水图》史忠自题。

皆传递了愿与之建立交往的心绪。不过，在作画及赠画前，史忠很可能未曾与受画人有过直接的交往。可知以往多用于亲朋故旧间传递情谊的书斋山水，此时已成为一种广受欢迎的绘画类型。

书斋山水及两种访友图式应用广泛，略做修改，或搭配不同的画面元素，便能够表达不同的主题，赠予身份、亲疏有异的受画人。嘉靖年间（1522—1566）前后，相关图式被广泛地应用于这一时期格外流行的别号图[1]、斋号图中。试举唐寅（1470—1524）约作于嘉靖十四年（1535）[2]的《事茗图》卷（故宫博物院藏）〔图11〕为例。该作引首有文徵明所书"事茗"二字，画后有唐寅五言诗一首及陆粲（1494—1552）所书《事茗辨》，对"事茗"进行解释，为别号图的标准配置。画家在经营画面时，选取了主待客至这一流行的、寓访友情节于其中的书斋山水图式，并加入了童子烹茶的情节，又于主人所伏的桌案上添绘了茶杯与茶碗等元素，来图解"事茗"这一主题。

在文徵明（1470—1559）不同时期的作品中，亦多见对书斋山水及两种访友图式的发展与应用，如《影翠轩图》轴（台北"故宫博物院"藏）、《燕山春色图》轴（台北"故宫博物院"藏，作于1524年）、《洛原草堂图》卷（故宫博物院藏，作于1529年）〔图12〕、《古树茅堂图》轴（台北"故宫博物院"藏，作于1539年）、《林泉雅适图》卷（台北"故宫博物院"藏，作于1554年）、《琴鹤图》轴（台北"故宫博物院"藏）、《真赏斋图》卷（上海博物馆藏，作于1549年）〔图13〕等。其中亦不乏为友人制作的别号图、斋号图。如以白悦（1498—1551）别号"洛原"为题的《洛原草堂图》，卷首门外两客相携而至，似来拜会，卷末草堂主人身着红衣，燕坐于为山林环绕的水阁中，一白衣友人相伴，融两种访友图式于一作。再如为华夏绘制的《真赏斋图》卷，为古松、修竹、湖石掩映的斋室中，主人居中而坐，展卷似与来客品评，一旁屋舍中摆满书卷，显示出主人藏品之富。

杜琼以描绘武官友人来访之作，赠之以纪念此次会面，传递与维护二人情谊的这幅书斋山水图，之所以被生活在晚明的张丑粗疏地判定为别号图，且相关说法未受质疑，或许与明代中后期士人展阅别号图的视觉经验相关。

余　论

随着学界对吴门绘画研究的不断深入，别号图这一吴门特色画题，亦日渐受到学者的关注。现藏于故宫博物院的这件山水手卷，在明末时被张丑指出，是杜琼赠予姐夫魏友松的别号图，从而被视为已知存世较早的实物。然而经研究发现，张丑这一说法并不可信。结合画面及画后题跋来看，此作受画人当并非魏友松这样的布衣文人，而应是一位拥有四品及以上官职的武官。画面采用的图像模式，与嘉靖年间诸多别号图的图式相类，从发展脉络来看，应延续自元代的书斋山水及两种访友图式。经与杜琼此作绘制年代相近的刘珏、沈周画作进行比照，推测其应是杜琼为纪念并答谢一位武官友人来访，绘制并相赠的图画，描绘的应为自家

1　16世纪以来，别号图成为文化新贵们争相追捧的绘画类型，见石守谦：《山鸣谷应：中国山水画和观众的历史》，（台北）石头出版股份有限公司，第191—194页。

2　尾纸陆粲款署"嘉靖乙未孟秋之吉"。唐寅绘图的时间，或与陆粲跋文的书写时间相近。

庭园东原斋的景致，故名“东原斋图”当更为贴切。因杜琼此作并非别号图，那么有关别号图的发展脉络，杜琼、沈周等人于其中的作用等，亦值得被重新检视。

吴门文人绘画以隐逸为特色。除画家本人即为隐士外，画作主题亦多与文人隐居生活相关。越来越多的研究证实，吴门画家的隐居生活，并非与世隔绝，除与之身份类似的隐逸文人外，他们还与商人、地方官员、中央官员乃至贵族阶层人士都保持着密切的联系。杜琼此作所反映出的吴门文人与武官的交往及书画酬答，对理解吴门绘画特色及吴门绘画在明中期的崛起具有意义，值得进一步发掘与研究。

[作者单位：中国国家博物馆馆刊编辑部]

致仕还乡：明仇英《归汾图》研究

Returning to Hometown after Retirement: Study of Qiu Ying's *Returning to the River Fen*

蒋彤

Jiang Tong

内容提要：

故宫博物院藏《归汾图》卷系明仇英为唐颐在苏州府任期将满意欲致仕归故乡太原而作，该图有仇英署款，拖尾有陈九德等四人跋。此外，故宫博物院另藏有明邓韨款《归汾图》卷，其后黄聽书《河汾清隐对》亦明确提及系为唐颐结束苏州府任期即将归乡而作，该卷图式与仇英图相似。《归汾图》卷于1956年收购至故宫博物院，一向被认为是仇英的真迹，曾在故宫博物院"石渠宝笈展"展出，目前学界尚无对该图的深入研究。本文系对仇英《归汾图》卷的个案研究，拟探讨该图的创作年代、图像形式等，并将该图置于其创作的功能、情境中，分析该图及仇英其他作品所体现的"致仕还乡"之画意。

关键词：

仇英　《归汾图》　致仕　归隐

ABSTRACT:

The painting *Returning to River Fen* collected by the Palace Museum was created by Qiu Ying (ca. 1505-1552) in the Ming dynasty (1368-1644) for Tang Yi, who expressed the intention to return to his hometown Taiyuan after his term in Suzhou. The painting bears the artist's signature and postscripts inscribed by four scholars including Chen Jiude. In addition, a hand-scroll of the same title signed by the Ming artist Deng Fu (1473-1561) is also in the Palace Museum collection, on which the postscript by Huang Hui explicitly mentions that it was created for Tang Yi's retirement from officialdom. The scheme of the painting is similar to that of Qiu Ying. Qiu's *Returning to the River Fen* was acquired and handed over to the Palace Museum in 1956. It has always been regarded as an authentic piece by Qiu's hand. It was displayed in the Museum's "The Precious Collection of the Stone Moat" exhibition. At present, there is no in-depth study on this painting in academic circles. This article is its case study, with the intention of discussing the date of its creation, the image scheme. By putting the work within the context and purpose of its creation, the article also analyzes the idea of "returning to hometown after retirement" as expressed in this and other works by the artist.

KEYWORDS:

Qiu Ying, *Returning to the River Fen*, retirement, seclusion

古代的士大夫群体中，普遍存在着一种归田心态与归隐意识，故辞官归隐也成为古往今来官场之常态，无论是鹿门遁迹，东都挂冠，还是渊明之归彭泽……最晚至宋代，表现渊明解官归隐的《归去来兮图》即已出现，并在元明时期被诸多画家演绎，成为绘画中的常见题材。与《归去来兮图》注重塑造历史人物陶渊明之隐士风范及展现他归乡后的田园生活场景不同，明代出现的一类“致仕归乡”画意的图像，更为强调异地为官者（受画人）的思乡情结和归隐心态，本文所讨论的仇英的《归汾图》卷即为其中典型的一例。

《归汾图》卷系明仇英为唐颐在苏州府任期将满意欲致仕归故乡太原而作，该图有仇英署款，拖尾有陈九德等四人跋。此外，故宫博物院另藏有明邓钹[1]款《归汾图》卷[2]，其后黄禭书《河汾清隐对》亦明确提及系为唐颐结束苏州府任期即将归乡而作，该卷图式与仇英图相似[3]。《归汾图》卷于1956年收购至故宫博物院，一向被认为是仇英的真迹，徐邦达先生鉴定为“工丽中带潇洒，佳作，珍乙”[4]，曾经故宫博物院“石渠宝笈展”展出[5]，目前学界尚无对该图的深入研究。本文系对仇英《归汾图》卷的个案研究，拟探讨该图的创作年代、图像形式等，并将该图置于其创作的功能、情境中，分析该图及仇英其他作品所体现的“致仕还乡”之画意。

一 受画人唐颐及该图之年代

仇英《归汾图》卷〔图1〕本幅作者自识“仇英实父制”[6]，钤“仇英”（朱文）印，尾纸有收藏印“翟枢秘玩”（朱文）、“采莲径”（朱文）；除拖尾处有陈九德、邓钹、周天球、彭年四人跋外，后隔水处还有清代傅山跋[7]。其中陈九德跋有嘉靖二十六年（1547）署款。邓钹《归汾图》卷[8]〔图2〕本幅款识“治生常熟邓钹制”，下有一印漫漶不识，后幅有嘉靖二十六年吴郡黄禭楷书《河汾清隐对》。两图题跋中均未明确提及该图名称，然均言及该图表现的是唐颐致仕归汾之主题，可知受画人即为唐颐，尤其是邓本黄禭跋明确称“东岩先生（笔者注：唐颐）贰苏郡三载，将归隐于河汾之阳”，点明画名“归汾图”之由来。

唐颐（1509—1594）[9]，字子观，号东岩，出身于山西太原府阳曲县的一个仕宦家庭[10]。治《易经》，

1 邓钹（1473－1560），本姓蔡，育外婆家，因为姓。字文度，号梓堂，自号泉坊遗老，常熟（今江苏常熟）人。正德丁卯（1507）举人。工画山水，能诗文。山水借沈周笔意，有逸致；诗学昌黎风格，通今博古……累试春官不第，弃举以图籍自娱。见郜忠、李瑾编：《吴中名贤传赞》，江苏古籍出版社，1997年，第422页。

2 该款识位于卷首下方，与画家落款于卷末的常规不符；且画心与落款处所用绢的经纬略有不同，笔者怀疑为后添。

3 因仇本后邓钹跋中有“披图徵诗”，推测邓钹是观看了仇英所绘之后而题，故笔者认为邓本系参照了仇本图而绘。

4 摘自“故宫博物院书画珍藏品档案”。

5 仇英《归汾图》并未经《石渠宝笈》著录，该展的“考订辨伪”单元展出此作是为与著录中的仇英（款）《践行图》（故宫博物院藏）对比以示后者伪。

6 外装木匣上有“明仇实父赠唐东岩归汾图卷，慎修堂藏”。

7 该跋文亦见于清傅山撰：《霜红龛集》（卷一八）“题唐东岩书册（东岩名颐，字子观——傅山注）”，收录于：《清代诗文集汇编》第25册，上海古籍出版社，2010年，第371页。

8 《故宫博物院藏品大系》（绘画编），第10册，故宫出版社，2013年，第326页。

9 有关唐颐的生卒年，根据《明代登科录汇编》“嘉靖十四年进士登科录”中唐颐此年“年二十六”故唐颐生年为正德四年（1509）；根据《山西通志》（卷一七〇）记唐颐“年八十五卒”可知唐颐卒年为万历二十二年（1594）。参见：《明代登科录汇编》第8册，台湾学生书局，1969年，第4153页；《景印文渊阁四库全书》，台湾“商务印书馆”，第545册，第671页。

10 唐颐之曾祖诚，知县，赠文林郎。祖希介，明成化丁未进士，按察司副使，进阶亚中大夫。父泌，监生。前揭：《明代登科录汇编》，第4153页。

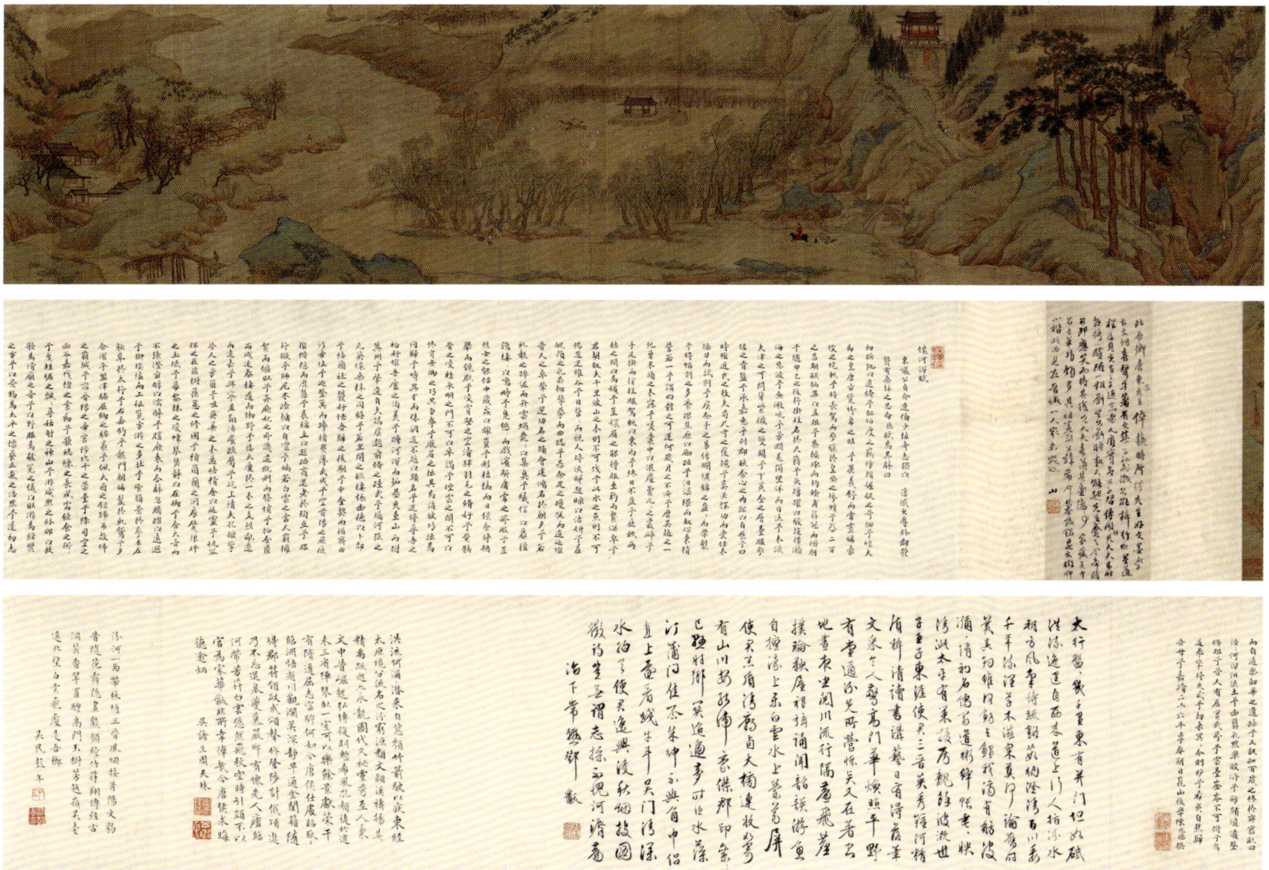

图1　明　仇英《归汾图》卷　故宫博物院藏

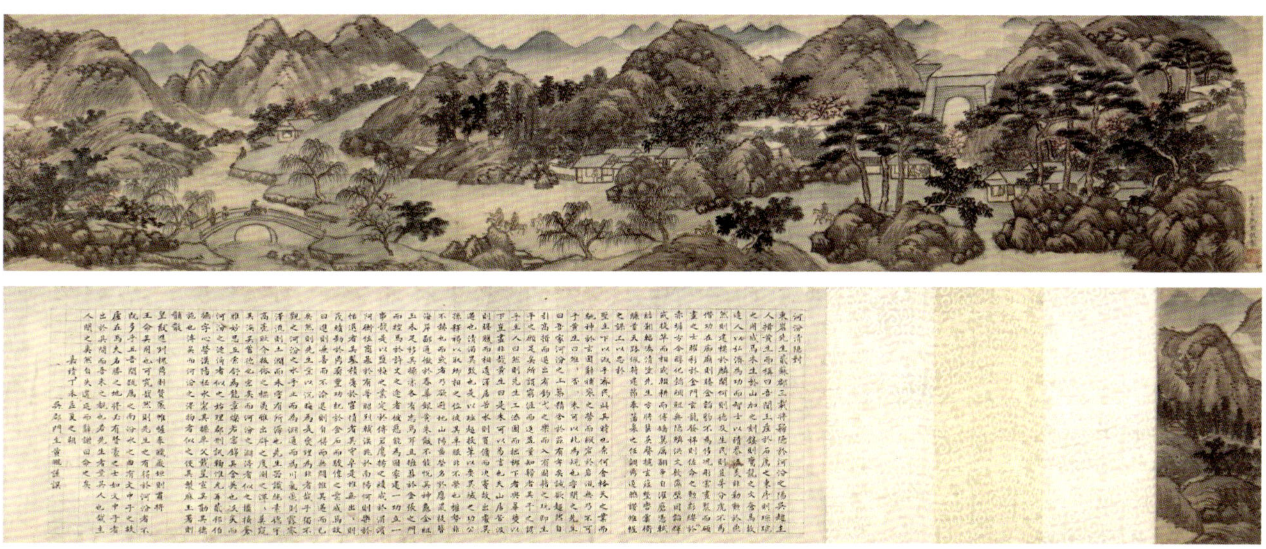

图2　明　邓韨《归汾图》卷　故宫博物院藏

嘉靖十四年乙未科进士[1]。同年至嘉靖十七年任正定府（今石家庄市正定县）推官[2]，后官至临洮府知府[3]、兖州知府[4]等。前引黄孌书《河汾清隐对》中提及"东岩先生贰苏郡三载"，傅山跋中亦称"此吾乡唐东岩先生倅苏时所得"，可知唐颐曾在苏州府担任同知或通判、推官等的佐贰官[5]。明代地方官员实行三年考核制，因黄孌书于嘉靖二十六年（1547），故唐颐在苏州府任职的时间大致为嘉靖二十三年（1544）至嘉靖二十六年。

根据两本《归汾图》后的题跋可知唐颐与吴地文人的交游关系。仇本傅山跋中称唐颐"祖宪副公，讳希介[6]，墓志铭是文徵仲小楷"及"家藏吴中名士作品颇多"，提到文徵明为唐颐的祖父唐希介书写墓志铭[7]；唐颐倅苏的经历使他得以与其治下的吴中文士结识，这其中就有仇本《归汾图》卷后题跋者"后学陈九德"[8]、"治下邓敍"、"吴诸生周天球"、"吴民彭年"以及邓本《归汾图》的题跋者"吴郡门生黄孌"。

嘉靖二十六年，倅苏任期满的唐颐将致仕归乡，此时的唐颐才三十九岁，对于仕宦之家出身以经世济民为理想的士大夫而言仕途方始，且嘉靖四年（1525）令在外方面官员年六十以上，准致仕[9]。但邓本黄孌跋称"尝闻之先生（笔者注：唐颐）曰：'吾家汾河之上筑精舍于兹有年矣。诚欲超然自引，高揖而退。出有钓弋之乐而入有图籍之玩。即生平之愿足矣。'所谓穷崖而返，盈量知归者其予之谓乎？'"提及唐颐应是主动选择上奏乞休疏，告归求隐[10]。明代对获准致仕的官员规定严苛，一旦获批致仕不得在任所停留，须马上回原籍。故推测有纪念及送别功能的《归汾图》应于嘉靖二十六年唐颐任期将满离开苏州前完成。然而唐颐的乞休告归[11]并未如愿，在苏州府佐贰官任期结束后的嘉靖二十六年至二十九年（1547—1550）唐颐出任兖州知府[12]，另嘉靖四十四年（1565）《覆巡抚山西侍郎万恭叙修理省城尚义人员疏》中亦有"知府唐颐"[13]助银的记载。

1 《明代登科录汇编》，第8册，台湾学生书局，1969年，第4153页。

2 《乾隆正定府志》卷二三，《中国地方志集成·河北府县志辑》，上海书店出版社，2006年，第506页。

3 《山西通志》卷六八，《景印文渊阁四库全书》，台湾"商务印书馆"，第544册，第394页。

4 嘉靖二十六年至二十九年唐颐任兖州知府。参见《兖州府志》（卷三五）"兖州府职官表"，《天一阁藏明代方志选刊续编》第53册，上海书店，1990年，第694页。

5 明代府设知府一人，正四品；其佐贰的同知与通判分掌清军、巡捕、管粮、治农、水利等事，同知与通判均无定员，前者正五品，后者正六品；推官一人，负责理刑名、赞计典等，正七品。参见：余行迈：《中国古代官制》，上海古籍出版社，1989年，第147页。

6 唐希介，字景贤，阳曲人。成化丁未进士，以工科给事中稽省真定等四镇储备。尽得宿弊以闻。权幸见嫉，谪四川石柱宣抚司经历，累迁陕西按察副使，为中官刘瑾所构罢归。参见：（明）过庭训纂集：《明分省人物考》（卷九九），收录于：周骏富辑：《明代传记丛刊》第139册，明文书局印行，第56－58页。

7 这篇墓志铭可能就是徐缙（1482－1548）所撰的《陕西按察司副使唐公希介墓志铭》。该墓志铭见：（明）焦竑编辑：《国朝献徵录》（卷九四），《四库全书存目丛书》史部第105册，齐鲁书社，1996年，第323页。

8 陈九德（1511－1566），字吉夫，号逊斋，河北栾城县人，嘉靖二十年（1541）登进士第。陈九德虽不是吴中人士，但于嘉靖二十六年（1547）为江苏巡按。仇本《归汾图》卷后《怀河汾赋》即为其在昆山所写。

9 《明世宗实录》（卷五五）"嘉靖四年九月乙亥"，台湾"中央研究院"历史语言研究所校印，第1342－1343页。明代对官员致仕有明确的年龄限制，并随政治局势的发展而有所变动，关于明代官员致仕制度的规定、流变等问题，参见：萧慧媛：《明代官员的致仕制度》，《南亚学报》，第29期；齐惠：《明朝官场之致仕制度》，中央党校出版社，2009年。

10 唐颐很可能是以其"桑梓之思"为由提出致仕。"明朝对官员致仕的年龄有所限制，外官不允许随意乞休，但对'孝养侍亲'较为宽松，以此为由申请致仕容易得到特旨加恩。"前揭：齐惠《明朝官场之致仕制度》，第37－38页。

11 对明代官员而言，乞休是官员最终得以致仕归乡必须要经由令典的手续。明代文官乞休，自陈乞休疏，由吏部考功清吏司据官员加以复核，并呈上裁定可否。关于明代官员乞休的程序，详见萧慧媛：《明代官员的致仕制度》。

12 前揭：《天一阁藏明代方志选刊续编》，第53册，第694页。

13 （明）杨博撰：《杨襄毅公本兵疏议》卷一七，《续修四库全书》，第477册，上海古籍出版社，第523页。

二 明代官员致仕与赠画

致仕本为“致其事于君而告老”[1]，即官员因年老或疾病无力从政而告老还乡。在学而优则仕的古代社会，取得科举考试的成功，进入官僚体系，有裨国政，年老致仕衣锦还乡被视作荣耀之事。至明代，官员乞休致仕之原因已十分复杂，除了老、疾等身体因素外其余多出于政治原因[2]。致仕是士大夫宦途生涯的结束也是归乡闲居生活的开始，致仕官员多要与同僚、友朋作诗赋唱酬，或赞其品德功绩或相互砥砺，或表达离愁别恨或表达美好祝愿。如仇英生活的明代吴门地区，文人王鏊、沈周、文徵明等皆有大量的为官员致仕归乡所作诗赋。由于明代实行的“籍贯回避”制度，官员不得官本省，且致仕一经批准需即刻回其籍贯所在地，故这类作品多以“送……致仕归……”为题。

除诗文之外，赠画给致仕官员亦较为普遍。这类图画后通常会有多家题跋，并随着受画人的离开被带往各地。现存有明初王绂（1362—1416）为送其好友彦如致仕归乡所作《凤城饯咏图》[3]（台北“故宫博物院”藏）〔图3〕，姚绶为文徵明祖父文洪自涞水教谕任上谢病归乡而绘《吴山归老图》（原为香港王南屏收藏），以及本文所要探讨的《归汾图》等。据《大观录》及《西陂类稿》记载，仇英还曾为武城知县吴俦作《沧溪图》卷[4]绘吴俦致仕归老后的新居幽境，后有文徵明、黎民表、周天球等人题跋，吴俦号沧溪，故此图兼有别号图性质。

图3 明 王绂《凤城饯咏图》轴
台北“故宫博物院”藏

除上述图像外，文献中还记载有不少为明代官员致仕归乡的画作，表如下：

序号	画家	画作名	受画人	文献来源
1	高濲	《琴鹤归乡图》	陈润	《石门集》卷六：“琴鹤归乡图写赠陈南溪润二守弃官还青墩”
2	储巏	画名不详	钱仁夫	《柴墟文集》卷五：“舟中题画赠钱员外仁夫致仕归吴中”
3	韩文	《送别图》	张汝振	《明诗纪事》丙签卷五：“题送别卷为张汝振致政还苏州”
4	沈周	《杏花书屋图》	不详	《石田诗选》卷三：“喜桑氏两通判致政为题杏花书屋图”
5	仇英	《沧溪图》	吴俦	《西陂类稿》卷二八:“跋仇十洲沧溪图卷”

1 《礼记注疏》（卷二八）“七十致事”，《景印文渊阁四库全书》，第115册，第584页。

2 晚明徐渭曾将明代官员乞休的原因总结为：“今世之拂衣于朝者非有疾疴冗傷不可以支则必偃蹇不得志而怒悻以退；否则或负抱肮脏气不能抑敛，不易与人群。非此三者则必有所不合，阴料其而姑借引高以自善者也。”参见：（明）徐渭撰：《徐文长逸稿》（卷一四）“送陆刑部序代”，《续修四库全书》，第1355册，第360页。

3 画面上端空白处有题诗十三首，大多是王绂翰林院同僚所作，如姚广孝、解缙、杨士奇等人。

4 （清）宋荦撰：《西陂类稿》（卷二八）“跋仇十洲沧溪图卷”：“义兴吴克类俦，世宗朝宗伯文肃公俨之弟，以明经为武城令，归老沧浦，因号沧溪，与吴门文氏父子交最笃。此图为十洲名迹，追踪二赵。”《景印文渊阁四库全书》，第1323册，第329页。

（续表）

序号	画家	画作名	受画人	文献来源
6	高棅	《闽峤归云图》	周扩泰	《白云樵唱集》卷二："书高翰林绘闽峤归云送周扩泰还长乐"
7	杨溥	《竹图》	张大参	《杨文定公诗集》卷三："题竹赠张大参致仕"
8	朱元晖	《云山图》	谢迁	《怀麓堂集》卷五三："题朱元晖云山图卷送木斋先生致政同归"
9	不详	《山草亭图》	王民望	《怀麓堂集》卷五三："用山草亭为王侍郎民望题时王致仕归"

结合现存图像可见这类作品主要包括：1. 江岸送别类，即以送别之地的临行场面入画以渲染官民之间的离情别意。送别图在明代早、中期已有一个成熟的、既定的模式：宽阔的水景，岸上拱手言别的官员以及岸边待发的舟楫[1]，王绂的《凤城饯咏图》即用了此模式。2. 书斋山水类，通过描绘文人草堂或园林轩斋来表现官员致仕后的闲居生活，如沈周的《杏花书屋图》以及仇英的《沧溪图》卷。3. 归云图类，"归云"意即"回归故乡的云"[2]，这类绘画常被冠以特定地域名称而被解读成受画人故乡的景色，但画中没有具体的实景，通常为浓厚的云雾缭绕着连绵低矮的山峰[3]，其中有如高棅所绘《闽峤归云图》，是为送别自南京返回家乡福建的官僚周扩泰。4. 竹、梅、枯木等象征君子品格之花木类，如杨溥为致仕官员张大参绘竹，并在题跋中点明他"终期岁晚同高节"[4]；除此之外还有将自己的收藏作为礼物赠给致仕官员的，如李东阳题家藏朱元晖《云山图》卷送给谢迁作为其致政归乡的礼物，以表现离别之情[5]。值得注意的是，仇英绘制《归汾图》作为赠予唐颐去职还乡之礼物，并未选择遵循上述已有既定绘画类型，而是别出心裁，精心创作出了一幅以受画人故乡山水景物为主题的山水。

三 该图之图像形式与"归汾"主题

图4 《归汾图》画面中段的主仆三人

《归汾图》卷首以较近的视角绘绝壁飞瀑与古松，两山夹峙处有一城关，曲折的关道上行人熙攘；画面中段为一块环植柳树的空旷场地，前景处一人骑马缓行，二仆抱琴挑担跟随其后；画面后段绘河岸村居景象，一座杂树掩映的小院内仆人正在打扫。虽然画中点景人物刻画较小，但观者仍能被画面中段的主仆三人所吸引。〔图4〕骑行者头戴乌纱帽，着绯色圆领公服，其着装与

1 石守谦：《〈雨余春树〉与明代中期之送别图》，《风格与世变——中国绘画十论》，北京大学出版社，2018年，第249－281页。

2 仇英《归汾图》卷彭年题诗中亦有"越岭吴台遥北望，白云飞处是吾乡"，以唐颐的视角出发，自苏州北望，仿佛看见了故乡汾河岸边的云。

3 黄小峰：《从官舍到草堂——14世纪"云山图"的含义、用途与变迁》，中央美术学院2008届博士学位论文，第45页。

4 （明）杨溥撰：《杨文定公诗集》卷三，《续修四库全书》，第1326册，第490页。

5 李东阳题诗中"停云霭霭雨蒙蒙"一句化用自陶渊明《停云一首（并序）》中"停云霭霭，时雨蒙蒙"句，诗前陶潜序有"停云，思亲友也"，故可知李东阳以此图赠友来表现离别之情。前揭：《从官舍到草堂——14世纪"云山图"的含义、用途与变迁》，第51页。

图5　（传）宋　胡舜臣《送郝玄明使秦图》卷　日本大阪市立美术馆藏

沈周绘《虎丘送客图》（天津市艺术博物馆）中箕踞抚琴的红衣官员徐源[1]相似，结合受画人的佐贰官身份[2]可判断应为唐颐[3]。着公服是居官身份的象征，但明代有“冠带致仕”的优待政策，且致仕官服色与见任同[4]，故画中官员着官服致仕归乡亦是合理的。为了凸显受画人的高雅趣味，随行仆人所携行李中有琴及书卷等的安排，正如沈周《送晏青云还蜀》中称“诗草琴张共一囊，轻舟八月过瞿塘”[5]。

以人物的行旅活动引导观者入画，可追溯至北宋时期流行的将山水、建筑以及行旅活动结合的行旅山水，如燕文贵《江山楼观图》卷（日本大阪市立美术馆藏）以及郭熙《早春图》轴（台北“故宫博物院”藏）等。画中通常以全景式构图绘崇山峻岭，岗岭相连，林木高耸，并点缀古寺、关隘、村居及行旅人物等以满足士大夫群体宦游行旅中的视觉经验。在取材和图像结构上，横向铺排的《归汾图》与日本大阪市立美术馆藏传为宋胡舜臣所绘《送郝玄明使秦图》卷[6]〔图5〕有相似之处，主要表现在卷首的古松城关、前景行旅之人及卷尾河岸村居等元素，与之相比最明显的不同是，仇英省去了整卷连绵起伏的山峰，这一点与其同时代的画家所作之行旅山水相比亦是如此，如浙派画家戴进所作《雪山行旅图》轴（故宫博物院藏），〔图6〕虽然前景处的巨松、小桥、行旅人物与中景处城门的布置与《归汾图》卷首较为相像，但画面仍围绕高峻雄伟的主山来布置安排。

1　徐源，字仲山，号椒园道人，长洲人，成化十一年（1475）进士，授工部主事，官至右副都御史、巡抚等。沈周作此图时，徐源为山东治水三载，回乡省亲后，又即将赴新任。

2　关于唐颐是否可以着绯袍的问题，结合明代对致仕官员有“升秩”待遇，其中《大明会典》“致仕”有“四品以下者遂升一等”的规定，故唐颐很可能是佐贰官中的同知，原为五品，因致仕而升秩加级为四品，故可着绯袍。《明会典》卷一三，《续修四库全书》，第789册，第229页。

3　洪武三年定：“凡常朝视事，以乌纱帽、团领衫、束带为公服……凡致仕及侍亲辞闲官，纱帽、束带。”且“在外文武官每日公座服之。其制，盘领右衽袍，用纻丝或纱罗绢，袖宽三尺。一品至四品，绯袍；五品至七品青袍；八品九品绿袍”。参见：（清）张廷玉等撰：《明史》（卷六七）“舆服志三”，中华书局，1995年，第1638页。

4　洪武三十年，令致仕官服色与见任同，若朝贺、谢恩、见辞，一体具服。前揭：《明史》卷六七，第1638页。

5　“诗草琴张共一囊，轻舟八月过瞿塘。功名如梦青云远，桑梓关心白发长。喜脱豸冠寻隐计，闲书牙笏记丹方，登高王粲应憔悴，始信江山非故乡。”《御定四朝诗》卷七七，《景印文渊阁四库全书》，第1444册，第11页。

6　该卷是否为胡氏真迹目前学界意见不一，板仓圣哲认为是胡舜臣真迹。参见：《宋画全集》第七卷第2册，第272页；王连起先生认为胡舜臣的画与蔡京书法都不早于明代。傅申先生认为蔡京书伪，胡舜臣画真。详见：王连起：《传胡舜臣、蔡京〈送郝玄明使秦〉书画合璧卷辨伪》，《文物》，2015年第8期；傅申：《对日本所藏数件五代及宋人书画之私见》，《傅申书画鉴定与艺术史十二讲》，浙江大学出版社，2017年，第135－141页；根据画面的时代风格以及其上沈周观款，笔者认为约为明前期所作。该图尾跋上有项元汴“项墨林鉴赏章”、“项子京家珍藏”、“项氏子京”等鉴藏印，可知曾入项元汴家藏。“胡舜臣、张著，俱学郭熙山水……舜臣谨密，虽皆不逮其师，然后人亦无及之者。”（元）夏文彦《图绘宝鉴》（卷四），于安澜编著：《画史丛书》（第三册），第967页。

图6 明 戴进《雪山行旅图》轴 故宫博物院藏

图7 《归汾图》卷首处的城门

图8 《归汾图》画面中的演武场

《归汾图》中仇英在对复杂山体结构省略的同时，强化了对主要物象元素的表现。相较于上述行旅山水画中被安排在高远景致处表现得较小且较为简略的城关，《归汾图》则作界画般细致表现，尤其是重檐歇山顶的门楼。〔图7〕城关多出现于明代纪游图中，通常是实景山水画中的标志性建筑。那么此处城关是否有实景为依？《归汾图》卷后，题跋者们做了一个细致的实景描写：邓韨跋中提到："太行磐磐几千里，东有并门坦如砥"，并门即并州[1]，是太原的古称，为明代九边重镇之一，为防御蒙古骑兵南侵而多次加筑城墙，兴建城门[2]、敌台、角楼等。城门是唐颐归家的必经之地，仇英省略崇山峻岭很有可能是为了表现太原城"坦如砥"的地貌，如此，这与画中城关便有了唐颐故乡实景的内涵。结合周天球跋中"洪流迤逦自西来，道上行人指汾水"以及彭年跋中"汾河一曲带林塘，三晋风烟接首阳"则表明画中大概位置应为入城之门至汾河

1 汉置并州，其地在今内蒙古、山西（大部）、河北（一部）。东汉时并入冀州，三国魏复置，其地在今山西汾水中游。

2 共有八个城门，每面两门：分别为：镇远门（大北门）、阜成门（旱西门）、振武门（水西门）、迎泽门（大南门）、承恩门（首义门）、宣春门（大东门）、迎辉门（小东门）、拱极门（小北门）。康玉庆主编：《太原历史文化》，太原：北岳文艺出版社，2013年，第187页。

岸边。此外，画面中段有一片绿柳环植，烟岚掩映的空旷场地，其间有一台基建筑，旁有旗杆台。〔图8〕在仇英《临张择端清明上河图》（辽宁省博物馆藏）〔图9〕及清院本《清明上河图》中也有相同形制的表现，根据两图中的阅兵场景可知是古代用于练兵的演武场（或称校场），台基式卷棚顶的建筑为主持检阅的演武厅（亭）。北虏是嘉靖朝以来困扰明廷的现实问题之一，嘉靖中期北方少数民族多次侵犯太原境内[1]。山西高平演武亭（明万历年间）碑记中有“昔抱贞守泽，籍丁男三之一，农隙角射，三年得劲卒二万”[2]。故此处的演武亭也具有了城防的象征意义。演武场很少出现在山水画中，多出现在地方志书籍中类似舆图性质的建置图中，唐颐故乡所在的太原阳曲县县志的建置图中即有紧挨着城关的演武亭（厅）。〔图10〕仇英以柳林将演武亭环绕，并以南宋赵令穰式江乡小景画中常见的“烟锁柳林”母题使带着具体实用功能的演武亭与山水画更加自然地融合。

图9 明 仇英《临张择端清明上河图》（局部） 辽宁省博物馆藏

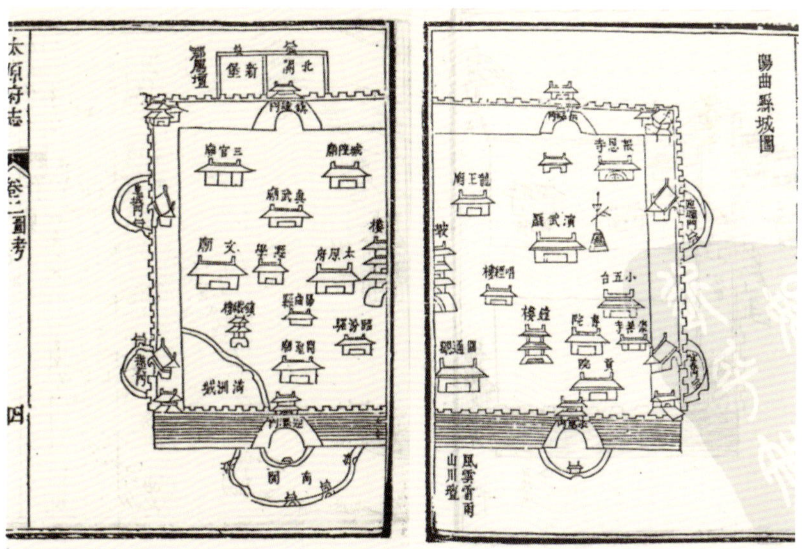

图10 乾隆《太原府志》阳曲县城图中的演武厅 图片来自《中国地方志集成·山西府县志辑》

以城关、演武亭等使唐颐触景生情的家山风物入画自然可使“乡关迢递”且“郡印悬肘”的唐颐观后获得归属感。除此之外，在风格上，仇英承袭唐宋的青绿重设色风格，以勾写轮廓与晕染为主，为突出受画人家乡所在北方太行山脉土质峻厚的特点，仇英减少了他习自李唐、马远一派斧劈皴的运用，以大面积赭色作山体底色，再以石绿薄敷，少数凸出的石块则薄罩石青。与表现江南水乡温润清丽的《林亭佳趣图》（台北“故宫博物院”藏）以及《莲溪渔隐图》（故宫博物院藏）等作品相比略显雄强疏旷。作为职业画家的仇英应深

1 嘉靖十九年（1540）以后，多次发生蒙古军队越过雁门关一线而深入山西地区的事件：“嘉靖十九年八月，谙达（俺答）由井坪、朔州抵雁门，破宁武关……遂入太原……”参见（清）康基田著，卫广来点校：《晋乘蒐略》，山西古籍出版社，2006 年，第 2322 页；“嘉靖二十年九月吉囊俺答入，屠戮四万余人大掠十日。”参见：《太原府志》（卷二一）“武事”，《中国地方志集成·山西府县志辑》，凤凰出版社 2005 年，第 176 页。“嘉靖二十一年六月丁未，虏犯太原，大杀掠”，参见：（清）谈迁撰：《国榷》，前揭：《续修四库全书》，第 361 册，第 415 页。

2 刘武夔撰：《高平演武亭记》，记事碑，《泽州府志》载：此碑原在高平城东门外演武巷，约立于明万历五年至十一年间（1577 — 1583），今不存。刘泽民总主编：《三晋石刻大全》（晋城市高平市卷下），第 1189 页。

谙绘画中的南北地差异而特意为之，以营造“朔方风气待疏豁……千年流润草木滋”的气象。对受画人家乡实景的描绘，使唐颐有了想象空间之凭借，疏解了他宦途羁旅下的桑梓之思。

四 该图中的“致仕归乡”画意

然而，此画所表现的不止于唐颐的桑梓之思。邓本黄褫跋中提到，“尝闻之先生（唐颐，笔者注）曰：‘吾家河汾之上筑精舍于兹有年矣。’”随着画中唐颐的继续前行，经过跨溪的木桥即到达他行旅的终点——汾河岸边的居舍。画中行旅唐颐与居舍的组合不只是一种单纯的构图而已，在此，仇英描绘了一个典型的“归乡”主题。绘画中的“归乡”主题主要出现在以陶渊明《归去来兮辞》为题材的人物故事画中，多表现为卷首的“乘舟归乡”部分。如《仿李公麟〈渊明归去来图〉》（美国弗利尔美术馆藏）以及元代何澄的《归庄图》（吉林省博物馆藏），尽管这一题材描绘的重点在于渊明辞官归家后的田园生活，但“归乡”情境却因最能表现渊明决心归隐的态度以及“乃瞻衡宇，载欣载奔”[1]的心情而不可或缺。[2]有意思的是美国克利夫兰艺术博物馆藏元代佚名《归去来辞图》卷[3]首段〔图11〕将乘舟归家的渊明绘为骑马归家。若将这段归家情节与《归汾图》相比，则明显可见：骑行的主人、抱琴的仆人，跨溪的小桥以及前方的屋舍在图式上有高度的相似性。甚至《归去来辞图》中“问征夫以前路”的策杖人在《归汾图》中也在跨溪的小桥上出现。作为职业画家的仇英对渊明归隐的题材应并不陌生，借鉴《归去来辞图》图式也意味着画家借用陶渊明典故来赞扬、鼓励唐颐盛年致仕还乡、高揖而退之情怀。

《归汾图》中“归乡”主题的表现还有一些细节的刻画。陈九德《怀河汾赋》中“惟吾庐之洵美兮，跨河汾而拓基”正是卷尾跨溪小桥与屋舍的配置，多见于仇英描写文士居所或隐逸地的文人草堂图，如为东林先

图11 元 佚名《归去来辞图》卷（局部） 美国克利夫兰艺术博物馆藏

1 （晋）陶潜撰：《陶渊明集》卷五，《景印文渊阁四库全书》，第1063册，第514页。

2 至元明时期，还出现了绘渊明乘舟归乡的单一情节来表现“还乡归隐”的意涵。日本彦根城博物馆藏明初宫廷画家所作《渊明归去》轴（该作为《四季山水图》屏其中一件，其余三件分别为：《东山携妓》《茂叔爱莲》与《雪夜访戴》）仅绘渊明归乡至家门外妻儿仆人出门相迎的情景，由“归乡”进而“归家”。

3 关于该画的年代，傅熹年先生据图中房屋样式结构加以考证，认为：“此图可定为金末或蒙古与南宋对峙时期的作品”。参见：傅熹年：《访美所见中国古代名画札记》（下），《文物》，1993年第7期。

生制《东林图》卷（台北“故宫博物院”藏）以及为项元汴兄项元淇制《桃村草堂图》轴（故宫博物院藏）中都有相似的配置；在仇英表现文人隐居主题的《莲溪渔隐图》（故宫博物院藏）中还将跨溪小桥与村落置于画面远景。两本《归汾图》卷后题跋中皆提到唐颐在汾河岸边的居舍[1]，虽然仇英不似书斋山水那样对其进行过多着墨，但观者仍可见院落尽头从石阶通向高处树木掩映处的凉亭〔图12〕，在仇英为项元淇所绘《桃村草堂图》中部山腰处亦有，临溪而建、桃树环绕并与右下方的隐居草堂以石阶相连。故宫博物院藏签题为南宋何荃的《草堂客话》图页〔图13〕中的草堂一侧拾级而上便可到达类似的凉亭，内有一文士正在卧眠，其旁还摆放着书案，这与北宋司马光在《见山台书卧偶成》诗中“移床独上高台卧”所描写的相似。司马光曾在其独乐园中建有“见山台”，在《独乐园七题·见山台》中写道“吾爱陶渊明，拂衣遂长往……爱君心岂忘，居山神可养”[2]。诗中提到了自己愿追随陶渊明居山神养。另克利夫兰艺术博物馆藏元人《归去来兮图》卷首陶潜解官归去的居舍也有可以拾级而上的见山台。仇英曾绘《独乐园图》，故对“见山台”的典故应不陌生。仇英在此借用山中凉亭来表现宦途生涯结束后的唐颐“不干谒，不语时政得失，循循退让林居四十年”[3]的归隐生活，显得颇合时宜。

图12 仇英《归汾图》中院落尽头从石阶通向高处树木掩映处的凉亭

图13 南宋 何荃《草堂客话》图页 故宫博物院藏

从上述分析可以看出，仇英在该图中融入了唐颐家乡的实景因素，并借鉴了表现陶渊明、司马光等高士图像的“典故”，唐颐及拥有同样情怀的友人在展卷观画时，对此必能有深切的体会。

1 仇本陈九德跋：“惟吾庐之洵美兮，跨河汾而拓基”。周天球跋“有怀先人庐，临河带芳荇”。邓本黄廮跋：“吾家汾河之上筑精舍于兹有年矣”。

2 （宋）司马光撰：《温国文正公文集》卷四，前揭《景印文渊阁四库全书》，台湾“商务印书馆”，第545册，第671页。《独乐园七题·见山台》，《四部丛刊》，第829册，上海商务印书馆，1929年，第132页。

3 前揭：《山西通志》卷一七〇，《景印文渊阁四库全书》，台湾“商务印书馆”，第545册，第671页。

五 “归乡图”与明代中后期官员的乞休告隐

除《归汾图》之外，仇英还有几件体现“致仕归乡”画意的作品，这些图像中的人物多作行旅安排，主人多为骑行并作官员装扮，仆人携行李随行；且画面中通常有行旅所归的“家”或“家园”的表现。台北“故宫博物院”藏仇英《人物》扇页〔图14〕即为其中一例。画面近景处骑行的蓝衣官员与身后肩担行李的仆人赶路，远处占据了画面大部分的村舍院落，应为他们行旅的终点，“弯月”与“飞鸟倦还”说明画中人物此行为晚归。画中的人物设定与城关、柳树、村舍院落等物象元素与《归汾图》颇为相似，都显示了同样的“归乡”主题。本幅有款识“仇英实父制”，钤印“十洲仙史”，虽无法考证受画人身份，但金笺材质以及扇页形制，结合画意来看与《归汾图》卷应作相似的用途。

台北“故宫博物院”藏仇英《春游晚归图》〔图15〕轴也作主仆行旅归家的安排。本幅未署作者名款，仅画幅右下钤“十洲”葫芦印，经《石渠宝笈》（初编）著录，画名应是入编时所取。“春游晚归”出自元末明初诗人叶颙之诗作：“小雨杂烟霏，晴光美夕晖。蔫红侵酒斝，空翠润琴徽。风袭吟翁帽，云香野客衣。殷勤花径月，寒影照人归。”[1]但画中春的季节特征不甚明显，尤其是画面前景处枝干瘦硬曲折的梅与竹子的搭配，更像是用以象征主人的高雅品格与趣味，画面更像是主仆四人行旅归来。与仇英、文徵明所绘一般文人形象相比，画中士人更似官员装扮：头戴的斗笠与沈周为吴宽所绘《送吴文定公行图》中骑行赴任的吴宽所戴相似，身穿类似官服形制的圆领便袍与唐寅所绘《王公拜相图》（故宫博物院藏）中王鏊所着相似。主仆的人物设定也类似《归汾图》中的唐颐以及仆人，甚至所携行李也大致相同，笔者认为该图表现的亦为“归隐”主题。画中主人面露微笑，以肖像画的姿态，策马快行将过家门前的跨溪小桥，一仆人已先行叩门，

图14 明 仇英《人物》扇页 台北“故宫博物院”藏

1 （清）顾嗣主编：《元诗选》初集卷六二，《景印文渊阁四库全书》，第1469册，第626页。

主人身后的两侍从一携琴一荷担，相互交谈，面露喜色，显示了主仆一行归家的急切与喜悦[1]。这便让人想起《归去来兮辞》中渊明“乃瞻衡宇，载欣载奔”的急切与喜悦心情，且行至家门外的情节及构图与现藏日本彦根城博物馆的《渊明归去》轴相似。〔图16〕正如《归汾图》从卷首入乡关到卷尾归家一样，归乡路的终点是归家，画中人经过跨溪的小桥，便可忘记宦途生涯的艰辛与无奈。

因以上两件带有归乡画意的作品仅有仇英钤印或简单款识，无他人题跋以显示更多受画人信息，亦无同时期收藏者的鉴藏印[2]，故无从得知仇英为何人而作，但对一个在当时已经“独步江南”的职业画家来说，有一种可能是为应对市场对类似主题作品的需求。对“归乡”主题作品的需求，意味着有一批具有类似经验观众的出现，而这与明代正德、嘉靖年间乞休告归以及罢归的失意文士有关。

明代前期，朝政较为稳定，官员大都是年老之时的“以礼致仕”。正德后尤其是嘉靖至万历朝，内阁与宦官的政治势力互为消长，官员因政治因素而主动乞休的现象逐渐增多。在仇英活动的嘉靖年间，先是“大议礼”事件的影响，朝廷内外产生极大的骚乱，“时张璁、桂萼以议礼骤贵，秉政树党，屏逐正人”[3]。刑部给事中管律上疏：“大礼之议出自陛下至性……顾迩来言事者每假借为词，或乞休、或告病……”故嘉靖四年令：“有假托养病致仕者不准，方面（官）年六十以上方准致仕。外官有不奏弃官，及奏不候命而去者，该部科道及抚按官纠举。”[4]官员乞休告归现象已多到要朝廷明令限制的地步。而嘉靖朝后半期（嘉靖二十一年至四十一年）皇帝痴迷于道教玄修不理朝政，宰相严嵩专擅朝政，此时党争、献谄之风兴起。官场困顿，权宦当道，经世理想得不

图15 明 仇英《春游晚归图》轴 台北“故宫博物院”藏

图16 《渊明归去》轴 日本彦根城博物馆藏

1 台北“故宫博物院”藏有戴进的同名作品，此作亦安排主仆一行归家，与仇英所绘略有不同的是该卷做主人叩门的安排，门内挑灯相迎的家仆可知此行已为夜晚。该图并无戴进款印及收藏印，从构图、远近关系的处理及笔墨运用来看与戴进所作《溪桥策蹇图》出自同一画家之手，故判定为戴进所作。陈芳妹著：《戴进研究》，台北“故宫博物院”印行，1989年，第63页。

2 其中《人物》扇页本幅有清人潘正炜“季彤审定”朱文方印；《春游晚归图》轴本幅有“乾隆御览之宝”“养心殿鉴藏宝”“石渠宝笈”“嘉庆御览之宝”“宣统御览之宝”以及清人李煦的“莱嵩氏书画印”。

3 （清）张廷玉等：《明史》卷二八二，中华书局，1974年，第7236页。

4 《明会典》卷一三，《续修四库全书》，第789册，第232页。

到实施或者不愿依附难立于朝的官员就会急流勇退以乞休告归来脱离官场寻求解脱，于是乞休告归成为人生抉择，辞官归隐成为一时风气[1]。促使以入仕为官经世济民为终极理想的明代士大夫在实践其理想的历程中受尽挫折便"有超然之识"[2]，以去官为乐事。正如桑悦在《六幺令·告归》中所写："宦途风雨，收钓宜偏早。"[3]

在此时代背景下，仇英生活以及鬻画的苏州地区不仅有文徵明的"意不自得，连岁乞归"，还有在翰林院任职三年后便致仕返家的蔡羽（1541年卒）；与尚书汪鋐时发生冲突被迫辞官归乡的王穀祥（1568年卒）等人，而王穀祥的同年进士黄浦汸（1503—1582）因忤逆权贵下狱，在经历一贬再贬之境遇后在云南任上乞休告归等等。巧合的是"贰苏郡三载"的唐颐也与此种"超然之识"不谋而合，而仇英《归汾图》卷后邓韨跋中"倬哉今唐侯（笔者注：唐颐），求晦德逾炳。披图徵诗岂无谓，志操不愧河漘篇"，也表明了苏州文人对唐颐"超然之识"的赞美。

仇英虽为职业画家但因与文徵明、王穀祥等"失意"文人的来往，加上作为一个面对市场的画家，必然对于上述变动有敏锐的反映。对这些以去官为乐事的失意文人来说，乞休归乡意味着得以结束不愉快的官场生活，隐居乡里，陶醉到故乡的趣味生活中去。而仇英所绘"归乡"主题之作对他们来说，也标示着此种趣味生活的开始。

六 结 语

唐颐"超然自引，高揖而退"的决定促成了仇英《归汾图》的创作，画家从受画人的情感角度出发，在传统行旅山水图式的基础上，融入了使唐颐触景生情的家山风物，从而描绘了一件典型的"归乡图"以凸显受画人致仕归乡隐居之画意，让观者对明代中期这位名不见经传的小官员的"宦途风雨，收钓宜偏早"的"超然之识"有了超越文献记载的了解，而唐颐对画中的家山风物以及所负载的"还乡归隐"意涵，亦必能有深切的体会。

与仇英所绘表现文人隐居于书斋、林泉的怡情生活题材的作品不同，带有"致仕还乡"之意涵的"归乡图"，其需求者很可能是明代嘉靖年间乞休告归以及罢归的失意官员。对嘉靖年间以去官为乐事的失意文人来说是他们结束不愉快的官场生活，隐居乡里的趣味生活的开始，而从山水画的角度上看，"归乡"情境脱离了"渊明归去"故事画而独立发展为一个崭新的表现主题。

[作者单位：故宫博物院书画部]

1 谢景芳：《明代仕途蹭蹬下的文人心态——"洪朝选案"的时代思考》，《洪芳洲研究论集》，台北：洪芳洲研究学会，1998年，第391—392页。

2 （明）朱国祯：《涌幢小品》（卷一三）"蚤致仕"，《明会典》卷一三，《续修四库全书》，第1173册，第101页。

3 （明）桑悦：《六幺令·告归》，饶宗颐初纂、张璋总纂：《全明词》，第2册，中华书局，2004年，第374页。

故宫藏弘历"一发双鹿图"研究

Studying the Paintings Depicting Hongli "Shooting Two Deer with One Arrow" in the Palace Museum Collection

蒋艺　王幼敏

Jiang Yi　Wang Youmin

内容提要：

故宫博物院藏有两件表现乾隆帝"一发双鹿"题材的绘画作品，内容相同而名称各异。本文即以作品图像及文字信息为线索，并结合相应的史料及实物，对二者的相互关系、原始名称、作者以及各自所表达的主题，均做了较为客观深入的讨论。另外，还在个案研究的基础上，对涉及清代宫廷绘画中的一些普遍性问题提出了新的理解和认识。

关键词：

故宫　乾隆帝　清代宫廷绘画　一发双鹿

ABSTRACT:

The Palace Museum collects two paintings depicting the theme of the Qianlong Emperor (r. 1736-1795) shooting two deer with one arrow, with the same content but different names. Combining corresponding historical materials and objects, this article analyzes image of the paintings and textual information so as to carry out a more objective and in-depth discussion on the relationship between the two paintings, the original title, the artists, and the theme expressed by each work. In addition, based on case studies, new understandings regarding some general issues related to Qing-dynasty (1644-1911) court paintings is put forward.

KEYWORDS:

The Palace Museum, the Qianlong Emperor, court paintings of the Qing dynasty, shooting two deer with one arrow

在故宫博物院藏清代宫廷绘画中，有多幅表现乾隆帝骑射场面的画作。其中有两幅无论是在尺幅，还是在画面内容、构图等方面近乎一致，均描绘乾隆帝“一发双鹿”的场面，只是在画面细节、题跋及图轴材质等处有所不同。令人不解的是，它们的名称完全不同，一幅名为《一发双鹿图》〔图1〕，另一幅名为《锦云良骏图》〔图2〕。二者均为清宫旧藏，且没有作者款识和系年。那么这两幅近乎一样的画作之间是何关系？又分别是何人、何时所画？它们在清宫时的名称是什么？再有，二图脱胎于同一母题，且画面内容近乎一致，但乾隆帝却在图上题写了主题不一的御题诗，这背后又有着怎样的深意？纵观以往，这些问题均未见有专门研究。有鉴于此，本文拟从清宫档案等基础史料的梳理、分析入手，并结合相应的历史背景，对两幅画作中的上述问题进行较为客观、深入的讨论。

图1 《一发双鹿图》 故宫博物院藏

图2 《锦云良骏图》 故宫博物院藏

一　基本情况

《一发双鹿图》

《一发双鹿图》轴，绢本设色，纵167.5厘米，横113.2厘米（后文称“绢本双鹿图”）。画幅右上方题有乾隆帝御制诗二首：

其一：牝牡平罔射并驰，牝穿中牡两歼之。十年前事图行乐，今日观斯未信斯。

其二：往日雄心去若驰，设云佳兆或中之。爽文既缚大田获，一举双擒实似斯。

落款“戊申六月御题”，下钤“古稀天子之宝”“犹日孜孜”宝玺两方。另在画面上钤“太上皇帝”、“五福五代堂古稀天子宝”及“八征耄念之宝”三玺。“戊申”为乾隆五十三年（1788）。

除御题诗外，画幅上还有永瑆、永琰、和珅、王杰及董诰和诗。其中，永瑆题诗为：

振策花骢蹑电驰，叠双神技孰能之。七旬有八仍乘马，十载前图可证斯。

信是嘉征露檄驰，有禽利执合占之。双擒已喜平台徼，又报来琛辖戛斯。

（辖戛斯，西南国名，见《辽史》。时缅甸献贡）

落款“子臣永瑆恭和”，后钤“子臣”“永瑆”二印；永琰题诗：

龙媒亲控俨星驰，一发双擒早应之。神武上兰常仰止，绘图山馆赫如斯。

天弧威焕海边驰，征事批图恰合之。绍述前功勤武备，古稀康健聿昭斯。

落款“子臣永琰恭和”，后钤“子臣永琰”“敬书”二印；和珅题诗：

每从神武范驱驰，一发连双喜绘之。记得十年前此地，古稀康健已如斯。

生致双酋捷早驰，更逢喜事又三之。威行海外来重译，稽首仙庄祝万斯。

落款“臣和珅恭和”，后钤“臣”“和珅”二印；王杰题诗：

威弧一发贯双驰，纪实丹青绘恺之。神武万人齐仰视，车攻吉日未闻斯。

弓如月满骏星驰，不待掎之更角之。走险海隅蛩负蟨，吉占黄矢兆于斯。

落款“臣王杰恭和”，后钤“臣”朱文圆印、“王杰”二印；董诰题诗：

九合弓圆宝骏驰，叠双神艺共瞻之。披图天健今犹昔，伫喜行秋又若斯。

赫然电扫与风驰，迅获鲸鲵早兆之。效顺炎荒同海滢，皇威遐鬯有如斯。

落款“臣董诰恭和”，后钤“臣”“诰”二印。

《锦云良骏图》

《锦云良骏图》轴，纸本设色，纵175.6厘米，横120.8厘米（后文称“纸本双鹿图”）。诗堂处乾隆御题“德超天骥”四个楷书大字，钤“信天主人”印。画幅右上有御题诗一首：

甲辰之秋猎木兰，一箭曾以殪双鹿。乙巳之秋猎木兰，惊狍奔迸穿马腹。

是皆御此锦云骏，合以为图纪俊独。中鹿飞驰乃其常，虑近乎夸吟兴束。

狍过弗惊则真驯，可阙长言咏英躅。即今南苑小试搜，何异清道后驰逐。

骥不称力称其德，骏有之哉越凡畜。老年大异壮年时，弗待谏知弗及夙。

然因即事忆相如，宁渠兴轩增面恧。

落款“丙午仲春月御题”，后钤“古稀天子之宝”“犹日孜孜”。另钤“五福五代堂古稀天子宝”“太上皇帝之宝”“八征耄念之宝”三玺。“丙午”为乾隆五十一年（1786）。

由上述基本情况可知，“绢本双鹿图”中乾隆御题落款时间为乾隆五十三年，从御题诗中“十年前事图行乐”及永瑆和诗“十载前图可证斯”来看，此图所画乾隆帝“一发双鹿”的场景应发生于约十年之前，画作的绘制时间也应在此后不久（详见后文）。此外，从画中题诗情况和所钤宝玺的位置，可以初步判断图中题诗、钤印是在画作绘制完成之后，又添加上去的，其间相隔十年之久。“纸本双鹿图”中乾隆御题落款时间为乾隆五十一年，从其题诗内容来看，所绘为乾隆四十九年甲辰，乾隆帝再一次“一发双鹿”的场景，其绘制时间应在此后不久。因此，二图之间的关系是绢本在前为原本，纸本在后为副本。图上乾隆御题的时序则正相反，纸本早于绢本。明确了这一点，对深入解读二图有重要意义。

二 名称问题

二图均为清宫旧藏，无题签。“绢本双鹿图”现定名为《一发双鹿图》；“纸本双鹿图”现定名为《锦云良骏图》。二者名称是旧题？还是后人所为？这是首先要搞清楚的问题。

《一发双鹿图》在故宫文物藏品卡登记的参考号为“天一〇二九”，显示清室善后委员会点查时，此图贮藏于乾清宫西暖阁。检《故宫物品点查报告》，其登记名称为《董诰画木兰图》[1]〔图3〕。之所以如此定

1 清室善后委员会编：《故宫物品点查报告·第一编》第一册，线装书局，2004年，第135页。

名，笔者推测应是点查人员误将画面中的董诰题诗当成了画家落款所致。由此可以确定，“一发双鹿”应是后人根据画面内容所定，时间在故宫博物院成立之后。显然，《董诰画木兰图》《一发双鹿图》都不是画作原始名称。为此，我们根据画上御题诗的系年，在《清高宗御制诗·五集》卷四十一找到了这两首诗，题目是《题〈射鹿行乐图〉二首一韵》，由此可知，此图的原名应为《射鹿行乐图》。

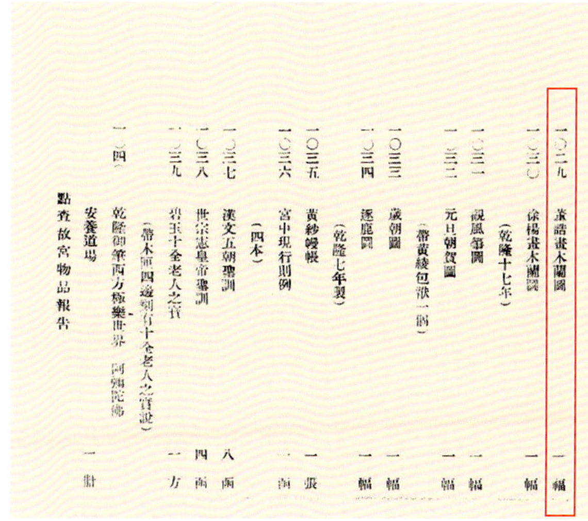
一〇二九　董誥畫木蘭圖　一幅
一〇三〇　徐楊畫木蘭圖（乾隆十七年）　一幅
一〇三一　觀風箏圖　一幅
一〇三二　元旦朝賀圖（帶黃綾包袱一個）　一幅
一〇三三　歲朝圖　一幅
一〇三四　逐鹿圖　一幅
一〇三五　黃紗幔帳（乾隆七年製）　一張
一〇三六　宮中現行則例（四本）　一函
一〇三七　漢文五朝聖訓　八函
一〇三八　世宗憲皇帝聖訓　四函
一〇三九　碧玉十全老人之寶（帶木匣四邊刻有十全老人之寶說）　一方
一〇四〇　乾隆御筆西方極樂世界　阿彌陀佛　安養道場　一軸
點查故宮物品報告

图3　《故宫物品点查报告》乾清宫卷

《锦云良骏图》的登记情况更复杂。其在故宫文物电子藏品卡登记的参考号为“成一八七21”，显示清室善后委员会点查时贮藏于斋宫。检《故宫物品点查报告·斋宫》卷发现，“成一八七21”号下登记的并非《锦云良骏图》，而是《宋人大难（傩）图》[1]，《点查报告》中也没有《锦云良骏图》的登记情况。再者，该画的原始纸质藏品卡并没有登记参考号。由此推测，电子藏品卡或是誊录过程中出现了错误，其定名当另有来历。为此，我们查阅了专门记载皇帝、后妃画像的宫廷档案《寿皇殿尊藏圣容黄册》，发现册中有“高宗纯皇帝圣容一轴——锦云良骏图”[2]〔图4〕。《锦云良骏图》之名，当源于此。考察《黄册》对圣容画像名称的登记，大致有两种：一种是根据画上题签或后来粘贴的“黄签”，如《不二图》《平安春信图》等；另一种是没有题签，由登记者根据画意起名，如《观画》《写手卷》等。《锦云良骏图》应属于前者，其名称应是据题签登记，只是后来由于各种原因，题签佚失了。

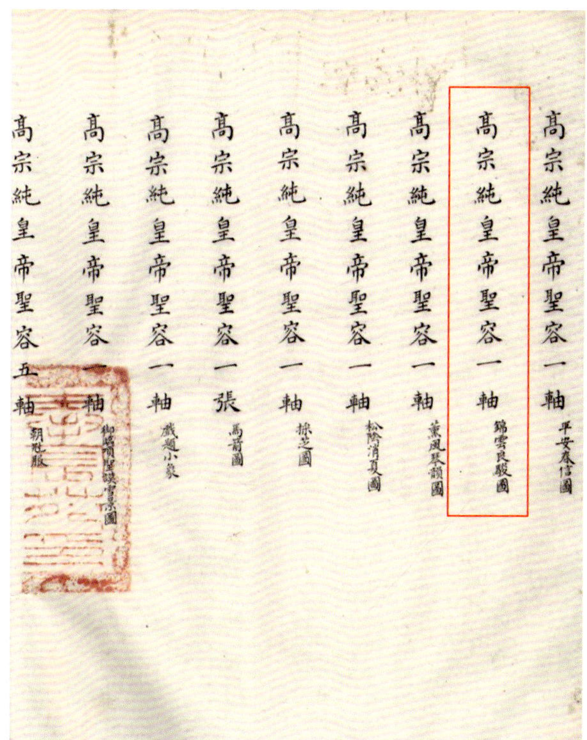
高宗純皇帝聖容一軸　平安春信圖
高宗純皇帝聖容一軸　錦雲良駿圖
高宗純皇帝聖容一軸　薰風琴韻圖
高宗純皇帝聖容一軸　松陰消夏圖
高宗純皇帝聖容一軸　採芝圖
高宗純皇帝聖容一張
高宗純皇帝聖容一軸
高宗純皇帝聖容一軸
高宗純皇帝聖容五軸　朝服

图4　《寿皇殿尊藏圣容黄册》

此外，《锦云良骏图》在清宫的贮藏情况，《黄册》中也有明确记载：“道光十八年闰四月二十四日，总管内务府大臣奕纪、文庆奉旨，将宁寿宫景祺阁供奉高宗纯皇帝圣容请在寿皇殿东小柜尊藏。”同治二年（1863），内务府对寿皇殿内收存圣容再次进行清点时，《锦云良骏图》仍贮存于寿皇殿内。但奇怪的是，后来的《点查报告》寿皇殿卷却没有登记。为什么会出现这种情况，尚不得而知。

综上所述，“绢本双鹿图”“纸本双鹿图”在清宫时的原始名称应分别为《射鹿行乐图》和《锦云良骏

1　清室善后委员会 编：《故宫物品点查报告·第二编》第一册，线装书局，2004 年，第 38 页。

2　《清宫陈设档》394，《寿皇殿尊藏圣容黄册》。

图》，而在清宫内务府造办处档案中则均被称为"得鹿图"（详见下文）。

三　绘制时间及作者

目前所见，关于两幅"一发双鹿"图的绘制时间及作者，还没有研究者做专门的讨论，仅见于画作的说明文字。如《射鹿行乐图》的绘制时间就有乾隆四十三年（1778）、五十三年（1788）两说，又有推测画中的人、马可能为西洋画家艾启蒙所画。但从我们现在掌握的材料来看，这些观点都是不准确或错误的。

（一）《射鹿行乐图》的绘制时间及作者

1. 绘制时间

关于《射鹿行乐图》的绘制时间，在以往的说明文字中多根据画上御题诗的落款时间，将其定为乾隆五十三年；或根据御题诗的内容，将其定为乾隆四十三年[1]。但笔者通过对画上题诗以及宫廷档案的梳理、分析，认为上述两个时间并不准确。

图上御题诗落款为"戊申六月"即乾隆五十三年，诗中"十年前事图行乐，今日观斯未信斯"一句显示，此图所绘的场景距乾隆帝在画上题诗有十年之隔。图上诸皇子、大臣的和诗也证明了这一点，如永瑆"七旬有八仍乘马，十载前图可证斯"、和珅"记得十年前此地，古稀康健已如斯"。此外，乾隆帝作于嘉庆三年（1798）的《含德斋》一文，对此次"一发双鹿"发生的时间有明确记载："黏壁飞骢中双鹿，试言为异抑为同。予于戊申曾命补图已亥年木兰射鹿得双，画幅黏于含德斋壁。"[2]从文中描述可知，乾隆帝"射鹿得双"的准确时间是在己亥年，即乾隆四十四年（1779），这也应是《射鹿行乐图》绘制的时间上限[3]。此文还显示，《射鹿行乐图》是一张"贴落"，绘制完成后粘贴于热河避暑山庄含德斋[4]。

含德斋位于避暑山庄清舒山馆内，建于康熙年间，斋额由康熙帝题写。康熙六十一年（1722），尚且年幼的弘历随祖父康熙帝一道巡幸避暑山庄，其间常伴随皇祖左右"日受诲育"，他曾自言："予幼时侍奉皇祖起居，时常瞻仰，故昔年《题含德斋诗》，有'书斋额含德，每憩缅尧箴'之句。"[5]可见，含德斋对于乾隆帝而言有着特殊的感念。

确定了《射鹿行乐图》绘制的时间上限，我们在清宫造办处档案中还找到了此图具体的绘制时间。检乾隆四十五年十二月三日"如意馆"：

---

1 故宫博物院：《几暇怡情——乾隆朝君臣书画特展》，故宫出版社，2019 年，第 302 页。

2 《乾隆御制诗文全集（十）》，《清高宗御制诗余集·卷一九》，中国人民大学出版社，2012 年，第 275 页。

3 值得注意的是，《射鹿行乐图》出现了史料记载相互矛盾的情况。乾隆帝在作于嘉庆三年（1798）的御制文《含德斋》中说："予于戊申曾命补图己亥年木兰射鹿得双，画幅黏于含德斋壁。""戊申"为乾隆五十三年。但从档案记载来看，绘制于乾隆五十年的《锦云良骏图》毫无疑问是根据《射鹿行乐图》仿画的。因此，乾隆帝应是将乾隆五十三年题诗的时间误记成了绘图的时间。究其原因，可能与其此时年事已高（八十八岁），记忆不清所致。

4 《造办处档案》还记载乾隆四十六年，含德斋殿内西里间贴"御容画"一张，应该就是这幅《射鹿行乐图》。

5 《乾隆御制诗文全集（十）》，《清高宗御制诗余集·卷一二》，中国人民大学出版社，2012 年，第 192 页。

初三日接得郎中保成押帖，内开二十三日鄂鲁里传旨：画得鹿图，上圣容着陆灿画，衣纹、马匹着姚文瀚画，山树俱着董诰画。钦此。[1]

乾隆四十六年一月二十日匣裱作：

二十日如意馆交来白绢画得鹿图一张，传旨：着托纸带往热河。钦此。[2]

从档案记载来看，乾隆帝下旨绘制的这幅"得鹿图"，从画面上圣容、马匹、鹿、山树等元素及画幅所用材料的质地，再到画成后的张挂地点等，无一不与《射鹿行乐图》相吻合。因此可以确定，乾隆四十五年十一月交由如意馆绘制的"得鹿图"，就是《射鹿行乐图》，即"绢本双鹿图"。

2. 绘制者

据档案记载，《射鹿行乐图》由多位宫廷画家合作绘制而成。其中圣容由陆灿绘制，衣纹、马匹（包括双鹿）由姚文瀚绘制，山石树木则由董诰绘制。

陆灿，字星山，江苏娄东人，寓居苏州。史载其长于丹青笔墨，花卉、山水、竹石皆能，尤擅长人物写真，有"吴中写真妙手"之誉。他于乾隆四十四年十一月进入宫廷，成为启祥宫"画像人"[3]，乾隆四十五年十二月离开，其间还曾回南，其真正在宫廷的时间只有几个月。虽然服务的时间不长，但正值乾隆帝七十寿辰，陆灿因此绘制了不少重要作品，成为记录当时历史事件的图像史料。其中尤以乾隆帝圣容和六世班禅额尔德尼像最为珍贵。六世班禅额尔德尼像，目前保留数幅，分别收藏于故宫博物院〔图5〕和西藏扎什伦布寺〔图6〕。本文所考《射鹿行乐图》绘制于他即将离开宫廷之前，

图5 六世班禅官服像 故宫博物院藏

图6 六世班禅额尔德尼像 西藏扎什伦布寺藏

1 中国第一历史档案馆、香港中文大学文物馆合编：《清宫内务府造办处档案总汇》（以下简称《档案》）第44册，人民出版社，2005年，第73页。

2 《档案》第44册，第646页。

3 《档案》第42册，第582页。

图7 郎世宁绘《弘历射猎图》轴（上，局部）与《射鹿行乐图》轴（下，局部） 故宫博物院藏

是其在宫中最后的作品。图中乾隆帝圣容带有显著的传统写真技法特征，其面部轮廓清晰，先以线条勾勒，再用淡墨多层渲染，塑造出人物面部的立体感。其造型比例之准确，性格刻画之深刻，较之西洋画家毫不逊色。

姚文瀚（1713—约1789），是乾隆时期最重要的宫廷画家之一。他至晚于乾隆七年（1742）进入宫廷，是宫廷画家冷枚的徒弟，还曾协助郎世宁绘制建福宫藤萝架[1]。显然，他得到了中西两位宫廷绘画大师的指导，是清宫画院中一名全能型的宫廷画家。以往，我们对他运用中国传统画法的画作比较熟悉，诸如《紫光阁赐宴图》《四序图》《冰嬉图》等，但对其西洋风格的作品了解不多。现在通过这件作品可以看出，其所绘马匹、双鹿无论是造型，还是质感表现，均与郎世宁等人的作品非常接近，以至于被研究者误认为出自西洋画家之手〔图7〕。

董诰（1740—1818），字西京，号蔗林，浙江富阳人，董邦达之子，父子二人同为乾隆时的高官及重要的词臣画家，董诰的仕途尤为显达。乾隆二十八年（1763）中进士后，曾任四库馆总裁、军机大臣、户部尚书等要职，五十五年（1790）超拜东阁大学士。嘉庆四年（1799）后仍充军机大臣、高宗实录总裁、太子太保、文华殿大学士等职。董诰的书画主要来源于家学，尤长于山水。时人称其“山水绝伦，早入宋元堂奥”[2]。乾隆四十四年为《射鹿行乐图》绘制配景时，董诰四十岁，任户部侍郎。董氏为官，乾隆帝曾有“在职勤勉”的评价，他的画法也表现出了相同的性格。图中景物布置平实，笔墨清丽含蓄，都极具分寸感，很好地衬托了主题。

（二）《锦云良骏图》的绘制时间及作者

1．绘制时间

《锦云良骏图》的绘制时间，以往未见相关讨论。据图上乾隆五十一年的御题诗《锦云良骏歌》[3]中“甲辰之秋猎木兰，一箭曾以殪双鹿”一句可知，乾隆帝在甲辰年，也就是乾隆四十九年（1784）木兰秋狝时，再次以一箭射毙双鹿。其诗中自注：“去岁自木兰回跸，方命画院为图。今始成，携至南苑因成是什。”则《锦云良骏图》应绘制于乾隆五十年（1785），绘成后张挂在南苑。对此，清宫造办处档案也有明确记载。乾隆五十年十月二十二日“如意馆”：

二十二日接得郎中保成押帖，内开九月二十五日，常宁交圣容得鹿图一张（热河带来）。传旨：着西

1 乾隆七年五月二十五日，如意馆：“二十五日，司库白世秀副催总达子，将画样人卢鑑、姚文汉画得画稿二张持进交太监高玉呈览。奉旨：将此画稿着造办处收贮，卢鑑、姚文汉帮助郎世宁画咸福宫藤萝架。钦此。”《档案》第11册，第68页。

2 （清）彭蕴灿：《历代画史汇传》卷四一，清道光刻本。

3 《乾隆御制诗文全集（八）》，《清高宗御制诗·五集》卷二一，中国人民大学出版社，2012年，第565页。

洋人贺清泰照得鹿图上乘之马，将锦云良骏一样绘画。圣容着缪炳泰临写，衣纹着姚文瀚画，山树着胡桂画[1]。

乾隆五十年十二月二十七日“如意馆”：

内开十一月十七日，懋勤宫交宣纸圣容得鹿图一张……传旨：交启祥宫将得鹿图画裱挂轴一轴……[2]

同日“如意馆”：

内开十一月初一日懋勤殿交圣容得鹿图挂轴一轴，传旨：交启祥宫配囊安白绫签。钦此[3]。

乾隆五十一年三月十六日“如意馆”：

十六日接得郎中保成押帖一件，内开二月二十一日懋勤殿交圣容一张、得鹿图一轴、随诗堂字一张。传旨：交如意馆用旧胎股一件，玉轴头一对重裱。钦此[4]。

综合以上档案记载，可以得出以下结论：

第一，乾隆五十年十月二十二日档案所述“常宁交圣容得鹿图一张（热河带来）”中的“得鹿图”即应是“绢本双鹿图”。由此可知，《锦云良骏图》是仿照《射鹿行乐图》绘制的，二者在造办处档案中都被称为“得鹿图”。

第二，乾隆帝下旨绘制《锦云良骏图》的时间是乾隆五十年九月，并于同年十一月绘制完成。

第三，《锦云良骏图》在绘制完成后，经历了两次装裱。第一次是乾隆五十年十一月，第二次是乾隆五十一年二月。重裱的原因，是乾隆帝又为此图题写了“德超天骥”四个大字。

2. 绘制者

据前引造办处档案，《锦云良骏图》同样是由多位宫廷画师合作完成。其中，圣容由缪炳泰绘制，马匹由贺清泰绘制，山石树木由胡桂绘制，在《射鹿行乐图》中绘制马匹、鹿、衣纹的姚文瀚，此次担任了衣纹、鞍鞯、鹿、狍子的绘制，他也是唯一一位参与了两幅“得鹿图”绘制的画家。另一位宫廷画家伊兰泰参与了狍子样式的前期起稿设计，乾隆帝还就一些细微的改动做出具体指示。乾隆五十年十月八日“如意馆”：

1 《档案》第48册，第522页。
2 《档案》第48册，第538页。
3 《档案》第48册，第541页。
4 《档案》第49册，第556页。

图8 贺清泰绘《贲鹿图》 故宫博物院藏

图9 贺清泰绘《白鹰图》 台北"故宫博物院"藏

将伊兰泰画得狍子样交常宁呈览，奉旨：将狍子嘴收些，圣容着缪炳泰临写，衣纹、鞍鞊、狍子、鹿，着姚文瀚画。鞊改画元鞊、踢胸不要。马着贺清泰画，山树着胡桂画。钦此[1]。

缪炳泰，字象宾，一字霁堂，江苏江阴人。生于乾隆八年（1743），卒于嘉庆十二年（1707），卒年六十四岁。缪炳泰可以说是陆灿的继任者，其人物写真"悬然天得，不由师授"[2]，是一位天分很高的画家。他于乾隆四十七年（1782）经福康安推荐进入宫廷绘制圣容，乾隆帝晚年以及嘉庆帝画像均出自其手笔，深得两朝皇帝赏识。他还颇有行政才能，乾隆时钦赐举人，在乾嘉两朝担任过不少官职，这也是绝大多数职业宫廷画家没有的经历。《锦云良骏图》中缪炳泰所绘圣容是照着《射鹿行乐图》中陆灿所画圣容"临写"，所以，两者在人物面貌和细节处都极为相似。

贺清泰（P.Louis de Poirot，1735—1814）法兰西人，是唯一参与绘制的西洋画家。他于乾隆三十五年（1770）被天主教耶稣会派来中国。据清宫造办处档案所载，贺清泰至少在乾隆三十七年（1772）就已在宫廷作画。其长于绘制花鸟、走兽等，署名传世作品不多，多藏于两岸故宫博物院，其中《贲鹿图》〔图8〕、《白鹰图》〔图9〕是其传世代表作。除了画技，贺清泰还是一位翻译家，他不仅精通法文、意大利文，还精通满文、汉文，曾将《圣祖仁皇帝庭训格言》译成意大利文，并以满文及汉文翻译《圣经》。嘉庆年间，朝廷禁教日严。嘉庆十六年（1811），嘉庆帝遣散了除在钦天监供职外的其余传教士，贺清泰则因年事已高得以留住北京，直至其终老。

和缪炳泰的情况相同，贺清泰在《锦云良骏图》中绘制的马匹也不是自由创作，且还是照中国画家绘制的西洋风格仿画的。这种经历恐怕在清廷服务的西洋画家之中绝无仅有。尽管如此，他的摹作仍然保持着西洋画家所特有的专注与严谨。

胡桂，号月香，吴县（今江苏苏州）人。早年曾是皇家戏班的演员。因为"工于山水，酷似南田"[3]，受到乾隆帝赏识，三十多岁时

1 《档案》第48册，第523页。

2 （清）王芑孙：《渊雅堂全集》《惕甫未定藁·卷九》《缪舍人小传》，清嘉庆刻本。

3 （清）钱泳：《履园丛话》卷一一（下），清代史料笔记丛刊，中华书局，1997年，第308页。

成为宫廷画家，造办处档案显示，他至迟于乾隆四十三年（1778）进入宫廷。胡桂的画作颇受乾隆、嘉庆两代皇帝赏识。乾隆帝有多首题咏其画作的御制诗，其中《胡桂长城岭》称赞其“写得长城岭雪景，恰真前日过舆时”。嘉庆时他的画艺仍受推重：“凡内府所有赏赐诸王公贵人画扇，皆其笔也。”[1]但胡桂为人却十分低调，所谓“谨饬谦雅，澹于荣禄。”[2]其子九思，号墨轩，亦工画山水。

和前两位的忠实严谨态度不同，胡桂在《锦云良骏图》配景的绘制中，个性发挥较多，山石树木设色鲜丽，笔墨充沛，其存在感和紧张感都有了大幅度的提升。显然，与董诰相比，他更多的是艺术表现方面的考虑。这或许与他的艺术个性和特殊的出身有关。

四 《射鹿行乐图》的性质及图式来源

所谓性质，是指一件作品是原创，还是依底本改画。在清代宫廷绘画中，这类改画的作品数量并不少。《档案》显示，绘制“射鹿行乐”题材的作者之一——陆灿，即根据同类题材的作品改画而成了《射鹿行乐图》。

如前文所述，陆灿在宫廷服务的时间很短，只有一年多，期间还曾经回到过南方，《射鹿行乐图》是他“二进宫”时所绘。《档案》记载了他此次进京的时间。乾隆四十五年的七月二十六日“记事录”：

> 二十六日，接得本报寄来信帖一件，内开太监鄂鲁里传旨：着舒文传转与全德，将画画人陆灿派人送进京来，务于九月尽十月初间到京，预备画班禅额尔德尼像。钦此[3]。

由此可知，他此次进京的主要任务是为六世班禅画像，画《射鹿行乐图》应是皇帝临时起意。乾隆四十五年八月二十四日“热河随园”：

> 二十四日员外郎五德、催长达色来说，太监厄勒里传旨：着将如意洲地方现贴之木兰图御容大画一张，着揭下来带往京内，俟等陆灿到京之时，着伊改画一张。钦此[4]。

这条记载显示，八月二十四日上谕发布时，陆灿尚未到京。“着伊改画一张”揭示出《射鹿行乐图》不是一件原创绘画，而是照如意洲张贴的“木兰图御容大画”改画而来。“如意洲”位于承德避暑山庄湖区的中心地带，因轮廓形似如意而得名。是山庄内地位最重要、景点最丰富的区域之一，也是乾隆帝“发迹”之地[5]。又据乾隆三十九年四月初七日“匣裱作”记载可知，这幅“木兰图御容大画”张贴在“如意洲”的“延薰山馆”：

---

1 （清）钱泳：《履园丛话》卷一一（下），清代史料笔记丛刊，中华书局，1997 年，第 308 页。

2 同上。

3 《档案》第 44 册，第 163 页。

4 《档案》第 43 册，第 696 页。

5 《乾隆御制诗文全集（九）》，《清高宗御制诗·五集》卷九一《遊狮子园》，人民大学出版社，2012 年，第 777 页。

初七日，太监张进喜来说，首领董五经交御容木兰图通景大画一张（热河延薰山馆）、宣纸方琮画一张（南石槽）、宣纸杨大章画画对一副（文园）。传旨：将画对、画条镶一寸蓝绫边，并通景画托贴。钦此[1]。

图10 《清高宗击鹿图》

“延薰山馆”是“如意洲”的主要建筑，皇帝在这里处理政事、发布上谕、筵宴王公大臣和少数民族首领。

乾隆时期的宫廷绘画中，表现“木兰秋狝”的作品占有很大比例，“木兰”是满语，汉语意为“哨鹿”，这类题材的画作通常被称为《木兰图》。皇帝既然说照“木兰图”改画，二者之间一定存在不少相同或相似之处。本着这个原则，我们对传世“木兰图”中有射鹿情节的画作做了细致的梳理、比较，发现一幅名为《清高宗击鹿图》〔图10〕的画作，与《射鹿行乐图》最为接近。遗憾的是，笔者只见有早期拍摄的黑白照片，画作的尺寸质地均不详。从它的规制来看，属宫中常见的“贴落”一类，应该就是《档案》记载张贴在如意洲延薰山馆的“御容木兰图通景大画”。画作中的人、马、鹿造型准确，动感十足，极有可能出自西洋画家郎世宁手笔，背景则由中国画家补绘。

两相比对，《清高宗击鹿图》[2]与《射鹿行乐图》确实有很多共同之处。除主题的人物、马匹、被射倒的鹿之外，其他如画作下方均画坡石矮丛，左侧绘两棵松树，上面画山景蜿蜒远去。显然，陆灿在改画时吸收了原作中几乎所有的主要元素，但并没有完全照搬。例如，他将画中人物移到了两棵松树的前面，对前后的背景也进行了简化处理，使以皇帝为主体的射鹿场景更加突出。整个画面主次分明，更加协调。以往我们只知道陆灿是一位出色的肖像画家，《射鹿行乐图》的改画成功则显示出，他在画面的整体把握和设计方面也颇有经验。难怪乾隆帝一厢情愿地总想把他留在宫廷了。

五 两件画作的主题

从画面内容来看，两件画作似乎表现的都是乾隆帝“一发双鹿”的故事。但如果对画面细节、题诗内容以及历史背景做仔细分析就会发现，二者的主题存在很大差异。它们的背后隐含着不少历史因素，值得我们深入探究。

1 《档案》第37册，第298页。

2 《清代帝后像》，中国书店出版社，1998年，第67页。

（一）从“射鹿行乐”到“叠双佳兆”

《射鹿行乐图》的绘制初衷是记录乾隆帝木兰秋狝中的一次“射鹿行乐”，但过了近十年以后，乾隆御题诗和皇子、臣子的和诗，使得原来的主题发生了变化。其中，御制诗的第一首主要叙述十年前“一发双鹿”的“行乐”情景，也就是画作上描绘的情景。第二首则完全脱开了回忆往日的情绪，联系到了当下正在发生的政治事件：“往日雄心去若驰，设云佳兆或中之。爽文既缚大田获，一举双擒实似斯。”第三句“爽文既缚大田获”中的“爽文”“大田”是两个人名，即林爽文、庄大田。乾隆五十一年（1786），因官府缉捕民间帮会的做法过于激烈，引起台湾天地会民变，为首起义的即为林爽文和庄大田。动乱持续了一年零四个月，直到乾隆五十三年三月才被平息，林爽文和庄大田双双被擒。同年六月，乾隆帝在避暑山庄得到这个消息，十分兴奋。面对着几年前绘制的《射鹿行乐图》中被自己一箭射中的双鹿，联想到刚被擒获的林爽文与庄大田，写下了“一举双擒实似斯”的诗句。在他看来，无论是倒在他箭下的双鹿，还是现在被擒获的林、庄二人，都是他的手下败将，只有他才是最后的胜利者。这幅画作也完成了从“射鹿得双”到“中必叠双”佳兆的转换，被赋予了更多重的含意。

除了皇帝的题诗外，《射鹿行乐图》还有两位皇子和三位大臣的和诗，也都围绕着“射鹿”“平台湾”两个主题展开。值得注意的是，三位和诗的大臣和珅、王杰、董诰，都名列平定台湾二十功臣之中。其中，和珅排名第二，王杰排名第三，董诰排名第七。可见，乾隆帝是有意选择这三位大臣来和诗、题诗的。

事情到此并没有完结，嘉庆三年（1798）的七月，八十八岁高龄的乾隆帝最后一次来到承德避暑山庄，并在这里庆祝了他八十八岁生日。在张贴着《射鹿行乐图》的含德斋，他又一次有感而发地写下《含德斋诗识语》一文，阐述了绘制这幅画作的初衷和寓意，并且再一次联系到当时正在发生的事件：

> “予于戊申曾命补图己亥年木兰射鹿得双，画幅黏于含德斋壁。其时予年七十有八，披阅展玩觉少壮时挽强命中，雄心犹在，是年距获鹿时已及十载。正值平定台湾，生擒林爽文、庄大田二首逆。恰符中必叠双之兆，曾题以诗，并命皇子、近臣属和。自壬子以后数年，或因节候早寒，或因雨水较大，未举行围之典。今予春秋八十有八，精神康健、日勤训政，岂尚复以射艺矜能。然结习未忘，究未免见猎心喜。偶来斋中睹旧日黏壁图画，辄为神往。且年来筹匪，虽屡歼贼众，其起事之首逆，齐王氏、姚之富二犯亦已双擒歼戮。但奔窜余匪尚有李全、高均德、王三槐、徐添德、冉文俦、罗其清、阮正通等，皆属渠魁稔恶。刻下大兵四路攻围，计此数逆首亦当骈连就缚，叠符得双之喜，或此时捷音业已在途，早晚即驰至山庄，尤所欣愿也。”[1]

文中提到的“且年来筹匪，虽屡歼贼众，其起事之首逆，齐王氏、姚之富二犯亦已双擒歼戮”是指嘉庆初年蔓延川楚陕等地的白莲教起义。齐王氏（名王聪儿）、姚之富均为义军首领，在与清军作战中被包围，突

1 《乾隆御制诗文全集（十）》，《清高宗御制文·余集》卷二，人民大学出版社，2012 年，第 1014 页。

围不成，二人跳崖身亡。乾隆帝又一次将此事与"射鹿得双"联系起来，认为是"叠符得双之喜"，表现出他期盼早日平叛的心情。但这一次，他没能等到捷报再传。白莲教起义持续了数年之久，直至嘉庆九年才被彻底平息。

综上所述，《射鹿行乐图》在绘制完成之初，只是单纯记录年逾七旬的乾隆帝于木兰秋狝中一箭双鹿的画作。而到了乾隆五十三年，乾隆帝在《射鹿行乐图》上题诗，将"一发双鹿"视为"叠双佳兆"，用双鹿来比喻被擒获的林爽文、庄大田。嘉庆三年，他又将图中双鹿比喻成白莲教起义首领王聪儿、姚之富。至此，《射鹿行乐图》的主题也由单纯的"行乐"，转变为具有政治预示意味的图像。此外，这件作品所记录的两次"叠符得双之喜"，也从一个侧面反映出乾隆统治的后期，各种社会矛盾激化，人们的不满和反抗与日俱增，不断汇聚成一支支强大的势力，酝酿武装起义。虽然这些起义最终都被平定，但使得清王朝元气大伤，清朝的统治也由此走向衰亡。

（二）"德超天骥"锦云良骏

与《射鹿行乐图》不同，乾隆帝从绘制之初就赋予了《锦云良骏图》新的表现主题。从《锦云良骏图》上御题诗《锦云良骏歌》可以清楚地知道，此图所表现的是御马——锦云良骏。

据笔者梳理，清朝以"锦云"命名的御马有四匹，其中乾隆朝有三匹，分别为锦云騢、锦云骓、锦云良骏；道光朝有一匹，名为锦云骧。从史料记载及传世绘画作品来看，四匹"锦云"御马的颜色并不相同，有黄白花色、红白花色两种。其中，锦云騢，绘于郎世宁《八骏图》卷中，原作已不存。据《石渠宝笈续编》著录，为"红白花色"[1]。哈萨克喀拉巴拉特恭进，高四尺七寸，长七尺二寸。

图11 艾启蒙绘《锦云骓》图轴 故宫博物院藏

锦云骓，见于艾启蒙于乾隆三十七年（1772）所绘的《锦云骓图》〔图11〕，为黄白花色，喀尔喀扎萨克多伦贝勒那木扎尔策苏楞进，高五尺六寸，长七尺七寸。乾隆帝曾在多篇御制诗中称颂过"锦云骓"，其中《赋得九方歅相马 得黄字八韵乡试题》[2]记载："长城岭安度，却忆锦云黄。"其注文云："御厩昔有黄马，名锦云骓者，善涉淖。"

道光朝的"锦云骧"由御前侍卫护军统领玻多欢进献[3]。据道光皇帝《锦云骧赞》[4]可知，

1 《钦定秘殿珠林石渠宝笈续编·石渠宝笈》六十四册，第六十一·宁寿宫藏本朝臣工书画四。

2 《乾隆御制诗文全集（六）》，《清高宗御制诗·四集》卷二四，人民大学出版社，2012 年，第 637 页。

3 《清代历朝起居注合集·清宣宗》卷四六，道光十六年十二月。

4 《清宣宗御制文·余集》卷六。

为黄白花色：

焕彼黄云织锦，七襄侔色称德，星精之良气凌，天衢骨凛秋霜。

白玉绕腹西极，腾光春郊载驰，蹀躞康庄式瞻，清尘和鸾永藏。

四匹御马中，锦云良骏的情况最不清晰。我们仅从贺清泰所画《锦云良骏图》中了解它的花色是红白花色。其他的详细信息，如是何人进献、马的尺寸等均须进一步考证。

据《造办处档案》记载，贺清泰除绘制了以"一发双鹿"为主题的《锦云良骏图》外，还画过一幅单纯以马匹为主体的绢本《锦云良骏图》轴。乾隆五十年九月二十七日"如意馆"[1]：

九月二十七日，将郎世宁画过有枝杆拴系红花马挂轴交常宁呈览，奉旨：准照样交贺清泰画锦云良骏，得时呈览。钦此。

乾隆五十年十月二十二日"如意馆"[2]：

续入郎世宁画过有枝杆拴系红花马要来呈览，准时亦着贺清泰照有枝杆拴系样款，将锦云良骏再画一张。钦此。

所谓"枝杆拴系样款"，应是乾隆朝多种御马绘制样式中的一种，其在《石渠宝笈》著录中称为"竿绳系马"。此类画作在传世作品中还可以看到，如现藏于台北"故宫博物院"由艾启蒙所绘的《宝吉骝图》〔图12〕，其文字著录见于《石渠宝笈》[3]：

本幅仿宣纸本，纵六尺四寸七分，横五尺一寸。设色画坡树下，竿绳系马一，款：海西臣艾启蒙恭画。钤印二：臣启蒙、敬画。御制《咏宝吉骝》（文略）臣梁国治奉敕敬

图12　艾启蒙绘《宝吉骝图》轴　台北"故宫博物院"藏

1 《档案》第48册，第523页。

2 《档案》第48册，第522页。

3 《钦定秘殿珠林石渠宝笈续编·石渠宝笈》十八册，第十五·乾清宫藏本朝臣工书画五。

书。题:土尔扈特亲王策伯克多尔济恭进,赐名"宝吉骝"。

鉴藏宝玺:八玺全

此外,作品已佚,但见于《石渠宝笈》记载的,还有郎世宁的《佶闲骝图》[1]:

本幅绢本,纵六尺五寸,横五尺一寸。设色画松萝花草坡上,竿绳系马一。款:臣郎世宁恭绘。钤印二:臣世宁、恭画。御制佶闲骝歌(文略)乾隆戊寅季春,臣于敏中奉敕敬书。钤印二:臣敏中印、报国文章。

鉴藏宝玺:八玺全。

由贺清泰所画"竿绳系马"形式的《锦云良骏图》,目前所知仅见于档案记载,未见传世画作,《石渠宝笈》中也没有找到与郎世宁、艾启蒙类似,以贺清泰为作者,并以御马名字命名的作品。然而,我们却注意到一件与"锦云良骏"有关的作品——《董诰书御制锦云良骏歌并图》[2],其形制、尺寸,与"竿绳系马"系列完全相符:

本幅绢本,纵六尺五寸五分,横五尺一寸,设色画林树下竿绳系马一,清汉字标题:领侍卫内大臣、尚书和珅恭进,赐名"锦云良骏"。御制《锦云良骏歌》(文略)乾隆丙午仲春,臣董诰奉敕敬书。钤印二:"臣""董诰"二印。

鉴藏宝玺:八玺全,五福五代堂、古稀天子宝。

记载显示,这幅《锦云良骏图》横五尺一寸,与郎世宁《佶闲骝图》、艾启蒙《宝吉骝图》完全相同,应是档案所载贺清泰画"竿绳系马"无疑。此外,档案还记载了该图装裱时所用天、地杆尺寸:"杉木天杆一根,长七尺,方一寸五分;杉木地杆一根,长七尺,径三寸;紫檀木轴头一对,长三寸五分,径二寸五分。"[3]由此可知,此图装裱后的宽度为七尺,紫檀木轴头。但目前所见台北"故宫博物院"登记此图的尺寸均是画心尺寸,没有外裱边尺寸。二者是否相符,还有待印证。

据著录可知,"锦云良骏"为乾隆朝后期的权臣和珅进献,其献马时的官职为"领侍卫内大臣""尚书"。检《清高宗实录》《清高宗起居注》,和珅于乾隆四十五年三月补授"户部尚书"[4];同年六月二十日补授"正白旗领侍卫内大臣"[5];于乾隆四十七年八月被加封为太子太保[6]。由此推知,其献马的时间应在乾隆四十五年六月至乾隆四十七年八月之间。

1 《钦定秘殿珠林石渠宝笈续编·石渠宝笈》十八册,第十五·乾清宫藏本朝臣工书画五。
2 《钦定秘殿珠林石渠宝笈续编·石渠宝笈》十七册,第十四·乾清宫藏本朝臣工书画四。
3 《档案》第48册,第537页。"乾隆五十一年六月二十九日·如意馆"。
4 《清高宗纯皇帝实录》乾隆四十五年三月下。
5 《清代历朝起居注合集·清高宗》卷三〇,乾隆四十五年六月。
6 《清高宗纯皇帝实录》,乾隆四十七年八月上。

值得特别指出的是，贺清泰画"竿绳系马"系列《锦云良骏图》在《石渠宝笈续编》中的登记情况非常奇怪，既没有登记御马的名称，也没有登记绘制者，而是登记成《董诰书御制锦云良骏歌并图》。之所以出现这种情况，或许与后来嘉庆皇帝对和珅的态度有关。和珅在乾隆朝最后时期，权倾朝野，同时兼任众多要职，深得乾隆帝宠信。嘉庆四年乾隆帝驾崩，和珅被嘉庆皇帝革职下狱，赐自尽。笔者推测，此图的登记很可能在和珅事发后做了改动。

从《锦云良骏歌》可以看出，乾隆帝对此马特别钟爱。一方面可能是因为宠信它的进献者；另一方面，锦云良骏能在"惊狍穿马腹"的情况下，遇险不惊，确实沉稳神勇。也是因为它的"持重"与"英躅"，在遇到各种突发情况和危险时，都能沉着应对、临危不惊，确保主人的安全。乾隆帝"骥不称力称其德，骏有之哉越凡畜"诗句以及"德超天骥"的题名，无疑都是对锦云良骏的最高褒奖。

图13 《射鹿行乐图》（上）与《锦云良骏图》（下）细节处对比（黄圈内为改动、添画处）

为了更好地表现这一场面，乾隆帝下旨对原本《射鹿行乐图》做了些修改。例如，在画面上加画了两只狍子，将原画中的方形鞍韂改成圆形，以便为描绘马腹下的狍子腾出空间位置。再有，为了突出"惊狍穿马腹"的惊险场面，去掉了原画中装饰在御马身上的鲜艳踢胸，其目的也是为了将观者的视线集中在马及腹下的狍子上〔图13〕。这种艺术表现的设计，在今天看来也是相当合理的。

乾隆帝之所以用《射鹿行乐图》为原本绘制《锦云良骏图》，可能出于两方面考虑。首先他对于《射鹿行乐图》的绘制十分满意。其次，他对于"一发双鹿"这种表现形式很是热衷，不厌其烦地用诗文、绘画重复这个题材，来显示自己的老当益壮。如果考虑到当时父子政治关系的话，可谓意味深长。

五　结　语

以上，本文用了较大篇幅对故宫藏两幅"一发双鹿"做了详细的考证。确定了画作的原名称，厘清了绘制时间和绘制者。并发现两幅画作所表现主题，从最初表现乾隆帝"一发双鹿"，到后来发生了转换，出现了分野，被赋予了完全不同的寓意。其中，《射鹿行乐图》与当时发生的"平定台湾""平定白莲教起义"等政治事件产生了联系；而《锦云良骏图》则通过对原画稍做改动，赞颂了御马"锦云良骏"的种种美德。凡此种种，

图14 郎世宁绘《青羊图》 台北“故宫博物院”藏

图15 金廷标绘《青羊图》 私人藏

图16 宋人绘《人物图》册页 台北“故宫博物院”藏

均显示乾隆帝在两幅画作上下了很大功夫，可谓“煞费苦心”。其目的不仅是要用文字记述他的丰功伟绩，还要通过绘画这种形象史料向后人展示他的风采。

透过对两幅画作基本信息、创作过程及表达主题的梳理与考证，使我们对其中所反映出的关于清代宫廷绘画创作的一些普遍性问题，有了新思考、新认知。在此提出几点：

1.皇帝与宫廷绘画创作的关系。研究显示，两幅“双鹿图”从下旨绘制，到确定画中各部分的绘制者，再到绘制完成后的装裱形式和张挂地点，都是在乾隆帝直接授意下完成的。尤其是在《锦云良骏图》的绘制过程中，乾隆帝下旨详细地交代了画面中马具、狍鹿等需要改动的细节。此外，还以在画上题诗的方式，为近乎一样的画作确定了完全不同的表达主题。而《射鹿行乐图》更是通过题诗，从一幅原本单纯的纪实绘画转变为拥有更多重政治意涵的作品。清代皇帝与宫廷绘画创作中联系紧密的作品并不少见，但这种皇帝深度参与创作的各个步骤并主导了作品主题确立的例子，尚前所未见。

2.清宫绘画中原本与副本的关系。以往认知二者关系的模式分为两类，一类是为保存原作而制作的代用品，对此，在宫廷档案中多有记载。如乾隆二十五年六月三日“如意馆”载：“传旨：郎世宁画得霍鸡、青羊大

图17　清人绘《弘历是一是二图》 故宫博物院藏

画二张，着金廷标用白绢照尺寸另画二张。"[1]〔图14、15〕此类画作的特点是"客观再现"的程度高。另一类是以古代绘画的构图为蓝本，把其中的高人逸士或宗教人物"改头换面"，植入皇帝本人的形象。其目的无非是附庸风雅或装神充圣。从现存的作品来看，乾隆帝很喜欢这种充当各种角色的游戏〔图16、17〕。本文讨论的两件作品，比较上述两类，有相同也有差异。其中在形式关系方面，与第一类尤为接近。例如，涉及具象的人物、动物部分，副本通常如实地仿照原本。而在抽象的山水配景部分，则往往只临其意似，而非完全还原原本。不同之处是前两类主题相同，而本案中的两件画作主题各异，并且从创作伊始就是分离的。对此，前文已做过详细讨论，不再赘述。总之，它是上述两类关系之外，新出现的一类，值得引起我们足够的重视。

3.清宫中国画家的西洋绘画造诣。通过对两幅画作参与绘制的画家的认定，使我们对中国画家绘制西洋风格绘画的造诣有了新认识。以往，一看到画面中有西洋风格、有立体感的因素，研究者往往很主观、很习惯性地将其归在西洋画家名下，如《射鹿行乐图》中的人和马，就被认为出自艾启蒙手笔。但通过本文考证，它们确实出自中国画家陆灿、姚文瀚之手。这一方面反映出西洋画风的影响程度，另一方面也说明了宫廷中国画家模仿西洋风格绘画的水平。从本文讨论的这两幅画作来看，姚文瀚、伊兰泰等人显然都掌握了相当程度的西洋绘画技巧，这种情况在传世清代宫廷绘画中应该还有，需要我们从各个方面重新考察认定。

[作者单位：故宫博物院器物部]

1 《档案》第25册，第504页。

蒋元城生平及交游考*

Study on Jiang Yuancheng's Life and Social Network

栾林

Luan lin

内容提要：

乾嘉时期，苏州地区鉴藏名家辈出，蒋元城身在其中可谓名不见经传。学界对他少有关注，还未有学者对其人及鉴藏情况进行专门研究。但蒋元城在当时的鉴藏圈中颇为活跃，名号屡见于时人文集、题跋，从中可知其藏品颇多，精品迭出。本文拟刻意搜求蒋元城相关材料，钩稽其生平及家世，梳理他与同时代颇负声望的鉴藏家，诸如潘奕隽、陆恭和钱大昕等人的交游情况。希望通过对蒋元城其人及交游网络的全面考察，为进一步研究蒋元城的鉴藏情况做好相关铺垫。

关键词：

蒋元城　春皋　生平及家世　交游　鉴藏

ABSTRACT:

During the Qianlong (r. 1736-1795) and Jiaqing (r. 1796-1820) reigns, there were many famous art connoisseurs and collectors in Suzhou, among whom Jiang Yuancheng was not well-known. The academic community has paid little attention to him, while no dedicated research with regard to him and his activities of artistic connoisseurship and collection has been conducted. However, Jiang was quite active in this field at that time, and his name was frequently mentioned in contemporary collected works and inscriptions, from which his extensive art collection with ample masterpieces can be revealed. This article deliberately searches for relevant materials on this collector, to trace his life and family background, and to sort out his contacts with prestigious contemporaries, such as Pan Yijun, Lu Gong, and Qian Daxin. It is hoped that a comprehensive investigation of Jiang and his network of friends can pave the way for further research on Jiang's collection activities.

KEYWORDS:

Jiang Yuancheng, Chungao, life and family background, social circles, art connoisseurship and collection

* 本文为故宫博物院科研课题“清中期苏州潘氏家族书画鉴藏研究”（项目编号：KT2017-01）的学术成果。

清代乾嘉时期，苏州书画鉴藏风气甚炽，大量名迹珍品在此辗转流通，众多鉴藏家声气相投、互通有无。蒋元城身处其间，虽声名不显，但名号屡见于时人文集、题跋，从这些只言片语中可窥其藏品颇多，其中不乏名迹。关于其人，前辈学者亦有关注，但因资料有限，未能详考。本文刻意搜求相关材料，勉力勾勒蒋元城的生平与交游情况。因材料零散琐碎，恐非全貌，但期管中窥豹。

一　蒋元城的生平及家世

关于蒋元城的生平，除其后人在乡试朱卷中寥寥数语的介绍外，只见于蒋氏家谱。兹摘录《娄关蒋氏本支录右编》中蒋元城生平如下："元城，曾荦子，字宗维，号春皋，元庠附贡生，特恩议叙州吏目。乾隆中翠华南巡，叠蒙召试行在。以子鹏官敕封文林郎候选国子监典簿，加三级，以出嗣子锡琳官覃恩貤赠修职郎高邮州学正，以出嗣孙保燮官覃恩貤赠荣禄大夫三品衔郎，补郎中户部山东司员外郎，加七级。生于乾隆庚午（1750）十月二十日，卒于嘉庆癸亥（1803）十月初六日，年五十有四。著有《池上书堂诗文集》《金石考》。详墓志家传。配朱氏，候选知府名继炜汉威公女，敕封孺人，覃恩貤赠孺人，覃恩貤赠一品大人。生于乾隆辛未（1751）闰五月初二日，卒于嘉庆辛未（1811）三月十八日，年六十有一。详行述祔葬查家桥父茔次。子四，锡书、鹏、锡珏、锡琳。锡琳出嗣堂弟元堉为后。"[1]

在时人题跋、文集中提到蒋氏，多称其为"蒋春皋"，由家谱可知，春皋为号，其名元城，字宗维。著作《池上书堂诗文集》《金石考》二书暂未觅得踪迹，恐已不存。

蒋元城有四子：锡书、鹏、锡珏、锡琳，其中锡琳过继给堂弟蒋元堉。蒋元城本人仕途无大作为，经皇帝特恩议叙为州吏目，但后因子蒋鹏、蒋锡琳和孙蒋保燮表现出众而被朝廷加官晋爵。潘世璜《须静斋云烟过眼录》载："癸酉（1813）二月六日，外舅出示赵文敏画《李太白庐山观瀑图》真迹……后为蒋春皋所得，外舅得之春皋之子霁峰者。"[2]写明蒋元城有子名"霁峰"，但遍查蒋氏四子，无一人名字号为"霁峰"。唯有出嗣子锡琳，字季辉，号秀峰，与"霁峰"勉强有相近之处。"春皋之子霁峰者"的记载，不知是笔误抑或另有他因。

家谱中提到"乾隆中翠华南巡，叠蒙召试行在"。清代的召试是指皇帝在外巡幸时，为招揽当地的汉族士绅，特别是下层士人而举行的考试。乾隆六次巡幸江南，每次均行召试。六次南巡的时间分别是乾隆十六年（1751）、乾隆二十二年（1757）、乾隆二十七年（1762）、乾隆三十年（1765）、乾隆四十五年（1780）、乾隆四十九年（1784）。前几次南巡时蒋元城年龄过小，推测他可能参加召试的时间为乾隆四十五年和乾隆四十九年，即蒋氏31岁、35岁时。考虑到家学渊源，蒋元城或在乾隆三十年16岁时便参加召试也未可知。但检阅清代官方记载[3]，这几次召试考取一等和二等者皆无蒋元城。再结合家谱记载，蒋氏应数次皆未中试。

清代召试由康熙开创，当时考核方式还较为随意，人数也不加控制。乾隆时，召试形成规范的考试制

1 《娄关蒋氏本支录右编・庚》卷六"坦庵公下六支"，上海图书馆藏本。

2 （清）潘世璜：《须静斋云烟过眼录》，潘氏宣统三年（1911）印本。

3 参见《钦定大清会典事例》（一二）卷三五七《礼部・贡举・召试》，台北新文丰出版公司，1976年，第9804—9808页。

度，人数较康熙朝有所减少，且参与者门槛有所提高，很多人本身就是进士。在这种情况下，蒋元城依然以元庠附贡生的身份“叠蒙召试行在”，这不禁让人心生疑虑：为什么蒋元城可以屡次参加召试？

回答这个问题之前，先对召试进行简要介绍：召试需要进献诗册，由学政和督抚甄别选取，被选中后方能参加。召试考试内容为赋一、诗一、论一，由阅卷大臣阅定。考取一等者，进士、举人授为内阁中书；贡监、生员特赐举人，授为内阁中书学习行走。二等者赏给缎匹，亦有派充各馆誊录者[1]。

由此可知：第一，能否参加召试，督抚和学政的甄选是起决定性作用的；第二，召试考取一等即可授予官职。由召试入仕者颇多，其中不乏身居高位者。不难想见这种特殊的考选制度对渴望入朝为官的地方士绅有着怎样的吸引力。虽然召试的初衷是为下层士人提供上升途径，但乾隆朝时，召试的人很多都选自与督抚或学政关系密切的世家望族[2]。

由此可以想见蒋元城所在家族的家世声望。蒋氏一族崛起于明崇祯元年（1628），时蒋灿进士及第，振起家声。从此之后，蒋家后人屡次中第，乾隆帝南巡时称蒋氏为“念书人家”[3]。蒋家人丁兴旺，有“五世同堂，亲见八代”之盛，为此曾受皇帝恩赏[4]。蒋家在朝为官者甚多，且相互团结，无论在苏州当地还是朝廷中都有相当的影响力。《履园丛话》记载：乾隆第一次南巡时，江南总督黄廷桂科派地方绅富承办，众人“畏廷桂势，唯诺不办”，只有“在籍翰林蒋恭棐负重望，暨其兄户部郎中蒋曰梅、弟刑部员外蒋楫、侄内阁中书蒋应焻力持不可，见廷桂侃侃议论，不稍贬损”。最后此事以黄廷桂遭御史弹劾，并被严行申饬而告终。虽然蒋氏对黄廷桂的蛮横指派不以为然，但“时蒋氏官监司、郡守、州牧、邑令者三十余人，相约助捐”，并且蒋楫“独力捐办御跸临幸大路，计费白金三十余万两，亲自督工，昼夜不倦”[5]。蒋氏家族面对强权敢于与地方要员据理力争，并最终得到皇帝的支持，其政治势力不可小觑。而为接驾乾隆南巡，蒋氏族亲纷纷慷慨解囊，蒋楫甚至独力捐办御跸临幸大路，也可见家族赀财之丰厚。以上提到姓名的蒋氏族亲皆为蒋灿一支，都是蒋元城祖父或父亲的堂兄弟。

蒋元城的父亲蒋曾荦，重光长子，字震牧，号松泉，太学生，著有《香叶遗文诗集》。乾隆二十二年（1757），因病早卒，时年27岁，留下年仅8岁的独子蒋元城与母亲徐氏相依为命。嘉庆六年（1801），宋思仁在周茂兰《血疏贴黄稿》卷后跋：“余年七十有二，于中表弟蒋元城家得瞻《血疏贴黄》真迹，焚香盥诵，足慰数十年仰止之忱，又何幸也。余舅氏震牧公早卒，春皋幼孤，事母徐太君以孝闻。兹册而属于春皋，殆《诗》所谓‘孝思不匮，永锡尔类’者，非耶？”〔图1〕《血疏贴黄稿》卷为周茂兰所书。周茂兰，字子佩，号芸斋，吴县（今江苏苏州）人，周顺昌子。周顺昌为东林党人，因魏忠贤党迫害，死于狱中。周茂兰为父鸣冤，以指血作书上奏崇祯帝。原稿因有犯忌之语，周茂兰又以舌血代墨重新拟本上报。现流传于世的《血疏贴黄稿》即未得以上呈的原稿。周顺昌案后得以沉冤昭雪，周茂兰的孝行深得后世嘉许。宋思仁

---

1 参见《钦定大清会典事例》（一二）卷三五七《礼部·贡举·召试》，第9804－9805页。

2 直到乾隆五十三年，官方才明确禁止官宦子弟参加召试。但这时南巡早已结束，此规定只针对之后的天津和山东召试。“所有此次进献诗赋士子，内而京堂，外而督抚藩臬，以及翰詹科道子弟，并校书议叙赏给举人，及由俊秀报捐贡监生者，竟着毋庸考试。嗣后巡幸各省，设有召试之典，即以此为例。”《高宗纯皇帝实录》（一七）卷一二九九，《清实录》第二五册，中华书局，1986年，第466页。

3 （清）余金著，顾静标校：《熙朝新语》卷一五，上海书店出版社，2009年，第225页。

4 《熙朝新语》卷一五，第220页。

5 （清）钱泳撰、孟裴校点：《履园丛话》（上）卷一“旧闻”，上海古籍出版社，2012年，第16－17页。

跋文中以蒋元城比之周茂兰，可见蒋氏待母至孝。蒋元城这种孝行与其父蒋曾荦是一脉相承的[1]。

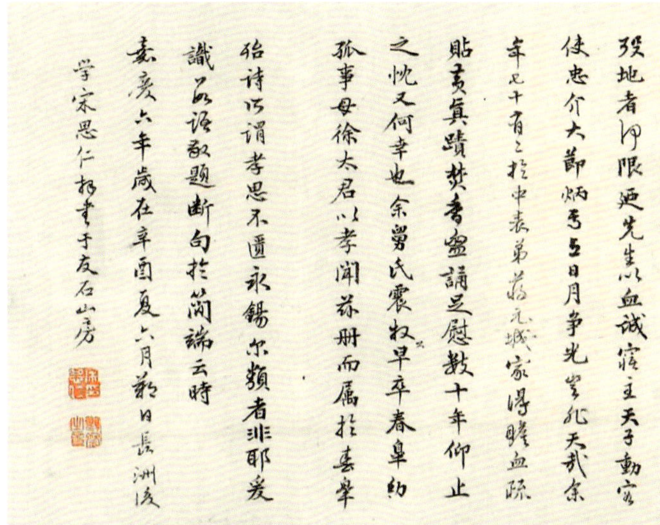

图1　清　宋思仁跋《血疏贴黄稿》卷（局部）　香港中文大学文物馆藏

因年幼丧父，父亲对蒋元城的影响是微乎其微的。蒋元城雅好艺文主要得益于祖父蒋重光。“重光，文源第四子，字子宣，号辛斋，府庠增贡生。……著有《赋琴楼遗稿》《缶音小草》《呓语集》，分纂《苏州府志》，辑有《国朝文选》《国朝墨裁》《昭代词选》《汉魏六朝唐宋元明国朝别裁诗选》行世。”[2]蒋重光一生颇为坎坷，屡试不第，后因身体不便无意仕途[3]，遂以古书自娱。彭启丰《赠奉直大夫蒋君墓志铭》记其：“中年杜门，博收遗书，参互稽考，著述日益富。乾隆三十八年（1773），诏开四库馆，征四方书，时君已下世，子曾荦检君所审定秘书百种进御。天子嘉之，敕赐《佩文韵府》一部，亲制七言诗，书于所进《职官分纪》之首，美其好古，复惜其不遇。”[4]可见其藏书声名之盛。蒋重光堂兄蒋杲是蒋家同代人中另一位颇具声望的藏书家。蒋杲，字子遵，号篁亭，康熙五十二年（1713）进士，历户部郎中、廉州知府，著有《挹秀集》《于京集》。蒋杲师从何焯，家有贮书楼。彭兆荪称：“篁亭先生手校诸经史不下数十百种，类皆丹黄精谨，艺林所称，贮书楼本得者藏弆以为善宝。”[5]叶昌炽在《藏书纪事诗》中将蒋重光、蒋杲兄弟二人并列，诗云：“三径家风比杜暹，赐书高拥邺侯签。荒凉松菊图重绘，想见廉州太守廉。”[6]

蒋重光一脉虽科举不兴，但艺文传家，藏书尤其宏富。蒋重光有藏书楼名曰“赋琴楼”。蒋元城收藏的宋拓《王右军帖》、宋拓《云麾将军李秀碑》都钤盖有“吴门蒋氏赋琴楼珍藏”朱文方印，此印应原为蒋重光所有，后由蒋元城继承，是为风雅相承。

蒋元城唯一一次出现在官方记载中，是因为祖父参与刊刻的《国朝诗别裁集》而被卷入文字狱中。《国朝诗别裁集》是沈德潜编纂的清朝诗选。蒋氏家族与沈德潜关系密切。沈德潜曾为《娄关蒋氏本支录右编》撰写序言[7]，还应邀与蒋家一同重建送春会。蒋重光师从沈德潜，二人交谊颇深。仅举一例说明：蒋重光辞世后，沈德潜作《蒋辛斋传》，其中记载蒋重光临终前三日，二人在蒋重光的病榻前“道从前授经及

1 “元和蒋震牧曾荦有至性，父子宣病肢体卷曲，中夜含泪拊摩，跪中庭吁天求代，风露所侵，得湿气病，又迎医至数百里外，触炎暑、犯霜雪，如是者数载，竟以瘵疾卒。士林以其少年死孝，咸惋惜焉。”《熙朝新语》卷一三，第199页。

2 《娄关蒋氏本支录右编·庚》卷六“坦庵公下六支”。

3 “不能卧号舍片板，每次贴地，因而寒湿之气入于肌骨……躯体低昂屈曲，艰于起卧，垂十五年。”（清）沈德潜著，潘务正、李言编辑校点：《归愚文钞馀集》卷七《蒋辛斋传》，《沈德潜诗文集》第3册，人民文学出版社，2011年，第1711页。

4 （清）彭启丰：《芝庭先生集》卷一六，《清代诗文集汇编》编纂委员会编：《清代诗文集汇编》第296册，上海古籍出版社，2010年，第609页。

5 王文进著，柳向春标点：《文禄堂访书记》卷三，上海古籍出版社，2007年，第193页。

6 （清）叶昌炽著，王欣夫补正，徐鹏辑：《藏书纪事诗（附补正）》，上海古籍出版社，1989年，第431页。

7 《娄关蒋氏本支录右编·甲》卷首“原序·四修娄关本支录序”。

数年来情事”，蒋重光劝说沈德潜“先生年高，宜节应酬，寡议论，恐为外人指名”[1]。可见师生间关系之亲密。在《国朝诗别裁集》的刊刻过程中，蒋重光发挥了重要作用：“商榷去取……蒋生子宣之力居多。……校订舛伪，子宣……功也。剞劂之费，子宣独任。”值得一提的是，此版《国朝诗别裁集》收录有蒋元城父亲蒋曾荦的两首七律诗。翌年，沈德潜因“蒋氏刻本讹字太多”[2]对《国朝诗别裁集》进行修订。乾隆二十六年（1761）十一月，沈德潜借到京贺太后万寿之机，进呈《国朝诗别裁集》重订本，并请乾隆作序。未承想乾隆阅后提出严厉批评[3]，并令“内廷翰林逐一检删，为之别白正定”。十五年后，乾隆突然下令清查沈德潜《国朝诗别裁集》原板是否销毁，若未销毁现在何处，命将其与刷印原本一起解送来京。此时沈德潜和蒋重光都已去世数年，接受调查的是二人的孙子沈维熙和蒋元城。

现将乾隆四十一年（1776）“江苏巡抚杨魁折奏”中与蒋氏相关的内容摘录如下：“据沈德潜之孙沈维熙及门人蒋重光之孙蒋元城等覆称……沈德潜于乾隆二十七年正月自京回籍，同其门人蒋重光各将在外原板铲毁无存，并据蒋重光之孙蒋元城呈出毁剩废板四十余块，验其两面字迹俱系铲去属实，比时原刷之书尺寸相符，皆称进呈御览删定梓行后并未复行刷印。惟蒋重光始初刻成之时所有刷印原本曾发坊肆售卖，亦有分送亲友之家，遗留在外未经收回者约有数百部……臣查《别裁集》初刻、重刻两次书板询据沈德潜之孙沈维熙及其门人蒋重光之孙蒋元城皆称板片已经销毁，并无存留，亦无删定复潜行刷印之事。惟起初刷印原本遗流在外共有数百部之多，应即细查，悉数缴毁。”[4]蒋元城面对朝廷清查，出示了初刻本铲毁的废板，并且说明没有再次刷印，只是在初刻本成书之初，曾有过售卖或赠送，因而还有数百部在外流散。因沈德潜重刻本自序写道：“南粤、西江翻刻比初次刻本错字尤多”[5]，调查的重点又转向广东、江西二省是否有翻刻板片。乾隆四十二年（1777）又有李质颖奏查缴《国朝诗别裁集》上奏，但已与蒋元城无涉，推想清廷对蒋元城的配合应该是满意的。蒋元城虽被牵扯进《国朝诗别裁集》案，但幸而此事并未进一步发酵，只是虚惊一场。现有文献记载中暂未得见蒋元城是如何在这场风波中毫发无损地脱身，但很难说其中没有蒋氏家族在背后的多方斡旋。

二　蒋元城的交游

蒋元城史传材料罕有，更鲜留下自己的墨迹和印鉴，但其名号在当时人的题跋和文集中又时有出现。要进一步了解蒋元城，唯有从当时人的只言片语中入手。这些在历史中留下的雪泥鸿爪里少有对于蒋元城本人的直接记载，而主要与其文物鉴藏事迹有关。下面将爬梳几位鉴藏家与蒋元城交游的相关记载，以期从中勾

---

1 《归愚文钞馀集》卷七《蒋辛斋传》，第1712页。

2 《沈归愚自订年谱》，《沈德潜诗文集》第4册附录二，第2136页。

3 “披阅卷首，即冠以钱谦益。伊在前明曾任大僚，复仕国朝，人品尚何足论，即以诗言，任其还之明末可耳，何得引为开代诗人之首？又如慎郡王，以亲藩贵介，乃直书其名，至为非体。更有钱名世，在雍正年间获罪名教，亦行入选。甚至所选诗人中，其名两字俱与朕名同音者，虽另易他字，岂臣子之谊所安？且其间小传评注，俱多纰谬。”《高宗纯皇帝实录》（九）卷六四八“乾隆二十六年（1761）十一月上”，《清实录》第一七册，第251页。

4 原北平故宫博物院文献馆编：《清代文字狱档》下，上海书店，1986年，第702－703页。

5 （清）沈德潜：《国朝诗别裁集》，清乾隆二十五年（1760）教忠堂重订本。

勒出蒋元城其人及交际往来情况的大致轮廓。

潘奕隽是当时鉴藏家中与蒋元城颇为亲近者。潘奕隽，字守愚，号榕皋，又号水云漫士、三松居士，晚号三松老人，有书斋名为松风萝月山房，吴县（今江苏苏州）人。乾隆三十四年（1769）进士，授内阁中书，官至户部主事，著有《三松堂集》《三松堂书画记》。乾隆五十年（1785）乞归故里，在其后的四十余年里，“读画评诗，游心物外，怡然乐也”[1]。在品鉴书画之余，潘奕隽耽于翰墨，其书画声名之高，“求者得片纸藏弆之”[2]。潘奕隽工诗文，诗词温厚冲和，文采风流，照耀一时。有论者言：“道光间，吴中耆旧以潘榕皋先生为冠冕。”[3]

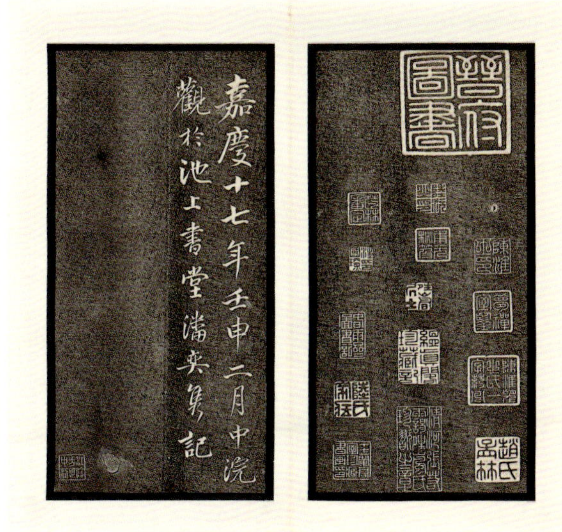

图2　清　潘奕隽跋“中山再刻本”　上海博物馆图书馆藏

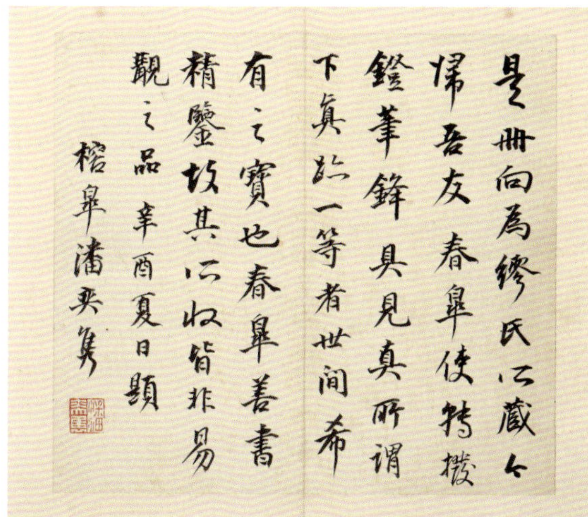

图3　清　潘奕隽跋宋刻《淳化阁帖》泉州本卷六至八集王书　香港中文大学文物馆藏

潘奕隽生平寓目书画颇多，但不喜做长跋，往往只书观款，或者钤盖印鉴。蒋元城经手的作品，多有潘奕隽题跋，如蒋元城所藏周茂兰《血疏贴黄稿》卷（香港中文大学文物馆藏）和《游相兰亭》即是如此。蒋氏所藏《游相兰亭》原本现下落不明，但有蒋光煦翻刻本（上海博物馆图书馆藏）存世。潘奕隽在丙之五向氏麻道崇本、中山再刻本、辛之三九江本后分别题写观款，并钤盖鉴藏印鉴“榕皋”“三松居士”“三松过眼”。其中，中山再刻本后题：“嘉庆十七年（1812）壬申二月中浣观于池上书堂，潘奕隽记。”〔图2〕“池上书堂”即蒋元城书斋。再如宋拓《王右军帖》（香港中文大学文物馆藏），潘奕隽题首：“是册向为缪氏所藏，今归吾友春皋。使转拨镫，笔锋具见，真所谓下真迹一等者，世间希有之宝也。春皋善书精鉴，故其所收皆非易觏之品。辛酉（1781）夏日题，榕皋潘奕隽。”〔图3〕对蒋元城的评价颇高。二十年后潘奕隽再题：“余从池上书堂假归，留几案半月乃归之，盖所获良不少矣。嘉庆六年（1801）夏至后七日，榕皋又识。”

现存蒋元城墨迹，就笔者管见所及仅见于明代邵宝书《陈让庵赞》册，册后有潘奕隽观款：“嘉庆二年（1797）闰月潘奕隽观于松风萝月之轩。”蒋元城题跋紧随其后，惜未能得见大图，只能依稀辨认其所书小字或为：“嘉庆……蒋元城观于池上书堂。”二人同题一作，可见他们时常同观书画，往来密切。

另有一册“宋人尺牍”，现称《宋名公翰墨册》（日本东京国立博物馆藏），潘奕隽之孙潘遵祁在《西圃

1　《履园丛话》（上）卷六“耆旧”，第 103 页。

2　（清）冯桂芬等纂：《苏州府志》卷八三，江苏书局光绪七年（1881）刻本。

3　（清）梁章钜编著，白化文、李鼎霞点校：《楹联丛话全编·楹联续话》卷三，北京出版社，1996 年，第 194 页。

集》卷二记云："自唐模王珣外，凡十一家，为诗翰十四通。旧藏蒋氏池上书堂，屡经先大父鉴赏，道光中归余家。"[1]潘奕隽在此册先后题跋七次，并且一改多做观款的作风，在题跋中或考证书者生平事迹，或品评其书法风格。张浚一页题写一百九十余字，实属罕见。蒋元城离世后，是册辗转为潘奕隽所得。潘遵祁记蒋元城还有"元人尺牍"，亦有潘奕隽题跋[2]。

蒋元城去世前一年，还与潘奕隽及其弟奕藻共赏王冕《墨梅》卷，"嘉庆壬戌（1802）仲春，范来宗、蒋元城、潘奕隽、奕藻同观于写十三经室。同治丁卯遵祁获观并补钤先印，时卷藏次侯刺史处，四月二十四日记"[3]。蒋元城离世后，潘奕隽作"沙头雨（题蒋春皋遗照）"一词，词言："三径依然，湘帘半卷琴声杳。墨香还袅，想见幽人抱。记坐书堂，看画同谈笑。循阑绕，昨朝重到，池上秋风袅。（池上书堂，春皋斋名）"[4]追忆二人共赏书画的情景，以表哀悼怀念之情。

潘奕隽的好友兼儿女亲家陆恭也是一位著名鉴藏家。潘遵祁曾云："先大夫侍养家居，娱情翰墨，四方之士以古今书画、图籍、碑版请质于大父者，咸侍坐获观焉。外大父谨庭先生为吴中艺林正法藏眼，先大父每至松下清斋，必出所藏相示，以是生平鉴别益多。"[5]"大父"即潘遵祁祖父潘奕隽，"外大父谨庭先生"是潘遵祁外祖父陆恭。陆恭，字孟庄，号谨庭、绿扶，斋号孝友堂、松下清斋，吴县（今江苏苏州）人。乾隆四十五年（1780）举人，时已四十岁，为奉养母亲，绝意仕途。陆恭读书嗜古，精鉴赏，多收藏古帖名画，尤以碑帖为最。惜无著录存世，唯有《谨庭老人自订年谱》可略窥其生平及鉴藏。陆恭与潘奕隽关系亲厚，作为书画同好，自然与蒋元城也多有交往。

唐寅《黄茅小景图》卷（上海博物馆藏），虽题跋皆为明人，但从鉴藏印鉴"谨庭秘玩""陆堇庭氏审定名迹""三松堂书画记""池上书堂"等印可知，此卷曾经陆恭、潘奕隽和蒋元城寓目。其中，"池上书堂"朱文长方印即是蒋元城的鉴藏印鉴。

陆恭和潘奕隽还曾共赏《武梁祠汉画像》拓本和宋拓《钟鼎款识》，其中《钟鼎款识》当时正在蒋元城手中。黄易《访古纪游图》册（故宫博物院藏）之《金石重盟》所绘即是此事。图上有黄易自题详述经过："唐拓《武梁祠堂画象》，宋拓《钟鼎款识》，朱太史竹垞作缘，皆归于花山马仲安衎斋收藏。祠象今为余有，款识流转吴门蒋春皋家。余携祠象至苏，陆孝廉谨庭为借款识，同观于潘刑部榕皋松风萝月山房……余为款识题签，钱梅溪与同观诸人题名册后，以纪胜缘。黄易。"〔图4〕册后钱泳的题跋又补充了具体时间和同观诸人："乾隆六十年（1795）嘉平朔，钱唐黄易携所藏唐拓武梁祠石室画像来吴，因假此册，并观之……是日同观者为张复纯、潘奕隽、陆恭、陆费元。钱泳识。"而六年后，翁方纲嘉庆六年（1801）题跋时，从其题写内容可知《钟鼎款识》此时已归"吴门陆氏松下清斋"，即陆恭。

陆恭所得蒋氏收藏不只宋拓《钟鼎款识》一件。上文提到潘奕隽二题的宋拓《王右军帖》（香港中文大学文物馆藏），亦有陆恭跋："晋右将军王逸少帖一本，旧为兰陵缪氏所藏，忆乾隆五十三、四年间，吴秋

---

1 （清）潘遵祁：《西圃集》卷二，清光绪八年（1882）刻本，第18页。

2 《西圃集》卷二，第19页。

3 （清）端方辑，缪荃荪批注：《壬寅消夏录》卷一五，文物出版社，2004年。

4 （清）潘奕隽：《三松堂集》诗集卷一九，清嘉庆刻本。

5 《须静斋云烟过眼录》潘遵祁卷首自叙。

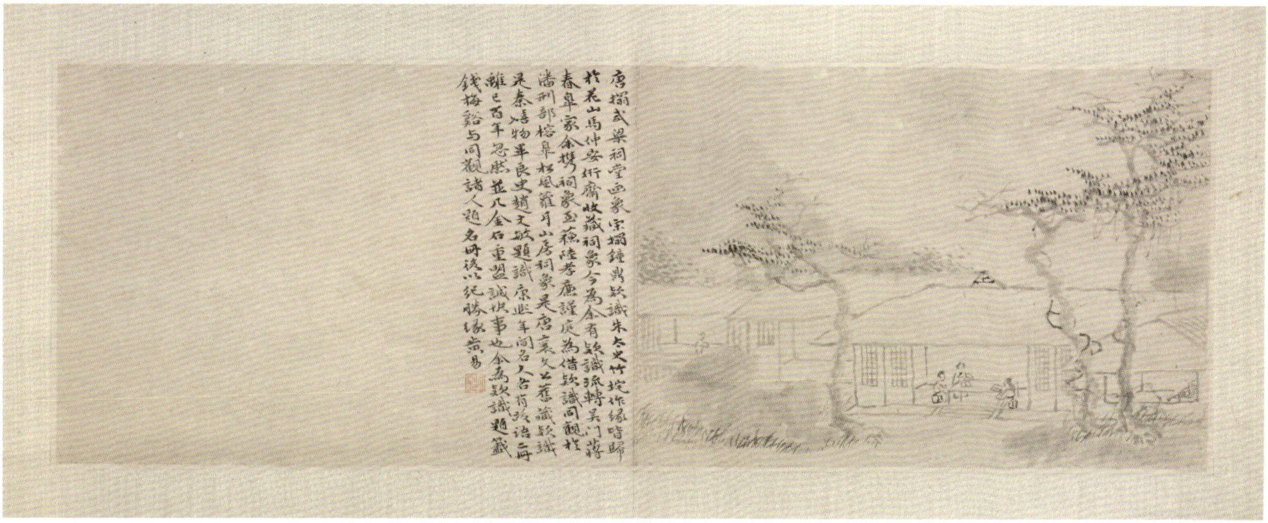

图4 清 黄易《访古纪游图》册之《金石重盟》 故宫博物院藏

村携以过我，因出先府君所收《淳化》初拓本相较，余家本觉逊。时蒋君春皋锐于蓄古，以不赀购之，彭居士为跋其后。洎嘉庆元春，梦楼先生寓吴，每过池上书堂（春皋书斋）必索赏。”〔图5〕从帖后顾莼、陆恭题跋可知此帖后归陆恭。这在潘世璜《须静斋云烟过眼录》中也可得到印证：“（甲戌，1814）三月二日，至孝友，外舅出示……又宋拓《右军书》一册，系得之赋琴楼蒋氏者，亦缪氏旧物。”[1]再如前文提到的赵孟頫《李太白庐山观瀑图》，为陆恭从蒋氏后人处所得。

陆恭之侄陆沅也与蒋元城有所交集。陆沅，字甫元、稚松，“登乾隆乙卯（1795）江南乡试榜，候补内阁中书舍人”[2]。陆沅出生不到十天母亲便病逝，后由陆恭抚养成人。叔侄之间的感情十分亲厚，陆恭言及二人的关系时说：“（陆沅）视予犹父，予视之亦犹子也。”[3]惜天不假年，嘉庆十二年（1807），陆沅因寒热病英年早逝，年仅31岁。陆恭称其“性颖而果，爱交游，能文章，又嗜书画，一时名流俱以国士器之，乃不永年，遽尔夭折，是可悲也”[4]。陆沅性嗜书画，陆恭所寓目的蒋氏藏品中，往往也有陆沅的印鉴。如唐寅《黄茅小景图》卷中“沅”“甫元珍藏”“春雨斋图书记”即是陆沅鉴藏印。陆沅自己也购藏书画碑版，上文提到写有潘奕隽观款的游相兰亭即是从蒋元城处得来，蒋光煦翻刻本上还可见陆沅的鉴藏印鉴

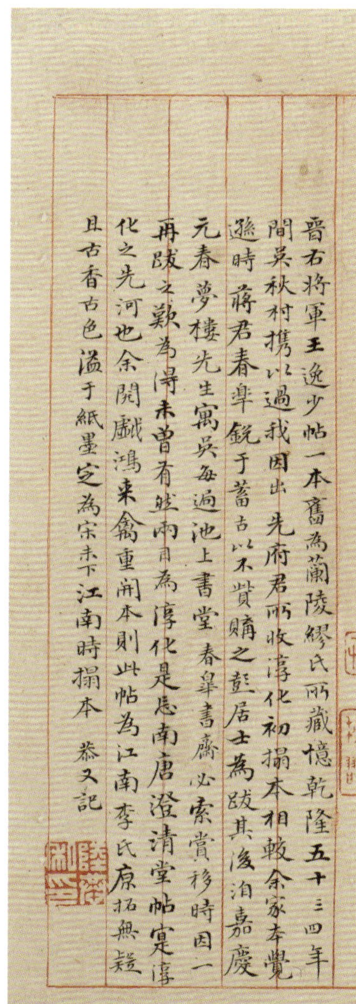

图5 清 陆恭跋宋刻《淳化阁帖》泉州本卷六至八集王书 香港中文大学文物馆藏

1 （清）潘世璜：《须静斋云烟过眼录》。

2 《陆舍人甫元传》，《三松堂集》文集卷四。

3 （清）陆恭撰，李军整理：《谨庭老人自订年谱》，上海图书馆历史文献研究所编：《历史文献》第19辑，上海古籍出版社，2015年，第12页。

4 《谨庭老人自订年谱》，第20页。

“陆”“沅”“陆沅之印”“甫元”“甫元珍藏”“甫元秘笈”“春雨斋”“春雨斋图书记”“十七兰亭室珍藏书画印”等。

另有一位清代大学者在著述中多次谈及蒋元城，此人便是钱大昕。钱大昕，字晓征，号辛楣、竹汀，晚号潜研老人，江苏嘉定（今属上海市）人。乾隆十九年（1754）进士，官至广东学政。乾隆四十年（1775）以后辞官不出，历任南京钟山、松江娄东、苏州紫阳书院院长，门下弟子甚众。钱大昕学识渊博，精通经史、音韵、训诂之学。著述宏富，有《廿二史考异》《十驾斋养新录》《潜研堂文集》等，另有后人整理的《竹汀先生日记钞》。

钱大昕与蒋元城多有往来，得见其所藏金石碑版，这在《竹汀先生日记钞》卷二“所见金石”中屡有提及。

“蒋春皋携宋拓《保母砖》，卷后有姜尧章跋，极详。及元赵松雪、鲜于伯机、龚圣予诸人跋。”[1]

“晤蒋春皋，观《定武兰亭》肥本，后有赵子昂《与万户亲家帖》，云是受云溪所藏。云溪未详何人，予疑是僧名，若‘噩梦堂’‘诉笑隐’之类耳。又见汉《娄寿碑》不全本，末有‘贞明二年’题字，有丰道生跋，云是无锡华中父真赏斋所藏。又有《夏承碑》，亦佳。又有李北海书《云麾将军李琇（秀）碑》两册，一云唐拓，一云宋拓，皆未可信。要是未断时拓本，亦难得也。”[2]

“蒋春皋以宋拓《钟鼎款识册》（共三十页）见示，中有毕良史送秦伯阳十五种。又有绍熙四年荣芑题。朱竹垞跋谓秦氏败，归于王厚之，后归赵松雪。明为项子京所藏。又归曹倦圃、朱竹垞、马寒中，有竹垞、查初白诸人跋。”[3]

“蒋春皋招午饭，同席陆谨庭及仲升，观游丞相所藏兰亭。一为绍兴御临及江南麻道崇本（皆向子諲刻），一为复州、九江二本，一为九江、唐安二本，一为不知所出本，皆以十、干标次。当有百本，今止得其八，而范大师本又仅存题跋耳（乃宋牧仲、汪谨堂、张晴岚）。”[4]

其中，有关《钟鼎款识册》的记载可与钱大昕《潜研堂文集》“跋宋拓钟鼎款识”条下所言“乾隆乙卯（1795）嘉平月，吴门蒋春皋携此册相示，古色古香，允为希世之宝”[5]相互参照。

而《云麾将军李秀碑》还见于钱大昕《十驾斋养新录》：“嘉庆元年（1796），予从吴县蒋上舍元城斋假得未断本两册，尚存八百余字，神采焕然，洵希世之珍。但经装界之后，颠倒错乱，不能寻其句读。而碑首‘唐故云麾将军左豹韬卫翊府中郎将辽’十六字，后题‘天宝元载岁在壬午正月丁未朔’，字尚完好。”[6]蒋元城有两册《云麾将军李秀碑》，其中一册上还有钱大昕题跋“予访此碑未损本四十年未得，前岁始于蒋氏池上草堂，同榕皋、芝岩诸君摩挲此两本，诧为希有。兹复从春皋假归书斋，展玩旬日，乃知北海妙处全从羲献得来，正不在袭优孟之面目也。嘉庆丁巳（1797）四月廿日竹汀居士钱大昕识”。

在传世蒋元城旧藏中，另有周茂兰《血疏贴黄稿》卷后有钱大昕题跋：“少读尧峰文，即知端孝先生血书贴黄稿尚在天壤间，荏苒五十余年，蒋子春皋携此册到书院，始得拜观……时嘉庆二年（1797）岁在丁巳

1 （清）钱大昕著，陈文和主编：《竹汀先生日记钞》卷二，《嘉定钱大昕全集（增订本）》第8册，凤凰出版社，2016年，第560页。
2 《竹汀先生日记钞》卷二，第560页。
3 《竹汀先生日记钞》卷二，第561页。
4 《竹汀先生日记钞》卷二，第563页。
5 《潜研堂文集》卷三二，《嘉定钱大昕全集（增订本）》第9册，第512页。
6 《十驾斋养新录》卷一五，《嘉定钱大昕全集（增订本）》第7册，第410－411页。

八月丁酉朔，嘉定钱大昕谨题于东壁东塾，婿瞿中溶、许荫堂与观。”〔图6〕

上述记载中，钱大昕虽未言与蒋元城的私人交谊，而多品评蒋氏藏品，但二人往来实多。他们之间未有文物交易，但蒋元城很多重要藏品都曾经钱大昕寓目，计有《娄寿碑》、《夏承碑》[1]、《定武兰亭》（后有赵孟頫《与万户亲家帖》）、《游相兰亭》、宋拓《保母砖》、《云麾将军李秀碑》两册、宋拓《钟鼎款识册》和周茂兰《血疏贴黄稿》卷。钱大昕遇到爱不释手的作品，如《云麾将军李秀碑》也会从蒋氏处借来“展玩旬日”。

钱大昕获观蒋氏藏品时，潘奕雋、陆恭也不时一同赏玩，毛庆臻《一亭考古杂记》曾载：“蒋春皋（元城）曾购藏定武真本，千金，不轻出。后又得游丞相所藏兰亭十卷，损五百金，爱若奇珍，此宋拓无可议者。然游公标题共百余种，高宗临本刻甚甜俗，不足观，他亦平平。蒋特设消寒会，延钱竹汀师及潘榕皋农部、汪心农部郎、陆谨庭孝廉，共赏玩累日，咸以流传有绪。”[2]蒋元城举行消寒会，邀请钱大昕、潘奕雋、陆恭和汪穀共赏《定武兰亭》和《游相兰亭》。结合前文所述，此中诸人应就是蒋元城书画碑版鉴藏圈的主要参与者。

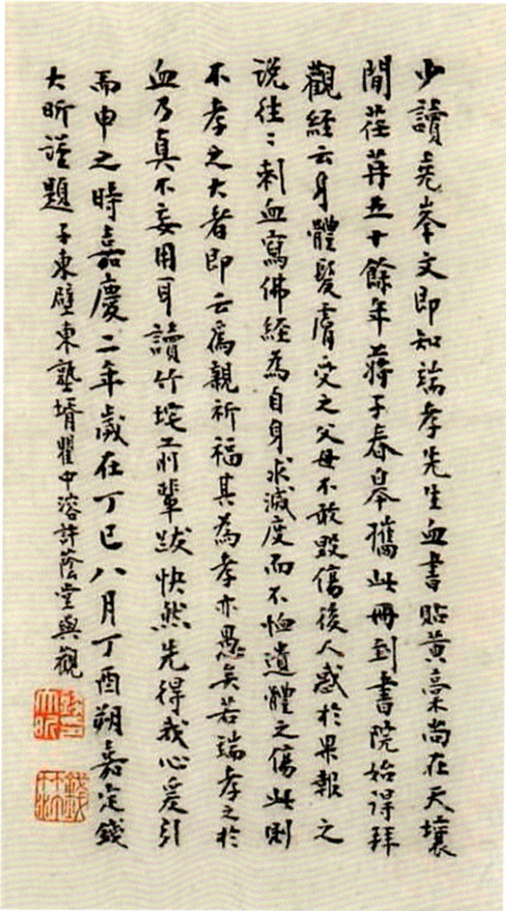

图6　清　钱大昕跋《血疏贴黄稿》卷
香港中文大学文物馆藏

三　余　论

蒋元城出身苏州名门望族，他所在一脉虽科举不兴，无显宦名臣，但依凭家族声望屡次参加召试，惜限于本人能力，科考和仕途皆无所作为，无怪乎生平宦迹史传无载。唯一在正史中出现，是被卷入《国朝诗别裁集》案中，所幸并未受牵连。蒋元城受祖父影响雅好文艺，与当时颇负声望的鉴藏家，诸如潘奕雋、陆恭和钱大昕等多有往来。在鉴藏圈中有“善书精鉴”“锐于蓄古”之称。

值得注意的是，与通常的士绅雅好文艺不同，蒋元城并非单纯的收藏书画碑帖，所收藏品有时也会转手

1　本人在《蒋元城鉴藏考述》（《书法丛刊》2022年第3期）中，误将蒋元城藏《夏承碑》定为香港中文大学文物馆藏本，其应为上海博物馆藏本。具体论述如下：钱大昕论及的蒋元城藏本得自蒋韵涛，其副页上有蒋韵涛题识：“乾隆壬寅年（1782）得于娄门顾氏，韵涛记。”并钤有“韵涛秘玩”印。据其上“孙桢之印”“孙氏仲墙”“孙桢私印”三方鉴藏印鉴，推测其在明代或为孙桢所有。此本在清代经何焯、顾楗、蒋曾荣、蒋元城、徐懋、顾沅、潘祖荫等递藏，现藏于上海博物馆。钱泳所云是对《娄寿碑》的跋语，指出《娄寿碑》在明代与《夏承碑》同为华夏所有。华夏旧藏《夏承碑》至清代由杨绳祖、何焯、陆恭、李宗瀚收藏，后由利氏北山堂捐藏香港中文大学文物馆。感谢山东大学文艺美学研究中心助理研究员陈硕先生的指正，感谢故宫博物院书画部研究馆员秦明先生的帮助。

2　（清）毛庆臻：《一亭考古杂记》，丁卯（1927）南陵徐乃昌影印本，第5页。

售出，如陆恭得其宋拓《钟鼎款识》、宋拓《王右军帖》，陆沅得其《游相兰亭》。毛庆臻在提到蒋元城购藏定武真本时，云“千金，不轻出”，也是一证。同时，蒋元城鲜在所藏作品上做题跋或钤盖印章，又没有专门的书画著录流传，关于他所寓目的作品、藏品的聚散和交易情况研究难度颇大，笔者另有专文详考[1]。

让世家大族得以显赫兴盛的高官巨富往往会在历史上留下浓墨重彩的一笔，但在这些喧嚣背后也有很多像蒋元城这样默默无闻的族人。他们虽未能在科考和仕途取得世俗意义上的成功，但凭借祖荫，嗜古精鉴，收藏颇多。对他们的研究，往往囿于记载有限，不能像对大鉴藏家的考察那样丰富深入，但也应该认识到：正是千千万万像蒋元城这样名不见经传的鉴藏家，与那些地位成就看似高耸入云的鉴藏家一道共同织就了乾嘉时期苏州书画鉴藏的盛景。对蒋元城的研究更可以让我们看到在当时鉴藏盛景中不被关注而又真切存在、没有那么耀眼但又鲜活生动的普通鉴藏家的鉴藏世界。

[作者单位：故宫博物院研究室]

1 栾林：《蒋元城鉴藏考述》，《书法丛刊》2022 年第 3 期。

《宋拓武梁祠画像册》题跋观款补释*

A Complementary Study of the Song-Dynasty Rubbings of Pictorial Stones in the Wu Liang Shrine

谭浩源

Tan Haoyuan

内容提要：

本文基于故宫博物院藏《宋拓武梁祠画像册》后清代题跋信息，结合历史文献资料，在前人研究成果基础上，重新梳理考订此册鉴藏题跋情况。就其中前人未曾提及或关注的观款人身份及相互之间的交游关系加以考释，共补检二十位观者，补充完善了《宋拓武梁祠画像册》在清代完整的观款题跋信息。在此基础上，重新对整个清代递藏过程中的题跋观款时代及人员分布加以梳理，并将题跋观阅的高峰时期分为两个阶段，并就此册清初及清中期题跋高峰的原因、两个阶段反映出的不同文化面貌及特点予以分析和阐释。

关键词：

宋拓武梁祠　题跋观款　考释　清代金石学

ABSTRACT:

This article studies the Qing-dynasty (1644-1911) inscriptions and postscripts on the back of the *Song-Dynasty (960-1279) Rubbings of Pictorial Stones in the Wu Liang Shrine* collected by the Palace Museum. Combined with historical documents of the period and on the basis of previous research, this article again combs and revises the provenance, inscriptions, and postscripts of this work. The identity of the viewers of those inscriptions and postscripts and their relationship with each other that have not been mentioned or noticed by previous scholars were examined and explained. The information of a total of twenty viewers who left inscriptions and postscripts were examined, which complemented the information of the inscriptions and postscripts with regard to viewing the album in the Qing dynasty. On this basis, this article resorts out the timeline and viewer distribution during the album's circulation throughout the Qing period, divides the peak period of viewing and reading of inscriptions and postscripts into two stages. The reasons for the existence of such two peak periods in early and mid-Qing periods, the different cultural features and characteristics reflected in the two stages are analyzed and explained.

KEYWORDS:

Song-Dynasty Rubbings of Pictorial Stones in the Wu Liang Shrine, inscriptions and postscripts, textual research, epigraphy in the Qing dynasty

* 本文为故宫博物院科研课题项目“故宫博物院藏武梁祠拓片研究”（课题编号：KT2020 — 5）阶段性成果，由故宫博物院 2020 年度科研课题经费资助。

一 引 言

当乾隆五十一年（1786），时在山东济宁任职的黄易偶然路过嘉祥，在极其偶然的条件下重新发现了已被埋入土中数个世纪的武氏家族墓地。在此之后的几年中，他同李克正、刘肇镛等几位好友一道，又陆续展开发掘工作，由此将武氏祠重新展现在世人面前〔图1〕。

这一事件对于后世武氏祠的研究具有极其深远的影响和意义，也早已被当代学界反复提及并阐释。对于与黄易同时期的乾嘉年间金石学者而言，这一发现同样意义重大。清代的金石学家对武氏祠并不陌生，因为早在宋欧阳修《集古录》和赵明诚的《金石录》中，就已有过关于墓地遗存的记载。在此之后，南宋洪适又在其《隶释》《隶续》中，对武氏家族墓地石刻进行了较为完备的记录。但是，直到黄易重新发现武氏祠之前，所有人都没有亲眼见过这个家族遗址是何模样。他们所能够了解的，除了前述宋代文献中的简略图像和文字描述外，最为直接的视觉形象来源，就是一部当时传为唐代拓制且并不完整的武梁祠堂画像拓本。极为巧合的是，黄易早在乾隆四十年（1775），就在江鹤亭的秋声馆观赏到了时为汪畲所藏的这件拓本，而在黄

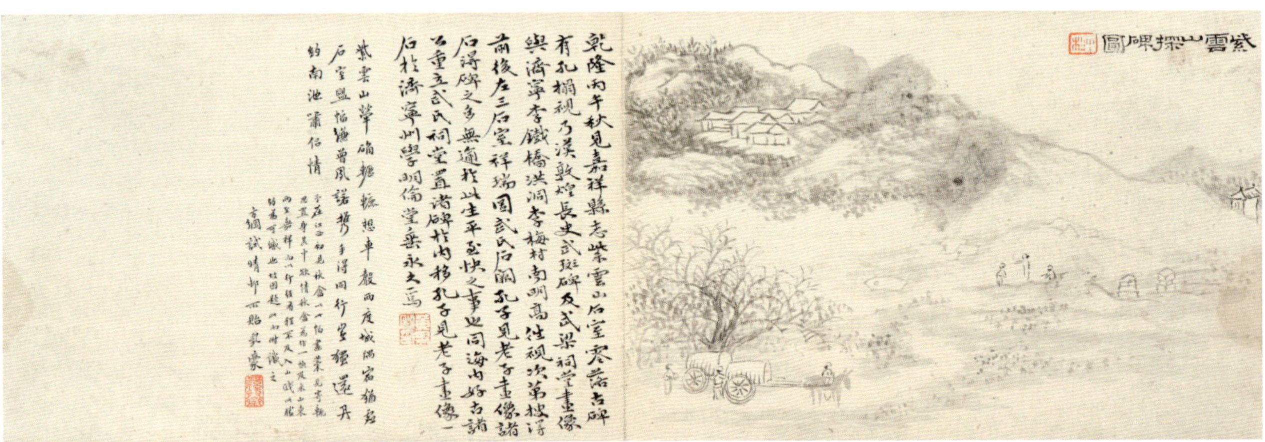

图1 黄易《得碑十二图·紫云山探碑图》 天津博物馆藏

图2-1 《宋拓武梁祠画像册》第十开丁兰 故宫博物院藏

图2-2 《宋拓武梁祠画像册》第十一开老莱子 故宫博物院藏

易重新发现武氏祠遗址数年之后（1791），这件拓本也归入黄易手中。

这件拓本便是今藏故宫博物院的《宋拓武梁祠画像册》〔图2〕，详述这一背景，旨在指明这一拓本之于清代学者而言具有极其重要的价值，其既是黄易发现遗址之前，人们了解武氏祠堂唯一的拓片材料，在发现之后亦与遗址石刻一起，产生了更大的学术影响。除此之外，即便武氏祠堂早已重见天日，这套拓片对于现代学界而言依然具有重要的学术研究价值。在这套拓本上，除了拓印武梁祠西侧山墙上部两行石刻画像之外，册后还录有自清初直至民国时期的题跋观款〔图3〕。这为今人探究清代金石学者的学术趣味、成果，以及鉴藏与交游状况，提供了丰富的一手资料。

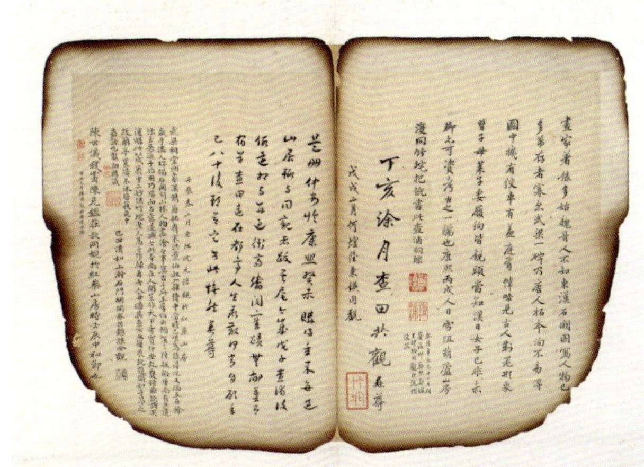

图3 《宋拓武梁祠画像册》第十三开 故宫博物院藏

有关这件拓本资料的公布，一直尚未充分。故宫博物院马子云先生曾于20世纪60年代有过专门讨论，随文刊布数页黑白图片[1]。此后在杨伯达主编《故宫文物大典》中收录部分拓片和题跋[2]，《故宫博物院50年入藏文物精品集》亦曾有过简短介绍[3]。此后，故宫博物院又于2010年出版《蓬莱宿约：故宫藏黄易汉魏碑刻特集》，发表了20开彩色图像资料，涉及石刻图像现状及后附题跋信息〔图4〕，但由于排版尺寸较小，尚难全面识读，且亦非全部[4]。其中，民国时期整册题跋，逮至2018年方经故宫博物院数字与信息部完成全部影像信息采集工作，但整理与研究工作尚未系统展开[5]。因此，有关这些题

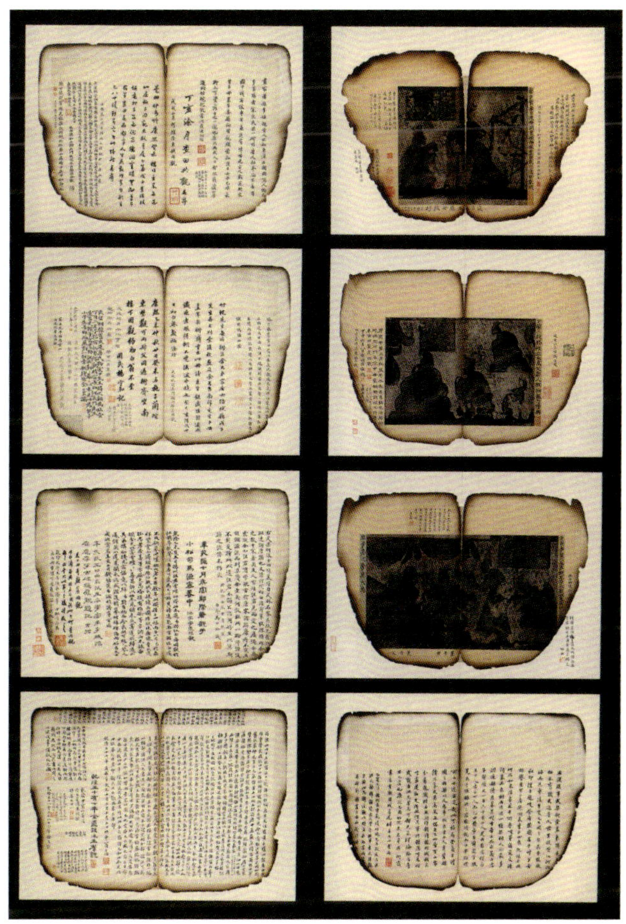

图4 《蓬莱宿约：故宫藏黄易汉魏碑刻特集》刊布《宋拓武梁祠画像册》书影

1 马子云：《谈武梁祠画象的宋拓与黄易拓本》，《故宫博物院院刊》1960年第2期，第175－176页。

2 杨伯达主编：《故宫文物大典2》，“宋拓东汉武梁祠画像石及石阙”条，福建人民出版社、浙江教育出版社、江西教育出版社、紫禁城出版社，1994年，第972－973页。

3 故宫博物院编：《故宫博物院50年入藏文物精品集》，紫禁城出版社，1999年，第264－265页。

4 故宫博物院编：《蓬莱宿约：故宫藏黄易汉魏碑刻特集》，故宫出版社，2010年，第98－101页。

5 目前，大部分民国时期题跋册的内容尚未被释读公布，仅见秦明等少数学者做过题跋个案研究。秦明：《故宫藏〈宋拓武梁祠画像册〉题跋研究——从康有为题跋谈起》，《中国书法》2013年第2期；另见秦明：《〈得碑十二图〉中为何无〈唐拓汉武梁祠画像〉》，《中华书画家》2017年第1期。

跋观款内容的分析、整理与归纳，还远未得到足够的重视和充分研究。

本文的出发点，即着重关注拓本册后附题跋观款的整理与研究，这些内容马子云文中已做过初步整理记录，为今后的研究工作提供了坚实基础。但该文中所录题跋人名款信息尚有缺漏，未能完整呈现册后题跋的鉴藏信息。有鉴于此，笔者再对题跋做详细梳理，并结合历史文献资料予以考释，以期厘清有清一代这套拓本的完整观款信息，为今后的深入研究提供助益。

二　册后未录观款身份补考

马子云文中曾对画像拓本册和题跋册的观款、题跋做过整理著录，记道[1]：

……观款有朱彝尊、宋玮、钱琰、朱甫田、查嗣瑮、查慎行、丘藜照、王聘珍、何煌、陆秉镆、沈元沧、陈世仪、钱霨、陈克鉴、庄歆、胡开泰、顾翔、徐夔、李鉴、陈震、蒋杲、陈伟、姜本渭、徐曾、钱襄、沈谦、杨礼、李大德、王宾、谢松洲、吕懿谋、郑际唐、李东祺、桂未谷、钱泳、铁保、方熏、王昶、张穆、徐嵩、鲍廷博、金德舆、孙星衍、冯敏昌、瞿中溶、梁鼎芬、陈宝琛、徐世昌、郑孝胥、罗振玉、周以勋、姚朋图，共五十二人。

题跋有朱彝尊、查嗣瑮、龚翔麟、翁嵩年、查慎行、杨守知、吕葆中、金司农、马曰璐、翁方纲（六段）、黄易（二段）、阮元、潘庭筠、梁同书、何绍基（六段）、朱文藻、张穆、易顺鼎、何栻、陆恭、樊增祥、吴昌硕、李汝谦、赵世骏、徐世昌、罗振玉、刘师培（三段）、缪荃孙（三段），共二十八人，题跋四十三段。……

（题跋册）题跋二十六人：张謇、郑孝胥、康有为、罗振玉、陈三立、严复、赵尔巽、缪荃孙、王寿彭、吴重憙、姚永槩、柯劭忞、宝熙、徐世昌、萧方骏、江瀚、劳乃宣、梁启超、刘师培、冯煦、费树蔚、张伯英、王树枏、姚华、罗复堪、赵椿年，每一题跋的上款，都写着"一山"二字。

马子云文中所做初步释读基本准确，也是目前所见对拓本后附题跋最全面的整理成果[2]。但该成果也尚有可补充之处，如秦明在其论文中引述了他与王岳往来信件的内容，其中王岳提到："马子云1960年那篇文章有不少疏漏和错误。当他统计《宋拓》中的观款时，他少写了30多人，恰恰在朱彝尊写的5人同观一条中没有吕葆中，可见，他看的不是原拓，而是《小蓬莱》；他统计题跋时也漏掉很多……"[3]

可惜王岳并未详述马文遗漏者的具体内容，这也就难以切实完整统计宋拓本册后的观者人数，并做进一步的统计研究工作。为求完整，笔者再将册后题跋与马子云统计名目一一核对，以求尽可能完整地整理题跋及观款的人物信息，进而再依时代先后进行排序。

马子云文中，分拓本册和题跋册两部分分别统计人数，其中拓本册又依内容性质，分为观款和题跋两

1　马子云：《谈武梁祠画象的宋拓与黄易拓本》，《故宫博物院院刊》1960年第2期，第173页。

2　施安昌曾在撰写有关此拓本的介绍词条时，也略述过题跋信息，提及题跋者"包括阮元、金农、马曰璐、翁方纲、黄易、朱彝尊、梁同书、郑孝胥、康有为、罗振玉、傅增湘等"。见杨伯达主编：《故宫文物大典2》，"宋拓 东汉 武梁祠画像石及石阙"条，第972页。

3　秦明：《〈得碑十二图〉中为何无〈唐拓汉武梁祠画像〉》，《中华书画家》2017年第1期，第124页。

类，观款共计52人，题跋共28人、43段。对比后发现确有遗漏，补充如下：

1.《宋拓武梁祠画像册》页十（下文以册页简称之）〔图5〕，原跋为："康熙甲申正月既望，秀水朱彝尊锡鬯、溧阳宋時梅知、石门吕葆中无党、桐乡钱琰又持、秀水朱甫田袭远同观。"马文中遗漏其中吕葆中一人[1]。

2. 同页，吕葆中等人观款下另有题跋，记："乾隆癸丑七月既望西川（下残）鼎元敬观。"考此"西川鼎元"，应是李鼎元（1750—1815），字和叔，号墨庄，绵州人。绵州，宋初属隶西川路，故李鼎元或即以此代称。马文未录[2]。秦明考证李鼎元与黄易素有交集[3]，在李氏题跋次年，还曾致黄易《南池》札，云："故像易移，新室难建。虽经心肯，尚待手书。拓若有期，惠希毋吝。武梁祠像，旷世奇珍。足下铁笔，当代至宝。渴思二妙，贪想双获。幸不我弃，乞为我储。"[4]乾隆六十年（1795）五月，李鼎元登泰山，黄易还为其绘《登岱图》[5]。

3. 册页十四杨守知跋〔图6〕，原文记："康熙乙未仲秋廿日癸未，与施子兰垞，东野、观可两叔父同过衎斋，坐南楼下，因观约初白翁不至。困民杨守知记。"马文录杨守知名，未录同观者。考施子兰垞，即施谦。清阮元《两浙輶轩录》卷二七记："施谦，字自南，号兰垞，海宁诸生。著《涵青阁诗》。"[6]清吴寿暘辑《拜经楼藏书题跋记》中录其父吴骞《兰垞遗稿序》，记："施秀才兰垞，海昌人也。少以能诗受知于乡之先达，颇自矜许。及长，累困于制科，尝郁郁不得志。雍正乙卯，诏州郡举博学鸿词，兰垞名在荐中，亦不登第。……庚辰仲秋，年七十余病殁。"[7]传世清吴骞抄本《兰垞遗稿》，存日本静嘉堂文库[8]。其后"东野、观可两叔父"，指杨守知的叔父，据考"东野"为杨嗣震，字东涯，号东野，杨德建子，康熙五十七年（1718）岁贡生[9]。"观可"，据阮元《两浙輶轩录》收录杨嗣震

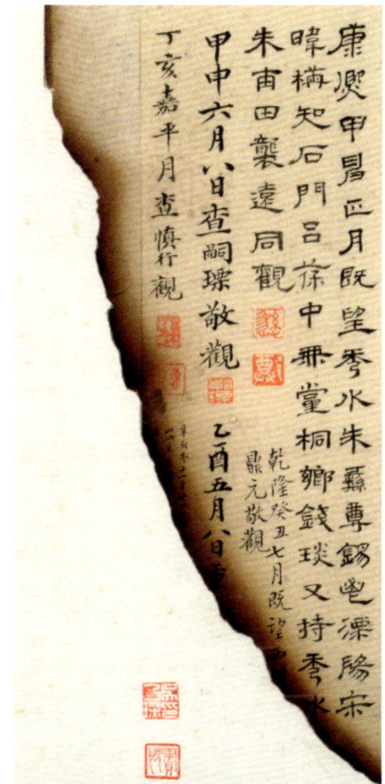

图5 《宋拓武梁祠画像册》第十开（局部）
故宫博物院藏

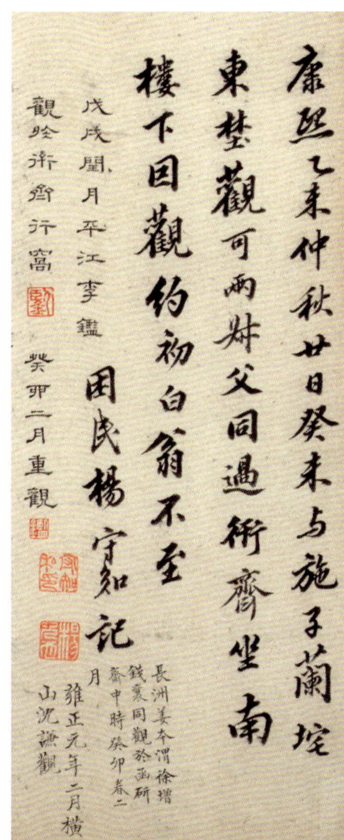

图6 《宋拓武梁祠画像册》第十四开（局部）
故宫博物院藏

1 吕葆中未录一事，王岳已在与秦明往返信件中提及，并初步探讨分析了遗录原因。

2 黄易《小蓬莱阁金石文字》中亦未收录此跋。（清）黄易撰：《小蓬莱阁金石文字》，清道光十四年刻本，第373页，爱如生中国基本古籍库。

3 秦明：《黄易武氏祠画像拓本研究》，《中国书法》2020年第12期。

4 李鼎元致黄易《南池》札。

5 周郢：《泰山历代名画述略》，《泰山学院学报》2015年第2期，第35页。

6 （清）阮元：《两浙輶轩录》卷二七，清光绪十六年至十七年浙江书局刻本，第2899页，爱如生中国基本古籍库。同见（清）吴颢《国朝杭郡诗辑》卷十五。

7 （清）吴寿暘辑：《拜经楼藏书题跋记》卷五，清道光间海昌蒋氏别下斋刻咸丰六年续刻别下斋丛书本，第332页，爱如生中国基本古籍库。同见（清）吴颢：《国朝杭郡诗辑》卷十五。

8 范建明：《清代诗人施兰垞及其文学活动考论——兼谈袁枚〈答沈大宗伯论诗书〉的写作时间问题》，《苏州大学学报》2015年第1期。

9 龚肇智：《嘉兴明清望族疏证》，方志出版社，2011年。

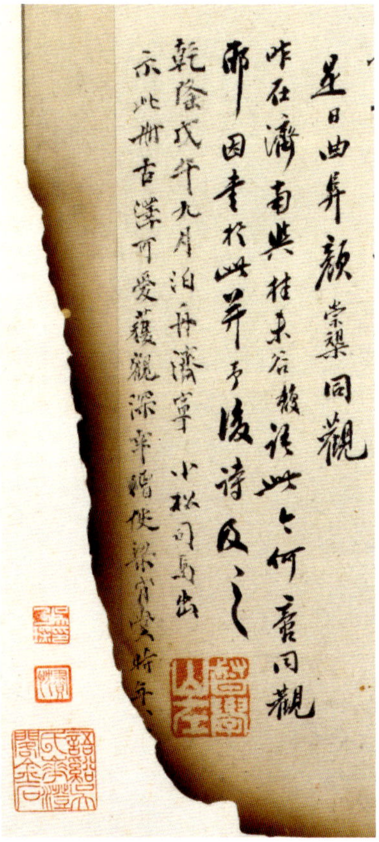

图7 《宋拓武梁祠画像册》第十五开（局部）
故宫博物院藏

与杨标诗，杨标处小字书“字观可，海宁监生”[1]。其与杨嗣震同宗，均为杨守知叔父辈。马子云文仅录杨守知，未录同观三人。据跋可知，此次杨守知四人同过马思赞衎斋，并约查慎行同观宋拓武梁祠，可惜查慎行未能同往。

4. 册页十五〔图7〕，翁方纲跋后，题：“是日曲阜颜崇椝同观。”马子云文未录。考《曲阜县志》载：“颜崇椝（1741—1811），字运生，号心斋，曲阜人。乾隆庚寅（1770）举人。官兴化县知县。博雅工诗，与桂馥齐名。手著《续鲁故诗语》《同席录》《心斋记异》《牒鲭小记》诸书，皆征引博洽。纂修《颜氏宗谱》，表阐幽潜，有功家乘。喜考订金石，兼有墨癖，搜罗藏弆，不遗余力。官教授时，值翁方纲学士、阮元相国先后督学山左，皆以文字相商榷。谈宴之风，一时称盛。诗格清雅，步武唐贤，在乐圃十客后可称继起。手稿皆未授梓，多为人取去。唯《种李园摩墨亭诗集》为孔昭虔所藏，故得完好云。”[2]现山东省图书馆藏其《种李园诗话》二卷[3]。

5. 颜跋后，题：“昨在济南与桂未谷馥语此，今何啻同观耶。因幸于此并予后诗及之。”此跋未写题跋者何人，马子云文记桂未谷名，实非桂跋。此跋与颜跋均未写明具体观看时间，仅写“是日”“昨在济南”，综合前面翁方纲跋文“辛亥长至日，曲阜试毕，率学官弟子祇谒庙庭，摩挲古碑归，展观题记。方纲”。应即同一件事，即颜、桂二人同翁方纲一同观阅《宋拓武梁祠画像册》，故可解释为何未注年款。此跋后钤“督学山左”白文方印，为翁方纲印，同见罗聘《药玉船图》轴翁跋（乾隆辛亥，1791）中[4]，与宋拓本上钤印为同一年，故此跋为翁方纲题于“辛亥长至日”的次日再题。跋中提及桂未谷，即桂馥（1736—1805），字未谷，一字冬卉，号雩门，晚称老苔、渎井复民，山东曲阜人。早年任职国子监，后补山东长山县训导，乾隆五十五年（1790）进士，官云南永平知县。桂馥邃于经术，尤擅金石文字，工隶书，精篆刻，亦能画，有《晚学集》《〈说文解字〉义证》《缪篆分韵》等[5]。桂馥与翁方纲早在乾隆戊子（乾隆三十三年，1768）即结识，“相与考订，所造益精”[6]，而桂、颜二人同乡，桂馥年长五岁，二人年少即相识，兴趣相投，性情、才学俱佳，交谊深厚[7]。

6. 此页最后一跋，马文亦未录，题：“乾隆戊午九月，泊舟济宁，小松司马出示此册，古泽可爱，获观

1 （清）阮元：《两浙輶轩录》卷一三，清光绪十六年至十七年浙江书局刻本，第1441页，爱如生中国基本古籍库。

2 《（民国）续修曲阜县志》卷五，民国二十三年铅印本，第448页，爱如生中国基本古籍库。

3 韩寓群主编：《山东文献集成》，山东大学出版社，2007年。

4 罗聘轴上印，收录于上海博物馆编：《中国书画家印鉴款识》（上），文物出版社，第783页。

5 王志民主编：《山东重要历史人物》第三卷，山东人民出版社，2009年，第470页；李恒法、解华英编：《济宁历代墓志铭》，齐鲁书社，2011年，第376页；张小庄：《清代笔记、日记中的书法史料整理与研究（上）》，中国美术学院出版社，2012年，第397页。

6 支伟成：《清代朴学大师列传》（下），上海：泰东图书局，1925年，第326－327页。

7 丁秀菊：《桂馥与颜崇椝交游考略》，《山东大学学报》2014年第3期。

深幸，漕使梁肯堂，时年（八十□）（年后诸字已残大半）。”据阮元《两浙輶轩录》注：“梁肯堂，字构亭，号春淙，钱塘人。乾隆丙子顺天举人，乐城知县，历官刑部尚书、漕运总督。著《石幢居士吟稿》。……以尚书衔引年归里，抵家数日而卒，年八十有五。”[1]另据《清仁宗实录》，嘉庆三年（1798）六月甲寅，嘉庆帝谕内阁：“云贵总督现在出缺，富纲才具虽属拘谨，但曾久任云贵总督，于边疆情形尚为谙悉。所有云贵总督员缺，即著富纲补授……其漕运总督，著梁肯堂补授，并著即日前往，料理回空及明岁新漕等事，以期妥速无误。”[2]《实录》记六月内阁任命，九月梁肯堂途经济南获观宋拓武梁祠册。

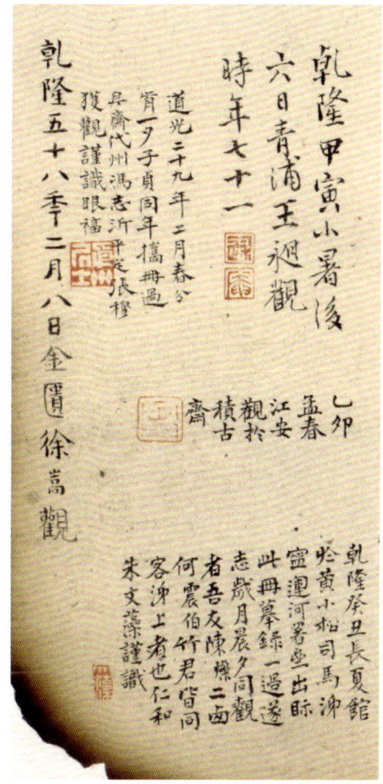

图8 《宋拓武梁祠画像册》第十六开（局部）
故宫博物院藏

7. 册页十六〔图8〕，王昶观款下，题：“乙卯孟春，江安观于积古斋。”乙卯即乾隆六十年（1795），江安身份待考，但据跋言观于“积古斋”，可知与王昶观款上方的阮元跋有关。阮跋记道：“此吾乡马徵君藏本也，后归汪氏。汪氏方业□不以示人。甲寅冬（乾隆五十九年，1794）元始在济宁小松司马斋中获观之。继秋帆毕尚书行部济宁携回济南。乙卯春（乾隆六十年，1795），尚书复至两湖，行时以此册托元还司马，又留斋头展玩两阅月，书此归之，以志深幸。仪徵阮元识。”毕尚书即毕沅，字秋帆。乾隆六十年春日，《宋拓武梁祠画像册》曾在阮元手中观阅，积古斋正是阮元收藏金石鼎彝之所。在乾隆五十八年（1793），阮元任山东学政，时“奉命视学山左，首谒阙里，观乾隆钦颁周器及鼎、币、戈、尺诸古金，又摩挲两汉石刻，移亭长府门卒二石人于矍相圃，次登岱，观戟门诸碑及黄小松司马易所得汉祠石象，归而始有勒成一书之志”[3]。乾隆五十九年（1794），“（阮）元于学署池上署积古斋，列志乘图籍，案而求之，得诸拓本千三百余件。”[4]此即“积古斋”命名之始[5]。积古斋所藏金石鼎彝多达九十余件，包括商父丁角（宰椃角）、周虢叔钟、周师酉簋、汉定陶共王陵鼎等重器[6]。其所著《积古斋钟鼎彝器款识》，为清代著录考释传世铜器铭文重要著作，影响深远。两跋结合来看，可知江安当在阮元持观宋拓武梁祠册时，观于阮元宅邸，并题写观款。

8. 同页江安跋下部，题：“乾隆癸丑长夏，馆于黄小松司马沛窗运河署垒，出视此册，摹录一过，遂志岁月晨夕，同观者吾友陈灿二酉、何震伯竹君，皆同客沛上者也。仁和朱文藻谨识。”马子云文录朱文藻一人，遗漏同观者，在此补上。陈灿，据潘衍桐辑《两浙輶轩续录》，“陈灿，字二酉，钱塘布衣，著《师

1 （清）阮元：《两浙輶轩录》卷二三，清光绪十六年至十七年浙江书局刻本，第 2557 页，爱如生中国基本古籍库。

2 《清仁宗实录》卷三一，嘉庆三年六月甲寅。有关梁肯堂生卒履历考证，见何孝荣：《梁肯堂出生年月及任职考》，《明清论丛》第十二辑，故宫出版社，2012 年。

3 （清）阮元：《山左金石志》序，（清）毕沅、阮元撰：《山左金石志》，清嘉庆二年阮氏小琅嬛仙馆刻本，第 2 页，爱如生中国基本古籍库。

4 （清）阮元：《山左金石志》序，（清）毕沅、阮元撰：《山左金石志》，清嘉庆二年阮氏小琅嬛仙馆刻本，第 5 页，爱如生中国基本古籍库。

5 林海俊：《清代古文字学家阮元》，《扬州大学学报》1998 年第 5 期，第 28 页。

6 李霏：《阮元摹刻宋拓〈钟鼎款识〉始末》，《艺术工作》2020 年第 4 期。

竹斋诗稿》”[1]。此外，清潘曾莹《小鸥波馆文钞》录有《陈二酉传》[2]，民国《杭州府志》援引《杭郡诗续辑》，亦有陈灿小传[3]。陈灿与黄易均为钱塘人，且均师从丁敬，可为同乡同门，二人自幼相识，交情匪浅，早在乾隆二十七年（1762），黄易就曾为陈灿刻“师竹斋”印[4]。另一同行者，何震伯竹君，俟考。

9. 同页，王昶观款左侧，题：“道光二十九年二月春分，胥一夕子贞同年携册过舟斋，代州冯志沂、平定张穆获观，谨识眼福。”马子云文录张穆名，未录冯志沂。跋中“子贞”即何绍基。张穆，字诵风，又名瀛暹，字硕州，后以石州为号，山西平定人，生于清嘉庆三年（1798），卒于道光二十九年（1849），终年41岁。何绍基年长张穆六岁，二人均为道光十一年（1831）优贡生，故跋中称“同年”。张、何二人相互赏识，交往日久，不仅共同考订碑帖书法，还一起修建顾炎武祠堂，张穆后来所著《顾炎武年谱》亦得到何绍基相助[5]。冯志沂，据光绪《山西通志》载：“字鲁川，幼补诸生，甫冠举，道光乙未乡试，明年成进士，授刑部主事，历迁郎中，出为庐州知府，擢徽宁池太广。道光五十四卒。……与上元梅曾亮、平定张穆相师友，皆传其学，尤深于诗。辇下名士遍与之交，酬唱无虚日，声誉藉甚。”[6]道光二十八年（1848），张穆曾提到，“三月中移寓门楼胡同，与子贞所相距止百步，时时相见是一快事”[7]。此跋上共见三次张穆观款，另两次分别观于“三月上巳”和“三月十二日”，与此跋观看时间相近，说明此时张穆与何绍基交往频繁。而在这三次观款中，两次均是何、张、冯同时在场。同年稍晚的“己酉六月大暑节后五日”，张穆与冯志沂又一同在“海波寺街小琅嬛仙馆”观赏了《华山碑》四明本并题跋[8]，可知此时亦往来频繁。

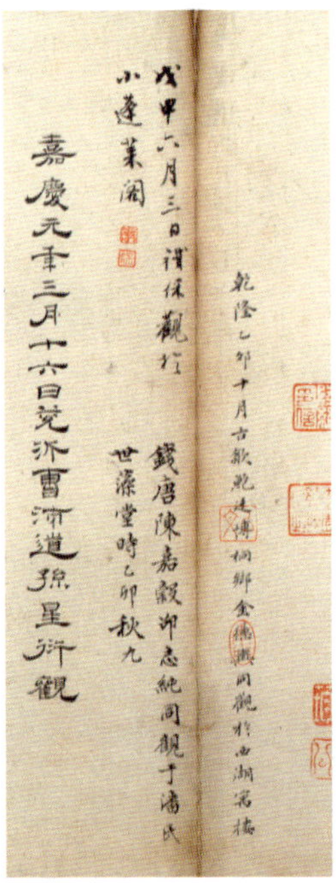

图9 《宋拓武梁祠画像册》第十七开（局部） 故宫博物院藏

10. 册页十七〔图9〕，铁保跋下，题：“钱唐陈嘉穀、邵志纯同观于潘氏世藻堂，时乙卯秋九。”马子云文、黄易书中均未录。陈嘉穀、邵志纯均见载《两浙輶轩续录》，“陈嘉穀”条记：“字双塍，号穀泉，仁和岁贡，《杭郡诗续辑》：穀泉工六法，得元人派。”[9]“邵志纯”条记：“字捘粹，号右庵，仁和廪生，嘉庆丙辰举孝廉方正，著《右庵诗文集》四卷。”此跋与同页潘庭筠跋呼应，潘跋题道：“小松先生博雅好古，藏弆金石文字甚富，游历所（至，披）[10]榛剔藓。每得一古碑碣，摩挲捶拓，考证精核，往往有欧赵所未见者，尝于嘉祥紫云山得东汉武梁祠堂画像原石，既而《曝书亭集》中所载唐拓本亦归之，考洪丞相适（洪适），尝托连帅方务德访之建康，寓客久而未至，后始得之于括苍梁季珩，是此刻在宋时已不易得，兹本又在洪氏之前，题识又多数十字，而原石亦复得出土，岂非翠墨之缘。今人有胜

1 （清）潘衍桐辑：《两浙輶轩续录》卷二四，清光绪十七年浙江书局刻本，第2747页，爱如生中国基本古籍库。

2 （清）潘曾莹：《小鸥波馆文钞》，《陈二酉传》，收录于《清代诗文集汇编》第629册，上海古籍出版社，2010年，第87页。

3 李榕：《杭州府志》卷一五〇，1922年本。

4 秦明：《从故宫藏黄易致陈灿〈金乡札〉谈起》，《中国书法》2017年第9期，第80－83页。

5 李奕蕾：《张穆交游及其书法研究》，山西大学硕士学位论文，2020年，第18－20页。

6 （清）《山西通志》卷一三五《乡贤录》二十，清光绪十八年刻本，第12091页，爱如生中国基本古籍库。

7 王俭：《张穆书信辑存》，三晋出版社，2012年，第78页。

8 施安昌：《汉华山碑题跋年表》，文物出版社，1997年，第23页。

9 （清）潘衍桐辑：《两浙輶轩续录》补遗卷三，清光绪十七年浙江书局刻本，第7276页，爱如生中国基本古籍库。

10 拓本已残，黄易《小蓬莱阁金石文字》录此跋，据以补之。

于古人者欤。借观数日，不胜欣幸也。乾隆乙卯九月德园潘庭筠识。”潘庭筠，“字兰公，号德园，钱塘人，乾隆戊戌进士，官陕西道御史，著《稼书堂遗集》。”《杭郡诗续辑》：“德园少年美姿容，有璧人之目，官侍御，后里居养亲，主讲万松书院，长斋学佛，喜从方外游。”[1]陈、邵所观潘氏世藻堂，即潘家书斋号，潘庭筠子还著有《世藻堂遗草》[2]。二跋所题时间均在乾隆乙卯（乾隆六十年，1795）九月，时宋拓武梁祠已归黄易，应系潘庭筠自黄易处借出观赏，陈、邵客潘氏处得观并题观款。

11. 同页“歙州冯敏昌”观款后〔图10〕，题：“嘉兴蒋元龙、石门方薰同观于桐乡寓斋。”马子云文仅录方薰，此补蒋元龙。蒋元龙，“字乾九，号云卿，一号春雨，浙江秀水（嘉兴）人，生于雍正十三年（1735），乾隆三十六年（1771）副贡。卒于嘉庆四年（1799）。著有《桃花亭词》”[3]。蒋元龙与方薰相识于金德舆家桐华馆，金德舆，字鹤年，号云庄、鄂严，所居桐乡桐华馆，终日与蒋、方等人品藻诗歌绘画[4]。钱泳《履园丛话》记方薰：“号兰坻，石门人，能诗，工山水，淹润如南田翁，又工花卉，近白阳山人，与奚冈铁生齐名。寓桐乡金比部德舆家最久。”[5]阮元《两浙辅轩录》亦载：“方薰……后侨寓禾中梅会里，雪屏（方薰父）卒，经营丧事毕，乃就食桐乡，先寓程氏后寓金氏桐华馆，时以先世未葬，居数年，积馆谷所入，卜地于桐乡郭公桥安窀穸。”[6]宋拓武梁祠册上亦有金德舆观款，题道：“乾隆乙卯十月，古歙鲍廷博、桐乡金德舆同观于西湖寓楼。”据《两浙辅轩录》，金氏“晚年侨寓西湖，与武林诸名士为文酒之会”[7]。可知，金氏题跋时的乾隆乙卯（乾隆六十年，1795）十月，其已移居杭州，并在杭州借观了宋拓武梁祠册。蒋、方二人观款未署时间，二跋时间应较近，但方薰观阅之地在桐乡住所处[8]。

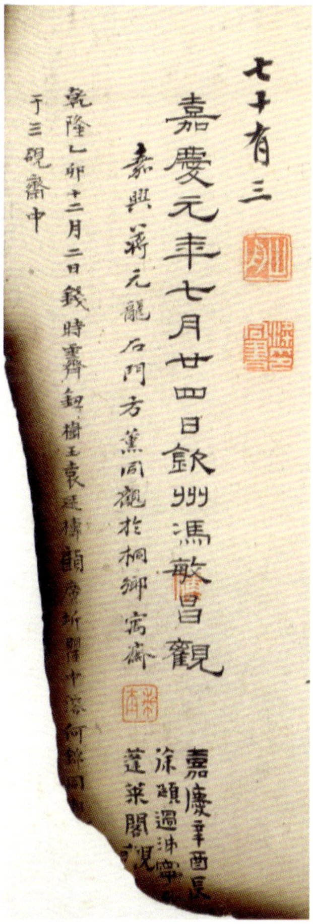

图10 《宋拓武梁祠画像册》第十七开（局部） 故宫博物院藏

12. 同页方薰跋后，题：“乾隆乙卯十二月二日，钱时霁、钮树玉、袁廷梼、顾广圻、瞿中溶、何锦同观于三砚斋中。”马子云文仅录瞿中溶名，其余未录。钱时霁，据缪荃孙《艺风堂文续集》：“白堤钱听默……名时霁，号景开，苕估中最有名，其捺经眼印者，书必佳。”[9]钱时霁在苏州开设萃古斋书肆，能鉴别古书，被称为书友中巨擘，所见书多异本，能视装订签题根脚上

1 （清）潘衍桐辑：《两浙辅轩续录》卷一二，清光绪十七年浙江书局刻本，第1196页，爱如生中国基本古籍库。

2 “潘时敏，字逊伯，号篠烟，庭筠子，钱塘人，著《世藻堂遗草》。”（清）潘衍桐辑：《两浙辅轩续录》补遗卷四，清光绪十七年浙江书局刻本，第7348页，爱如生中国基本古籍库。

3 《全清词·雍乾卷》第4册，南京大学出版社，2012年，第2019页。

4 高磊：《〈离骚集传〉版本源流考》，《文存阅刊》第23期，第6页。

5 （清）钱泳《履园丛话》卷十一（下）《画学》，清道光十八年述德堂刻本，第685页，爱如生中国基本古籍库。

6 （清）阮元：《两浙辅轩录》卷三二，清光绪十六年至十七年浙江书局刻本，第3400页，爱如生中国基本古籍库。

7 （清）阮元：《两浙辅轩录》卷三七，清光绪十六年至十七年浙江书局刻本，第3998页，爱如生中国基本古籍库。

8 柯安娜在其研究中指出，方薰客居金德舆家的时间，很可能是在1781－1783年，此后方氏在临近金家的地方安了家，直至方氏题跋的1795年，方氏应该一直在此定居。见〔法〕柯安娜：《十八世纪杭州地区的画家方薰及其作品——以故宫博物院藏品为中心》，《故宫博物院院刊》2008年第3期，第114页。

9 缪荃孙：《艺风堂文续集》卷七，清宣统二年刻民国二年印本，第391页，爱如生中国基本古籍库。

字，即晓属某家某人之物。严久能元照、黄荛圃丕烈、顾千里广圻皆称之[1]，如顾广圻即称"钱听默，实书贾中陈思之流"[2]，及"书贾之多闻者也"[3]。钮树玉，据李放《皇清书史》："钮树玉，字匪石，吴县布衣，精小学，工小篆及行楷书，俱有逸致。"[4]王昶《湖海诗传》记："钮树玉，字匪石，吴县人，布衣。《蒲褐山房诗话》：匪石早营货殖，往来齐鲁吴楚间，性嗜缥缃，又好校雠考订，遇有汉魏善本及经世之书，必录而藏弆，并通音律。"[5]袁廷梼，据钱林辑《文献征存录》记顾广圻、钮树玉撰《袁廷梼小传》载："袁廷梼，字又恺，一字寿阶，吴县人。上舍生，居金昌亭畔，题读书之室曰三砚，一为介隐先生物，一为谢湖草堂砚，则尚之先生砚，一则列岫楼砚，永之先生物也。丁巳岁，王侍郎昶以所藏清寒居士砚赠之，钱塘奚冈为作《归砚图》，未几，又得谷虚先生廉吏石砚，并前所藏为五，后筑小园于枫江水木，甚胜筑小楼。又以五砚名之，藏前名曰红蕙山房，日坐楼中，丹黄不离手，与顾广圻、钮树玉为友，亦与诸名士为文酒之会，裙屐风流不减阮氏竹林也。"[6]顾广圻，是清代著名的校勘学家、目录学家。李放《皇清书史》载："顾广圻，字千里，以字行，号涧蘋，别号一云散人，亦号思适居士，又号无闷子，长洲诸生，曲阜圣公府奎文阁典籍，书有逸趣，篆隶亦不俗。"[7]何锦，据郭麐《灵芬馆诗话》载："吴门何锦，字岂匏，诗工五律一体，深得四灵风格……"[8]跋中诸人所观处三砚斋，即袁廷梼书斋。潘奕隽《三松堂集》记《归砚图记》："绶阶袁子，好学嗜古，筑室于枫桥之西沿塘，藏其先世遗砚，名之曰三砚斋。"[9]这几人都是书友同道，多有往来，除在乾隆乙卯（乾隆六十年，1795）十二月二日共同观赏宋拓武梁祠外，六人亦在当月一同观赏熹平石经残石，并题款道："乾隆乙卯十有二月，雪川钱时济、吴县钮树玉、袁廷梼、何锦、顾广圻、嘉定瞿中溶，同观于三砚斋。"可见关系密切。另据潘奕隽《三松堂集》中记，至嘉庆四年，其中诸人亦常相聚，记道："嘉庆四年三月三日，值曲水觞咏之辰，为八音遏密之岁，硐东朱子、寿阶袁子招集渔隐小圃，乃屏嘉肴瀹苦茗。是日也，微雨初晴，六合生润，有乐不设，虚觞停流，谈艺论古，列坐移晷，阔踪既接，郁情以宣，虽狂狷殊怀而俯仰俱适，言志有作，继声并陈。同集者范来宗、方夔、钮树玉、黄丕烈、瞿中溶、顾广圻、夏文焘、孙廷、许鉴，暨主人朱成、袁廷梼、兆蕖与奕隽，期而未至者李福也。"[10]

13. 同页方薰跋下部，题："嘉庆辛酉（嘉庆六年，1801）长（下残）徐颋过沛宁（下残）蓬莱阁观（下残）。"黄易、马子云均未录。徐颋，道光《苏州府志》载："徐颋，字直卿，一字少鹤，长洲人，嘉庆乙丑进士第二人及第，授翰林编修，十七年二月大考翰詹，颋名列第一，擢侍读学士，充起居注日讲官。……颋少从元和江声游，声传惠氏学，又精于说文，颋得其指授，其校士亦甚勤云，著有经进文若干卷，杂诗文若

1 罗继祖：《枫窗脞语》，中华书局，1984年，第146页；杨立诚、金步瀛：《中国藏书家考略》，上海古籍出版社，1987年，第326页。

2 （清）顾广圻撰：《思适斋集》卷一五，清道光二十九年徐渭仁刻本，第466页，爱如生中国基本古籍库。

3 （清）顾广圻撰、（清）黄丕烈注：《百宋一廛赋》卷一，清嘉庆道光间吴县黄氏士礼居刻士礼居丛书本，第28页，爱如生中国基本古籍库。

4 （清）李放：《皇清书史》卷二六，民国二十至二十三年辽海书社排印辽海丛书本，第938页，爱如生中国基本古籍库。

5 （清）王昶：《湖海诗传》卷四五，清嘉庆八年三泖渔庄刻本，第2282页，爱如生中国基本古籍库。

6 （清）钱林辑：《文献征存录》卷九，清咸丰八年有嘉树轩刻本，第1509页，爱如生中国基本古籍库。

7 （清）李放：《皇清书史》卷二七，民国二十至二十三年辽海书社排印辽海丛书本，第999页，爱如生中国基本古籍库。

8 （清）郭麐：《灵芬馆诗话》续卷五，清嘉庆二十一年孙均刻本二十三年增修本，第460页，爱如生中国基本古籍库。

9 （清）潘奕隽撰：《三松堂集》卷四，清嘉庆道光递刻本，第996页，爱如生中国基本古籍库。

10 （清）潘奕隽撰：《三松堂集》卷一二，清嘉庆道光递刻本，第517页，爱如生中国基本古籍库。

干卷。"[1]徐颋与同页题款中的钮树玉、顾广圻等人均齐名且交好，江藩《国朝汉学师承记》中说"元和顾广圻、长洲徐颋最知名"[2]，《清国史·江声传》中也曾提到，"而徐颋、钮树玉及广圻俱以通小学为声契赏"[3]。

李汝谦题跋册上观者名目马子云文已全录，不再赘述。至此，可补马子云文未录者共20人[4]。此外，题跋观款还有几处待补充：①马子云文中录册页十四杨札，跋上题为杨理。原题："山阴杨理观，时雍正元年春二月。"黄易《小蓬莱阁金石文字》录此观款。②同页左下跋，字小不识，落款已焚毁，黄易、马子云均未录，俟考。

三　宋拓武梁祠册后题跋的比较与研究

通过上文的整理，可进一步厘清《宋拓武梁祠画像册》在整个清代被鉴赏、题跋的情况，虽然补充的很多观款人中，多数并未题写内容丰富的题跋内容，这自是其被忽视的原因。但从整体来看，补充完善册后题跋信息，自有其重要意义。这一补充，不仅让我们更清楚地认识到有清一代题写观款的数量，完善了宋拓本在清代流传过程中的鉴藏史信息。更为重要的是，我们可以利用数据分析的方法和视角，对册后清代题跋和题跋者，展开更为多元丰富的研究和分析。

上文引述马子云文对拓本册和题跋册观款题跋所做整理，系按观款和题跋作为分别标准，但从另一视角来看，则无法更进一步了解到同一时期观赏的集中程度，亦无法了解整个清代题跋人数的集中与分散变化。若结合本文所考释补充的题跋信息，以朝代为划分界限，则可更清晰地看到不同朝代，在宋拓本上题跋的分布变化〔表一〕，由此，可进一步探析其中所反映的文化意义[5]。

表一　《宋拓武梁祠画像册》题跋者年代及人数统计表

朝代	题跋者	总计
康熙	朱彝尊、宋旹、吕葆中、钱琰、朱甫田、查嗣瑮、查慎行、何煌、陆秉锳、沈元沧、陈世仪、钱霑、陈克鉴、庄歆、龚翔麟、杨守知、胡开泰、吕懿谋、陈伟、翁嵩年、顾翔、徐夔、李鑑、金农、陈震、蒋杲	26人
雍正	姜本渭、徐曾、钱襄、沈谦、杨理、李大德、王宾、谢淞洲	8人
乾隆	马曰璐、李东琪、郑际唐、黄易、翁方纲、颜崇槼、桂馥、钱泳、阮元、徐嵩、王昶、冯志沂、张穆、陈灿、何震伯、朱文藻、江安、鲍廷博、金德舆、潘庭筠、铁保、陈嘉穀、邵志纯、梁同书、蒋元龙、方薰[6]、瞿中溶、钱时霁、钮树玉、袁廷梼、顾广圻、何锦、梁肯堂、李鼎元、丘藜照、王聘珍	36人
嘉庆	孙星衍、冯敏昌、周以勋、陆恭、徐颋	5人
道光	何绍基、何栻	2人

1 （清）宋如林修，（清）石韫玉纂：〔道光〕《苏州府志》卷一二〇，清道光四年刻本，第6907页，爱如生中国基本古籍库。

2 （清）江藩：《国朝汉学师承记》卷二，清南海伍氏刻光绪十一年汇印粤雅堂丛书本，第116页，爱如生中国基本古籍库。

3 《清国史·江声传》附顾广圻传，嘉业堂钞本，第44560页，爱如生中国基本古籍库。

4 据秦明文章引述王岳信指出，马子云文遗漏30余人，本人通过对题跋及黄易《小蓬莱阁金石文字》详细比较，题款中除册页十四左下跋尾因残俟考外，其余无遗漏，仅补充20人，其他当来自印鉴信息。本文限于篇幅，仅对题跋信息作系统梳理，印鉴考释将另行撰文讨论。

5 限于文章篇幅，有关宋拓本册后不同时期观款分布和变化的分析研究，笔者亦专做讨论，详见谭浩源：《清代学者的武梁祠认知与转向——以故宫藏〈宋拓武梁祠画像册〉为中心》，《形象史学》总第二十辑，2021年。

6 蒋元龙、方薰跋未署年款，据载方薰乾隆六十年应阮元召赴杭州，居住一年有余，而前后跋时间均在乾隆六十年和嘉庆元年之间，再据方薰题于桐乡寓所，推测其观阅宋拓武梁祠册的时间在其赴杭州之前，故在本文分期中，将二人归入乾隆朝中。

（续表）

朝代	题跋者	总计
民国	陈宝琛、徐世昌、梁鼎芬、易顺鼎、樊增祥、姚朋图、吴昌硕、李汝谦、赵世骏、张謇、郑孝胥、康有为、罗振玉、陈三立、严复、赵尔巽、缪荃孙、王寿彭、吴重憙、姚永槩、柯劭忞、宝熙、萧方骏、江瀚、劳乃宣、梁启超、何维朴、杨寿枢、汪洛年、傅增湘、林纾、刘宗书、袁励准、姜筠、刘师培、冯煦、费树蔚、张伯英、王树枏、姚华、罗复堪、赵椿年	42人
总计		119人

本文着重补充了拓本清代流传的鉴藏情况，通过本文的梳理，可以对清代有关这套拓本的鉴藏情况进行新的讨论。从上表来看，虽然自康熙至道光年间，均有题跋观阅的情况，但可见康熙和乾隆时期是清代题跋的高峰时期，结合具体题跋年份分析，实则雍正时期的几处题跋全部为雍正初年所题，直接接续自康熙时期，而嘉庆时期的题跋亦与乾隆时期相接近。因此，实际上，除了道光年间何绍基、何栻的题跋之外，可以说清代主要划分为康熙—雍正时期和乾隆—嘉庆两个大的时间分期。

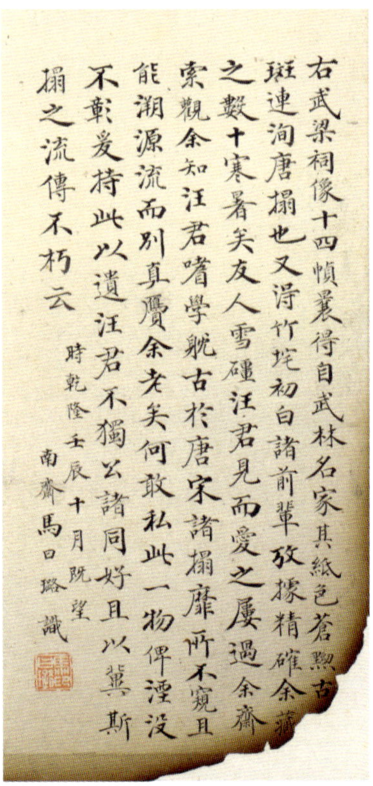

图11 《宋拓武梁祠画像册》第十五开（局部）
故宫博物院藏

之所以形成这样的分期形式，与宋拓本在清代的收藏者之间有着直接的联系。在第一个高峰期中，宋拓本时为马思赞所收藏，细查册上雍正时期的题跋年款，王宾、谢淞洲未注明具体时间外（笔者推测亦在雍正元年前后），其余雍正时期的五段观款，均为雍正元年所题。马思赞于此前一年刚刚离世，很可能还留在其家中尚未散出。除此之外，目前所见康熙时期的全部题跋，均系马思赞收藏时期所题写的。而至第二个高峰时期，除马曰璐一跋为藏主自述之外，其余观者的题跋时间均系在黄易收藏这套拓本期间所题写。其中，郑际唐的题跋时间为辛亥秋七月，即乾隆五十六年（1791），这一年恰是黄易收到汪畲遗赠其宋拓本的时间。而目前所见嘉庆年间最晚的题跋为徐頲嘉庆辛酉（嘉庆六年，1801）所题，次年黄易即去世。由此可知，这两个高峰时期之所以出现，与收藏人有着密切关联。反之，再看马思赞和黄易之前的藏家马曰璐，马曰璐曾在拓上自述，道〔图11〕：

右武梁祠像十四帧，曩得自武林名家，其纸色苍黝，古□斑连，洵唐拓也。又得竹垞、初白诸前辈考据精确，余藏之数十寒暑矣。友人雪礓汪君见而爱之，屡遇余斋索观。余知汪君嗜学耽古于唐宋诸拓，靡所不窥，且能溯源流而别真赝。余老矣，何敢私此一物，俾湮没不彰。爰持此以遗汪君，不独公诸同好，且以冀斯拓之流传不朽云。时乾隆壬辰十月既望，南斋马曰璐识。

可见，系藏主本人不愿拿出示人，致使这一阶段数十年未见任何题款，在其之后的汪畲亦是如此，虽然马曰璐和黄易纷纷在自跋中述及与汪畲的关系，以及拓本在三人之间的流传情况，但宋拓本幅上却通篇未见汪畲一处痕迹[1]。

尽管两个题跋高峰时期的出现，均与藏主本人有直接关系。但细就两个时期的观跋者进行比较，依然会发现存在一些差异。比如，清初时期，拓本上题跋者的关系其实更为密切，或者说更为私人化。如题跋中所见，朱甫田，字袭远，系朱彝尊从子。查嗣瑮、查慎行二兄弟，与朱彝尊为族亲[2]，朱彝尊在致查慎行信中曾称“愚表兄彝尊顿首他山老表弟”[3]。而马思赞亦与三人关系密切，朱彝尊称马思赞为“老侄”“舍侄”，二人同宗，清李遇孙在《金石学录》中即称二人为叔侄[4]。而马思赞又娶查慎行妹查惜为妻。再如沈元沧，娶查昇之女，亦与查氏兄妹为族亲。其余题跋者，虽非家族亲属，但多为诗词或文坛同道好友，如龚翔麟，即与朱彝尊、李良年、李符、沈暤日、沈岸登合称“浙西六家”，关系密切。因此，清初时期题跋所见对于宋拓本的鉴赏，更体现出同道好友小范围观赏的私人化特点，参与鉴赏、与藏主交游的人员多系知识构成、社会身份相近的同道。

但至第二阶段，情况则颇与之不同，这种不同实则与两个时期金石学的发展状态息息相关。清初的金石学圈子依旧集中在少数学者之中，如上文所见，交往者多有功名，即便布衣出身，但只是不仕，依旧是饱读诗书，与其他官员学者相往来。但到了乾嘉时期，一个颇为显著的变化是投身于金石研究和收藏的人的社会阶层变得更为多云复杂，正如薛龙春在其研究中所指出，如翁方纲与赵魏、李东琪、顾文铁等人多有往来，而这些人中既可能有收藏家、知识分子，有的则也是掮客或商贩[5]。就以此时期的藏主黄易来看，其本身亦与翁方纲等学者在社会阶层上并不完全等同。二人之所以能够建立如此紧密的关系，一方面是因为二人有相同的爱好和知识体系，但另一方面，二人也是相互补足的关系。黄易通过手中掌握的拓碑访碑所得资源，提供给翁方纲、阮元等人，后者又通过题跋赋诗等方式予以回馈，从而帮助黄易这一类人获得更高的名望。这种模式对黄易而言更是如此，在与黄易通信往来的两百余人中，从高官、地方官到布衣、掮客甚至罪犯[6]，都因访碑拓碑的需要而有所往来，这种实际需要就必然促使其交往的人员变得更为复杂、多元和立体。

另一方面，也进一步使得在拓本上进行题跋变得更具有文化意义，其不仅是对拓片内容的交流和观看的记录，某种程度上更是体现交往本身，进一步扩大拓本的知名度和藏主的知名度。这一方面，从两个时期拓本观阅题跋的地点分布上亦可窥见。马思赞收藏此拓本时，题跋观款所落地点多为马思赞家中，如衎斋、红药山房、道古楼、葫芦山房等，其中仅见两次马思赞携册访友，题于他人寓所的记录。可见清初多为与马思赞交好的友朋前来家中观阅。反观乾嘉时期黄易收藏时题跋的地点分布，其中除观于黄易济宁官廨之外，如阮元曾记“留斋头展玩两阅月”。潘庭筠亦“借观数日”。鲍廷博、金德舆则“同观于西湖寓楼”。梁同书也在跋

1 王岳先生曾推测，二人之所以如此，或与文字狱避祸有关。详见秦明：《〈得碑十二图〉中为何无〈唐拓汉武梁祠画像〉》，《中华书画家》2017 年第 1 期，第 123 － 124 页。

2 据《[乾隆]杭州府志》载：“查嗣瑮，字德尹，号查浦。少受业于姚江黄宗羲，讲《明六经指归》及性命之学，与中表兄朱彝尊切劘风雅，益耽吟咏。”（清）郑沄修，（清）邵晋涵纂：《[乾隆]杭州府志》卷九四，清乾隆四十九年刻本，第 7388 页，爱如生中国基本古籍库。

3 王利民、胡愚等辑：《曝书亭集外诗文补辑》卷一一，收录《曝书亭全集》，吉林文史出版社，2009 年，第 1013 页。

4 （清）李遇孙：《金石学录》，见（清）李遇孙、（清）陆心源、（清）褚德彝著，桑椹点校：《金石学录三种》，浙江人民美术出版社，2018 年，第 51 页。

5 薛龙春：《古欢——黄易与乾嘉金石时尚》，生活 · 读书 · 新知 三联书店，2019 年，第 232 页。

6 同上，第 233 页。

中记道："小松司马过敝斋，见赠新出武梁祠原石拓本一副，奇古可爱。复出示此册，神观盎然，溢于纸墨之外，尤其宝也。"陆恭亦记"乙卯冬，仲辱先生见访，携示此帖，正如优钵昙华，竟得一观"。钱时霁、钮树玉、袁廷梼、顾广圻、瞿中溶、何锦则"同观于三砚斋中"。如此等等，不一而足。可见黄易不仅邀请各界同好来自己府邸欣赏，还时常携带拓本访友出示，并邀请题跋，甚至有的还借观月余。这一现象，不仅说明黄易广泛而热情的社交范围和方式，亦可见出此时对拓本的观看、题跋体现出了更高程度的开放性和公开性，而且，这是黄易作为藏主有意为之的行为结果。

由此，可以从宋拓本的题跋上看到清初至清中期，金石拓本收藏与鉴赏者身份阶层的分布、鉴赏形式、交游方式等多方面，均有不同程度的发展和变化。而这种变化，实则与整个清代金石学的发展演变是一致的，《宋拓武梁祠画像册》上的题跋在某种程度上可视作这样一种演变脉络的缩影。

[作者单位：故宫博物院研究室、中央美术学院人文学院(博士生)]

吴大澂、谭钟麟往来信札考释

Textual Research on Correspondence between Wu Dacheng and Tan Zhonglin

李文君

Li Wenjun

内容提要：

吴大澂与谭钟麟均为晚清的封疆大吏。故宫博物院藏有一通谭钟麟致吴大澂信札，与新近出版的一通吴大澂致谭钟麟信札，正好形成一个完整的往还回合。这两通信札，对了解光绪十九年（1893）的湖南瘟疫及官方救治，有一定的价值。另外，新近出版的吴大澂在回任湖南巡抚期间写给谭钟麟的一通信札，对了解光绪二十一年湖南的旱灾与官方的应对，也有一定的价值。

关键词：

吴大澂　谭钟麟　瘟疫　湖南　章士钊

ABSTRACT:

Wu Dacheng and Tan Zhonglin were both late Qing-dynasty (1644-1911) provincial magnates in officialdom. Together with a letter from Tan Zhonglin to Wu Dacheng collected by the Palace Museum, a recently published letter from Wu Dacheng to Tan Zhonglin happens to complement a full round of correspondence. This pair of correspondence notes are of certain value for understanding the Hunan plague and the government-organized treatment efforts in 1893, the nineteenth year of the Guangxu reign. In addition, the newly published correspondence from Wu Dacheng to Tan Zhonglin written during his re-appointment as governor of Hunan also offers valuable information regarding the drought in 1895, the twenty-first year of Guangxu reign, and corresponding government relief measures.

KEYWORDS:

Wu Dacheng, Tan Zhonglin, plague, Hunan Province, Zhang Shizhao

故宫博物院藏有谭钟麟致吴大澂信札一通，系20世纪50年代从国家文物局划拨而来，此前从未对外刊布。新近出版的《笃斋藏吴大澂手迹四种》，收录有吴大澂致谭钟麟信札两通。其中的一通，正好与故宫藏品形成一个吴大澂与谭钟麟完整的书信往还回合。现以时间为序，将这三通信札一并整理，并对其内容进行简单考释，以惠学林。

一　寄信人与收信人

吴大澂（1835—1902），江苏吴县（今苏州）人，字止敬，号清卿[1]，又号窸斋。同治七年（1868）进士，先后任陕甘学政、河南河北道、吉林三边帮办边务大臣、广东巡抚、河东河道总督等职。光绪十八年（1892）闰六月十二日，补授为湖南巡抚，光绪二十一年十月离职回乡。本文所涉信札，均作于吴大澂任湖南巡抚期间。

谭钟麟，原名二监，字崇德，号文卿，后改字云觐，湖南茶陵人，道光二年（1822）三月十九日生[2]。咸丰六年（1856）进士，先后任翰林院编修、江南道监察御史、杭州知府、杭嘉湖道道台、陕西布政使、陕西巡抚、浙江巡抚、陕甘总督、工部尚书、闽浙总督、两广总督等职。光绪三十一年（1905）三月十二日，在籍病逝[3]，谥“文勤”。与吴大澂书信往还时，谭钟麟任闽浙总督。

吴大澂与谭钟麟最早一起同城为官，始于陕甘学政任上。同治十年（1871）十一月，谭钟麟出任陕西布政使，光绪元年（1875）二月，升任陕西巡抚，光绪五年八月调任浙江巡抚。谭钟麟在陕西任职期间，吴大澂于同治十二年（1873）八月外放陕甘学政[4]，光绪二年年底期满回京。陕甘学政署驻三原，布政使司与巡抚衙门在西安，虽不在一起，因政务关系，谭、吴二人的往来还是比较密切的。如同治十三年（1874）七月，刚从陕北按试归来的学政吴大澂“函商邵汴生中丞（陕西巡抚邵亨豫）、谭文卿方伯（布政使谭钟麟），筹款兴复延安各属书院”[5]。吴大澂离开陕西后，谭、吴二人再未在同地为官，函札交往也不多。因此之故，对吴大澂与谭钟麟的关系，目前学界还没有专门的研究。对二人的信札往还，学界仅有李军先生在为《笃斋藏吴大澂手迹四种》所作的序言中，有所提及，但因题材与篇幅所限，在谈到《致谭钟麟书札》时，对吴大澂在湖南期间所写的“黄山谷式的行书”的书法风格给予了介绍，对信札内容，仅交代其“多涉湘中民生问题”，未做更多的说明[6]。希望通过本文，能引起人们对这两位晚清封疆大吏的更多关注。

---

1 来新夏：《清代科举人物家传资料汇编》，学苑出版社，2006年，第99册，第147页。

2 《清代科举人物家传资料汇编》，第3册，第395页。

3 谭宝箴、谭延闿、谭泽闿编：《谭文勤公（钟麟）奏稿》，文海出版社（台北），1969年，第31页。

4 顾廷龙：《吴窸斋年谱》，上海辞书出版社，2016年，第87页。

5 （清）吴大澂撰，印晓峰点校：《窸斋诗存》，华东师范大学出版社，2009年，第202－203页。

6 （清）吴大澂著，李隽编：《笃斋藏吴大澂手迹四种》，西泠印社出版社，2020年。此书为经折装样式，没有标注页码，下文引用时，不再单独说明。

二 信札考释

吴大澂做事认真，虽是私人性质的信札，他也毫不马虎。这从他存世的信札中，多数留有完整的时间落款就可看出。完整的时间落款，为我们考释这些信札的内容提供了极大的便利。

（一）湖南疫情与救治

吴大澂写给谭钟麟的第一封信，主要谈湖南疫情与救治情况，信札内容如下：

文卿老前辈大人阁下：

前奉惠函，猥以珂乡赈济事宜，谬承嘉奖，且感且惭。地方民情之困苦，有司莫以告，不能先事绸缪，几同聋瞶。即乡间疾疫之缠染，亦应早为祈祷，施以医药，不致受病如此之深。该牧令等直至催科乏术，恐误考成，始以民隐上闻。该管道府亦复于穷黎之身家性命漠不相关，迨至运粮运谷，而老弱之转沟壑者，已无再生之望。此皆大澂之德薄才疏，上下隔阂之故。清夜自思，愧汗交流。韦苏州所谓"自惭居处崇，未睹斯民康"，非虚语也。茶乡瘟疫最甚，大澂为文以祭之，方有转机，而西乡之疟疠相继为患，流转及于安仁各乡，死者二三万人，棺木无从购办，类多藁葬，惨不忍闻。续请恩拨安仁赈济银一万两，实已筹给钱二万串，不过尽心焉而已。幸今冬各属均得祥霙，省城连日大雪，积有三四寸，天心仁爱，可卜明年收成丰稔，贫民不至乏食，堪以告慰仁廑。前有训勉属寮诗八首，付之石刻，拓奉台鉴，尚望教其不逮，俾有率循，是所企祷。手泐布臆，敬请勋安，不具。馆晚生吴大澂顿首。腊月廿一日。

前刻手谕二种，附呈台览。

章士钊跋文：愙帅文采照耀一时，甲午之役误于勋胄，辜负雄心。徐颂阁（徐郙）函中所谓"雅歌投壶"，即指吴军而言[1]。当时主战者自负清流，实皆书生，李文忠（李鸿章）老谋持重，群目为汉奸，及遭惨败，牵羊谢敌，终仗文忠。书生误国，千古同慨。瘟疫流行，乞灵鬼神，愙斋且未能免俗，清廷为政，可见一斑。然以视并此而不为，惟考成之误是惧，则又此贤于彼。今之地方官多类此者，戡建云胡哉！[2]

此信作于光绪十九年（1893）腊月廿一日，主要是向谭钟麟通报湖南疫情与救治情况。因谭钟麟是咸丰六年（1856）进士，吴大澂是同治七年（1868）进士，从科名来论，谭是吴的前辈，故吴大澂以"老前辈"称呼谭钟麟，又因二人都先后在翰林院任职，谭供职时间早于吴，故吴大澂以"馆晚生"自称。

珂乡，对别人家乡的美称，谭钟麟的家乡茶陵，正在吴大澂治下，故吴氏向谭通报了茶陵及与其邻近的安仁县的瘟疫情况。因地方官瞒报，造成"上下隔阂"，吴氏得悉疫情较晚，他以韦应物诗中的"自惭居处崇，未睹斯民康"两句来自责。面对瘟疫，吴氏采取了医药食品救济、神灵祭祀、向朝廷申请赈济资金等措

1 指徐郙在光绪二十一年（1895）初致谭钟麟信札，信中言"侧闻榆关诸军，雅歌投壶"，指吴大澂率军驻扎山海关期间，训练军乐队之事。徐郙此札亦留有章士钊题跋，该札收入李昭安编：《笃斋藏清代百家书札》，国家图书馆出版社，2019年，第288－291页。

2 见《笃斋藏吴大澂手迹四种》；此札亦收入李昭安编：《笃斋藏清代百家书札》，国家图书馆出版社，2019年，第279－283页。

施。医药食品救济方面，在本年十一月初九日致兄长吴大根的家书中，吴大澂说：“衡州府属之安仁县疫疠盛行，死者以数千计。派徐巡捕（该员精于医理）携带药料，前往散给，并即委员赍银八千两，续拨钱八千串，会同该县妥为抚恤。拟即奏请恩拨赈银一万两，如有不敷，再行动用皇太后恩赏之二万两，当可稍资补助。”[1]神灵祭祀方面，在本年十月十八日致即将赴福州的好友王叔蕃（念劬）的信中，吴大澂谈道：“谭文帅前有赐书，因茶陵赈事，辱蒙褒奖，且感且愧。因须手复数纸，至今未报，谒见时乞为道意。今秋茶陵西乡又有疠疫，弟作祭文一篇，遣员往祭瘟神，未知有效否？”[2] 在十一月十八日给光绪帝的奏折中，吴大澂也提到：“因茶陵之茶乡、西乡，瘟疫缠染数月之久，情形尤为可悯。由臣敬撰祭文，派员前往，虔诚致祭于城隍、瘟神各神，以伸祈祷。”[3]吴氏祭祀神灵，乞求疫情早日结束，这即是章士钊跋文中所揶揄的“瘟疫流行，乞灵鬼神，愙斋且未能免俗”。向朝廷请赈方面，为应对突如其来的疫情，吴氏从“厘金局先行借拨银二万两，派员购米，分赴醴陵、茶陵等处，择其最苦之处核实散放”，后又上专折向朝廷申请帑银赈济[4]。吴大澂向朝廷陈述安仁等地的灾情说：“衡州府属之安仁县与茶陵毗连之处，疾疫流行，仍由茶陵一带转入。安仁各乡始患痁疾，继而转痢，日甚一日。合邑四十八村，其甚者一村死至数百人之多，医药既穷，棺木亦无从措办。”面对此情，吴大澂一面“委员携带药饵赶往施济，一面由粮道库款暂拨银八千两，另筹现钱八千串”，派员前往赈济[5]。后又专折向朝廷请赈，朝廷下旨“由户部拨给银一万两”，进行赈济[6]。

入冬以后，湖南各地连降瑞雪，吴氏认为这既可阻遏疫情，也可增加土壤墒情，预示来年丰收，使茶陵与安仁疫区的人们不致十分困苦。吴氏写此信的前一天，十二月二十日，同在长沙的王闿运记载：“夜雪，始见白。”二十一日记载：“雪消，间作。”[7]十二月二十二日，吴大澂送自己撰写的《雪》诗给王闿运，王依韵和之。王氏的和诗为七律二首，收入其《湘绮楼日记》[8]，吴大澂《雪》诗今不存。

吴氏信中所言“训勉属寮诗八首”，作于光绪十九年（1893）七月，诗前小序说：“某日晓起默坐，得诗八首。录示各属同僚，语多警惕，期清吏治。嘱长沙蒋畤摹勒之石。”[9]诗收入《愙斋诗存》，题为《晓起示同僚》，其一云：“晓起焚香坐，臣心鉴水空。爱民惭德薄，足食愿年丰。旸雨资调燮，天人默感通。及时图上理，诚可格苍穹。”其二云：“胥吏多奸猾，稍宽百弊生。能令公喜怒，勿恃我神明。卯革名常换，官慈令不行。但须严约束，政肃自风清。”其三曰：“好讼倾家易，鸣官守候难。片言能立判，两造免争端。积牍须勤理，呈词莫厌看。贫民羁累苦，早释便心安。”其四曰：“冠盖临乡曲，纷纭易扰民。须教舆从简，倍觉长官亲。比户厖毋吠，依桑雉亦驯。采风兼问俗，有脚颂阳春。”其五云：“人命官家重，乡愚气不平。鸿毛轻一死，雀角启纷争。验狱无疑窦，爰书有定衡（命案全凭相验精详，仿真供确，自无纠葛）。移尸终误

1 （清）吴大澂撰，李军整理：《愙斋公家书》，见上海图书馆历史文献研究所编：《历史文献（第二十一辑）》，上海古籍出版社，2019 年，第 115 页。

2 上海博物馆藏吴大澂行书手札，见 http://www.360doc.com/content/21/0818/22/1597421_991646287.shtml。

3 中国第一历史档案馆编：《光绪朝朱批奏折》，中华书局，1995 年，第 31 辑，第 490 页。

4 《光绪朝朱批奏折》，第 31 辑，第 466 — 467 页。

5 《光绪朝朱批奏折》，第 31 辑，第 490 页。

6 中国第一历史档案馆：《光绪宣统两朝上谕档》，广西师范大学出版社，1996 年，第 19 册，第 322 页。

7 王闿运撰，吴容甫点校：《湘绮楼日记》，岳麓书社，1997 年，第 1900 页。

8 《湘绮楼日记》，第 1901 页。

9 《吴愙斋年谱》，第 302 页。

事，勿惮往来程（离城远者，往往令尸亲抬验，名为体恤，实则疏懒，已再三告诫矣）。”其六曰：“盗贼皆良善，民贫俗易浇。诛茆休及蕙，除莠莫伤苗。风化因时转，霜痕见日销。养痈防后患，攻补要兼调。”其七曰：“利民不在广，一念即慈祥。小善勤相劝，前人事莫忘（前任创办美举，后任漫不经心，听其日久废弛，此官场积习也）。饥寒恤无告，孤寡如视伤。南国行仁政，犹留召伯棠（相传邵阳有古棠一树，为召伯巡行处）。”其八曰：“欲望民风厚，先期士习端。胶庠人所重，词讼尔何干。吏治无虚语，舆情爱好官。寄诗勤劝勉，勿负此心丹。”[1]

吴氏所刻二种手谕的具体内容，待考。在光绪十九年正月廿六日致翁同龢的信中，吴大澂也提及：“近刻手谕二种，附呈台览，求教之。”[2] 从时间上来看，应与寄赠给谭钟麟的手谕为同一种刻本。

（二）疫情下的茶陵

谭钟麟回应吴大澂的信札，主要谈自己家乡湖南茶陵在疫情之下的凋敝情形，信札内容如下：

> 清卿大公祖大人阁下：
>
> 自旌节莅湘，侧闻察吏安民，育才爱士，无微不至，有废必举，凡属部民，莫不引手加额，赞扬不尽。昨奉手谕及大著八首，官吏诵此而不动心者，真无良者矣。近时人才消乏，中外皆同，不特办事者不多得，即晓事者亦未易一二数也。弟承乏海壖，将近两载，吏事兵事，刻意讲求，虽雷厉风行，唇焦舌敝，而其气卒不振，俗敝民悍，械斗之风，迄不能止，盖陋习相沿久矣。茶州之疫已三年，少壮伤亡几半，田多荒芜，中人之产，三岁无租入而钱粮不能不完，家遂中落。幸福星莅止，起瘠扶衰，始庆更生。闻五月为大公祖周甲之辰，州人士走书相告，谋所以寿公者。麟学殖荒落，未克为文以表扬盛德，谨拟十六字，敬祝遐龄，且以志感。手此，虔请勋安，并贺节禧。治愚弟谭钟麟顿首。〔图1〕[3]

此信作于光绪二十年（1894），是对上文所引吴氏信札的回应，主要谈茶陵疫情，并向吴大澂贺寿。从

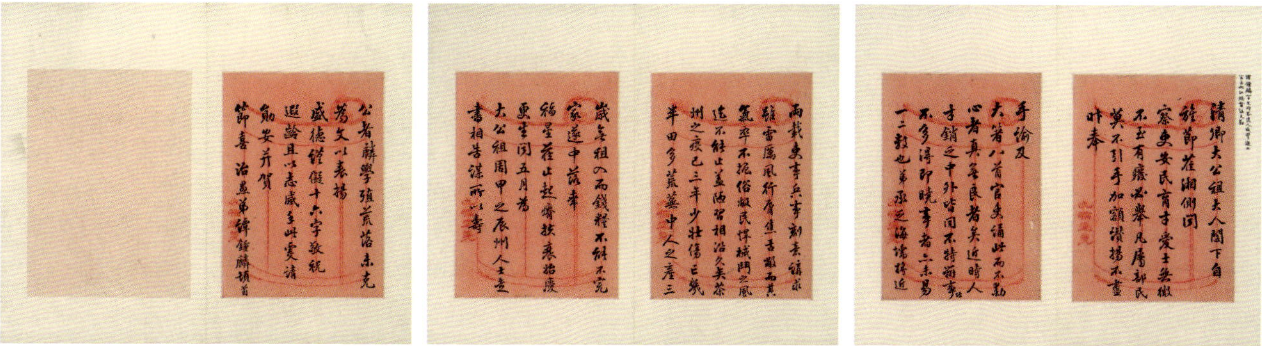

图1　谭钟麟致吴大澂信札　故宫博物院藏

1　《愙斋诗存》，第 109 － 110 页。

2　李文君：《吴大澂致翁同龢信札考释》，《江苏理工学院学报》2021 年第 1 期。

3　故宫博物院藏“秦湘业等三十家手札册——谭钟麟致清卿札”，文物号：新 00179721-6/32。

信尾"并贺节禧"的问候来看，此信应作于光绪二十年端午节之前。一方面，谭钟麟出任闽浙总督，是在光绪十八年五月二十八日[1]，此信说"弟承乏海壖，将近两载"，若书信作于端午节前，正符合"将近两载"的说法。另一方面，此信作于端午节之前，正好可在五月十一日吴氏六十生辰之前寄达，不耽误为吴氏祝寿。

谭钟麟为湖南茶陵人，吴大澂时任湖南巡抚，对自己乡邦的最高长官，谭氏以"大公祖"称呼，茶陵在吴氏治下，故谭氏自称前加一"治"字。手谕及大著八首，指前信提及的吴氏所赠手谕刻本两种及《晓起示同僚》诗八首。谭氏信中所言"人才消乏"，是为附和吴氏前信中所提及的州县道府等有关人员不能及时将疫情反馈给吴氏自己而言的。信中提及福建的"械斗"陋习，"相沿久矣"，"迄不能止"，说明政府对基层地方的控制并不得力。茶州，指谭钟麟的家乡茶陵州，因瘟疫持续近三年[2]，茶陵州人口锐减，民间负担加重，苦不堪言。

吴大澂生于道光十五年（1835）五月十一日[3]，光绪二十年，即将迎来六旬大寿，故谭氏在信中予以祝贺，并"拟十六字，敬祝遐龄"。但谭氏所拟"十六字"为何，已不可考。对祝寿之事，因顾忌在任巡抚身份，吴大澂颇为低调，并未大肆庆祝。只是在新年假期的正月初八日，由巡抚衙门的僚属为其"六十称觞"[4]。在光绪十九年（1893）十二月廿一日写给兄长吴大根的信中，吴大澂说："明年六十，同乡欲为预祝，新年事闲，拟于初八、九请客两日。"[5]《湘绮楼日记》正月初八日记载："清卿作生日。晨往，寝门不辟，衣冠满庭，不复通骍。"[6]在此之前，应长沙诸绅士之前，王闿运已为吴氏作了寿文[7]，寿文名为《巡抚吴尚书六十寿颂》[8]，同时作寿对一联曰："眉寿铭功，有吉金瑞玉；衡山刻石，纪海晏河清。"[9]一说王闿运所作寿联为"东海苍龙，出为霖雨；南岳朱鸟，上应寿星"[10]。

（三）甲午战败后的湖南

吴大澂写给谭钟麟的第二封信，主要谈甲午战败之后，湖南的旱情与遣散湘勇之事，信札内容如下：

> 文卿老前辈大人阁下：
>
> 初九日接奉五月十七日手书，猥以悼亡，远承垂念，殷殷见爱，情见乎辞。人生得一知己可以无憾，蒙公下交二十余年，性情相契，始终无间。承乏梓乡，惟日兢兢，恐负我公之期望。治军不利，愧悔交深，退思补过，以图晚。盖乃自五月至今，湘中旱象已成，祈祷无灵，忧心如捣。此次倭人索偿巨款，正民穷

1 《光绪宣统两朝上谕档》，第18册，第174页。

2 茶陵疫情，初起于光绪十八年底，盛于光绪十九年，至光绪二十年渐渐平息，主要病种为疟疾。详情可参阅吴娅娜：《湖湘疫病史研究》，湖南中医药大学博士学位论文，2012年，第11－12页，第22页。

3 《吴愙斋年谱》，第37页。

4 《吴愙斋年谱》，第306页。

5 《愙斋公家书》，第118页。

6 《湘绮楼日记》，第1905页。

7 《湘绮楼日记》，第1897－1898页。

8 王闿运：《湘绮楼全集》，文集卷四，见《续修四库全书》，上海古籍出版社，第1568册，第611－612页。

9 《湘绮楼日记》，第1904页。

10 龚联寿：《联话丛编》，江西人民出版社，2000年，第3054页。

财尽之时，防军不日即当遣散，湘勇归农，约计不下数万人，若饥馑交加，民生日蹙，一为饥寒所迫，难保不滋生事端。身为疆吏，忧国无裨于国，忧民无益于民，理应罢斥以避贤路。惟念时艰孔亟，渥荷朝廷宽大之恩，岂敢自耽安逸，但尽其心之所能尽，天时人事均未可料，老前辈何以教之？手复鸣谢，敬请勋安。惟祈为时葆躬，不尽欲言。晚期吴大澂顿首。闰月十七日。

再承厚贶，百朋之锡，何以克当？谨将原券交朴吾兄收回。铭佩隆情，临风泥首，手泐申谢，再请台安。伏乞垂鉴。晚期大澂再拜。

章士钊跋文：岁乙未（1895），湖南大旱，吴清帅丧师关外，新返湘垣，在长沙龙伯侯爷庙行香，由抚署又一村步行出街，因革职留任，故头带（戴）无顶凉帽，伛偻缓缓前行，忧容可掬。余时读书营盘街三公祠内，去庙址近，曾目睹此段故事。缄中所谓"治军不利，愧悔交深"及"旱象已成，祈祷无灵"等语，旧影憧憧在眼，迄今已五十四年矣，三复怃然。戊子（1948）秋，章士钊题。[1]

此信作于光绪二十一年（1895）闰五月十七日，主要是感谢谭钟麟对吴家丧事的悼念，并通报湖南近况。甲午战争爆发后，湖南巡抚吴大澂主动请缨，率湘军北上，在辽南与日军作战。战争失利后，吴大澂被革职留任，重回湖南巡抚任上。四月初八日，吴氏重返长沙的当天，随行的夫人陆氏病逝[2]。因夫妻之间的丧制，属于期服，故吴氏自称中有"期"字。对陆夫人之丧，谭钟麟派人送来赙金百朋（一百两），吴氏认为太多（厚贶），将谭氏所赠银票（原券）退回给谭宝箴（字朴吾，谭钟麟长子）。

湖南方面，最急迫的有两件事。一是湘勇归农。《马关条约》签订后，中日停战，湖南最先要解决的，是数万还乡湘勇的遣散与安置问题，若处理不好，"难保不滋生事端"。二是应对旱灾。在致兄长吴大根的信中，吴大澂也介绍了湖南的旱灾及自己的应对。在闰五月十五日的信中，吴大澂说："湘中五月无雨，步祷半月不应，旱象已成。弟劝乡民掘井，每口津贴钱二串。"[3]在闰五月廿八日的信中说："自前月下旬祷雨起，每日步祷两次，又亲自乡间迎接（陶、李）真人神像进城。亢旱已成，心甚焦灼。直至十七日始得透雨，二十以后连降甘霖，尚可保七八成年岁。"[4] 在闰五月十九日致表弟汪鸣銮的信中，吴大澂也说："湘中旱象已成，步祷半月之久，始于十七日得降甘雨，而田禾将槁，微润无济于事。人心惶惶，均拟筹备荒政。"[5]作为巡抚，吴大澂奖励掘井自救以外，亲自主持祈雨仪式，借以表示自己对旱灾的重视。这也正是章士钊先生在跋文所述自己幼年时所见"忧容可掬"的吴大澂"伛偻缓缓前行"的情形。

因辽南败绩的拖累，吴大澂虽"渥荷朝廷宽大之恩"，以革职留任的身份重回湖南任职，但随时都有被免职的可能，饶是如此，他不敢"自耽安逸""尽其心之所能尽"，尽心竭力地做好每一件事。其实，对自己的未来，吴大澂当时还是很自信的，虽然信中用了"老前辈何以教之"这样貌似请教的话，但更多是出于礼仪的需要。当时他没想到，自己的离职会来得那么快。

1 《笃斋藏吴大澂手迹四种》。
2 《吴愙斋年谱》，第 337 页。
3 《愙斋公家书》，第 137 页。
4 《愙斋公家书》，第 137 页。
5 李文君：《甲午前后的长沙：以吴大澂致汪鸣銮信札为依据的考察》，《长沙大学学报》2021 年第 3 期。

三 余 论

吴大澂与谭钟麟，同为晚清封疆大吏，虽然只在陕甘学政任内的三年中一起做事，交集不多，但因地位相埒，性情相契，相知亦甚深。在光绪二十一年的信札中，遭受战败与丧妻双重打击的吴大澂，在信中不由自主地对谭钟麟感叹“人生得一知己可以无憾，蒙公下交二十余年，性情相契，始终无间”，虽用的是客套的语气，描述的却是实情。因二人相知的关系，加之封疆大吏的身份，信札中即使用平常言语轻描淡写，也能或多或少反映当时的政局与社会的具体情况：如为应对湘东的瘟疫，上任不久的吴大澂自信满满，他有条不紊地采取的各种措施，将疫情损失降到最小。又如在甲午战败之后，回任湖南的吴大澂心境落寞又有所不甘，但他强力克制自己的情绪，尽职尽责地应对旱灾与遣散湘勇等现实问题，履行巡抚应尽的责任。这些都是难得的一手文献资料。

另外，章士钊先生的跋文，也有重要的参考价值。一切历史，都是当代史。如章士钊对甲午战争中清流主战者“书生误国”的感叹，对“老谋持重”的李鸿章被误会为“汉奸”的遗憾等，无疑是他作跋文时，学界反思甲午战争后的最普遍认知。对吴大澂囿于时代局限，面对瘟疫、旱灾等自然灾害，亲自去“乞灵鬼神”之行为，章士钊表示不解，但他也承认：作为晚清的官员，至少在心念百姓方面，吴大澂身体力行，还是有所作为的。而在他写跋文时的戊子年（1948），国民政府的地方官员们只想着如何应对上级的考核，根本不关心民瘼，对上不对下，其为官境界，则又远不如清代的吴大澂了。

总的看来，吴大澂与谭钟麟往来信札，对了解甲午前后湖南的社会情况，对了解晚清封疆大吏间的交往，对了解吴大澂甲午前后的心理变化，均有一定的价值。

[作者单位：故宫博物院故宫学研究所]

清内府科技典籍的编刊成就及版本价值

The Compilation and Bibliographic Value of Science & Technology Books of the Qing-Dynasty Imperial Palace

李士娟

Li Shijuan

内容提要：

本文以清代内府编刊及缮写科技类书籍的内容和版本为主体，结合相关图书馆刊行版本的记载，辅以文献计量的方法，分析理清清代内府编刊科技典籍的特点、版本价值以及编刊成就，从中得出两个基本结论：其一，清朝虽然在科学技术方面落后于西方强国，但在某些领域也取得了令世界瞩目的科技成就；其二，内府编刊科技典籍充分体现出皇帝的旨意与文化施策，对我国近代科技文化的发展起到了促进作用，对今天我国科技发展史的研究也会有很大的帮助。

关键词：

清代　文化国策　内府编刊　科技典籍

ABSTRACT:

This article focuses on the content and editions of scientific and technological books edited and published by the Qing-dynasty (1644-1911) imperial palace. Combined with records of the editions published by the relevant libraries, and aided by the method of bibliometrics, the article analyzes and clarifies the characteristics, bibliographic value, and editorial accomplishment regarding these books, drawing two basic conclusions: firstly, although the Qing court lags behind in comparison with the Western powers in scientific and technological development, it did make significant achievements in some fields that attracted the world's attention; secondly, the imperially commissioned compilation and publication in this category demonstrated the emperor's will and cultural policy, contributing to China's modern scientific, technological, and cultural development, while facilitating contemporary research on the country's history of science and technology development.

KEYWORDS:

Qing dynasty, state cultural policy, palace edition, science & technology classics

清朝处在中国封建社会的末期，科学技术落后于西方国家。随着明末清初西方近代科学开始传入，我国在一些科技领域也已取得了令人瞩目的成就。清代科技典籍的编纂和刊刻与我国科技的发展有着密切的联系，值得审视和关注。这些书籍记载了我国当时在天文历法、数学、农学、中医和工程技术等领域的科技成就，许多农学和中医类成果被沿用至今，一直在发挥着它们的社会效用。清代科技典籍大多是官刻本即由内府编纂刊行。清代宫廷刻书主要是以武英殿为主，但就其范围来讲还包括了中央各部以及诗局等隶属内务府管辖的刻书机构，统称为清代内府刻书。内府编刊书籍直接体现出皇帝的旨意、施政与文化策略。本文拟从清代内府科技典籍的视角，探讨分析科技典籍包含的各个领域所取得的成就及其版本价值，以及清代文化施策对我国科技文化发展的促进作用。

一 清代科技典籍编刊的文化背景

清朝是由少数民族满洲贵族建立的王朝，入关后在大量吸收和继承明代各项政治制度的同时，还契合清朝统治者的旨意，形成了具有浓郁清朝特色的政治文化与制度。

（一）帝王敷治，文教是先

在制定文化政策上，清朝统治者一方面承袭前代尊孔崇儒，另一方面加快促进各民族融合，以此来稳定局势。他们吸取中国历代汉族统治者“帝王敷治，文教是先”的经验，强调满汉一体，广泛接受汉文化。在稳定政局和发展生产的同时，积极发展文教事业，以形成国家标准统一的语言体系。然后通过刊刻典籍，汇集大量的国家文化精华，促进各民族的相互学习，同时也增进明末清初中外科技的交流与发展。

清朝初期皇帝稽古右文，重视文化事业，不遗余力地搜罗古籍，组织儒臣纂修书籍，大力发展和充实宫廷藏书。纵观康、雍、乾三朝，康熙时期武英殿修书处在初创阶段，各方面尚未完备，到雍正时期已进入成熟阶段，至乾隆时期达到鼎盛，在写刻、刷印和书籍装潢上都达到了很高的水平。

康熙时期清中央集权统治已基本确立，国内反清复明浪潮被平息，康熙帝便开始注重文化教育建设，注重文治。为此，他在宫内设立修书处并开设多个修书专馆，组织满汉儒臣校注、翻译古籍，编纂新书，并通过书籍编刻、书院建设等手段，汲取中国传统文化资源的精华，推动各民族之间的文化融合。

雍正帝秉承康熙帝所倡导的“稽古右文，崇儒兴学”的文化策略，完善并加强清内府典籍编纂刊刻的管理制度。

到了乾隆时期，乾隆帝更是组织实施了多项大型书籍编纂的工程。乾隆三十七年正月初四，乾隆谕令征集图书，昭告天下：“朕稽古右文，聿资治理，几余典学，日有孜孜。……是以御极之初，即诏中外搜访遗书，并命儒臣校刊《十三经》《二十一史》，遍布黉宫，嘉惠后学；复开馆纂修《纲目三编》《通鉴辑览》及《三通》诸书。凡艺林承学之士，所当户诵家弦者，既已荟萃略备。第念读书，固在得其要领，而多识前言往行，以蓄其德，惟搜罗益广则研讨愈精。今内府藏书，插架不为不富，然古今来著作之手，无虑数千百家，或逸在名山，未登柱史，正宜及时采集，汇送京师，以彰稽古右文之盛。其令直省督抚会同学政等，通饬所属，加意购访。”[1]可见，乾隆帝对典籍版本溯源、采集、编纂工程极为重视。

随着清代皇权不断强化，帝王对书籍编纂的干预也逐渐加大，清代“钦定”书籍的数量居中国历代之首，而以康、雍、乾三朝为最。从注重整理古籍开始，到不断纂修新书，清代官修书籍的权威性和表率作用都得到了充分的体现，特别是那些总汇性巨著的编刊面世，它们在推动各类学术发展的同时，还引领清代典籍文化迈向更高的标准。

（二）满文的创制与清廷翻译机构的设置

在努尔哈赤之前，满族与蒙古族交往甚密，曾一度借用蒙文。明万历二十七年（1599）二月，努尔哈赤命额尔德尼、噶盖以蒙文字母为基础创制满文。满文的产生促进了满族文化的繁荣和民族进步。清朝定鼎北京后曾特别设立了内翻书房，处理翻译事务（即满、汉文字的互译），最初归内阁与翰林院分任，至乾隆二十三年（1758），翰林院掌院学士介福奏准“翻译清文，由满学士译就草底，交翻书房改正”[2]。除满文翻译本外，还有满、汉文合璧本或满、蒙、藏、维多文体合璧本。多种文字互译推动了多种民族文字典籍的刊刻，促进了各民族之间的文化交流。

翻译机构的设置为清朝贵族打开了汉族历史悠久、蕴藏丰富的思想文化宝库之门。不少儒家经典和典章制度成为清朝贵族开国创业、治国理政的理论基础和制定方针政策的依据。同时，多语种的翻译也开启了科技典籍的翻译编刊的官方渠道，架起了与海内外文化沟通的桥梁。

二　清代内府科技典籍的四部分类及其编刊成就

自康熙初年武英殿修书处成立起，清代宫廷刻书事业得到了迅猛的发展。据《大清会典》记载：“武英殿修书处初为武英殿造办处，康熙十九年（1680）奉旨武英殿设造办处……雍正七年（1729）奏准铸给武英殿修书处图记，改为修书处。”[3]

“武英殿修书处设总理王大臣，无定额。正监造员外郎一人、副监造副内管领一人、委署主事一人。库掌三人、委署掌库六人，掌监刊书籍，分别设有书作、印刷作。书作管理托裱等事，刷印作管理写样、刊刻、刷印、折配、齐订等事。有拜唐阿十九名，委署领催四名。另设匠役多名，为书匠、锉书匠、平书匠、界画匠、托裱匠等，共八十四名，分办各作之事。”[4]校对官吏、写刻工匠所有专业人员集于此。

皇帝特别指派总理王大臣督办武英殿修书处一切事务，并亲自参与其中。凡钦定、御制、敕撰诸书均由武英殿修书处校订刊行。遇到刊刻书籍量太多的情况，还会酌情发到苏州、扬州等地刊刻。清代内府编刊书籍的最大特点，就是在皇帝直接领导下进行，每一道相关的圣训和谕旨皆体现出皇帝的思想和价值取向，科

1　中国第一历史档案馆编：《纂修四库全书档案》，上海古籍出版社，1997 年，第 1 页。
2　朱珪等：《皇朝词林典故》卷二三，清嘉庆十年武英殿刻本，第 19 页。
3　清张廷玉等纂：《钦定大清会典事例・嘉庆朝》卷八八六《内务府二・官制》，养心殿造办处条。
4　清昆冈等纂：《钦定大清会典・光绪朝》卷九八，内务府武英殿修书处条，清光绪二十五年石印本，故宫藏。

技典籍的刊刻同样也与帝王的教育思想、理念密切相关。以下依中国古籍四部分类即经、史、子、集分类列序，考证分析清代内府编纂刊刻科技典籍的情况及其成就。科技典籍主要集中在史部和子部两个部类中。

（一）史部

史部主要收地理总志、方志、山水志、专志、舆图等编修刊刻的典籍。

关于地方志典籍是否属于科技典籍，学界一直有争议。近些年越来越多的研究人员论证了地方志中蕴含的科技含量，因此更多的学者把其归入科技典籍里去研究。

1. 方志

地方志是以文字形式记载某一地方行政区域的政治、经济、文化、社会、地理、自然等历史状况的综合性书籍，内容丰富、客观翔实，是研究历史、地理及科研的重要资料。清代是中国方志发展的鼎盛时期，也是我国方志学形成的重要时期。以故宫博物院图书馆收藏为例，地方志1600多部、15000多册，多为清代康熙、乾隆、嘉庆三朝三次全国大规模的修志，包括各地修的省志、府志、州志和县志，收藏完备、系统。可分为总志、方舆志（主要记载中国疆域变化，如《钦定皇舆西域图志四十八卷》一统志）和方志。清廷纂修全国性一统志有严格的制度和完备的体系，大约50年修一次。地方史志中，有地理、户籍、农田、赋税、物产、名胜、遗址、风俗、人物、艺文等多方面的资料，为了解和研究各地区各个方面（包括科技）的历史情况提供了珍贵的信息，故一向被视为重要文化遗产的宝库。

2. 舆图

舆图作为方志文献的重要组成部分，受到清统治者的重视，清代舆图测绘成就卓著。最突出的是清代康熙年间由政府组织测绘的大型全国地图《皇舆全览图》。康熙帝在《圣祖仁皇帝庭训格言》（简称《庭训格言》）中曰："中华城池地里图样，虽载于直省志书，但取其大概，而地里之远近俱不得其准。朕以治历之法，按天上之度以准地里之远近，故毫无差忒。"[1]关于地图测量，曰："曾分道遣人尽山川城郭而量其形势。南至沔国，北至俄罗斯，东至海滨，西至冈底斯，俱入度内，名为《皇舆全图》，又命善于丹青者精心绘出刊刻成图。"[2]清代舆图的刊刻之所以领先世界，其主要原因是康熙皇帝十分重视地图的作用，无论在军事、政治、治河、出巡等方面，他都以地图作为重要的参考工具。为测绘全国舆图，他做了长期、充分的准备，组织了包括皇子在内的中外测绘人员，并以当时的先进技术进行测量，取得了大量准确的数据，从而保证了《皇舆全览图》绘制的精确性。在18世纪初叶进行全国范围如此大面积的实地测绘，这在中国是首次，在亚洲也是一个创举。舆图作为一个国家领土主权的象征和凭证，历朝统治者都十分重视。康熙帝主持绘制的《皇舆全览图》，"不仅在技术上改变了过去中国历史上传统的方格绘图法，奠定了我国用经纬度绘制地图的基础，从而增加了地图的科技含量，使之成为清代以后各朝绘制地图的蓝本"[3]。《皇舆全览图》不仅是中国地理学、测绘学的杰作，也是对世界地理学做出的一大贡献。就全国性大地测量而言，中国走在了世界

1 （清）永瑢、纪昀等：《圣祖仁皇帝庭训格言》，台湾"商务印书馆"影印文渊阁四库全书本，1986 年，第 717 册，第 643 页。

2 同上。

3 邹爱莲：《中国档案报》2002 年 3 月 22 日第 1 版。

各国的前列。

还有极具代表性的舆图：《皇舆全图》清乾隆二十五年（1760）内府铜版初印本，105册；《皇舆十排全图》，清雍正年间内府刻本。《皇舆十排全图》北起北冰洋、南抵海南岛、东南至台湾、西抵黑海。共分十排，每排纬度八，以北京为本初子午线。图上的地名标注注记，比康熙《皇舆全览图》增多三分之一。

《钦定皇舆西域图志四十八卷首四卷》，（清）刘统勋等初纂，傅恒等修，福隆安等续修，清乾隆四十七年（1782）武英殿刻本，28册。该书是一部研究中国汉代至清代前期关于新疆地区的很重要的历史地理文献。《四库全书总目》评价其“足以补前朝舆记之遗，而正历代史书之误”[1]。

这些舆图绘制精美，刻工细致，设色清晰，为木刻舆图之上。康、雍、乾三朝舆图绘制的内容也在不断地完善，其先进的科学技术运用及补遗历史皆可圈可点，是后人研究中国历史地理不可或缺的材料。

除此之外，故宫还藏有极具清代宫廷皇家特色的建筑图样、烫样。（一般图书馆收藏建筑图档有两种著录方式：一是编入舆图目录，二是因循传统的图类收藏体例归入档案类）清代样房隶属内务府，所出图样、烫样、折单、簿册等图文档案与建筑图样共收藏2000多张，主要是清代内务府营造司样房“样式雷”家族承办内廷工程所勘察设计的图样及烫样。“样式雷”家族第一代雷发达康熙年间进京参加清廷宫禁营建。之后，他的子孙后代一直长期执掌内务府营造司“样式房”，传承两百多年，担纲皇家建筑（包括宫殿、园林、陵寝等）的设计建造。“样式雷”建筑世家以其高超的建筑设计展现了中国古代建筑的伟大成就，真实地记录了清代皇家建筑的建造过程，遗存了众多建筑杰作。2007年，中国清代“样式雷”建筑图档入列联合国教科文组织《世界记忆名录》。

“样式雷”图样种类有平面图的地盘样，有立面图样，有展示结构的大木立样等。这些图样为我们了解、整理、鉴定清代建筑样式乃至运用于今天的现代建筑工程设计，提供了珍贵的古文献资料。尤其是“样式雷”有关施工进程的图像记录，为现代工程管理留下了宝贵的经验。

3. 规章类

清代，凡全国土木、水利及机器制造、矿冶、纺织等官办事业，兼及部分铸币等工程都由工部管理。《工程做法七十四卷》《乘舆仪仗做法二卷》《九卿议定物料价值四卷》等典籍都是了解和研究清代工程建筑规制及其工程技术方面的重要资料。

《工程做法七十四卷附简明做法册一卷》清允礼等纂修，乾隆元年（1736）武英殿刻本，24册。《工程做法》是工部关于营建京师内外工程方面的具体规定。据《国朝宫史》载：“雍正九年，工部奏请会同内务府详定工程做法及物料价值，编纂条例进呈，钦定成书，以昭遵守。工程做法凡七十四卷、内廷工程做法凡八卷、简明做法一册，物料价值凡四卷，俱校刊颁行。续经工部酌定平价，并将未经定拟各项为物料价值四卷，恭呈钦定，乾隆元年校刊颁行。”[2]全书包括简明做法、工程做法、内廷工程做法及物料价值等四种。《简明做法》亦称《工部简明做法册》，主要是京城以外的修造河道、桥闸、堤坝等项工程应行造报的各种规定，包括修建房屋、城垣等工程的规定。《工程做法》是关于各作从事各种活计的具体做法、用料、用工

1 （清）纪昀总纂：《四库全书总目提要》，石家庄，河北人民出版社，2000 年 3 月，第 1842 页。

2 （清）鄂尔泰、张廷玉编：《国朝宫史》上册，北京古籍出版社，1994 年，第 552 页。

的规定。《内廷工程做法》是京城以内各种土木工程的具体规定，按作分类，各类又依做法、用料、计工以及物料价格、工价等项规定。《物料价值》开列两千多种物品名称、价格等。

此书仅存《工程做法》和《简明做法》两种。卷前冠有雍正十二年三月初六日果亲王允礼等奏疏等。该书对于查考清代各项土木工程技术、器物名称、各种构件之间的关系以及物料名称、规格、价值等，都是十分重要的史料，对于今天科学地维修古建筑、采用传统技术或复制某些建筑构件等，均有较大的参考价值。

中国历史上河患频发，兴修水利事关国计民生，一向为历朝所重视，设专门机构主管水利。《南河成案五十四卷总目一卷上谕二卷御制诗文二卷》（清）工部纂修，清乾隆年间工部刻本，32册。此书是研究清朝一百多年间全国水患和治理黄、淮、运等项水利工程的重要史料。

（二）子部

子部主要收入农家类、医家类、天文算法类、术数类等典籍。

1. 农家类

《钦定授时通考七十八卷》，清鄂尔泰等撰，清乾隆七年（1742）武英殿刻本嘉庆十三年（1808）增刻本，24册。该书是清代官方编撰的综合性农业书籍。卷前有乾隆七年御制度授时通考序，乾隆二年敕编《授时通考》上谕；嘉庆十三年增刻《授时通考》上谕、凡例等。

“授时通考”取统治者“敬授民时”之意，目的在于指导农业生产。《授时通考》是辑录中国历史上流传下来的众多农业资料，并主要删纂元王桢《农书》及明徐光启《农政全书》的分类汇编，书中配有插图，乾隆七年（1742）刊行，嘉庆十三年（1808）敕命补刻。《四库全书总目提要》称：“我皇上御极之次年，即深维尧典授时之义，虞廷命稷之心，特诏删纂诸书，编为此帙。准今酌古，务其于实用有裨。又详考旧章，胪陈政典，不仅以自生自息听之闾阎，尤见轸念民依之至意，非徒农家言矣。”[1]全书分为天时、土宜、谷种、功作、劝课、蓄聚、农余、桑蚕八门，结构体系完整，引征具体周详，其涉及范围之广、内容之丰富前所未见。《授时通考》堪称是一部中国古代农学的百科全书，此书不仅对清代当时农、林、牧、副、渔各业的生产发展起到了指导和促进作用，而且对国内外农业生产和农业科学的研究也都具有深远的意义。

《钦定授衣广训二卷》，清董诰等奉敕撰，清嘉庆十三年（1808）武英殿刻本，2册。卷前有嘉庆十三年九月上谕，圣祖仁皇帝《圣制木棉赋并序》等，卷末有乾隆三十年方观承进《棉花图》原奏、跋及庆桂、董诰等六人跋文。

该书记载清代前期棉花种植业及棉纺织手工业情况，是我国现存最早的一部记录棉花栽培及加工技术的著作。清乾隆三十年，直隶总督方观承主持绘制的图谱，共十六幅，名曰《棉花图》。包括从植棉、纺织到织染成布料整个棉花生产加工过程。图目为：布种、灌溉、耘畦、摘尖、采棉、拣晒、收贩、轧核、弹花、拘节、纺线、挽经、布浆、上机、织布、练染，描述了从种棉到成衣的全过程。每图皆由左右两半幅组成。

1 （清）纪昀总纂：《四库全书总目提要》，河北人民出版社，2000年，第2587页。

每图皆附方观承的解说，文字说明，言简意赅。并附有乾隆皇帝和方观承的七言诗各一首。嘉庆十三年仁宗颙琰敕命董诰等在方观承《棉花图》的基础上编定是书，名曰《授衣广训》。其主要内容与《棉花图》相同，并收入康熙帝《木棉赋》及乾隆帝、嘉庆帝有关棉花、衣被的七言题诗。该书是研究我国植棉史、棉纺织业史及棉作栽培技术的重要资料。

2. 医家类

清代医事制度多沿袭明朝旧制。顺治元年（1644）设太医院为独立的中央医事机构，从事为帝后及宫内人员诊视疾病、配制药物等一切医药事务。太医院汇集了大量优秀的医学人才，在清帝的参与下编刊了大量医学书籍。

对医学最热衷的清代皇帝非康熙帝莫属，他在《庭训格言》中曰："医药之系于人也大矣。古人立方各有定见，必先洞察病源，方可对症施治。近世之人，多有自称家传妙方，可治某病。病家草率遂求而服之，往往药不对症，以致误事不小。"[1]他推崇古人的诊治，要以古人为本，不可草率用药，并亲自参研医学。由于康熙帝对医学重视，清代康熙时期内府就开始了《钦定古今图书集成》的编纂。

《钦定古今图书集成一万卷目录四十卷考证二十四卷》，清陈梦雷奉敕辑，蒋廷锡等奉敕校勘重编，清雍正四年（1726）内府铜活字印本，5020册。

卷前有雍正四年御制序。康熙三十九年（1700）陈梦雷开始编辑，四十五年（1705）初稿告成，又经整理缮录，五十五年（1715）进呈全书，康熙帝赐名《古今图书集成》，雍正即位，敕蒋廷锡继续编校、刷印此书，雍正四年全书告成，雍正帝亲自为之作序。此书为我国现存规模最大，体例最善，用处也最为广泛的一部类书。全书分为六编三十二典。六汇编为历象、方舆、明伦、博物、理学、经济。"医部"收录在博物汇编中。

《钦定古今图书集成》按类编排，收录材料极为丰富，多为整段、整篇或整部著作收入书内，因此，大量的宋、元、明古籍，竟借此得到保存与流传。医部典籍包括医经注释、诊断、各科疾病的理论与临床经验，以及有关医学的艺文、记事和名医列传等，集古代中医药文献之大成。医部典籍所征引的历代重要医籍约120 种，医学文献记述详明，各科症治有论有方，引证材料均一一注明出处，书目标引清晰，便于查对原书。此外，在其他汇编、典、部、卷中也收录有大量与医学相关的内容，引用文献达520种，包括医学基础、卫生防疫、气功、养生等，征引广泛，弥足珍贵。从版本的价值来看，《钦定古今图书集成》是我国古代以铜活字刷印的最大一部书。铜字镌刻工整，刷印清晰，所附各图均为木刻版画。具有很高的艺术价值，在我国印刷史上占有重要地位。

康熙帝对待传统医药包括中医药、民族医药以及传教士带来的西药都是采取吸收兼容并蓄的态度。《庭训格言》曰："国初人多畏出痘，至朕得种痘方，诸子女及尔等子女，皆以种痘得无恙。今边外四十九旗及喀尔喀诸藩，俱命种痘，凡所种皆得善愈。尝记初种时，老年人尚以为怪，朕坚意为之，遂全此千万人之生者，岂偶然耶？"[2]他传旨白晋讲述西方药学知识。也由此翻译了《西洋药书》，满文译本，康熙年间内府抄满

1 （清）永瑢、纪昀等：《圣祖仁皇帝庭训格言》，台湾"商务印书馆"影印文渊阁四库全书本，1986 年，第 717 册，第 655 页。

2 （清）永瑢、纪昀等：《圣祖仁皇帝庭训格言》，台湾"商务印书馆"影印文渊阁四库全书本，1986 年，第 717 册，第 625 页。

文袖珍本，4 册 2 函。作者是法国传教士白晋、张诚。《西洋药书》是白晋和张诚二人在宫中讲授西药讲稿20余篇的基础上汇编而成。该书介绍了西方当时流行的药品40 余种，分析论述了瘟疫、痢疾、水痘等30多种病的症状、病因、病理以及医疗护理与药方临床使用方法等。遗憾的是该书当时并未得到及时的刊刻与传播。

乾隆时期编刊《御纂医宗金鉴》90 卷，吴谦等撰，乾隆七年（1742）武英殿刊刻。本书为大型医学全书，将中国传统医学的基本理论和临床经验加以整理和总结，内容丰富，取材全面，论证翔实，编纂精细，选用底本尚佳，共收有 15 种，代表了当时医学著作的最高标准。本书作为医学教材自乾隆时期一直沿用到清末。

乾隆年间编修的《四库全书》，子部医家类共收医书 96 种。

另外，《钦定武英殿聚珍版书一百三十八种二千四百十六卷》，清高宗弘历敕辑，清乾隆三十八年（1773）至嘉庆八年（1803）武英殿聚珍版印本，1348册。此书是我国现存规模最大的一部木活字印本。乾隆三十八年五月，高宗弘历命儒臣校辑《永乐大典》中的散简零篇和世所罕见的宋元善本，录目三百八十五种呈览并镌版通行。所辑诸书皆系汉唐以来稀见的名家撰著的经史子集各类。《武英殿聚珍版书》是清内府继康雍之际铜活字印本的大型类书《古今图书集成》之后，以木活字摆印而成的又一种大型丛书，在清内府整理保存善本古籍工作中具有重要地位，也是清代内府组织辑佚、考订善本和学术研究的重要成果之一。《武英殿聚珍版书》收医书《苏沈内翰良方》和《钱氏小儿药证直诀》2种。

清代内务府编刊的医药典籍大多集中在综合性大型类书、丛书中。随着西方医药医学开始传入中国，传统医学在受到西医冲击的同时也加快了自身发展的步伐，古代医籍的编纂刊刻顺应当时社会的需求，形成了医学典籍多元化、经典化的特点。

3. 天文算法类

中国传统天文学是历来受统治者重视的国家垄断性学科。清顺治元年（1644）沿明制而设钦天监，专门从事观测天文气象、编制历书。据《光绪会典事例》卷七十七记载，钦天监“掌测侯推步之政令，以协天纪，以受人时。凡观象占验，选择时候之事，皆掌之”。其主要职掌就有编制时宪书。每年二月初一日，将次年时宪书送皇帝阅后翻译刊印，有时宪书和七政时宪书两种。时宪书又有御览本和颁行本。御览本缮写满汉文二种，颁行本（印刷本）有满、蒙、汉文三种。十一月将御览本和印刷本进呈皇帝，并将印刷本颁发各衙门。乾隆朝以后，因避弘历讳，故将常用的时宪历的“历”字更改为“书”字。以后便通称为“时宪书”。

大清时宪书从大清顺治元年（1644）《七政经纬躔度时宪书一卷》（清钦天监编）开始，一直延续到清末。时宪历是我国历法几经改革后较为科学且近于完善的一种历法，有清一代基本上应用西洋新法推算历书。历法的进步对于清代科学技术和经济的发展，都起着积极的推动作用。故宫图书馆收藏钦天监编的清代历年《大清历年时宪书》，从清顺治元年（1644）一直延续到清宣统三年（1911）。收藏完整系统。

其次是《西洋新法历书二十九种》编修，明徐光启等修，明崇祯年刻本，清顺治二年（1645）钦天监补刻本，103册。此书是我国第一部引进西方天文学理论编著的历书。《西洋新法历书》据《崇祯历书》编成，书表重加组合增删，清顺治二年（1645）汤若望捐资剞劂修补进呈之本，基本上就是《崇祯历书》原本。汤若望所著《历法西传》《新法历引》《新法表异》各一卷，亦附刻以行。此书的编译标志着欧洲天文学理论已被我国吸取和利用。

《钦定仪象考成三十卷首二卷》，清允禄、戴进贤等奉敕修纂，清乾隆二十一年（1756）武英殿刻本，清乾隆九年，适逢甲子，经钦天监奏请，敕准重新测纂星表。此书纂修完成送武英殿刊印时，适值制造十年之久的大型天文仪器“玑衡抚辰仪”竣工，故特旨在卷首增加二卷。

另外，《钦定古今图书集成》历象汇编里也有包括天文方面的内容。

巨著《御制数理精蕴五十三卷》的编撰是我国数学发展史上的一个重要标志。康熙皇帝酷爱数学，他曾对众皇子说：“尔等惟知朕算术之精，却不知我学算之故。朕幼时，钦天监汉官与西洋人不睦，互相参劾，几至大辟。杨光先、汤若望于午门外九卿前当面睹测日影，奈九卿中无一知其法者。朕思，己不知，焉能断人之是非？因自愤而学焉。”[1]康熙帝在谕“三角形推算法论”中说：“孟子曰：‘规矩方圆之至，圣人人伦之至。’益见规矩方圆，乃数学之根本，太极两仪之变化也。三代以上，人心尚实，有学必精，所以考定日月之盈缩，七政之参差，鸟兽草木之应候，又以闰月定四时。庶绩咸熙者，岂偶然哉！”[2]康熙帝深谙数学的重要性，并亲自主持编纂《数理精蕴》。

《御制数理精蕴五十三卷》，清允祉、允禄、梅瑴成等撰，清康熙年间内府铜活字印本，53册。此书汇集了自1690年以后传入中国的西方数学知识，并吸收了当时中国数学家的一些研究成果，荟萃了中西数学的精华，堪称清代的一部数学百科全书。附表四种八卷，包括素因数表、对数表、三角函数表、三角函数对数表，同时还介绍了西方计算尺，这是我国最早关于计算尺的介绍。此书有很高的学术价值，并以御制的名义颁行全国，因此流行很广，影响很大。《数理精蕴》的编撰为我国后来的数学发展奠定了坚实的基础。

汉译、满译《几何原本》也是我国近代学术史和中西科技文化交流史上的一项重大成果，在中国科学技术史上占有重要地位。《几何原本七卷》，希腊人欧几里得著，法国人张诚、白晋编译，清康熙年间内府满文精写本。这是传世的唯一一部独用满文编译的西洋数学专著。

《御制律历渊源一百卷》，清允祉、允禄等撰，清雍正二年（1724）内府刻本，74册。康熙时期中国传统的数学著述大都散见于各种文集中，查阅不便。而西方数学知识又是明末利玛窦以后才陆续传进来的，翻译刊刻的数量很少，难以流传推广。康熙帝担心某些数学知识失传，随于清康熙五十二年（1713）指授亲王率同臣工于大内蒙养斋组织全国天文数学方面专家，集体编纂了一部我国科技史上具有很高价值的天文数学乐理丛书《律历渊源》。此书分为三部分：一为《历象考成》四十二卷，天文历法书，德国人戴进贤参加编纂；二为《数理精蕴》五十三卷，数学书，由梅瑴成主编；三为《律吕正义》五卷，康熙帝敕撰的音乐著作。此书不仅系统而又有条理地收集、编排了明末清初传入我国的西洋数学、几何学、天文学和声律学知识，也汇集了中国传统的历算及声乐精华，是一部反映当时中国在这些领域最高水平的科学巨著。此书刊行之后广为流传，对中西文化交流和融会贯通产生了巨大的影响。

4. 术数类

《御定星历考原六卷》，清李光地等撰，清康熙五十二年（1713）内府铜活字印本，2册。古来有所谓神煞之说，汉代已经盛行，吉神当值之时办事顺遂，煞神当道则百事不顺，凡出门、动土、买卖、婚媾等都

1 （清）永瑢、纪昀等：《圣祖仁皇帝庭训格言》，台湾“商务印书馆”影印文渊阁四库全书本，1986年，第717册，第650页。

2 （清）玄烨：《清圣祖御制文三集》卷一九，清康熙五十年内府刻本，第6页。

有固定的适宜或不适宜的日子。此书主要列出阴、阳、宜、忌的日时，为人们日常参考利用。此书对研究中国古代术数、星象之学具有参考价值。

《钦定协纪辨方书》，清允禄等纂，清乾隆六年（1741）武英殿刻本，15册。此书从阴阳五行、风水、星相、命理等诸方面考察、研究并归纳整理出一套选择日辰的办法，成为古人选择黄道吉日的规范。此书是用来择时(协纪)选向(辨方)的，力图通过选择时间和空间来与天地相和谐，进而实现趋吉避凶的目的。

《钦定修造吉方立成一卷》，清敬徵、海兴阿等编，清道光十年（1830）武英殿写刻本，1册。此书为工程建造选址用书。清嘉庆二十四年（1819）谕旨："各处应修工程均今钦派勘估大臣领钦天监官，前往相度方向应否修造奏明分别办理惟是钦天监官员本属无多。"[1]故刊印此书。

5. 谱录类

《佩文斋广群芳谱一百卷》，清汪灏等奉敕撰，清康熙四十七年（1708）内府刻本，32册。清康熙四十七年，汪灏奉敕根据明代王象晋《群芳谱》扩充、删改而成。此书内容包括天时谱、谷谱、桑麻谱、蔬谱、茶谱、花谱、果谱、木谱、竹谱、卉谱、乐谱。书中详述每种植物的形态、栽培、利用、典故和艺文。其资料搜集广博，凡殊方绝域之产以及古所未闻者一一详载，原《群芳谱》内容只存十分之一二，其他十分之八九的内容全是新增入，堪称是一部清代植物谱志的全书。

《西清古鉴四十卷附钱录十六卷》，清梁诗正、蒋溥等编，清乾隆二十年（1755）武英殿刻本，42册。卷前有乾隆十四年上谕。

此书是一部著录清代宫廷所藏古代青铜器的大型谱录，收录清宫藏古代青铜器1529件。每器均有摹图、款识等。附《钱录》十六卷，著录历代货币。考证虽兼取欧阳修等众家之说，但远超诸家之所能及，此书还修正了历代著家之谬误，解释疑难，补充遗漏。从内容、画工、书法到款识及刊制，此书都代表了当时国家成书的最高水准。

综上所述，从清宫设立武英殿修书处开始，清代内务府主持编刊的科技类典籍一直在日积月累地增多，并取得了巨大的刊刻成就。这主要得益于清初诸帝对科技文化的重视、倡导以及直接参与。毫无疑问，这些科技典籍对中国近代科技发展以及中国科技史研究，都是不可或缺的文献资料。它记录和汇集了我国古代和西方近代科技发展的知识成果，在当今国家倡导科技兴国的21世纪，总结发掘这些科技知识成果，必将带动新时代学科技、用科技的热潮，为实现中华民族伟大复兴做出新的贡献。

三　故宫存藏科技典籍的版本价值

（一）清代科技典籍收藏完整系统

笔者查阅由中华书局、上海古籍出版社出版的《中国古籍总目》，现存 1912 年以前出版的古籍约为 20 万种。其中与科技相关的典籍主要分布于如下几个类属：史部地理类总志之属、政书类考工之属以及水利之

1 （清）敬徵：《钦定修造吉方立成一卷》，卷前嘉庆二十四年上谕，清道光十年武英殿写刻本。

属，子部农家类、谱录类花木鸟兽之属、医家类和天文算法类。目前存世的古代科技典籍约有1.2万种。自顺治以迄宣统的267年间，据清内府编修、刻印书籍《清内府刻书目录解题》的统计，“清代官修数量达1300余种”。1933年故宫博物院排印的《故宫殿本书库现存目三卷》列目录：子部农家类2种，医家类1种，天文算法类12种，术数类2种，谱录类3种。

1995年由紫禁城出版社出版的《清代内府刻书解题》，故宫图书馆与辽宁图书馆两馆合著，经统计目录：史部，时令类1种，地理类28种，子部农家类2种、医家类1种，兵家类1种，天文算法类19种，谱录类2种，术数类17种。以上统计数字并未包含少数民族文字典籍以及清内府编辑的抄写本。近年笔者因工作原因又专门做了统计，故宫图书馆收藏的科技典籍种数实际上远大于此数。仅刊本据不完全统计，殿本中科技类书籍400余种，时宪书360余种，各种舆图近20种，满蒙文时宪书170余种。建筑图样2000多件，这些纸质图样未装订成册。有一部分建筑图档已装订成册，如《木作油作瓦作做法册》《太和门等处装修说明》《大木小式做法》等。经查阅，由中国古籍善本书目编辑委员会编的《中国古籍善本书目》一书中，上述各种清内府编纂刊刻典籍包括孤本在内的收藏单位不多。故宫图书馆收藏数量多，主要因为故宫是武英殿刻书所在地，大量刊印出来的书籍留存在了宫中。

故宫图书馆是目前我国收藏内府书籍最多的地方。多年来图书馆一直在做系统性的整理研究，据笔者不完全统计，收藏科技类古籍1000多种，还有不包含在统计之内的建筑图样2000多幅，清代内府编刊科技典籍收藏完整、系统、全面。收藏的科技类古籍涵盖了大部分科技典籍的分类学科。作为最高权威的编刊机构，清代内府武英殿修书处编纂刊刻的科技典籍具有宫廷独特性、书源多元性和学术导向性的“三性”特征。

（二）清内府编刊书籍版本精良，校勘严谨，具有很高的文献研究价值

清康熙时期社会经济发达、文化繁荣，科技成果丰富，一个重要标志就是代表一个时代文化最高成就的清内府本的大量问世，其优秀代表作就是武英殿刻本和内府精抄本。由于皇家典籍的制作投入了较之民间巨大的财力，编纂者更是集全国鸿儒之最，方方面面顶尖人才集聚一堂，因此编写制作出了大量在校刊上极为精致，用料上不惜工本，装帧、装饰华贵且形式多样的精致版典籍，充分显示出皇家雍容的气派。每一部精品典籍的出世与皇帝本人的艺术修养以及宫廷强大的经济基础密不可分。刊刻雕版书籍之细致、刻工技艺之精湛、抄本书缮写字体之遒劲、书籍装帧装潢之华丽精美，是民间所出版本无法媲美的，彰显出宫廷典籍版本的特色和文化特征。

20世纪90年代原国家图书馆馆长任继愈先生主编的《中国科学技术典籍通汇》丛书，是迄今为止我国科技典籍系统整理出版的最大最全的书籍。该书按现代学科分类，分为数学、天文、物理、化学、地理、生物、农学、医学、技术、综合以及索引，共计11卷。这是第一次在浩如烟海的中国古代文献中对科技典籍做的全面、系统的挖掘整理。该书选用善本影印出版，所选版本包括原稿本、手抄本、木刻本、活字本、石印本、影印本等。笔者查阅目录时发现该书所收清代内府刻书较少，版本所采用的亦不是清内府本。比如，数学卷：《几何原本》，影印的是同治年间刻本。天文卷：《西洋新法历书》取用北京大学与上海图书馆藏清顺治康熙版的配本。化学卷：《墨法集要》是武英殿聚珍版书本，清乾隆三十八至五十九年武英殿聚珍版印

本。清雍正四年内府铜活字本《钦定古今图书集成》要逊色一些，铜活字刊刻书籍的抄本，其缮写更为精细，等等。但需要说明一点，任继愈先生90年代编辑该丛书，筛选了500余部，这是在当时全国各馆还没有完全整理出科技典籍的背景之下。随着时间的推移，全国各馆都在紧锣密鼓地加快古籍整理出版工作进程，相信今后会有越来越多如同清内府刻书那样更好的版本被发掘整理出版，涌现出更多具有版本研究价值的出版文献。

（三）内府科技缮写本的特殊价值

在此不得不提到的是清内府在编纂刊刻典籍外还缮写了一些科技类典籍，这些典籍相比刊印本少而精，更显弥足珍贵。

清内府精写的缮抄本，共计230多种。这些内府精写本及进呈的抄本，如天文类的《大清乾隆元年至六十三年中星更录》，清乾隆年间内府抄本。数学类的《借根方算法六卷借根方算法节要二卷》，清康熙年间内府精写本；《对数广运一卷》，清康熙年间内府精写本；《对数精蕴一卷对数阐微一卷》，清康熙年间内府精写本。医学类的《本草纲目五十二卷首一卷》106册，明李时珍撰，清道光年间内府朱格抄大字本；《本草品汇精要四十首一卷》14册，明刘文泰等撰，清康熙年间朱墨抄进呈本；《增订本草备要四卷医方集解二卷》8册，清汪昂撰，清康熙年间太医院抄进呈本；《增订马经二十卷》（有图）6册，明俞彦撰，清乾隆年间内府抄本。凡此种种，不一而足。上述抄本医籍基本上都是单独的满文译本。具有代表性和实用性，诸多引进西方医药学知识的译书也非常独具特色。

《寿世保元》32册，满文抄本。原书为明代龚廷贤撰，康熙年译。该书是一部比较切合临床实用的参考书。内容包括中医脏腑、经络、诊断、脉象、运气、本草、治则、基础理论及临床各科。《王叔和脉诀》4册，康熙年间译，满文抄本。主要是以通俗歌诀形式阐述脉理，便于背诵，故影响较大，是一部中医脉学专书。《西洋药书》4册，康熙年间译。书中介绍了金鸡纳霜等40余种西洋医药及其使用方法。

清代最宏大的抄写本是乾隆朝编纂的《四库全书》，分为经、史、子、集四部，其中子部主要收入农家类、医家类、天文算法类、术数类的著作，其他学科方面的科技书籍收入甚少。

清代内府编刊书籍素以校勘精审、刻印技艺精湛、装帧装饰考究著称。尤其以殿本书为主体的清代内府刻书，其鲜明浓厚的皇宫特色更可谓独树一帜。更为难得的是清内府恭楷缮录的精写、精抄典籍，字体精致，工整娟秀，纸墨灿然，堪称抄本中的佳品。这些书籍很多只存世一种，即为孤本。这些缮写本无论从书籍内容到缮写和装潢都是其他版本所无法比拟的。中医古籍中记载着大量前人留存下来的治疗经验和中医理论知识，非一般性历史文献，至今仍然对中医理论与临床研究起着重要的指导作用，具有其学术研究价值和临床实用价值。努力发掘传承清晰、版本最佳的科技典籍不仅是为了准确认识科技成果，研究鉴别历史，更重要的是为了创新科技服务当代，促进科技文化的全面发展，造福于人类。

四 结 语

典籍为人类宝贵的文化遗产，从不同的侧面记载了各个历史时期人类的社会活动、社会关系、意识形态以及利用自然、改造自然的过程。清代内府科技典籍作为中华典籍的组成部分，具备了历史、科学、艺术的文物三性价值和宫廷独特性、书源多元性和学术导向性的三性典籍特征。在以皇权为核心的清朝政治制度下，皇帝个人的人文价值趣向以及对科技文化的重视直接影响社会经济发展，清内府编纂刊刻典籍的历史也间接印证了这一点。对清内府编刊的科技典籍进行考察整理，不仅有助于将清代与今天建立起一些有价值的科技历史联系，让这些典籍为现代社会服务，还将有助于进一步推动今天对科技典籍价值的学术性和系统性研究。

[作者单位：故宫博物院图书馆]

宋元时期德化窑瓷器的生产及外销

The Production and Overseas Trade of Dehua Kiln Porcelain in the Song and Yuan Dynasties

万钧

Wan Jun

内容提要：

德化窑是我国闽南地区最负盛名的民窑，位于今福建省中部的德化县。本文在以往研究的基础上，着重梳理宋元时期各项资料，旨在厘清德化窑制瓷的大致历史脉络，特别是德化窑的生产和外销状况，深化我们对宋元时期德化窑的了解。宋元时期，德化窑瓷器得到长足发展，完成了由青瓷向青白瓷、白瓷的转变，胎质坚细，品种丰富，纹饰繁多，为德化窑瓷器的外销打好了坚实的基础；国家政策的支持和鼓励，造船业的发达，指南针的运用，使德化窑瓷器的外销在政策和技术上得到了保障；泉州大商人参与德化瓷器销售，特别是皇室宗亲的涉足，为原本保守的德化瓷业提供了销售渠道和充足资金，使德化陶瓷工匠们按订单生产出了专门用于外销的军持、盒、小瓶、执壶、高足杯等充满异域风格的器物，一方面满足了使用国人民的生产和生活需要，另一方面也丰富了德化瓷器的品类和装饰，促进了德化窑的发展，德化窑进入第一个发展高峰。

关键词：

宋元时期　德化窑　青白瓷　白瓷　外销

ABSTRACT:

The Dehua kiln, located in Dehua County, central Fujian Province, is the most famous kiln in the Minnan region. Based on previous studies, this article focuses on sorting out various materials of the Song (960-1279) and Yuan (1271-1368) dynasties, aiming to clarify the general historical context of porcelain production in Dehua kilns, especially the manufacturing and export of these kilns, so as to deepen our understanding of the kilns of the two periods.The Dehua porcelain developed by leaps and bounds during this time, and completed the transformation from celadon to bluish white and white porcelain. The solid, smooth body, rich variety, and extensive patterns helped to lay a solid foundation for export. The support and encouragement of national policies, the development of shipbuilding industry, and the use of compass ensured the export trade in terms of policy and technology. The participation of large merchants in Quanzhou in the sales of Dehua porcelain, especially the involvement of members of the imperial clan, provided sales channels and sufficient funds for the originally conservative Dehua porcelain industry, encouraging the artisans to produce exotic objects exclusively for export, such as *kundikas*, boxes, small bottles, ewers, and stemmed cups. On the one hand, it met the people's production and living demands in the country where they were used, and on the other hand, it enriched the categories and decorations of Dehua porcelain, promoted the kilns' development, ushering them into the first florescence.

KEYWORDS:

Song and Yuan dynasties, Dehua kiln, bluish white porcelain, white porcelain, export

德化窑是我国闽南地区最负盛名的民窑，其位于今福建省中部的德化县。《德化县志·山川志》载："环德皆山也……俯瞰长流，曲折奔注。"德化县以山地为主，素有"闽中屋脊"之称的戴云山耸立中部，地势中部高，向四周下沉。森林资源丰富，为瓷器的烧造提供了充足的燃料。全境河网密布，以戴云山为中心向四散分流，流入晋江的有大溪、畲寮溪等，流入闽江的有浐溪、涌溪、丁溪、缨溪、蕉溪、梓溪、花桥溪、盖德溪、大云溪、石龙溪等，为瓷器的生产提供了廉价的动力。晋江是福建省南部的主要河流，从泉州晋江市入海；闽江是福建省最大河流，横跨福建全省，至福州市入海，为瓷器的国内外运输提供了便利的水运条件。最重要的是德化县矿藏丰富，与制瓷有关的高岭土、瓷石、紫砂矿、石英石、钾长石、钠长石、叶蜡石、石灰石、硅石和黏土等储量大，品质优，为瓷器的生产提供了易得的原料。得天独厚的自然条件为德化窑的生产和外销打下了坚实的基础。

据多次文物普查表明：德化古瓷窑分布广，全县18个乡镇202个自然村都发现了古瓷窑址，主要分布在浔中镇、三班镇、龙门滩镇、上涌乡、葛坑乡、桂阳乡等地。跨越时间长，数量多，商周时期1处，唐五代时期1处，宋元时期42处，明代30处，清代177处。过去几十年来，经过文物工作者的不断探索，使德化窑的历史发展脉络不断清晰，尽管还显得有些破碎和零散，但从根本上讲，德化窑是闽南地区具有巨大影响力的陶瓷窑口，在宋元时期，它的产品不但要满足福建、广东人民的日常生活需要，还要外销到日本、韩国及东南亚各国，更远可达非洲，对它的研究应该紧密结合闽南地区的地理位置、社会历史、经济环境、人文风尚，充分发掘地方文献、考古遗迹和实物遗存，才能对其有更为全面和深入的认识。本文在以往研究的基础上，着重梳理宋元时期前述各项资料，旨在厘清德化窑制瓷的大致历史脉络，特别是德化窑的生产和外销状况，深化我们对宋元时期德化窑的了解。

一　从考古发现看宋元时期德化窑的生产

德化的制瓷历史悠久，可以追溯到新石器时代。1958年，福建省闽南新石器时代遗址调查小组在德化浔中镇丁溪村的云尾山、牛尾寨、四埔山三处新石器时代遗址上，采集到陶片和釉陶，陶片并不丰富，以硬陶为主[1]。1974年，在美湖乡后坪山遗址又采集到一些陶片[2]。由于没有发现窑址，不能肯定这些陶片和釉陶是德化窑制品，但可以说明，此时的制陶技术与德化窑或德化窑的形成应该有某种渊源关系。德化窑有窑址可考的历史目前可追溯到商周时期。2007年10月，泉州市博物馆考古工作人员在德化县三班镇三班村和永春交界的寮田尖山发现一处窑炉断面，多处陶瓷堆积，堆积层印纹陶、印纹印陶、原始青瓷叠压，经福建省考古所复查认为：这是一处商周时期的原始青瓷窑址[3]。1968年，在修建城关至三班的浔三公路时，在石排格古瓷窑址附近发现魏晋时期的青釉谷仓、青釉罐等器物[4]。1974年，在县城通往盖德公路5000米处的路旁断崖上

1 福建省文物管理委员会：《闽南新石器时代遗址的调查》，《考古》1961年第5期。

2 德化县陶瓷博物馆收藏。

3 李熙惠、林良标：《全国罕见原始青瓷窑址现身泉州》，《海峡都市报》2007年11月16日。

4 徐本章、叶文程：《德化瓷史与德化窑》，华星出版社，1993年。

发现唐代土坑墓，出土青釉双系盘口壶、双耳罐、碗各一件；在葛坑乡富地村村民盖房时发现唐代土坑墓，出土青釉碗一件。1976年，浔中镇浔中村尾糍墘村民在开山造田时发现唐五代青釉碗两件；浔中镇土坂村公路一断崖发现唐五代青釉双耳盘一件[1]。1995年3月，在美湖乡阳田墓林发现一处唐五代时期的窑址，破坏严重，残存窑基长21米，宽1.9米至2.1米。窑头和窑室难辨认，窑尾火烧土尚存，为龙窑。遗物不多，散布1300平方米。采集到青釉标本50件，包括壶、罐、碗、洗、盏、碟等，另有支垫[2]。

1976年，福建省博物馆、厦门大学历史系考古专业和晋江地区文管会联合发掘了两宋时期的碗坪仑窑〔图1、图2、图3、图4、图5〕。窑址位于德化城西南盖德乡盖德村的一处山丘上，发掘面积87.25平方米，在窑址堆积的上下层发现残窑基两处。下层为北宋龙窑，出土器物包括碗、盘、碟、钵、壶、瓶、洗、炉、象棋子、盒及匣钵、托柱、垫圈、支圈、垫饼、擂钵、火标等，其中碗最丰富，有十余种，分为敞口、撇口、敛口、折沿、菊瓣、深腹、带盖碗等；盒最多，共出土362件，包括果盒、粉盒、印盒、调色盒四类，

图1　宋　青白釉划花篦划纹瓶
（碗坪仑窑遗址出土，福建博物馆藏）

图2　宋　青白釉印花莲瓣纹军持
（碗坪仑窑遗址出土，福建博物馆藏）

图3　宋　青白釉印花花卉纹八棱盒
（碗坪仑窑遗址出土，福建博物馆藏）

图4　宋　青白釉印花菊瓣盒残片
（碗坪仑窑遗址采集，故宫博物院藏）

图5　宋　青白釉刻花篦划花卉纹盘残片　（碗坪仑窑遗址采集，故宫博物院藏）

1 陈建中、陈丽华、陈丽芳：《中国德化瓷史》，上海交通大学出版社，2011 年，第 12、13 页。

2 同上，第 85、88 页。

以果盒为最大，直径在13～21.5厘米之间，印盒为最小，直径在5～6厘米之间，调色盒最为特殊，其内有五个小碟。胎质细腻，薄而坚致，胎骨多呈白色。釉色多为白和青白，部分呈灰白和牙黄。装饰技法主要为印花、刻花和划花，装饰图案有缠枝牡丹、莲花、萱草、卷草、云纹等，盒盖上还有“前”“上”“飞”“三卿”“后山颐草堂先生雕造工夫”等。正如《德化窑》一书中写道：“其产品制作之精，釉色之晶莹滋润，印花线条之流畅，构图形象之简练雅致，题材内容之丰富，是出乎我们意料之外的。特别是各种形式而大小不同的盒类，出土之多，式样之美，也是全国首屈一指的。”[1]上层为南宋龙窑，出土器物包括碗、盘、碟、钵、罐、盆、壶、军持、盅、瓶、炉、砚、盒及匣钵、托座、垫圈、支圈、垫饼、擂钵、模具、火标等，其中以碗、盘、碟为主，军持最有特色[2]。胎质比较坚硬，胎色灰白。以青灰釉为主，青白釉次之，另外还有黑釉、酱褐釉、黄釉。有与建窑兔毫盏近似的盏，以黑釉为主，也有白釉、褐釉或酱釉，但兔毫状的流纹和釉色逊于水吉窑，应是为适应国际市场对黑釉盏的大量需求而生产的外销瓷[3]。装饰图案有牡丹、莲荷、莲瓣、菊花、卷草、鱼、鸟等图案。

同年又在德化城东浔中镇宝美村破寨山西南坡上发掘了宋元时期的屈斗宫窑。揭露面积1015平方米，清理窑基一座，根据其结构分析为分室龙窑。出土器物包括碗、盘、碟、壶、罐、瓶、洗〔图6〕、盅、盒〔图7〕、军持〔图8〕、高足杯、灯座及匣钵、托座、垫圈、支圈、垫饼、擂钵、模具、火标等。胎质比较坚硬，胎色灰白。以青灰釉为主，青白釉次之，另外还有黑釉、酱褐釉、黄釉。装饰技

图6　元　青白釉印花人首纹洗　（屈斗宫窑遗址出土，福建博物院藏）

图7　元　青白釉印花卷草纹盒　（屈斗宫窑遗址出土，福建博物院藏）

图8　元　青白釉印花旋涡纹军持残片　（屈斗宫窑遗址采集，故宫博物院藏）

1　福建省博物馆：《德化窑》，文物出版社，1990年，第134页。

2　军持一词来源于梵语，亦作“君持”“捃稚迦”，意释为瓶，即水瓶。喇叭口、长颈、鼓腹、平底，肩腹之间附有一长而高的流，原是印度佛教僧侣所用的器物，南宋以后，使用范围扩大到伊斯兰教的信众中。在东南亚一带有很大需求量。德化窑军持，质地细腻坚硬，釉色白中泛青，青白无瑕，十分悦目，具有不吸水、坚固耐用的特点，远优于南洋的软质军持；纹饰通常为莲瓣、蟠龙（螭龙）、芭蕉、水波（云气）纹等，带有浓郁的宗教色彩，畅销南洋群岛。在印尼雅加达博物馆陈列的军持，有一部分就是德化盖德碗坪仑的产品。

3　叶文程：《再谈德化窑的古外销瓷器》，《中国古外销瓷研究论文集》，紫禁城出版社，1988年。

法有印花、刻花、划花、贴花、浮雕等，装饰图案有牡丹、莲瓣〔图9〕、葵花、菊花、菊瓣、梅花、卷草、飞凤、蝴蝶、狮球、婴戏、钱纹等，有的在图案中加文字，有“福”“寿”“万”“般”“金玉”“金玉满堂”“寿山福海”“长寿新船”，有的底部还刻有物主或纪念文字，有“郑”“曾”“贤君”“三十月夜再得圆”“小心”“后”等，在窑内还出土了一件印有“丁未年”三字的匣钵底。

屈斗宫窑址出土的大量粉盒，盖上印有各种花卉〔图10、图11〕和吉祥文字，有的盖上印有“卍”字、“般”字，显然与佛教有关，这类粉盒在日本、菲律宾等地均有发现。香港中文大学文物馆和香港大学冯平山博物馆，陈列了很多德化瓷盒，单是中文大学文物馆就收藏有30多件，这些瓷器都是20世纪70年代从印度尼西亚、马来西亚、新加坡、泰国等国买来的，都很完整[1]。由此可以看出，屈斗宫窑为满足输入国的特殊需要而大量生产富有宗教色彩的产品。出土的军持、盒、小瓶、弦纹瓶、飞凤碗、执壶、高足杯等在国外遗址中均有发现。

图9 南宋至元 青白釉印花莲瓣纹碗残片
（屈斗宫窑遗址采集，故宫博物院藏）

图10 宋 青白釉印花花卉纹菊瓣盒残片
（屈斗宫窑遗址采集，故宫博物院藏）

图11 南宋至元 青白釉印花叶纹盒残片
（屈斗宫窑遗址采集，故宫博物院藏）

图12 宋 青白釉印花莲瓣纹瓶残器
（德化窑遗址采集，故宫博物院藏）

1 冯先铭：《中国古代外销瓷的问题》，《海交史研究》1980年第2期。

图13　宋　青白釉刻划花篦划纹带系罐残片
（德化窑遗址采集，故宫博物院藏）

图14　宋　青白釉壶残片
（德化窑遗址采集，故宫博物院藏）

图15　宋　青白釉刻划花篦划三鱼纹盘残片
（德化窑遗址采集，故宫博物院藏）

2001年，福建省考古队、德化县文管会和德化陶瓷博物馆联合对屈斗宫保护范围内的甲杯山窑址进行了考古发掘。揭露面积120多平方米，清理出三座有叠压打破关系的元明窑炉遗迹。下层为元代窑址，出土器物和窑具与屈斗宫窑址出土物相同，但主要为墩式碗、莲瓣纹洗、卷草纹盒等，且均为白釉。中、上层为明代分室龙窑。

图16　元　青白釉印花菊瓣纹高足杯残器
（德化窑遗址采集，故宫博物院藏）

2016年、2019年泉州市考古队分两个阶段对德化县三班镇内坂—尾林区域的宋元窑址及相关遗迹进行了考古调查、勘探[1]。2020年对尾林窑址进行了发掘，发现4座窑炉遗迹，分别为南宋晚期至元代初期的龙窑一座、元代中期至明代分室龙窑一座、明代晚期至清代中期的横室阶级窑两座；2020年对内坂二号窑址进行发掘，揭露南宋分室龙窑一座[2]。

20世纪70年代，故宫博物院部分专家学者调查了德化的盖德、脚苍岭、尾林、十排岭、大垄口、桐岭等窑址，2008年又调查了德化的盖德、佳春岭、祖龙宫、屈斗宫以及甲杯山窑，收获了大量宋元时期德化窑的青釉、青白釉标本，器形有瓶〔图12〕、罐〔图13〕、壶〔图14〕、炉、军持、盒、洗、碗、盘〔图15〕、高足杯〔图16〕、器盖等，装饰有印花、刻花、划花、刻划花，划花多

图17　南宋至元　青白釉印花连珠线纹花式盒残片
（德化窑遗址采集，故宫博物院藏）

1　张红兴：《福建德化三班内坂—尾林宋元窑址与瓷土作坊》，《大众考古》2020 年第 9 期。
2　栗建安：《世界遗产视野下的泉州古窑址考古与研究》，《自然与文化遗产研究》2021 年第 3 期。

图18 南宋至元 青白釉印花水波纹军持残器
（德化窑遗址采集，故宫博物院藏）

见划花篦划纹，阳纹印花是德化窑瓷器普遍使用的装饰方法，大量运用于盒〔图17〕、壶、瓶、罐、军持〔图18〕等器物上[1]。

从以上考古资料可以看出：商周时期德化窑开始烧造原始青瓷，是德化窑始烧阶段；唐至五代，烧造青瓷；宋元时期，完成了由青瓷向青白瓷、白瓷的转变，器形丰富，胎质坚细，装饰技法多样，装饰图案繁多，德化窑进入发展高峰。

二 宋元时期德化窑瓷器的外销

中国的海外贸易由来已久，不仅在西北陆路出现了一条连接欧亚大陆的“丝绸之路”，而且在东南海上出现了一条“海上丝绸之路”，也被称作“海上陶瓷之路”。唐代，国力强盛，胸怀博大，与70多个国家交好，中国商船不仅在波斯湾有频繁的商业活动，而且到达了非洲东岸和埃及等地。贸易港口有广州、泉州、明州（今宁波）、扬州等，外贸活动十分繁忙。当时来泉州贸易的主要是阿拉伯、波斯及东南亚等国的商人。唐文宗太和八年（834）颁诏：“……其岭南、福建及扬州番客，宜委节度观察使常加存问。除舶脚、收市、进奉外，任其来往流通，自为交易，不得重加率税。”[2]说明泉州已设置了市舶司机构[3]，从此还可看出优容政策无疑是唐代海外贸易长足发展的原因，为宋代海外贸易的进一步发展打下了坚实的基础。

1.宋元时期海外贸易政策

宋代，国力虽大不如唐，但结束了五代的分裂局面，促进了商品经济的长足发展。由于辽、西夏和金的威胁，北方贸易受阻，政府自然就把目光投向东南沿海。这时的造船业突飞猛进，以浙江的温州、明州，福建的泉州、福州，广东的广州最为著名。徐兢在《宣和奉使高丽图经》中记载：宋徽宗宣和年间，宋使出使高丽乘坐的客舟“长十余丈，深三丈，阔二丈五尺，可载二千斛粟……若夫神舟之长阔高大，什物、器用、人数皆三倍于客舟也”[4]。吴自牧在《梦粱录》中这样写道：“海商之舰，大小不等，大者五千料，可载五六百人，中等二千料至一千料，亦可载二三百余人，余者谓之钻风，大小八橹或六橹，每船可载百余人。”[5]可见海商船只并不逊于官船。这时指南针已广泛运用于航海，使航海技术显著提高，中国商船已不必像以前那样沿海岸线航行，从而开辟了由印度南端横渡印度洋直达东非的新航线。宋太祖开宝四年（971）在广州重新设立市舶司，后又在杭州、明州、泉州等地相继设立市舶司，市舶收入成为宋朝重要的财政收入之一。宋

1 故宫博物院编：《故宫博物院藏中国古代窑址标本 福建》，故宫出版社，2016年，第796—862页、第870—872页、第877—890页、第907页、第908页、第932—954页、第1495页。

2 《全唐文》（影印本）卷七五，中华书局，1982年，第785页。

3 “舶脚”“收市”“进奉”皆为市舶司的工作职能，见方亚光《唐代外事机构论考》，《中国研究史》1996年第2期。

4 （宋）徐兢辑《宣和奉使高丽图经》卷三四《客舟》，清知不足斋丛书本。

5 （宋）吴自牧：《梦粱录》卷一二《江海船舰》，清文渊阁四库全书本。

高宗曾说："市舶之利，颇助国用，宜循旧法，以招徕远人，阜通货贿。"[1]为了招诱外商，宋王朝还授商以官，《宋史》记载：绍兴"六年知泉州连南夫奏请，诸市舶纲首，能招诱舶舟，抽解物货，累价及五万贯、十万贯者，补官有差。大食番客啰辛贩乳香直三十万缗，纲首蔡景芳招诱舶货，收息钱九十八万缗，各补承信郎。闽广舶务监官抽买乳香，每及一百万两转一官"[2]。对我国商人出海也制定有具体的奖惩办法，《宋会要》里有孝宗隆兴二年（1164），两浙市舶司曾规定，凡出海商船五个月内返航的可以受到减税优待，返航期超过一年的要查明原委，并加以惩处；鼓励商人长期在外从事远洋航运与外贸业务，《萍洲可谈》载："广人举债总一倍，约舶过回偿，住番虽十年不归，息亦不增。富者乘时蓄缯帛陶货，加其直与求偿者订息，何啻倍蓰，广州官司受理，有利债负，亦市舶使专敕，欲其流通也。"[3]朝廷还利用民间传说鼓励人们从事海外贸易活动，宋高宗绍兴二十六年（1156）、三十年两次赐封以东南沿海为中心信仰的海神妈祖"灵惠夫人""灵惠昭应夫人"，以后孝宗、光宗、宁宗、理宗也多次对妈祖进行了赐封，理宗景定三年（1262）赐封妈祖"灵惠显济嘉应善庆妃"[4]。由于朝廷对海外贸易的重视和鼓励，南宋时期泉州的海外贸易呈现出一派繁荣景象。宋代李邴在《咏宋代泉州海外交通贸易》中写道："苍官影里三州路，涨海声中万国商。"《诸蕃志》一书中列举的50多个国家和地区和宋发生贸易，有30个国家、地区或地点用瓷器进行贸易，最远的包括非洲的坦桑尼亚等[5]。《萍洲可谈》记述了当时陶瓷出口盛况："舶船深阔各数十丈，商人分占贮货，人得数尺许，下以贮物，夜卧其上。货多陶器，大小相套，无少隙地。"[6]日本《朝野群载》中保留了一份两浙路市舶司签发的公凭，明确记载泉州输往日本的货物除丝绢外就是瓷器[7]。目前发现德化窑青白瓷的有朝鲜、日本、菲律宾、印度尼西亚、马来西亚、斯里兰卡以及非洲的坦桑尼亚等国。产品多样，有军持、盒、瓶、小口瓶、飞凤碗、墩式碗、罐形壶、钵、弦纹洗、高足杯等[8]。

元代，在经济上采用了重商政策，鼓励海外贸易。最初对海外贸易进行垄断，一度禁止私人海外贸易。《元史·世祖本纪》载：元世祖时，"诏行中书省左丞索多、蒲寿庚等曰：诸番国列居东南岛寨者，皆有慕义之心，可因番舶诸人宣布朕意。诚能来朝，朕将宠礼之。其往来互市，各从所欲"[9]。《元史·食货志》载：元世祖至元"二十年（1283），设市舶都转运司于杭、泉二州，官具船，给本，选人入番，贸易诸货。其所获之息，以十分为率，官取其七，所易人得其三。凡权势之家，皆不得用己钱入番为贾，犯者罪之，仍籍其家产之半"[10]。先后四次下令禁止私人海外贸易，但收效甚微。元成宗继位后改变政策，允许私人海外贸易。英宗时一再颁诏，鼓励私人海外贸易。元初，设立杭州、上海、澉浦（今海盐）、温州、广州、泉州、庆元（今宁波）七处市舶司，后经合并，保留了广州、泉州、庆元三处，其中泉州的海外贸易最盛。还鼓励

1 （清）徐松：《宋会要辑稿·职官》，《续修四库全书·史部·政书类》，上海古籍出版社，2002年，第515页。
2 《宋史》卷一八五《食货志·香》，清文渊阁四库全书本。
3 （宋）朱彧：《萍洲可谈》卷二，清文渊阁四库全书本。
4 （元）程端学：《积斋集》卷四《灵济庙事迹记》，清道光十年钱塘汪氏振绮堂刊本。
5 （宋）赵汝适：《诸蕃志》，中华书局，1985年。
6 （宋）朱彧：《萍洲可谈》卷二，清文渊阁四库全书本。
7 ［日］佐藤信监修《朝野群载》卷二〇《大宰府附异国大宋商客事》，吉川弘文馆，2003年。
8 叶文程：《畅销国际市场的古代德化外销瓷器》，《中国古外销瓷研究论文集》，紫禁城出版社，1988年。
9 《元史》卷一〇《世祖七》，清文渊阁四库全书本。
10 《元史》卷九四《食货二·市舶》，清文渊阁四库全书本。

商品出口，对出口土货实行“单抽”，进口货物实行“双抽”[1]。继续沿用宋代利用民间传说鼓励人们从事海外贸易活动的政策，元世祖至元十八年赐封妈祖“护国明著天妃”[2]，以后成宗、仁宗、文宗、顺帝也多次对妈祖进行了赐封。以致元代的海外贸易发展到一个新的高度。

泉州港是宋元时期我国对外贸易的重要港口。北宋元祐二年（1087）在泉州设立来远驿等机构，专门办理对外友好往来的事务。大观元年（1107）泉州已由上郡升为望都[3]。宋朝政府南渡以后，泉州几乎发展成和广州不相上下的贸易港。元初泉州港的发展得到元政府的大力扶持，据《元史》记载：至元三十年（1293）“夏四月，己亥，行大司农燕公楠、翰林学士承旨留梦炎谈：‘杭州、上海、澉浦、温州、庆元、广东、泉州置市舶司凡七所，惟泉州货物三十取一，余皆十五抽一，乞以泉州为定制。’从之”[4]。从此可看出到至元三十年其他港才和泉州港一样抽取进口税。泉州的造船业在当时相当发达，《伊本·白图泰[5]游记》中载：“中国船只共分三等，大的称作艟克，复数是朱努克；中者为艚；小者为舸舸姆。大船有十帆至少是三帆……每一大船役使千人：其中海员六百，战士四百……随从每一大船有小船三艘，半大者，三分之一大者，四分之一大者，此种巨船只在中国刺桐城（泉州）建造，或在隋尼克兰即隋尼（广州）建造。”[6]元代泉州港已发展为东方第一大港，对外贸易达到全盛时期。《伊本·白图泰游记》描述泉州港：“该城的港口是世界大港之一，甚至是最大的港口。我看到港内停有大艟克约百艘，小船多得无数。”“至于中国瓷器，则只在刺桐和隋尼克兰城制造……这种瓷器运销印度等地区，直至我国马格里布。”[7]瓷器成为泉州港输往海外的一种主要商品。瓷器的大量外销为泉州诸县瓷业发展提供了良好的机会，德化窑这时也得到了长足的发展。元代意大利旅行家马可·波罗在泉州住了一个多月，曾在其著作中盛赞泉州附近的德化“制造碗及瓷器，既多且美”，“购价甚贱”[8]。

2. 宋元时期德化窑的外销路线

宋元时期，德化瓷器外销主要通过泉州港。宋代从泉州到剑州（南平）的剑州路（后来改由北上仙霞路）就从德化经过，德化瓷器可经这条陆上大道运到泉州；宋开宝二年（969），与德化毗邻，又是德化至泉州必经之地的永春县与泉州已经互通舟楫，永春遂成为德化等山区货物的集散地和中转站，德化瓷器经永春由水路运送输往泉州港。

德化瓷器到达泉州港后，向北可到日本、朝鲜，向南有澎湖航线，由泉州港出发，经澎湖，到菲律宾、印度尼西亚、马来西亚一带。此时已开通印度洋航线，每年十一月或十二月乘东北季风从泉州港出发，一般40天可到苏门答腊的亚齐(今印度尼西亚的一个特别行政区)，过年后仍乘东北季风横越印度洋，60天左右到达佐法尔（今阿曼的一个省），继续航行至亚丁（也门的一个城市），甚至东非沿岸。再乘西南季风返航。

1 所谓“单抽”即出口细货十分抽一，粗货十五分抽一；“双抽”即进口细货十分抽二，粗货十五分抽二。

2 （元）程端学：《积斋集》卷四《灵济庙事迹记》，清道光十年钱塘汪氏振绮堂刊本。

3 《泉州府志》卷八。

4 《元史·世祖本纪》卷一七《世祖十四》，清文渊阁四库全书本。

5 伊本·白图泰，摩洛哥旅行家，约1345－1347年（元至正五年至七年）到中国。学界一般认为他游历过华南，华北部分可能得自传闻。

6 马金鹏译：《伊本·白图泰游记》，宁夏人民出版社，2000年，第486页。

7 同上，第545、540页。

8 ［意大利］马可·波罗著，冯承钧译，沙海昂注：《马可·波罗游记》第二卷，第一五六章“刺桐城条”，中华书局，1935年，第609页。

这条航线较为便捷，往返一次只需八九个月。

3. 宋元时期德化窑的销售渠道和方式

重农轻商的传统一直主导着德化民众的思想，直到清乾隆时德化还是“市无巨商大贾。稍有方者营田积谷，以图温饱，不肯出资逐什一之利。细民肩佣负贩自食其力，故无万金之户，亦鲜饥饿之人。黄冠、缁衣、乐工、厮役，众咸贱之”[1]。宋元时期，随着泉州海外交通的日益繁盛，泉州从事贩运活动的商人众多、资本雄厚、规模庞大，出现了海商团体，驰骋于东南亚和印度洋海域。

营销德化瓷器的富商大多是泉州商人。他们了解海外市场的需求和外销规则，与国内外海商和掌管海外贸易的市舶司官员有密切的关系，货物运至码头能尽快顺利通过市舶司查验，取得“公凭”，及时出口外销。他们拥有雄厚的资金，可根据市场需要，将贷款发放给德化制瓷作坊，作坊按照商家要求的式样、数量，烧制瓷器，再运至泉州港。这些富瓷商有的是坐贾，在港口附近有固定的批发点，把货物批发给行商出口；有的本身就是海商，直接销往海外市场。由于富商们控制着营销渠道，瓷业的利润多被他们所获取，特别是海外贸易瓷器利润巨大，在客观上也刺激了瓷商的贸易热情。

在富商中有一种特殊身份的商人——官商，他们与朝廷有着千丝万缕的联系，可以通过特殊渠道经营特殊商品，参与征集收购朝廷作为礼品馈赠海外诸国的瓷器等。《安海志》载德化瓷器“元时上供”[2]，享受朝廷给予的特殊待遇。虽然官商在商人阶层人数不多，但在经济领域却影响巨大。宋代，泉州长治久安，经济发达，成为权贵阶层的乐土。南宋建炎三年（1129）十二月，宗室300多人迁徙泉州，管理皇族宗室事务的南外宗正司随迁。这些皇族宗室凭仗政治上的权势，对一切有利可图的贸易都不放过，两任泉州知州事的真德秀说：宗子“抵法冒禁，色色有之”[3]。除了皇室宗子外，还有握有绝对实权的官员也参与海外贸易，一度掌握泉州市舶司大权的阿拉伯血统巨贾蒲寿庚[4]便是一例。入元后，例不禁商，权贵官僚经商之风更烈，僧侣也加入海外贸易队伍，并享有免税特权。《元典章》载：“和尚、先生、也里可温、答失蛮”等也“多是夹带俗人过番，买卖影射，避免抽分”[5]。

这时，泉州城内还有各国商人穿梭在各个市场和手工作坊，以阿拉伯商人和印度商人最喜欢购买瓷器，作为海船的压舱物，抵达目的地后，以高价卖出。南宋时印度商人时罗巴、智力干父子一度住在泉州商业中心城南，专门经营包括瓷器在内的各种商品[6]，阿拉伯商人更是活跃。关于欧洲商人的记载有1932年冯·和法在《国际贸易导报》上发表的《中国瓷业之现状及其状况》一文，文中有：“南宋末年，欧洲人来到泉州，那些荷兰商人由泉州贩运瓷器至欧洲，价值每与黄金质量相等，且有供不应求之势。”[7]这应该是欧洲和

1 ［清］《永春州志》卷七《风土志·风俗·德化县》，清乾隆五十二年刊本。

2 《安海志》卷一一《物类》之“土货”。

3 ［宋］真德秀：《西山文集》卷一五《申尚书省乞拨降度牒添助宗子请给》，明万历中福建巡抚金学曾所刊。

4 蒲寿庚（1205—1290），又称蒲受畊，号海云，宋元时期的知名人物。精通阿拉伯语、占城语（今越南）。南宋时期，他担任过泉州市舶司提举，同时也因为外贸累积大量财富，成为泉州首屈一指的富豪。宋亡后，蒲寿庚投降元朝，至元十五年（1278），任福建行省中书左丞。

5 《元典章》卷二二《户部八·市舶》，光绪三十四年刻本。

6 （宋）赵汝适：《诸蕃志》“南毗国”，清文渊阁四库全书本。

7 轻工业部陶瓷工业科学研究所：《中国的陶瓷》，中国轻工业出版社，1983年，第81页。

中国直接交往的最早记载，是后人记载相距700年左右的前人之事，值得商榷；《光明之城》[1]中有：咸淳七年（1271），意大利犹太商人雅各·德安科纳来到泉州，购买一批制作精美的、像玻璃酒壶一样精致的、世界上最精美的瓷器，在海外市场换取巨大的利润。这一记载在学术界也多有争议，有待今后发现史料加以证实。

另外，德化本地瓷商是一些小商人，其中有的受富商的委托，从当地各窑场中收购各种市场畅销的瓷器，组织运输等，从中抽取佣金。

4. 从考古发掘看宋元德化窑瓷器的外销

1976年至1984年，发掘了位于韩国全罗南道光州市新安郡道德岛的元代新安沉船，出水文物异常丰富，其中陶瓷器20691件，除仅有几件高丽青瓷和日本陶瓷外，绝大多数是中国宋元陶瓷[2]，其中包括德化窑高足杯和弦纹洗，与屈斗宫窑出土的元代外销瓷雷同[3]。

日本在长崎县、佐贺县、爱媛县、德岛县、山口县、大阪府、京都府、和歌山县、静冈县、长野县、神奈川县、埼玉县各地挖掘平安时代后期到镰仓时代（我国南宋至元代中期）的经冢时，出土了大量宋代白瓷盒子，现收藏于东京国立博物馆、佐世保文化科学馆、镜神社、御山神社、施福寺等处，与德化窑出土的盒子基本相似[4]。

1974年，泉州湾后渚港海滩发掘出一艘宋代远洋海船。在船舱中发现不少陶瓷器，包括德化窑白釉盒和碗[5]。厦门大学的海洋专家对船体上的贝壳进行了分析研究，证明该船曾经往返于东南亚一带海域[6]。1982年，泉州湾内法石乡晋江之畔又发掘出一艘南宋沉船。在舱内及淤泥层中发现的瓷器有产自德化窑者[7]。

1998年开始至2004年，由中国国家博物馆水下考古研究中心组织专业人员，对沉没于广东省台山县川山群岛附近海域的南宋时期沉船南海一号进行了水下考古调查，采集出水一批沉船文物，大部分是陶瓷器，德化窑产品有碗、盏、盘、钵、盒、瓶、罐、执壶等，胎色白、灰白，里外施青白釉，足部、底面无釉露胎。装饰有刻划花、印花。纹样有莲瓣、荷花、牡丹、卷草、云雷、缠枝花等。其中以粉盒的数量、器形种类（圆形、瓜棱形、八方形等，还有大、中、小不同规格）、纹样图案最为丰富。一部分器物的底部露胎处有墨书文字“李用”“吴记”等[8]。

1998年底至1999年初，中国国家博物馆水下考古研究中心与海南省文物保护管理办公室，组织在西沙群岛的永乐群岛南部华光礁、北礁开展水下考古调查，并对南宋时期的华光礁一号沉船遗址进行了试掘。2007年春，又对华光礁一号沉船遗址进行了抢救性水下考古发掘。水下考古调查、试掘与发掘出水的一批陶瓷

1 ［意大利］雅各·德安科纳著，［英］大卫·塞尔本编译：《光明之城》，上海人民出版社，1999年。

2 席龙飞：《中国造船史》，湖北教育出版社，2000年，第195页。

3 徐本章、叶文程：《德化瓷史与德化窑》，香港华夏出版社，1993年。

4 东京国立博物馆："日本出土的中国古陶瓷"特别展览，1975年。

5 徐本章、苏光耀、叶文程：《略谈德化窑的古外销瓷器》，《考古》1979年第2期。

6 汶江主编：《古代中国与亚非地区的海上交通》，四川省社会科学院出版社，1989年，第138页。

7 中国科学院自然科学史研究所、福建省泉州海外交通史博物馆联合试掘组：《泉州法石古船试掘简报和初步探讨》，《自然科学史研究》第2卷第2期（1983）。

8 赵嘉斌：《海上丝绸之路上的中国古代外销瓷——中国水下考古的工作与发现》，《中国古陶瓷研究》第十四辑，紫禁城出版社，2008年。

器，德化窑产品有盒、执壶、瓶、葫芦瓶、碗等。白胎，釉色灰白或白里泛青，装饰纹样有刻划花、印花。部分器物的底部露胎处有墨书文字，如“徐”“潘”“杨□”等。粉盒底面还发现有模印阳文的图案、文字，如“大同镇□□人姑”[1]。在盘石屿2号发现了德化窑青白瓷刻划花大盘、碗、粉盒；北礁4号发现了德化窑白瓷、青白瓷粉盒；北礁8号发现了德化窑白瓷、青白瓷粉盒，年代均为南宋时期。在北礁12号发现了德化窑白瓷粉盒；石屿2号发现了德化窑白瓷粉盒、洗、盘等，年代均为元代[2]。应为德化外销瓷途经西沙留下的遗物。

1980年7月，英国前驻华大使约翰・曼斯菲尔德・艾迪思到德化就古陶瓷参观考察时指出：“菲律宾发现德化窑的器物至少上万件。”[3]李辉柄也曾指出：“1964年以来，在菲律宾遗址与墓葬中发现了数千件较完整或能够复原的德化窑瓷器。其中以马尼拉圣安娜・贝湖西端的内湖（离马尼拉约50英里）、民都洛的加莱港等遗址最为集中。出土的器物有壶、军持、罐、瓶、盖盒、碗、碟、高足杯等。”[4]19世纪80年代以来，在菲律宾先后出土的数万件瓷器中，就有元代德化窑印花瓶、壶、盘、洗、盒等器物。

20世纪以来在马来西亚沙捞越河三角洲的圣土邦（Santubang)及其附近的桑吉布亚（Sungei Buah)、桑吉加昂（Sungei Jaong)和尼亚大窟（Great Caveat Niah)周围进行了发掘，出土我国瓷片数量惊人，其中有宋代青瓷、青白瓷、黑瓷及磁州窑系标本。青白瓷有壶、瓶、盒子、洗和碗等，大部来自福建德化、泉州；在莫尔包河口南边的布吉巴土林登（Bukit Batu Lintang)也出土有德化窑青白瓷印花瓷器残片[5]。

在印度尼西亚全境都有发现中国青白瓷，其中就有德化瓷器。1957年在印度尼西亚的苏拉威西岛（Sulawest)南部曾发现我国输出的白瓷盒，经鉴定是宋代德化窑的产品[6]。在西里伯斯和爪哇也出土了不少德化瓷器，东爪哇出土的一件军持，从它的形制与花纹特征看，与德化屈斗宫的发掘物完全相同[7]。1996年，太平洋海洋资源公司在苏门答腊岛东南海岸以西50海里的爪哇沉船里出水了宋元时期的德化窑青白瓷瓶、军持、盒等[8]。

1959年《北京日报》报道：斯里兰卡出土宋元时期德化窑莲瓣碗和墩式碗[9]。同年，斯里兰卡亚拉虎瓦出土宋代德化窑瓷碗两只[10]。

伊朗的基什岛Harireh是12世纪到14世纪早期兴盛的海港，是当时波斯湾海上贸易的重要中心之一。Harireh 遗址在基什岛北面中央，到处是还没进行发掘的瓦砾废墟，瓦砾里有许多中国瓷器的残片，有不少元代福建白瓷和青瓷[11]。1968—1971年，英国考古学家安德鲁・乔治・威廉姆森（Andrew George Williamson)在波斯湾北岸伊朗南部地区展开了为期三年的考古调查，在霍尔木兹甘省东部的K区采集到南宋德化窑青白

1 赵嘉斌：《海上丝绸之路上的中国古代外销瓷——中国水下考古的工作与发现》，《中国古陶瓷研究》第十四辑，紫禁城出版社，2008 年。

2 栗建安：《产自闽山　拾之南海——记西沙群岛水下考古调查发现的福建陶瓷》，《外销瓷与颜色釉瓷器研究》，紫禁城出版社，2012 年。

3 徐本章：《试谈澎湖航线与中菲陶瓷贸易》，《中国古代陶瓷的外销》，紫禁城出版社，1988 年 。

4 李辉柄：《关于德化屈斗宫窑的我见》，《文物》1979 年第 5 期。

5 冯先铭：《元以前我国瓷器行销亚洲的考察》，《文物》1981 年第 6 期。

6 陈万里：《调查闽南古代窑址小记》，《文物参考资料》1981 年第 9 期。

7 李辉柄：《关于德化屈斗宫窑的我见》，《文物》1979 年第 5 期。

8 Mathers Flecker, “Archaeological Report: Archaeological Recovery of the Java Sea Wreck”, *Pacific Sea Resources*, 1997, p.1, p.58, pp.131-136.

9 《斯里兰卡发现一些中国瓷器》，《北京日报》1959 年 7 月 10 日。

10 沈玉水：《德化古陶瓷外销琐谈》，德化陶瓷研究论文集编委会《德化陶瓷研究论文集》（内部资料），2002 年，第 282 页。

11 ［日］森达也：《伊朗波斯湾北岸几个海港遗址发现的中国瓷器》，《中国古陶瓷研究》第十四辑，紫禁城出版社，2008 年。

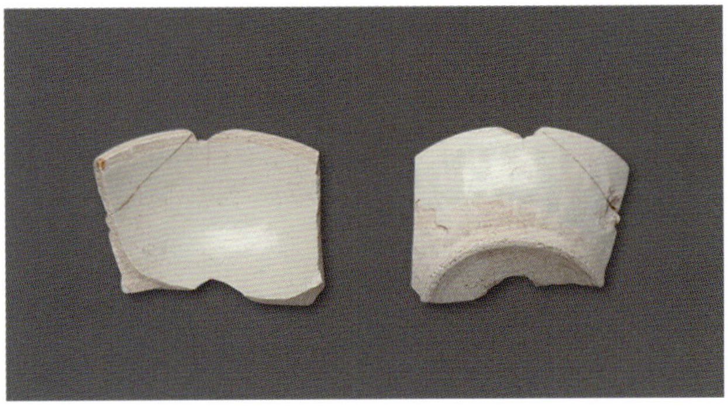

图19 南宋 青白釉碗残片 （霍尔木兹甘省东部K区采集）

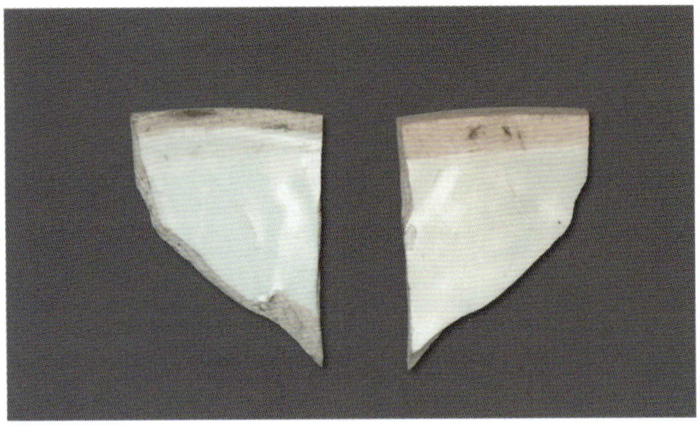

图20 宋末元初 青白釉盒残片 （阿尔努杜德遗址出土）

釉碗残片〔图19〕[1]。

波斯湾巴林国卡拉特巴林遗址1979年以后出土了德化窑或碗窑元代白釉印花碟的口沿残片和底部残片两种。胎质中粗，胎色白净，釉色乳白，不透明，少见开片。碟底无釉。外壁模印瘦长莲瓣纹、缠枝卷草纹等[2]。

2019年1—2月，故宫博物院考古研究所联合阿联酋拉斯海马酋长国政府古物与博物馆部、英国杜伦大学考古系组成的联合考古队，在阿拉伯半岛东北端的拉斯海马阿尔努杜德（Al-Nudud）遗址发掘出土了宋末元初德化窑青白釉盒残片〔图20〕[3]。

1966年5月，日本古陶瓷学者三上次南和日本出光美术馆中东考察队对埃及红海岸边的古代港口埃得哈卜进行了调查，采集了大多为11—13世纪白瓷残片93片，"其中也包括一些江西景德镇或其他福建南部窑场，尤其是德化窑的产品"[4]。

1958—1965年，英国考古学家奇蒂克主持在坦桑尼亚基尔瓦连续发掘7年，在大清真寺遗址出土一件元代德化窑白釉莲瓣纹碗。[5]

以上转运地的遗存、目的地的出土残器和航路上沉船遗物的出水，证实了德化窑瓷器在宋元时期已被运销到亚洲的东部、东南部、南部和波斯湾地区以及非洲的一些国家和地区。

三 结 语

宋元时期德化窑瓷器得到了长足发展，完成了由青瓷向青白瓷、白瓷的转变，胎质坚细，品种丰富，纹饰繁多，为德化窑瓷器的外销打好了坚实的基础；国家政策的支持和鼓励，造船业的发达，指南针的运用，使德化窑瓷器的外销在政策和技术上得到了保障；泉州大商人参与德化瓷器销售，特别是皇室宗亲的涉足，为原本保守的德化瓷业提供了销售渠道和充足资金，使德化陶瓷工匠们按订单生产出了专门用于外销的军持、盒、小瓶、执壶、高足杯等充满异域风格的器物，一方面满足了使用国人民的生产和生活需要，另一方面也丰富了德化瓷器的品类和装饰，促进了德化窑的发展，使德化窑进入第一个发展高峰。

1 故宫博物院考古研究所、英国杜伦大学考古系：《英藏威廉姆森波斯湾北岸调查所获的中国古代瓷片》，《文物》2019年第5期。

2 [法]赵冰：《波斯湾巴林国卡拉特巴林遗址出土的东亚和东南亚瓷器》，《中国古陶瓷研究》第十四辑，紫禁城出版社，2008年。

3 由故宫博物院参加此次考古的翟毅博士告知，在此表示感谢。

4 [日]三上次南：《中国陶瓷在埃及中世纪遗址中的发现》，《中国古陶瓷研究》第五辑，紫禁城出版社，1999年。

5 马文宽、孟凡人：《中国古瓷在非洲的发现》，紫禁城出版社，1987年，第25－27页。

德化窑瓷器在大量外销的同时，烧造方法还传到了国外。日本著名学者铃木巳代三《窑业窑炉》一书明确指出："阶级窑在德化早发现，同时也最著名。日本的窑是深受德化的影响而设计的。所以日本人把福建德化窑'估计为串窑的始祖'。"[1]这一记载应该和南宋嘉定十六年（1223）日本人加藤四郎来中国，在福建学习烧瓷技法，回日后在濑户依法烧窑，后世尊加藤为"陶祖"有关[2]。至今日本人对濑户一带建造的窑炉仍称为"德化窑"。

[作者单位：故宫博物院出版部]

1 ［日］铃木巳代三：《窑业窑炉》，窑业协会出版，1967 年。

2 ［日］森田久右卫门：《森田久右卫门日记》，真山青果文库本，延宝六年（1678）。

清宣统朝宫廷御用瓷器的烧造及相关问题的探讨

Discussions on the Manufacturing and Related Issues of the Imperial Porcelains for the Xuantong Court in the Qing Dynasty

张涵

Zhang Han

内容提要：

本文对清代瓷器档案和故宫博物院藏宣统朝御用瓷器进行了系统的梳理和实物对照研究，旨在厘清宣统朝御用瓷器的种类、器型、纹饰和款识特点，并进一步思考宣统朝御用瓷器的意义和影响。同时结合文献记载，认为署有宣统年款的御用瓷器是由江西瓷业公司的总厂——景德镇御窑厂手工制造。

关键词：

宣统　瓷器　江西瓷业公司

ABSTRACT:

A systematic examination of the Xuantong period (1908-1911) imperial porcelain collected by the Palace Museum, with reference to Qing-dynasty (1644-1911) porcelain archives reveals features of this period, such as type, shapes, decorative patterns, and reign marks. The significance and impact of this period's imperial porcelain is further explored. In the meantime, combined with historical literature, the article argues that the porcelains with the Xuantong Emperor's reign mark were hand manufactured by the General Factory of Jiangxi Porcelain Company, namely the imperial kiln in Jingde zhen.

KEYWORDS:

the Xuantong Emperor (r. 1909-1911), porcelain, Jiangxi Porcelain Company

宣统皇帝（爱新觉罗·溥仪）是清代最后一位皇帝，在位仅3年（1909—1912）。1912年2月12日，隆裕皇太后代溥仪颁布退位诏书，清朝灭亡。由于宣统朝历时短暂，因此这一时期御用瓷器的研究通常被忽略。笔者结合档案及实物对照研究，力图厘清宣统朝御用瓷器的特征，以及与之相关的一些问题。

一　故宫博物院藏宣统朝御用瓷器概况

故宫藏署有宣统年款的器物共计8000余件，器型主要有瓶、碗、盘、碟、茶盅、盖碗、尊、爵等，釉色包括青花、白地粉彩、色地粉彩、仿哥釉、仿钧釉、白釉、黄釉、酱釉等，纹饰多为宫廷常用图案，如缠枝莲纹、云鹤八卦纹、龙纹、三果纹、凤纹、花鸟纹、松竹梅纹、双“喜”字纹等等，象征平安吉祥和寓意多福多寿。此时期御用瓷器的款识均为楷书，以六字双行楷书款最为常见〔图1〕，还见有六字三行楷书款〔图2〕，款识书写规整、字体清秀。

图1　“大清宣统年制”六字双行楷书款

笔者查阅档案，宣统元年和二年，九江关监督向清廷进呈过《宣统元年分大运及传办各琢圆瓷器名目件数黄册》[1]和《宣统二年分大运及传办各琢圆瓷器名目件数黄册》[2]，详细记载了烧造大运瓷器、传办瓷器及祭器的釉色、器型和数量。宣统三年，不再见有九江关监督恭呈的黄册，仅有从天津招商局领回的“贡磁清单”[3]，记载有传办瓷器及祭器、年例贡瓷和礼瓷的品种和数量，经笔者仔细核对，此处“年例贡瓷”就是大运瓷器，只是称法不同。从档案记载看，宣统朝宫廷御用瓷器的烧造包括大运瓷器、传办瓷器及祭器和礼瓷三大类。

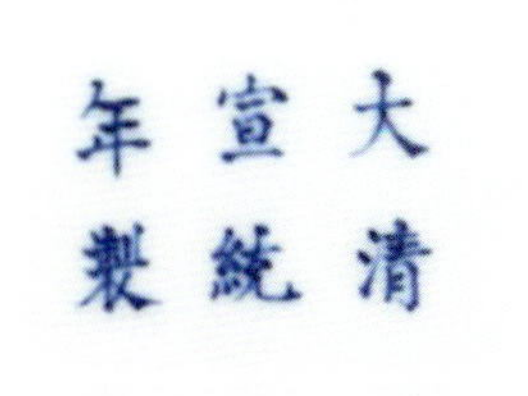

图2　“大清宣统年制”六字三行楷书款

（一）大运瓷器

大运瓷器，即指御窑厂按照往年定例、无须皇帝另外下旨烧制的瓷器，一般而言，这类瓷器烧造数量较多，器型和纹样基本固定，作为御窑厂每年的基本任务，烧成后被统一运至京城，交付清宫瓷库收贮，于每年年底在清宫内务府奏销。清代大运瓷器开始烧造的时间目前没有明确记载，但据乾隆三年五月初十日的一条档案：“……其余着送往圆明园，交园内总管，俟大运新瓷器到时，一同挑选等次……”[4]能够推测在乾隆三年五月以前，御窑厂已经开始烧造大运瓷器。乾隆十二年十二月明确制定大运瓷器的烧制瓷样和要求：“乾隆十二年十二月二十一日奉旨将选定瓷器交唐英，嗣后烧造俱照现今发去样款为定，琢器五十二件样式，尺寸不许更改，其颜色、花纹或于此内酌量互相更换尚可。圆器一百六十四件样式，尺寸、颜色、花纹总不许少有更换，此外从前奏准样款及该监督新拟样款总不许用，仍于一年定项钱粮内酌量撙节烧造……”[5]。嘉

1　《清宫瓷器档案全集》卷四九，中国画报出版社，2008年，第270页。
2　《清宫瓷器档案全集》卷四九，第379页。
3　《清宫瓷器档案全集》卷五〇，第143页。
4　《清宫瓷器档案全集》卷一，第305页。
5　《清宫瓷器档案全集》卷三，第86页。

庆、道光两朝为了削减国库经费，减少了瓷器的烧制，特别对大运瓷器的烧造品种做出了较大调整。道光二十九年的清宫瓷器档案系统而完整地记录大运瓷器烧制清单[1]，载有大运琢器8种、圆器47种，至光绪十一年，大运琢器由8种减少为6种，取消了两种玉壶春瓶式[2]，至此，大运瓷器的品种和样式基本确定。大运瓷器分为琢器和圆器两种。琢器，泛指不能一次拉坯成型的瓷器，如瓶、尊、罐等。圆器是相对于琢器而言，泛指能一次拉坯成型的瓷器，如碗、盘、盅等。

1、大运琢器

宣统元年至三年烧制的大运琢器共6种，即"天青釉四方太平有象瓶、均釉四方杏元双琯瓶、哥釉四方杏元双琯瓶、哥釉四方八卦瓶、青云红蝠纸槌瓶、青花起线玉堂春瓶"[3]，相比于前朝大运琢器，原有的"厂官釉太极纸搥瓶"以"青云红蝠纸搥瓶"代替[4]。

"天青釉四方太平有象瓶"，现惯用名称"祭蓝釉四方象耳瓶"，始制于乾隆时期，通体施祭蓝釉，圆口，短颈，平肩，器身呈四方体，上方两侧饰象首衔环耳，下承圈足。

"均釉四方杏元双琯瓶"，现惯用名称"窑变釉杏圆贯耳方瓶"〔图3〕，瓶以红釉为主色调，间杂有条状黑彩，尤以瓶棱线附近和双耳外侧较为集中。自光绪朝开始，此类瓶由以红釉为主体，蓝、黑釉色相互渗透，转变为以红釉为主，黑釉相配的釉色特征。"哥釉四方杏元双琯瓶"，现惯用名称"仿哥釉杏圆贯耳方瓶"，通体施仿哥釉，釉质莹润，开片自然。杏圆瓶式始于雍正朝，以后几乎历代都有烧造，瓶呈四方形，直口，倭角，颈部两侧饰一对贯耳，鼓腹，四方圈足，腹部前后两面有杏核状凸起，故称"杏圆瓶"。

"哥釉四方八卦瓶"，现惯用名称"仿哥釉八卦纹琮式瓶"。琮式瓶起源于宋代，仿自先秦礼器"玉琮"，乾

图3 宣统款窑变釉杏圆贯耳方瓶

图4 宣统款青花矾红彩云蝠纹直颈瓶

图5 宣统款青花缠枝莲纹赏瓶

1 《清宫瓷器档案全集》卷三二，第273页。
2 《清宫瓷器档案全集》卷四〇，第143页。
3 《清宫瓷器档案全集》卷四九，第200页。
4 《清宫瓷器档案全集》卷四七，第413页。

隆时期烧造数量最多、质量最精。而后历朝烧制的仿哥釉琮式瓶釉色逐渐呈现冬青色，外底一圈酱色釉出现掉釉现象。

“青云红蝠纸槌瓶”，现惯用名称“青花矾红彩云蝠纹直颈瓶”。纸槌瓶起源于宋代，因形似纸槌而得名，亦称“直颈瓶”。瓶直口，长颈，鼓腹，圈足。通体青花绘云纹，矾红彩绘蝠纹装饰于云纹之间，近足处青花矾红彩绘海水纹。〔图4〕

“青花起线玉堂春瓶”，现惯用名称“青花缠枝莲纹赏瓶”。玉堂春瓶是雍正朝出现的一种新瓶式，亦称“赏瓶”。瓶撇口，细长颈，肩部装饰凸弦纹，圆腹，圈足，通体青花装饰，颈部绘蕉叶纹，肩部凸弦纹两道，上层绘缠枝莲纹，下层饰如意云头纹，腹部装饰主体纹饰缠枝莲花纹。〔图5〕

2、大运圆器

据清宫档案记载，宣统元年至三年烧造大运圆器共计46个品种，4000余件，包括青花、五彩、黄釉、祭蓝等多种釉色。按照口径大小，碗类包括大碗、中碗、汤碗、茶碗、酒盅、茶盅，其中以中碗烧造纹饰种类和烧造数量最多；盘类包括满尺盘、九寸盘、七寸盘、六寸盘、五寸碟、四寸碟、三寸碟，其中以六寸盘烧造纹饰种类和数量最多。整体而言，宣统朝大运圆器样式和纹饰与前朝基本相同〔表一〕，仅有微小差别，如前朝“霁红七寸盘”和“霁红六寸盘”分别被替换为“彩红龙七寸盘”和“彩红龙六寸盘”，这应该是由于当时霁红釉的配制技艺失传所致。

表一　宣统朝大运圆器的烧造情况

清单名称	现惯用名称	烧造数量	口径（厘米）	图像
彩夔凤串花大碗	粉彩夔凤穿花纹碗	216	20.7	图6　故156410 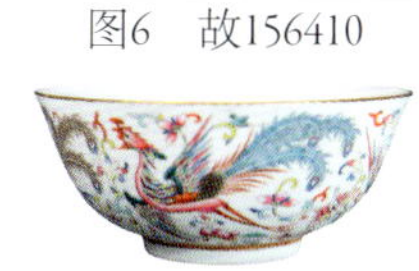
青西莲五寸大碗	青花缠枝莲纹碗	360	16.5	图7　故164338分6 
青云鹤八卦中碗	青花八卦云鹤纹碗	360	13.5	图8　故164340分6 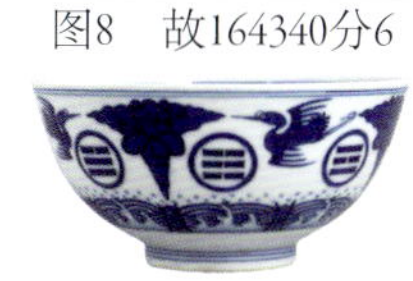
娇深黄暗龙汤碗	黄釉暗划云龙纹碗	42		
娇黄暗龙中碗	黄釉暗划云龙纹碗	42	14.4	图9　故164536 
娇深黄暗龙墩式中碗	黄釉暗划云龙纹碗	42	14.7	图10　故164525 

（续表）

清单名称	现惯用名称	烧造数量	口径（厘米）	图像
青花三菓班子中碗	青花折枝三果纹碗	42	15.5	图11 故164661分1 
填白釉宝烧红团凤中碗	白釉釉里红团凤碗	42		
娇黄暗龙撇口汤碗	里白釉外黄釉暗划云龙纹碗	42	12.5	图12 故164530 
五彩宝莲中碗	斗彩缠枝宝相花纹碗	36	14.2	图13 故156460 
霁青中碗	里白釉外祭蓝釉碗	42	14.6	图14 故164652 
紫金釉汤碗	酱釉碗	72	12.3	图15 故164463 
冬青釉红团凤中碗	冬青釉釉里红团凤碗	42	14.2	图16 故164511 
内青花外彩荷花大碗	里青花外粉彩荷花纹碗	180	17.1	图17 故164390分1 
红海水青花八仙大碗	青花矾红彩海水八仙过海图碗	216	22.5	图18 故156428 
内青花外彩荷花碗	里青花外粉彩荷花纹	216	15	图19 故164505 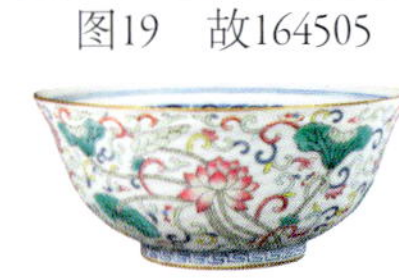
彩八吉祥碗	粉彩八吉祥纹碗	36		
绿花桃浇黄碗	黄地绿彩花鸟图碗	36	12.2	图20 故156477 

（续表）

清单名称	现惯用名称	烧造数量	口径（厘米）	图像
四号浇黄碗	黄釉碗	42		
五彩龙凤中碗	五彩龙凤纹碗	36	14.5	图21 故156476 
西莲五寸盘	青花缠枝莲纹盘	360	15.6	图22 故164351分6 
彩红龙七寸盘	白地矾红彩里云龙外花卉纹盘	36	21.2	图23 故164436分1 
青双龙满尺盘	青花二龙戏珠纹盘	36	26.4	图24 故164354 
青夔凤满尺盘	青花双凤纹盘	36	26.5	图25 故164663 
蓝地彩黄云龙九寸盘	蓝地黄彩云龙纹盘	36	25.3	图26 故164410 
彩八吉祥串花九寸盘	粉彩八吉祥纹盘	36	25.3	图27 故164547 
青花蚕纹寿字满尺盘	青花寿字蚕纹盘	36	26.2	图28 故164352分1 
青双龙六寸盘	青花二龙戏珠纹盘	42	16.4	图29 故164439分1 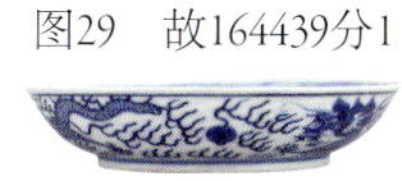

（续表）

清单名称	现惯用名称	烧造数量	口径（厘米）	图像
彩红龙六寸盘	白地矾红彩里云龙外花卉纹盘	72	18.5	图30　故164437分1 
青三友人物六寸盘	青花松竹梅图盘	36	17.4	图31　故164358分6 
五彩暗水绿龙六寸盘	白地绿彩云龙纹暗刻海水纹盘	36	18.4	图32　故164621 
五彩蚕纹如意七寸盘	五彩团花纹盘	36	21.4	图33　故164611 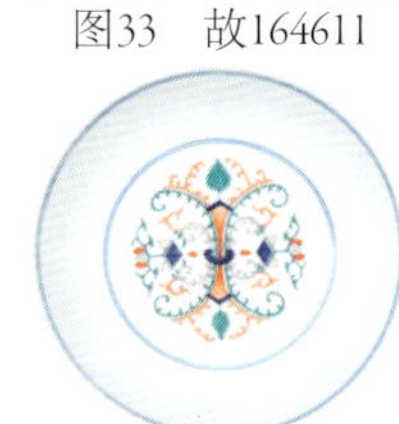
内紫龙外云鹤浇黄五寸碟	里黄地紫绿彩云龙纹外黄地绿彩云鹤纹碟	36	14.5	图34　故164370分1 
青云凤五寸盘	青花云凤纹盘	42	16.4	图35　故164359分1 
内紫龙外葡萄浇黄四寸碟	黄釉紫绿龙外葡萄纹盘	36	13.2	图36　故164516 

（续表）

清单名称	现惯用名称	烧造数量	口径（厘米）	图像
内紫龙外双蚩浇黄三寸碟	黄地紫绿彩云龙纹碟	72	10.8	图37　故164379分1 
五彩水仙花酒盅	粉彩水仙纹盅	360	5.5	图38　故164392分1 
红龙撇口酒盅	白地矾红彩云龙纹盅	360	5.7	图39　故164404分1 
娇黄茶盅	里白釉外黄釉盅	42	9.5	图40　故164449 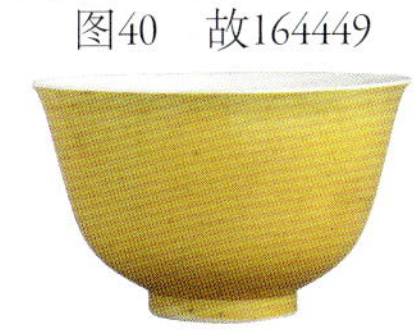
五彩鸳鸯荷花茶盅	斗彩鸳鸯卧莲纹碗	42	10.2	图41　故164650分1 
青双龙茶碗	青花云龙纹碗	120	11.2	图42　故164342分1 
蓝地彩黄云龙茶碗	蓝地黄彩云龙纹碗	36	10.2	图43　故164651分1 
青木樨花茶碗	青花缠枝花卉纹碗	120	11.3	图44　故164662分1 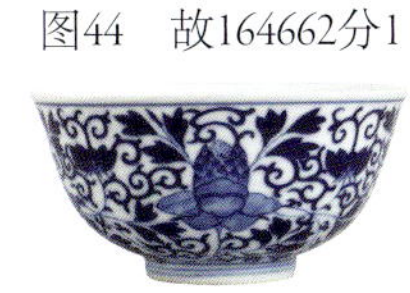
红地白竹茶碗	矾红地拔白竹纹碗	42		

（续表）

清单名称	现惯用名称	烧造数量	口径（厘米）	图像
霁青白里茶碗	里白釉外祭蓝釉碗	42	10.8	图45 故164657 
彩八宝茶碗	粉彩八吉祥纹碗	36		

注：由于清单名称与现代称法有出入，有些器物难与传世藏品相对应，另由于自然损坏等原因，实物已无存，因此有些器物的“现惯用名称”和“图像”等栏未填写。

（二）传办瓷器

传办瓷器是指由皇帝下旨或者由内务府发文令景德镇御窑厂烧造的瓷器，前者曰“奉旨传办瓷器”，一般包括皇室成员寿辰、重大节日等宫廷用瓷，后者曰“奉文传办瓷器”，通常涵盖祭太庙、奉先殿、坤宁宫以及陵寝等所需瓷祭器，为御膳房、御茶膳房、敬事房等内务府所属机构烧制用瓷。本文所述的传办瓷器属于奉文传办瓷器。

1、传办祭器

关于清代瓷质祭礼器的研究，已有学者做过详尽的整理与研究。清代皇家祭祀用瓷分为国家诸祀用瓷和内廷诸祀用瓷两个系列[1]。国家诸祀用瓷，皆遵古制，乾隆十二年以前，沿袭明代旧制，以瓷质碗、盘等替代传统祭祀用器中的簠、簋、笾、豆、登、铏，乾隆十三年以后，更改旧制，烧造古彝器形制的上述各色瓷质祭器。内廷诸祀用瓷则是依照满洲旧俗，以实用器作为祭祀用瓷，器型多见有碗、盘、罐等。雍正朝《大清会典》卷二〇一“工部·器用”云：“凡坛庙陵寝需用祭器，照太常寺图式、颜色、数目，颁发江西烧造解部”[2]，据此，清代宫廷使用的瓷质祭器均交由景德镇御窑厂烧造。

图46　宣统款青花缠枝莲纹大盖罐

图47　宣统款黄釉盖罐

宣统元年至宣统三年，景德镇御窑厂共烧造瓷祭器1167件，以供坤宁宫、寿皇殿、火神庙、马神房等处应用，器型有碗、盘、瓶、尊、爵、香炉、烛台、登，釉色以白釉为主，还有黄釉、酱釉、青花、五彩。

院藏宣统时期瓷质祭器以白釉碗、盘为主，主要用于寿皇殿供鲜、供果、供肉。旧藏品中有“坤宁

1　王光尧：《清代瓷质祭礼器略论》，《故宫博物院院刊》2003年第2期。

2　雍正朝《大清会典》卷二一〇“工部·器用”条，线装书局，2006年，第3428页。

宫祭器”铭文的青花缠枝莲纹大盖罐〔图46〕、黄釉大盖罐〔图47〕以及黄釉瓷碗〔图48〕，这种写有明确使用地点的祭器在清代瓷质祭器中极少出现。坤宁宫祭祀乃满洲旧制，《国朝宫史》载：“每岁元旦子刻，司香神位前上香。皇帝、皇后行礼。正月初旬，暨每月朔日朝祀之礼，……炕上设低桌二，陈炉三，盏三，时果九，糕十，炕前设献案，陈黄瓷碗二，以一实酒，虚其一。案下列尊酒，前设采毡。”[1]前述署有“坤宁宫祭器”铭文的瓷器应是文献中所说的黄瓷碗和酒尊。

图48　宣统款黄釉碗

2、内务府所属机构传办用瓷

内务府，全称“总管内务府”，是清代掌管宫禁事务的机关，负责掌管皇家的财务、帝后妃嫔的饮食起居、皇子的文化教育、宫廷杂务等。如遇日常生活用器不能满足使用，内务府将及时札派相应机构制造筹备。

图49　宣统款青花矾红彩双“喜”字碗

宣统元年至三年，九江关共造送9000余件瓷器供御膳房和御茶膳房使用，以素黄釉、黄地暗刻龙纹、黄地彩瓷为主，还有青花、红地彩瓷等品种。其中饰有双“喜”字纹饰器物为前朝所罕见，包括青花矾红彩双“喜”字碗〔图49〕和矾红地描金双“喜”字碗、盘〔图50〕，款识均为青花楷体“大清宣统年制”六字双行款，属于御膳房传办用瓷。

图50　宣统款矾红地描金双“喜”字盘

此外，敬事房作为管理太监事务的机构，同时作为收贮外国、各藩、各地贡物和清宫文物的库房，也负责宫廷赏赐用瓷的保管。清制，“国朝遇有庆典，每赐恩赏，自宗室、勋戚、文武各官，下及

图51　宣统款粉彩百碟纹赏瓶

图52　宣统款粉彩云蝠纹赏瓶

图53　宣统款祭蓝描金团龙纹“寿”字赏瓶

1 （清）鄂尔泰：《国朝宫史》卷六《典礼二》，北京出版社，2018 年，第 91 页。

八旗甲兵并老疾休致者，均被赐与。”[1]因此赏赐活动在宫廷生活中占有较大比例，赏赐用瓷需求可见一斑。宣统元年和三年，清廷两次传办烧制赏赐用瓷3000余件，以瓶类为主，常见者有青花缠枝莲凸弦纹赏瓶、粉彩百碟纹赏瓶〔图51〕、粉彩云蝠纹赏瓶〔图52〕、祭蓝描金团龙纹“寿”字赏瓶〔图53〕。

（三）礼瓷

每年，御窑厂除完成清宫交办的任务外，还专门为皇帝精心烧制御用器皿，器物质量精美，优于大运瓷器，通常在年节、端阳、中秋、重阳等传统佳节以及万寿节进献，即所谓“贡瓷”。乾隆皇帝曾为每个节令贡瓷上的装饰纹样做出规定：“……年节用三阳开泰，上元节用五谷丰登，端阳节用艾叶灵符，七夕用鹊桥仙渡，万寿用万寿无疆，中秋节用丹桂飘香，九月九用重阳菊花……”[2]，因此历朝贡瓷题材大多是平安喜乐、福寿安康，以色地粉彩装饰，纹饰华丽。

据清宫瓷器档案记载，九江关仅在宣统三年进贡过御瓷，即清单上的“礼瓷”[3]，共计3042件，包括“彩花桌碗、青边白地桌碗、茶盅、茶壶、金相玉桌碗、四季花桌碗”，成套烧制。笔者将档案与院藏实物进行比对，认为“粉彩花卉纹”、“青花边线纹”和“白釉金边”纹饰器物正是档案所记载的“彩花桌碗”、“青边白地桌碗”和“金相玉桌碗”。

粉彩花卉纹器物现存有尺寸不等的碗、盘、碟和羹匙〔图54〕，通体施白釉，以粉彩花卉纹装饰，不同尺寸器物的花卉纹饰不同。碗类器物口径大小有7种，最大口径19.6厘米，最小口径7.1厘米。盘类器物口径大小有7种，其中6种盘的类型明显异于传统中式盘型，撇口，盘心微下凹，外壁略高于盘心，圈足，应是当时的西式餐盘。器物外底署青花楷体“大清宣统年制”六字三行款。

青花边线纹器物烧造有碗、盘、碟、盖碗、羹匙〔图55〕。碗类器物通体施白釉，外口沿绘青花粗弦纹一周，足外壁绘青花细弦纹三周，根据口径大小，分为7种，口径最大20.5厘米，最小7.5厘米。盘类器型属于西式餐盘，器物口径尺寸有6种，口沿绘青花粗、细弦纹各一周。器物外底署青花楷体“大清宣统年制”六字三行款。

图54 宣统款粉彩花卉纹碗、盘组合

1 参见康熙朝《大清会典》卷三八“户部二十二·经费·赏赐”，线装书局，2006年，第478页。
2 《清宫瓷器档案全集》卷二，第273页。
3 《清宫瓷器档案全集》卷五〇，第133页。

图55 宣统款青花边线纹碗、盘组合

白釉金边器物烧造有碗、盘、碟、羹匙〔图56〕。器物通体施白釉，仅口沿描金一周。根据口径大小不同，碗类器物分为7种，盘类器物分为6种，器物外底署矾红彩楷体“大清宣统年制”六字双行款。

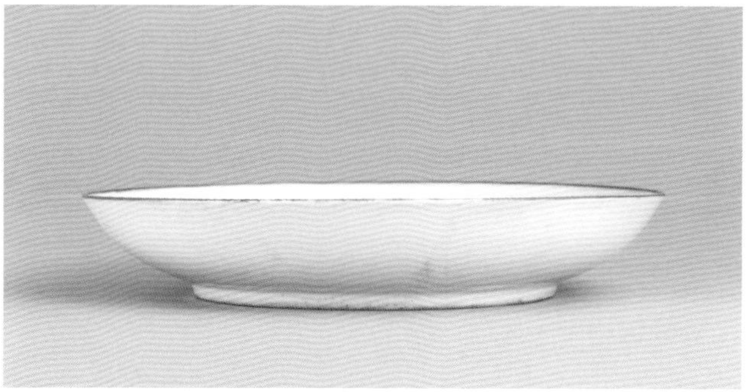

图56 宣统款白釉描金盘

如上所述，宣统三年的礼瓷（贡瓷）与前朝年例贡瓷相比具有显著的区别。不仅在造型上出现了西方式样的餐具，在图案上也一改前朝华丽繁复的装饰风格，特别是青花边线纹器物为宣统朝始创，唯有青花弦纹装饰，极尽简洁，此后，这种装饰风格从宫廷传至民间，俗称“蓝边碗”，影响深远，盛行于20世纪60—70年代，成为家庭生活中常用的餐具。此外，器物外底署有的六字三行青花楷书款识也引起了学者的关注：“……这种六字三行无圈框的楷书款在同治、光绪时期的御窑瓷器上几乎不见，可谓上无其源。但在江西瓷业公司所产商品瓷上所署的‘江西瓷业公司’六字楷书款也以三行无圈框者最常见，二者间的这种一致性或即正是产品出自同一生产单位的表现。”[1]引文中提到的“江西瓷业公司”在清末民初景德镇陶瓷历史上承担重要角色，那么，它与宣统朝御用瓷器有何关联呢？

二 江西瓷业公司、景德镇御窑厂与宣统朝御用瓷器

光绪二十九年农历五月四日，时任江西巡抚布政使柯逢时上书慈禧皇太后和光绪皇帝，详述创办景德镇瓷器公司的必要性和可行性：“奏为开办景德镇瓷器公司派员经理以振工艺而保利权恭折仰祈圣鉴事：窃江西浮梁之景德镇，制造瓷器，已历数朝，曩年售价约值五百万金，近乃愈趋愈下，岁不及半。……至于征榷则税重而厘轻，江西瓷厘不及原价十分之一，而洋关纳税则権其轻重，别其精粗，辨其花色，几逾十倍，故

1 王光尧：《清代御窑厂的建立与终结——清代御窑厂研究之一》，《故宫博物院院刊》2004 年第 2 期。

商人办运皆取道内地，绕越海关，独与他货异辙。然中国之销数日绌而外洋之浸灌日多，揆厥所由，实缘窑厂资本未充，不能与之相竞。该镇自军兴以后，元气未复，又一熸于火，再沦于水，资产久已荡然，勉力支持，益多苟简，运商复从而盘剥，时当其厄，则倍息亦所甘心，于是年复一年，利日以微，货日以窳，其行销内地者，即通都大邑亦少精制之品，迄无人维持而补救之，遂一蹶而不可复振。……上年乃招集绅商，议创公司，久之亦无应者，良由此事，固无人知，即知之亦不能悉，遂不免望而却步。经臣周谘博访，查有湖北候补道孙廷林，器识宏通，办事精审，……当即电调来江，与之考究一切事宜，悉能动中窾要，其于此事，确有心得，而精核罕有其伦。即经委办瓷器公司，筹拨银十万两，以为之创，余由该道自行集股。据称已得五万金，于三月间，在该镇建设窑厂，招集工人，专造洋式瓷器，必精必良，约计秋间，即可出货。当预备各色，敬谨进呈，所有章程，均循商例，应完厘税，一律抽收，且不敢援专利之条，致为商人所疑沮。……近年洋商屡思来此设厂制造，而奸商或挟外人之势，冀免税厘，历经臣随宜拒绝。倘再不图变计，将并此区区利权，不能自保。矧该镇聚工匠数十万人，性情犷悍，或致别滋事端，隐忧尤大。今既设立公司，精求新制，以后当可大开风气，广浚利源，与其振兴他项工艺，收效难期，不若因其固有者而扩充之，为事半而功倍也。该镇银根紧迸，百物腾贵，此次并分设官银钱号，以利传输，此外通商惠工之政，自应随时察看情形，藉资补助。是否有当，除咨外务部督办政务处、户部外，合将江西创设瓷器公司缘由，会同南洋通商大臣、两江总督臣魏光焘，恭折具陈，伏乞皇太后、皇上圣鉴训示。"[1]从中可知，当时景德镇瓷器市场日益萎缩，制瓷成本高、关税重，由于战乱以及清政府与列强签订的不平等条约，使得洋商在华贸易享受特权，大量从外洋进口的瓷器凭借低廉的价格在华倾销，严重损坏了景德镇陶瓷产业，侵害了景德镇众多窑厂的经济利益。因此，建立景德镇瓷器公司对于保护自身权益、发展经济是十分必要的。光绪二十八年，曾经"议创公司，久之亦无应者"，后来委托湖北候补道孙廷林创办瓷器公司，自行集股，"于三月间，在该镇建设窑厂，招集工人，专造洋式瓷器，必精必良，约计秋间，即可出货。当预备各色，敬谨进呈"，说明当时景德镇瓷器公司处于草创阶段，已投入生产，专门生产洋式瓷器，还准备敬呈清宫。

光绪三十三年农历四月十七日，两江总督端方奏明："据候选道曾铸等呈称，窃查江西景德镇瓷器公司，原拟官商合办，承办之人属易玉，今未有切实办法。去年，念该公司不如改归商办，较有把握，该员等商同担任发起，定名为商办江西瓷业有限公司。议集股本银二十万元，每股五元，计四万股，由发起人分认一万五千股，俟批准后再行承集二万五千股。……今该公司既系用机器仿造外瓷，自与原有瓷品不同，应准其制成货物无论运销何处，只按值百抽五完一出口正税，沿途关卡验明确系该公司用机器仿造西式之货，即予放行，不再征收各项厘税。……伏查东西洋各国最重商厂，故其政府凡遇设立公司，必力为提倡，且有由国家出补助费者，其税则亦无抽收本国货物出口之条。盖以公司设立既可存养多数之贫民，又可增加若干之厂税出，公家重视公司，诚为根本之计，今该道等自行集股设立江西商办瓷业公司，多用机器仿造外瓷，洵足振兴实业，挽回利权……"[2]。可以看出，光绪二十九年柯逢时上奏欲创办的江西景德镇瓷器公司半途中止，至光绪三十二年，"江西候补道李嘉德来沪集股，与上海道瑞澂晤商"，认为公司性质由官商合办转为商

1 《清宫瓷器档案全集》卷四六，第 295 页。

2 《清宫瓷器档案全集》卷四八，第 249 页。

办更易成功，定名为商办江西瓷业有限公司。公司的主要业务之一是机器生产西式瓷器销往海外，端方建议官府对货品仅征收值百抽五的出口税，以此鼓励企业生产、增加经济收益。以上两条档案，明确记载了自光绪二十八年起，清政府已着手建立江西景德镇瓷器公司，光绪二十九年三月，已开始生产洋式瓷器，但因资金和承办人的短缺，导致生产中途停止，而后于光绪三十三年，该公司改为商办江西瓷业有限公司，主营业务仍是机制洋瓷。至此，江西瓷业公司总算在波折中成立，但仍未明晰景德镇御窑厂与该公司的关系。

《清朝续文献通考》卷三八六《实业考九・窑业・新式窑业》[1]记载："江西瓷业公司，本为官督商办，光绪三十三年两江总督端方奏改商办，其出品照机器例仅完正税，工场设鄱阳湖之滨。既而景德镇之官窑亦归该公司经营，于是以景德官窑为总厂，鄱阳官窑为分厂，资本银四十万元。"又有："公司成立于前清末年，为张君季直、袁君秋舫、瑞君华儒等所发起。原拟资本四十万元，招足时只收二十余万元，所拟办法，分饶厂、景厂两处。饶厂用机器制造，景厂工作则依旧法。"[2]"宣统元年三月，清政府农工商部对江西景德镇瓷器公司核准立案而正式成立。"[3]以上三条档案，揭示景德镇御窑厂最终并入江西瓷业公司管理，并且作为公司的总厂，仍旧以手工制瓷，作为公司分厂的饶厂——鄱阳分厂，采用机器制瓷。宣统元年，清政府正式核准成立江西瓷业公司。

综合以上资料，江西瓷业公司对于景德镇御窑厂而言，实际上是名义上的合并，生产技术遵循旧制，坚持手工制瓷。从故宫博物院藏宣统朝御用瓷器看，署有宣统年款的器物手工制瓷特征明显，特别是青花边线纹器物，青花弦纹浓淡、粗细不一〔图57〕，这与"景厂工作依旧法"的记载相吻合。因此，宣统元年至三年，署有宣统年款的御用瓷器从名义上皆是出自江西瓷业公司，生产工艺仍秉承景德镇御窑厂之技艺，依旧制供入宫廷。

图57 宣统款青花边线纹碟

三 结 语

宣统朝大运瓷器、传办瓷器均继承前朝瓷器风格，无所创新，而礼瓷的烧制却开创了新风尚，西式餐盘瓷器作为礼瓷开始进入宫廷，标志着封建统治阶层对西方文化和生产技术的主动接纳，特别是青花边线纹碗更是成为一种影响深远的时代风格。通过文献、档案和实物的比较研究，署有宣统年款的御用瓷器由江西瓷

1 刘锦藻：《清朝续文献通考》卷三八六《实业考九・工务》，浙江古籍出版社，1988 年，第 11338 页。。

2 向焯：《景德镇陶业纪事》，景德镇开智印刷局，影印本，1920 年。

3 瓷石：《我国第一个陶瓷实业公司——江西景德镇公司》，《景德镇陶瓷》1984 年第 3 期。

业公司的总厂——景德镇御窑厂手工烧制。

晚清江西瓷业公司的建立可以看作是在西方资本主义市场的入侵和冲击下，旧有的封建官府经济实体被迫改革，以适应新兴的市场经济环境而产生的一种新的存在形式，宣统朝御用瓷器作为改革的产物，对于探讨清代御窑厂改制后的生产情况具有重要作用。

[作者单位：故宫博物院器物部]

清代皇家园林宴会活动考察
——以圆明园、避暑山庄为例

Investigation on Banquet Events of Imperial Gardens in the Qing Dynasty
—A Case Study of the Garden of Perfect Brightness and Moutain Villa to Escape the Heat

马骁　陈东　吴晓敏

Ma Xiao　Chen Dong　Wu Xiaomin

内容提要：

在清代宫廷中，宴会是皇帝施恩群臣、怀柔外藩、开展皇家社交活动的主要方式。乾隆、嘉庆时期，最重要的两大皇家园林——圆明园和避暑山庄频繁举行各类宫廷宴会，清帝通过宴饮活动，让宗亲、君臣、外交等维度的关系在朝堂之外得到进一步发展和巩固。圆明园与避暑山庄所在地域不同，宴会的主题、规模、菜品的设计等方面均存有差异。本文结合相关档案，以圆明园奉三无私和避暑山庄延薰山馆作为考察对象，力求对两座皇家园林的宴会功能及特点进行分析、总结。

关键词：

圆明园　避暑山庄　宫廷宴会　奉三无私　如意洲　延薰山馆

ABSTRACT:

In the court of the Qing dynasty (1644-1911), banquets were the main way for the emperors to bestow favors to court officials, placate vassal states, and organize social events. During the Qianlong (r. 1736-1795) and Jiaqing (r. 1796-1820) reigns, the two most important imperial gardens, the Garden of Perfect Brightness (*Yuanming yuan*) and Moutain Villa to Escape the Heat (*Bishu shanzhuang*), frequently held various court banquets. Through banquet events, the Qing emperor further developed and consolidated the relationship with clansmen, court officials, and diplomatic envoys from outside the court. Regional difference between the two gardens was reflected on the differences in the theme, scale, and catering design of the banquets. Combined with relevant archival documents, this article takes the Hall of Exercising Triple Impartiality (*Fengsan wusi dian*) in the Garden of Perfect Brightness and Mountain Lodge in Southern Breeze (*Yanxun shanguan*) in the other as objects of investigation, and tries to analyze and summarize such banquets' functions and characteristics at the two gardens.

KEYWORDS:

Garden of Perfect Brightness, Moutain Villa to Escape the Heat, court banquets, Hall of Exercising Triple Impartiality (*Fengsan wusi dian*), Ruyi Island, Mountain Lodge in Southern Breeze (*Yanxun shanguan*)

一 引 言

中国历来被誉为“礼仪之邦”，宴饮之俗，古已有之。《诗经》作为我国最早的一部诗歌总集，收录了先秦时期关于宴饮场景的作品。例如，《小雅》中的名篇《鹿鸣》：“呦呦鹿鸣，食野之苹。我有嘉宾，鼓瑟吹笙。”就被解读为周王宴请群臣之作，反映了君臣间和谐融洽的关系，以及宴会中欢快热烈的氛围。

商周时期，宫廷里已产生了比较成熟的宴饮之俗，并视季节、主题、人员等不同划分出诸多模式。《周礼》记录了早期的饮食制度，如《天官冢宰》规定“以乐侑食”，认为在宴饮期间奏乐，能起到增加食欲的功效。《仪礼》中《燕礼》反映了诸侯宴请臣下时的具体礼节，《公食大夫礼》描写了国君招待使臣的情景。类似文献记载还很多。

隋唐以来，传统人物绘画不论技法、风格如何转变，都将宴饮场面作为重要描写对象，图像记录反映作者所处时代的物质文明。例如，传为宋徽宗赵佶的杰作《文会图》，宴桌列于池畔小院之中，竹树清雅，高朋满座，菜肴精美，器具华丽，便是宋代宫中茶宴的真实写照〔图1〕。

图1　宋徽宗（传）《文会图》中的宴会　台北“故宫博物院”藏

宫廷宴会是“礼制”的一部分，起着规范朝廷秩序，维护阶级统治的作用。古代王朝通过一套完整而烦琐的宴饮程序，在有效传达君主威权的同时，又给赴宴者一种物质和精神上的高级享受。最终，君臣的等级之分被显著强化，帝王与臣子的关系却变得愈加亲近，正合朱熹所言：“盖君臣之分，以严为主；朝廷之礼，以敬为主。然一于严敬，则情或不通，而无以尽其忠告之益。故先王因其饮食聚会，而制为燕飨之礼，以通上下之情。”[1]

清代宫中宴会是皇帝敦亲睦族、怀柔外藩、推恩廷臣的主要方式。乾隆、嘉庆年间，最重要的两大皇家园林——圆明园和避暑山庄都经常举办宴会，宴事活动名目繁多，可分为《会典》规定的大型筵宴和不限时间、随时运作的中小型宴会。

光禄寺、内务府是承办皇家宴会的两大机构。国宴规格的大宴，如太和殿、保和殿等处

1 （宋）朱熹注：《诗集传》，岳麓书社，1989 年，第 113 页。

举行的与军国大事相关的筵宴由光禄寺负责；内廷宴、宗亲宴等一般性宴会则多系内务府下属"御茶膳房"备办。宫廷宴饮礼制要求非常严格，食材的采购、荤素的搭配、传膳的程序、人员的分工，乃至餐桌餐具样式、座次排列、菜品摆放规则都有一套复杂制度，不得任意更改。

设宴固然有深刻的政治意图，皇家园林中的宴会活动是让宗亲、君臣、外交等不同维度的关系在朝堂外得到进一步发展的有效手段。由于圆明园、避暑山庄彼此地域不同，宴会的主题、规模、膳食的设计等方面都存有差异，值得考察和研究。

二　圆明园和避暑山庄中的宫廷宴会

乾嘉两朝，圆明园举办宴会的地方主要有四处：正大光明、山高水长、同乐园和奉三无私[1]。

其中，正大光明殿地位最为重要，负责皇帝的万寿朝贺、外藩和大臣的新正朝贺等重要活动。山高水长每于上元前及上元节当日举行宴会，特色是大蒙古包宴、燃放烟火、技艺表演。同乐园是皇帝在万寿节和其他重要节令看戏之处，特别是在寿诞期间，大臣和外国使节云集于此，虽场面宏大，但环境又比正大光明和山高水长略显宽松自由。奉三无私自乾隆时期开始为每岁宗亲宴举办地，宴会规模小，只有皇帝直系子孙和近支王公才有资格赴宴，显现出明显的私密性。

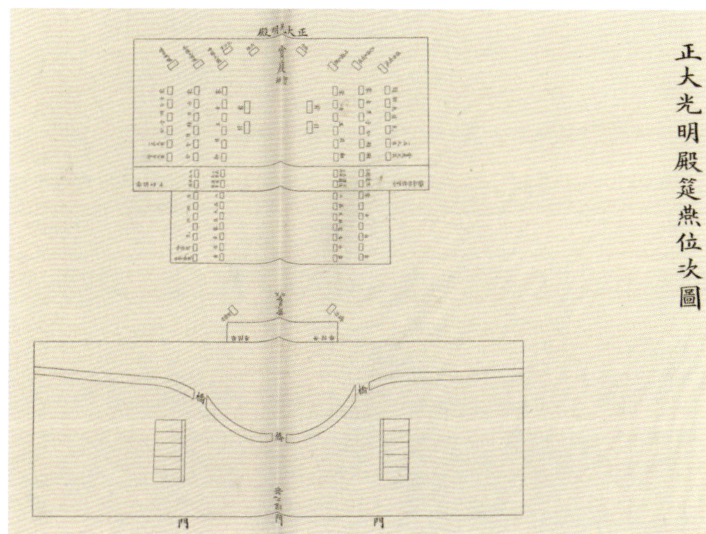

图2　圆明园正大光明殿筵燕位次图，光绪朝《钦定大清会典图》卷二八

四处宴会场地，仅正大光明和山高水长被载入《大清会典》〔图2〕，算是"大宴"。而同乐园和奉三无私的宴会等级明显要低一些。不同的赐宴场所分担了不同功能，能够适应清廷各种规格的宴饮需要。

避暑山庄举办宴会的场所也是四处：澹泊敬诚、万树园、清音阁、如意洲。澹泊敬诚是乾隆年间万寿节筵宴之所；万树园主要接待少数民族首领和外国使臣，也是以蒙古包宴为主，与澹泊敬诚的宴会同属最高规格。清音阁是万寿和中秋等节庆看连台本戏、宴请群臣之地；如意洲则举办一些时间不固定的中小型宴会。

以上宴会地点中，正大光明与澹泊敬诚、山高水长与万树园、同乐园与清音阁等三组赐宴空间在建筑形制、筵宴模式上均十分相似，小异而大同。唯独奉三无私和如意洲各具特色，是考察圆明园和避暑山庄宫廷宴会地域性特色的重要场所。

1　咸丰时期，长春园狮子林的清淑斋也举行过小型宴会，但并非主要赐宴地。见玉明《侍游御园记》："过小角门，至狮子林清淑斋，赏饭。左右四桌，命七臣坐，并温谕可饱食，非外廷宴比。又命膳房先给七臣面各一器，上晋粥，又晋饭，颁赏御用菜蔬，七臣叩头谢。上又赏粥毕，随驾起行。"

（一）圆明园奉三无私的宴会特点

图3 圆明园奉三无私殿 法国国家图书馆藏《圆明园四十景图》局部

图4 圆明园九洲清晏景区 法国国家图书馆藏《圆明园四十景图》

奉三无私〔图3〕位于圆明园寝宫区“九洲清晏”〔图4〕中轴线上，是圆明园三殿的二层殿，面阔七间，四周出廊，单檐卷棚歇山顶。殿内悬挂乾隆御书康熙、雍正二帝的圣训，内额曰“清虚静泰”，有联：“涧泉无操琴，泠然善也；风竹有声画，顾而乐之。”宝座联曰：“所无逸而居，动静适徵仁智；体有常以治，照临并叶清宁。”均乾隆御题。[1]奉三无私是圆明园举行宗亲宴的地点，也是清代皇家园林内唯一一处长期举办宗亲活动的建筑。

宗亲宴，即皇族家宴，始于乾隆年间。由皇帝钦点皇子皇孙及近支王公入宴。奉三无私的宗亲宴最早见于乾隆五年（1740）正月十五，“丁巳（十五日）。上御奉三无私殿，赐王贝勒等宴”[2]。次日，乾隆又在这里宴请群臣，“戊午（十六日）。上御奉三无私殿，赐大学士、尚书、侍郎等宴。”[3]

据此记载，早年的奉三无私殿并不仅仅作为皇室宗藩宴饮之处，朝中大臣也可以入宴，且举办时间在元宵节当日及其后的正月十六日。后来经过发展演变，才逐渐固定为每年上元前夕（正月十四日）举行“宗亲宴”，同时与正月十五日的正大光明殿“外藩宴”（赐朝正外藩）、正月十六日的正大光明“廷臣宴”（赐大学士、尚书等官员）合称为圆明园“上元三宴”。

乾隆、嘉庆时期，奉三无私宗亲宴几乎年年举行，通过检索《清实录》可知，乾隆年间，奉三无私一

1 （清）于敏中等编纂：《日下旧闻考》，北京古籍出版社，1985年，第1332页。

2 《清高宗实录》，卷一〇八，乾隆五年正月条。

3 《清高宗实录》，卷一〇九，乾隆五年正月条。

共举行过44次宴会（宗亲宴43次，廷臣宴1次）。嘉庆时，奉三无私举行过22次宗亲宴（太上皇训政时期3次；嘉庆亲政以后，七年至二十五年每年一次，共19次）。

关于这座建筑还有段故事。嘉庆即位后，由于宫中同时存在两位皇帝，礼制上难免有所冲突，考虑到嗣皇帝应有的政治地位，八十六岁高龄的乾隆〔图5〕特定为奉三无私的宗亲宴的座次做出了调整："每岁上元前一日，例于奉三无私殿内宴近支王公及皇子孙曾元等，坐次咸依辈行排列。今年嗣皇帝已受玺登极，与诸皇子等有君臣之分，自应在予座傍随侍隅座，不当与皇八子[1]、皇十一子[2]两兄序齿矣。"[3]这样才避免使嘉庆〔图6〕陷入尴尬局面。

图5 乾隆帝朝服像 故宫博物院藏

图6 嘉庆帝朝服像 故宫博物院藏

奉三无私宗亲宴是每岁新正的重要活动，乾隆和嘉庆创作过很多以上元家宴为主题的诗作。乾隆有《上元前日近支家宴得句》[4]：

近支例以节前宴，耄弗见兄惟见昆[5]。
既喜彬彬更济济，于时语语复言言。
笙歌昼用宣行苇[6]，灯火夕当示外藩。
载锡欣看十龄壮，心希六岁抱来孙。

嘉庆也写过一首《上元前夕曲宴亲藩》[7]：

雪融旭丽孟春暄，爰集宗亲宴御园。
共沐生成期共济，同承恩泽本同源。
君臣虽限威仪肃，兄弟应删礼节繁。
列座渐看瓜瓞衍，来年欣续六龄孙。

诗中"既喜彬彬更济济，于时语语复言言""共沐生成期共济，同承恩泽本同源"等句子都表达了清帝面对满堂宗亲的喜悦之情。天子虽然拥有至高的权位，却也明白家族成员间互相帮助、同舟共济的重要性。据乾

1 即永璇（1746 — 1832）。乾隆第八子，乾隆四十四年（1779）封仪郡王。
2 即永瑆（1752 — 1823）。乾隆第十一子，乾隆五十四年（1789）封成亲王。
3 （清）弘历：《御制诗余集》，卷二，"上元前一日家宴亲藩及曾元成句"诗注。
4 （清）弘历：《御制诗五集》，卷七八，"上元前日近支家宴得句"。
5 句末乾隆自注："近支皆皇祖孙曾辈，今在坐者，惟諴郡王为予幼弟，并无一兄矣。按《尔雅》释言：昆，后也。昆命元龟，垂裕后昆。可知昆乃弟之称。朱子解谓'他人昆为兄'，盖泥于前二章谓父谓母之意，遂曰谓兄，实过于拘墟耳。不知谓弟非近之之意乎？"
6 句后乾隆自注："是宴用笃宗亲之谊，但卜昼而不卜夜，历来如此。至向晚命御前大臣等率外藩及各国陪臣观灯火则又以示柔远之道耳。"
7 （清）颙琰：《御制诗三集》，卷二，"上元前夕曲宴亲藩"。

图7 故宫近年复原的清宫宴桌，与奉三无私宗亲宴摆设很相似，反映了当时较为固定的宴饮制度

隆帝诗注中“是宴用笃宗亲之谊，但卜昼而不卜夜，历来如此”[1]可知，奉三无私宗亲宴只在白天举行，并不会在夜晚安排活动。

奉三无私的宗亲宴属于“曲宴”的一种，相对于“大宴”而言，规模小，私密性强，宴饮气氛较宽松。内务府御茶膳房对当年宗亲宴的流程、菜品、座次、赴宴人员等信息有非常具体的记载。例如，乾隆四十八年（1783）正月《膳底档》[2]，是研究奉三无私宗亲宴不可多得的资料，兹整理如下：

正月十四午正（注：中午十二点）。

奉三无私安着紫檀木苏宴桌一张，宝座扶手至两桌边一尺七寸；摆高头七品（青白玉碗，上安灯笼花），两边花瓶一对，高头碗足至前桌边二寸二分，两边碗足至桌边六寸五分，高头碗足至怀里桌边二尺五寸；群膳、热膳三十二品（内有外铺内六品，膳房四品，青白玉碗），碗足至两桌边六寸五分，摆四路，每路八品；两边干湿点心四品，奶子一品，敖尔布哈一品（青白玉盘）；两边小菜四品，西边老腌菜一品、八宝菜一品，东边南小菜一品、清酱一品（青白玉碟），小菜碟至两桌边七寸，后桌边二寸；中匙、箸、叉子、手布、纸花、筷套安毕。〔注：宴桌摆放形式可参考图7〕

东边睿亲王[3]、庄亲王[4]头桌宴一桌，仪郡王[5]、十五阿哥[6]二桌宴一桌，怡亲王[7]、恒郡王[8]三桌宴一桌；西边諴亲王[9]、质郡王[10]头桌宴一桌，十一阿哥[11]、十七阿哥[12]二桌宴一桌，定郡王[13]、和郡王[14]三桌宴一桌。

此六桌宴用地方有帏子高桌摆，每桌高头五品（紫漆碗）、群膳十五品、干湿点心四品、小菜四品，内有清酱一品。匙、箸、纸花、筷套安毕。

1 （清）弘历：《御制诗五集》，卷七八，“上元前日近支家宴得句”。

2 中国第一历史档案馆编：《清代档案史料——圆明园》，上海古籍出版社，1991年，第930－932页。按：整理原档时格式略有调整。

3 即淳颖。豫通亲王多铎第五子多尔博后裔。多尔博子苏尔发，苏尔发子塞勒，塞勒子功宜布，功宜布子如松，如松子淳颖。乾隆四十三年（1778）正月，清高宗为多尔衮平凡，下诏多尔博一支仍为多尔衮后嗣，令淳颖袭爵为睿亲王。

4 即永瑺。康熙帝曾孙，祖父允禄为康熙第十六子，雍正元年（1723）被过继给皇太极孙、庄靖亲王博果铎。乾隆三十二年（1767），允禄去世，孙永瑺承袭庄亲王爵位。

5 即永璇。

6 即永琰（1760－1820）。后来的嘉庆皇帝。

7 即永琅。康熙帝曾孙，祖父允祥为康熙第十三子，曾辅佐雍正帝，深受信任，得到世袭罔替的荣誉。允祥死后，弘晓袭爵；弘晓死后，永琅于乾隆四十三年（1778）袭怡亲王。

8 即永皓。康熙帝曾孙，祖父允祺为康熙第五子，封恒亲王。允祺死后，子弘晊袭恒亲王；弘晊死后，子永皓于乾隆四十年（1775）降袭郡王。

9 即弘畅。康熙帝之孙，父允祕是康熙第二十四子，雍正十一年（1733），被册封为和硕諴亲王。乾隆三十九年（1774）弘畅降袭諴郡王一爵，后因得宠，一度晋封亲王。

10 即永瑢（1744－1790），乾隆第六子。乾隆三十七年（1772）封质郡王。

11 即永瑆。

12 即永璘（1766－1820）。乾隆第十七子，嘉庆同母弟。

13 即绵恩（1747－1822）。乾隆之孙，定安亲王永璜次子。乾隆四十一年（1776）袭定郡王。

14 即绵循。雍正帝曾孙，和恭亲王弘昼之孙，乾隆侄孙。乾隆四十年（1775）袭和郡王。

热宴随万岁爷，热宴摆至未正（注：下午两点），总管萧云鹏传摆热宴毕，起祝，请万岁爷升座毕，总管等四人往里请宴桌毕，乐止出殿外，王子等进殿入座毕。

随送万岁爷汤膳，一对盒进，用香色菊花盒（东边燕窝鸭子汤膳一品，铺内做，粳米膳一品；西边燕窝鸭腰攒汤一品，红白鸭子脊髓汤一品），俱三号黄碗。盒盖一出，送王子等位汤膳，一盒进，每位粳米膳一品，羊肉卧蛋粉汤一品（绿地紫龙碗）。俱是本桌人送，照例端盒人，头桌先进，还是头桌先出，送茶、送酒俱是卷着出。

送乐止，承应戏未完，奉旨：送奶茶。总管萧云鹏请奶茶至万岁爷前，跪进奶茶，奶茶碗盖一出，就送两边王子等位。

奶茶毕，将茶桌抬开，转宴。先转上用汤膳碗、群膳点心、小菜、金匙，高头照例花瓶、筷子、叉子不转，花瓶往里挪，挪至里边桌几角上。将酒膳摆二路，花瓶往外挪，挪至外边桌几角上头，对盒，进出二对。盒进，转王子等位宴，俱从外边往里转，高头群膳、点心、小菜、汤、饭、匙子，惟有花瓶、筷子不转。

转宴毕，奏乐。随摆上用酒膳一桌，三十二品，四对盒进，摆四路，每路八品。头对盒菜八品，二对盒果子八品，三对盒菜八品，四对盒果子八品（青白玉盘）。盘足至前桌边四寸五分，头对盒进随二对盒摆。王子等位酒宴一对盒进，共六桌，每桌共十五品（菜七品、果子八品）。

摆毕，先送上用元宵一品（三号黄碗），一盒呈进，用香色菊花式盒。盒盖一出，就送王子等位元宵，每位元宵一品（绿地紫龙碗）。送元宵毕，总管等出殿外，乐止。

随送酒，奏乐。八阿哥请酒一杯，至万岁爷前跪进酒毕，斟赏酒一杯，递于八阿哥，饮毕入座。总管萧云鹏送万岁爷看杯，酒毕，出殿外看杯，酒一进就送王子等位酒。

送酒毕，乐止，承应戏未完，奉旨：送果茶。总管萧云鹏跪进万岁爷果茶。果茶碗盖一出，就送王子等位。

果茶毕，首领太监四人将酒桌抬开，王子等位出殿外谢宴。

礼毕，乐止。总管等四人往外请宴桌毕，乾清宫总管董五经等奏宴毕，起祝，奏乐，上起座毕，乐止。

茶膳房转宴毕。总管萧云鹏奏过，传旨：苏宴一桌、酒宴一桌，赏罗布藏多尔济、拉他那西第、查拉丰阿、阿桂、福隆安、和珅、梁国治、董诰、福长安。王子等位饭宴、酒宴，照座次赏入宴王子等。钦此。

奉三无私宗亲宴在午正（12:00）时分布置桌椅、陈设，未正（14:00）才正式开宴，赴宴的皇子、王公仅有睿亲王淳颖、庄亲王永瑺、仪郡王永璇、十五阿哥永琰、怡亲王永琅、恒郡王永皓、諴亲王弘畅、质郡王永瑢、十一阿哥永瑆、十七阿哥永璘、定郡王绵恩、和郡王绵循等十二人。

图8　清　姚文瀚《紫光阁赐宴图》中皇帝用膳的场景　故宫博物院藏

乾隆的膳桌安设于殿内中心，可能和图8所绘场

图9 清 徐扬《乾隆南巡图》中的苏州街头饭店 纽约大都会艺术博物馆藏

图10 乾隆帝吉服像 故宫博物院藏《万法归一图》局部

景比较接近。宴会程序是：会场布置—摆热宴—皇帝入座—皇子王公进殿入座—送汤膳—送奶茶—转宴—摆酒宴—送元宵—皇子向皇帝敬酒—送果茶—赴宴宗亲出殿谢恩—宴会结束—皇帝离场。

宴会期间奏乐，是对古人"以乐侑食"传统的继承。奏乐并不是持续不断的，而是在以皇帝为中心的基础上，根据不同的环节作间断性的伴奏，所以档案里才会反复提到"奏乐""乐止"的字眼。除了奏乐，宗亲宴上还有伶人表演的承应戏，奉三无私殿内有小戏台，这种承应戏应该只走个过场，时间不会太长。

这一年的宗亲宴采用了"苏宴"——即苏州菜组成的宴席，当与乾隆之前五次下江南有关。苏州历来是江南富庶繁华之地，饮食文化发达〔图9〕，明清时期更成为全国经济文化重地。奉三无私的苏宴反映了苏州菜系对宫廷宴席的影响。

皇帝赴宴时的服饰穿着见于乾隆二十一年（1756）《穿戴档》记载："（正月十四）至同乐园进早膳毕，至进晚膳后。乘拖床至九洲清晏，沐浴，换大毛熏貂缎台正珠珠顶冠，黄宁紬翡翠黑狐膁龙袍，芝麻花端罩，金累丝珐琅大鞓带，蓝宝石数珠（里），靴袜仍前。上率王子等入宴毕。后码头乘拖床至十字亭码头，步行……"[1]

"上率王子等入宴"指的是奉三无私"宗亲宴"。穿戴部分，"大毛熏貂缎台正珠珠顶冠"与《大清会典图》中皇帝冬季吉服冠"有薰貂……上衔大珍珠一"[2]的记载一致，"龙袍"就是吉服袍。根据这段记载，乾隆是身穿吉服〔图10〕，外罩端罩，穿戴的等级比较高，说明了他对奉三无私宗亲宴的重视。

（二）避暑山庄如意洲的宴会特点

如意洲〔图11〕[3]位于避暑山庄湖区中心，是康熙年间肇建避暑山庄时较早修建的景区之一，也是避暑山庄的"第二寝宫区"和娱乐中心。岛上有两座建筑——"延薰山馆"和"一片云"，均为赐宴之地。其中，延薰山馆地位最尊，且史料记载较多，和圆明园奉三无私更具对比意义。

1 中国第一历史档案馆编：《清代档案史料——圆明园》，上海古籍出版社，1991年，第830页。

2 （清）托津等撰：《钦定大清会典图（嘉庆朝）》，卷四一，"冠服一，皇帝冠服"。

3 此图系原图基础上调整版，补充了法林寺东侧画面，添加了西岭晨霞等景点，对建筑屋顶错误予以修正。

图11 避暑山庄如意洲全景 美国洛克菲勒研究中心藏

延薰山馆〔图12〕，康熙三十六景第四景，是如意洲中轴线上的二层殿，亦是如意洲建筑群的正殿。面阔七间，前后出廊，单檐歇山卷棚顶。南面建悬山抱厦五间，外檐挂康熙御笔“延薰山馆”匾一面。内额有三，曰“解阜怡神”“福寿”“敷畴皀泽”[1]，明间挂乾隆御题联：“石剑攒青，千林天仗合；水衣萦碧，一鉴月槎横。”[2]

图12 如意洲延薰山馆现状 张守仁先生摄

延薰山馆是清帝在避暑山庄赐宴群臣的主要地点。乾隆年间，这里的宴会活动发展到鼎盛阶段，举办次数最多，内容也更加丰富，出现了诗歌唱和、重阳节庆等不同主题的宴会活动。与京内宗亲宴不同，延薰山馆的宴会不只针对皇家宗亲，还可以面向随驾的王公大臣、觐见的边疆少数民族首领，入宴人员事先由皇帝钦点，人数并不多，十几人到几十人不等，但多是皇帝股肱之臣，故受邀者往往视之为特殊恩典，引以为荣。一时名臣，例如，汪由敦、尹继善、方观承、于敏中、傅恒、海兰察、梁国治、和珅、福长安等都到这里参加过宴会。

目前所见延薰山馆赐宴的最早记载是在乾隆十四年（1749）七月十八日，“甲子（十八日），御延薰山馆，赐扈从大学士、内廷诸臣宴”[3]，这次宴会的主题是赋诗，乾隆帝首先写了一首《延薰山馆召大学士傅

1 《热河园庭关于御笔史诗铜玉瓷如意等各种陈设器物清册》。见辽宁省档案馆编：《中国近代社会生活档案（东北卷一）》，第20册，广西师范大学出版社，2005年，第354页、第380页。

2 （清）和珅、梁国治等纂修：《钦定热河志》卷二六，辽海书社，1934年。

3 （清）和珅、梁国治等纂修：《钦定热河志》，辽海书社，民国二三年版，卷一五“巡典三”。

恒、史贻直，及内翰侍御诸臣赐膳赋诗辄成首唱》：

雨后晨清霁景开，山庄相共赏灵台。
智仁乐在山兮水，赓咏才看邹与枚。
岩下仙泉鸣舜乐，庭间温树识尧培。
旧时侍从今元老，鸠杖中朝未扈来。[1]

图13 汪由敦像，《清代学者像传》

著名词臣，也是宴会成员之一的汪由敦〔图13〕依乾隆元韵作《恭和御制七月十八日延薰山馆召同大学士傅恒、史贻直，及内翰侍御诸臣赐膳赋诗辄成首唱元韵》：

山庄晓霁画屏开，傍辇攀跻近水台。
文藻萦回纷绮縠，孙枝清樾蔚条枚。
云霞圣迹重霄丽，雨露仁恩奕世培。
丰岁行秋叨扈跸，卷阿幸得遂歌来。[2]

直到嘉庆初年，延薰山馆的赐宴活动都是非常频繁的，几乎年年必行。受限于资料不足，宴会举办总次数难以精确统计。

延薰山馆之宴规模很小，入宴人数少则十余人，多则三四十人，且赐宴时间也不固定，往往由皇帝提前一日临时宣召。古代宫廷，自曹魏以降，流行一种名为“曲宴”的宴会形式，据《宋史》卷一一三“嘉礼四”载：“凡幸苑囿、池籞，观稼、畋猎，所至设宴，惟从官预，谓之曲宴。”[3]按照这个解释，延薰山馆的宴会也有“曲宴”的性质。

延薰山馆的宴饮情况，载于内务府御茶膳房《节次照常膳底档》，同样以乾隆四十八年（1783）为例：

五月三十日未初二刻（注：下午一点半），上至延薰山馆升座毕。送奶茶，赏奶茶毕。

传膳用折叠膳桌摆：全猪肉丝一品、额思克森一品（系树木勒做）、燕窝把酒炖鸭子一品（系张东官做）、攒丝肥鸡一品（系郑二做）、烧肉烧肝血肠攒盘一品、塞勒白肝肚抓攒盘一品、羊乌叉一盘、蒸肥鸡烧肉一盘、象眼小馒首一品、猪肉茄子馅提折包子一品、银葵花盒小菜一品、银碟小菜四品。刀子、湿手布、匙、箸安毕，呈进。随送粳米、稗子米干膳进一品。

上亲片羊乌叉、肥鸡、狍肉进。进毕，总管萧云鹏等遵四十七年例，将膳桌上剩下膳品连膳桌请下来，留着，郭什哈大人散去，再将膳桌请至殿内伺候赏用。

1 （清）弘历：《御制诗二集》，卷一一。按：诗末乾隆自注“如大学士张廷玉、来保，今皆以年高在朝办理政务，不扈驾来此矣。”

2 （清）汪由敦撰：《松泉诗集》。见《清代诗文集汇编》编纂委员会编：《清代诗文集汇编272》，上海古籍出版社，2010年，第141页。

3 （元）脱脱等撰：《宋史》，卷一一三，“志第六十六，礼十六，嘉礼四”。

次送东西两边抱厦下王子、郭什哈昂邦、军机大臣、郭什哈额驸、郭什哈辖等二十三人，用桌十一张。每桌全猪肉一盘、银螺蛳盒小菜二个、乌木筷子二双、猪肉丝汤、羊肉丝汤、膳房饭。搭桌送汤饭，系随侍等处首领太监等伺候。

将各桌上片剩下猪羊肉攒盛六盘，遵例用桌摆毕，搭至殿内伺候。赏南府学生等肉三盘，船上肉一盘，请轿太监肉一盘，下剩一盘。记此。[1]

这份档案没有奉三无私宗亲宴的那么详细，但也能看出不少信息。乾隆在殿内用膳，摆膳用巡幸期间例行使用的“折叠膳桌”。宴会程序大致是：会场布置—皇帝入座—送奶茶—传膳—赏用。

王公大臣等二十三人在延薰山馆“东西两边抱厦下”的室外用膳，以露天形式为主[2]，宴桌东西向摆放，百官席地而坐〔图14〕。入宴人员是“王子”[3]“郭什哈昂邦”[4]“军机大臣”“郭什哈额驸”[5]“郭什哈辖”[6]这样的皇亲贵戚和近臣。

宴会菜品简单，乾隆帝仅16个菜，王公大臣更少，只有三菜两汤。御膳里的菜肴都是皇帝日常所食，具有北方少数民族特色，如“羊乌叉”系蒙古族名菜，是摆放特别的整羊手把肉，“额思克森”“塞勒白肝肚抓攒盘”名字也都具有浓厚的满蒙色彩。御膳中也有一些地方特色菜系，苏州名厨张东官所做的江南名菜“燕窝把酒炖鸭子”，为宴会增添了精致和典雅的特质。

此外，和珅作于乾隆五十三年（1788）的《赐宴于避暑山庄之延薰馆恭纪》诗有“乐舞传仙馆，珍馐出尚方”“闻韶忘肉味，饱德觐龙光”[7]等句子。说明延薰山馆筵宴也有奏乐环节。

皇帝到如意洲参宴时穿什么袍褂，戴什么冠帽，需要结合《穿戴档》进行研究，但避暑山庄部分至今也

图14 清宫宴事中廷臣、外藩的宴席 故宫博物院藏清姚文瀚绘《紫光阁赐宴图》局部

图15 清人绘《平定台湾战图·清音阁演戏图》（局部） 故宫博物院藏

1 中国第一历史档案馆编：《清代档案史料丛编 第10辑》，中华书局，1984年，第176－177页。

2 乾隆四十四年（1779）九月初九日，延薰山馆重阳宴以室内形式举行，乾隆坐在东间宝座上，王大臣等二十人列坐于殿中南北两侧，这是目前仅见的一次室内宴会。见《清宫热河档案4》，第310－311页。

3 指诸王和皇子。

4 满语官名，汉义为“御前大臣”，常日侍值于皇帝左右的大臣。

5 未查到确切含义，根据“郭什哈”的满语含义和“额附”之义，可能是御前额附。

6 满语官名，汉义为“御前侍卫”，即常日侍值于皇帝左右的侍卫，多由王公、胄子、勋戚、世子充当。（以上参见《故宫辞典》）。

7 （清）和珅撰：《嘉乐堂诗集》。见《清代诗文集汇编》编纂委员会编：《清代诗文集汇编426》，上海古籍出版社，2010年，第667－668页。

图16 清 王致诚绘《乾隆射箭图屏》（局部） 故宫博物院藏

没有刊布，故其服饰制度仅能通过其他图像资料合理推测。故宫博物院现藏两幅乾隆帝在避暑山庄活动的历史绘画，其一是《平定台湾战图·清音阁演戏图》〔图15〕，描绘了乾隆于清音阁赐宴、接见凯旋将士的场景，图中人物的穿着特征，与《大清会典图》规定的皇帝、百官行褂“长与坐齐，袖长及肘”完全吻合，一些大臣所穿的“黄马褂”，也是制度要求的行褂样式。其二是《乾隆射箭图屏》〔图16〕，正值壮年的乾隆帝在千尺雪附近弯弓射箭，服饰细节与《大清会典图》规定的行袍“右裾短一尺”[1]相同。

两幅不同年代、不同场景的绘画，对皇帝穿戴的描绘是一致的。据此可以推断乾隆在避暑山庄日常均身着行服，如意洲赐宴也不例外，只有在澹泊敬诚、万树园这种重要的朝仪空间举行活动时才会穿戴吉服。

三 “曲宴”在皇家园林中的政治意义

皇家园林，山水秀美。比起紫禁城的红墙黄瓦，气势恢宏，圆明园和避暑山庄中舒适的自然环境更能带给人视觉、听觉和触觉上的良好体验，从而一定程度化解赴宴人员面圣前紧绷、焦虑的心情。

圆明园与避暑山庄举行宴会的地点都很多，远远超越了静寄山庄、清漪园、静明园、静宜园等皇家园林。两座园林的建筑空间能够处理不同规格的大宴和曲宴，这是它们政治地位崇高形成的必然结果，从而保证皇帝长居期间筵宴的需求。

图17 宫廷宴会中临时搭设的膳房及抬送膳品的人员
故宫博物院藏清姚文瀚绘《紫光阁赐宴图》局部

“大宴”是正式的宫廷筵宴，往往表现为场面宏大、气氛肃穆、程序烦琐，犹如隆重的朝会活动一般。大臣赴宴不但要身着朝服、吉服等正式服饰，而且必须正襟危坐，恪守礼节。在这种精神高度紧张、费时费力的场合下，臣子们很难饱食。

以“曲宴”为主的御苑中小型宴会，虽仍有皇家余威。但比起正大光明、澹泊敬诚等处的大型筵宴，宴会氛围还是轻松了不少，赴宴臣工也没有那么拘束，君臣看戏听乐，皇帝还会贴心地命膳房〔图17〕加餐，让大家尽量吃得饱一点。嘉庆皇帝的老师朱珪曾在《如意洲

1 所引内容见（清）托津等撰：《钦定大清会典图（嘉庆朝）》，卷四二，“冠服二，皇帝冠服”；卷四八，“冠服八，王公百官冠服”。

赐食恭纪》中记述："宴传慈惠加餐饭，佩重丝纶结缀旒。"[1]皇帝直接传达善意，关怀每一名赴宴人员。这种小规模的宴会上，大家都容易放松心情，无疑能更有效地拉近君臣关系。

综合而言，大宴和曲宴的结合对皇帝驾驭臣工、施行统治必不可少，前者旨在"宣威柔远"，后者旨在"上情下达"。

四 结 语

通过前文对奉三无私宗亲宴和延薰山馆赐宴的论述，再结合乾嘉时期两座皇家园林筵宴的史实，我们可得出以下结论：

圆明园宴会主题更加丰富。清宫宴请对象分宗亲、外藩、廷臣三类，圆明园的宴饮模式也是按照这三种人群分别设立。与之相比，避暑山庄没有开展宗亲活动的专门场所。虽然咸丰十一年（1861）在清音阁勤政殿举办过一次宗亲宴，但那也是逃难期间临时为之，不具代表性。

圆明园宴会的形式更复杂。针对赐宴的政治需求，圆明园产生了宗亲宴、外藩宴、廷臣宴三大专属宴会形式，彼此独立运作。但在同乐园、山高水长等处又可以打破界限，让赐宴对象共聚一堂，混合开宴。特定宴会和混合宴会使圆明园的赐宴功能相当复杂，为清代皇家园林之首。

至于避暑山庄的宴会除了皇帝万寿和重大节庆外，没有固定时间，随意性强。宴会期间往往宗亲、外藩、廷臣混处一室，界限不是特别明确，缺乏像圆明园那样细分且稳定的宫廷宴会模式。

圆明园宴会的规格通常更高。同样是御苑小型宴会，奉三无私宴采用了豪华的苏宴。膳食档中，御茶膳房在筹备苏宴时，对菜肴的品种，餐具和桌具的样式选择，乃至陈设摆放都做出了完备规定。相形之下，延薰山馆宴会除了人数可能多一点，其余程序都大大简化，规格低了许多。

宫廷宴会的地域性风格强烈。圆明园所在的北京，是全国政治文化中心，皇帝在园中的宴会形式受到了包括京城、江南等地在内的汉族饮食习惯的影响。避暑山庄地处塞外区域，毗邻蒙古，无论气候环境还是地方特产都与北方少数民族更相近，这在宴会中也有所体现。如文中所摘录的延薰山馆御膳"额思克森""塞勒白肝肚抓攒盘""羊乌叉""狍肉"等都呈现出一派北国风情，这也体现了口内外宫廷宴会之间主要的地域性差异。

本文所属课题得到北京圆明园遗址保护基金会资助

[作者单位：马骁，自由学者；陈东，承德市文物局；吴晓敏，中央美术学院]

1 （清）朱珪撰：《知足斋诗集》。见《清代诗文集汇编》编纂委员会编：《清代诗文集汇编376》，上海古籍出版社，2010年，第532页。

清代昆腔戏《棋盘会》编演研究

The Studies of Kunqu Opera *Chessboard Game Banquet* in the Qing Dynasty

纪希萱

Ji Xixuan

内容提要：

昆腔戏《棋盘会》是北方昆弋班的一部传统剧目，是一部极少见的旦角勾脸戏。据老艺术家回忆，北方昆弋班《棋盘会》原整本四出，经常上演的有前三出，随着能演此戏的老艺人相继谢世，《棋盘会》绝迹舞台已经将近40年了。笔者在查考清代戏曲档案时，注意到了南府升平署六出本《棋盘会》和民间四出本《棋盘会》的若干抄本。它们与北方昆弋班传人马祥麟、侯玉山所述《棋盘会》演出形式较为接近，并且更为完整，具有较高的文献价值和演出参考价值。根据现存升平署档案，六出本《棋盘会》曾为道光至光绪年间内学伶人的常演剧目。而四出本《棋盘会》在民间演出中占有优势，应该可以判定为北方昆弋班四出本《棋盘会》的早期形式。本文试图用现存的戏本资料、档案勾画出清代昆腔戏《棋盘会》的编演情况，以期对这出戏的恢复和传承有所借鉴。

关键词：

昆腔　棋盘会　钟离春　钟无盐　升平署

ABSTRACT:

The Kunqu opera *Chessboard Game Banquet* is a traditional opera of the Kunqu-Yiqiang theatrical troupe in North China, as well as a very rare opera performed by painted-face female roles. The story is about a battle between Qi and Chu of the Warring States period (ca. 475-221 BCE). Zhongli Chun, the ugliest woman in Chinese opera, was the queen of Qi. She wisely played chess with the white monkey in Chu, sent soldiers before the Banquet, gave birth to a son during the war, and defended the king's return. As senior artists recalled, the *Chessboard Game Banquet* of the Kunqu-Yiqiang theatrical troupe was originally composed of 4 episodes, the first 3 of which were usually performed, but the opera has been off the stage for nearly 40 years as senior artists capable of performing it passed away successively. When retrieving opera archives of the Qing dynasty, the author noticed copies of the *Chessboard Game Banquet* with 6 episodes by Bureau of Drama (Theater) of the Qing Court and with 4 episodes by folks. They are quite similar to the performance form of the *Chessboard Game Banquet* described by Ma Xianglin and Hou Yushan, inheritors of the Kunqu-Yiqiang theatrical troupe, and more intact, with high value as literature and for reference in performances. According to existing archives of Bureau of Drama (Theater) of the Qing Court, the *Chessboard Game Banquet* with 6 episodes was often performed by actors in the royal court during the reign from Emperor Daoguang to Emperor Guangxu of the Qing Dynasty (1644-1911). In contrast, the *Chessboard Game Banquet* with 4 episodes had advantages in folk performances, so could be judged as an early form of the *Chessboard Game Banquet* with 4 episodes of the Kunqu-Yiqiang theatrical troupe. This paper attempts to trace the scriptwriting and performances of the Kunqu opera *Chessboard Game Banquet* in the Qing Dynasty with existing opera scripts and archives, in the hope of providing references for the restoration and inheritance of the opera.

KEYWORDS:

the Kunqu opera, *Chessboard Game Banquet*, Zhongli Chun, Zhong Wuyan, Bureau of Drama Theater of the Qing Court

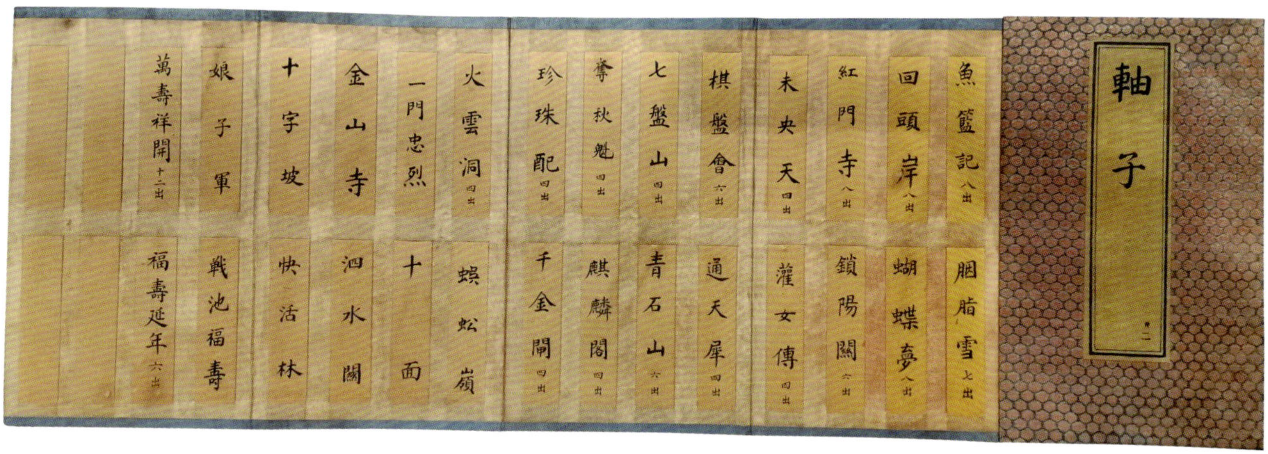

图1 中国第一历史档案馆藏清光绪轴子戏戏单（复制品）

北方昆曲的特色剧目《棋盘会》已经绝迹舞台近40年，它是传统戏曲中丑女钟离春故事在昆腔戏中的重要遗存。自西汉刘向《列女传》到元代郑光祖《钟离春智勇定齐杂剧》，智勇无双的丑女钟无盐一直作为文学戏剧中一位传奇人物而存在，一直影响到今天的影视剧创作。《棋盘会》是钟离春故事里人物鲜明、冲突激烈的精彩章节，带有一定的神魔色彩，讲的是丑齐后钟离春保齐宣王赴楚棋盘会，途中谋划派将，至望江楼与白猿下棋较量，之后打死白猿，乱军产子，终于力保齐王归国的故事。

因昆腔《棋盘会》为留存至近现代的一部极少见的旦角勾脸戏，故成为北方昆弋班传承的一部代表性剧目。我们从北方昆弋班传人马祥麟、侯玉山保留的演出资料中可见，民间《棋盘会》皆为四出本，以“点将”和“突围”两出最具特色。清代民间抄书坊也流传着较为统一的《棋盘会》四出本。但在清宫戏曲档案中，《棋盘会》则是内容更为完备统一的六出本。我们认为，清宫六出本《棋盘会》应为民间四出本《棋盘会》的母本，至晚在道光初年至光绪年间，六出本《棋盘会》经常作为升平署的轴子戏演出，是宫廷戏班的代表性大戏之一〔图1〕。本文尝试以清宫戏本、坊间抄本、升平署档案等一手资料，勾勒出清代《棋盘会》在宫廷编演的大致脉络，反映出该剧早期的演出形态，以作为研究《棋盘会》戏曲源流和后续传承的参考，期待后来者继续研究和补充。

一 钟离春故事溯源

关于无盐女钟离春的故事源头，前人的研究中已多有涉及，主要见于西汉刘向《列女传》卷六的《齐钟离春》：

钟离春者，齐无盐[1]邑之女，宣王之正后也。其为人极丑无双，臼头深目，长壮大节，卬鼻结喉，肥项

[1] 无盐，战国时为齐国所属，治所在今山东东平。

少发，折腰出胸，皮肤若漆。行年四十，无所容入，衒嫁不售。[1]

《新序·杂事二》中也有极简的几句提到钟离春。刘向的这两种作品都带有文人讽谏的创作目的，具有小说性质，故不能作为正史来读。他从面目、体形、发肤多个角度描述钟离春的"极丑无双"。在他的故事中，钟离春因为太丑嫁不出去，亲自找到齐宣王[2]，要求替他管理后宫，并指出了齐王在国事上的重大过失。齐宣王立丑女钟离春为后，齐国得以大治。从山东嘉祥汉代武氏祠画像石题刻[3]等资料来看，钟离春在历史上是确有其人的，但容貌如何，已无从考证，刘向的记载就成为考察钟离春故事最早的文献。因钟离春家住无盐，貌丑"无艳"，"盐"与"艳"两字同音，人们又叫她钟（离）无盐、钟（离）无艳。

《列女传》紧接钟离春故事之后，还有个《齐宿瘤女》的故事：

宿瘤女者，齐东郭采桑之女，闵王之后也。项有大瘤，故号曰宿瘤。初，闵王出游，至东郭，百姓尽观，宿瘤女采桑如故。王怪之，召问曰："寡人出游，车骑甚众，百姓无少长皆弃事来观，汝采桑道旁，曾不一视，何也？"对曰："妾受父母教采桑，不受教观大王。"王曰："此奇女也，惜哉宿瘤！"女曰："婢妾之职，属之不二，予之不忘，中心谓何，宿瘤何伤？"王大悦之曰："此贤女也。"[4]

齐宣王和齐闵王父子两代都娶了丑女为后，这两个故事并列一起，近于无稽之谈。因宿瘤女也曾为齐后，与钟离春一样有辅国之功，她的桑园故事就为后来人演绎钟离春提供了更完整的戏剧情节。

最晚在元代郑光祖《钟离春智勇定齐杂剧》[5]中，《列女传》所载的钟离春就与宿瘤女合而为一了。

郑光祖，字德辉，平阳襄陵（今山西襄汾县）人，"元曲四大家"之一。《钟离春智勇定齐杂剧》又名《丑齐后无盐破连环》或《无盐破环》。故事说的是齐宣王还是公子的时候，由晏婴陪同出外打猎，遇到二十岁的采桑女钟离春。钟离春文武双全，"相貌非俗"，指出齐国"外不修君臣之礼，内不肃齐家之治"，晏婴识其有治国之才，撮合钟离春做了齐公子正妻。钟离春为夫人后，齐国日益强盛，秦、燕两国滋事，钟离春巧解玉连环、操响蒲琴，化解秦、燕两国的刁难，又在武力上降服外寇，智勇定齐，传为佳话。郑光祖的剧作强调了钟离春的"智"与"勇"，并未在"丑"子上过分着力。其中桑园相会的情节则明显取材于宿瘤女的故事。

就现有的资料看，在郑光祖之后，剧坛似乎就没有更有影响力的钟离春故事作品出现了。在说部话本鼓词中，钟离春故事则逐渐形成规模。清代乾隆嘉庆时期有位名叫黄淦的人，著神魔小说《锋剑春秋》（又名《万仙阵》），写秦始皇派王翦伐燕欲灭六国，孙膑下山与王翦对阵引出的系列故事，并没有涉及钟离春的主要情节。但因它与《英烈春秋》（又名《无盐娘娘》）、《左传春秋》（又名《临潼斗宝》）、《吴越春秋》、《金盒春秋》（又名《孙庞斗智》）、《走马春秋》（又名《乐毅伐齐》）皆为神魔小说中以列国人

1 （清）萧道管撰：《列女传集注》卷六《齐钟离春》，清光绪刻本，中国国家图书馆藏。

2 清人叶圭绶的史料笔记《续山东考古录》沿用了刘向的故事框架，只是在不同的转录版本中，在钟离春是三十岁还是四十岁入宫为后的时间上，多少有些出入。

3 《金石萃编》卷二〇《汉十六·武梁石室画像》。

4 （清）萧道管撰：《列女传集注》卷六《齐宿瘤女》，清光绪刻本，中国国家图书馆藏。

5 《古本戏曲丛刊》四集之三《脉望馆钞校本古今杂剧》所收《钟离春智勇定齐杂剧》，有双行小注"太和正音作无盐破环"。

物敷演成篇的作品，故被后人并称为“六部春秋”，在说书艺人中流传甚广。很多人由此以为，钟离春故事似乎是“六部春秋”的一个章节。笔者认为，正是因为“六部春秋”在说部的传播和影响日益深入，有些情节便被梨园子弟搬上了舞台，造成了后来许多学者将《锋剑春秋》误为昆腔戏《棋盘会》本戏的误会。

二 《棋盘会》编创源头考辨

（一）《棋盘会》并非出自《锋剑春秋》

《中国昆剧大辞典》等称，《棋盘会》出自升平署大戏《锋剑春秋》[1]。此说之误，早在王芷章《清升平署志略》中就已经很清楚了：

> 《锋剑春秋》
>
> 说部名同此，演后七国孙膑父子事，光绪三十二年翻成乱弹[2]，仅演四本而止。

翻检戏本，更可以证实四本乱弹《锋剑春秋》[3]跟钟离春故事主线没有任何关系，更与《棋盘会》毫不关联。张晓兰《清升平署〈锋剑春秋〉乱弹本考论》中也有论述[4]。

张晓兰认为，《故宫珍本丛刊》所收两种题纲本《锋剑春秋》之一，即有钟离春情节的六出本题纲，实际是乱弹本《英烈春秋》的题纲本，为升平署艺人的误题。笔者则以为非是。

带有钟离春角色的这件《锋剑春秋》六出题纲本〔图2〕，有三出钟无艳上场的戏目：“宫中推卦”“无艳登坛”“燕丹驱火”[5]，仅录人物和扮演者，无相对应的总本、角色本或串头本。单从戏本的出场人物看，此种题纲的钟离春故事与《棋盘会》没有任何关系，“登坛”也非《棋盘会》的“登台点将”，应是钟离春故事中齐后地位稳固之前的“前传”情节。从伶人名姓可以判定，这个题纲本绝不是乱弹本《英烈春秋》的题纲，而应为嘉庆年间所用[6]。因其中安福、吉祥、三德、尤双官均为道光年尚在升平署伶人，喜儿、六十七[7]为道光元年（1821）升

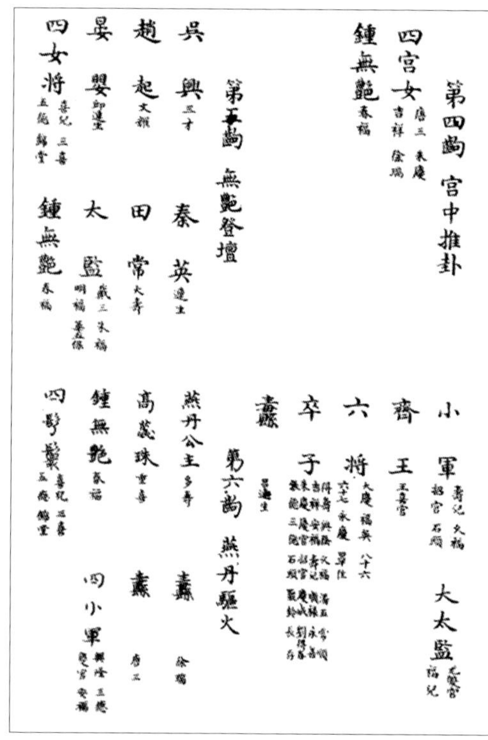

图2 嘉庆年《锋剑春秋》六出题纲本

1 《中国昆剧大辞典》“棋盘会”条记录：北方昆弋班俗创剧目，源出清宫升平署演出本《锋剑春秋》中的一段。
2 《乱弹本戏》第4册，《故宫珍本丛刊》第683册，海南出版社，2001年。
3 《各种题纲》第5册《锋剑春秋》题纲本，四本存三。《故宫珍本丛刊》第694册，第328页。
4 张晓兰：《清升平署〈锋剑春秋〉乱弹本考论》，载《戏曲艺术》2020年第4期。
5 《各种题纲》第4册《锋剑春秋》，《故宫珍本丛刊》第693册，第375页。
6 郝成文：《嘉庆朝〈锋剑春秋〉题纲本探微》，载《中华戏曲》2014年第49辑，第259－269页。有详细考证。
7 《恩赏日记档》（道光元年），《中国国家图书馆藏清宫升平署档案集成》第1册，中华书局，2011年，第239页。

平署裁退伶人。扮演钟无艳的春福，也于道光七年（1827）二月随外学诸人一并裁退。由此，这版《锋剑春秋》的编演时间应该非常接近话本《锋剑春秋》的创作时间，是由外学带进宫廷的钟离春故事的一部分。随着外学伶人春福的离开，这个版本的钟离春也从此时消失在清宫戏台上。值得注意的是，春福本工小生，王芷章《清代伶官传》有载[1]，我们至少知道，在可查的清宫戏曲档案中，钟无艳一角有以小生应工的情况。

尚难破解的是，据林杰祥文，《海内曲魁》佚曲中尚见有“无艳冷宫【北相思】凤友鸾交”的出目、曲牌与首句，应与《乐府万象新》后集卷三收《无艳冷宫自叹》为同一剧目。言此一情节仅在潮剧纲要和评书鼓词中存在，其他剧目无此情节，疑从南戏旧本改编而成[2]。据民国报刊，北方昆弋班还曾有《丑醉酒》一出钟无盐戏失传，所述醉酒情节，与冷宫自叹相似。此折钟无盐由丑旦扮饰，唱【驻云飞】等数支曲子，曲文极佳。醉酒一场，并有‘醉八仙’诸身段，唱做之难，较玉环醉酒有过无不及焉”[3]。丑角演员贾多才就曾经演过此剧[4]。虽然是年代差距较大的钟离春戏片段，至少在情节上，这些资料与题纲本中的“宫中推卦”，在钟离春故事前传中情节关联，可能是民间传承的零散剧目。《锋剑春秋》是何时从“说部”进入“菊部”搬上舞台，《锋剑春秋》话本中本无的钟离春角色为何会被写入戏本，现虽无考，但我们大略可以看出，在郑光祖写作《智勇定齐》之后，清宫编演昆腔《棋盘会》之前，民间佚曲尚有以曲牌体写作钟无艳故事的个案，只是未成规模，零散流传。善于组织编演连台本大戏的乾隆、嘉庆朝宫廷艺人，在创作钟离春题材戏曲前，应该也从事了很多相应的采编、辑录工作。

（二）《棋盘会》本戏也非《战国传》

《侯玉山昆弋曲谱》称《棋盘会》本戏“据传为《列国传》”[5]。王芷章《清升平署志略》则称《棋盘会》本为《战国传》之子目，并将《战国传》作为残缺无考者加以说明：

> 上列诸作之或为刻本，或为钞本，皆尚称完整可用，此下则属于残缺者。且有一戏在初制时，本属大戏，后则取其中一折，为另定新名，而单演之，其本名有可考者，有不可考者，故今将其本名子目一并录出，用免挂漏之讥焉。
>
> 《战国传》
>
> 英烈传　天香榜　金合春秋　金砂阵　破金砂阵　棋盘会　温泉会[6]

王芷章所见“战国”戏本，今藏中国国家图书馆，戏本内容已辑入《中国国家图书馆藏清宫升平署档案集

1 王芷章：《清代伶官传》，商务印书馆，2016 年，第 35 页。
2 林杰祥：《关西大学藏孤本曲选〈海内曲魁〉考》，载《文化遗产》2021 年第 3 期。
3 黎朔：《百丑图之一：丑醉酒之钟无盐》，载《三六九画报》1942 年第 6 期。
4 《燕菊琐记：贾多才演〈丑醉酒〉之前调嗓子唱小嗓》，载《游艺画刊》1942 年第 4 卷第 3 期。
5 侯菊、关德权：《侯玉山昆弋曲谱》，北京燕山出版社，2017 年，第 407 页。
6 王芷章：《清升平署志略》上册，商务印书馆，2006 年，第 83 页。

成》（以下简称《档案集成》）。据笔者查证，《档案集成》中标明“战国”（无“传”字）字样的戏本原包并不是誊录齐整，正式定名的连台本大戏残本，各本封皮间有“旧大班”“旧外二学”印记，可知其为乾隆、嘉庆时期抄本[1]。“战国”中涉及钟离春的故事包括“送医认母”等八出、“复困临淄”等八出。

其中“复困临淄”第一出有“旧外二学”印记，齐宣王唱秦腔。第二出“黄盖回国”第一支曲：

【皂罗袍】与我把临淄围绕，休容他逃去一个难饶。东齐丑妇女您(恁)凶骁，英雄好汉遭残暴。〈合〉今日个祸事伊始恶罪难逃。临淄倾倒，皆属吾朝，要把那棋盘会上冤仇报。[2]

内容标明与《棋盘会》情节的前后关系。第四出“荡灭妖氛”又唱吹腔。后多为曲牌体的昆弋腔。总体上看，“战国”系列戏本八十出，体例、字迹、归属皆有差异，显然不是誊清的定本，更像是辑佚汇总的尚未整理完的本子。

《温泉会》（多出大字“弋”标明声腔[3]）与《棋盘会》等则为单本，不与“战国”其他出目同列。因此，显而易见的，“战国”既非本戏，也非总名，而应作为一个年代故事的整理标签或集束来看待。

（三）《棋盘会》与连台本戏《英烈传》

乾隆年间，排演连台本大戏为一时之盛，故王芷章推测：“有一戏在初制时，本属大戏，后则取其中一折，为另定新名，而单演之。”除《鼎峙春秋》《忠义璇图》《昭代箫韶》《封神天榜》外，南府升平署所存戏本，也有以朝代抄写辑录的体例，这种辑录是编创连台本大戏的一项准备工作。与“战国”相关的《英烈传》残本，存“三段英烈传八出”，中间几段缺失，后为“七段”“八段”“九段”“十段”“十三段”“十四段”“末段”[4]，每段八出，《英烈传》残本共计六十四出，有“旧外二学”印记，应是乾隆、嘉庆年间旧本。“七段英烈传八出”的第一出，从棋盘会后柳盖踹齐赵联营，廉颇守营起。第二出“阵产田丹”，大量戏文与《棋盘会》“壶公下凡”“芦苇撇子”完全重合[5]，显然是同一套戏文在整理排演过程中，被尝试用在了情节相似的不同人物场景中。“七段”之前，为钟无艳收薛昆为义子改名田昆的情节。《棋盘会》情节恰在战国段故事《英烈传》《天香榜》[6]缺失的部分中。这让我们更加确定，在乾隆、嘉庆时期，“战国”部分的连台本大戏创作意图明确可见，边排边演的过程并未结束，战国阶段戏本体现的是一部未完成的连台本大戏的编排过程而非结果。

因乾隆、嘉庆时期的戏曲档案灭失损毁严重，现今可见《棋盘会》最早的承应记录在道光二年（1822）《恩赏日记档》中，标明为“六出内学”。依相关话本钟离春故事的情节线索和升平署所存大戏戏文风格，笔者认为，《棋盘会》应该是参考了各类昆乱剧本后，直接从“说部”引入“菊部”的乾嘉时期的南府原创戏，

1 《中国国家图书馆藏清宫升平署档案集成》第 61 册，中华书局，2011 年，第 33873 页。

2 《中国国家图书馆藏清宫升平署档案集成》第 61 册，第 34459 页。

3 《中国国家图书馆藏清宫升平署档案集成》第 61 册，第 34773 页。

4 《末段英烈传》第五出“无艳伏兵”，《中国国家图书馆藏清宫升平署档案集成》第 63 册，第 35493 页。

5 《七段英烈传（八出）》，《中国国家图书馆藏清宫升平署档案集成》第 62 册，第 34985 页。

6 《二段天香榜》第八出“无艳陷阵”，《中国国家图书馆藏清宫升平署档案集成》第 63 册，第 35619 页。

与《英烈春秋》改编成戏曲大致在相同的时间。根据其他连台本大戏两百出左右的规模，“战国”八十出、《英烈传》六十四出、《棋盘会》六出、《温泉会》八出，加《天香榜》《金合春秋》《金砂阵》《破金砂阵》，再加上前文所述《锋剑春秋》题纲本原配之戏和《智勇定齐》的故事“前传”，此种规模又印证了乾隆嘉庆时期“战国”段连台本大戏的编创意图。残本的不连贯很可能也非丢失，而是内外学共同编创的分工所致。因为这部连台本戏没有文人的案头本作为参照，所以体现出以下的宫廷大戏特征：语言直白简约，较少用典；场面宏大，行当齐全；年代体系和人物活动集中，故事可以编连成一体。

《棋盘会》应是一部未完成的连台本大戏的一部分，因不像三国、西游、水浒、杨家将、封神榜故事一样，有较多系统的民间演出本和南戏杂剧可供搜集参考，这部表现战国时期故事的连台本大戏最终并未完成。仅《棋盘会》与《温泉会》硕果仅存，而《温泉会》上演次数不多[1]。《棋盘会》就成为内学的代表性剧目延续下来，被不断加工成一部较为独立的演出本。

三 清代《棋盘会》戏本综述

目前可查的清代《棋盘会》戏本，包括民间四出本和升平署六出本两个体系。首都图书馆藏“道光十九年（1839）八月二十四日抄本”“咸丰正月十八日订本”，中国国家图书馆古籍部“百本张”本，都为四出本，且都为民间抄录。故宫博物院藏誊清抄本《棋盘会》六出曲谱本与中国国家图书馆藏《棋盘会》六出排演本是同一版本的不同副本，较四出本更为完整、详细。道光朝及以后清宫档案中出现的《棋盘会》题纲本、串头本，演出、学戏和排练记录，均与六出本直接相关。以下对查考版本做逐一说明。

（一）六出本《棋盘会》

1.中国国家图书馆藏《棋盘会》六出排演本总本

国家图书馆藏《棋盘会》六出总本[2]，封面写“棋盘会六出总本”“十一日排”“誊过一本”“承应五刻十分”。第一出“无艳点将”页眉注“排一刻，唱一刻一分”；第二出“下棋除猴”页眉注“排一刻五分，唱一刻八分”；第三出“齐王突围”页眉注“排一刻，唱一刻一分”；第四出“壶公下凡”页眉注“排四分，唱四分”；第五出“芦苇撇子”页眉注“排八分，唱八分”；第六出“大战柳盖”页眉注“排一刻一分，唱一刻四分”。

2.故宫博物院藏《棋盘会》六出誊清曲谱总本

故宫博物院藏升平署朱墨抄本《棋盘会》戏本总本[3]，封面记“棋盘会六出总本”“五年正月末点过抄净”“有了”“五刻十分”“谱板全完”，封底记“光绪五年（1879）正月廿四日谱板全完”字样。字迹工整秀丽，国家图书馆藏总本删改过的地方，此本均已誊清，可知国家图书馆本与此本为同时期的成套档案。一本六出：无

1 《差事档》（道光八年正月初一日立），八月十五日同乐园承应《温泉会》八出十一刻，《中国国家图书馆藏清宫升平署档案集成》第3册，第1463页。

2 《中国国家图书馆藏清宫升平署档案集成》第62册，第34715页。

3 故宫出版社2015年《故宫博物院藏清宫南府升平署戏本》第29册，录高清黑白影印本。《故宫珍本丛刊》第664册，第259页，录修版变动行列后的影印本。两者实为一件。

艳点将、下棋除猴、齐王突围、壶公下凡、芦苇撇子、大战柳盖，是目前所知最完整的谱板完备的《棋盘会》内学演出剧本。

3.故宫博物院藏《棋盘会》全角题纲8种（含《轴子题纲·棋盘会》1种，道光至光绪《棋盘会》全角题纲7种）

《轴子题纲·棋盘会》[1]是目前所见最早、最完整的《棋盘会》演出人员名单〔图3〕。其中扮演廉赛花的王永寿因赌博受罚，于道光四年（1824）被拨往西陵当差[2]，故这份题纲的使用时间早于道光四年，又因上有贴条，可见是几次演出共用的全角题纲，使用年限存在时间跨度。因此这份题纲很有可能就是道光二年承应《棋盘会》时所使用过的。我们通过道光三年（1823）《花名档》，可以确认题纲中几位核心演员的年龄、行当和基本信息：饰钟无艳的彭禄寿，小旦，45岁，食银三两太监；饰田昆的魏得禄，小生，42岁，食银二两五钱太监；饰齐王的杨淳，生行，41岁，食银二两五钱太监；饰管和的刘得升，净行，45岁；饰田玉的安福，小生，31岁，食银四两太监；饰田常的大刘德，51岁，七品首领太监；饰柳盖的长清，净行，23岁，食银二两五钱太监；饰楚王的张明德，净行，42岁，食银三两太监[3]。全角题纲的钟无艳已经是明确的旦角，其他角色的应工方式与光绪末年至民国时期北方昆弋班《棋盘会》的行当设置也基本一样，两王采取一生一净。

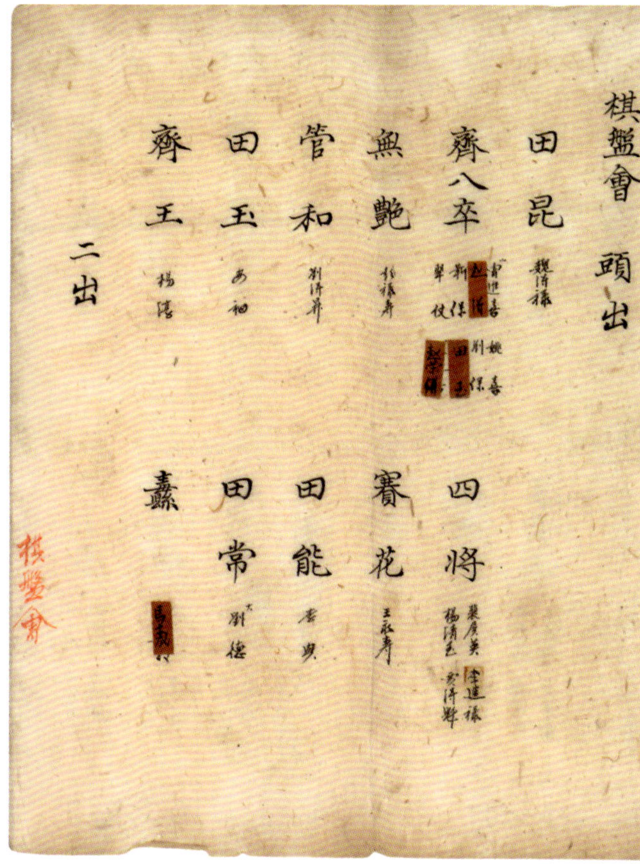

图3 道光初年《棋盘会》全角题纲

其余七种全角题纲[4]不标年代，基本涵盖了升平署道光、同治、光绪年间的内学所有主要演员，还包括咸丰以后引入参与表演的外学筋斗人、笛师、鼓师等。明确扮演过钟无艳的有本工小旦或正旦的演员马庆寿、张住、孔得福、王进福。扮演过齐王的有生行演员李长喜、姚得禄、安进禄。扮演过廉赛花的有王永寿、吉祥、张长保、边德奎、李福贵、魏成禄；扮演过田昆的有生行演员刘五儿、乔荣寿、马得安。其中有些人名签因年代久远而掉落，也有专门注明“姚得禄，李长喜教”的，可见《棋盘会》在内学伶人间流传有

1 故宫博物院文物号：书 00012411。

2 《中国国家图书馆藏清宫升平署档案集成》第 2 册，第 995 页。

3 《中国国家图书馆藏清宫升平署档案集成》第 2 册，第 721 — 725 页。

4 故宫博物院文物号：书 00013145、书 00013146、书 00013147、书 00013148、书 00013149、书 00013151、书 00013152。

绪。与后来北方昆弋班应工角色不同的是，齐王都为生行扮演而非后来的净行，如此设计的初衷可能就是为了突出无艳之丑，可惜清宫中无艳的扮相我们至今无从得知。

4.故宫博物院藏《棋盘会》配套串头本

故宫博物院另有三种串头本：（1）收于《故宫博物院藏清宫南府升平署戏本》第101册之未署年月本，记一出、三出、六出[1]；（2）收于203册之“同治八年（1869）”本[2]，封面写“不用串头”，记二出、三出、六出；（3）收于《故宫珍本丛刊》第695册的“棋盘会串头”，记录一、二、三、五、六出，无四出[3]。虽然时间相隔10年，这三种戏本从字迹上看极像是出自一人之手，至少在内容上，它们的关系是互相补充的，并且是用于实际演出的参照本。

5.故宫博物院藏《棋盘会》曲谱零抄本

此本封面标注“四出/出/曲谱”，戏文只标音不论字，通篇错字，工尺板眼突出，标明介白位置，应为乐队所用曲本。封面虽写“四出”，内文标作“出围”“产子”两出，实际曲文则为六出本“齐王突围”“壶公下凡”“芦苇产子”“大战柳盖”四出全部内容，故归入六出本使用体系。

清宫戏本中的六出本《棋盘会》如此统一、配套、系统，我们可以更加明了《棋盘会》是内府原创戏，传承关系明晰，内容形式稳定。

（二）四出本《棋盘会》

1.首都图书馆藏“道光”“咸丰”《棋盘会》戏本两种

首都图书馆藏有两种一本四出《棋盘会》抄本，分别标注为“道光十九年八月二十四日抄”和“咸丰九年正月十八日订”字样，经过对比，这两个本子的内容高度一致，都为一出点将、二出赴会、三出出围、四出产子，唯一较大的情节差异，在于第二出“赴会”时无盐棋局是否使用值日功曹扰乱白猿下棋这个问题上，余者仅在个别用字上稍有不同。这是笔者目前所见《棋盘会》有确切时间的最早抄本。

2.中国国家图书馆“百本张”四出本

国家图书馆古籍部另有“百本张”《棋盘会》总讲四出本，无年代记录。上有“永不退换”红印和“别还价，百本张”双行黑印，是清代北京民间抄书作坊所抄戏本。“百本张”抄《棋盘会》已见于孙崇涛《中国戏曲写本述略》一文[4]。此种《棋盘会》抄本与首都图书馆藏两种四出本内容接近而戏文较繁，“产子”一出后面有多支【水底鱼】，较首图两种为多，另书写错字亦多。“赴会”一出也采用了无盐以功曹扰乱棋局的情节。“百本张”在京城从事唱本抄写历经四代，我们虽然不能知道此本具体的抄写年代，但从其繁简程度，可以判断“百本张”《棋盘会》可能是抄书坊适应盈利需要所抄的拼补本。

我们将所见六出本和四出本所用曲牌对比如下：〔表一〕

---

1 《故宫博物院藏清宫南府升平署戏本》第101册，故宫出版社，2015年，第27—32页。此本未标时间，以册数表示版本。

2 《故宫博物院藏清宫南府升平署戏本》第203册，第85—94页。此本封面标“同治八年九月初九日准”，以册数表示版本。

3 《故宫珍本丛刊》第695册，第108—110页。随后第111—112页所收与前“同治八年”本相同。

4 孙崇涛：《中国戏曲写本述略》，载《戏曲艺术》2005年第4期。

表一　清代《棋盘会》相关戏本所用曲牌对比

道光十九年 四出本	咸丰九年 四出本	百本张 四出本	升平署光绪五年 六出总本	“七段英烈传” 所存相关部分
一出 点将 【点绛唇】【北端正好】【滚绣球】【叨叨令】【上小楼】【脱布衫】	一出 点将 【点绛唇】【北端正好】【滚绣球】【叨叨令】【上小楼】【脱布衫】	头出 点将 【点绛唇】【端正好】【滚绣球】【叨叨令】【上小楼】【尾声】	第一出 无艳点将 【点绛唇】【北端正好】【滚绣球】【叨叨令】【上小楼】【尾声】	
二出 赴会 【天下乐】【哪吒令】【鹊踏枝】【前腔】 有四值功曹扰乱白猿情节	二出 棋会 【天下乐】【哪吒令】【鹊踏枝】 无四值功曹扰乱白猿情节	二出 棋会 【天下乐】【哪吒令】【鹊踏枝】【寄生草】【前腔】 有四值功曹扰乱情节	第二出 下棋除猴 【醉扶归】【前腔】 【前腔】【前腔】 【掉角儿序】【驻云飞】	
三出 出围 【新水令】【驻马听】【沉醉东风】【水底鱼】【搅筝琶】【雁儿落】【得胜令】【水底鱼】【挂玉钩】【殿前欢】【尾】	三出 冲围 【新水令】【驻马听】 【沉醉东风】【水底鱼】【搅筝琶】【雁儿落】【得胜令】【水底鱼】【挂玉钩】【殿前欢】【尾】	三出 出围 【新水令】【驻马听】【沉醉东风】【水底鱼】【搅筝琶】【雁儿落】【得胜令】【水底鱼】【挂玉钩】【殿前欢】【尾声】	第三出 齐王突围 【新水令】【驻马听】 【沉醉东风】【水底鱼】 【搅筝琶】【雁儿落】 【得胜令】【水底鱼】 【挂玉钩】【殿前欢】 【尾】	
四出 产子 【水底鱼】【粉蝶儿】【迎仙客】【水底鱼】【尾声】	四出 产子 【水底鱼】【粉蝶儿】【迎仙客】【水底鱼】【尾声】	四出 产子 【水底鱼】【粉蝶儿】【迎仙客】【水底鱼】【前腔】【水底鱼】【前腔】【尾声】	第四出 壶公下凡 【醉花阴】 第五出 芦苇撇子 【画眉序】【喜迁莺】 【滴溜子】【刮地风】 【鲍老催】	第二出 阵产田丹 【醉花阴】 【画眉序】【喜迁莺】 【滴溜子】【刮地风】
			第六出 大战柳盖 【鲍老催】【四门子】 【南双声子】【尾】 柳盖败下	【鲍老催】【四门子】 【双声子】

在“七段英烈传”中，产子之后的钟无艳并无大战柳盖情节，后文尚有柳盖踹营，此处当然更无后来北方昆弋班改编的“刀劈柳盖”情节。六出本《棋盘会》的“大战柳盖”部分，应是《棋盘会》独立上演之时有意对整个故事所做的完整收束。

综合以上，笔者认为，《棋盘会》是清代南府的原创剧目，因编创“战国”段连台本大戏的动机而产生，它是由说部引进，参考了部分民间钟离春戏本综合而成的。因连台大戏最终未能完成，《棋盘会》作为其中较为精华的部分在清宫继续上演，逐渐成为内学太监伶人代代传承的一出看家戏。随着道光时期南府升平署改制，大量外学伶人被裁撤，这出戏流传至宫外。因民间戏班条件有限及传授的不完整，最终形成了内学六出、民间四出的较为稳定的相对独立的传承状态。

四　清宫《棋盘会》演出档案

从可见的清宫档案中可知，清宫所演《棋盘会》较早的记录载于道光二年《恩赏日记档》，十一月初十日冬至这天：

重华宫前台接唱（辰初三刻开戏，未初一刻戏毕）。

亚岁迎祥 履长纳庆（一分外学）、单刀（大庆）、吃茶（沈秀/祥庆）、棋盘会（六出内学）、美良川（六出外学）、大战石猴（李兴）、洪福齐天（外学）。[1]

此时南府尚未改制为升平署，《棋盘会》由内学太监演出，内容即为六出。

道光四年三月初一日，同乐园承应戏：

杜宝劝农（内学）、云阳法场（祥庆）、六国封相（得立）、敬德钓鱼（长生）、棋盘会（内学六出）、姜女哭城（曹进喜）、花鼓（顺心）、猜书（百福）三多颂祝（外学）。[2]

道光七年（1827）九月初一日，同乐园承应，有《棋盘会》六出，五刻六分[3]。

道光十二年（1832）九月初一日，同乐园承应戏中，有《棋盘会》六出[4]，演出时间为五刻十分[5]。

道光十八年（1838）十月十五日，恒春堂承应，有《棋盘会》六出，演出时长为六刻五分[6]。

道光二十一年（1841）二月十五日，同乐园承应《棋盘会》六出[7]，演出时间为六刻[8]。这次演出还有过三条排演记录，分别在二月初四、初五日和初九日[9]。

道光二十八年（1848）十月初十日，敷春堂承应《棋盘会》六出，演出时长六刻五分[10]。九月二十四日、二十五日，十月初三日、初四日、初七日曾有排演记录[11]。

咸丰二年（1852）十月初五日，同乐园承应《棋盘会》六出[12]。

咸丰三年（1853）四月初三、初四日，早学、晚学过《棋盘会》[13]。

咸丰五年（1855）四月初八日，重华宫承应《棋盘会》六出。[14]四月初五日、初六日均有排演记录[15]。

---

1 《恩赏日记档》（道光二年），《中国国家图书馆藏清宫升平署档案集成》第1册，第440－441页。此条记录在朱家溍、丁汝芹《清代内廷演剧始末考》的中华书局版和故宫出版社版中均误抄为“外学”。

2 《恩赏日记档》（道光四年，册一），《中国国家图书馆藏清宫升平署档案集成》第2册，第785页。

3 《恩赏、旨意、承应档》（道光七年二月十九日吉立），《中国国家图书馆藏清宫升平署档案集成》第3册，第1225页。

4 《恩赏日记档》（道光十二年），《中国国家图书馆藏清宫升平署档案集成》第4册，第1863页。

5 《承应档》（道光十二年正月立），《中国国家图书馆藏清宫升平署档案集成》第4册，第1948页。

6 《差事档》（道光十八年正月立），《中国国家图书馆藏清宫升平署档案集成》第6册，第2540页。

7 《恩赏档》（道光二十一年正月至六月吉立），《中国国家图书馆藏清宫升平署档案集成》第7册，第3119页。

8 《差事档》（道光二十一年正月立），《中国国家图书馆藏清宫升平署档案集成》第7册，第3258页。

9 《日记档》（道光二十一年正月立），《中国国家图书馆藏清宫升平署档案集成》第7册，第3299、3300页。

10 《差事档》（道光二十八年正月立），《中国国家图书馆藏清宫升平署档案集成》第12册，第5816页。

11 《日记档》（道光二十八年正月立），《中国国家图书馆藏清宫升平署档案集成》第12册，第5896、5898、5899页。

12 《差事档》（咸丰二年正月立），《中国国家图书馆藏清宫升平署档案集成》第13册，第6769页。

13 《日记档》（咸丰三年正月立），《中国国家图书馆藏清宫升平署档案集成》第14册，第7213页。没有这一年的《恩赏日记档》和《承应档》，故演出时间未知。

14 《恩赏日记档》（咸丰五年正月至六月），《中国国家图书馆藏清宫升平署档案集成》第15册，第7572页。

15 《日记档》（咸丰五年正月立），《中国国家图书馆藏清宫升平署档案集成》第15册，第7700、7701页。

咸丰六年（1856）六月初一日，同乐园承应《棋盘会》六出，演出时长六刻五分[1]。五月十九日、二十日、二十八日，有排演记录[2]。

咸丰八年（1858）十二月十一日，《散角档》记录了当时参加《棋盘会》演出的散角演员：田昆—白兴泰（小生，时年45岁）、楚王—张长庆（净，时年40岁）、管和—张春和（丑，时年39岁）、柳盖—李平安（净，时年36岁）、壶公—刘重喜（生，时年38岁），唯有主演钟离春和廉赛花的内学伶人不详[3]。此日《差事档》里也没有找到相应的承应记录。因升平署演出本按用途存在总本、角本、题纲本等，多折大戏的日记档里往往写"全角"二字，需要从对应全角题纲找到当时的演出阵容，因这一阵容的全角题纲缺失，我们只能按照一般的演出规律对应《花名档》进行推测，即主演钟离春和廉赛花的演员资历或年龄应该在散角之上。我们从咸丰七年（1857）的《花名档》（咸丰八年没有《花名档》，后标注年龄按八年计算）中寻找资历较高的旦角演员，可以将钟离春、廉赛花主演范围圈定在如下几人之内：张长保（小旦，42岁）、边得奎（小旦，八品官职太监，38岁）、张福（正旦，45岁）、姚长泰（正旦，37岁）、孔得福（小旦，34岁）、王三多（小旦，39岁）。其中张长保、边得奎都是前述7件全角题纲中明确出演过廉赛花的，孔得福是其中明确出演过钟无艳的。考虑正式演出需要预备的替补演员，这六位旦角伶人很可能一起参加过《棋盘会》的排练，具有演出和教学的资格。伶人的一专多能，也是保证《棋盘会》这部内学大戏一直传承稳定的重要因素。

此后同治年间的档案记录有，同治八年（1869）七月二十二日《散角档》记《棋盘会》为"全角"[4]。《恩赏日记档》有：

> 二十六日 敬事房传旨，八月初一日、十五日漱芳斋伺候戏。
>
> 二十八日 奏初一日单，递上派戏单。戏单上留。
>
> 《神谕》（郭福喜）、《绒花记》（何庆喜一行儿以下小人们查着使）、《鱼篮记》、小《十字坡》、《蒋干盗书》（何庆喜）、《温凉盏》（何庆喜、夏庆春，小人们学）、《棋盘会》（孔得福、姚得禄、姚长泰教）、小《奇双会》（不论门、不论嗓子，有嗓子就唱）、《吟诗脱靴》（乔荣寿、李太白、边得奎）、《君臣奕（弈）棋》、《徐母击曹》（欧来喜）、《闻铃》（乔荣寿 昆腔）。[5]

档案中提到的《棋盘会》三位教习，孔得福为小旦演员，是道光至光绪年间小旦演员中技艺出众的一位，曾出演过钟无艳。姚得禄是生行演员，文武皆能，曾出演过田昆。姚长泰工正旦，此时已是内学首领，教戏和排戏是分内工作，他最擅长的一出戏是《白兔记》中的《养子》，与《棋盘会》"芦苇撇子"一出的演出场景和应工十分切合。因道光年间升平署人员大减，要求许多演员一专多能，他们可能同时教授了场上其

1 《差事档》（咸丰六年），《中国国家图书馆藏清宫升平署档案集成》第15册，第7814页。

2 《日记档》（咸丰六年正月立），《中国国家图书馆藏清宫升平署档案集成》第15册，第7868、7871页。

3 《散角档》（咸丰八年正月立），《中国国家图书馆藏清宫升平署档案集成》第17册，第8471页。因咸丰八年没有《花名档》，演员年龄根据《花名档》（咸丰七年正月立）推算，《中国国家图书馆藏清宫升平署档案集成》第16册，第8124－8126页。

4 《散角档》（同治八年正月立），《中国国家图书馆藏清宫升平署档案集成》第23册，第11841－11842页。

5 朱家溍、丁汝芹：《清代内廷演剧始末考》，故宫出版社，2014年，第345页。

他演员的戏份。

同治八年八月二十六日，学唱对《棋盘会》[1]。这一年四月的《分钱档》记载："教习姚长泰，银二两；教习杨进升、乔荣寿、孔得福、边得奎四名各银一两。"时间虽在安排教《棋盘会》之后，可见此时这五人已经是比较固定的演员教习。我们至今并未发现单独的记录教习奖励措施的清宫档案文件，但在伶人因记录不明、赏赐不均所起的争执中[2]，可以看到关于教习的奖励方案和分钱底档应是实际存在过的。

同治十三年，十月初一日，长春宫承应《棋盘会》六出，五刻十分[3]。赏《棋盘会》六桌[4]，可见参加演出的演员规模。十月二十日，长春宫承应《棋盘会》六出，五刻十分[5]。

清宫档案中的《棋盘会》记录分散，可能还有未披露的档案等待挖掘。我们至少可以得出以下结论：《棋盘会》在道光初年就已经作为一部完整的大戏在清宫上演，此后一直在内学伶人间传承；《棋盘会》六出本是升平署设立后内学经常上演的唯一版本；因为演出时间场地限制，搬演长度略有不同。

五 小 结

《棋盘会》是清代钟离春故事在戏曲舞台上的重要遗存。通过民间四出本、宫廷六出本《棋盘会》及"战国段"残本大戏《英烈传》《天香榜》《锋剑春秋》等剧目的分析，我们大致可以得出结论：《棋盘会》是在乾隆、嘉庆时期大量创编连台本戏的契机上出现的新剧目，最晚至道光初年，已发展为成熟、完整的宫廷大戏。钟离春故事在盛世的荣光里，集成了宫廷、民间流传的戏本、话本，集成了昆腔、吹腔、秦腔等各种声腔，也酝酿着"战国段"连台大戏。因这部连台本戏未能最终完成，《棋盘会》作为其中的精华篇章被内学伶人加工排演，成为升平署一出常演剧目。随着道光朝裁撤南府外学伶人，原本嘉庆朝上演过的外学钟离春戏文跟伶人一起出离了宫廷。内学所演《棋盘会》也最终传入民间，形成了较为简约的演出形式，也即北方昆弋班流传的四出早期版本。

[作者单位：故宫出版社]

1 《日记档》（同治八年正月立），《中国国家图书馆藏清宫升平署档案集成》第 23 册，第 11786 页。
2 《恩赏日记档》（道光二十七年正月至六月），《中国国家图书馆藏清宫升平署档案集成》第 10 册，第 5122 — 5123 页。
3 《差事档》（同治十三年正月立），《中国国家图书馆藏清宫升平署档案集成》第 26 册，第 13377 页。
4 《恩赏档》（同治十三年正月立），《中国国家图书馆藏清宫升平署档案集成》第 26 册，第 13343 页。
5 《差事档》（同治十三年正月立），《中国国家图书馆藏清宫升平署档案集成》第 26 册，第 13389 页。

从《活计档》看乾隆朝玉鸠杖的制作与使用*

The Production and Use of Staffs with Jade Turtledove-Shaped Top in the Qianlong Reign Based on *Archives of the Imperial Workshops (Huoji dang)*

刘思桐

Liu Sitong

内容提要：

故宫博物院收藏有一批清宫旧藏玉鸠杖，多为玉质杖首、竹质杖梃，是较为独特的一类文物。根据清代宫廷造办处档案记载，此类器物于乾隆中后期大量制作与使用，这与清代推行的文化政策密不可分。本文在系统搜集《活计档》关于玉鸠杖相关记录的基础上，拟对其制作与使用情况及其文化内涵和时代背景进行初步探讨。

关键词：

乾隆时期　活计档　造办处　苏州制造　玉鸠杖

ABSTRACT:

The Palace Museum collects several staffs with jade turtledove-shaped top, originally from the Qing (1644-1911) imperial collection. With jade top and bamboo sticks, these staffs are relatively unique among all types of objects. Based on records of the Qing Imperial Workshops, such artifacts were produced and used in large quantity in the middle and late Qianlong period (1736-1795), closely associated with the culture policies the Qing rulers implemented. This article is based on the systematically assembled records about such objects in *Archives of the Imperial Workshop (Huoji dang)*, and intends to conduct a preliminary discussion on their production, use, as well as related cultural connotations and historical backgrounds.

KEYWORDS:

Qianlong reign, Archives of the Imperial Workshops, Imperial Workshops, Suzhou Workshop, Staffs with jade turtledove-shaped top

* 本文为国家社科基金冷门绝学研究专项“故宫博物院藏‘乾隆四鉴’青铜器整理与研究”（批准号 20VJXG001）系列成果之一，得到国家社科基金专项资助。

故宫博物院收藏有一批清宫旧藏玉鸠杖，多为玉质杖首、竹质杖梃，部分出于清宫对管銎斧的仿造[1]，形制较为独特。目前，学界对于从《清宫内务府造办处档案总汇》考察乾隆朝玉鸠杖的制作地点、工序和使用情况的研究成果较少[2]。笔者在研读《活计档》后发现，玉鸠杖的制作工序可以分为制作杖头、制作杖梃、制作杖底及刻字，一般交由内务府造办处、苏州织造和长芦盐政负责，三处承办活计的种类、方式与数量略有差异。同时，这些玉鸠杖在进入宫廷后也有不同的用途。本文在系统搜集《活计档》关于玉鸠杖相关记录的基础上，拟对其制作与使用情况及其文化内涵和时代背景进行初步探讨。

一 玉鸠杖的制作

图1 方竹镶白玉鸠首刻御制诗杖 通长112厘米 故宫博物院藏

图2 方竹刻乾隆御题镶青玉螭鸠双首杖 通长124厘米 故宫博物院藏

玉鸠杖，即顶端以雕鸠形玉头为把手的拄杖[3]。〔图1、图2〕《活计档》中对其称呼格式为“（某玉质）[4]玉鸠杖头（某材质）[5]杖”，如“白玉玉鸠杖头扁竹杖”“青玉玉鸠杖头青竹杖”等。内务府造办处、苏州织造、长芦盐政均有承担制作的记录。具体工序包括制作杖头、制作杖梃、制作杖底及刻字，也涉及已有杖头的“改做”和“收拾”。三个机构承办的活计在种类、方式及数量上略有不同，以下分别叙述。

（一）制作

1、杖头〔图3、图4〕

图3 方竹刻乾隆御题镶青玉螭鸠双首杖局部（杖头） 故宫博物院藏

图4 方竹镶白玉鸠首刻御制诗杖局部（杖头） 故宫博物院藏

从《活计档》看，内务府造办处、苏州织造、长芦盐政均承担过鸠杖头的制作。

内务府造办处在制作杖头时一般交由如意馆和启祥宫。据乾隆三十八年十一月如意馆记载：

1 参见李零：《乾隆玉杖首和东周管銎斧——乾隆仿古之一例》，《万变——李零考古艺术史文集》，生活·读书·新知三联书店，2016年，第91－106页。详另文。

2 关于这一研究的相关成果，参见李宏为：《乾隆与玉》，华文出版社，2013年，第275页。毛宪民：《故宫片羽》，文物出版社，2003年，第99页等。

3 《清宫内务府造办处档案总汇》中将其称为拄杖或拐杖。详见第38册378页；第40册237页；第47册503页、683页；第48册237页等。中国第一历史档案馆、香港中文大学合编：《清宫内务府造办处档案总汇》（以下引述该档案简称《活计档》），人民出版社，2005年。

4 《活计档》中记录的玉鸠杖头材质有白玉、次白玉、青白玉、青玉、汉玉、汉白玉、青汉玉、旧皮糙玉、旧玉。

5 《活计档》中记录的玉鸠杖梃材质有竹、扁竹、棕竹、紫竹、方竹。

"十八日接得郎中李文照押帖，内开十一月初八日胡世杰交夔龙杖头木样一件。传旨：着交启祥宫挑白玉照木杖头样成做一件，再照现做过鸠杖头再做一件，钦此。于本日挑得三等白玉子一块，画得夔龙杖头一件，又画得鸠杖头一件，持进交太监胡世杰呈览。奉旨：照样准做，钦此。"[1]

这则档案中制作的杖头于乾隆三十九年十二月初六日制作完成，并发至金玉作进行打眼：

"员外郎四德、库掌五德笔帖式福庆来说，太监胡世杰交白玉鸠杖头一件，系如意馆新做，上点打眼黑点。传旨：着按打眼黑点打眼，钦此。"[2]

于本月十日再次返回加工：

"员外郎四德、库掌五德、笔帖式福庆将白玉鸠杖头一件打得眼持进交太监胡世杰呈览。奉旨：将眼再往大里开，钦此。于十三日员外郎四德、库掌五德笔帖式福庆将白玉鸠杖头一件上画得眼往大里开墨点，持进交太监胡世杰呈览。奉旨：准照墨点往大里开，钦此。"

从这件鸠杖头的制作来看，造办处在每一步的制作过程中，均需先呈样，得到批准后再继续制作。

与造办处每一步均需呈报不同的是，苏州织造在接到活计任务时，皆有造办处下发的木样或画样，一些细节也都在发样上有所体现，所以并无打眼等相关描述细节的档案存在。根据档案，苏州织造制作玉鸠杖头始于乾隆三十七年[3]，且纵观所有相关记录，其在制作鸠杖头时，没有返工修改的情况出现，说明乾隆帝对于苏州工匠所承办玉鸠杖头的制作是较为满意的。

长芦盐政在乾隆四十九年承担过一次玉鸠杖头的制作，这次活计是由启祥宫挑玉画样后交由长芦制作[4]。这五件杖头用时六个月，于同年七月二十四日制作完成[5]。

2、杖底〔图5、图6〕

造办处在制作好杖头后，需再请示配做杖底，据乾隆四十年三月如意馆记载：

---

1 《活计档》第36册，第151页。

2 《活计档》第37册，第649页。

3 乾隆三十七年十二月"初六日接得郎中李文照押帖，内开十一月初三日太监胡世杰交青绿铜鸠杖头一件，系养心殿百什件内。传旨：着启祥宫挑高白玉照杖头配做一件，先做木样呈览，钦此。于十九日照杖头做得木样一件，挑得二等白玉子一块重七斤十四两，画得墨道随木样一並交太监胡世杰呈览。奉旨：着交苏州织造舒文处照木样成做，如够做二件做二件，如不够二件做一件，钦此。"《活计档》第35册，第489页。

4 乾隆四十九年一月"十六日太监鄂鲁里交汉玉鸠杖头一件，系宁寿宫。传旨：照鸠杖头样款高厚各放五分长，里下放长一寸，余做木样一件呈览，钦此。随照汉玉鸠杖头样款放大放厚做得木样一件呈览。奉旨：照样准做，着启祥宫挑玉交造办处成做。其做样玉鸠杖头仍交宁寿宫，钦此。随将启祥宫收贮玉内挑得白玉一块，照鸠杖头木样画得鸠杖头一件，皮糙玉一块画得鸠杖头一件，青玉一块画得鸠杖头三件，持进交太监鄂鲁里呈览。奉旨：俱发往长芦交徵瑞照木样成做，其皮糙玉先札一它呈览，钦此。于十七日将皮糙玉一块札得一它在玉上画得鸠杖头样红道，随札下皮糙玉角头一块呈览。奉旨：将札下玉角头一块交启祥宫料估成做大号搬指一件，钦此。于本年七月二十四日将长芦送到鸠杖头五件呈进芳元居讫。"《活计档》第47册，第611页。

5 乾隆四十九年七月"二十四日长芦坐京家人持来信帖一件，内开七月十二日长芦盐政徵瑞差家人曹鸿义送到玉鸠杖头五件，随木样一件…呈览。奉旨：玉鸠杖头五件交芳园居库内收贮…钦此。"《活计档》第47册，第519页。

图5 方竹刻乾隆御题镶青玉螭鸠双首杖局部（杖底） 故宫博物院藏

图6 方竹镶白玉鸠首刻御制诗杖局部（杖底） 故宫博物院藏

图7 方竹刻乾隆御题镶青玉螭鸠双首杖局部（杖挺） 故宫博物院藏

“初十日接得员外郎六格押帖，内开二月二十一日太监胡世杰交白玉鸠杖头一件。传旨：着交如意馆挑玉配做杖底一件，钦此。于本日挑得三等玉石子一块重画得应去墨道，持进交太监胡世杰呈览。奉旨：照样准做，钦此。”[1]

而后，继续请示杖底上打眼的位置。打眼的工作则一般交由金玉作完成，并且也需得到批准后再进行制作，乾隆四十年四月：

“初八日员外郎四德、库掌五德来说，太监胡世杰交白玉鸠杖底一件，系如意馆新做上点打眼墨点。传旨：照墨点打眼，钦此。于十三日将玉鸠杖底打得眼呈进讫。”[2]

与造办处不同的是，苏州织造会将杖底与杖头一并配来[3]，如不需要杖底，会在下旨制作时特别说明[4]。

3、杖梃〔图7〕

杖梃制作主要由苏州织造按杖头大小配做，如乾隆四十九年四月：

“二十三日库掌大达色、催长舒兴来说，太监鄂鲁里交青白玉鸡(鸠)杖头一件，舒文进。传旨：交苏州织造四德配做竹杖一根送来，钦此。于九月十二日苏州送到配做玉鸠头竹杖一根，呈进交如意馆刻字讫。”[5]

又如乾隆五十年正月：

“初二日员外郎五德、库掌大达色、催长金江、舒兴来说，太监鄂鲁里交青白玉鸠杖头四件，随木座，刘我进。传旨：交苏州织造四德配做柱杖四根，

1 《活计档》第38册，第12页。

2 《活计档》第38册，第297页。

3 如乾隆四十一年八月“初五日接得热河寄来信帖一件，内开七月二十八日将苏州织造舒文送到白玉双管瓶一件、次白玉鸠杖头杖底一分…奉旨：将双管瓶、交泰环、杖头杖底回头俱留下…钦此。”《活计档》第39册，第437页。

4 如乾隆四十八年三月“二十七日接得郎中保成、库掌福庆押帖，内开本日改做得旧玉鸠杖头二件。传旨：交苏州织造四德成做矮竹杖，不要玉杖底，钦此。于四十八年七月初四日苏州送到玉鸠杖头竹杖二根呈进交含青斋戒得堂讫。”《活计档》第46册，第642页。

5 《活计档》第47册，第613页。按：档案中将鸠杖头写为鸡杖头，从同年九月十二日苏州送回档案中得知应为玉鸠头竹杖。

钦此。于三月二十七日苏州送到玉鸠杖头竹杖四根,呈进交圆明园讫。"[1]

其中，仅有一次记录可以按照杖梃的大小随意修改杖头及榫子，据乾隆四十年闰十月十二日如意馆记载：

"初二日太监胡世杰传旨:着启祥宫挑白玉做鸠杖头一件,苍龙杖头一件,钦此。于本日挑得三等白玉石子一块重十一斤,画得鸠杖头墨道一件,苍龙杖头墨道一件,随从前做过鸠杖头木样一件,苍龙杖头木样一件,一并持进交太监胡世杰呈览。奉旨:着交苏州成做。其鸠杖头配元竹或棕竹俱可,其苍龙杖头配方竹杖头,榫子照方竹大小配做,不必拘定木样,竹大将榫子放大,竹小将榫子收小成做,钦此。于四十一年四月二十九日将苏州送到白玉苍龙杖头杖底一分呈进讫。于七月二十八日随库掌五德将苏州送到白玉鸠杖头杖底一分呈進讫。"[2]

4、刻字

刻字的工作一般会交由如意馆[3]，有时懋勤殿也会承担查诗写贴[4]和刻字[5]的工作，如乾隆四十三年九月二十八日行文记载：

"员外郎四德将苏州送到汉玉杖头棕竹杖一件、汉玉鸠杖头竹杖一件呈览。奉旨：鸠杖头竹杖一件交懋勤殿刻诗……"[6]

所查档案中，仅有一次是在向苏州交派活计时就一并说明连诗刻好呈进，据乾隆四十三年二月：

"二十日员外郎四德、五德来说，太监厄勒里交白玉鸠杖头玉底棕竹拄杖一根，养心殿。传旨：照玉鸠杖头做鹊雀杖头木样一件。鹊雀身长要三寸，钦此。于二月二十七日员外郎四德、五德将照得白玉鸠杖头柱杖样做得鹊雀杖头木样一件交太监厄勒里呈览。奉旨：鹊雀杖头木样交懋勤殿写诗，得时向如意馆挑玉发往苏州照样成做二件，连字一并刻来，钦此。"[7]

（二）改做与收拾

1、改做

对于玉鸠杖的改做，一种情况是由于所做杖头不符合皇帝要求而进行的再次加工。另一种是基于旧杖头

---

1 《活计档》第 48 册，第 237 页。

2 《活计档》第 38 册，第 63 页。

3 如乾隆四十三年三月"二十三日接得郎中保成押帖一件，内开三月十八日员外郎四德交旧皮糙玉鸠杖头一件，胸前贴楷书字本文一张，随紫檀木座，系宁寿宫。传旨：着如意馆刻字，座下商银片字，钦此。"《活计档》第 41 册，第 755 页。

4 如乾隆四十九年九月"十二日接得苏州坐京家人贡德孔祥持来信帖，内开九月初六日苏州织造四德送到青白玉长亘子孙佩八件…青白玉鸠杖头竹杖一件…呈览。奉旨：…玉鸠竹杖交懋勤殿查诗写贴呈览，其余俱着伊家人送京，钦此。随于初六日懋勤殿首领吕进忠将苏州送到玉鸠方竹杖一件，上写贴御制诗本文呈览。奉旨：发京交如意馆刻做，钦此。"《活计档》第 47 册，第 522 页。

5 如乾隆四十年二月"二十八日员外郎四德、库掌五德、笔帖式福庆来说太监胡世杰交白玉鸠杖头方竹玉底拐杖一件，上刻御制诗。传旨：将诗字内填黑漆宝填红漆，钦此。于四月十七日员外郎四德、库掌五德、笔帖式福庆来说太监如意传旨：将白玉鸠杖头方竹杖一件送进呈览，钦此。随将白玉鸠杖头方竹杖一件持进交太监如意呈览。奉旨：着交懋勤殿刻诗，钦此。"《活计档》第 38 册，第 378 页。

6 《活计档》第 41 册，第 414 页。

7 《活计档》第 41 册，第 389 页。

进行尺寸更改后制作新杖头的情况。造办处曾于乾隆四十八年参与过第一种情况的改做任务，据记载：

“三月二十七日接得郎中保成、库掌福庆押帖，内开本日改做得旧玉鸠杖头二件，传旨：交苏州织造四德成做，矮竹杖不要玉杖底，钦此。于四十八年七月初四日苏州送到玉鸠杖头竹杖二根，呈进交含青斋戒得堂讫。”[1]

另一则改做档案显示，乾隆帝下旨基于一件陈设在宁寿宫的鸠杖头，将其尺寸放大放厚做木样，原本想交于造办处制作，但是待启祥宫挑玉呈览后，又改变主意交由长芦盐政制作[2]。

2、收拾

档案中的收拾是指对已有鸠杖进行修补，包括杖梃和杖底。其中杖挺的修补与制作时相同，一般交由苏州织造，如乾隆四十九年六月：

“初三日接得苏州坐京家人四儿冯德信帖一件，内开五月十七日太监鄂鲁里交青汉玉鸠杖头棕竹杖一根，棕竹竿裂缝，戒得堂现安。传旨：着交苏州织造四德进活计便人带去，将裂缝处收拾好送来，钦此。于九月二十七日苏州送收什玉鸠杖头竹杖一根，备用竹杖一根，呈进交如意馆讫。”[3]

又如乾隆五十五年一月：

“二十九日员外郎大达色、库掌福海、催长舒兴来说，太监鄂鲁里交青白玉鸠杖头竹杖一根，玉底托，宁寿宫，杖身有开裂。传旨：发往苏州用原旧杖头底托另配竹杖一根，钦此。于五十五年四月二十三日苏州送到玉鸠头竹杖一根呈进交原处讫。”[4]

杖底的修补有时则交与造办处，如乾隆五十一年四月：

“初七日员外郎五德、库掌大达色、催长金江、舒兴笔帖式福海来说，太监鄂鲁里交白玉鸠杖头棕竹杖一根，铜杖底裂缝，安澜园。传旨：将裂缝处线缝收什，钦此。于四月初八日将玉鸠头棕竹杖一根收什好呈进交原处讫。”[5]

现将不同机构对各工序的承办次数汇总如下表一所示：

1 《活计档》第46册，第642页。
2 《活计档》第47册，第611页。
3 《活计档》第47册，第512页。有学者误将这条档案错认为雍正朝的记载。见毛宪民：《故宫片羽》，文物出版社，2003年，第116页。
4 《活计档》第52册，第42页。
5 《活计档》第49册，第443页。

表一　三机构承办鸠杖工序频次表

	制作杖头	制作杖梃	制作杖底	刻字	收拾
内务府造办处	3		2	6	1
苏州织造	5	11		1	2
长芦盐政	1				

从上表可以看出，苏州织造在杖头及杖梃的制作中承担的任务远比造办处多，其原因或许是：

（1）造办处在制作杖头时曾出现过错误。

据乾隆三十八年九月记载：

"二十三日库掌四德来说，太监胡世杰交白玉鸠杖头一件。传旨：着将旧有二眼往上放大些，按墨道再打一眼，钦此。造办处谨奏：据库掌四德禀称，于本日领出传办，粗心错将玉杖头口上又多放一眼，理合呈明治罪等语。奴才等伏思，持交活计理应敬谨小心承办，乃四德慢（漫）不经心，未经详明交该作，以致玉匠将杖头口多放一眼，甚属不合。请将四德交该处议处等因具奏。奉旨：知道了，钦此。伏查库掌四德系接办活计之员，遇此传办交做之项不能详慎经心，以致错误殊属疏忽，请将四德罚奉三个月，以示警诫，为此谨奏。于十月初四日具奏。奉旨：知道了。钦此。"[1]

（2）杖梃材料的限制。

从《活计档》看，内廷对配做杖梃的材质种类要求较高。地处北方的造办处在气候上不宜竹制材料的保存，竹制杖梃往往经过几年后就会开裂。而地处南方的苏州则是紫竹、方竹等原材料的生长地，相较在竹材的选择上更具优势。

从档案中可以看到，乾隆四十二年苏州第一次成做杖梃时，造办处所存的竹材为："云竹竿一百五十根，俱有裂处、斑竹竿一百二十根，俱有裂处"[2]。在鸠杖制作的高峰期（乾隆五十二年），造办处的竹材库存为："云竹竿六十七根，俱有裂处、斑竹竿一百六十七根，损坏破裂不全"[3]。从这两次库存来看，造办处的竹材在数量、质量和品种上几乎都达不到为玉鸠杖头配做竹杖的要求。另外，从造办处为其他杖头配做杖梃的档案里，我们似乎也能发现一些线索，在乾隆四十三年十一月十六日的档案中，需要为启祥宫新做的鹊雀杖头配做杖梃，这时下发的旨意是："着造办处寻找竹挺配做拄杖"[4]。按照多次下旨着苏州配做杖梃时的说法，并无加注"寻找"二字，透露出造办处的库存竹材很难达到要求。并且在其他记录中，显示苏州织造曾在完成下发活计送回时，加配了备用杖梃[5]，也可侧面印证此观点。

1 《活计档》第36册，第388页。
2 《活计档·造办处收贮物料清册内务府堂清册旧存》第41册，第33页。
3 《活计档·造办处收贮物料清册内务府堂清册下存》第50册，第447页。
4 《活计档》第41册，第359页。
5 《活计档》第47册，第512页。

二 玉鸠杖的使用

鸠杖本有颐养天年的寓意。清宫玉鸠杖的制作也是自乾隆帝步入老年之后开始的。从时间上考察，造办处档案中鸠杖相关工序的出现频次如下表二所示：

表二 造办处档案鸠杖相关工序出现频次统计表

时间（乾隆纪年）	37	38	39	40	42	43	47	48	49	50	51	52	53	55
频次	1	1	2	4	1	4	1	1	6	1	3	4	1	2

在《活计档》中，对木杖、拐杖等制作的记录不在少数，但制作玉鸠杖却是从乾隆三十七年才逐渐开始。之后的制作高峰是在乾隆四十年（乾隆虚岁65岁）至五十二年（乾隆虚岁77岁）之间。档案中，对于所制玉鸠杖的使用方式主要有以下几种记录：

（一）陈设于宫殿

有些鸠杖会被指定陈设在紫禁城和一些皇家园林的宫殿内。紫禁城内的陈设地点主要有宁寿宫、重华宫（翠云馆）和慈宁宫等。皇家园林内的陈设地点则有避暑山庄内的含青斋戒得堂、香山、万寿山、玉泉山和圆明园等。

紫禁城内的陈设地点中，宁寿宫提到的次数最多。如乾隆四十四年一月："二十八日员外郎四德、五德、催长大达子将苏州送到……汉玉鸠杖头竹杖一件……持进交太监鄂鲁里呈览。奉旨：竹杖交宁寿宫，钦此。"[1]

更有甚者，有的鸠杖被直接陈设于宁寿宫区内的乐寿堂御座旁边。据乾隆四十年二月：

"二十八日员外郎四德、库掌五德、笔帖式福庆来说，太监胡世杰交白玉鸠杖头方竹玉底拐杖一件，上刻御制诗……奉旨：着在乐寿堂宝座旁边安设，钦此。"[2]

宁寿宫是于乾隆三十七年，在康熙时的宁寿宫院基础上，进行大规模改建的一处宫殿群，是乾隆帝为自己归政后建立的起居之所[3]。乾隆帝亲自作《宁寿宫铭》并将其贴于宁寿宫东暖阁西门上，文中"宁咸万国，寿先五福"点明了宁寿宫之义。太上皇宫的布置，大都围绕"福寿"主题[4]，鸠杖陈设于此，自然是因为其寓意与这一主题契合（详下文）。

---

1 《活计档》第42册，第476页。

2 《活计档》第38册，第388页。

3 （清）弘历：《御制诗二集》卷三八。《宁寿宫铭》中注释称："兹新葺宁寿宫，待余归政后居处，则为太上皇临御之所。"

4 王子林：《乾隆太上皇宫陈设考》，《故宫学刊》2017年总第18辑，第126页。

（二）献与皇太后

有些鸠杖在制作好后被献与皇太后。如乾隆四十年十月二十一日制作的一根“白玉鸠杖头玉底竹杖”在配得紫檀木架后于十一月二十日呈进皇太后。[1]一个月后正是皇太后生辰，这次呈进自然是为了祝寿。乾隆帝在其祝寿诗《新葺宁寿宫落成于新正，恭侍皇太后，敬纪八韵》中也提到了进献的鸠杖：“皇太后步履康健，虽制玉鸠杖恭进仍不藉扶持也。”[2]从故宫博物院现存若干柄玉鸠杖来看，其玉质杖底大都无磨损痕迹，说明这类玉鸠杖更多承载的是一种象征意义，并不为实用器。

在皇太后去世后，有的鸠杖被移送至陵寝安设。据乾隆四十二年三月十六日记载：

> “谕旨：泰东陵隆恩殿内照依泰陵隆恩殿所供之佛式样，将慈宁宫现供大庆呈进之佛龛供器内选择如式者送往安供，再有御制诗玉鸠竹杖一件一并送往泰东陵隆恩殿神龛内安设，钦此。”[3]

这柄鸠杖可能是皇太后的喜爱之物。正如《礼记・玉藻》所谓：“父殁而不能读父之书，手泽存焉尔；母殁而杯圈不能饮焉，口泽之气存焉尔。”此器不适合再陈设于慈宁宫内，故而安放于东陵隆恩殿，以表追念与哀思。

（三）进贡与赏赐

根据《活计档》可知，玉鸠杖亦是清宫常见的贡品与赏赐品。目前所见臣子为皇家进贡玉鸠杖有两种情况，一种为内务府机构官员的进贡，如乾隆三十八年七月十六日，舒文进贡“汉玉鸠杖头成对”[4]。又如乾隆五十七年七月十九日，董椿进贡“白玉鸠杖成对”[5]。另一种为地方官员的进贡，如乾隆四十五年记载：“八月初一日贵州布政使孙永清进贡内奉旨驳出玉鸠杖。”[6]

玉鸠杖也多被用于对致仕大臣的赏赐，如《清实录》嘉庆八年闰二月：

> “予告大学士王杰陛辞，上以高宗纯皇帝御前陈设玉鸠杖，并亲书御制诗章联句赐之。”[7]

可知玉鸠杖成为君臣之间尊老、敬老的象征之物。

1 《活计档》第38册，第561页。
2 （清）弘历：《御制诗四集》卷三三，《新葺宁寿宫落成于新正，恭侍皇太后，敬纪八韵》。
3 《活计档》第40册，第413页。
4 铁源、李国荣主编：《清宫瓷器档案全集・贡档进单》卷一二，中国画报出版社，2008年，第286页。
5 《清宫瓷器档案全集・贡档进单》卷二二，第51页。
6 《清宫瓷器档案全集・贡档进单》卷一六，第58页。
7 《清仁宗实录》卷一〇九，嘉庆八年癸亥闰二月。

图8 方竹镶黄玉鸠首刻乾隆御题杖
通长119.5厘米 故宫博物院藏

三 清宫玉鸠杖的文化内涵和时代背景

玉鸠杖在清宫中的陈设使用情况透露出丰富的文化内涵。究其渊源，这当与“鸠”这一形象的含义及汉代的王杖制度有关。〔图8〕

先秦时期，“鸠”本身就有养老的寓意。《周礼・夏官》：“罗氏掌罗乌鸟……中春，罗春鸟，献鸠以养国老，行羽物。”可知鸠鸟是捕来敬奉国老食用的。汉代则实行“王杖”制度。《后汉书・礼仪志》：“王杖长[九]尺，端以鸠鸟为饰。”武威磨咀子汉墓M18所出“王杖十简”记载诏令：“高年受王杖，上有鸠，使百姓望见之。”[1]汉代的“王杖”杖首作鸠鸟形状，又称鸠杖。从出土实物看，王杖一般为木质，鸠首作昂首短尾鸟形。

而古书又有“玉杖”，西晋司马彪《后汉书志》云：“年始七十者，授之以玉杖，哺之糜粥。八十、九十，礼有加赐。玉杖长尺，端以鸠鸟为饰。鸠，不噎之鸟也。欲老人不噎。”有学者以为“玉杖”实为“王杖”之讹[2]。然而“玉杖”却也成了传统文化中尊老、敬老的象征。乾隆帝对玉鸠杖的喜爱职由于此。

值得一提的是，乾隆帝还曾在著名的“千叟宴”上将木质鸠杖大规模地赐予高年耆民。《啸亭杂录・千叟宴》记载：

> “康熙癸巳，仁皇帝六旬，开千叟宴于乾清宫，预宴者凡一千九百余人。乾隆乙巳，纯皇帝以五十年开千叟宴于乾清宫，与宴者凡三千九百余人，各赐鸠杖。丙辰春，圣寿跻登九旬，适逢内禅礼成，开千叟宴于皇极殿，六十以上预宴者凡五千九百余人，百岁老民至以十数计，皆赐酒联句。”[3]

昭梿历数了三次“千叟宴”，其中第二次，即乾隆五十年的千叟宴上，与宴者近四千人“各赐鸠杖”，可以想见赏赐数量之巨。时人著名史学家章学诚作有《张介村封公御赐香楠鸠杖记》，专门称颂了参加这次宴会的张介村所得赐的楠木鸠杖[4]。可知赐予一般臣民的鸠杖多为木质。

清廷对鸠杖的重视与时代背景下的文化政策息息相关。清廷入主中原后，推崇儒家思想，实行了一系列举措，使尊老礼制逐步完善。如设牌坊旌表“人瑞”、推行优赏勤朴老农政策、继承并发展了起源于周代的“乡饮酒礼”制度等，诸多政策力图使儒家道德规范深入民心，形成尊老孝亲的风尚。作为表率，历代清帝非常注重对老年官员和士人进行优待和赏赐，除上举千叟宴外，再如实行优赏年老大臣“朝马肩舆之赐”、实

1 甘肃省博物馆：《甘肃武威磨咀子汉墓发掘》，《考古》1960年第9期。
2 魏燕利：《“王杖”考辨》，《简牍学研究》2004年第4辑。
3 （清）昭梿：《啸亭杂录》卷一《千叟宴》，何英芳点校，中华书局，1980年，第385－386页。
4 （清）章学诚：《章学诚遗书》，文物出版社，1985年，第310页。

行赏年老世子功名职衔制度、为六十岁以上大臣赐寿等，其中，准许“扶杖而行”也是优待年老大臣的特殊礼遇。如乾隆帝《赐宴后憩流杯亭集臣工四十五人联句用十一真韵》诗云：“……许扶灵寿杖，容接绮罗裀。”自注：“大学士张廷玉、福明皆年逾古稀，是日，并许扶杖而行。”[1]等到年老大臣致仕回乡时，则赐予玉鸠杖，以示荣宠（见上文）。类似举措自然会起到密切君臣关系，标榜敬老风尚的作用。

四 结 语

综上，本文在对《清宫内务府造办处档案》中玉鸠杖的相关记录做了详细梳理后，得出以下几点结论：

1.确定了乾隆朝玉鸠杖的制作年代，始做于乾隆三十七年，集中制作于乾隆四十年至五十二年之间。制作时间的确定，为此类器物的断代找到了依据，并为进一步更深入地研究提供了前提条件。

2.发现乾隆朝玉鸠杖的制作工序包括杖头、杖底、杖梃及刻字，主要由内务府造办处、苏州织造和长芦盐政承办。三个机构承接活计的种类、方式及数量均有不同，但各具特点。其中，苏州织造几乎承接了所有杖梃的制作及修补任务，这离不开其独特的地理位置与加工工艺。

3.指出清宫玉鸠杖的用途大致有陈设、献与及赏赐。紫禁城内一般多置于宁寿宫的各个宫殿，并专门配以紫檀木架陈设。同时，一些陈设的玉鸠杖亦作为赏赐品赐予致仕大臣。

研究过程中，笔者还注意到，鸠杖是否实用，与杖底镶嵌材料的质地有关。根据院藏实物，玉鸠杖的杖底有青铜、玉石两种。青铜杖底多有磨损，应曾经实际使用；玉质杖底基本无磨损痕迹，推测如上文所述为陈设之用。是否可以得出此结论，还需对清宫旧藏所有实物做更加细致的比对、分析。此外，档案记载显示，除紫禁城外，圆明园、香山、万寿山、承德避暑山庄等地也有此类鸠杖陈设的记录，具体情况还有待继续发掘与研究。

1 （清）弘历：《御制诗初集》卷四四，《赐宴后憩流杯亭集臣工四十五人联句用十一真韵》。

乾隆时期清宫佛衣的制作与管理考述

A Textual Research on the Making and Management of Qing Palace's Buddhist Costumes in the Qianlong Period

马云华

Ma Yunhua

内容提要：

乾隆时期是宫廷佛教的极盛时期，清廷内宫几乎达到殿殿有佛堂、处处闻梵香的境地。相应地，为满足这些佛殿、佛堂礼佛供奉需求，乾隆时期宫廷佛衣的制作也达到了空前规模。在留存至今的大量清宫宗教文物中，佛衣因用料考究、工艺精湛、样式丰富，在众多故宫藏品中格外引人注目。乾隆帝十分重视佛衣的制作与供奉，其间清宫不仅制作了规模庞大的佛衣，而且还制定了一套严格的管理制度，用以规范宫廷佛衣制作与相关事务。清宫养心殿造办处《活计档》中与佛衣相关的记载内容丰富，是目前留存的为数不多的较为完整记载清宫佛衣的珍贵文献之一。本文通过对《活计档》中有关佛衣记载的系统梳理，与故宫现存佛衣实物考证相结合，重点对乾隆时期清宫佛衣的特点、佛衣制作中的管理措施等方面进行归纳阐述，旨在立体呈现清代宫廷佛衣的整体面貌特征。

关键词：

清宫　佛衣　造办处　苏州织造　样式　惩戒措施

ABSTRACT:

The Qianlong period witnessed the heyday of court Buddhism. In the inner palace of the Qing (1644-1911) court, Buddhist chapels were installed in almost every hall, while chanting was heard in all places. Correspondingly, to meet the sacrificial and worshipping needs of these Buddhist halls and chapels, the production of Court Buddhist costumes during the Qianlong period (1736-1795) also reached an unprecedented scale. Among many Qing religious collections survived to this day, Buddhist costumes stand out amongst the extensive Palace Museum collections due to the choicest materials, exquisite workmanship, and rich styles. The Qianlong Emperor attached great importance to the making and supply of Buddhist costumes. During his rule, not only large quantity of Buddhist costumes were produced, a strict management system was formulated to regulate their production and related affairs. The records related to these costumes in the *Archives of the Imperial Workshops* (*Huoji dang*), due to its rich content, is one of the few precious documents with relatively complete records regarding the Qing Buddhist costumes. This article systematically combs the records of Buddhist costumes in the *Archives of Imperial Workshops* and combines with research on extant Buddhist costumes in the Palace Museum collections. It focuses on summarizing and elaborating on these costumes' characteristics and management measures in the production procedures, aiming to thoroughly present the overall features of the Qing court Buddhist costumes.

KEYWORDS:

the Qing palace, Buddhist costumes, Imperial Workshops (*Zaoban chu*), Imperial Silk Manufactory in Suzhou, style, disciplinary measures

清宫佛衣是清代宫廷艺术审美与宗教文化艺术结合的典型代表作品之一，其样式丰富、用料考究、工艺精湛、表现华贵，独具清宫特点。出于对佛教的崇信，乾隆帝对宫廷礼佛敬佛诸事倾心关注，对作为宫廷佛教造像重要组成部分的佛衣也不例外。乾隆本人不仅亲自参与佛衣图样的设计，而且还对佛衣的织造工艺、样式、用材等提出具体要求，在佛衣的装饰方面更是不惜工本，极力追求奢华。清宫佛衣是丝织类佛教器物的代表作，这些将中原传统织绣技艺与皇家信仰紧密结合的佛衣实物及翔实丰富的佛衣档案记录，为今天学者们研究和探讨宫廷佛衣的整体特征提供了宝贵的一手资料。之前笔者曾撰写过一篇关于清宫旧藏佛衣分类及样式特点的文章，本篇则重点介绍这些佛衣实物背后的史实，是清宫佛衣研究的深入和延续。

一 乾隆时期清宫佛衣样式

从档案可知，乾隆时期宫廷佛衣制作十分频繁，各种材质和样式的佛衣被源源不断地制作出来，与佛像一起供奉在皇宫内外大大小小的佛堂里，以满足宫廷信仰之需求。乾隆时期宫廷佛衣主要由养心殿造办处和江南织造处承办。制作佛衣前，一般先由造办处根据皇帝本人的意见拟定画样，之后要“进呈御览”，待画样通过后再发往苏州江南织造处制作或送至养心殿造办处制作。当时，苏州织造虽然承担着宫中佛衣制作的主要任务，但实际上苏州只负责制作佛衣的主体部分，其他诸如佛衣纽扣、瓔珞等配饰及金活部分则是返京后由宫廷造办处后期来完成。

乾隆时期还有一部分来自西藏等地的佛衣，由藏蒙高僧连同佛像一起进献而来，目前仍保存有毛毡〔图1〕、动物毛皮等材质的小型佛衣数件，地域特征明显。

清代档案中佛衣包含的范围非常广泛，简单按功能可分为佛像穿戴佛衣、供奉佛衣及喇嘛衣。穿戴佛衣指佛教众神所穿之衣，与佛像形成一个整体，这也是宫廷最常见、数量最多的一类佛衣。供奉佛衣则指专用

图1　毛毡佛衣

图2　包裹式佛衣

图3　云肩长裙分体式佛衣

图4 长坎肩式佛衣

图5 黄缎斗篷〔图见《梵华楼（第一卷）》页274〕

图6 虎皮佛衣（图见《清代宫廷服饰》页232）

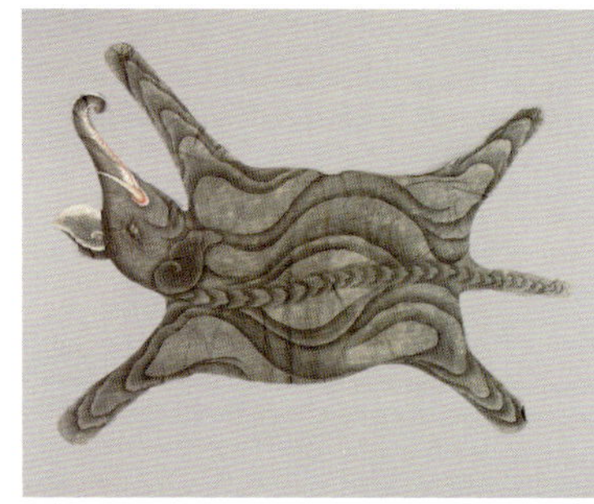
图7 象皮佛衣（图见《清代宫廷服饰》页232）

于佛堂陈设的佛衣，并不实际穿用，常见与其他法器一起盛放于供器箱内。喇嘛衣是指宫廷僧人在举行重大佛事活动时穿着的法衣，独具特点，也多为高级丝织品。前两类佛衣量多且精，最具宫廷佛衣特点，可称为清宫佛衣的代表，本文重点考察此两类佛衣的特点、制作与管理措施等相关问题。

清宫收藏和制作的佛衣数量庞大、样式丰富，仅档案中提到的佛衣样式就多达40余种，各具特色、异彩纷呈，体现着乾隆时期宫廷佛衣发展的繁荣兴盛。从现今保存下来的佛衣实物来看，大致可分为袈裟类包裹式佛衣〔图2〕、云肩长裙分体式佛衣〔图3〕、长坎肩式佛衣〔图4〕、斗篷〔图5〕、虎皮佛衣〔图6〕、象皮佛衣〔图7〕等多种样式，或精致典雅、或富丽堂皇，既是宗教用品，又是织绣艺术品。可以说这些佛衣带着鲜明的皇室意志和宫廷文化的烙印，在满足佛像基本披着需求的同时，极尽体现了皇家御用品在质量和工艺方面所追求的至高至美的审美趋向，这也是研究宫廷宗教艺术及其内涵不可忽视的一个方面。

二 档案所见清宫佛衣之特点

清宫造办处档案中，18世纪前后有关宫中制作佛衣的记载不胜枚举。当时，清宫佛衣的制作不仅规模庞大，而且形成了一套严格的制作流程，无论是造办处新做还是藏区进献而来的佛像，皇帝通常首先令造办处为佛像配做佛衣、佛垫及木龛，之后在龛外镌刻四体文字款，记录下佛像来源、认看喇嘛、进献者等信息，完成这一系列程序后，佛像才可送至佛堂或寺院安供。可以说在清宫廷，佛衣是必不可少的，是佛像的标配，深受皇家重视，概括起来有如下特点：

1. 皇帝亲自参与佛衣的制作过程

乾隆时期清宫制作了大量的佛像，为佛像配做及供奉所需的佛衣数量则更多。乾隆帝对佛衣的制作给予了极大关注，在工艺上更是追求完美、精益求精。皇帝不仅对佛衣用料、颜色、图案、尺寸及佛衣的衣边花纹、护领工艺等方面亲自参与指导，甚至对佛衣绣线的颜色都会提出具体要求。除此之外，还会对诸如一尊佛像要不要做佛衣、配做何种佛衣、做多少件佛衣、何时穿何种佛衣等细节都要亲自过问，可谓事无巨细、无微不至。

（1）无论配做何种佛衣，均需先抹样呈览，御准方做。

宫廷在制作佛衣前，首先要设计图样，并抹样呈览，由皇帝过目，然后再依照皇帝的意见进行修改，有时反复修改反复呈览，直到皇帝本人满意后方可降旨成做。

有些抹样佛衣，皇帝还会将其留下，送给佛堂使用。乾隆二十七年五月二十一日，造办处接旨为静明园供奉的接引佛制作新佛衣，要求做成石青妆缎边、黄妆缎心佛衣，并先抹样呈览。当布样呈上时，乾隆很满意，遂降旨织做，并要求造办处将布衣样留下，等日后新佛衣做成后一并交到静明园使用，甚至还嘱咐在平常日将抹样佛衣罩在新佛衣上[1]。这样既不浪费样衣，又能起到保护新佛衣的作用，真正做到物尽其用。

（2）对佛衣边或领子的做法给出“专业性”指导。

乾隆二十四年，宫中计划为万寿山大佛殿二楼供奉的五尊佛像配做佛衣，乾隆下令用素片金成做，并要求佛衣边用青倭缎绣做[2]。

乾隆四十五年，宫里为一尊上乐王佛配做佛衣时，皇帝要求用银花缎做云肩，金花缎做战腰，用大红洋锦并洋花绿缎做裙衣，用石青洋锦或片金镶边[3]。其中，专门指出用石青洋锦或片金来做衣边，色彩搭配鲜明、浓烈，符合主尊身份、气质。要求如此明确，造办处只需要照章办事就可以了。

乾隆对佛衣领子及衣边也常提出修改意见。乾隆二十五年在制作舍卫城佛衣时传旨：“佛衣领子上并缀线处俱安钮子，其底下边折进缀住，再袈裟斗篷上之边俱要虚镶。”[4] 同年，做另一件佛衣时又降旨“照样用素片金做佛衣一件，外边小边用青倭缎，里边大边用石青片金，沿边仍用旧佛衣上红白扣珠线，扣珠如不足添补……”[5]可以看出，皇帝对佛衣的任何细节都很用心，面面俱到，一丝不苟。

为了供奉效果，乾隆还会给已经做好的佛衣增添领子。如乾隆九年十二月，造办处为雍和宫新铸造五尊铜佛，并配做五件锭珊瑚片金佛衣，做成后皇帝认为不够理想，遂命给佛衣添配领子，使佛衣看上去更加完美，观赏性和装饰性更加明显[6]。

1 中国第一历史档案馆、香港中文大学文物馆编：《清宫内务府造办处档案总汇》第 27 册，人民出版社，2005 年，第 519 页。
2 前揭《清宫内务府造办处档案总汇》第 24 册，第 324 页。
3 前揭《清宫内务府造办处档案总汇》第 43 册，第 581 页。
4 前揭《清宫内务府造办处档案总汇》第 25 册，第 337 页。
5 前揭《清宫内务府造办处档案总汇》第 25 册，第 625 页。
6 前揭《清宫内务府造办处档案总汇》第 12 册，第 533 页。

（3）乾隆甚至会为穿佛衣方便而不惜改动佛像。

乾隆二十四年三月初六日，宫中新做香胎立像一尊，乾隆看后让造办处重新上漆，并让改动手臂位置，以方便佛衣穿供。"传旨着做地杖，从漆见新，其佛手离开身子，要容得下佛衣去。"[1]仅仅为穿佛衣而改动佛像，这样大动干戈的目的，只是为了呈现佛衣最理想的状态，达到佛像及佛衣最完美的供奉效果。

（4）即使临时制作或增添的佛衣，乾隆仍然高标准、严要求。

每逢年节或举行重要宗教活动时，宫廷还会临时给佛堂增添佛衣，临时增添的佛衣一般时间有限，常常需要赶工，即使工期紧张，乾隆也不会降低对佛衣品质的要求，依然十分严苛。

乾隆三十三年十一月十五日，乾隆下令将永安寺西佛殿供大悲菩萨剪裁佛衣样送进，六天后，太监胡世杰将黄纸双层裙子纸样二张、云肩纸样一张、黄绸缎裙子样一张、坎肩样一张呈进，乾隆过目后令照样成做，但提出佛衣俱要沿片金边，赶在本月内做好。二十三日库掌四德将挑好的红绿缎呈进让皇帝挑选，乾隆道："云肩上层并坎肩、大裙子用大红绸缎，云肩下层用绿绸缎，正面和二层裙子用黄绸缎，俱沿石青边金边大红缎里。"[2]七天后赶制的佛衣呈上时，乾隆觉得衣边做工不好，又让给佛衣片金边内榻五色卧机绦子，并嘱咐太监先呈样看效果。第二天库掌将榻得五色卧机绦子样持进呈览，终获通过，并要求七日内做好[3]，也就是说，这件分体式佛衣仅仅用了七天时间就做好了，之后由于衣边做工不尽如人意而修改，虽然佛衣整个制作时间只有短短半个月，仍然先画样呈览、亲自挑选布料、修改衣边、再呈览……工序一步都没有减少。

（5）在佛衣的装饰方面尤其讲究，追求奢华。

乾隆四十四年正月，当太监常宁交进小正珠八十颗、红宝石小坠角四十块请示用处时，乾隆让将宝石做银镀金宝盖，每挂穿珠子二颗，得时交进在佛衣上用[4]。宫廷最奢华的五彩璎珞佛衣上，几乎每件都嵌满珍珠、宝石、象牙、砗磲、青金石等，集各种名贵珍宝于一体，华丽异常。除此之外，佛衣纽扣也是追求极致，常见有珊瑚、珍珠、玉石、青金石、松石、金、银等珍稀材料，光彩夺目，装饰性很强，不仅仅起到画龙点睛的效果，更多彰显了皇家佛衣华丽富贵、品质高端的独特魅力。

另外档案中诸如"俱不要佛衣""换新佛衣""不必换佛衣""添做佛衣""另换佛衣""俱换佛衣""俱不要露佛衣""传旨将佛配衣""俱换片金佛衣""俱各配座要一般高佛衣"……这样的记载比比皆是，说明乾隆帝十分重视佛堂内佛像佛衣的配置，一方面因佛教教义仪轨之要求，表达对佛教三宝的崇敬，是信仰使然，另一方面体现了乾隆本人对佛衣的理解：佛衣不是佛像的附属品，也不是锦上添花可有可无的装饰品，而是一种独具魅力的宗教艺术品，既能增加佛像的殊胜神圣性，又能作为宫廷礼敬法器，陈设于佛堂。除此之外，还可以独立成为宫廷织绣工艺的代表，从宗教的角度体现宫廷织绣艺术品令人叹为观止的质量水准。

1 前揭《清宫内务府造办处档案总汇》第24册，第231页。
2 前揭《清宫内务府造办处档案总汇》第32册，第64－65页。
3 前揭《清宫内务府造办处档案总汇》第32册，第65页。
4 前揭《清宫内务府造办处档案总汇》第42册，第379页。

2. 宫廷佛衣制作频繁且数量巨大

乾隆时期是清宫藏传佛教发展的鼎盛时期，皇宫内外兴建的佛堂和寺院数量激增，仅紫禁城内大约有四十多座藏传佛教佛堂，遍布紫禁城各个角落，这里的每一处佛堂都按照三世章嘉国师的指导和皇室的信仰需求进行陈设，既遵从佛教教义教理，又体现出皇家佛堂的特点，为这些佛堂及寺院配制佛衣，几乎是宫中长年都要进行的一项重要工作，制作频率高且数量巨大，一次制作或改做几十件、上百件佛衣的情况很常见，这一点在紫禁城内皇帝专用的佛堂和京城内外的皇家寺院中体现得尤为明显。

宝华殿

宝华殿是中正殿一区众多藏传佛教佛堂中的一座，位于中正殿南，坐北朝南，面阔3间，在乾隆九年（1744）兴建之初即按照皇帝的旨意给所有佛像配穿佛衣，“……中正殿前殿西边新供的佛龛上着配玻璃，再将现供的无佛衣之佛各添做佛衣。”[1]这里所说的中正殿前殿即宝华殿，同时也说明其殿内所供佛像均添配了佛衣。

重华宫

乾隆九年，乾隆指出重华宫东佛堂内佛像缺佛衣，让造办处添做配齐。“乾隆九年四月初六日，太监胡世杰传旨，重华宫东佛堂西边龛内踏跺，照东边踏跺一样改做，其西边龛内佛少佛衣，添做佛衣五件，钦此。”[2]这里所说的重华宫东佛堂指崇敬殿东暖阁佛堂，[3]目前仍保留着乾隆时期的佛堂原貌：北墙正中设木雕漆龙纹毗卢帽大龛，内置四层踏跺，每一层上供奉佛像及佛塔；正龛两边各设一座木雕漆龙纹小龛，形制大小一致。西边龛内的踏跺是参照东边龛内踏跺改做的，同时还依旨为西边龛内的五尊佛像添做了佛衣，与东边龛内呼应对称，目前可见东西两龛每龛内设两层踏跺，每层均供奉佛像和佛塔，塔内亦供佛像，所有佛像均配穿佛衣。如今佛像及佛衣、佛塔等仍完好保存于原处。

凝晖堂

凝晖堂是建福宫花园中的一处佛堂，位于延春阁西侧。乾隆七年（1742）开始与延春阁、敬胜斋等建筑一起兴建，乾隆十五年建成，民国十二年（1923）毁于大火。乾隆九年正月二十四日，“将凝晖堂的佛中间左右佛二尊配合一般高，两边左右佛二尊亦配合一般高佛四尊，配做黄片金佛衣，中间佛一尊做厰（氅）衣，要漏出手来，再佛下配一通长糊黄片金踏跺座，共长春仙馆的佛中间左右佛二尊，亦配合一般高，两边左右佛二尊，亦配合一般高佛四尊，配做黄片金佛衣，中间佛一尊做厰（氅）衣，亦要漏出手来，其佛下配一通长糊黄片金踏跺座，钦此。”[4]可以看出，乾隆九年时凝晖堂建筑已经完工，此时正在进行佛堂内部的陈设阶段，即按照乾隆的旨意在中间及两边新供一般高佛像共15尊，配做黄片金佛衣及黄片金糊的长踏跺，配置十分奢华，也很用心，同时还要求中间一尊佛要配做厰(氅)衣，并要露出佛手来。与此同时乾隆还要求给

---

1 前揭《清宫内务府造办处档案总汇》第 12 册，第 466 页。

2 前揭《清宫内务府造办处档案总汇》第 12 册，第 468 页。

3 崇敬殿位于紫禁城内廷西路的重华宫一区，为乾隆帝的潜邸宫殿区域。崇敬殿是重华宫的前殿，因明间正中悬挂“乐善堂”匾额，故崇敬殿也称“重华宫乐善堂”“重华宫头层殿”“重华宫佛堂”，崇敬殿东西梢间为暖阁，为清宫佛堂，档案中将西暖阁称为“重华宫乐善堂西佛堂”“重华宫西佛堂”“重华宫极乐世界”；称崇敬殿东暖阁为乐善堂东暖阁佛堂、重华宫东佛堂。

4 前揭《清宫内务府造办处档案总汇》第 12 册，第 609 页。

圆明园中的长春仙馆也添配完全相同的佛像和佛衣，也要求中间佛配做厰(氅)衣，佛手露在外，两处陈设完全一致。

万寿山大佛殿

乾隆十五年（1750），乾隆因其生母孝圣宪皇太后六十大寿，在清漪园万寿山修建大报恩延寿寺，乾隆二十四年二月，特命为寺内大佛殿二层楼上所供三尊佛及两尊菩萨共五尊铜像添配素片金佛衣，并配做三屏风五座，均先画样呈览。三月初九日员外郎金辉将画得佛衣纸样一张持进交太监胡世杰呈览，获准照纸样做素片金佛衣，并要求佛衣边用青倭缎绣做[1]。

但当时因素片金不够用，造办处于是奉旨更换方案，佛衣改用黄缎地素片金条镶做，周围衣边仍用青倭缎绣做。

乾隆二十五年又仿照弘仁寺旃檀佛佛衣样式为万寿山大报恩延寿寺后殿旃檀佛配做佛衣，并指明袈裟用红黄片金成做，其斗篷用黄妆缎成做。[2]可以想见，由珍贵的红黄片金做成的佛衣一定明亮艳丽，熠熠生辉。

阐福寺

位于北海五龙亭之北的阐福寺原为明代太素殿，清乾隆帝为母亲祝寿于乾隆十年（1745）重修，仿河北正定县隆兴寺规模而建，清末烧毁。当阐福寺内佛塔刚刚建成，塔内供奉佛像还在铸造之际，乾隆便命太监胡世杰将大小109件新旧佛衣送到中正殿，并传旨“俟塔内佛交出时将中间佛为主按层数配一般高木墩，用此佛衣改做，如不足用再问里边讨用。”[3]五日后，当司库白世秀将踏跺及佛像、佛衣图样呈上时，乾隆帝觉得层次感不强，于是提出将三层踏跺至五层踏跺上的佛座全部放矮一寸，然后再包裹佛衣看效果。改动之后，效果令皇帝满意，于是照此高度改做佛衣。两个月后，由副催总德福等将铜佛400尊，全部配穿包裹式佛衣、配上踏跺，送至阐福寺安供。

从档案看出，这400件佛衣并非此次全部新做，其中109件用的是宫中之前收藏的佛衣，有新有旧，而且大小不一，最后根据需要的尺寸将这些佛衣改做后重新使用。随着京城内外藏传佛教寺庙的改建、扩建及内部重新装修等工程的大量展开，佛堂之间有时会调拨借用佛衣，也就是说，当某处佛堂佛衣需求量大、新佛衣不足时，宫中还会将别处佛堂的佛衣调用过来补齐，或者挑选宫中保存的旧佛衣来改做，这种现象偶尔发生在庆典或重大活动之前，来不及制作大量佛衣的情况下。

雍和宫

乾隆十三年六月，太监胡世杰交来新做佛像240件、旧佛衣大小375件，传旨这些佛像将来在雍和宫踏跺上供，现要求造办处为佛像配杉木垫及佛衣，木垫每层要一般高，佛衣则从送来的375件旧佛衣中挑选状态尚好的改做，剩下的交回中正殿[4]。

---

1 前揭《清宫内务府造办处档案总汇》第24册，第324页。

2 前揭《清宫内务府造办处档案总汇》第25册，第362页。

3 前揭《清宫内务府造办处档案总汇》第14册，第533页。

4 前揭《清宫内务府造办处档案总汇》第15册，第694页。

可以看出雍和宫踏跺上佛像所穿的佛衣，均是从宫里收藏的旧佛衣中挑选品相较好的改造而成。

恩慕寺

乾隆四十二年三月，宫中传旨为新建成的恩慕寺新做佛衣大小112件。乾隆四十二年五月十七日，宫中又传旨将恩慕寺龛内药师佛现穿的佛衣及东西配殿内菩萨现穿黄缎佛衣各一件取来呈览，乾隆看后命将药师佛现穿的黄缎佛衣改做红黄片金佛衣，其余佛衣不必另做，同时又令给正殿药师佛再做一件相同样式的亮花缎佛衣，最后还不忘交代新旧佛衣穿供的时间，“每逢年节穿供或有驾幸拜佛之期俱穿供洋锦佛衣，其亮花佛衣寻常穿供。”[1]乾隆帝的意思很明确，亮花缎佛衣平时穿，华丽的洋锦佛衣在过节或皇帝亲自来上香的时候穿，这样可以增添喜气祥和的氛围，发挥不同佛衣所呈现的不同效果。

浏览乾隆时期的档案可知，从乾隆元年到乾隆六十年，乾隆帝都十分关注宫廷佛衣的配制工作。早在乾隆四年就十分用心地为紫禁城外南海东侧的万善殿佛法身像配做金片金佛衣三件。起初七品首领萨木哈查得造办处有两件现成的金片金佛衣，于是将这两件佛衣交给太监呈上，皇帝看后命使用其中一件，并要求依照法身像大小改动佛衣尺寸，同时拨金片金一匹，让造办处用此金片金再造佛衣一件备用，还要求此两件佛衣领用缎库灯笼绸缎做[2]。

又如乾隆四年，乾隆帝注意到嵩祝寺内佛像都没有佛衣，认为不妥，于时下令补做，于当年十二月内务府总管将配做好的佛衣送至嵩祝寺，全部穿供配齐[3]。

三 清宫佛衣制作管理中的惩罚措施

清宫佛衣在使用和搭配中充分体现了皇帝的审美趣味和对工艺的不懈追求，工匠们所做佛衣不能令皇帝满意而被罚俸之事时有发生，有时还会打回重做，甚至赔偿开销。尤其苏州织造生产的佛衣大多供应紫禁城内佛堂，因此对佛衣的质量、工艺等要求极高，不达质量要求者严加治罪，质量不合格者则必须补赔、罚俸等。

（1）因衣缎质量不合格而追究责任

乾隆二十七年十二月，苏州织造萨载送来的两份千佛衣缎不合要求，乾隆原本让打回苏州重做，后又改变主意，命将不合格的紫色缎仍留宫中，但要查明此批活计共花费材料费用，不准报销，还要扣减工匠工钱，同时责令负责人萨载认真重做二份，并赔偿开销。

郎中白世秀奉命调查并处理此次事故，“千佛衣二分内紫色缎等共报销银一百零二两一钱三分，遵旨不必准开销，其余活计报销银四百六十九两九钱一分二厘六毫，内酌减银四十九两九钱九分一厘，俱着该织造萨载赔补。”[4]从中可以看出，这四十九两九钱九分一厘是由织造处萨载个人赔偿的，可谓责任到人，奖惩分

1 前揭《清宫内务府造办处档案总汇》第40册，第387页。

2 前揭《清宫内务府造办处档案总汇》第9册，第40页。

3 前揭《清宫内务府造办处档案总汇》第9册，第65页。

4 前揭《清宫内务府造办处档案总汇》第27册，第355页。

明。最后将处罚结果上报皇帝，此次风波总算过去。

（2）因佛衣牙子做工粗糙而受处罚

乾隆四十六年四月二十三日，当员外郎五德等将苏州送到黄云片金心、红片金绣米珠边佛衣一件，黄素片金心、红片金绣米珠边千佛衣一件，随四色元金片金牙子持进呈览时引起乾隆不快，批评道：“佛衣上四色片金牙子织得糙，着大人们寄信申访，将片金牙子所用工料不准开销，另向内库挑洋锦成做牙子，将佛衣纸样仍交全德照样再绣做佛衣二件，其牙子亦用内库洋锦，不必传办片金。”[1]因牙子做工粗糙达不到要求，只好弃之不用，重做又费时费力，最后的处罚就是工料宫中不予报销，由苏州织造自行承担。

（3）因对佛衣记录单描写不准确而受批评

乾隆四十三年五月二十六日，员外郎四德将苏州恭谢活计成数单送至宫廷时，宫中命人传与造办处分管苏州织造的事务大臣舒文，说此次活计成数单内注写的绣云肩裙子三份不准确，应写佛衣三份，并强调嗣后如遇有传办佛衣的即注写佛衣，不可写云肩裙子字样，最后让宫中寄信前去告知，此后要遵照办理[2]。可见造办处对佛衣的管理很规范，要求名称表达要准确、清晰，足可以看出宫廷在每个环节都严加把控，容不得半点马虎。

（4）因佛衣做工粗糙而被罚钱粮

乾隆四十四年十月，乾隆为迎接六世班禅来京，命造办处成造白檀香水月观音一尊、白檀香旃檀佛一尊。四十五年四月，当太监将现造白檀香两尊像呈送验看时，乾隆要求配做佛衣，先让挑材料呈览，并指出旃檀佛参照吉云楼供奉旃檀佛之佛衣配做，即上身系镶红白扣珠傲其里洋锦坎肩一件、裙衣一件，样式裁得坎肩裙衣样，并挑得红黄石青洋锦各一匹、五色洋花缎五块；水月观音佛衣依照中正殿供奉的水月观音佛衣样，即镶红白扣珠傲其里绣坎肩裙衣样式，裁得坎肩裙衣样，并挑得金花缎一块，银花缎一块，将这些布料交太监厄鲁里呈览后，皇帝指出旃檀佛准用三色洋锦照样成做佛衣一分，其水月观音佛衣准用金花缎坎肩、银花缎做裙衣，镶石青锦边，不必镶珠子。但在闰五月初一日佛衣做好呈上时令乾隆大为生气，不但批评佛衣样款不好，而且做工粗糙，当即责成管理造办处事务大臣舒文严查。“旃檀佛佛衣样款不好，做得亦糙，着舒文看视查系何人承办，着治不是，钦此”。[3]

第二天舒文及时将调查结果上奏，“奴才遵旨查看此项佛衣样款实属不好，做法且堪糙，皆该承办副催长霍伦漫不经心疏忽所致，请将成做佛衣所用工料着落该作赔补外，仍将副催长霍伦罚钱粮六个月，以示惩警，奴才现再另行做样恭呈御览……”[4]

这次事故发生在迎接六世班禅进京的关键时期，在当时这是一件举国大事，朝廷内外、清宫上下都在忙碌接待事宜，这两尊白檀香像和佛衣原本是为迎接六世班禅专门赶做的，计划供奉在圆明园奉三无私殿，乾隆非常重视，几乎每天都在催问进度，孰料在关键节骨眼上佛衣却因赶工出现了失误，耽误了整个进程，受

---

1 前揭《清宫内务府造办处档案总汇》第44册，第574页。

2 前揭《清宫内务府造办处档案总汇》第41册，第311页。

3 前揭《清宫内务府造办处档案总汇》第42册，第344页。

4 前揭《清宫内务府造办处档案总汇》第42册，第523页。

到严惩自是必然。

四 清宫对旧佛衣的处置

紫禁城内外佛堂众多，佛衣数量庞大，每年因各种原因置换下来的佛衣亦数量可观，对于这些旧佛衣，宫廷不会简单弃之不用，而是根据材质及新旧程度分别处理，或存库备用、或焚化追金、或送至行宫使用。

1. 焚化佛衣

焚化佛衣是宫中彻底处理旧佛衣或残破佛衣的一种方法，主要指各种旧片金佛衣，如素片金佛衣、片金锦佛衣、莲蓬式片金佛衣、红片金佛衣、黄片金佛衣等，将其焚化后得新金再次使用，档案称之为追金。

乾隆八年十一月十三日，……传旨："照先做过的塔样按佛的法身尺寸成造塔二座，其佛衣另换做新佛衣，再将现有的佛衣新的留用，旧的焚化，钦此。"[1]

乾隆二十二年九月二十八日，郎中白世秀、员外郎金辉将做得片金佛衣一件持进交胡世杰呈览，奉旨："着交瑞保在天竺寺菩萨上穿用，其旧佛衣追金，其里子做材料用，钦此。"[2]

于十月十八日郎中白世秀、员外郎金辉将旧佛衣熔化得八成金，重四分，持进交太监胡世杰呈进交讫。

又乾隆二十五年六月二十九日，太监胡世杰交黄缎面红缎里佛云肩衣三件，内二件镶海龙皮边，内一件随金钮子十二个；黄夹缎袈裟一件，黄单缎乞单一块，传旨："将佛衣上钮子、海龙皮俱各拆下呈览，将镶片金佛衣等俱熔化，其素夹黄佛衣一件、黄单缎乞单一块归入配箱佛衣内盛装，钦此。"[3]

五个月后，办事郎中将片金佛衣熔化得三等金一块，重九钱五分，持进交太监胡世杰收库保存。

对于那些无法使用或不再使用的旧片金佛衣，最终都采取焚烧熔化处理，但在熔化前首先要将其拆散成片，清洁干净，再熨烫平整后方可焚化。焚化之金再铸做金佛等其他用品，有时皇帝还会派员监看佛衣熔化过程。与片金佛衣一起熔化的，还有佛衣上镶嵌的金银纽扣及其他金属配件，从而变废为宝，旧物新用。

2. 行宫使用

每逢年节或万寿节时，宫中都要依制清扫佛堂，同时给佛堂所供佛像更换新佛衣，另外，宫中还会根据季节的变化来更换佛衣，夏天穿单佛衣，冬天穿夹佛衣，冬夏佛衣轮流替换。同佛衣一起撤换的还有供花、蜡扦等供器，这样使佛堂面貌一新。而撤换下来状态尚好的旧佛衣，造办处会遵旨将其送至热河、香山等行宫佛堂使用。

乾隆八年十二月十三日，太监胡世杰交无量寿佛十六尊，传旨："将佛着喇嘛沐浴，佛衣俱各加换新佛衣，其换下旧佛衣拣选用在各行宫佛用……"[4]

又乾隆八年十二月十五日，太监胡世杰传旨："着将换下旧佛衣挑用得的用在各行宫佛上，其用不得的

1 前揭《清宫内务府造办处档案总汇》第 11 册，第 643 页。
2 前揭《清宫内务府造办处档案总汇》第 22 册，第 672 页。
3 前揭《清宫内务府造办处档案总汇》第 25 册，第 662 页。
4 前揭《清宫内务府造办处档案总汇》第 11 册，第 679 页。

交胡世杰，钦此。”[1]旨意表达得非常清楚，为各种旧佛衣都做了妥善安排，既满足了行宫佛堂所需，又不至于浪费，可谓两全其美。

3. 有用处用

如前所言，在佛堂撤换下来的旧佛衣中，一部分焚化追金，一部分送至各行宫佛堂，其余的则由造办处收存，以备不时之需。

乾隆八年十二月十四日，太监胡世杰交旧佛衣四件，楠木隔扇八扇，糊黄纸木墩三件，随黄云缎套三件，传旨：“将佛衣着在各行宫用，其余交造办处有用处用。”[2]

乾隆九年四月二十六日，太监胡世杰交黄片金佛衣五件，传旨：“交造办处有用处用。”[3]

乾隆九年八月初二日，太监胡世杰交大小黄片金佛衣二件，传旨：“着交造办处有用处用。”[4]

4. 旧衣改用

旧佛衣除了在各行宫使用，紫禁城里的佛堂也同样使用。

乾隆九年五月初十日，总管谢成文交黄片金旧佛衣二十六件，传旨给慈宁宫西佛堂东西两边龛内共二十一尊佛像改做佛衣，并要求按长一尺八寸、宽九寸的尺寸改做，其余剩下的片金旧佛衣交造办处收贮[5]。

此外，有些旧佛衣乾隆还会指出具体使用的办法或穿用神像。

如乾隆二十六年十二月，太监胡世杰交破坏旧黄缎佛衣二百三十八件，传旨：“着交中正殿包裹佛用。”[6]可以看出，即使已然残破的旧佛衣，乾隆仍不舍将其丢弃，而是让中正殿将这些破旧佛衣收存起来，尽量做到二次使用。可见乾隆帝十分珍惜每一件佛衣，在处理旧佛衣时态度谨慎，能留则留，能用则用。

乾隆三十八年九月，乾隆指出承德如意洲法林寺正殿内悬山上释迦牟尼佛、无量寿佛、白伞盖等二十四尊佛像现穿佛衣糙旧，令重新配做新佛衣，做二道牙子，并明确要求：用宫中四执事收贮的红洋锦做佛衣，用方圆居现存的石青片金并造办处的黄片金做牙子，将换下来的旧佛衣改造后给罗汉穿[7]。如此，撤换下来的二十四件糙旧佛衣并没有浪费，而是就地取材，给旁边的罗汉穿，一举两得，完美解决了佛殿内所有神像的衣饰问题。

五 结 语

佛衣是佛教诸神的衣饰，众神因身份不同身着不同形式的佛衣，以此体现尊神的神性特征。清代宫廷佛

1 前揭《清宫内务府造办处档案总汇》第12册，第272页。
2 前揭《清宫内务府造办处档案总汇》第11册，第719页。
3 前揭《清宫内务府造办处档案总汇》第12册，第393页。
4 前揭《清宫内务府造办处档案总汇》第12册，第397页。
5 前揭《清宫内务府造办处档案总汇》第13册，第21页。
6 前揭《清宫内务府造办处档案总汇》第26册，第641页。
7 前揭《清宫内务府造办处档案总汇》第38册，第223页。

衣是故宫宗教类藏品中一个特殊的门类，综观清宫现存佛衣，有的典雅简约、气派庄严，有的富丽堂皇、精美绝伦，有的样式别致、生动写实，有的色彩浓烈，给人强烈的视觉冲击。这些佛衣具有独特的艺术效果，彰显出皇家御用宗教用品奢华、考究与独一无二的特性，是清宫宗教审美理念与宫廷艺术的具体体现。清宫佛衣繁复奢华的装饰和层出不穷的纹样组合，不仅促进了清宫工艺品技术的发展，也极大地丰富了宫廷宗教艺术的文化蕴涵。

乾隆时期是清宫廷佛衣发展的鼎盛时期。随着宫廷佛教的蓬勃发展，大量的佛衣被生产出来，以满足宫廷内外礼佛供奉需求。由于乾隆帝对佛教的崇信和对佛衣制作与供奉的格外重视，这一时期清宫佛衣规模之巨大、样式之丰富、用材之优良、工艺之精湛，表观之华美，都是其余各朝所不及，成为宫廷佛衣发展历史中的辉煌时期，留下了大量的佛衣精品，这些打上深深宫廷烙印的佛衣，是研究宫廷佛衣乃至清代佛衣发展脉络及变迁的宝贵资料。

佛衣还是汉藏民族交流和融合的重要实证。除了皇宫内外供奉之外，朝廷中央还会将佛衣作为特殊的礼物，与佛像一体赏赐给西藏等地的宗教领袖，这些佛衣大多是在苏州专门定制的特殊佛衣，每一件都是不朽的传世精品，从另一个角度体现了清代织绣技艺的最高成就，为西藏等地区宗教艺术的创新和发展提供了高质量的模本，至今这些地方还保存着不少宫廷佛衣等织绣精品，它们是内地与边疆民族宗教文化频繁交流、相互影响、共同发展促进的历史见证。

[作者单位：故宫博物院宫廷历史部]

浅谈百济金铜大香炉的造型特征和文化内涵

Modeling Characteristics and Cultural Connotation of the Gilt-bronze Incense Burner of Baekje

李雪

Li Xue

内容提要：

据考古发现和文献资料记载，博山炉最早出现于西汉，其影响扩展到西域及朝鲜半岛地区。出土于朝鲜半岛的百济金铜大香炉，继承了自汉至唐时期博山炉的元素，同时又吸收了朝鲜半岛本土的思想文化，创造出与中国不同的造型特征和文化内涵。博山炉其造型、图像所代表的象征性含义在流传过程中发生了变化，百济金铜大香炉是受中国文化影响下逐渐本土化、民族化的产物。笔者通过对百济金铜大香炉的造型特征及来源进行分析，探讨其文化内涵。百济金铜大香炉不仅体现了百济与外界交流学习的开放性，还展现了本民族文化的突破与创新，其精湛的工艺和巧妙的设计再现了1400多年前百济泗沘时期的繁荣景象。

关键词：

百济金铜大香炉　博山炉　造型特征　苑池思想　三山信仰

ABSTRACT:

According to archaeological finds and document records, Boshan censer first appeared in the Western Han dynasty (206 BCE-8 CE), and its influence extended to the Western Regions and the Korean Peninsula. The Gilt-bronze Incense Burner of Baekje unearthed in the Korean Peninsula inherited the elements of Boshan censer from the Han (206 BCE-220 CE) to Tang (618-907) dynasties, and at the same time absorbed Korean Peninsula's local ideology and culture, forming stylistic characteristics and cultural connotation different from those seen in China. The symbolic meaning represented by the style and image of Boshan censer has changed along with the process of its dissemination. The Incense Burner of Baekje is a product of gradual localization and nationalization under the influence of Chinese culture. Through analysis of its style characteristics and origin, the article explores its cultural connotation. The Baekje Incense Burner not only demonstrates the openness of Baekje's exchanges and learning with the outside world, but also shows the breakthrough and innovation of the national culture. Its exquisite craftsmanship and ingenious design represent Baekje's prosperity in the Sabi period (538-660) 1,400 years ago.

KEYWORDS:

Gilt-bronze Incense Burner of Baekje, Boshan censer, style characteristics, the mythical "Garden and Lake" Ideology, faith in three island hills

一 百济金铜大香炉的出土情况及国内外研究概况

百济金铜大香炉〔图1〕，又称金铜龙凤莲花博山香炉，1993年10月在朝鲜半岛扶余郡陵山里遗址考古中发现。陵山里遗址，通过持续性考古发掘，于1995年在寺院遗址基地楚心石上出土刻有"百济昌王十三季太岁在丁亥妹兄公主供养舍利"铭文的石制舍利龛[1]。从该舍利龛上的铭文记载可以证实，寺院是在王室家族成员的大力支持下，为纪念武宁王（462—523）而修建，约建于威德王十三年（567）。因此，该香炉并非用于典型佛教仪式的法器，而是百济王室祭祀先王时使用的礼器，出土该香炉的寺院遗址也并非普通的佛教修行寺庙，而是百济王陵——陵山里遗址的发愿寺。百济金铜大香炉作为王室祭祀礼器，蕴含了百济时代王室家族的思想观念。

图1 百济金铜大香炉 现藏韩国国立扶余博物馆

结合陵山里遗址的考古发掘，韩国学者认为百济金铜大香炉的制作年代约是6至7世纪的泗沘时代，相当于中国的初唐时期。百济金铜大香炉出土时身覆泥沙，炉盖与炉身处于分离状态，由于长时间埋于地下，出土后与空气接触出现氧化，虽颜色稍变暗沉，依旧能看出其金光色泽。经测量，炉身高62.5厘米、最大直径19厘米，重11.8公斤。从体格上看，其形体之大居东亚地区迄今所见博山炉之首。从香炉材质看，属红铜加金，高句丽、百济、新罗三国统治朝鲜半岛时期，金属工艺已经达到很高水平，从朝鲜半岛出土的金冠、金首饰和金铜佛像可以反映当时的制作工艺；从出土地点看，百济金铜大香炉与该寺院遗迹密切相关，是皇室祭祀时使用的器物。

随着近代田野考古学和美术考古学的发展与成熟，国内外学者对博山炉有了深入研究。最早在二十世纪二三十年代，国外一批学者开始关注博山炉的出土与研究状况，代表人物有劳佛尔（Berthold Laufer）、罗越（Max Loehr）等人，这一时期主要是通过文献记载对博山炉的名称来源、文化内涵进行考证。20世纪70年代之后，研究者将考古出土资料与文献资料相结合对其进行分析，如艾素珊（Susan N. Erickson），以大量考古发掘的实物资料为基础，从图像学、类型学角度对西汉时期的博山炉进行了详细研究，探讨了博山炉的造型变化，结合汉代历史文化背景分析了博山炉出现和兴盛的原因[2]。罗森（Jessica Rawson）[3]、巫鸿[4]等

1 ［韩］国立扶余博物馆、扶余郡：《陵寺》，扶余陵山里寺址发掘调查进展报告书，2000年。
2 ［美］艾素珊、李莎译：《西汉时期的博山炉——一种类型学和图像学的分析方法》，《民族艺术》2009年第4期。
3 ［美］罗森、邓菲等译：《祖先与永恒——中国考古艺术文集》，生活·读书·新知三联书店，2011年。
4 ［美］巫鸿：《礼仪中的美术》，生活·读书·新知三联书店，2005年。

人的研究著作都曾讨论过博山炉的图像及功能。中国学者杨泓[1]、傅举有[2]、李松、贺西林[3]等从美术考古的角度对其进行了图像学、风格学的描述。韩国学者也表现出了对博山炉研究的极大热情，多对本国博山炉的来源、使用功能和象征含义等方面进行研究。作为韩国国宝级文物的百济金铜大香炉，对其研究目前主要集中于韩国本土学者，如赵容重[4]、权五荣[5]、崔应天[6]、卢重国[7]、张寅成[8]、李正晓、崔德卿[9]、金黔来[10]等学者，对百济金铜大香炉的时代性、历史性、思想性和艺术性等方面进行了研究和探讨。

中国学界对百济金铜大香炉的研究和关注相对较少，截至目前，仅有温玉成[11]、栾国琴[12]两位学者对其做过相关研究，研究内容集中在百济金铜大香炉的出土地遗址和博山炉受中国南朝文化的影响两方面。笔者试在国内外学者研究的基础上，通过分析百济金铜大香炉的造型特征及文化内涵，探讨其独特造型所体现的博山炉在朝鲜半岛的传播和变化，揭示百济王室制作以汉唐博山炉为原型的香炉并融入本民族文化特色的原因以及百济金铜大香炉与百济文化、高句丽文化和中国文化的关系。

二 百济金铜大香炉的造型特征及来源

据宋人徐兢的《宣和奉使高句丽图经》记载："博山炉，本汉器也。海中有山，名博山，形如莲花，故香炉取象。下有一盆，作山海波涛鱼龙出没之状，以备贮汤薰衣之用。盖欲其湿气相著，烟不散尔。今丽人所作，其上顶虽象形，其下为三足，殊失去元制，但工弋可取。"[13]从上述文献可见博山炉在朝鲜半岛地区的流行。20世纪90年代，朝鲜半岛扶余郡陵山里遗址出土的百济金铜大香炉，据韩国国立扶余博物馆1996年出版图录《百济金铜大香炉和石造舍利龛——扶余陵山里寺遗址和出土遗物》描述："从整体上来看，此香炉的造型为一条前爪抬起的龙口衔一朵含苞欲放的莲花花蕾，花蕾从中央断开，分为上下两部分，分别是香炉的炉身和炉盖。"古代文献中玄妙的语言通过这件博山炉实物，以令人惊叹的物质形态呈现在世人眼前。

目前考古发掘出土已知最早的博山炉，集中于西汉武帝时期的墓葬。考古出土的博山炉分布范围主要在中国、朝鲜半岛和西域地区[14]。百济金铜大香炉，在器物类型上属博山炉。博山相传是山东鲁中一带的海上

1 杨泓：《美术考古半世纪》，文物出版社，1997 年。

2 傅举有：《中国历史暨文物考古研究》，岳麓书社，1999 年。

3 李松、贺西林：《中国古代青铜器艺术》，陕西人民美术出版社，2002 年。

4 ［韩］赵容重：《百济金铜大香炉》，《百济金铜大香炉发掘 10 周年纪念论文集》，2003 年。

5 ［韩］权五荣：《香炉的起源和形式变迁》，《百济研究》1994 年总第 25 期。

6 ［韩］崔应天：《百济金铜龙凤大香炉的造型和编年》，《东垣学术论文集》1999 年总第 2 期。

7 ［韩］卢重国：《泗沘时期百济的山川祭仪和百济金铜大香炉》，《启明史学》2003 年总第 14 期。

8 ［韩］张寅成：《百济金铜大香炉的功能和象征意义》，《东亚文物》，文物出版社，2004 年。

9 ［韩］李正晓、（韩）崔德卿：《古代中国龙凤意匠的变迁过程和百济金铜大香炉》，《大邱史学》2006 年总第 84 期。

10 ［韩］金黔来：《百济金铜大香炉装饰纹样研究》，东国大学校硕士学位论文，2008 年。

11 温玉成：《谈百济金铜大香炉》，《中国文物报》1996 年 12 月 15 日；《论百济金铜大香炉》，韩国《美术史论坛》1996 年下半年刊，总第 4 号；《百济金铜大香炉和古代东亚》，《百济金铜大香炉发掘 10 周年纪念学术会议论文集》，2003 年 11 月。

12 栾国琴：《试析百济金铜大香炉中的中国文化因素》，《艺术探索》2018 年第 1 期；《从百济金铜香炉看南朝文化对百济文化的影响》（延边大学历史学硕士学位论文），2014 年。

13 （宋）徐兢：《宣和奉使高句丽图经》，国家图书馆出版社，2009 年。

14 林梅村：《丝绸之路散记》，人民美术出版社，2004 年。

仙山，博山炉展现出从水中上升的龙将博山呈现出来的模样。中国汉代博山炉的基本形制是香炉炉腹较深，炉盖呈耸立的山形，山峦之间有许多细小的出气孔，山顶往往立有一鸟。之后由于受道教神仙思想的影响开始出现其他鸟兽，仙人仙女也开始在山间居住。南北朝以后，博山炉逐渐同佛教中的莲花形象相结合。六朝人咏博山炉，说它"下刻蟠龙势，矫首半衔莲""蔽亏千种树，出没万重山。上镂秦王子，驾鹤乘紫烟"[1]，百济金铜大香炉的造型是与诗对应的一个难得实例，其基本形制继承了自汉代以来博山炉的造型特征，并结合了佛教的莲花形象，是一件造型精致复杂，铸造技艺高超的博山炉。

如果我们采用自上而下的审美习惯来观察百济金铜大香炉，它可分为上中下三段，即炉盖、炉身和底座（垫脚）。若将其展开，呈现的图像元素有凤鸟顶立、乐师奏乐，饰以神仙、动物、树木、岩石、小溪图像的三山形炉盖以及寓意着佛教莲花化生的莲花形炉身和龙形垫脚。

香炉顶部立一凤鸟，凤鸟颌下戴一颗圆珠形如意珠，于圆台上呈展翅状。笔者在收集整理韩国古代文献资料的过程中，并没有发现有关凤鸟纹饰的记录，但从朝鲜半岛的考古遗址和出土物中能略探一二。例如朝鲜平安南道大安市德兴里高句丽壁画墓前室墓顶东侧，描绘的神禽灵兽中有一只凤鸟，其榜题为："阳燧之鸟，履火而行"[2]，阳燧能从天上取火，被认为是一种神物。古代的神物通常以某种动物作象征，如太阳被表现为阳乌或三足乌之形，阳燧的象征物亦呈鸟形。联想到中国古代孔子"凤鸟不至，河不出图，吾已矣夫"的感叹，如果君王受命于天，自然会有凤鸟飞来、鸾鸟起舞的吉祥预兆。凤鸟的出现预示着圣王的降临、秩序的确立及太平盛世的到来，具有一定的政治内涵。百济时代凤鸟图案还被广泛地运用在各类器物中，例如百济金铜凤凰装饰〔图2〕和凤鸟纹环首大刀〔图3〕，韩国境内共出土了30多把凤鸟纹环首大刀，刀具的使用时期约为5世纪中期至6世纪前半期，出土地主要是百济和加耶地区[3]，这些刀具均为直身刃型，柄环装饰有金、银，手柄缠银丝，这些细节显示刀具的级别相当高。孙机先生在其著作《从历史中醒来》中指出此批环首刀，是日本殖民时期在朝鲜庆尚南道昌宁发掘的百济武宁王陵和其他王陵所得[4]。由此可见，凤鸟在百济文化中是各种瑞鸟的鸟中之王，具有独特的象征意义，被广泛使用于百济王室各类器物

图2　百济金铜凤凰装饰 扶余扶苏山城出土　现藏韩国国立扶余博物馆

图3　龙凤纹环首大刀 公州武宁王陵出土　现藏韩国国立公州博物馆

1　（齐）刘绘：《咏博山香炉诗》，《艺文类聚》（卷七〇），上海古籍出版社，2013年。

2　朝鲜民主主义人民共和国社会科学院、朝鲜画报社：《德兴里高句丽壁画古坟》（图版38），讲谈社，1986年。

3　加耶又称伽耶，是以联盟形式存在的国家，《三国志·魏书·东夷传》统称其为弁韩，包括今韩国釜山市全部，庆尚北道、庆尚南道、全罗南道以及全罗北道的部分地区。

4　孙机：《从历史中醒来》，生活·读书·新知三联书店，2016年。

中，百济可以说是一个凤鸟飞过的时代。凤鸟纹饰自春秋战国时期就是器物中的常见纹饰，虽经过不同时代、不同地域的演变，崇拜凤的观念却与日俱增，百济金铜大香炉顶部的凤鸟装饰不仅完美地再现了百济泗沘时期的繁荣与稳定，逐渐成为百济王室心中的文化身份的标志和权力地位的象征。

香炉的炉盖据笔者观察，其上装饰有4至5层的三山形纹样带，呈条状纹，其上刻画有山峰74处，龙、虎、鹿、大象、猴子、野猪等动物39只，山中神仙16位、树木6处、岩石12处、另有山涧小溪等森罗万象、形象逼真的造型。炉盖顶端装饰有五位乐师，以凤鸟为中心面朝五个方向的乐师各持阮咸、排箫、长笛、琴和鼓正在奏乐，五位乐师周围环绕着五座小山，山顶上各坐一鸳鸯。炉盖顶端为何要在仅次于凤凰位置塑造五位乐师呢？笔者认为，这与百济时代东西南北中五个方位有关，早在《周书》中就有百济都城民逾万户并将其分为五部，每部又分为五方的记载：中方为古沙城、东方为得安城、南方为久知下城、西方为刀先城、北方为熊津城。五乐师的出现也体现了百济对中国五行思想的运用。值得注意的是，炉盖顶端五位乐师的服饰造型和发型非常特殊，衣袍为通肩式，头顶的发髻均向右倾斜。笔者通过文献对比，发现其服饰、发型与当时的高句丽流行的样式相似，尤其是将头发斜梳于一边的垂髻发型[1]。五位乐师手中拿的乐器通过对比也可以从高句丽墓室壁画中找到原型，这与文化的传播和高句丽"南进"扩张发展带来的思想交流密不可分。中国古代文献《梁书》中有"今言语服装，百济略与高丽同"的记载[2]。《新唐书》亦有"百济俗与高丽同"的记载，这些文献记载佐证了高句丽对百济文化的影响。五乐师图像是百济金铜大香炉独有的造型特征，五乐师所在的位置象征着人间最高、最神圣的地方，表现了当时社会对礼乐的强调和重视，通过奏乐来迎接象征天上的凤凰，从另一个角度也反映了统治者宣扬圣君出现并实现太平盛世的理念。

图4 《北魏比丘道休造像记》中的香炉图像拓片
山东博物馆馆藏图

图5 绿釉莲瓣蟠龙博山炉
现藏陕西省考古研究院

图6 鎏金银竹节铜熏炉
现藏陕西历史博物馆

1 郑春颖：《高句丽壁画所见发式研究》，《边疆考古研究》（第14辑），科学出版社，2013年。
2 韩国文化财保护协会：《韩国服饰史》，韩国文化财保护协会，1982年。

香炉为莲花纹炉身，炉唇与盖唇上有一圈阴刻唐草纹，炉唇以下的炉身以3层莲瓣构成，雕刻方式属于阳刻。每片莲花瓣内均浮雕一只动物，包括鸟、鱼以及各类难以分辨的神兽等，莲花瓣之间的空白处，也分布着略小于莲花瓣上浮雕的动物造型。南北朝以后，博山炉逐渐同佛教的象征物莲花造型相结合，如南北朝石窟造像题记《北魏比丘道休造像记》中的香炉图像[1]〔图4〕和隋丰宁公主与驸马韦圆照合葬墓出土的隋绿釉莲瓣蟠龙博山炉〔图5〕。百济金铜大香炉莲花纹炉身的设计继承了南北朝以来的艺术造型。香炉的承座为龙形垫脚，盘曲环绕的蟠龙嘴衔莲花座的花茎，蟠龙身上刻有云彩和莲叶纹样，线条流畅，造型精妙。像这种以蟠龙造型来呈现香炉下半部分的例证可在陕西兴平茂陵东侧出土的西汉金铜竹节香炉上找到〔图6〕，同样都是龙首回顾，龙身从波涛中腾出将香炉托起的造型。

综上可见，百济金铜大香炉的造型基本沿用了中国自汉至南北朝时期博山炉的传统样式，人兽出没、山峦起伏、莲瓣炉身、蟠龙衔柄等这些元素都能在中国出土博山炉中找到原型。盖顶的立鸟造型是百济时代在王室家族流行使用的样式，五乐师图像则是受高句丽风俗和中国五行思想影响并融入本土文化的产物。

三　百济金铜大香炉体现的苑池思想和三山信仰

目前韩国主流学者的研究共识是：百济金铜大香炉着重体现了道家阴阳思想，在作为仙界的顶端，立有一只象征阳的凤凰，下方的炉盖上刻画了活动于人间的仙人和动物，炉身上则饰以莲花为中心的水中生物或与水有关的动物，最下方则是象征着阴，沉于深海之渊中的水生动物——龙。

笔者认为：百济金铜大香炉作为皇室祭祀使用物品，同时融合了佛教与道教元素，通过刻绘仙人、乐师等形象，以更加拟人化的手法展现了神仙的形象和世界，其所展现的“微缩景观”与百济时代王室贵族的山川信仰，祈求不老长生，以致大兴土木、修建苑池有不可分割的联系。

汉代博山炉不乏精美实物与图像，如1968年在河北省保定市满城区汉武帝胞弟中山王刘胜及其妻子窦琯墓中出土的博山炉〔图7〕，体现了当时博山炉制作工艺的最高水平，备受世人瞩目。学者巫鸿针对这件博山炉指出“底盘上嵌有波浪纹，上部为圆锥形的重峦叠嶂，看似大海中升起的一座仙山。山峦中所雕刻的细小的人物及动物中有神兽和射猎的场面，与上林苑中的景色和活动十分相近。”[2]汉武帝修建的上林苑中建有南山、昆明池，充斥着来自天下四方、各种各样的奇花异草和奇兽珍禽，上林苑

图7　汉错金银博山炉　现藏河北博物院

1　中国画像石全集编辑委员会编：《中国画像石全集·8·石刻线画》〔图49〕，河南美术出版社，2000年。
2　［美］巫鸿：《中国古代艺术与建筑中的“纪念碑性”》，上海人民出版社，2009年。

建章宫的太液池内建有蓬莱、方丈、瀛洲三座传说中神仙居住的仙山。这种由各种景观、珍禽异兽、山亭水榭、瑰丽宫阙等组成的王室宫苑，其布局根源于当时流行的神仙信仰，统治者通过建筑设计和艺术装饰，重构或复制仙境的形象，探索升仙的途径，博山炉从观看角度就是一个真实可见的“神仙世界”。

与世界上其他国家一样，朝鲜半岛从远古时期就有了仙人长寿的思想观念。自先秦时期道家思想的成熟和传播，随着秦汉帝王对于长生不老之术的孜孜以求以及术士、炼丹师的不断扩充，到海外寻觅仙方、访求神仙的思想逐次蔓延开来。这种对于神仙境界的追求与向往逐渐传播到海外，与华夏大地毗邻的朝鲜半岛自然不能例外地对这种思想有了传承并加以演化。

百济时期，出于统治者的政治诉求，帝王愿望万寿无疆与长久统治。自西汉武帝在长安城修建了具有象征性的“瑶池三仙山”始，“一池三山”就成为历代皇家园林的基本格局。中国的三神山信仰传入韩国后，受韩国本土文化的影响，在观念上出现了一些具有本土文化特征的变化，尤其是百济武王时期，以道教神仙居住的方丈仙山为原型修建的宫南池，体现着新的统治理念。

《三国史记 · 百济本纪》记载“七年，春正月，重修宫室，穿池造山，以养奇禽异卉”[1]。百济第16任国王辰斯王七年(391)重新修缮了宫室，挖池造山并且种植了各种珍贵花草和饲养奇禽。

《三国史记 · 百济本纪》记载百济武王三十五年(634)三月“穿池于宫南，引水二十余里，四岸植以杨柳，水中筑岛屿，拟方丈仙山……三神山立于内，又有小岛……”[2]《东国通鉴》对此事亦有记载：“（百济武王三十五年）三月，百济凿池于宫南，引水二十余里注之。池中筑岛屿，拟海上仙山。”[3]

图8 韩国百济山水纹砖 现藏韩国国立博物馆

《三国史记 · 新罗本纪》记载新罗文武王十四年（640）二月“宫内穿池造山，种花草养珍禽奇兽”[4]造的雁鸭池，是以百济的宫南池为原型建造的。

据笔者统计，在韩国古代三国之中，建造苑池最多的国家是百济，尤其以百济武王建造的宫南池最为有名，是研究百济苑池样式的重要资料。百济时期苑池的建造做法是先挖水池，然后把挖出来的泥土堆成山，再在山的上面建造亭台楼阁，而且在苑内种植和收养各种奇花异草和珍奇鸟类。这种做法与汉武帝在太液池中拟建蓬莱、方丈、瀛洲之事如出一辙。苑池在百济历史上占有重要的地位，韩国扶余郡窥岩面外里出土

1 ［韩］金富轼：《三国史记》卷二七《百济本纪》，首尔：乙酉文化社，1996 年。
2 ［韩］金富轼：《三国史记》卷二七《百济本纪》，首尔：乙酉文化社，1996 年。
3 ［韩］徐居正：《东国通鉴》卷六《三国纪》，首尔：景仁文化社，1974 年。
4 ［韩］金富轼：《三国史记》卷七《新罗本纪》，首尔：乙酉文化社，1996 年。

了大量百济泗沘时期（538—660）的山水纹砖可以证明这点〔图8〕，山水纹砖的正面刻有流淌的小溪，其后面是层层相叠的三山，加以奇岩怪石进行点缀。每座山峰上面刻有片片松林，与天空中飘浮的云朵交相呼应，让人不禁联想到百济时期三山如画、仙人往来的宫南池景象。

百济金铜大香炉所展现的三神山与百济时代本土的山川信仰有密切联系，有关百济的三山，《三国遗事》南扶余后百济条中，有如下文字记载："郡中有三山，曰日山、吴山、浮山。国家全盛之时，各有神人居其上，飞相往来，朝夕不绝。"[1]从此段文献可知，百济的三山并非像中国古代认为仙山蓬莱、方丈、瀛洲隐藏于沧海之上，而是位于百济的王都，这里既是王都，也是神仙居住的地方。关于三山的位置据韩国学者推测：日山即位于扶余的扶苏山对面的锦城山，处于罗城的中间位置；吴山即位于扶余盐仓里后山的乌石山，在罗城城外；浮山即白马江对岸高170米左右的牙山[2]。笔者认为，在韩国古代由山岳信仰引发的神仙信仰，并不像中国三神山信仰那样强调神仙所居之山"仙化"特征。日山、吴山、浮山三座仙山都是真实存在的，与守护都城而建的外围城即罗城有着密切的关系。因此，朝鲜半岛在古代虽然受中国文化的影响很深，但本土文化并未被消融，百济金铜大香炉结合了朝鲜半岛百济时代的苑池思想和本土三神山信仰。

四 结 语

百济金铜大香炉融合了自汉至唐时代普遍流行的造型特征，又赋予了本民族的思想和信仰，创造出了独特的样式。研究不同地区博山炉的艺术特色可以更加清晰地认识博山炉发挥的功能和象征意义。百济金铜大香炉不仅借用了道教和佛教思想，还融入了本土文化特征。百济苑池所展现出来的世界观和百济金铜大香炉展现的神仙世界密切相关，百济时代本土的三神山信仰，将神仙所居之山的仙化特征加以弱化，以强调本国即是神仙之国的理念，并将此理念融入礼器的造型设计中。百济金铜大香炉一直被认为是百济文化的精髓，不仅展示了百济金属工艺品的成就，更反映了百济王室的物质及精神生活层次，是王室思想的缩影。韩国古代虽然受到中国文化影响深刻，但韩国本土文化并未被中国文化所消融。百济文化的特点在于其开放性、创新性，通过学习、交流，结合自己的本土文化创造出了独特的样式，对百济金铜大香炉的研究对于探索百济时代的政治、经济、文化、外交等各方面有所裨益。

[作者单位：故宫博物院科研处]

1 ［高丽］一然著，［韩］权锡焕、［中］陈蒲清译：《三国遗事》第二卷《纪异篇》"南扶余・前百济・北扶余"条，岳麓书社，2009年。

2 ［韩］俞元载：《泗沘时代的三山崇拜》，《百济的历史与文化》，首尔：学研文化社，1997年。

鸮首提梁壶系列铜器研究
——从两罍轩旧藏的一件何壶谈起

Study of the Series on Bronze Pot with Handle and Owl-Head-Shaped Top: From the Perspective of a *He* Pot in the Studio of Two *Lei Vessels* (*Lianglei xuan*)

杨安

Yang An

内容提要：

本文从旧著录中一件造型奇特的青铜器何壶谈起，就其收藏流转及铭文的辨伪进行了重点讨论，提出了它属于山东地区春秋晚期器物的观点。另外，本文针对与何壶类似的鸮首提梁壶进行了相对广泛的收集，通过对数件器物的对比研究以及对其特殊提链结构做出的较详细分析，提出了定名及断代意见。另就其结构在汉代以后的变化和仿制做了简要的说明。

关键词：

吴云　两罍轩　何壶　鸮首提梁壶

ABSTRACT:

This article starts with a particular-shaped bronze *He* pot mentioned in previous record, focuses on its provenance and authentication of its inscription, and puts forward the view that such vessels can be dated to the late Spring and Autumn Period (770-476 BCE) and originate from Shandong. In addition, this article has collected a relatively wide range of such pots identical to the *He* pot. Through the comparative study of several similar vessels and a more detailed analysis of the special chain-lifting structures, appropriate name and date are proposed. Moreover, the changes and imitations of its structure after the Han dynasty (206 BCE-220 CE) are briefly explained.

KEYWORDS:

Wu Yun, Studio of Two Lei Vessels (*Lianglei xuan*), *He* pot, Bronze Pot with Handle and Owl-Head-Shaped Top

在清末民初的金石著录中，吴云的《两罍轩彝器图释》有着突出的地位，其中著录了一件有铭青铜壶，造型奇特，被吴云赞为“形制奇古，彝器中罕有之珍也”。2014年，这件器物再次现世，汪涛先生将它命名为“鸮首提梁壶”〔图1〕，并组织学者针对这件器撰写了几篇高质量的学术论文[1]。我们在学习阅读后，就其中一些问题再做些许补充，以为续貂。

图1

一

这件鸮首提梁壶曾经被李鸿裔、吴云、万中立、里昂·爱德华氏（Lionel Edwards）、Paul Hatvany男爵、英国铁路养老基金会、坂本五郎等收藏。壶中的铭文，在早期著录除《两罍轩彝器图释》（后简称《两罍》）外，如《郁华阁金文》《续殷文存》（后简称《续殷》）中也能见到拓本或摹本，并有时会附上器物线图或全形拓〔图2〕，而其器影最早见于《商周彝器通考》，彩图著录于《不言堂坂本五郎中国青铜器清赏》[2]。吴镇烽先生在《商周金文通鉴》的最新版本中也使用了该器的彩色图像[3]。

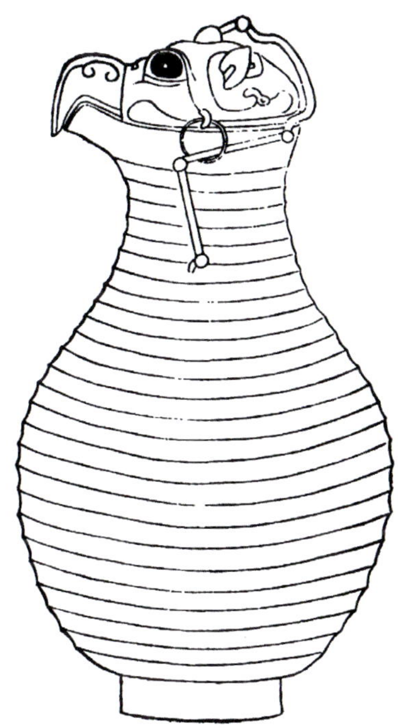

图2

这件壶通高45厘米，直口，长颈，长圆腹，矮圈足，口沿一侧有窄长流，颈部有折叠提梁，盖作鸟嘴兽首状，盖上两侧有圆环，与提梁套接，通体饰瓦楞纹[4]。吴云曾评价这件器说：“形制奇古，彝器中罕有之珍也。”器盖内有9字铭文：“何作兄日壬宝尊彝 ”。“何”写作“[illegible]”，旧释“爱”“虎”等字，按照现在的命名规则这件器应当命名为“何壶”。“日壬”是何的族兄弟的名字，铭文的整体意思为“何为其兄弟日壬做了珍贵的祭祀器”。最后缀以族氏铭文“[illegible]”，此族徽仅见于本件何壶及同作器者器。〔图3〕

何壶的同铭卣铭文拓本著录于吴式芬《攈古录》及《攈古录金文》（后简称《攈古》）等书，原器已不见，正因为这件何卣的器影甚至是线图均不见著录，加之学者对壶、卣甚至是尊的器型命名理解不同，导致两器的铭文拓片在后世著录中多有被混淆的情况。鉴于此，我们对《商周青铜器铭文暨图像集成》[5]（后简称《图集》）中两器的著录

1　苏富比拍卖公司：《不言堂 A BRONZE OWL HU》。

2　林巳奈夫、樋口隆康监修：《不言堂坂本五郎中国青铜器清赏》，日本经济新闻社，2002 年 9 月，第 19 页。

3　吴镇烽：金文通鉴 3.0 版。

4　参考《商周青铜器铭文暨图像集成》和《不言堂 A BRONZE OWL HU》中的描述。

5　吴镇烽：《商周青铜器铭文暨图像集成》第 22 册，上海古籍出版社，2012 年 9 月，第 105 页。

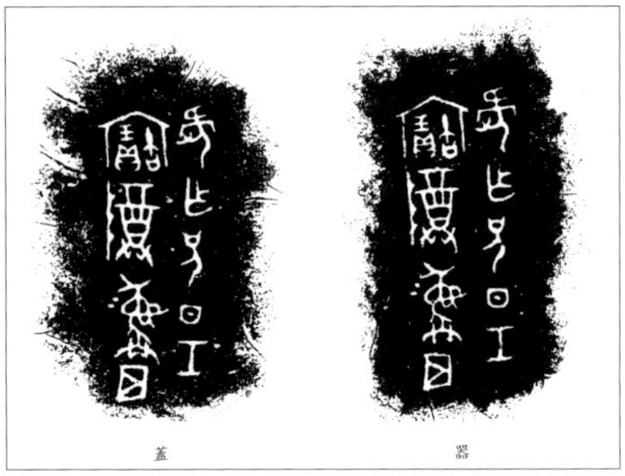

何壶铭文

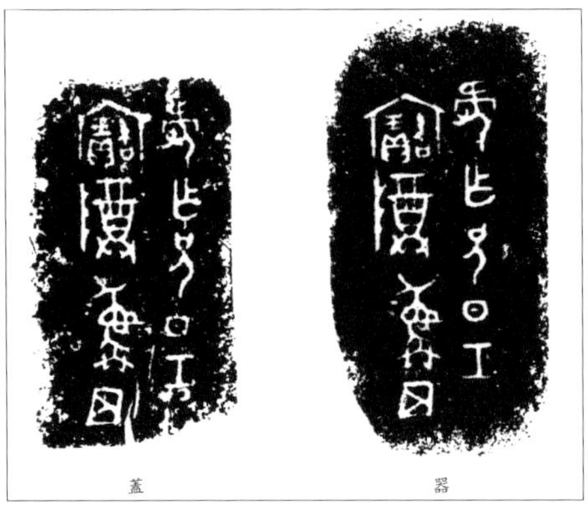

何卣铭文

图3

情况进行对比梳理：何壶见于《图集》12231号，“著录”项无误。何卣见于《图集》13225号，在“著录”项中，《续殷》60.5、《小校》4.77.3、《愙斋》13.14、《周金》5.54.1-2等四处著录都是何壶的拓片，只有《续殷》重出的84.3是何卣盖铭拓本。这几处混淆应加以纠正。

《攈古》中何卣铭文以摹本入书，现在见其拓本来源有二：一是《敬吾心室彝器款识》（后简称《敬吾》）著录拓片，中有钤印“诵孙手拓”并有小注“吴子苾方伯见寄”，证明为吴式芬所拓，亦说明何卣本藏于吴式芬。二是《殷周金文集成》（后简称《集成》）著录拓片，虽然《集成》后的著录来源标明盖铭取自《续殷》而器铭取自《敬吾》，但仔细对比，从摹拓范围和压痕来看则并非如此。《集成》拓本中有钤有“丁绂臣”即丁麟年的收藏印。新版《集成》中多了“卣”“盖”“器”三方小印。

何壶则各个拓本都不相同，从某个侧面来说，也可以看出它曾被不同人多次收藏。值得一提的是，《小校经阁金文拓本》著录的何壶拓片钤有“南陵徐乃昌藏器”印章。说明何壶还曾被徐乃昌收藏。

二

最早对何壶铭文质疑的是英国学者叶兹，他认定何壶上的铭文为后刻加[1]。何壶铭文的拓片一直是器、盖两个同时流传，只有《郁华阁金文》《续殷》单独著录了盖铭。2014年拍卖时，也仅仅见到了盖铭，承汪涛先生通过邮件告知：“（此器）铭文恐为后加。器内的铭文原先刻在一假底上，不知什么时候被拿掉了，所以现在只有器盖铭文。”可见，铭文确实非常可疑。“后刻加”的判断是相当有见地的，这也是历代收藏者所没有注意到的。从后来开盖俯拍的X光照片中能够见到，壶底部有不规则的痕迹，很可能就是当时焊铸假底时遗留下的。

追溯何壶的来源，《两罍轩尺牍》记载：“此器辛酉冬间，有金兰生者，得自沪上废铜铺中，后售与李眉生廉访鸿裔，弟博易得之。”[2]吴云光绪九年（1883）去世，其著作《两罍》为1872年出版，所以此处“辛酉”只能是1861年，而《攈古》的作者吴式芬直到1856年去世，并没有完成《攈古》的编辑，直到1895年，才由其子吴重憙刊行。然而，吴式芬是当时的名流、高官，交往圈子相当广泛，他收藏的许多铜器拓片早已不需出版而流传于浙沪藏家手中。所以，铭文的作伪存在条件。我们仔细辨别两器铭文，发现卣铭笔画挺拔有力，而壶铭线条臃肿软弱。正如毕经纬先生所说：“观卣之铭文，笔画均匀，清晰爽目。再观壶铭，笔画毛

1 叶兹：《一组中国青铜壶》，《伯灵顿杂志》1940年2月号，第38—44页。

2 吴云：《两罍轩尺牍》，1886年。马玉梅 校注：《两罍轩尺牍校注》，上海古籍出版社，2020年11月，第359页。

糙，模糊不清，与卣铭判然有别，有伪铭之嫌。”[1]崎川隆先生则认为壶铭是以机械方法复制而作的伪作[2]。这一观点是非常正确的。

我们怀疑，作伪的嫌疑人有可能是收购者“金兰生”[3]。金兰生应是上海的一位古董商人，曾经以1500两（或1700两）白银购得虢叔钟，后以5000两的天价卖给了时任上海道台沈秉成[4]。他在废铜铺中得到了这件鸮首壶，为提升价格，就将何卣铭文拓片翻模铸刻在假底上，并焊接到鸮首壶上。吴云曾经在致潘祖荫的信中说：“近日作伪者，愈出愈奇，沪上已专有此一种人，广收无字旧器，合数人之力，闭户覃精，伪牿成文，比之宣和仿古，实能远胜。盖器本原旧，文又工致，目前已不易识，数百年后，恐巨眼者亦不能辨矣。”[5]可见当时作伪之术技巧之高超。有趣的是，向来认为无字铜器“与废铜同价”的吴云，虽然已经万分小心，但还是收藏了这件铭文为伪刻，本来无字的鸮首提梁壶（为行文方便，后文皆以“何壶”称呼此鸮首提梁壶）。

另要说明的是，以铭文为线索，《图集》中还著录了一件同铭尊，原见于《西清古鉴》，今原物已经佚失，仅见铭文摹刻本及器物线图。另，还有一“何兄日壬觯”（《图集》10525），铭文为“何兄日壬”。从铭文看，二器与何卣为同一组器，都是何为其兄弟日壬所做。同铭何尊与张家坡M163出土的尊无论纹饰和器形都极为相似[6]，那件尊被“估定年代在康王时期”[7]，所以何壶铭文与何尊的断代也应如此，《图集》判断为“西周早期后段”是非常正确的。

三

关于何壶本身的断代，之前许多学者受到了铭文的影响将其定在商代晚期或西周早期，如容庚先生在编辑《商周彝器通考》时，将其断在了商代[8]。正如前述，若按铭文判断，何壶应属于西周早期。但我们已经知道其铭文并不可靠，所以更偏重考古类型学的西方学者，在对比山东诸城战国墓出土的鹰嘴壶后，认为何壶的断代应在战国时期。有学者指出了何壶与诸城壶的不同，又列举了纳尔逊—阿特金斯艺术博物馆收藏的一件鸟首壶并说明：“单纯从类型学的角度来看，这件壶的器形当归入东周时期。……诸城壶的尺寸更大，瓦楞纹也更密集，而且，更为明显的是，起身中部有一道凸起的弦纹，并铸有一个活环（这些都是典型战国青铜器的特征）。其次，诸城壶的提梁是由两段S形的部件连接而成，本件器物的提梁则是由一截U形的部件连接四段直臂而成，更重要的是，诸城壶的壶盖更接近一只写实的鹰头，而本件壶则更接近有着短耳、长喙的生动的鸱鸮（雕鸮）形象。”

1 毕经纬：《传世有铭铜器辨伪一则》，《考古与文物》2015年第3期。

2 崎川隆先生意见为看过本文初稿后所函告。

3 金兰生，《两罍轩尺牍校注》中注释认为“金兰生”即《格言联璧》作者金缨（360页），从《两罍轩尺牍》中看，金兰生应有商人身份，是否是金缨不能确定。如《致吴煦》中有“又邀金兰生来，嘱其赶赴元丰庄与周纂涛、张织文等商议，速雇夷兵保守南市。”（575页）吴云对金兰生也并无好感，如《至吴承潞》中有“定甫狡猾，耦翁又遇着第二个金兰生矣。”（617页）

4 白谦慎：《晚清官员收藏研究——以吴大澂及其友人为中心》，广西师范大学出版社，2019年，第36页。

5 白谦慎：《晚清官员收藏研究——以吴大澂及其友人为中心》，广西师范大学出版社，2019年，第47页。

6 中国社会科学院考古研究所：《张家坡西周墓地》，中国大百科全书出版社，1999年，第161页。

7 白谦慎：《晚清官员收藏研究——以吴大澂及其友人为中心》，广西师范大学出版社，2019年，第366页。

8 容庚：《商周彝器通考》，上海人民出版社，2008年，第330页。

图4

图5

图6

图7

并提出断代意见："我们可以推测本件壶的年代要早于诸城出土的例子，或许为诸城壶的祖形，可是，因为可供参考的出土例子稀少，我们只能将断代建立在风格分析和时代背景上。比较可能的推测是把这件壶的年代定在西周晚期到春秋早期。"[1]

关于类似的鸮首提梁壶，有学者做过统计，但多有所纰漏[2]。我们所见到的与何壶相类的先秦器物，共有十件[3]：

一是纳尔逊—阿特金斯艺术博物馆藏壶。据博物馆网站介绍，这件器是1931年纳尔逊委托从北京celestin liu手中购得，后入藏纳尔逊—阿特金斯艺术博物馆。（后称"阿特金斯壶"）[4]〔图4〕

二是山东诸城臧家庄与葛布口村战国墓出土。（后称"诸城壶"）〔图5〕[5]

另外的八件中，出土三件：

一是淄博市临淄区永流镇相家庄墓地M6出土。（后称"相家庄壶"）〔图6〕[6]

二是淄博市临淄区稷下街道尧王村一号战国墓出土。国家博物馆2019年6月"海岱朝宗"展览中展出了这件器物，现藏齐文化博物院。（后称"尧王村壶"）〔图7〕[7]

三是九连墩楚墓出土。现藏湖北省博物馆。（后称"九连墩壶"）〔图8〕[8]

馆藏四件，其中中国国家博物馆两件：

一是2013年征集入藏中国国家博物馆，与诸城壶类似，但没有腹部的铜环，在《近藏集粹——中国国家博物馆新入藏文物特展》中展出。〔图9〕（后称"国博A壶"）[9]

1 苏富比拍卖公司：《青铜鸮首提梁壶》，《不言堂 A BRONZE OWL HU》，第 41 页。

2 裘书研先生统计有 3 件。（《中国古代青铜器整理与研究　青铜壶卷》，科学出版社，2015 年，第 116 页。）毕经纬先生统计有 7 件。（《传世有铭铜器辨伪一则》，《考古与文物》2015 年第 3 期。）

3 私人藏品皆未纳入统计。

4 https://art.nelson-atkins.org/objects/30670/wine-vessel-hu?ctx=9bd494b2-f900 — 480c-b3b3-d6aaee91612c&idx=11

5 山东诸城县博物馆：《山东诸城臧家庄与葛布口村战国墓》，《文物》1987 年第 12 期。

6 山东省文物考古研究所：《临淄齐墓（第一集）》，文物出版社，2007 年，彩版十八。

7 临淄区文物管理局：《山东淄博市临淄区尧王战国墓的发掘》，《考古》2017 年第 4 期。

8 湖北省博物馆：《九连墩：长江中游的楚国贵族大墓》，文物出版社，2007 年，第 48 页。

9 器影见舒清运：《中国国家博物馆藏两周时期青铜壶撷英》，《艺术品》2018 年第 3 期。

二是2009年入藏中国国家博物馆，在《百年国博——中国国家博物馆百年简史与成果展》中展出。（后称“国博B壶”）〔图10〕[1]

台北“故宫博物院”两件：

两件器都著录于《故宫铜器图录》，其中有一残器，盖上两与提梁相接的铜环丢失，这件残器还著录于《商周青铜酒器特展图录》。（后称完整器为“台北A壶”，残器为“台北B壶”）〔图11、图12〕

另外还有一件著录于《图集》。其鸟颈后部刻有铭文“齐大司徒国子山为其盥壶。”因此定名为国子山壶。〔图13〕[2]

综合研究包括何壶在内的十一件器物，我们对这一系列壶的断代和彼此间的相互关系可以厘出一个相对明确的认识。

首先需要辨明的，是提梁结构上的异同。非常明确的是诸城壶、阿特金斯壶、相家庄壶、尧王村壶、国博A壶、九连墩壶及台北“故宫博物院”二壶等八器，S形部件连接提梁和壶身，与壶盖用铜环相套。这些壶在结构上都相同，S形部件是其特点。这种壶只要向下按压提梁，壶盖就会被S形部件牵扯而打开，而在使用时，若腹部坠有同环，便只需“一手提梁、一手提环，鹰嘴会自动张开”[3]。从目前已知的器物来看，这种“S形提梁壶”是鹦首提梁壶中最常见的标准形制。而国子山壶、何壶、国博B壶提链形式则与此不同。国子山壶设置U形提梁，与盖并不相连，鸟头形盖后、颈部各有一纽，颈纽上又缀铜环，方便盖身连接。何壶的提梁则比较特殊，其以铰链代替S形部件两端与U形提梁和壶身铰接，并与盖以铜环相套。

国博B壶则为：U形提梁与环接在器身上的直臂

图8

图9

图10

图11

图12

图13

1 图片为展厅照片，经“汇图网”购买正版授权。

2 吴镇烽：《商周青铜器铭文暨图像集成》第22册，上海古籍出版社，2012年，第43页。

3 国家文物局主编：《中国文物精华大辞典》，上海辞书出版社，2012年，第243页。纳尔逊—阿特金斯艺术博物馆网站中介绍馆藏壶时也有类似表述。

相连，套铜环与壶盖相连。未采用铰接，而是采用普通提梁壶的环接形式，两壶的连接方式与其余诸器不同，但与多数普通提梁壶相类。另外，该壶流部不明显，所拟鸮喙短，且不能开合，所以，虽然该壶与其余诸器有相似处，但本质上却完全不同，它只是一件盖做成了鸮首样子的普通提梁壶。所以，我们暂时列于此，不再深入讨论这件壶。

其次，需要清晰壶的命名，也就是壶盖所拟的形象到底是鹰首还是鸮首？鹰和鸮头部的最大区别在于目后是否有耳羽，也就是俗称的毛角。国子山壶的壶盖部分，就能见到非常清晰的毛角纹饰。何壶上鸮的耳羽则更立体，不仅更清楚地说明了鸮的形象，也有着作为捉手的实际作用。国博A壶、台北B壶在盖的后部，也能见到两个明显突起，同样标示着耳羽的存在。而其余诸器所谓的"鹰首"，其实也是模拟的鸮的形象，只是加以了简化，固定壶盖两个环的铜纽，同时兼有表示耳羽形象的意思。所以，我们认为已知的所有这一类壶，都应称为"鸮首提梁壶"。

如此，我们再来看这些器物的断代。从地域上划分，是这一系列壶都应属于山东地区。朱凤瀚先生在讨论山东地区战国青铜器时也提到提梁鹰嘴圆壶是非常有区域特征的齐器[1]。所以，传世诸器也应属于齐器。比较容易判定年代的是四件出土器。相家庄M6、尧王村M1属于战国早期墓葬，相家庄M6属于前段，尧王村M1属于晚段[2]。所以这两处出土的壶，不晚于战国早期。诸城壶出土于诸城臧家庄与葛布口村战国墓，考古报告认为这是一处战国中期墓[3]，王青先生取王恩田先生说定在战国晚期[4]，这座墓葬中同时出土的镈、钟有铭文，做器者为"莒公孙朝子"，黄盛璋先生认为钟、镈虽属莒公孙朝子，铸器时莒国已亡，属田齐统治之下，但时间应距莒灭国后不远，故仍以莒公孙自称，因此认为断代在战国中期偏前[5]。朱凤瀚先生中和几家观点，指出墓葬当属战国中期偏晚至晚期偏早，但铜器形制应更早，墓主人可能是莒公孙朝子的后人[6]。所以，我们以为诸城壶应是莒入齐后制作，应与同墓钟、镈一样断在战国早期偏晚或中期偏早。九连墩壶出土的九连墩楚墓，是战国中后期楚国贵族大墓，因此九连墩壶制作不晚于战国中后期。这一时期，齐楚交流和战争都相当频繁，九连墩壶很可能是从齐国交换、购买或是战争缴获的战利品，所以它出土于楚墓中是不奇怪的。

除此四件器外，国子山壶属于春秋早期且有铭文。阿特金斯壶与尧王村壶相类，台北A壶与九连墩壶相类，断代也比较明晰。

台北B壶与国博A壶，因其壶盖部有表示鸮首耳羽的突起，与其他简化掉了耳羽的诸器对比，我们认为这种繁简的变化是不容易逆向发生的，所以两壶的年代可能稍早，或在制作地点上存在着一定的差异。

高明先生在分析中原壶制时指出："自东周初到春秋晚期流行方壶，自春秋末到战国末流行圆壶，彼此界限非常明显。"[7]齐地受中原影响，所以圆壶的流行也应兴起于春秋末期。何壶的提链形式罕见，与章丘女

1 朱凤瀚：《中国青铜器综论》，上海古籍出版社，2019年，第2018页。
2 临淄区文物管理局：《山东淄博市临淄区尧王战国墓的发掘》，《考古》2017年第4期。
3 山东诸城县博物馆：《山东诸城臧家庄与葛布口村战国墓》，《文物》1987年第12期。
4 王青：《海岱地区周代墓葬研究》，山东大学出版社，2002年，第41页。
5 黄盛璋：《山东出土莒之铜器及其相关问题综考》，《华夏考古》1992年第4期。
6 朱凤瀚：《中国青铜器综论》，上海古籍出版社，2019年，第2016页。
7 高明：《中原地区东周时代青铜礼器研究》，《考古与文物》，1981年第1、3、4期。又《高明学术论集》，上海古籍出版社，2013年，第59页。

郎山M1出土提梁壶相类[1]。鸮首的形象，也是所论诸器中最为形象的。从纹饰上讲，瓦纹流行于西周中晚期至春秋早期。然而像何壶这样通体布瓦纹的样式，西周晚期后就很少见到，而瓦纹在流行于春秋时，也多辅以其他纹饰出现在器物上。到战国时，通体饰瓦纹的器物则更难以见到。

诸城壶和国博A壶皆通体饰瓦纹。另外，在20世纪50年代，沂水曾出土一春秋中后期的伞状盖罍，“盖顶作圈足状捉手，上立一鸟，周身瓦纹。”[2]这至少说明齐国地区在春秋中晚期到战国中期还在使用通体瓦纹的装饰风格。学者认为何壶的瓦纹与诸城壶不同，并认为“或许为诸城壶的祖型”[3]，二者存在着紧密的联系是毋庸置疑的，但何壶的断代也不至于早到西周晚期，可以说诸城壶只是何壶的“升级版”，而这个“升级”时间并不会很长。

所以，何壶的时间应早于其他S形提梁壶，应是国子山壶和S形提梁壶的中间环节。而且提梁形式在战国早期墓葬中出现过。崎川隆先生在看过本文初稿后，曾经函告，认为何壶断代应在春秋时期，其判断是有道理的。我们认为何壶的铸造年代应该在春秋晚期。

如此，我们可以就以上分析梳理出一系列鸮首提梁壶的前后关系，如下：

国子山壶	何壶	国博A壶	台北B壶	相家庄	尧王村	阿特金斯壶	诸城壶	台北A壶	九连墩壶
春秋早期	春秋晚期	春秋晚期或战国早期	战国早期	战国早期前段	战国早期后段	战国早期偏晚或中期偏早		战国中后期	

鸮首提梁壶是春秋初期在山东地区兴起，直到战国时形成相对固定的样式在齐国风靡。而到了汉代甚至更晚，这种形制的壶还在使用，但其盖部所模拟的不再是单一的形象，而且结构上也有较大的突破，这些器物在《西清古鉴》《西清续鉴甲编》等书中都有著录[4]。值得注意的是，《西清古鉴》中的一件“汉鹰首壶”的提梁形式与何壶全同，这件壶的时代未必在汉代，但从腹部所缀铜环形式看，至早也应在战国晚期。这就从侧面证实了S形部件和折叠铰链这两种链接提梁的形式，可能并非此消彼长的关系，而是有并行流传发展的可能。〔图14〕

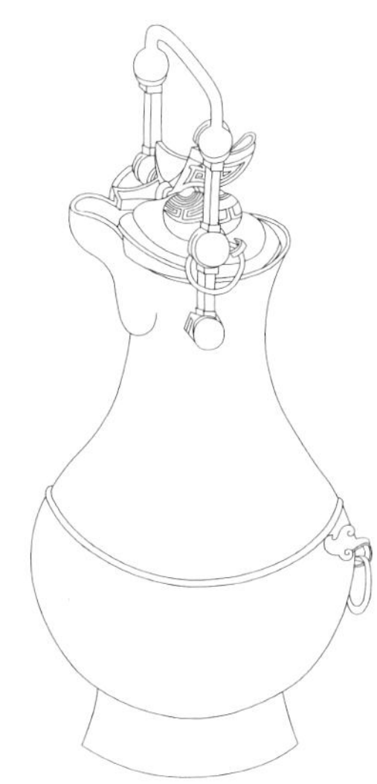
图14

汉代鸮首壶的实物很罕见，与战国诸器相类的，故宫博物院也藏有一件汉代鸮首提梁壶，该壶的结构较战国诸器有较大的变化：鸮首顶部设二环，提梁穿环而过，并通过微微弯曲的S形部件与器身铰接。这种结构显然是S形提梁壶的简化，省去了铜环，并将S形部件拉伸得近乎平直，这一改变使得提梁的作用消失，完全变为了壶盖启闭的捉手。该壶流部结构也有变化，与战国诸壶整个鸮喙作为流部的上盖可以开启不同，该壶将启闭环节前移，只有喙的前部一小部分可以启

1 朱凤瀚：《中国青铜器综论》，上海古籍出版社，2019年，第2025页。
2 朱凤瀚：《中国青铜器综论》，上海古籍出版社，2019年，第1711页。
3 苏富比拍卖公司：《青铜鸮首提梁壶》，《不言堂 A BRONZE OWL HU》，第41页。
4 《宁寿鉴古》中亦著录一件“汉凫首壶”，从线图看，其形制与九连墩壶全同，应也属于战国时期。（《宁寿鉴古》，江西广陵古籍刊印社，1992年，第192页。）

图15

图16

闭，使用起来更加便利。这件壶从形象上看很像《西清古鉴》中著录的“汉牺首壶”[1]。〔图15〕

汉代之后，也能够见到对鹗首提梁壶的仿制，尤其是故宫博物院珍宝馆在陈的一件乾隆时期的银錾山水人物图提梁壶，这件器整体就是普通酒壶的样子，有意思的是它并未设壶把，而是有着完整的一套与所论战国诸壶一样的S形提梁结构，这种结构显然是承于战国，这把壶的制作，却分明地表现出了乾隆帝作为文人雅士的好古、慕古的情趣。〔图16〕

综上所述，我们通过对何壶及相关的鹗首提梁壶的研究，对其断代等问题进行了资料性的整理，但因其存世量少，尤其是科学挖掘出土的更为稀少，许多问题只停留在推测层面。希望今后能够在考古发掘中见到更多类似的器物，发现更多的线索，加深对这类器物的研究。

[作者单位：故宫博物院研究室]

1 该壶调拨自 1957 年文物局收购。

纹样探微与墓主推测
——由长辛店618厂明墓引发的思考

Exploration of Patterns and Inference of Tomb Owner: Thoughts on the Ming Tomb Located at Factory #618 in Changxindian

周少华

Zhou Shaohua

内容提要：

长辛店618厂明墓出土织物二十余件，在北京明代织绣考古的收获中，已属珍贵。本文以其丝绸衣物为中心，以实物与文献相结合，探讨了与纹样有关的问题。考订双鹿纹方补图案的含义，推敲团鸟纹方补上禽鸟的命名，缕述折枝团花纹和四季花卉纹在明代织物上的表现，说明格纹、卍字、西番莲、凤穿花等纹样的使用。最后对墓主身份和墓葬年代试作推定，认为墓主很可能是英国公张懋之母吴氏，入葬在弘治八年。

关键词：

明墓　丝绸　纹样　墓主

ABSTRACT:

Excavation at the Ming-dynasty (1368-1644) tomb located at the site of Factory #618 in Changxindian of Beijing's Fengtai District unearthed more than twenty pieces of fabrics, a rare find among textile archaeological discoveries in Beijing. Focusing on the silk clothing, this article discusses several issues regarding the decorative patterns by combining the study of the physical objects with references to historical literature. The article analyzes the meaning of the double-deer pattern on square badge (*buzi*), identifies the name of the bird on the square badge embellished with bird-design medallion, describes medallion of floral patterns with severed branches, and flower-in-four-seasons pattern on Ming textile, and explains the use of other patterns including lattice, swastika, lotus, and phoenix-in-flowers. Finally, the tomb owner's identity and the date of the interment are deduced. The owner could be the mother of Zhang Mao, the Duke of Ying, née Wu, buried in the eighth year of the Hongzhi reign (1495).

KEYWORDS:

Tomb of the Ming dynasty, silk, decorative patterns, tomb owner

在北京明代织绣考古的收获中，丰台区长辛店618厂明墓地位重要。它发掘于1976年4月，出土了近20件衣衾，且不乏精品，墓葬年代推断在明中期。[1]或许受出土时代等种种因素制约，对这批织物，当时未见简报，至今也少有刊布。实物信息不丰，加之墓葬年代相对模糊，使得研究捉襟见肘，成果寥若晨星。不过，几件丝绸衣物已见资料发表，墓主身份也有线索可寻，围绕它们，还能做一些具体的讨论。本文即利用已经披露的618厂明墓资料，结合明代工艺美术的其他出土物及传世品，辅以可靠文献记载，探讨几种纹样所关联的问题，并尝试推论墓主身份与入葬年代。

一 两种补子图案

（一）双鹿纹方补

长辛店618厂明墓所出的衣物中，两件补服织造精美，保存良好，补子图案尤其引人注目。对它们，以往研究曾经引用，但未能详细讨论，尚存探求空间，颇有剩义可言。

补服中一件是“驼色暗花缎织金鹿纹方补斜襟短棉袄”[2]〔图1〕，面料为正反五枚褐色暗花缎，满布四合如意云纹，前胸和后背各有一方织金补子，其图案相同：在波浪翻滚的海边，两头梅花鹿缓步徐行，前方的一头口衔灵芝，回首望向身后的伙伴；稍远处山石峙立，其间长有“岁寒三友”——松、竹、梅；天空祥云缭绕，一位仙人衣带飘举，手捧供品，正在降临人间〔图2〕。

明代，勋贵职官的常服要搭配或织或绣的补子，受此规制的带动，当时的补服蔚为大观。特别到中后期，其拥有者可以不是官身，纹样还常常逾越禁限。而618厂明墓这件补服上的鹿纹，既非官补题材，

图1 驼色暗花缎织金鹿纹方补斜襟短棉袄 采自《北京文物精粹大系·织绣卷》页68图版17

1 赵秀珍：《北京地区织绣艺术》，收入《北京文物精粹大系》编委会、北京市文物局主编：《北京文物精粹大系·织绣卷》，北京出版社，2001年，第20页。《北京文物精粹大系·织绣卷》，第68－77页。

2 身长85.5厘米，通袖长206厘米，胸围94厘米，现藏首都博物馆。《北京文物精粹大系·织绣卷》，第68－69页图版17－19，图版说明第3页。

又非禁约纹样。能稍加说明的，大概还是它的意义。其实，只要粗知中国古代文化，对鹿纹就该有格外地敏感。在吉祥图案发展、繁荣的时期，它被用来象征长寿、指代厚禄，实例不胜枚举。而在文献里，还保留着与之相关的难得的“巧合”。由元入明的陈谟有诗咏《寿星图》：“云根一丈人，长眉如柳青。调笑赤松子，出入紫薇庭。文鹿衔芝草，金童把玉经。武帝何由识，空瞻南极星。”[1]诗歌大半内容应是在叙说画面，其中，“文鹿衔芝草”一句，竟与这件补子表现的情景高度吻合，说明这种图形可能由来已久，甚至俨然程式。

图2　织金鹿纹方补　采自《北京文物精粹大系·织绣卷》页69图版19

松、竹、梅象征傲霜耐寒、品质高洁，是它们被文人歌颂、为图案选择的主要原因，但这三者的寓意实际不止于此，还有引申。在明代，有人以松竹组成《双清图》，庆祝亲友花甲之寿，这是因为“凡植物之难老者，盖莫如松竹”；[2]还有人咏《梅竹寿意图》，最后说“愿梅结子竹生孙，长作山中岁寒友”[3]。松、竹、梅的形象，也被赋予了长寿的意义。除去寓意，关于这种纹样组合，另有两点值得一提。南京玄武区板仓村正德十二年（1517）魏国公徐俌墓出土袍服的补子上，也带松、竹、梅形象，此外，纹样中更主要的是“天鹿”，点缀的有祥云、有杂宝[4]〔图3〕。瑞兽和松、竹、梅，以及云纹等元素的并用，与618厂明墓这面补子，颇有可比之处，那时，这般装饰或是风尚？在明代前中期，声气相通的“三友”与山石形象，又见于瓷器，这样的青花盘新近还在景德镇御窑遗址珠山北麓出土了，时代约为中期的正统至

图3　徐俌墓补服“天鹿”补子　采自《故都神韵——南京市博物馆文物精华》页233

1　（明）陈谟：《海桑集》卷一《寿星图》，清文渊阁四库全书，台湾“商务印书馆”影印，1986年，第1232册，第541页。
2　（明）程敏政：《篁墩文集》卷二三《双清图寿汪君克敬序》，清文渊阁四库全书，台湾“商务印书馆”影印，1986年，第1252册，第411－412页。
3　（明）程敏政：《篁墩文集》卷八四《梅竹寿意图》，清文渊阁四库全书，台湾“商务印书馆”影印，1986年，第1253册，第653页。
4　南京市文物保管委员会、南京市博物馆：《明徐达五世孙徐俌夫妇墓》，《文物》1982年第2期。

图4 青花松竹梅图盘 采自《明代正统景泰天顺御窑瓷器：景德镇御窑遗址出土与故宫博物院藏传世瓷器对比》页148图版90

图5 仙人手捧供品形象 截取自《北京文物精粹大系·织绣卷》页69图版19

天顺间[1]〔图4〕。这里揭示的，起码有一定时期内某种装饰可能演为典型、不同工艺品类在纹饰上存在借鉴。

补子顶端，仙人手上所捧的"供品"形象朦胧，但仔细分辨尚能看出，那应为盆中的珊瑚〔图5〕。在工艺美术装饰中，珊瑚还能与珠、钱、磬、书、画、祥云、方胜、犀角、灵芝、元宝、金锭、银锭等，组成杂宝纹，因题材本身含义吉祥，到元代，以其中8种凑成的八宝，在织物上已经十分流行[2]。今人指出，珊瑚可能象征高贵、发达[3]。而在明人那里，也借它来祝愿长寿。明早中期的姚夔作诗为同僚之母庆九十初度，有"彩衣载拜称寿觞，珊瑚玉佩鸣琳琅"[4]之句，珊瑚即与拜寿情景相联系。嘉万之间的王世贞贺"喻处州父太翁"八十寿辰，诗里写道"寿翁珊瑚未肯顾"[5]，以珊瑚作礼不一定是真，但珊瑚可表庆寿之意，却很清楚。而明末蔡道宪说得还要明白，"宪也手持海上珊瑚枝，以寿明公太母之六十"[6]。虽然后两例年代较晚，但珊瑚与寿意的对应，形成相信要早。形象的含义可能包括多层，补子上的珊瑚图案或许同时寄予着时人关于高贵、发达、长寿以至更丰富的祝福和愿景，只是与鹿、芝乃至松、竹、梅等形象结合，令庆寿的意义尤为突显。明代类书《山堂肆考》中说，珊瑚树属于瑶草，仙人用它们来合丹药[7]。丹药又易让人想到长生，故珊瑚与益寿延年建立关联，就顺理成章。它要由仙人捧出，原因或也在此，另外，还能赞美服用者，并衬托其身份的非比寻常。

在明代的补子图案里，用于标识官员身份、品级的那些是当然的主流。另外，也有一些为节令而设计，

1 故宫博物院、景德镇市陶瓷考古研究所编：《明代正统景泰天顺御窑瓷器：景德镇御窑遗址出土与故宫博物院藏传世瓷器对比》，故宫出版社，2019年，第148页。

2 尚刚：《元代工艺美术史》，辽宁教育出版社，1999年，第125页。

3 华强、罗群、周璞：《天孙机杼——常州明代王洛家族墓出土纺织品研究》，文物出版社，2017年，第188页。

4 （明）姚夔：《姚文敏公遗稿》卷二《送夏大理归省》，明弘治姚玺刻本，中国基本古籍库。

5 （明）王世贞：《弇州续稿》卷一一《寿喻处州父太翁八十》，清文渊阁四库全书，台湾"商务印书馆"影印，1986年，第1282册，第140页。

6 （明）蔡道宪：《蔡忠烈公遗集》之《寿高督学太母六十》，清道光十六年邓显鹤刻本，中国基本古籍库。

7 （明）彭大翼：《山堂肆考》卷一五〇《瑶草》，清文渊阁四库全书，台湾"商务印书馆"影印，1986年，第977册，第79页；卷二〇二《合丹》大意相同，第978册，第155页。

刘若愚《酌中志》里就有内臣宫眷服用它们的记载[1]。因刘氏曾任职司礼监，亲历宫廷事，故其说应当可信。上文考证显示，长辛店618厂明墓的双鹿纹补子"寿"意满满，若再考虑到明代时令补子的存在，则不禁联想，它有无可能是为庆寿这样的活动而特意设计、织造的呢？惜目前仍证据欠丰，未敢贸然论断，只能暂备此说。

（二）团鸟纹方补

618厂明墓出土的另一件补服为驼色暗花缎织金方补女上衣〔图6〕，前后补子纹样为四合如意云纹，中间两只禽鸟盘旋相戏[2]〔图7〕。如今，涉及它们的地方都将图案称为"团凤"。不过，若与明代其他织物参看，则不免怀疑：补子上表现的当真是凤吗？它们最突出的特点，是一簇冠羽弯曲上翘、多支尾羽紧窄修长，与南昌弘治十七年（1504）宁靖王夫人吴氏墓霞帔上表现的禽鸟〔图8〕大显亲缘，应为同类。霞帔关乎礼制，见诸文献记载，吴氏身份明确，可与文献对证，因此，要推敲这对禽鸟的种类，还可从这件著名的霞帔入手。

吴氏墓简报发表时，称"压金彩绣云霞凤纹霞帔"[3]，但此后的研究者却易"凤"为"翟"[4]，如此修正不为无据。有力的支持首先来自霞帔之间直观的对比。江西南城万历间益宣王继妃孙氏棺中，也出土过一件霞帔〔图9〕，简报及后来的报告集中称其装饰为"云凤纹"[5]，这里的命名相信准确，孙氏为亲王妃，按明代冠服制度，她的霞帔合用"云霞凤纹"[6]。这件霞帔上的凤鸟头部有多簇冠羽翘起，细长的颈下还有多束羽毛飘扬，尾部或呈锯齿形，或

图6　驼色暗花缎织金方补女上衣　采自《北京文物精粹大系·织绣卷》页72

图7　织金团鸟纹方补　采自《北京文物精粹大系·织绣卷》页73

1 （明）刘若愚：《酌中志》卷二〇《饮食好尚纪略》，北京古籍出版社，1994年，第177－183页。

2 身长71厘米，通袖长213厘米，现藏首都博物馆。《北京文物精粹大系·织绣卷》，第72－73页图版22－23、图版说明第3页。

3 江西省文物考古研究所：《南昌明代宁靖王夫人吴氏墓发掘简报》，《文物》2003年第2期。

4 赵丰主编：《纺织品考古新发现》，香港：艺纱堂/服饰工作队，第178－179页。

5 江西省文物工作队：《江西南城明益宣王朱翊鈏夫妇合葬墓》，《文物》1982年第8期；江西省博物馆、南城县博物馆、新建县博物馆、南昌市博物馆编：《江西明代藩王墓》第三章《益藩王系墓》（五）《益宣王朱翊鈏夫妇合葬墓》，文物出版社，2010年，第143页。

6 （明）申时行等修：《万历大明会典》卷六〇《冠服一·亲王妃冠服·礼服》，《续修四库全书》第790册，上海古籍出版社影印，第226页。

图8 宁靖王夫人吴氏墓压金彩绣霞帔局部
采自《纺织品考古新发现》页178

图9 益宣王继妃孙氏棺中霞帔局部
采自《玉叶金枝：明代江西藩王墓出土文物精品展》页18

图10 宁康王女菊潭郡主墓霞帔坠子
采自《江西明代藩王墓》彩版一六：2

作翻卷状[1]。而吴氏墓霞帔的禽鸟形象与此多有不同。吴氏只封夫人，级别次于亲王妃，本就不该使用凤纹霞帔。且霞帔属礼服部分，悬于大衫之外，轻易也不敢逾制。故吴氏墓霞帔应符合主人身份，上面表现的，恐并非凤纹。亲王夫人霞帔为何等规制，明代典籍中不见明言。不过，对亲王妃之下的郡王妃，明确记载霞帔和金坠子要用云霞翟纹，郡主亦与之相同[2]。据此，江西南昌宁康王女菊潭郡主墓出土的霞帔坠子[3]〔图10〕，钑刻的该为翟纹，而它的形象与吴氏墓霞帔所见也几乎一致。所以，吴氏墓霞帔上，还有618厂明墓补子上的禽鸟，大概同样是翟。

倘若这个判断成立，那么由形象、制度分析，已知出土和传世的明代工艺作品中，纹样或造型取自翟鸟的另可辨别出若干，它们主要是金银的帔坠和发簪。除菊潭郡主墓所见，帔坠还发现在安徽歙县黄山仪表厂墓葬[4]〔图11〕、甘肃兰州上西园明墓[5]、江西新建乐安昭定王朱奠垒暨妃合葬墓[6]，北京艺术博物馆又有永

---

1 若据《三才图会》，尾部的这种不同，说明两者还有种类的差异，呈锯齿形的或是鸾，作翻卷状的或是凤。见（明）王圻、王思义编集：《三才图会》之《鸟兽》，上海古籍出版社，1985 年，第 2155 — 2156 页。而今见明代工艺美术装饰上，近于所谓鸾者更多。在明代，或许并不特别注重区别鸾、凤，两种造型可能常常泛指为凤。

2 《万历大明会典》卷六〇《冠服一 · 郡王妃冠服》，《续修四库全书》第 790 册，第 230 — 231 页。

3 《江西明代藩王墓》第一章《宁藩王系墓》（十一）《宁康王女菊潭郡主墓》，第 27 — 28 页。

4 方晖：《安徽歙县明代贵妇人墓》，《中原文物》2003 年第 6 期，名作“金帔坠”；杨伯达主编：《中国金银玻璃珐琅器全集 · 金银器（三）》，河北美术出版社，2004 年，第 91 页图版 192、图版说明 64 页，名作“金镂空香薰”；另见《中国美术全集 · 金银器（二）》，第 345 页，名称改为“凤纹金霞帔坠”。

5 甘肃省博物馆：《兰州市上西园明墓清理简报》，《考古》1960 年第 3 期，名作“金香囊”；《中国金银玻璃珐琅器全集 · 金银器（三）》第 127 页图版二三八、图版说明第 80 页，名作“金凤纹镂空香囊”。

6 《江西明代藩王墓》第一章《宁藩王系墓》（五）《乐安昭定王朱奠垒暨妃合葬墓》，第 18 — 22 页、彩版一三：2。

图11　安徽歙县黄山仪表厂墓葬帔坠
采自《中国金银玻璃珐琅器全集·金银器（三）》，页91图版192

图12　北京艺术博物馆藏帔坠
采自《北京文物精粹大系·金银器卷》页76图版45

图13　北京右安门外万贵墓发簪
采自《北京文物精粹大系·金银器卷》页74图版42

乐间银作局的制品收藏[1]〔图12〕。发簪有时成对，见于北京右安门外万贵墓[2]〔图13〕、江苏南京徐俌夫妇墓[3]、江西南昌石城辅国将军朱拱禄墓[4]，北京艺术博物馆还有银作局弘治年铭的传世作品[5]〔图14〕。明初，随着舆服制度的确立，翟鸟成为后妃、命妇冠服的重要装饰题材，适用的品级、可施的技法、附丽的材料载在典章、班班可考，今见的这些实物遗存就大多与此有关。翟纹以外，另一种禽鸟题材的帔坠、发簪也知多例，其形象与翟纹判然有别，每作钩喙、花冠、火焰状尾羽〔图15〕，它们应是凤鸟，按照制度，等级更高。

就织绣而言，在迄今刊布的明代资料中，可以指实的装饰翟鸟纹的还有一件，即上海松江岳山家族墓M1女性的圆领缎袍。由发表的图片观察，它以金线在胸前和襟缘做出复杂精细的翟鸟、花卉及海水江牙，比618厂明墓的这件上衣更加华美[6]〔图16〕。但有些遗憾，墓中未能提供有关墓主、年代的确切信息。在此值得注意的是，明制当中，有命妇霞帔褙子"公侯及一品二品，金绣云霞翟文"[7]的内容。这不禁令人推想，墓主或许就是一位品级很高的命妇。当然，一个前提是她没有僭越规制。

近于拖沓的缕析只为说明，对长辛店618厂明墓这面补子，以及宁靖王夫人吴氏墓霞帔上的禽鸟形象，若概指为凤，则失之含混。在今见的著述、图录中，这样的疏忽恐怕并不罕见。因为关乎礼制，在以后作征

1 《北京文物精粹大系》编委会、北京市文物局主编：《北京文物精粹大系·金银器卷》，北京出版社，2004年，第76页图版45、图版说明第5页，名作"镂空云凤纹金香薰"。
2 《北京文物精粹大系·金银器卷》第74－75页图版42－44、图版说明第5页，名作"凤形金簪"。
3 《明徐达五世孙徐俌夫妇墓》；《中国金银玻璃珐琅器全集·金银器（三）》，第85页图版171、图版说明第57页，名作"金凤凰形饰"；南京市博物馆编：《故都神韵——南京市博物馆文物精华》，文物出版社，2013年，第214页，名作"凤凰形金插饰"。
4 《江西明代藩王墓》第一章《宁藩王系墓》（二十六）《辅国将军朱拱禄墓》，第43－45页，彩版一七：1。
5 《北京文物精粹大系·金银器卷》第112页图版108、图版说明第11页。
6 何继英主编：《上海明墓》，文物出版社，2009年，第43－45页、彩版二一：4。
7 《万历大明会典》卷六一《冠服二·命妇冠服》，《续修四库全书》第790册，第247页。

图14 北京艺术博物馆藏发簪
采自《北京文物精粹大系·金银器卷》页112图版108

图15 江西南城益端王夫妇墓金凤簪
采自《玉叶金枝：明代江西藩王墓出土文物精品展》页136

图16 上海松江岳山家族墓圆领缎裙
采自《上海明墓》彩版二一：4

图17 宁靖王夫人吴氏墓八宝团凤云膝襕裙图案局部
采自《纺织品考古新发现》页191

引、论述时，审慎地分辨仍然必要。

除了618厂明墓的这件，形神逼肖的团鸟纹补再难觅踪影。北京南苑苇子坑正德十年夏儒夫妇墓随葬的一件缠枝莲暗花缎袍，据说配的是“云凤补”[1]，但因简报粗略，对其详情尚不甚了了。尽管出土的补子鲜见，但有着团鸟图案的其他服饰还有遗存。也是在夏儒夫妇墓，伴出了“吉祥团凤暗花纱裙”“云纹团凤缎裙”。[2]情况更明晰的一件是八宝团凤云膝襕裙〔图17〕，它出在宁靖王夫人吴氏墓。[3]

二 两种花卉纹样

（一）折枝团花纹

长辛店618厂明墓里发现一件“杂宝花卉纹缎半臂”[4]〔图18〕，形制为方领、对襟、出肩袖，以纹纬与奇数的经丝交织起花，纬线与经线同色，图案为花卉之间填充方胜、银锭、铜钱、犀角等杂宝，布局满密，效果热烈。花卉中有五瓣梅花状者，它们形体较小，掩映在杂宝之中，更为醒目的还是折枝花。后者所见花卉种类有二：一种花头严谨规整，花蕊、内瓣、外瓣界限清晰，花瓣细窄紧密，颇像菊花；另一种花头自由张

1 北京市文物工作队：《北京南苑苇子坑明代墓葬清理简报》，《文物》1964年第11期。
2 北京市文物工作队：《北京南苑苇子坑明代墓葬清理简报》，《文物》1964年第11期。
3 《纺织品考古新发现》，第190－191页。
4 身长86厘米，肩宽59.5厘米，胸围52.5厘米，现藏首都博物馆。《北京文物精粹大系·织绣卷》，第74页图版24、图版说明第4页。

图18　杂宝花卉纹缎半臂
采自《北京文物精粹大系·织绣卷》页74

图19　杂宝花卉纹缎半臂局部纹样
截取自《北京文物精粹大系·织绣卷》页74

图20　宁靖王夫人吴氏墓杂宝细花纹暗花缎局部
采自《纺织品考古新发现》页192

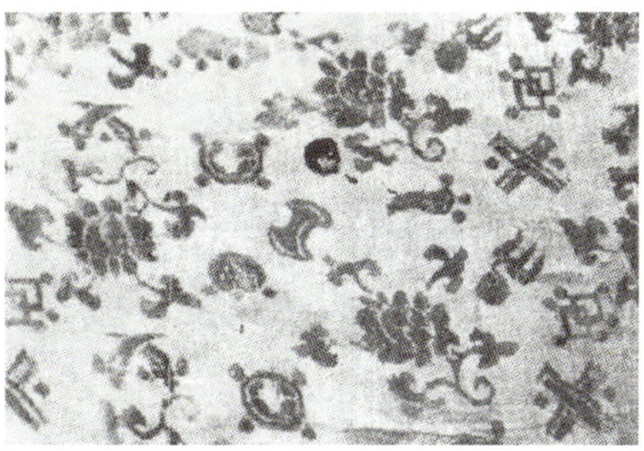

图21　戴缙墓出土夹袍纹样
采自《戴缙夫妇墓清理简报》图版五：3

图22　徐俌墓短袖长袍局部纹样
截取自《中国织绣服饰全集》第四卷《历代服饰（下）》页227图三九-34

图23　张懋夫妇合葬墓浅黄色梅花纹锦缎长袍纹样
采自《张懋夫妇合葬墓》图版一六：2

图24　杨钊墓缎裙纹样
采自《盐池冯记圈明墓》页64图32

图25　刘湘夫妇合葬墓花缎围裙纹样
采自《江苏泰州明代刘湘夫妇墓清理简报》图版六：4

图26　森森庄明墓缎袍纹样
采自《中国古代丝绸设计素材图系·暗花卷》页143

扬，有些可见三层界限，花瓣数少、宽大，仿佛牡丹。两种折枝花图案，皆为单个花头居中，外围环绕一周叶片，大致构成团形〔图19〕。

装饰着相仿折枝团花的明代丝绸出土已多，若不考虑花卉种类，只根据外在形式，可将这些纹样分作两种类型。第一类，花头周围叶片形状较统一，向心弯曲幅度较小，距离均衡，观感疏朗，发现实例颇丰〔表1，图20—28〕；第二类，叶片形状富于变化，向心弯曲幅度更大，互相连接紧密，围合成更加规矩的

图27 盛氏墓折裥单裙纹样
采自《天孙机杼——常州明代王洛家族墓出土纺织品研究》页182图208

图28 徐氏墓花缎棉裤纹样
采自《天孙机杼——常州王洛家族墓出土纺织品研究》页185图205

图29 宁靖王夫人吴氏墓衣物折枝团花纹样
采自阙碧芬《明代宫廷丝绸设计与图案演变》,《故宫学刊》2012年,页130图十一:a

团形,见于宁靖王夫人吴氏墓等[1]〔图29〕。

表1 明代折枝团花纹(第一类)丝绸的考古发现

墓葬	相关身份	年代	地区
宁靖王夫人吴氏墓	亲王夫人	弘治十七年(1504)	江西南昌[2]
戴缙墓	南京礼部尚书	正德八年(1513)	广东广州[3]
徐俌墓	魏国公	正德十二年(1517)	江苏南京[4]
张懋夫妇合葬墓	处士	正德十五年(1520)	湖北武穴[5]
徐蕃夫妇合葬墓	工部侍郎	嘉靖十一年(1532)	江苏泰州[6]
杨钊墓	昭毅将军	嘉靖十四年(1535)	宁夏盐池[7]
杨钊兄弟辈墓		约嘉靖年间	宁夏盐池[8]
刘湘夫妇合葬墓	处士	夫嘉靖二十年(1541) 妇嘉靖三十七年(1558)	江苏泰州[9]
森森庄明墓		约嘉靖年间	江苏泰州[10]
王洛家族墓	镇江卫指挥使妻, 南康县丞继配	盛氏嘉靖十九年(1540) 徐氏嘉靖至万历间	江苏常州[11]
薛鏊夫妇合葬墓	宁海州判	嘉靖四十四年(1565)	江苏江阴[12]

1 《纺织品考古新发现》,第180、181、185、189页。
2 《纺织品考古新发现》,第192页;《南昌明代宁靖王夫人吴氏墓发掘简报》,第31页。
3 黄文宽:《戴缙夫妇墓清理报告》,《考古学报》1957年第3期。
4 常沙娜主编:《中国织绣服饰全集》第四卷《历代服饰卷(下)》,天津人民美术出版社,2004年,第227页。
5 湖北省文物考古研究所编著,王善才主编:《张懋夫妇合葬墓》,科学出版社,2007年,第14—15页、图版一六。
6 泰州市博物馆:《江苏泰州市明代徐蕃夫妇墓清理简报》,《文物》1986年第9期。
7 宁夏文物考古研究所、中国丝绸博物馆、盐池县博物馆:《盐池冯记圈明墓》,科学出版社,2010年,第43—65页。
8 《盐池冯记圈明墓》,第11—37页。
9 泰州市博物馆:《江苏泰州明代刘湘夫妇合葬墓清理简报》,《文物》1992年第8期。
10 泰州市博物馆:《江苏泰州森森庄明墓发掘简报》,《文物》2013年第11期。
11 《天孙机杼——常州明代王洛家族墓出土纺织品研究》,第72—73、77—78、82—84、184—186页。
12 江阴市博物馆:《江苏江阴明代薛氏家族墓》,《文物》2008年第1期。

图30　明洪武青花缠枝莲纹莲子浅碗
采自《景德镇出土明初官窑瓷器》页90

图31　明永乐青花缠枝菊纹碗
采自《青花釉里红（上）》页66

图32　明永乐青花缠枝灵芝纹碗
采自《青花釉里红（上）》页70

折枝团花纹在当年的流行时间之长、分布地域之广、服用阶层之众，由以上罗列可见一斑。仅就这些考古资料来看，前后半个多世纪、自西北到东南、从平民处士到亲王夫人，折枝团花都大受喜爱，几成时代装饰经典。阙碧芬曾留意到折枝团花在明中期墓葬文物里的反复出现，织物以外，还举出了成化青花瓷上的实例。因其构图近乎团花，或谓轮形，所以她认为，《明史·舆服志》中，永乐三年（1405年）所定皇后、皇太子妃冠服（礼服）上装饰的“小轮花”，应即这种样式[1]。推断有理，然尚有讨论余地。《舆服志》的记载应是承袭自《万历大明会典》等明代政书，而若检核《明太宗实录》，则永乐三年有过服制更张之说，就显得大为可疑，以上规定更有可能成于洪武后期[2]。至于“小轮花”样式究竟如何，以当时织物比对观察已不可行，但还有洪武至永乐间景德镇瓷器的纹样可资参照。其上相似折枝花的存在（图30—32），为阙氏的观点提供了积极的支持，而且还隐约提示着，“小轮花”或许更接近上文分出的第一种类型。等到万历时期，无论第一还是第二种类型的折枝团花，在织物上都已基本绝迹，而在御窑瓷器上，相近的纹样从嘉靖开始即有消却之势。出现这一时间差的原因，或是御窑瓷器装饰更易为帝王权要影响，变化可以很快，而民间服饰图案经受干扰较少，如果没有更受欢迎的新时样，多能长久流行。

在今见的明代织物上，折枝团花纹还有一种。山东邹城洪武二十三年（1390）鲁荒王朱檀墓，出土一件云龙纹暗花缎地平绣折枝四季杂花棉被，其缎地上刺绣的折枝花均作团形，中间皆有相对的两个绽开的花朵，上方还可见一个待放的花蕾，外围叶少枝多，在花纹轮廓范围内卷曲伸展。虽也是折枝团花，但整体形

1　阙碧芬：《明代宫廷丝绸设计与风格演变》，《故宫学刊》总第八辑，2012年，第123－131页。

2　《明太宗实录》卷四七《永乐三年十月壬午》（北平图书馆藏红格钞本，“中央”研究院历史研究所校印，第724－725页）：“礼部进冕服卤簿仪仗图并《洪武礼制》《礼仪定式》《礼制集要》《稽古定制》等书，上曰，议礼制度，国家大典，前代损益固宜参考，祖宗成宪不可改更，即命颁之所司，永为仪式。”由此看，当时似并未修改洪武所立冠服之制。按《明太祖实录》，洪武二十四年，对冠服制度进行了最后一次较大范围的更定，涉及皇帝、皇太子、亲王冕服，世子冠服，文武官朝服、公服、祭服，命妇冠服，不见皇后、皇太子妃等冠服作何修改（卷二〇九《洪武二十四年六月己未》，北平图书馆藏红格钞本，“中央”研究院历史研究所校印，第3110－3119页）。洪武二十六年内府刊印的《诸司职掌》（杨一凡点校《皇明制书》第二册，社会科学文献出版社，2013年，第458－464页）中，对皇后、皇太子妃等皇室女性的冠服规制则全无收载，皆大有脱漏之嫌。皇后、皇太子妃等女性冠服，在洪武二十四年极有可能还是作了调整。《万历大明会典》诸政书所记“永乐三年”的更张，实际可能发生在洪武后期，之所以记作“永乐三年”，或是因为这年十月的再度颁行。

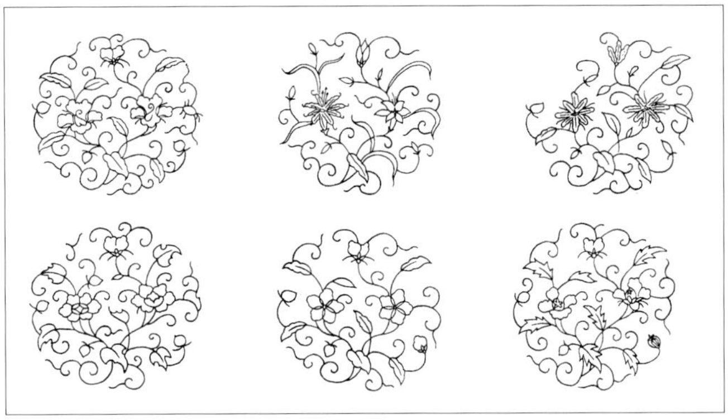

图33 鲁荒王墓云龙纹暗花缎地平绣折枝四季杂花棉被花卉纹样举例
采自《鲁荒王墓》（上）页58图37

图34 定陵织金妆花双狮纹纱匹料纹样
采自《定陵》（上）页60图78

式与上文诸例迥异[1]〔图33〕。明前期，这种花纹或曾重要，用它装饰的织物可能很多，然而到今天，朱檀墓这件棉被却几乎成了孑遗。

关于折枝团花，另有一点疑问需要提出。洪武五年，颁布命妇礼服之制，要求八品、九品的褙子上绣“摘枝团花”[2]，二十四年更定冠服制度以后，规定依然如此。想来“摘枝”即同折枝，“摘枝团花”应即折枝团花。当年，它是何样式？是泛称，还是有特定类型可指？按目前的知识，还不能完满解答。

与618厂明墓的这件半臂一样，前引宁靖王夫人吴氏墓的暗花缎，戴缙墓、徐俌墓、刘湘夫妇墓、盛氏和徐氏墓的衣物，也不仅织出了花卉，而且填充着杂宝。在明代高等级的宫廷丝绸上，还用杂宝，以及从杂宝脱胎的八宝，搭配团凤、团龙、团狮，这样的实物已在宁靖王夫人吴氏墓[3]和定陵[4]〔图34〕出土了。点缀杂宝或八宝纹样的织物在明代中晚期如此多见，反映的自然还是这种装饰意匠在那时的持久风行，风行的原因，则依旧是它们寓意吉祥。

（二）四季花卉纹

在618厂明墓，还随葬了数条缎裙，其中一件褐色的装饰缠枝四季花卉纹，花卉种类为牡丹、莲、菊、梅[5]〔图35〕。像这样，选取一年中不同时令开放的花朵共同组成图案的做法，能够追溯到北宋靖康时出现的“一年景”[6]，故直到今天，仍有人在沿用这个名称。这种最初被宋人视为“服妖”的纹样，随着岁月迁移、改朝换代，竟获得大发展，它在元代的流行已为学者指出[7]。

入明，四季花卉纹还与礼制建立了关联。按仪仗制度的规定，大驾卤簿、皇后卤簿及东宫等皇室仪仗中

1 山东博物馆、山东省文物考古研究所编：《鲁荒王墓》（上），文物出版社，2014 年，第 52 — 58 页。
2 《明太祖实录》卷七三《洪武五年三月己亥》，北平图书馆藏红格钞本，“中央”研究院历史研究所校印，第 1343 — 1347 页。
3 《纺织品考古新发现》，第 191 页。
4 中国社会科学院考古研究所、定陵博物馆、北京市文物工作队：《定陵》（上），文物出版社，1990 年，第 66、116 — 117 页。
5 裙长 95 厘米，现藏首都博物馆。前揭《北京文物精粹大系·织绣卷》，第 76 页图版 30、图版说明第 4 页。
6 （宋）陆游：《老学庵笔记》卷二，中华书局，1979 年，第 27 页。
7 《元代工艺美术史》，第 122 — 123 页。

的扇，都有一些要装饰或绣或画的四季花[1]。能为礼制采纳，则纹样想必还在流行。于此，考古发现和文献记载都在给予支持。

鲁荒王朱檀墓出土了两件绣有四季杂花的棉被，一件上花作折枝，上文已引，另一件上花为缠枝。所见花卉有萱花、牡丹、山茶、蜀葵、石榴、莲花、牵牛花、菊花、梅花等多种[2]，若与后世的四季花装饰比较，则搭配得过于自由让它们显得不够典型。正统四年（1439）正月，瓦剌来使将回，朝廷慷慨颁赏，赐给可汗的礼物中就有"织金胸背麒麟并四宝四季花褡护比甲各一"[3]，这也多少透露着四季花卉纹饰在那时织物上的行用，不过，对花卉的种类难悉其详。

图35 褐色缠枝四季花卉纹暗花缎裙

采自《北京文物精粹大系·织绣卷》页76图版30

图36 徐氏墓折裥棉裙纹样

采自《天孙机杼——常州明代王洛家族墓出土纺织品研究》页172图186

对时代稍晚的明朝四季花卉纹织物，如今认识较多。与朱檀墓所见相比，花卉种类缩减，单件上每为四种。在泰州刘鉴夫妇墓，四季花卉纹的丝绸收获很多，包括长衫、扎带、铭旌、寝单、袄、巾等数件，所见花纹种类都是牡丹、莲花、菊花、梅花。覆盖刘妻田氏的寝单有清晰的图像发表，上面的四季花作缠枝形式，构图满密，然花朵形象小巧雅致[4]。苏州虎丘明中晚期墓葬里，出土一件"真丝右衽交领短袖单衫"，简报称它的装饰纹样是缠枝四季花，但具体是哪几种花没有交代[5]。泰州刘湘夫妇墓随葬的一条花缎帕，装饰着缠枝的牡丹、莲花、菊花、梅花[6]。常州王昶继配徐氏墓内发现的棉裙，在梅花、莲花、菊花、芙蓉的缠枝组合之中，还串联着如意、飞舞着蜜蜂，相信象征四季丰收，布局为三排一个循环，似菊花自成一排，另两排花型交错[7]〔图36〕。嘉兴万历年间李家坟明墓M1出土了织金绸裙，面貌竟与之酷似[8]。徐氏约入葬在嘉靖至万历间，两墓时间逼近、相距不远，这似乎说明，在嘉万时期的江南，尤其是今天长江

1 《万历大明会典》，《续修四库全书》第792册：卷一八二《大驾卤簿》，第208页；卷一八三《皇后卤簿》，第221页，太皇太后卤簿、皇太后卤簿俱同，第224页；卷一八四《东宫仪仗》，第231页；卷一八五《亲王仪仗》，第239页，世子仪仗同，第241页；卷一八五《郡王仪仗》，第244页；卷一八六《皇妃仪仗》，第247页；卷一八六《亲王妃仪仗》，第251页，公主仪仗、世子妃仪仗俱同，第252页；卷一八六《郡王妃仪仗》，第253页；卷一八六《郡主仪仗》，第254页。

2 《鲁荒王墓》（上），第52－58页。

3 《明英宗实录》卷五〇《正统四年正月癸卯》，北平图书馆藏红格钞本，"中央"研究院历史研究所校印，第968－970页。

4 泰州市博物馆：《江苏泰州明代刘鉴家族墓发掘简报》，《文物》2016年第6期。

5 苏州博物馆：《苏州虎丘明墓清理简报》，《东南文化》1997年第1期。

6 泰州市博物馆：《江苏泰州明代刘湘夫妇合葬墓清理简报》，《文物》2016年第6期。

7 《天孙机杼——常州明代王洛家族墓出土纺织品研究》，第78－80、172页。

8 吴海红：《嘉兴王店李家坟明墓清理报告》，《东南文化》2009年第2期。

图37 孝靖后棺内东端南侧绿织金缠枝四季花卉缎纹样
采自《定陵》（上）页76图95

三角洲一带，这样的组合曾经风行。以上实物相信已可说明四季花卉纹在明代中晚期民间的风行，比起它们，文献尽管乏弱，但仍有线索，如《金瓶梅》中就写过，潘金莲的绣鞋有大红四季花缎的[1]。

官府的产品更为精致，它们主要得自定陵。孝靖后棺内出有四匹织金缠枝四季花卉缎，其中三匹上花卉种类是牡丹、莲花、菊花、芙蓉〔图37〕，另一匹不见芙蓉，而选用了茶花。布局为每排一个花型，四排一个循环，花头硕大，形象写实[2]。在故宫博物院等地，还保留着明代宫廷中四季花卉纹织物的传世品，时代应多属明晚期，有的能确认为万历。它们或织金、或妆花，色彩能极其丰富，又常常对比鲜明，花卉若作缠枝形式，则排列紧密，有繁缛之感。[3]联系出土和传世两类实例的题材看，发展到晚明，四季花卉的组合中，时令清晰的牡丹、莲花、菊花的地位已经难以撼动。

缠枝构图自属典型，此外，四季花卉也可作折枝表现。上述王洛家族墓中盛氏、徐氏衣物上的折枝团花，大概就采用了四季花的意匠。在定陵，还得到过形象更写实、布局更严整的实例[4]。

据以上缕述，基本能够了解，明代织物上的四季花卉纹，往往由牡丹、莲花、菊花、芙蓉、梅花选搭组成，花卉的种类较为固定，明代皇室卤簿、仪仗上的"四季花"恐怕也脱不出这个范围；构图上翻转盘绕的缠枝代表着时代主流，花头硕大、写实，即令取侧面，形象也颇饱满。花卉种类的有限、构图形式的相似，并未引出织物装饰面貌的单调。因为，织造技术发展在推动着纹彩的变化，此外还有布局可以创新，还有辅纹可以增加。一些辅纹还饶有意义，如上述徐氏墓与李家坟明墓两例所见的如意、蜜蜂，反映的就有吉祥图案发展的大潮流。

学者早在强调，古代，统治集团引领社会风气[5]，只要制度许可，帝王以至社会上层的衣着服用会被天下蜂然景从[6]。小巧的折枝花，清新优雅，散漫的杂宝纹，寓意吉祥，婉转的缠枝四季花，丰满秀美。对它们，皇室贵族乐于取用，还将小轮花、四季花纳入了仪典。这样，有了上层的榜样，又不见等级的限定，接踵而至的就会是中下层百姓的追捧。对此，墓葬中连续的发现就是再好不过的证明。

1 （明）兰陵笑笑生：《金瓶梅词话》第28回《陈经济因鞋戏金莲 西门庆怒打铁棍儿》，日本东京都大安株式会社影印本，1963年，第189页。
2 《定陵》（上），第71、76页，附表一《丝织匹料、袍料登记表》第246页。
3 宗凤英主编：《故宫博物院藏文物珍品大系·明清织绣》，上海科学技术出版社、商务印书馆（香港）有限公司，2005年，第71、75、90页。
4 《定陵》（上），第80页图一〇三、第112页图184。
5 尚刚：《朝霞初起，春花竞发——唐代工艺美术色彩刍议》，收入《古物新知》，生活·读书·新知三联书店，2012年，第95页。
6 尚刚：《中国工艺美术的史料和史学》，收入《古物新知》，生活·读书·新知三联书店，2012年，第304－305页。

三 其他纹样

图38 酱色方格纹暗花缎斜襟夹袄 采自《北京文物精粹大系·织绣卷》页70—71图版20

在618厂明墓出土的衣物里，除了前文涉及的四件，另有一件夹袄、三条缎裙已见资料发表。尽管提供的信息十分有限，但就纹样还是能挖掘一点问题，因而也有必要稍加叙说。

“酱色方格纹暗花缎斜襟夹袄”[1]〔图38〕，纹样简洁严整，称方格固然可以，称菱格或许更好〔图39〕。单就纹样而言，夏儒夫妇墓出土的那条“方棋纹锦夹被”[2]，与这件夹袄的相信大同小异。只用格纹装饰的明代织物，在此之外已经罕见。这样的面料织造应不繁难，但遗存的稀缺隐约透露着制作的不盛，原因或是图案过于简单，上层不太爱重。在丝绸上，格纹更多还是作地，格中、格上每每要再安排其他复杂纹样。

图39 酱色方格纹暗花缎斜襟夹袄局部
采自《北京文物精粹大系·织绣卷》页71图版21

当年，会较多以纯粹格纹装饰的，大概是棉布。元末文献记录松江棉布的图案，就说到有“棋局”[3]，想来与夏儒夫妇墓夹被上的“方棋纹”一样，都是格纹。明代花格布在江苏泰州胡玉墓还有出土，蓝白相间，年代应属弘治[4]。棉布价廉适用，元代以后，中下层民众的衣衾面料已往往是它，花纹可以织出，但印染更加便

1 身长75厘米，通袖长217厘米，现藏首都博物馆。《北京文物精粹大系·织绣卷》，第70－71页图版20－21、图版说明第3页。

2 北京市文物工作队：《北京南苑苇子坑明代墓葬清理简报》，《文物》1964年第11期。

3 （元）陶宗仪：《南村辍耕录》卷二四《黄道婆》，中华书局，1959年，第297页。

4 泰州市博物馆黄炳煜：《江苏泰州西郊明胡玉墓出土文物》，《文物》1992年第8期。

图40　浅驼色四合连云纹暗花缎裙
采自《北京文物精粹大系·织绣卷》页76图版29

图41　卍字地西番莲纹暗花缎裙
采自《北京文物精粹大系·织绣卷》页76图版28

图42　驼色缠枝莲地凤襕妆花缎裙
采自《北京文物精粹大系·织绣卷》页75图版25

图43　驼色缠枝莲地凤襕妆花缎裙之缠枝莲纹　采自《北京文物精粹大系·织绣卷》页75图版26

图44　驼色缠枝莲地凤襕妆花缎裙之凤襕
采自《北京文物精粹大系·织绣卷》页75图版27

图45　宁靖王夫人吴氏墓八宝团凤云膝襕裙之凤襕
采自《纺织品考古新发现》页191

利，若只印染格纹，又该尤其便利。综合史料、实物和这些条件考虑，格纹棉布在元明时代的盛行，应不会是臆想。

“浅驼色四合连云纹暗花缎裙”[1]〔图40〕，图案典型，却未免单一。它所提示的，是云纹在明代织物上不曾消歇的风靡。对那时的各种云纹，学界现在研究已多[2]。

“卍字地西番莲纹暗花缎裙”[3]〔图41〕、“驼色缠枝莲地凤襕妆花缎裙”[4]〔图42〕的纹样，又在诉说明代织物装饰中，花卉题材占着压倒性优势。明代，西番莲纹曾见于服用的禁令，那是在天顺二年（1458年），英宗皇帝下诏，“禁官民人等衣服不得用蟒龙、飞鱼、斗牛、大鹏、狮子、四宝相花、大西番莲、大云花样，及姜黄、柳黄、明黄、玄色、绿等衣服”[5]。“大西番莲”的“大”应指花纹规模，故要禁的并非所有西番莲纹，较小的相信还能使用。但对大与小的界定，如今已不明了。故这件缎裙上的纹样是否符合规矩，难以判断。卍字用为地纹，元代流行，明代更甚，这样的织物在明代中晚期墓葬中已数次出土，如夏儒夫妇墓里配有

1　裙长96厘米，现藏首都博物馆。《北京文物精粹大系·织绣卷》，第76页图版29、图版说明第4页。

2　薛雁：《明代丝绸中的四合如意云纹》，《丝绸》2001年第6期，第44－46页；范金民、阙碧芬：《明代宫廷织绣史》，故宫出版社，2015年，第260－266页。

3　裙长94厘米，腰围120厘米，现藏首都博物馆。前揭《北京文物精粹大系·织绣卷》，第76页图版28、图版说明第4页。

4　裙长94厘米，现藏首都博物馆。前揭《北京文物精粹大系·织绣卷》，第75页图版25－27、图版说明第4页。

5　《明英宗实录》卷二八七《天顺二年二月庚戌》，第6156页。

“吉祥纹”的暗花罗袍[1]。在故宫等处，卍字与缠枝莲、蝴蝶纹、扇子纹等共同作装饰的传世品也有保存[2]。

明代织物上，缠枝莲纹所在多有，只夏儒夫妇墓，以之装饰的衣衾就有六件[3]。在618厂明墓这件驼色缎裙上，莲纹与常见明代中晚期的实例，形象不殊〔图43〕。更值得注意的是“凤襕”这一图案单元。由现有图像观察，襕内纹样实际应是凤穿花〔图44〕。织有相似膝襕的衣服，在宁靖王夫人吴氏墓中也发现了，即上文引到的那件八宝团凤纹膝襕裙[4]〔图45〕。而夏儒夫妇墓中，还出土了以凤穿花装饰的暗花纱女上衣、带凤穿牡丹纹样的妆花缎褥[5]。

四　关于墓主身份及墓葬年代的推测

发掘以后数十年来，长辛店618厂明墓的下葬年代未明，墓主身份未清。在提到它的地方，其时代多标注为明中期，墓主则鲜有道及。既然墓中的发现珍贵非常，那么这样的模棱就不免遗憾。若考订出年代及墓主的信息，或给出它们的可能，对未来的研究相信多少有些助益。

在已有的论文、著作及网站资料中，似乎仅《北京文物精粹大系・织绣卷》所收赵秀珍《北京地区织绣艺术》（以下简称“赵文”）说到了长辛店618厂明墓的墓主，称之为“英国公吴氏”[6]。然而，翻检《明史》就会了解，有明一代授英国公爵者实为张氏，第一代张辅，二代为其子懋，谱系延续至明末[7]。尽管文章说法有误，但它指出的“英国公”仍为索解提供了方向。

长辛店618厂，如今已改为北京北方车辆集团有限公司，目前的厂址位于张家坟之东、连山岗之南。在本文讨论的这座明墓发掘的年代，618厂占地与现在或许有所不同，但大体来说应无太大差距。而厂址毗邻的张家坟附近，恰是英国公张辅家族墓的所在，其中，张辅、张懋父子墓地据说原来规模宏大，直到20世纪50年代，才因占用建厂而被毁[8]。与张辅家族墓在方位上的高度接近，提示着618厂明墓大概就处于张氏茔地范围之内，其墓主很可能就是英国公家族成员。

赵文所说的“吴氏”或有所据，但所据为何，不得而知。甚为巧合的是，在文献中留下痕迹的英国公家族成员里，确有一位吴氏，身份还不同寻常，她是张辅的夫人、张懋的母亲。程敏政的《篁墩文集》和徐溥的《谦斋文录》，分别收有这位吴氏的行状[9]和墓志铭[10]（详见附录）。文中记载，吴氏于天顺七年诰封英国太夫人，弘治八年（1495）五月四日去世，享年八十二岁，皇帝命礼部谕祭、工部治丧，土木堡之变张辅战死后，其衣冠葬在“卢沟桥西连三冈之原”，同年八月十日，吴氏祔葬（合葬）于此。因而，吴氏墓址应即张辅

1 北京市文物工作队：《北京南苑苇子坑明代墓葬清理简报》，《文物》1964年第11期。
2 宗凤英主编：《故宫博物院藏文物珍品大系・明清织绣》，上海科学技术出版社、商务印书馆（香港）有限公司，2005年，第37、48、106页。
3 前揭《北京南苑苇子坑明代墓葬清理简报》。
4 《纺织品考古新发现》，第190－191页。
5 前揭《北京南苑苇子坑明代墓葬清理简报》。
6 《北京文物精粹大系・织绣卷》，第20页。
7 （清）张廷玉等：《明史》卷一〇六《功臣世表二・英国公》，中华书局，1974年，第3131－3132页。同书卷一五四《张辅》，第4219－4224页。
8 李永强：《北京考古史・明代卷》，上海古籍出版社，2012年，第72页。
9 （明）程敏政：《篁墩文集》卷四一《英国太夫人吴氏行状》，清文渊阁四库全书，台湾“商务印书馆”影印，第1253册，第31－32页。
10 （明）徐溥：《谦斋文录》卷三《英国太夫人吴氏墓志铭》，清文渊阁四库全书，台湾“商务印书馆”影印，1986年，第1248册，第613－614页。

墓址，正处在618厂相近区域。

如再结合618厂明墓中织物的情形来观察，则明代史籍对吴氏之子张懋的评述，也变得耐人寻味。《明武宗实录》说："当弘治时，四方鲜有兵革，孝宗颇优礼懋，每扈从车驾，止令佩刀，不衣重甲。而懋乃日事淫佚，侍妾百余人，服饰奢僭，至侵削军士以充其欲，累为言官所劾。"[1]王世贞《弇州续稿》又说："懋为公者六十六年，为太师者二十五年，握兵柄者四十年，再知经筵、监修国史，十主恩荣宴，郊祀宗庙多遣代行，富侈为东第冠，后庭数百人，皆曳罗绮。"[2]张懋所受礼遇一度优隆，这反倒使他恣意放纵，以致生活侈靡、行为不检。生活侈靡突出表现在服饰，由两则文献可知，张懋府中拥有的服饰不仅等级高贵，且数量一定庞大。至其母去世时，他已袭公爵四十五年，在颇受优礼的孝宗朝也历八年，想必此前即已富侈，奉母亦该格外殷厚。长辛店618厂明墓里的收获丰富精丽，与张懋当年的豪奢，竟有了一些遥相呼应的意味。

前文论述的618厂明墓织物纹饰，包括双鹿（搭配松竹梅、仙人等）、团鸟、凤穿花这三种动物纹，杂宝折枝花、四季花、西番莲、缠枝莲这四种花卉纹，方格、卍字这两种几何纹，以及四合连云纹。缘于明代花卉纹的持续繁荣，其附丽的出土及传世的织物，如果品种类同，则即使年代相距很久，也容易找到纹样的相似之处，而方格纹形象简单，卍字只是地纹，四合连云演为了程式，故它们于对比断代的意义都不很大。与之相比，包含上述三种动物的纹样，对年代推定更为有利。如前所述，祥云、瑞兽与松竹梅的组合，也见于正德间魏国公徐俌墓的补子；团鸟（凤）纹、凤穿花，又见于弘治间宁靖王夫人吴氏墓、正德间庆阳伯夏儒夫妇墓的裙服。它们与618厂明墓织物，都装饰了这些实例无多的纹样，或说明墓葬的时代相差不远，且主人属于相近阶层。由此，618厂明墓的年代，在明中期的基础上似可再限定为弘治、正德前后。那么，墓主为张懋之母吴氏，就显得更有可能。不过，考古发现毕竟有其偶然性，对入葬时间的这一推断，现在还只能是勉强的猜测。

综上所述，长辛店618厂明墓的墓主，当是英国公张氏家族的成员，而前言的信息、墓址的吻合、文献的呼应、纹样的共通，又在提示着为弘治八年入葬的张懋之母、英国太夫人吴氏的可能。然而，因赵文中"英国公吴氏"的出处语焉不详，这一推想终究难以坐实。确凿结论的求取，仍有俟于资料的继续刊布和研究。

五 结 语

以上简单分析了长辛店618厂明墓丝绸所见纹样的有关问题，并推测了墓主身份和入葬时间，主要认识可归纳如下：

（1）双鹿纹方补图案满含"寿"意，它和它所在的袍服，或许是为了向生前的墓主庆寿而设计、织造。团鸟纹方补，以及今见明代帔坠、发簪上的相似禽鸟，恐并非一般认为的凤，极有可能是翟，联系制度、比对纹样，相信能减少定名的失误。

1 《明武宗实录》卷一二二《正德十年三月丙戌》，北平图书馆藏红格钞本，"中央"研究院历史研究所校印，第 2461 — 2462 页。

2 王世贞：《弇州续稿》卷八三《定兴宣平二王世家》，清文渊阁四库全书，台湾"商务印书馆"影印，第 1283 册，第 216 页。

（2）半臂、褐色缎裙的纹样，代表着明代织物上典型的花卉图案造型与组合。前者所见单朵花头居中、周围枝叶环绕的团形折枝花，在明代中晚期曾广为流行，其间还常常填充寓意吉祥的杂宝。后者所见的四季花卉纹，终明代长盛不衰，花型上牡丹、莲花、菊花与芙蓉、梅花选择搭配，构图上缠枝居于主流。这两种花卉纹样在民间的风行，一定程度上要归因于皇室贵族服用和冠服仪仗制度的带动。

（3）夹袄及另几件缎裙的装饰题材，多简洁、或常见。格纹、卍字、云纹，形象单纯，近乎程式，更多用作地纹或辅纹。西番莲、缠枝莲反映的仍是明代花卉纹样的优势地位。膝襕内形似凤穿花的图案更有意义，它又在提示墓主身份应该高贵。

（4）长辛店618厂明墓墓主当为英国公张氏家族成员，存在是张懋之母、英国太夫人吴氏的可能。她入葬在弘治八年，亦符合之前对墓葬时代所作明中期的推定。

（5）舆服制度以至官府工艺美术，对时代装饰艺术的影响向来巨大，上文讨论的翟鸟、折枝团花、四季花卉纹样对此又给予了或多或少的支持。在明清时代这些看似题无剩义的装饰题材上，可能还有继续探索的余地。

附录

《篁墩文集》卷四一《英国太夫人吴氏行状》

太夫人讳悟成，姓吴氏，太原阳曲人。其先世号多积善，至处士讳珍者尤伈伈谨饬，有士人之风，娶沈氏，生太夫人，容德具备，两夫妇恒相语曰，是女不凡，异日必当显吾家者。稍长，里人多以委禽至处士，一弗之许也。故太师定兴张忠烈王之元配李夫人多疾，内政无所归，一子勋尉忠，亦生而不慧，忠烈忧之，乃礼致太夫人于吴氏。太夫人来归，实忠烈以旧勋位台辅、议军国，夙夜在公，不得顾其私，凡一切家务皆太夫人综之无斁，事无违礼，太夫人不逮事其舅河间忠武王，事其姑河间王夫人，手自烹饪，奉养备至，务得其欢心，岁时相祀，率诸妇洁豆登，无敢肆。忠烈与其弟文安忠禧侯、裕国勇襄公极友爱，而太夫人处其娣姒，亦雍睦无间言。李夫人三女，仁庙册其仲为贵妃，其孟适黔国公沐斌，其季适清平伯吴英，太夫人每辅以善道，劝之女红，而谨礼之誉闻中外。忠烈死正统己巳之难，太夫人一子懋方九龄，朝廷褒忠，命嗣公爵。太夫人既择师训之，又恒以先世忠贞谕之，以是嗣公德器骏发，克底于成。天顺癸未冬，赐诰封英国太夫人，有淑善之积、益隆寿祉之褒。太夫人性仁厚，有远识，念勋尉忠无子，命以庶长孙为之后，虽处勋戚极盛之地，喜谦约，乐施予，旁逮群族，下抚臧获，恩义有加，不事侈大，勋戚家率相语以为可法。弘治乙卯五月四日，忽一疾不起，享年八十有二，距生永乐甲午九月十日。讣闻，上遣中贵人赐宝镪二万贯为赙，命礼部谕祭，工部治葬事，别给斋粮米五十石、麻布五十匹，寻复令礼部加祭五坛，皆前此未有者，盖特恩云。太夫人子一人，即懋，今太师兼太子太师嗣英国公，掌中军都督府事，总五军兵营，监修国史，知经筵事。女一人，适太师兼太子太师保国公朱永。孙子七人，曰钦，勋尉，曰镃，曰铭，锦衣卫百户，曰锐，曰钢，曰镇，曰铉。孙女三人，长适永顺伯薛勋，次适安昌伯钱承宗，次早世。曾孙子五人，曰岳，曰峤，曰端，曰崇，曰岩。曾孙女一人，尚幼。惟太夫人以和淑真懿之德，享耄耋康裕之福，而有嗣公为之子，历事三朝，淳愿忠勤，入赞庙谟，出典师旅，岿然世臣之冠，而太夫人荣养褒恤两极其至，是亦可以无憾矣。抑又闻弘治癸丑，太夫人寿跻八十初度之辰，倾朝缙绅举酒相庆，即席之际有鹤盘空而下，跃入前席，饮啄自如，咸惊叹，以为太夫人寿征，而嗣公孝诚之所感也。暨太夫人捐馆之明日，是鹤亦悲鸣不食而毙，异哉！古传记所称羽化蜕骨之事，殆近之欤！嗣公以太夫人卒之年某月某日，奉窆卢沟桥西南连三冈之原，祔于忠烈王之兆。将请铭于当代巨公，而以状为托，顾予不肖，于经帷史局皆获从嗣公之后，于太夫人寿筵燕喜之作屡尝执笔而况，考德述行之举将恃之以备采择，而可以不文辞哉？是用掇拾如右，以复于嗣公，谨状。

《谦斋文录》卷三《英国太夫人吴氏墓志铭》

太师兼太子太师英国张公懋之母太夫人吴氏，太原阳曲人讳珍之女也。公之考太师定兴忠烈王封国于英，已娶李氏，封夫人，蚤多疾，无以属内政。一子忠，为勋卫，生亦不慧，乃礼于吴，而太夫人归焉。忠烈之考河间忠武王肇树勋业，为巨家，太夫人弗逮事其舅事其姑，河间王夫人王氏躬执烹饪，备极奉养，岁时有事于家庙，必虔以相祀，忠烈出奉朝谒、议军国，弗复内顾，凡壶以内出纳赏罚之政，太夫人理之，咸中节度，忠烈称之曰能。忠烈之弟，忠僖侯锐为文安伯，裕国勇襄公轨为太平侯，一门三爵，家益盛大，而昆弟雍睦，太夫人处姊姒间，亦怡然无间言。李夫人有女子三，其仲事仁庙为敬妃，孟适黔国公沐斌，季适清平伯吴英，并为夫人，太夫人尤善处接，或时以善言相劝导，故外内族党皆称之贤。正统己巳，忠烈扈从北狩，不得归，今公懋甫九岁，朝廷念死事功，特命嗣爵。太夫人择傅以教，间举先世忠贞谕之，故公材器克就，历事英皇、宪庙，以及今上，累荷知遇承倚，任掌中军都督府，总五军营兵，监修国史，知经筵事，以敦谨著勋，卓然为世臣之首，而太夫人实飨其成。天顺癸未，赐诰封英国太夫人，其词有曰，淑善之积，益隆寿祉，观者荣之。弘治乙卯五月四日，太夫人以寿终，距其生永乐甲午九月十日，春秋八十有二。上命礼部谕祭，工部治葬事，皆如制，别赐宝镪，以贯计者二万，斋粮以石计、麻布以匹计者各五十，寻复加祭，以坛计者五，皆异数云。太夫人慈厚谦约，念勋卫忠无嗣，以庶长孙为之后，施及诸族，恩及群下，皆贵富家所罕见者，可谓贤矣。癸丑九月，太夫人初度，缙绅往贺，有鹤盘空而下，跃入席前，驯不复去，既属纩之明日，悲鸣而毙。噫！是亦可谓异矣。太夫人惟懋一子，女一，适太师兼太子太师保国公朱永，孙七，曰钦，勋卫，曰镃，曰铭，锦衣卫百户，曰锐，曰钢，曰镇，曰铉，女孙三，长适永顺侯薛勋，次适安昌伯钱承宗，次早世，曾孙五，曰岳，曰嵩，曰端，曰崇，曰岩，曾孙女一。初公葬忠烈衣冠于卢沟桥西连三冈之原，卜是年八月十日，以太夫人祔。奉程学士克勤所著状请予铭，监修时予实以总裁国史事，又同朝久，故为叙其事行而系以铭，铭曰：

卢矢彤弓，世受国封。惟夫之忠，有相之功。桓圭绣裳，载跻庙堂。惟子之良，有教之方。曷其飨之，钟粟鼎肉。曷其饰之，冠翟佩玉。康宁富贵，余八十年。人得其偏，母得其全。讣闻在朝，有祭有赙。赙侈其物，祭加其数。生既极荣，没亦孔辉。匪惟今兹，在古亦稀。堂封是祔，忠烈之墓。勒铭莫幽，永保无斁。

[作者单位：清华大学美术学院艺术史论系]

古物馆与故宫博物院早期发展

The Gallery of Antiquities and the Early Years of the Palace Museum

王霞

Wang Xia

内容提要：

1925年10月10日，故宫博物院在乾清门前举行了隆重的开院典礼，宣告成立。考虑到从清宫接收的公产主要以古物、图书为最多，参照世界各大博物馆的建制，故宫博物院设立了古物馆和图书馆。故宫博物院成立之时正值中国政局混乱、社会局势动荡和变化最为剧烈的时期，建设与破坏同行，作为各方势力角逐的焦点，故宫博物院经历了不少艰辛和挫折。作为最早的建制机构，古物馆陪同故宫博物院历经风雨，在全体职员的共同努力下，履行了新式博物馆所赋予的典藏、保管、陈列、研究和出版等职责，为故宫博物院的早期事业发展发挥了重要作用。20世纪50年代，故宫博物院积极探索先进的管理方法和理念，认为仍然延续新中国成立前的管理模式，已不适应业务发展的需要。1951年3月，文化部文物局制订了故宫博物院改革计划方案，决定撤销古物馆，成立了陈列部和保管部。至此，设立近26年的古物馆退出历史舞台。

关键词：

故宫博物院　古物馆　陈列部　保管部

ABSTRACT:

On October 10, 1925, to mark the establishment and opening of the Palace Museum, a grand ceremony was held in front of the Gate of Heavenly Purity (*Qianqing men*). Considering that the public property the Museum received from the imperial palace is mainly antiquities and books, the Gallery of Antiquities and a library were established in accordance with the organizational structure of the world's major museums. The Museum was founded at a time of great political and social turbulence. Construction and disruption went hand in hand. Being the focus of contention among the powers, the Museum witnessed the great vicissitudes of times, so did the Gallery of Antiquities as one of its first establishments. With the joint efforts of all staff members, the Gallery fulfilled its mission as a modern museum in fields such as collection, storage, display, research, and publication, which contributed to the Museum's early development.

During the 1950s, as previous management model was considered outdated and unsuitable for future development, the Museum actively explored advanced management methods and concepts. In March 1951, the Ministry of Culture's Cultural Relics Bureau formulated the reform plan for the Palace Museum, to the effect that the Gallery of Antiquities was abolished, while Exhibition and Collection Management Departments were set up. So far, the Gallery of Antiquities, which had been established for nearly twenty-six years, has withdrawn from the stage of history.

KEYWORDS:

The Palace Museum, the Gallery of Antiquities, the Exhibition Department, the Collection Management Department

1912年，辛亥革命胜利后，清朝最后一位皇帝溥仪宣布退位，“中华民国”肇建。根据《清室优待条件》，溥仪仍可居住在紫禁城，但是小朝廷生活奢华，为了维持开支竟然大肆变卖文物，而清朝的遗老们亦在不断制造各种复辟活动。国人深感不安，要求溥仪离开紫禁城的呼声越来越强烈。

1924年10月，直系将领冯玉祥发动北京政变后，成立中华民国临时执政府。11月4日，代总理黄郛召开临时执政府摄政内阁会议，决议修正《清室优待条件》。11月5日，京畿警卫司令鹿钟麟、警察总监张璧，会同国民代表北京大学教授李煜瀛，前往紫禁城，驱逐溥仪出宫。11月7日，临时执政府组织清室善后委员会，负责点查清室公产、私产及一切善后事宜。

11月17日，时任摄政内阁教育总长的易培基对天津《大公报》记者发表谈话：“清宫之古物，此后归入民国，将由何机关管理，实为一大问题。内务部与教育部孰应管理，皆可不论，惟附属于一机关中，殊觉不安。予意拟成立一国（立）图书馆与国立博物馆以保管之，地址即设在清宫中，惟组织须极完善，办法须极严密，以防古物意外损失。”[1]

12月22日，成立以易培基为主任的国立图书馆、博物馆筹备会，最终确定博物馆的名称为“故宫博物院”。

一 古物馆的历史沿革

图1 1925年10月10日，故宫博物院开院典礼会场（吴瀛《故宫尘梦录》89页）

（一）设立与撤销

1925年10月10日，在乾清门前举行了隆重的开院典礼〔图1〕，宣告故宫博物院成立。马衡曾评价故宫博物院成立的重要性：“吾国博物馆事业，方在萌芽时代。民国以前，无所谓博物馆。自民国二年政府将奉天、热河两行宫古物移运北京，陈列于武英、文华二殿，设古物陈列所，始具博物馆之雏形。此外，大规模之博物馆，尚无闻焉。有之，自故宫博物院始。”[2]

清室善后委员会委员长李煜瀛报告筹备的情况：“自溥仪出宫后，本会即从事将故宫物品点查，并编有报告，逐期刊布。现点查将次告竣，履行本会条例，并遵照摄政内阁命令，组织故宫博物院内分古物、图书两馆。此事赖警卫司令部警察厅及各机

1 《教长易培基关于保存古物之谈话》，《大公报》，1924 年 11 月 18 日。

2 王树卿、邓文林：《故宫博物院历程（1925 — 1995）》，紫禁城出版社，1995 年，第 14 页。（转引自那志良《故宫四十年》）

关方面同人之致力，乃有今日之结果。”[1]

图2 1930年，位于西三所的古物馆（欧阳道达《故宫文物避寇记》，12页）

故宫博物院成立后，一方面继续点查清宫物品，一方面积极筹建古物馆〔图2〕。古物馆掌管全院的文物清理、登记和陈列展览，以西三所为馆址。

故宫博物院受政局、经费等因素影响，处境异常艰难。1926年3月至1928年6月间就进行了四次改组，历经维持员、保管委员会、维持会和管理委员会四个时期。维持员和保管委员会时期领导不断更换，只存在短暂的几个月便被撤销，业务工作也一度停滞。鉴于当时的形势，在李煜瀛的倡议下，汪大燮、颜惠卿、江瀚、庄蕴宽等人发起组织了维持会，12月9日，维持会宣告成立，开始对故宫博物院进行改组。依据3月21日颁布的《故宫博物院古物馆暂行简章》，古物馆事务暂设为登录课、编纂课、流传课、展览课、典藏课、装潢课和总务课七课。

10月21日，奉系安国军政府成立的管理委员会接管了故宫博物院。11月23日，颁布的《故宫博物院管理委员会规则》规定，本院为管理院务设总务处、古物馆、图书馆，同时古物馆、图书馆均各置建设、编录、流传、事务四课。

故宫博物院一直是各派势力争夺的焦点，1928年6月21日，国民政府接管故宫博物院，才不过7日，经亨颐就提出了“废除故宫博物院，分别拍卖或遗置故宫一切物品”的提案。听到消息，易培基与北平故宫博物院的同人们分头筹划，经过共同努力，9月，在中央政治会议第155次会议上该项提案被否决。

面对故宫博物院混乱与飘摇的状态，国民政府颁布《故宫博物院组织法》，规定“中华民国故宫博物院，直隶于国民政府，掌理故宫及所属各处之建筑物古物图书档案之保管开放及传布事宜”，从此申明了国家对故宫博物院的所有权[2]。组织法还规定，故宫博物院内部设立秘书处、总务处、古物馆、图书馆、文献馆等组织机构。〔图3〕

1929年3月，古物馆成立了铜器、瓷器、书画三个审查委员会。

1934年12月，第四次常务理事会议修正通过《国立北平故宫博物院办事总则》。在古物馆内设立第一科和第二科。第一科负责古物保管、整理、分类编目、鉴定之收付登记，以及不属于二科的事项；第二科负责古物的陈列展览、传拓、摄影、铅印等事项。

次年，颁布了《国立北平故宫博物院办事细则》，规定古物馆仍设两科，第一科分设保管股、整理股、编目股、鉴定股和事务股，第二科分设陈设股和编纂股。本馆各科所办事务如涉及两科时应协商或商同办

1 《故宫博物院开幕记》，《北京益世报》，1925 年 10 月 11 日。

2 吴十洲：《〈故宫博物院组织法〉诞生始末》，《中国博物馆》1993 年第 2 期。

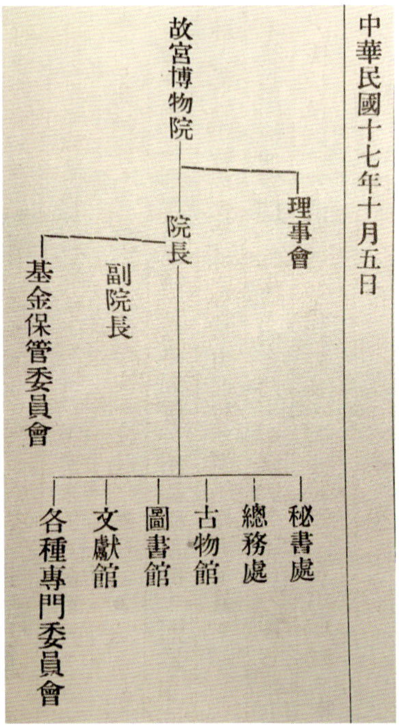

图3 中华民国十七年十月五日《故宫博物院组织法》公布组织架构图［《故宫博物院档案汇编·工作报告》（一九二八至一九四九年）一，14页］

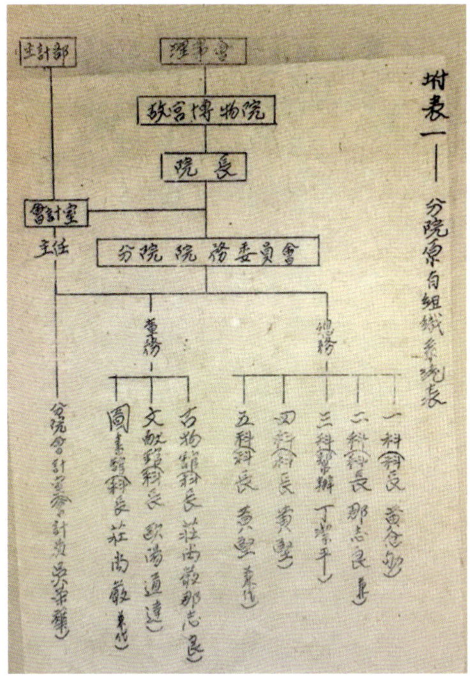

图4 故宫博物院南京分院原有组织系统表

理，其涉及两股以上者同。

1937年1月，故宫博物院南京分院成立，主要职责分为典守、研究、流传三项，机构组织性质并未明确，大体框架设想是以总务（分四科，抗战胜利后改为五科）、库务（分古物、图书、文献三馆）为纲设置。〔图4〕

7月，故宫博物院院长及包括古物馆在内的各馆主要负责人都不在北平，本院工作由总务处处长张庭济负责维持，因北平沦陷而处境艰难，遂向国民政府行政院汇报了现状。11月，行政院训令："目前应于可能范围内，尽力维持。仰即遵照。"[1]

1942年6月30日，日伪"华北政务委员会"任命祝书元为故宫博物院代理院长。7月1日，祝书元上任后组织成立故宫博物院临时理事会，并于7月13日组织召开故宫博物院第一次理事会，决议"原人原事，概不更动"。

1945年中国人民抗战胜利，故宫博物院着手开展本院的复原工作，组织机构未做调整，仍设置古物馆、图书馆、文献馆和总务处。

1947年10月14日，故宫博物院召开第三次会议商讨《国立北平故宫博物院办事总则修正草案》。准备在古物馆内设立三科，由第一科承担古物的提集、保管、整理、分类编目等工作，第二科承担古物的传拓造型、摄影流传、鉴定编纂等工作，第三科承担古物的陈列展览、收发登记，以及不属于其他各科的事项。

1949年1月31日，北平和平解放。3月6日，受北平市军管会文化接管委员会委派，钱俊瑞、陈微明、尹达、王冶秋等人接管了故宫博物院。第二年，在中央人民政府文化部文物局领导下更名为"国立北京故宫博物院"。6月，文化部文物局颁布《国立北京故宫博物院暂行组织条例》，对古物馆的工作职责做了规定，主要包括整理、保管、登记、编目、陈列、研究、鉴定、编辑等。根据职责分工，在古物馆分设编目组、保管组、研究编辑组和陈列组。〔图5〕

1951年3月，文化部文物局制订《故宫博物院改革方案》，撤销古物馆，成立了保管部和陈列部。保管

1 刘北汜：《故宫沧桑》，紫禁城出版社，2004年，第127页。

部分设保管组、库务组和修整组；陈列部分设陈列组和技术组。

1954年，陈列部分设金石、书画、陶瓷、工艺美术、宫廷历史、织绣等专业组，分管有关专门陈列室及综合性的历史艺术馆。美工组负责陈设设计、布置及美术工作。

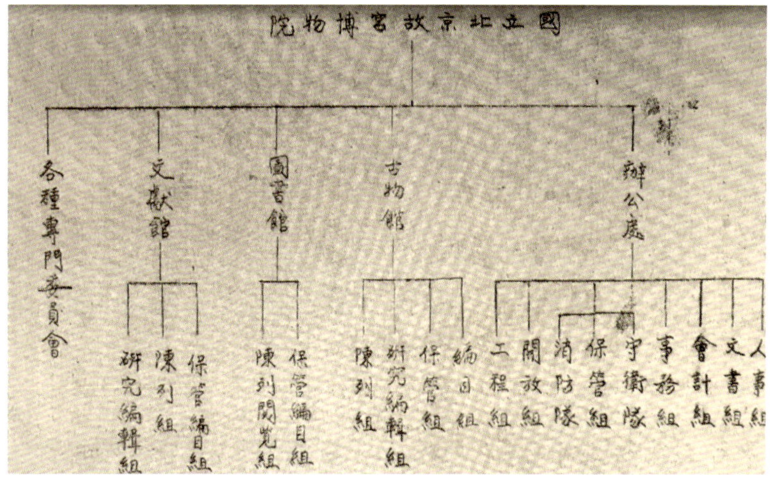

图5 1950年，国立故宫博物院组织架构图（故宫博物院文物保管类，案卷号19，1950年）

1959年至1983年间陈列部和保管部经历了四次调整，第一次调整在1959年，撤销陈列部和保管部，成立了古代美术史部、工艺美术史部和宫廷历史部；第二次调整在1963年，撤销两个美术史部，成立了研究室，恢复陈列部和保管部；第三次调整在1965年，陈列部和保管部合并为业务工作部，文物修复工厂一同归并；第四次调整在1983年，业务工作部撤销，再次恢复陈列部和保管部。

1998年，故宫博物院对组织机构进行了一次大调整，就是将陈列部、保管部、群众工作部拆散，组建新的管理部门，分别是古书画部、古器物部、宫廷史部、展览宣教部和信息资料中心。另外，保管部所属保管组更名为文物管理科，划归院办公室。

（二）历任馆领导

古物馆的第一任馆长由故宫博物院理事会公推易培基担任，张继、马衡为副馆长。1926年发生“三一八惨案”，李大钊、徐谦、李煜瀛、易培基[1]等人被诬陷，并被执政府下令通缉，李煜瀛、易培基避居于北京东交民巷使馆，故宫博物院顿时陷入无人负责的状态。

3月26日，故宫博物院召开董事会和理事会联席会议，推举董事卢永祥[2]和庄蕴宽[3]为院务维持员。庄蕴宽同时兼任古物馆馆长，马衡继续担任副馆长一职，另一位副馆长张继因事离京，由俞同奎代理。

1927年9月20日，王士珍任故宫博物院管理委员会委员长，王式通和袁金铠任副委员长，委员有沈瑞麟、刘尚清、鲍贵卿、胡惟德、张学良、傅增湘、江庸、刘哲、赵椿年、陈兴亚、胡若愚、汤铁樵。10月21日，王式通、袁金铠、沈瑞麟、江庸作为接收委员，办理了故宫博物院接收手续。故宫博物院被接收后，庄蕴宽因病辞职，由江庸[4]接任古物馆馆长，副馆长仍是马衡和俞同奎。

1 易培基（1880－1937），字寅村。历任湖南教育委员会委员长、北京女子师范大学校长、上海劳动大学校长、国民政府农矿部部长等职，后辞去农矿部部长及故宫博物院院长以外的所有党政职务，专任故宫博物院院长一职。

2 卢永祥（1867－1933），字子嘉。皖系军阀代表人物之一，曾任浙江督军，第二次直奉战争后，改任苏皖宣抚使。担任过故宫博物院第一届董事会董事、故宫博物院维持会委员等职。

3 庄蕴宽（1866－1932），字思缄。担任过清室善后委员会委员、故宫博物院临时董事会董事、故宫博物院开幕典礼主席团主席、故宫博物院图书馆馆长等职，也是故宫博物院维持会发起人之一。

4 江庸（1878－1960），字翊云，中国近代法学家、中国近代法律教育的奠基人、社会活动家。担任过故宫博物院维持会常务委员、故宫博物院管理委员会委员、故宫博物院（院外）专门委员会委员等职。

图6 故宫博物院职员欢迎易培基就任院长（刘北氾《故宫沧桑》84页）

1928年国民革命军第二次北伐成功，国民政府委派易培基接收故宫博物院。因其一时不能北上，便委托马衡、沈兼士、俞同奎、萧瑜、吴瀛五人作为代表，从王士珍手中接收了故宫博物院。1929年3月8日，行政院正式批准易培基为故宫博物院院长。〔图6〕易培基上任后兼任故宫博物院古物馆馆长，常务理事张继兼故宫博物院文献馆馆长，理事庄蕴宽兼故宫博物院图书馆馆长，马衡为故宫博物院古物馆副馆长，沈兼士为故宫博物院文献馆副馆长，袁同礼为故宫博物院图书馆副馆长。

1932年，易培基被控侵占、盗卖文物，被迫辞职。1933年7月15日，故宫博物院理事会推举马衡[1]暂行代理院长职务。秘书长李宗侗辞职，由徐鸿宝[2]代理，1934年7月23日徐鸿宝被马衡聘为古物馆馆长。

另据《修正国立北平故宫博物院暂行组织条例》规定，“故宫博物院院长由行政院简任，不经理事会推举，院馆之下不再设副院长、副馆长。”

1945年，故宫博物院开展本院战后复原工作时，将日伪“华北政务委员会”委任的院长和高级职员免职，原本院职员则全部留任。

1951年3月，古物馆撤销后，由杨宗荣担任保管部主任，王世襄担任陈列部主任。

二 古物馆的工作和贡献

（一）文物点查

文物藏品是博物馆赖以存在的必备条件，是博物馆开展各项业务活动的物质基础。民国时期政府内忧外患，受当时局势的影响，故宫博物院建院之后常常处于风雨飘摇的状态，同时又因文物数量庞杂、种类繁多、放置分散等诸多因素的限制，致使工作难以为继。马衡院长曾说：“院中最困难问题，厥惟文物之整理与保管。”

故宫博物院文物点查工作最早始于1924年11月4日的清室善后委员会。在故宫博物院成立前，大部分文物已登记造册，还有部分未及点查的，计划在建院以后继续开展。

1929年3月4日，秘书处组织古物馆、图书馆、文献馆，点查颐和轩、皇极殿、实录大库、銮仪卫、帘子库和大高殿等处文物。1925年3月至1930年12月，根据点查情况陆续公开刊行《故宫物品点查报告》。报告共

1 马衡（1881 — 1955），字叔平。曾任北京大学考古学教授，1934年9月28日行政院训令5261号，正式任命为故宫博物院院长。为专心故宫博物院工作，辞去教授之职。

2 徐鸿宝（1881 — 1971），字森玉。著名文物鉴定家、金石学家、版本学家、目录学家、文献学家。1924年以教育部佥事参加清室善后委员会点查工作，曾担任故宫博物院管理委员会委员等职。1937年主持文物西迁工作，并亲自带队运送一批文物入川，1938年冬天在昆明白龙潭不慎车覆折股，不良于行；1939年2月前往安顺读书山华严洞守护文物，举陋室而弦歌不辍。

六编二十八册，涉及文物一百一十七万件，九万四千余号。报告记录翔实，包括各宫殿内物品的编号、品名、件数，点查人员和军警监视人员姓名等内容。

1934年1月24日，行政院派驻平政务整理委员会专员赴故宫博物院，监察南迁留平文物的点查工作。点查以1924年清室善后委员会的规定为依据，着重清点留院文物品名和数量。点查工作缜密精细，收获颇丰，不仅点查出清室善后委员会时遗漏的文物，还查出清室目录记载过的文物，逐件补号登录。

1934年7月，故宫博物院设立文物点收委员会。总务处会同古物、图书、文献三馆二十余人，承担点查编号登记及编印报告等工作。1935年4月，理事会通过了《修正文物点收委员会规则》，增加了点查人员和出组次数。

1935年7月，文物点收委员会点收工作中止，一年后恢复。每日仍采取行政院驻平政务整理委员会遴派专员到院监视。9月，行政院加派北京大学校长蒋梦麟、北平大学校长徐诵明、清华大学校长梅贻琦、师范大学校长李蒸为文物点收监盘委员，轮流到院监视工作。自本年7月19日起至12月底止，点收原号一万三千三百七十九号，计十二万七千零四十三件；点收补号五千四百四十四号，计四万零九百三十八件。

查每一地点物品点收竣事，应即从事分类集中，因调派总务处及古物、图书、文献三馆人员组织文物分类整理委员会。其办法系以此次点收清册为根据，辨别孰为有关历史文化物品，依其性质分属各馆；其为无关历史文化物品者，则属于总务处。然后再行分别提取，集中库房，物以类从，以待审定。此项委员会规则，亦经送由理事会议通过，由院公布，俾资遵守[1]。

1936年，存平各处文物，赓续上年工作，在行政院所派监盘委员会监视之下，每日仍出五组，照常进行。本年6月间，本院为力求公开，函请北平各机关派员参加点收。当准北平市政府派周铁英、赵麐二员，北平地方法院、高等法院合派陈纯一员，公安局派孟宪泱、郭永昌二员，由本院函请为临时监视人，随同各组监视点收。截至本年10月间，院内外所属各宫殿等，计一〇九处均已次第点竣。复行改并三组，总点古物、图书、文献三馆库存物品，统计本年全年已点毕为八三处，未点毕为三处。计点原号二六一〇五，件数四〇〇五九一，补号九八三二，件数七六五七二[2]。

1937年，由行政院派监盘委员及由本院函请市政府机关选派人员为临时监视人，会同本院工作人员监视点收。每日分出五组，积极进行。截至6月底止，已将古物馆库房，雨花阁、祭神库及总务处第二科文物点毕[3]。

1934年至1937年7月，故宫博物院文物已点收讫十之八九，未点部分后因北平沦陷而被迫中止。

1942年 7月1日，故宫博物院成立临时理事会，由罗韵孙、桂森、王允诚、刘潜、孙季瑶、李殿璋、周迪平和张国靖等任临时理事，史兆德和汪祖泽任临时监事。11月，代理院长祝书元呈文伪“华北政务委员会”，拟请派本院理事、监事为监盘委员，继续点查留平文物。12月1日开始工作。每日上下午各出两组，分赴各处按照旧册一一点收。1943年3月，文物全部点收完毕，计九万三千七百二十九号，凡一百一十八万九千零

1 《故宫博物院档案汇编·工作报告》（一九二八至一九四九年）二，第529页。

2 《故宫博物院档案汇编·工作报告》（一九二八至一九四九年）二，第649页。

3 《故宫博物院档案汇编·工作报告》（一九二八至一九四九年）二，第754页。

五十八件。在点查文物的同时，编制了《留院文物点收清册》。

（二）陈列展览

古物馆所设普通陈列室仅散置于宫内中路至周廊。至1928年以后，始赖文化基金董事会之补助，及各界人士至捐资，得于内东路，内西路各宫，次第成立各专门陈列室[1]。

1929年，奉先殿、斋宫、毓庆宫及东六宫，拟划于古物馆。以奉先殿为总陈列室，斋宫及毓庆宫为美术品陈列室，东六宫为古物分部陈列室[2]。古物馆在东六宫开辟陈列室多处，如：钟粹宫前殿的"宋元明书画陈列"，后殿的"扇面、成扇专门陈列"；景阳宫前殿的"宋元明瓷器陈列"〔图7〕；承乾宫的"清代瓷器陈列"；景仁宫前殿的"青铜器陈列"；斋宫前殿的"古代玉器陈列"。在西六宫的咸福宫则举办"乾隆珍赏物陈列"。此外，还保持、充实、改善了建院初期，在中路乾清门至坤宁门四周廊庑开辟的象牙、玛瑙、珐琅、景泰蓝、雕漆、如意、文具等工艺美术类文物的专题专项陈列[3]。展览吸引了众多游客，在社会上产生了广泛的影响。

图7 二十年代末三十年代初，景阳宫"宋元明瓷器陈列"（王树卿、邓文林《故宫博物院历程（1925–1995）》，25页）

古物馆除依照手续陈列，并随时查视卡目锁封及整洁外，其更换陈列，或接管陈列，或新辟陈列室，均特制陈列目录，油印分存，以资查核。至撤收物品，修补物品，则分别登册存查[4]。

1933年12月底，古物馆陈列室已达31处。

1937年7月，故宫博物院宣布闭馆。9月，故宫博物院分两路，每日开放中路（中路在皇宫中轴线上）、内东路（内东路指东六宫一带）。1938年3月，又分三路开放，每星期一、四开放外东路（指宁寿宫一带），星期日及星期二、五开放中路、内东路，星期三、六开放内外西路（内西路指西六宫一带，外西路指慈宁宫一带）。至1942年1月，则改为每日开放两路，每月逢单日开放内东路及外东路，逢双日开放中路及西路[5]。

在动乱的年月，来故宫参观的游人寥寥无几。为了增加参观者的兴趣，古物馆、图书馆、文献馆都想方设法改进陈列。古物馆对各陈列室经常策划改善，打扫整理，并将库存提集物品分类选择，审定其中之珍品，分于各室陈列。例如，他们曾将承乾宫清代瓷器移于景阳宫，又另辟御书房为宋元明瓷器陈列室，并将

1 《故宫博物院古物馆概览》，1932 年"双十节"印行，第 2 页。
2 《故宫博物院档案汇编 · 工作报告》（一九二八至一九四九年）一，第 96 页。
3 王树卿、邓文林 :《故宫博物院历程（1925 — 1995）》，紫禁城出版社，1995 年。
4 《故宫博物院档案汇编 · 工作报告》（一九二八至一九四九年）二，第 455 页。
5 中国人民政治协商会议北京市委员会、文史资料研究委员会 :《日伪统治下的北平》，北京出版社，1987 年，第 173 页。

这两处统称为历代名瓷陈列室。而承乾宫则将瓷铜玉及杂项等精品综合陈列，被辟为文玩陈列室[1]。

表一 古物馆陈列室八年（1937至1945年）来更动概况表[2]

序号	陈列地点及名称	陈列品类及数量	备考
1	钟粹宫书画陈列室	历代法书名画三十三轴，二卷，共三十七件	二十六年换陈一次 二十七年换陈三次 二十八年换陈一次 二十九年换陈二次 三十年换陈一次 三十一年换陈二次 三十二年换陈二次 三十三年换陈二次 三十四年换陈四次
2	景阳宫清代瓷器陈列室	清代瓷器共二百九十八件	该处原为宋元明瓷器陈列室，于三十二年十一月宋元明瓷全部移陈御书房，改辟为清瓷陈列室，三十三年换陈一次，三十四年撤收一次
3	御书房宋元明瓷陈列室	宋元明瓷共一百二十七件	该处于三十二年十一月新辟成立，十二月撤收一次，三十三年撤收一次，三十四年撤收一次
4	承乾宫文玩陈列室	文玩物品三百八十四件，附一百五十四件，共五百三十八件。	该处原为清瓷陈列室，于三十二年十一月清瓷全部移陈景阳宫，改辟为文玩陈列室
5	永和宫钟表陈列室	钟表五十五件	该处后殿同顺斋亦为钟表陈列室，现不开放，三十二年换陈一次
6	景仁宫铜器陈列室	铜器共七十件	二十六年换陈一次，二十七年换陈二次，三十四年八月撤收古鉴一次
7	斋宫玉器陈列室	玉器共三百九十九件，又福禄寿大挂屏一件	二十七年添设一次，三十三年添陈一次
8	西板房象牙雕刻陈列室	象牙雕刻品共五十六件，剔红漆木桌八件	该处原为碑帖陈列室，于三十年底碑帖全部移陈东配殿，一度关闭。三十一年十一月移基化门南屋象牙雕刻品全部陈列，三十二年换陈一次，三十三年换陈一次
9	东板房清画陈列室	十骏图十轴，清画四册二卷共十六件	二十七年四月恢复成立，嗣于十月换陈一次，二十八年换陈三次，三十一年换陈一次，于十二月底全部撤收。三十二年九月恢复成立，三十三年六月全部撤收，十月恢复成立，三十四年六月撤收，十月恢复成立
10	基化门南屋缂绣御笔书画陈列室	缂绣十六件，御笔十五件，共三十一件	该处原为象牙雕刻陈列室，三十一年换陈一次，是年十一月全部移陈西板房，该处一度关闭，三十二年九月新辟为缂绣御笔书画陈列室
11	坤宁宫西配殿陈设陈列室	插屏二十件	仍旧

1 中国人民政治协商会议北京市委员会、文史资料研究委员会：《日伪统治下的北平》，北京出版社，1987 年，第 173 页。

2 《故宫博物院档案汇编・工作报告》（一九二八至一九四九年）四，第 1105 页。

（续表）

序号	陈列地点及名称	陈列品类及数量	备考
12	坤宁宫东配殿文具拓本陈列室	文具等二百一十四件，铜器拓本等一百五十九份，碑帖等二十九册	该处原为本院藏器拓本陈列室，于三十年底添陈列碑帖，为金石拓本陈列室。三十四年五月添陈西暖殿移来全部文具改为文具拓本陈列室
13	坤宁宫东暖殿景泰蓝陈列室	景泰蓝物品共七十四件	该处原为剔红陈列室，于二十七年十月全部移陈御茶房，三十年底改辟为景泰蓝陈列室
14	御茶膳房剔红漆器陈列室	剔红七十七件，漆器六十二件，共一百三十九件	该处原为如意陈列室，于二十七年十二月全部撤收，改辟剔红漆器陈列室，嗣于三十一年添陈一次
15	咸福宫乾隆珍赏物陈列室	珍赏物品共四百九十六件，附九十九件	仍旧
16	太极殿钟表机人陈列室	钟表十六件，机人十一件，共二十七件	三十二年十月新辟成立，三十三年换陈二次
17	绛雪轩	横匾三件，画轴十三件，陈设品三十九件，共五十五件	该处为不开放地点，向供招待来宾之处，嗣于三十二年五月间由本馆补充陈列品按册点交总四科负责保管
18	慈宁宫木器陈列室	木器三十八件，又增添三十二件	现不开放
19	批本处宗教经像陈列室	现移归图书馆陈列图书	该处于二十六年间一度为名画陈列室，三十年底新辟为宗教经像陈列，室计陈列佛像十九件，佛经由图书馆陈列。三十二年曾换陈一次，三十三年底全部撤收，该处发归图书馆用
20	咸福宫东西配殿乾隆御笔陈列室	东配殿现归文献馆陈列照片，西配殿关闭	该处原为乾隆御笔陈列室，于二十七年十月全部撤收，一度关闭。三十四年四月东配殿拨归文献馆陈列照片，西配殿现仍关闭
21	景和门北屋绛绣陈列室	现在关闭	该处于二十七年九月恢复成立，十一月全部撤收
22	抚辰殿建福宫木器陈列室	现在关闭	该处于二十七年九月恢复成立，十一月全部撤收
23	坤宁宫西暖殿文具陈列室	现在关闭	二十七年九月恢复成立，嗣于十一月换陈一次，三十一年换陈一次，三十四年五月全部文具移陈东配殿，即行关闭

值得一提的是，在文物南迁及西迁期间，古物馆文物还曾赴国外展出，反响强烈。第一次是1935年在英国伦敦举办的“中国艺术国际展览会”；第二次是1940年分赴莫斯科、列宁格勒举办“中国艺术展览会”。

“中国艺术国际展览会”是中国历史文物，也是故宫博物院文物首次出国展览，参观者达40多万人次。初选赴英国伦敦“中国艺术国际展览会”检提文物所开馆处箱件，计有古物馆二百九十四箱，一千九百二十一件；图书馆三箱，三十八件；文献馆四箱，四件；前秘书处六十五箱，九十一件；共开三百六十六箱，共提取二千零五十四件。决选后，被选之文物，综计七百三十五件。其品类为：铜器六〇件、瓷器三五二件、书画一七〇件、织绣二八件、玉器六五件、景泰蓝一六件、剔红五件、折扇二〇件、木器（会方编目作家具）

三件、杂项（会方编目作文具）一六件[1]，占我国参加该会全百分之七十强[2]。

1946年，古物馆继续改陈。曾将御书房辟为郭氏觯斋捐赠瓷器陈列室，东配辟为杨宁史呈献古铜器陈列室，西配辟为杨宁史呈现古兵器陈列室。

1949年2月7日，故宫博物院闭馆40多天后重新开放。本年改善陈列方法，使陈列品能有教育意义，除于各室增设总说明外，各器物均增加个别说明。原有陈列室中，撤收者有文华殿及本仁殿之福氏文物综合陈列室、浴德堂原状陈列室、凝道殿书画成扇陈列室、集义殿清代臣工书画展览专室及咸福宫乾隆珍赏物陈列室；增加陈列品，重新布置，作较有系统之陈列者有武英殿之综合文物、景阳宫之历代名瓷以及斋宫之玉器等陈列室；新辟者有凝道殿纺织品、诚肃殿之玉石以及咸福宫之美术工艺品等陈列；其余各陈列室仍维持原状[3]。

1950年，故宫博物院举办了一些特展，有古物、文献、图书三馆自办的，有故宫和外单位联合展出的[4]。

1951年古物馆撤销后，陈列展览工作由新成立的陈列部负责。

表二　1951年古物馆移交陈列部统计表[5]

地区	地名	陈列室名称	件数	备注
中路	太和殿	原状	一五	
中路	中和殿	原状	九	
中路	保和殿	原状	一一	
中路	绛雪轩	原状	六二	以上中路共计九七件
南路	武英殿	宋元明瓷陈列室	四七五	
南路	武英殿	清瓷器陈列室	五八四	以上南路共计一〇五九件
外东路	阅是楼	原状	一四六	以上外东路共计一四六件
内东路	钟粹宫	书画陈列室	三〇	
内东路	景阳宫	铜胎掐丝珐琅陈列室	二四八	
内东路	御书房	铜胎掐丝珐琅陈列室	一七〇	
内东路	御书房东配	珐琅制作程序陈列室	四九	
内东路	景仁宫	铜器陈列室	七八	
内东路	永和宫	钟表陈列室	五七	
内东路	同顺斋	机器人陈列室	四二	
内东路	斋宫	玉器陈列室	三一九	附乙件
内东路	诚肃殿	玉石陈列室	一九七	以上内东路共计一一九〇件，附三件
内西路	漱芳斋	原状	二九二	

1 《故宫博物院档案汇编·工作报告》（一九二八至一九四九年）二，第578页。
2 《故宫博物院档案汇编·工作报告》（一九二八至一九四九年）二，第694页。
3 《故宫博物院档案汇编·工作报告》（一九二八至一九四九年）四，第1344页。
4 刘北汜：《故宫沧桑》，紫禁城出版社，2004年，第150页。
5 《本馆保管的文物移交陈列部清册》，故宫博物院文书档案资料类，案卷号19511012Z。

（续表）

地区	地名	陈列室名称	件数	备注
内西路	重华宫	原状	一五〇	
内西路	葆和殿	原状	四七	
内西路	浴德殿	原状	五八	
内西路	崇敬殿	原状	二六	
内西路	储秀宫	原状	三二〇	
内西路	体和殿	原状	一四一	
内西路	平康室	原状	四四	
内西路	益寿斋	原状	六二	
内西路	翊坤宫	原状	九八	
内西路	庆云斋	原状	七二	
内西路	道德堂	原状	六三	
内西路	长春宫	原状	一五七	
内西路	永禧殿	原状	七五	
内西路	体元殿	原状	一七〇	
内西路	怡性殿	原状	四九	
内西路	乐道堂	原状	五五	
内西路	太极殿	原状	一三八	
内西路	太极东	原状	五八	
内西路	太极西	原状	五五	
内西路	咸福宫	美术工艺品陈列室	三二七	
内西路	咸福西配	漆器陈列室	七四	
内西路	抚辰殿	匏器陈列室	五七	以上内西路共计二五八八件
以上叁拾玖处，共计陈列品伍零捌零件				

（三）文物迁移

“自民国二十年‘九一八事变’后，复有二十一年‘一·二八’沪战之役。当时外交日迫，国难日深，华北情势尤为岌岌。故宫博物院对于古物保管负有重大职责，处此危急之秋，不得不善筹安全之策。故自二十一年二月起至二十二年五月止，古物馆职员之重要工作均系从事各种重要陈列室或各库房以及各宫殿原存要件之集中，装箱，加封标志，编号造册，以及起运南下等事宜[1]”。

文物装箱，古物馆难度最大。庄严在《前生造定故宫缘》中曾提到：“如瓷器，有的其薄如纸，有的其大如缸；又如铜器，看其形状，似乎坚强，可是一碰就碎，其他脆弱微细之物尚多，装时各有困难，这是别馆所没有的，因之在古物馆工作的人，真如哑子吃黄连，有种难言之痛苦。”

古物馆南迁文物以书画、铜器、瓷器、玉器为主，还有漆器、珐琅、雕刻、象牙、文具、法器、杂项

1 《故宫博物院档案汇编·工作报告》（一九二八至一九四九年）二，第 417 页。

等。按程序完成选提、装箱、编号、造册、监运、附运等工作后，古物馆文物随同全院文物[1]分五批[2]装入火车运至上海，暂存在法租界租的一所仓库内。

表三　古物馆五批箱件统计概览表[3]

类别	第一批	第二批	第三批	第四批	第五批	每类总数
瓷器	二五〇箱 七〇八五件	一九八箱 四七三九件	一一九箱 七三九件	三四一箱 一八九四件	一五〇箱 一一三〇件	一〇五八箱 一五五八七件
玉器	五九箱 五〇二四件	二一箱 七〇三件	一八箱 八七八件	七四箱 一六三三件		一七二箱 八二三八件
铜器	三三箱 二五六一件	二〇箱 一五〇件	四箱 二四件			五七箱 二七三五件
书画	七〇箱 五六二七件	四一箱 二一七七件	一〇箱 七一五件	六箱 三〇六件	一箱 二七件	一二八箱 八八五二件
杂项物品	四〇箱 一七二三件 又二箱	六二箱 三四六四件	三一箱 三四八件	二三六箱 六二八三件	四一箱 三〇六件	四一〇箱 一二一二四件 又二箱
新提物品		四二箱 一九八六件	六〇箱 一〇六八件	一七二箱 四五八八件	五三二箱 八五一四件	八〇六箱 一六一五六件
总计	四五二箱 二二〇二〇件 又二箱	三八四箱 一三二一九件	二四二箱 三七七二件	八二九箱 一四七〇四件	七二四箱 九九七七件	二千六百三十一箱 六万三千六百九十二件又二箱

表四　古物馆装箱各处一览表[4]

地点	装箱情形	办理时日
敬事房旧库	原存各处集中物品择要分别装箱移集新库	二月至四月
延禧宫新库	原存铜器及杂项分别装箱	三月至四月
咸福宫陈列室	将曾经恢复陈列之乾隆珍赏物仍行装箱	四月
钟粹宫陈列室	将曾经恢复陈列之书画仍行装箱	四月
承乾宫陈列室	将曾经恢复陈列之清瓷仍行装箱	四月
斋宫陈列室	将曾经恢复陈列之玉器仍行装箱	四月
法器陈列室	将临时陈列之宗教法器全部装箱	四月
雕漆陈列室	原陈物品全部装箱	四月
珐琅陈列室	原陈物品全部装箱	四月
景泰蓝陈列室	原陈物品全部装箱	四月
第一陈设陈列室	原陈物品全部装箱	四月
第二陈设陈列室	原陈物品全部装箱	四月
刀剑陈列室	原陈物品全部装箱	四月
象牙陈列室	原陈物品全部装箱	四月

1　南迁文物除故宫博物院外，还有古物陈列所、颐和园、太庙、国子监的文物，共计装了一万三千四百二十七箱又六十四包。

2　本院监运专员，首批为秘书吴瀛，次总务处处长俞同奎，次秘书程星龄，次古物馆副馆长马衡，末批又为总务处处长俞同奎。

3　《故宫博物院档案汇编·工作报告》（一九二八至一九四九年）二，第435页。

4　《故宫博物院档案汇编·工作报告》（一九二八至一九四九年）二，第433页。

古物馆装箱各处一览表（续表）

第一雕刻陈列室	原陈物品全部装箱	四月
第二雕刻陈列室	原陈物品全部装箱	四月
御书房东北小屋	原存瓷器全部装箱	四月
盆库	原存瓷器全部装箱	四月
南库	原存瓷器及杂项分别选提装箱	四月
宁寿宫东西庑	原存瓷器选提装箱	四月
皇极殿东西庑	原存瓷器选提装箱	四月

图8 1936年9月，南京文物保存库落成留影（吴瀛《故宫尘梦录》，193页）

图9 故宫第三批西迁文物于川陕公路上艰难运输情形（欧阳道达《故宫文物避寇记》，91页）

1934年1月，行政院指派监视员点查存沪文物，首先从古物馆的箱件开始。还重编南迁文物与箱号，以马衡院长提出的“全”“材”“宏”“伟”为秘书处、古物馆、图书馆、文献馆的文物编号；以“沪”“上”“寓”“公”为古物馆、图书馆、文献馆、秘书处的箱号。

1934年5月8日，故宫博物院常务理事会决定建造南京朝天宫保存库。次年9月，保存库落成〔图8〕。故宫博物院存沪文物分五批经京沪铁路运至南京保存库。古物馆负责本馆文物入库和箱件保管，文物存放于第四库，存储方位依照库内设备木架分组累置，箱件每两行相并，中留行路，同时还编缮了箱件方位索引，以便检提。

1937年“七七事变”爆发，是以文物厄运犹存，不惟未因南迁而由剥而复，且因寇益深入而不得不再作避地计。在南京分院成立仅半年后，故宫博物院奉行政院命令继续文物西迁工作。

西迁路线分四批三路（南路、中路、北路）。1937年8月14日，南路第一批文物八十箱离开南京，经汉口始迁长沙，中经转迁贵阳、安顺，而终迁至巴县；中路第二、三批文物九千三百三十一箱，沿长江转宜昌、重庆、宜宾而终迁至乐山〔图9〕；北路第四批文物七千二百八十七箱，陆路经津浦，转陇海线至宝鸡，继迁南郑、成都，终迁至峨眉。

表五　古物馆迁储四川乐山文物箱件按箱编字号分类分库统计表[1]（部分）

库别	瓷器	玉器	铜器	雕漆	珐琅	书画	杂项	总计
一库	一八八	七	四五	二	一〇	二	二三	二七七
二库	四〇	三	三	二	五	三二	九	九四
三库	八九	四	七	一	四	四一	一六	一六二
四库	四七		一	一			四	五三
五库	四八	二			六		三	五九
六库	三三	四			八		二	四七
总计	四四五	二〇	五六	六	三三	七五	五七	六九二

1946年1月21日，巴县、峨眉、乐山三处文物东归，至1947年3月6日悉数运抵重庆南岸向家坡。1947年5月至12月，文物分陆路、水路迁至南京分院。

（四）选聘专门委员

1929年，故宫博物院在古物馆、文献馆、图书馆成立专门委员会，专门处理学术问题。

古物馆挑选专家时有严格标准："本馆物品虽多而最难鉴定者，莫如书画、磁器、铜器三种。清代之书画、磁器可不至有赝品，所难者为明以前物品，当代之鉴赏家能鉴别清磁清画者比比皆是，惟对明以前物有真知灼见者甚难其选。现组织专门委员会宜以此为标准，宁缺毋滥，好在将来可以随时增加也。"[2]

表六　古物馆初聘专家名单[3]

序号	专家姓名	专长
1	关冕钧	精鉴瓷器书画并富于收藏
2	郭葆昌	精鉴瓷器，对于书画能辨别唐、宋、元、明纸绢之区别
3	萧 愻	善画山水，取法宋元，不为清代作风所囿，实当代画家之杰出者。所见宋元明真迹既多，遂精于鉴别
4	叶恭绰	收藏书画甚富，鉴别亦精
5	陈 浏	善鉴别瓷器
6	谢刚国	善鉴别书画，古物收藏极富
7	[美]福开森	善鉴别书画瓷器
8	沈尹默	善鉴别晋唐以来法书名迹
9	丁佛言	多识吉金文字，著有说文古籀补
10	容 庚	精鉴铜器，古物陈列所铜器之鉴定多出其手，著有金文编

截至1930年3月，古物馆共计聘请了专门委员二十一人。他们每周工作若干次，协助古物馆鉴别文物名

1　欧阳道达：《故宫文物避寇记》，紫禁城出版社，2010年，第77页。
2　郑欣淼：《故宫博物院学术史的一条线索——以民国时期委员会为中心的考察》，《故宫博物院院刊》2015年第4期。
3　郑欣淼：《故宫博物院学术史的一条线索——以民国时期委员会为中心的考察》，《故宫博物院院刊》2015年第4期。

称与材质，考订文物的时代，判别文物的真伪。1931年底，最终审定铜器一千多件、瓷器一千一百多件、书画二千四百多件。

为推进留平和存沪文物的清点工作，马衡院长将专门委员分为特约和通信两种。古物馆聘请的特约专门委员有郭葆昌、福开森等，他们可以直接参与文物清理、鉴定及审查工作；通信专门委员有叶恭绰、沈尹默、容庚等，给予他们荣誉性职衔，在文物审定等工作中以备咨询，给予指导。

1937年，专门委员会工作暂停。

1943年，主持院务的总务处处长张庭济为推进本院文物的清点工作，在各馆继续设立各种专门委员会。古物馆聘请的专家有王衡光、俞家骥、桂月汀、张庚楼、马世杰、毓绶衡等。

1947年1月4日，故宫博物院第六届理事会决定重新聘请专门委员。古物馆陆续聘请的专家有张珩、蒋穀孙、朱家济、吴荣培、邓以哲、张爰、张伯驹、于省吾、唐兰、徐悲鸿、沈尹默、吴湖帆等。

三 结 语

故宫博物院建院以来工作条件异常艰辛，由于故宫人的执着坚守，才使得各项工作逐步走上正轨。“本院职员，多以学术研究为目的，故尽义务者甚多。即有报酬，亦极菲薄。至多之生活维持费，仅给百元，少只十五元，为各机关所罕有。而同人工作精神，则殊奋发。栉风沐雨，毫无倦容。盛夏严冬，工作尤苦。或冒暑巡行于永巷之间，或呵冻植立于冷殿之内，皆为寻常人所不能忍受者。而本院职员，皆身受之。此无他，一为保存中国历史、文化、艺术计，人人均现为分所当为，故不觉其苦。一则视本院为天然研究所，不为衣食计，而为学问计。同人具此精神，得以维持以至今日。且努力进行不懈，亦职是故”[1]。

古物馆同人们亦有如此奉献精神，他们筚路蓝缕，竭尽全力，执着典守。那志良谈初到古物馆工作时的情况：“我到了这里工作，发现大家都是有苦干的精神，那时的职员薪水分两等，一等是每月30元，一等是每月15元，像我们这些新进年轻人，都是15元……大家没有人注意到待遇，都是兴致勃勃的。”[2]

《故宫博物院组织法》于1928年10月5日颁布，该法在故宫博物院发展史上具有十分重要的意义，标志着故宫博物院已由草创走向成熟，也是中国博物馆事业走上正轨的开端[3]。《组织法》明确提出了古物馆职责范围，包括古物编目、保管、陈列、传拓、摄影、鉴定、展览等事项。

古物馆正式履行新式博物馆所赋予的职责，同时在社会贤达的支持及大批具有变革精神和文化担当的学者专家的无私帮助下，不仅在文物清理、陈列展览中取得重大成果，还在文物保护、传拓刊印等方面也做出突出贡献。

随着博物馆事业的发展，故宫人的文物藏品管理意识在不断提升，管理理念在不断深入和拓宽，同时也在积极探索更加规范化和科学化的管理方法。二十世纪五六十年代是故宫博物院组织机构调整最为频繁的时

1 《故宫博物院档案汇编·工作报告》（一九二八至一九四九年）一，第12页。

2 那志良：《故宫国宝七十年》，紫禁城出版社，2004年，第40页。

3 吴十洲：《〈故宫博物院组织法〉诞生始末》，《中国博物馆》1993年第2期。

期，故宫博物院已经意识到延续旧有管理模式，已不适应业务发展的需要，而当时的中国博物馆界普遍认为苏联博物馆管理方法和理念比较先进，便进行了学习和借鉴。最终决定撤销古物馆，成立保管部、陈列部和群众工作部，可以说古物馆的退出是适应时代发展的结果。

自1925年成立以来，古物馆陪同故宫博物院走过了不平凡的26年。作为最早建制的机构，古物馆在故宫博物院早期事业发展过程中发挥了不可替代的重要作用，影响深远。虽然因事业发展的需要退出了历史舞台，但功绩将永载史册。

[作者单位：故宫博物院文物管理处]

论公共史学视野下的历史书写

History Writing from the Perspective of Public Historiography

祝勇

Zhu Yong

内容提要：

近年来，公共史学著作在中国方兴未艾，所谓的“公共史学”，其实就是进入了公共视域的、进而影响到社会大众的历史认知、参与了社会道德价值体系的建立的历史学。公众史学不是将读者、大众视为一个“他者”，而是站在读者、大众的立场上去思考和探究历史。立足大众的公众史学，使历史不再是“他们的历史”，而是成为“我们的历史”。本文就公共史学的学术操守、价值追求、叙述方式展开论述。

关键词：

公共史学　学术操守　价值追求　叙述方式

ABSTRACT:

In recent years, public historiographic works have been in the ascendant in China. The so-called "public historiography" is a history that has entered the public perspective, which in turn affects the public's historical cognition, thus participates in the establishment of the social moral value system. Public history does not regard readers, or the public in general, as an "other", but considers and explores history from their standpoint. Based on mass public historiography, history is no longer "their history", but "our history". This article discusses the academic conduct, value pursuit, and narrative method of public historiography.

KEYWORDS:

public historiography, academic conduct, value pursuit, narrative method

一 公共史学的内涵

近年来，公共史学著作在中国方兴未艾，一些公共史学的著作受到广大读者的追捧，也受到史学界的关注。何为公共史学？应该如何认识公共史学？本文将结合中国公共史学的发展现状，谈一点粗浅的认识。

什么是“公共史学”？中国人民大学国学院孟宪实教授给出的定义是：“非专业人士的历史阅读和研究。”[1]我理解，他是说公共史学就是（历史）“圈”外的人做“圈”内的研究。而陈新先生的定义则恰恰相反，认为它是“圈”内的人做“圈”外的普及，他说：“所谓公共史学，是指由职业史学人士介入的、面向公众的历史文化产品创制与传播。这里所说的职业史学人士，是指接受过职业历史学系统训练的人士……”[2]

在我看来，所谓“专业人士”与“非专业人士”的区别，本身就是一个伪命题——我们如何界定，谁是“专业人士”，谁又是“非专业人士”呢？是根据学历界定吗？还是根据什么其他的“硬件”条件？“五四”时期多少大师，像陈独秀、梁漱溟、钱穆，都没有什么“过硬”的学历；陈独秀先生早年在杭州中西求是书院学习，被开除了，后来逃亡日本，入东京高等师范学校，还是速成科，但陈独秀先生痴迷于文字学，写出《小学识字教本》《荀子韵表及考释》《实庵字说》《老子考略》《屈宋韵表及考释》等一系列训诂学著作；梁漱溟先生中学毕业后就当《民国报》记者了，但他毕生致力于国学研究，写有《中国文化要义》《东西文化及其哲学》《印度哲学概论》等东西方文化论著；钱穆先生中学都没有毕业，但这并不影响他日后成为“新儒家”代表人物、一代史学大师。

因此，“非专业人士”，完全可以写出“专业性”的著作，反过来，“专业人士”，也可以写出“非专业性”（通俗性）的著作，最典型的例子，就是黄仁宇先生所写的《万历十五年》。黄仁宇先生曾任美国哈佛大学东亚研究所（现费正清研究中心）研究员，参加过李约瑟博士主持的《中国的科学与文明》的集体研究工作，也参与过《剑桥中国史》的写作，他的“专业”身份毋庸置疑，他的明史研究专著《万历十五年》却出了（专业）“圈”，成为广受大众读者欢迎的“超级畅销书”，自1982年中文版由中华书局出版至今，一“火”三十年，成为中国出版界的“现象级”出版物。美国作家约翰·厄普代克评价说：“《万历十五年》尽管是一部严谨的学术作品，但却具有卡夫卡小说《长城》那样的超现实主义的梦幻色彩。”[3]中国作家王朔也说：“这本书改变了我对历史书、对历史的看法”，“《万历十五年》像一扇窗，打开了我的视野”[4]。

而历史学“出圈”，进入公共视域的代表性事件，非2001年中央电视台创办《百家讲坛》栏目莫属。这一原本在中央电视台处于边缘位置的小栏目、一个“绝对睡眠时间”播出的节目，因为集结了阎崇年、易中天、刘心武、王立群、钱文忠、于丹、蒙曼、康震、郦波、李山、张宏杰、赵冬梅一干人等而一跃成为中央电视台最受追捧的电视栏目之一，这些主讲人后来将他们的讲稿整理出版，也都无一例外地成为历史类畅销书，如阎崇年《大故宫》、易中天《品三国》、刘心武《刘心武揭秘〈红楼梦〉》、王立群《王立群读〈史

1 孟宪实：《传统史学、新史学和公共史学的“三国鼎立”——以武则天研究为例》，《中国图书评论》2009 年第 1 期。
2 陈新：《“公众史学”的理论基础与学科框架》，《学术月刊》2012 年第 4 期。
3 《“大历史观”来了！严肃的正史也可以很好看——黄仁宇〈万历十五年〉赏析》，《意林》2018 年第 8 期。
4 《“大历史观”来了！严肃的正史也可以很好看——黄仁宇〈万历十五年〉赏析》，《意林》2018 年第 8 期。

记〉》、钱文忠《玄奘西游记》、于丹《〈论语〉心得》《〈庄子〉心得》、蒙曼《武则天》《太平公主》《长恨歌》、康震《诗仙李白》《诗圣杜甫》、郦波《大明名臣：风雨张居正》《五百年来王阳明》、李山《春秋五霸》《战国七雄》、张宏杰《成败论乾隆》、赵冬梅《司马光和他的时代》等。他们的历史叙述赢得了巨大的粉丝量，也因此而被“专业人士”视为“低端”“媚俗”或者“非专业”。吊诡的是，他们全部拥有“专业”的身份，比如阎崇年先生是北京社会科学院满学研究所研究员、北京满学会会长、中国紫禁城学会副会长，易中天先生是厦门大学教授，刘心武先生是著名作家、茅盾文学奖得主、《人民文学》杂志前主编，王立群先生是河南大学教授，钱文忠先生是复旦大学教授，蒙曼是中央民族大学教授，于丹、康震、李山皆为北京师范大学教授，郦波为南京师范大学教授，张宏杰为中国人民大学历史学院研究员，赵冬梅为北京大学教授，其中大部分为博士生导师。他们的历史讲述因广受欢迎而背负了“通俗”之名，但没有他们在各自领域里的深入研究，又何来这份“通俗”呢？

还有一些历史学家，无须借助电视平台来“助攻”，而是直接诉诸文本的力量，同样受到“圈外”读者的追捧，一时间洛阳纸贵，终使这些原本的学院派史学家“沦落”为畅销书作者，如：北京大学教授韩毓海《五百年来谁著史》、中国社会科学院近代史所研究员雷颐《李鸿章与晚清四十年》、中国社会科学院近代史所研究员马勇《中国历史的侧面》、中国人民大学教授张鸣《北洋裂变：军阀与五四》《辛亥：摇晃的中国》等。其中，中国人民大学清史研究所张宏杰《曾国藩的正面与侧面》（并非《百家讲坛》讲稿）自2011年出版以来，总印数超过50万册；前台湾清华大学驻校作家岳南《南渡北归》三部曲自2011年出版以来，总销量已超过100万套；黄仁宇《万历十五年》的总销量更是高达数百万册。这些公共史学著作，还有一个更加通俗的称谓：历史非虚构。

综上，我们可以得出这样的结论：所谓的“公共史学”，其实就是进入了公共视域的、进而影响到社会大众的历史认知、参与了社会道德价值体系的建立的历史学。公共史学的宗旨，与学院派史学不同——前者是为大众、社会服务的（当然也不排斥学术界读者），而后者仅服务于学术研究，仅用于学术界内部的研讨交流。香港中文大学历史系主任苏基朗教授将公共历史形象地称为“入世的史学”[1]。我们知道，中国的民众，对历史始终怀有强大的热情。这种热情，从前曾诉诸历史题材的民间戏曲和白话小说，而今则追加给了《百家讲坛》、喜马拉雅音频节目、纪录片、影视剧、数字媒体、电子游戏及相关历史著作等诸多载体。而公共史学，正是以大众为倾听者，为谈话对象，与中国民众对历史的强大兴趣相吻合。它关注的，也是大众乃至整个社会所关注的问题。假如说学院派史学是“我注六经”，那么公共史学就是“六经注我”。公共史学本身可以为学术服务，但它的目的不限于学术，不只是为了解决某一个具体的学术问题，而是旨在重塑民众对历史的认知，塑造整个民族的文化信念。

固然，“作为一门学科，历史学不可能也不应当完全走上实用主义道路，但历史学也不应当回避它有一些能直接服务于社会经济文化建设的职能”[2]。赵冬梅也说过类似的话：“我们生产知识并以知识服务社会，二

1 详见苏基朗：《入世的史学——香港公众史学的理论与实践》，见［美］裴宜理、陈红民主编：《什么是最好的历史学》，浙江大学出版社，2015年，第1－10页。

2 国家教委高等学校社会科学发展研究中心编：《中国100所高等学校中青年社科教授概览》，湖南师范大学出版社，1994年，第662页。

者缺一不可。如果说专业化的道路是'曲径通幽'的话，那么公共史学的道路则通向广阔的世界。"[1]

总而言之，公共史学是根据其功能定义的，与研究者的"专业"或者"非专业"身份无关。读者的关注点，不在作者的头衔，而只在他们的出发点、内容与方式。与传统学院派史学比起来，公众史学是一个更加开放的体系，它对于作者是开放的，对于读者亦是开放的。公众史学不是将读者、大众视为一个"他者"，而是站在读者、大众的立场上去思考和探究历史。立足大众的公众史学，使历史不再是"他们的历史"，而是成为"我们的历史"。

二　公共史学发展状况

固然，在学术研究与交流的层面上，学术性的书写有着不可替代的价值，但它不是历史研究和书写的唯一方式，我们的学术界已经把历史研究和历史书写狭隘化了，变成了象牙塔里的自说自话，成为一种所谓的精英话语，"躲进小楼成一统"，而丧失了与时代、与公众对话的热情，特别是20世纪90年代以来，更呈现出"思想淡出，学术突显"的治学倾向，"使史学界内部萌生的普及应用冲动被遏制"[2]。中国人民大学历史学院副院长姜萌说："过去很长一段时间，中国现代史学重历史研究，轻历史书写、历史记载；重知识生产，轻知识传播；重专业学科构建，轻公共生活参与。"[3]这样的傲慢与偏见，从另一个角度反映了某些"学术精英"同样存在着某些知识死角，即：这样的一种非学术式的历史书写方式，不仅不是"非专业"的，而且已被归入了"公共史学"（public history，一译"公众史学"）的范畴。服务于大众的公共史学，本身也是学术，在世界上，公共史学早已突破了历史学术的固化疆域，成了一门"显学"。遗憾的是，国内学术界的许多人士长期以来对这样的学术茫然无知。

1976年，美国加州大学圣塔芭芭拉分校历史系教授罗伯特·凯利(Hobert Kelley)和他的同事韦斯利·约翰逊(Wesley Johnson)开设了"公共史学"研究生课程，至今，全美近百所大学的历史系都设置了公共史学的研究生学位项目，公共史学课程也进入了许多高校历史系的本科教学。1978年，美国史学界创办了专业杂志《公共历史学家》（*The Public Historian*）。也是在这一期创刊号上，凯利第一次公开使用了"public history"（公共史学）的概念。两年后，全国公共史学委员会（National Council on Public History，NCPH）成立，成为来自不同领域的"公共历史学家"的全国性专业学术团体。作为一个新兴学科，它开辟了史学研究和史学应用的新途径，对传统的学院派史学提出了严峻的挑战[4]。1989年，L.R.哈伦（L.R.Harlan）担任美国历史协会主席，在L.R.哈伦等人的推动下，美国学院派史学与公共史学产生融合，使美国的历史学研究产生了根本的变化。

在中国，公共史学在20世纪80年代末才开始引起注意，先后有学者写下一系列理论文章予以评介，其

1　赵冬梅：《公共史学范畴下的专业史学家：责任、挑战与操守》，《史学理论研究》2014 年第 4 期。
2　姜萌：《通俗史学、大众史学和公共史学》，《史学理论研究》2010 年第 4 期。
3　姜萌：《历史就在每个人的生活中》，《中国公共史学集刊》第一集，中国社会科学出版社，2018 年，第 2 — 3 页。
4　参见王希：《谁拥有历史——美国公共史学的起源、发展与挑战》，《历史研究》2010 年第 3 期。

中有：王渊明《美国公共史学》（1989年）、孟宪实《传统史学、新史学和公共史学的“三国鼎立”》（2010年）、姜萌《通俗史学、大众史学和公共史学》（2010年）等；专著有：钱茂伟《中国公众史学通论》（2015年）、姜萌《公共史学概论》（2020年）等。

2004年，香港中文大学开设“比较及公共史学文学硕士”课程，成为中国最早开设公共史学学位的大学。2018年，中国人民大学史学理论研究所创办了《中国公共史学集刊》，成为中国第一个公共史学领域的专业性集刊。2021年7月，《中国公共史学集刊》、社科文献出版社等单位联合组织三场《源流与边界——历史非虚构写作的理论维度》讨论会，分别邀请了北京大学罗新、赵冬梅，中国人民大学杨念群、张宏杰，故宫博物院祝勇、澳门大学王笛等十几位学者进行研讨，是历史学界对于作为公共史学的历史非虚构写作的一次大规模讨论（此前文学界曾对历史非虚构写作进行过若干讨论）。公共史学，已经在中国开始了自己的旅程。

三　公共史学的学术操守

不可否认，有一些“戏说”“八卦”“宫斗”类历史读物招摇于市，在这些读物中，历史只是一个遥远而模糊的背景，历史的真实也并不重要，真的成了“任人打扮的小姑娘”。在我看来，它们是借用了历史外壳的伪历史，是“借壳上市”，与历史学无关，自当排除在公共史学的范畴之外。

公共史学一词，核心是“史学”，“公共”是修饰词。也就是说，公共史学首先是一门史学，或者说是史学的一个分支学科，它的指向是“公共”（“公众”），而不是学术界内部。

作为一门史学，尤其是服务于公共、社会的史学，公共史学是扎根于学术研究的基础上的，对于学术严谨性的要求丝毫没有降低。无论是成为“超级畅销书”的《万历十五年》，抑或是《百家讲坛》的种种出版物，以至于大量游散在“民间”的“非专业”历史学者，如姜鸣、萨苏、梅毅、雪珥等，他们的著作都基于对历史问题多年的研究与思考之上。《龙旗飘扬的舰队》的作者姜鸣，是从事证券工作的金融工作者，但为了准确叙述中国近代海军史，他进行了大量的考据，吸收海战战役和战术细节，近代造船、舰艇工业的发育等海内外对近代海军多角度的研究成果，深入到海军建设的制度兴革，舰船军械的购买和制造，军队的教育训练、基地建设、经费收支等方方面面，对于扩大海军史的研究广度和深度，无疑起到了推动作用。此书的学术性，是它畅销不衰的主要原因。

无独有偶，梅毅（曾用笔名“赫连勃勃大王”）也是金融业界人士，长期从事西方资本研究，然而，他的一系列史学专著，如《华丽血时代》《帝国的正午》《刀锋上的文明》《帝国如风》《大明朝的另类史》等，不仅受到成千上万读者的热捧，也受到学者专家的认可。中国作家协会副主席、鲁迅研究专家阎晶明先生说：“梅毅的作品基本上就是一个中国全史。我认真读了《两晋南北朝》和《辛亥革命》。这两本的历史是最复杂的，要从线索和人物上梳理清楚难度很大。把中华民族的历史从特定的角度书写出来，把大时代、大历史的小故事、小情节书写出来，有利于大众更深入地理解中国历史。”[1]

1　《〈梅毅说中华英雄史〉：从英雄人物的角度来解读中国历史》，澎湃新闻官方账号，2018年6月26日。

我们如何区别公共史学与“戏说”，不在作者身份，而在它的学术性。无论作品怎样服务于公共目的，首先要遵循学术操守，不能人云亦云，更不能哗众取宠；这些历史著作无论有着怎样鲜活的外表，都不能离开历史学术作为支撑，寻找到独特的史料，表达出独到的观点——总的来说，是要有问题意识，有时候，提出问题比解决问题更加重要，因为问题的提出，本身就体现一个学人的治学和思考的深度，而不是将历史写作沦为历史的“百度百科”，不是历史文献的白话文翻译，更不是历史的流水账。

2019年，故宫博物院正式提出了“四个故宫”的建设体系。所谓“四个故宫”，就是“平安故宫”“学术故宫”“数字故宫”“活力故宫”，其中，“数字故宫”和“活力故宫”，就与公共史学的理念相重合。“数字故宫”“活力故宫”和“学术故宫”互动，公共史学与学院派史学互渗，使得大量有关故宫的历史文化数字产品、文创产品和出版物受到观众、读者的欢迎。其中，故宫出版社出版的《故宫日历》《紫禁城100》《谜宫》《大宋风华——立体〈清明上河图〉》等，皆可纳入公共史学的范畴。

在故宫的出版物中，《故宫日历》是最引人注目的一种，它把关于故宫的历史、文物知识纳入每一页日历中，以润物无声的方式，让读者每天都能感受到中华优秀传统文化的魅力。《故宫日历》原本在民国时期就出版了，自2010年《故宫日历》重新出版以来，在读者中引起强烈反响，引领了“文化日历”的出版潮和消费潮，使日历“死而复生”，2020年以“紫禁城六百周年”为主题的《故宫日历》，年销量高达120万册。

《紫禁城100》是纪录片《故宫100》艺术创意顾问赵广超先生带领他的团队完成的一部手绘图文书，以手绘三维透视图来图解紫禁城建筑文化的整体与细节，其中许多宫殿内部的透视图，像一个个打开的盲盒，以45度角俯瞰宫殿的内部结构。无论绘画，还是文字，都是在长期精研故宫文化与历史的基础上，提炼创意而成的。

《谜宫》是一部互动解谜游戏书，创造性地将实体书籍与线上联系起来，使读者可以一边看书，一边在手机App上进入游戏，将有关故宫的历史文化内容融入解谜游戏中，在35道关卡中设置了一百多个历史知识点，使读者（游戏者）仿佛置身于历史现场，吸引他们在环环相扣的情节中，逐步破解故宫历史的“未解之谜”，既是一部引领读者破解故宫密码的历史之书，又刷新了传统图书的书写和阅读方式，将纸质书与手机屏结合起来，实现了多媒介的互动，是“四个故宫”相互联动的最鲜活的实例。更值得一提的是，该书在营销过程中创造性地采用了众筹的方式，第一部《谜宫·如意琳琅图籍》众筹金额高达2020万元，第二部《谜宫·金榜题名》众筹金额为1414万元，不仅见证了这两本书的营销业绩，更见证了广大读者的参与度。两部游戏书共发行了60万册，总码洋1.2亿元。

2020年，在紫禁城建成六百周年、《清明上河图》重新发现70周年之际，故宫出版社把广受大众瞩目的宋代绘画长卷制作成立体书《大宋风华——立体〈清明上河图〉》，把《清明上河图》分解成数以千计的小“零件”，其中包括僧、医、商、农等人物，牛、骡、驴等牲畜，车、轿、船等交通工具，通过手动操作，可以让《清明上河图》“动”起来，使宋代的社会风貌和市井百态“跃”然纸上，每一处细节的呈现，都是基于严谨的学术基础。该书同时附有故宫博物院研究馆员、国家文物鉴定委员会委员余辉先生的《〈清明上河图〉面面观》，使这一“活化”项目有了更坚实的学术基础。

以上都以学术为支撑，利用了灵活多样的现代手段，改变着、拓展着历史知识与历史观念的传播方式，完成了对中华优秀传统文化的创造性转化，达成了学术性和传播力的完美结合。

但新的尝试并不能取代传统的方式，相比之下，一些完整的历史非虚构著作，则以文字重新建构起历史的空间，让文字本身的魅力得到更充分的释放。其中代表性的作品，一是李开元的《秦谜》，一是高洪雷《另一半中国史》。

李开元主张“历史是基于史料对往事的推想”，因此他的写作带有强烈的“历史推理”色彩。由于李开元长期从事秦汉史研究，因此在他的书中，可以看到他受到良好的学术训练，有着扎实的学术功底，立足于近半个世纪的重要考古发现，其中包括大批出土的秦简和秦始皇陵兵马俑的发掘，结合文献史籍，并对历史现场进行田野调查，透过蛛丝马迹、雪泥鸿爪，揭示了一系列未解之谜。四川大学历史系教授刘复生先生评价：“李开元的书为什么受到欢迎？在他出色的语言表现背后，蕴藏着多年学术研究的深厚功底，更有打破常规的开拓情怀，所以能够再叙历史，营造一个古今交汇、鲜活生动的新世界。”

高洪雷《另一半中国史》，改变了中国正史将少数民族史纳入边疆史的传统写法，以一个更加开放的立场，将历史上的少数民族放到华夏文明的主舞台上，当作历史的主体来书写，通过还原被忽略的“另一半中国史”，来构建一部更加完整的、多民族互动的大中华史。如论者所说：“专业研究的成果转化成生动的文字使得精彩由此延续，历史文献中的草蛇灰线一旦在作者笔下逐渐清晰起来将是莫大的惊喜。作者举出‘楼兰新娘’、敦煌宝藏，依靠瑞典探险家斯文 • 赫定的游记为古国续写历史。其实还有更多未曾被作者涉猎或者应用的，随着民族或者外族文字不断被发现，古代的双语、三语出土文书和碑铭更仔细地被解读，民族历史纪事长编正在逐次替代喻义模糊的神话传说，器物和图像的发现正可以还原部落族人生活的场景或者宗教严肃的仪轨。这些成果每前进一步，就更会展现汉文化与部族文化的交相辉映，也更能从细节上体会汉族与这些少数民族，曾经敌对，曾经守望，曾经融合。”[1]

尽管公共史学充分照顾到大众的读史需要，但我不同意将公共史学降格为心灵鸡汤式的历史快餐。为此，“公共史学家”必须有严格的自省意识，不能盲目沉迷于自己粉丝的人多势众。北京大学历史学系教授、中国宋史研究会理事、《百家讲坛》主讲人赵冬梅说得好：“学者在媒体上讲历史，公众信赖其‘专家’身份。这种身份来源于学者之前发表过的论文、著作，以及在专业领域内的科研、教学活动。而当学者开始面向公众讲故事的时候，他的一只脚便已经跨出了专业领域，接下来，必然面临‘专家’身份的维系问题，具体而言，就是论著型作品的继续生产问题。个人以为，为讲故事而进行的阅读是一种更全面的、更开放性的阅读，它要求学者同史料进行更为密切、更无预设前提的对话。这种阅读以及此后同非专业读者的碰撞，都可能激发出新的想法、新的问题。投身公共史学与专家型写作，从根本上来说并不矛盾。但是，在时间上却必然冲突。任何写作都需要时间，专业写作更要求心无旁骛地投入。因此，优秀的学者对于传播领域应当是可以入得，亦可以出得。一段时间之后，必须回归专业写作，以维系其专家身份。”[2]书斋，是治史者的精神根据地，只不过书斋的门不是封闭的，而是永远向民间敞开。

1 王楠：《复调历史的探寻》，《光明日报》2011 年 1 月 4 日。

2 赵冬梅：《公共史学范畴下的专业史学家：责任、挑战与操守》，《史学理论研究》2014 年第 4 期。

四　公共史学的价值追求

既然是面向公众的史学，公共史学就应当承担起它应有的社会责任，展现出它应有的价值追求。我们知道，我们能够“看到”的历史，其实是被书写下来的历史，所有消逝的时光，只能通过那些书写下来的文字与后人相遇，而后人，也只能凭借那些记载、书写（即我们所说的文献），去追忆前辈的逝水年华。既然历史有赖于书写才传到今天，那么所有的历史书写，都不可能是绝对中立、客观、全知的，都会带有这样的或者那样的主观性。中国的史学自诞生那一天起，就毫不避讳地把这种主观性追加在历史书写中，司马迁写《史记》，甚至主动跳出来，在每一个篇章后加上一段“太史公曰”作为作者对历史事件的评论，司马光《资治通鉴》对历史的叙述中，也加入了长长的“臣光曰”，“臣光”，就是“臣司马光”。

但这种主观性并不是随意的，甚至不是因人而异的，由于自孔子、司马迁以来，儒家知识分子主导了历史的书写权，因此，中国的传统史学（指五四运动以前的史学），先天地被贯注了儒家意识形态，比如主张仁而有序、重义轻利、格物致知等等，宋代张载用一句话概括了儒家知识分子的价值观，即：“为天地立心，为生民立命，为往圣继绝学，为万世开太平。”而以儒家为主导的历史书写者，则把这一准则输入到他们的历史卷册中，作为他们评判历史的准则，中国的历史书写，无论哪朝哪代，都被一以贯之地赋予了同样的准则，这使中国的古代史学获得了立场上的一致性。于是，历史不再像流水，像旷野上刮过的风，过去就过去了，毫无意义可言。在儒家那里，历史被赋予意义，意义的核心，就是儒家推崇的忠孝仁义，核心是“仁”，就是“爱人”。孔子说：“君子务本，本立而道生，孝悌也者，其为仁之本欤。”[1]凡是合乎这一原则的，在历史中都被赋予正面形象；不符合这一原则的，在历史中都成为反面形象。海瑞敢于写《治安疏》大骂嘉靖，也是因为他相信“青史”将站在他这一面，一句“历史会怎样评价我们”，会让所有人倏然惊悚，连被骂的嘉靖，都不时偷偷取出《治安疏》，“日再三”，“为感动太息”[2]。

因此，儒家对历史的叙述，不是（也不可能是）中立的、客观的，不同的人被赋予了不同的色彩，成为“角色”，顾名思义，“角”都是有颜色的，或红脸，或白脸。因此，由儒家书写的“二十四史”中，才有奸臣、贰臣传，连皇帝、皇子的课本也不例外，比如元代王恽向太子进呈的《承华事略》、明朝身为帝师的内阁首辅张居正为教育好九岁小皇帝万历而编订的《帝鉴图说》，既讲述了英明君主的“先进事迹”，也讲述了荒淫皇帝的倒行逆施，历史也变得好看，有故事感，起伏跌宕，千回百转。历史也滋养了话本小说、民间戏剧的发展，让曾经发生过的忠奸故事，都深入人心。最终，一切的正义，都将得到表彰（哪怕是在后世），所有的奸佞，都逃不过鞭挞——中国人不喜欢悲剧，而是偏爱“大团圆”的结局，不是因为浅薄，而是因为中国人相信世界终究是公正的，相信善有善报、恶有恶报，“圆满”即使不存在于现世也一定存在于未来。而历史的意义，并不仅在于对过往人、事的评价与追思，更在于它对当下人物进行警示、鞭策，从而对现实或多或少地有所修正。

中国人相信历史，历史甚至可以说是中国人的信仰。所以自《史记》以后，每朝每代都要书写前朝的历

1 《论语·大学·中庸》，上海古籍出版社，2013 年，第 17 — 18 页。

2 （清）张廷玉等撰：《明史》，中华书局，2000 年，第 3957 页。

史——元朝人写《宋史》，明朝人写《元史》，清朝人写《明史》，仿佛一个漫长的约定，被不同姓氏甚至不同民族的政权遵守、延续，汇聚成一条“二十四史”的浩瀚长河，没有人强迫，全靠自觉，却前赴后继，没有一个朝代爽约[1]，尽管它们曾经为敌（比如明与元、清与明），但这并不妨碍它们在历史的尺度下统一思想、统一意志，这不是信仰是什么？

将知识分子的价值追求注入历史书写，这是中国史学的强大传统，所谓“孔子成《春秋》而乱臣贼子惧”。为公众服务的公共史学，不但不能例外，而且由于公共史学非比寻常的社会影响力，它更应担负起构建集体记忆、完善社会道德价值体系的责任，使历史成为一种通识，甚至成为一种信仰。

我们今天书写历史，不可能完全遵循古人的立场。进入现代的中国，经历了五四新文化运动的洗礼，对旧有的文明进行了再造，熔铸成一种具有现代性的新文明，历史学也从传统史学中脱胎出来，形成一种新史学。陈寅恪先生一句“独立之精神，自由之思想”，勾勒出现代知识分子的人格追求，也为我们今天述史提供了新的动力资源。儒家传统中“富贵不能淫，贫贱不能移，威武不能屈”的道德追求，与现代知识分子的人格精神是可以打通的。这样的公共史学的著作，才能述往事，知来者，启民智，全人格，使公共史学著作不只成为畅销之书，更成为启蒙之书、精神之书、信仰之书。

五　公共史学的叙述方式

公共史学与学院派史学的区别，不只在于它们的宗旨、服务对象有异，在叙述方式上更是大相径庭。以公众为对象的史学著作其实是跨学科的产物，它至少借鉴了某些文学、戏剧的手段，使得这些著作更有阅读的快感，对公众来说更有吸引力。

在西方，公共史学与学院派史学的界限越来越模糊了，比如美国历史学家、汉学家、被称为“美国汉学三杰”之一的魏斐德（Frederic Evans Wakeman）先生，他的史学力作《洪业——清朝开国史》（*The Great Enterprise*），开篇没有“导论”，不见“概述”，而是从明朝边塞将领砍下百姓的人头冒充敌人的头颅交给朝廷这一戏剧性场面开始的，它不像是一部史学著作的开头，而更像是一部历史大片的开场。同样被列入“美国汉学三杰”的史景迁（Jonathan D. Spence）先生，以独特的视角观察中国历史，以非凡的“讲故事”的能力展现他观察与研究的结果，曾有学者把史景迁的历史叙述称为“历史侦探学”，史景迁先生也被称为“历史学家中的侦探”。十五年前，我在美国加州大学伯克利分校做访问学者时，在魏斐德教授的追思会上，曾与史景迁先生有过短暂交谈。令史景迁这类史学家困惑的是，中国的史书编纂总是显得大而无当。相比之下，他的史学名著《王氏之死》（*The Death of Woman Wang*），虽然只是依据《郯城县志》和其他几个地方的方志去重构有清一代地方社会的生活图景，却如侦探一般层层剥笋，如小说一般丝丝入扣。王氏“穿着软底红棉鞋，躺在被白雪覆盖的林间空地上，越过她的身体，我们才进入真正的乡村世界，走进我们先人的苦难和梦幻之中”。该书译者李孝悌在《代译序》中写道：“我们有大量关于中国近代区域和地方社会的研究，在看完了一

1　因有些朝代时间过短，因而编纂前朝历史的使命顺延到下一王朝。

串串真实的数字、图表统计和长篇累牍的征引文字后，却依然对被研究的社会、人民一无所知。史景迁教授使用的资料，看似简单、平常，但通过他奇幻的叙事和文字，郯城这个三百多年前中国北方的一所穷苦的聚落，却以那样鲜明强烈的形象逼近眼前，久久挥拭不去。一直到现在，我还清楚地记得，1668年的那场地震，如何极具象征性地将我们带进郯城的历史。通过一幅幅鲜明的图像和具体的描述，我们才真正进入我们曾经靠着抽象的概念徘徊其外的乡村世界，真正走进这些人的生活和他们的苦难与梦幻之中。”

这样的叙述方式会产生神奇的力量，可以让不爱历史的人爱上历史，甚至让不爱历史的人成为历史写作者，比如张宏杰。张宏杰说：“伟大的学者们讲述历史的声音听起来那样富于磁性。比如《草原帝国》那富于气势的序言和《万历十五年》那洋洋洒洒的开头。这种优美而有吸引力的叙述在一瞬间就改变了我对历史的印象。这些书不仅引起了我对历史的兴趣，甚至决定了我一生的走向。……历史是有魅力的，甚至可以让原本讨厌历史的人，变成历史作家。”[1]

公共史学不仅与学院派史学的界限越来越模糊，与文学也越来越靠近。公共史学越来越显示出跨学科的特点。比如近年来方兴未艾的历史非虚构写作，与公共史学渐渐融为一体了。历史学借鉴了文学，文学也走向历史学，以至于一部历史专著，不知该放在书店、图书馆的历史类书架上，还是放在文学类书架上。

将史学文学化，关键在于历史真相的探寻中，融入了人性化的视角。史学的目的是求真，是追寻事实的真相，梳理不同事件之间的脉络关系，而文学的责任是关注人——早在19世纪，法国著名的哲学家、史学家和文艺理论家、《艺术哲学》作者丹纳（Hippolyte Adolphe Taine，一译泰纳）就在英文版《英国文学史》的序言中一针见血地指出，“文学是人学”（“literature, it is the study of man”）[2]。而公共史学，在努力还原真相的同时，还把目光投向历史的当事人，对他们报以“理解之同情”。史学著作也因此而不再是冰冷的文献堆砌、鸡零狗碎的史实罗列，而越发有了人的温度，闪耀出人性的光芒。这类史学著作之所以能够拉近与读者的距离，令读者感动，原因就在这里。

六 小 结

艺术创作追求真、善、美，学术研究未必不是如此——公共史学的学术操守，就是求真；公共史学的价值追求，就是求善；公共史学的话语体系，就是求美。公共史学，就是真、善、美的统一。唯有如此，历史学才能臻于完善，达到它的理想境界，如姜萌所说：“只有将创造知识的专深研究和将知识转化为常识、智慧及其传播应用较好地结合起来的学术形态，才是较为健康的学术形态。”[3]相比之下，我们的学院派史学更偏重求真，即挖掘新的文献史料，探求历史的真相，而忽略了求善，更不屑于求美，这不能说不是历史学的缺失与遗憾。

近些年来，公共史学著作引发了民众的读史热潮，使得历史学与公众形成良好的互动，本身已经证明了

1 张宏杰：《尊重大众的读史需求——我对通俗史学的理解》，《中国公共史学集刊》第一集，中国社会科学出版社，2018 年，第 117 － 118 页。
2 关于“文学是人学”提法的由来，详见杨键：《钱谷融的“文学是人学”最初出自何人之口？》，澎湃新闻官方账号，2019 年 1 月 8 日。
3 姜萌：《通俗史学、大众史学和公共史学》，《史学理论研究》2010 年第 4 期。

公共史学的探索已经取得了积极的成果，证明了公共史学的独特优势和它在未来的潜力。这也是一种筚路蓝缕，不仅应当得到学者们的认可与尊重，更应成为历史学界的共识，成为中国史学的一种自觉的追求。

[作者单位：故宫博物院故宫学研究所]

故宫博物院藏斋戒铜人发簪形制研究

A Study on the Hairpin Styles of the Bronze Fasting Statue in the Palace Museum Collection

宋建祥　吕团结

Song Jianxiang　Lü Tuanjie

内容提要：

通过对斋戒铜人整体造像风格的研究，进一步了解明清时期的斋戒制度。为了更好地研究铜天官人部分缺失发簪的样式，在成分检测确定了发簪的材质和制作工艺的同时，结合文献和资料等研究了铜天官人所着的服饰特征，并结合铜天官人头部发簪孔尺寸的变化，最终确定了发簪为锥形的明代发簪。

关键词：

斋戒制度　长梁冠　方心曲领　发簪形制　保护修复

ABSTRACT:

Through the study of the overall style of fasting bronze statue, this article furthers the understanding of the fast system in the Ming (1368-1644) and the Qing (1644-1911) dynasties. In order to better understand the styles of the partially missing hairpins of the bronze statues featuring celestial officials, while the composition test unveils the hairpin's material and craftsmanship, combined with historical literature and references, the characteristics of the statues' costumes are studied. Together with changes in the size of the hairpin hole on their head, the accessory is eventually confirmed to be the Ming-dynasty style cone-shaped hairpin.

KEYWORDS:

fast system, long beam hat, bent collar with a square center (*fangxin quling*), hairpin styles, preservation and conservation

一 文物背景及现状

图1 修复后的斋戒铜人像

斋戒主要用于祭祀、重大行礼等场合用来显示庄严虔诚与敬重。斋戒在形式上是多种多样的，例如犹太斋戒、基督斋戒、伊斯兰斋戒、印度教斋戒等；不同的斋戒形式对于斋戒的理解也是有所差别的，但最终的含义相差不大，均为通过斋戒来消除下至自身上至国家等不好的因素，期盼达到自身和国家事事顺利的愿望。

《明史》载："洪武二年，学士朱升等奉敕撰斋戒文曰：戒者，禁止其外；斋者，整齐其内。沐浴更衣。并依礼斋齐三日。"《天咫偶闻》也载："明洪武二年，命礼部铸铜人一，高尺有五寸，手执简书曰：斋戒三日。"可以看出从明朝洪武二年开始，斋戒作为国家的一项制度开始实行。清朝多沿袭明制，清宫中现存的武英殿和文华殿曾经都作为斋戒之所使用过[1]。文中所研究的斋戒铜人主要由手持如意、头戴发簪的铜天官人和底座两大部分构成；铜天官人高52厘米，宽21厘米，厚17厘米；底座长48厘米，宽29.5厘米，高28.5厘米〔图1〕。其中铜天官人双手捧握如意，如意上分别用满汉文刻以镏金"斋戒"字样，表明此铜天官人作为斋戒之用。

二 文物重点伤况

图2 簪尾缺失的发簪

此斋戒铜人主要伤况：整体脏污，局部锈蚀，"万字"栏杆上缺少一只蹲狮，发簪簪尾缺失。通过对发簪的细致观察可以发现，发簪采用"套扣"连接的方式组合而成，因此发簪簪尾的缺失并非断裂所致〔图2〕。

铜天官人整体的脏污和锈蚀处理较为容易，缺失蹲狮的补配可根据"万字"栏杆上呈对称规律分布的其他蹲狮样式来确定，而缺失簪尾的发簪形制没有直接的证据来明确，这给后续发簪的修复留下了难点。

按照文物修复的要求，发簪形制确定与否直接决定着后续能否成功修复。本文的主要目的是在没有直接表明发簪形制的依据面前，首先对发簪的材质、铜天官人服饰特征等进行研究，确定发簪的形制，为后续的

1 王子林：《皇帝死后沐浴说——紫禁城中浴德堂功用的六种可能之一》，《紫禁城》2006年第7期。

修复解决障碍，最终指导完成斋戒铜人的修复。

三 发簪形制研究

（一）成分测试分析

借助德国Bruker Nano Gmbh生产的Artax开放式微区X射线荧光光谱仪（XRF）对铜天官人及头部发簪进行了原位无损半定量成分分析。实验条件：X射线光管为钨靶准直管，管电压50kV，管电流200μA。测试结果如表一、表二所示。

表一 铜天官人头部发簪元素成分测试结果（“/”表示未检测到）

取样部位	元素含量（wt%）					
	Cu	Zn	Sn	Pb	Au	Hg
发簪杆部	77.9	13.3	/	/	8.2	0.6
发簪头部	27.4	9.1	/	/	55.1	8.4

表二 铜天官人元素成分测试结果（“/”表示未检测到）

取样部位	元素含量（wt%）						
	Ca	Fe	Cu	Zn	As	Sn	Pb
上部	0.8	0.5	79.5	0.1	0.6	10.4	8.1
中部	0.4	0.4	81.5	0.2	0.7	10.6	6.2
下部	1.3	0.5	79.2	0.1	0.8	10.5	7.6

表一、表二对铜天官人及头部发簪的成分测试结果表明：铜天官人为铜锡铅合金，即青铜材质；发簪材质上为铜锌合金，即黄铜，采用“金汞齐”的方法进行了鎏金处理。此外，测试结果表明发簪的头部与杆部在铜含量和鎏金层厚度上存在明显的差异；发簪杆部的铜含量明显高于发簪头部，发簪杆部的鎏金层厚度明显少于发簪头部的鎏金层厚度。对于不同鎏金层厚度差异的一种可能解释是：因发簪是装饰性配饰，发簪杆部几乎全部位于铜天官人的头部内部，不外露，故发簪杆部鎏金层薄；而发簪头部位于铜天官人头部外侧，作为头部的重要装饰构件，美观度上要求较高，故发簪头部的鎏金层厚，视觉效果好。另一种可能的解释是：发簪是穿插于铜天官人头部之中，在长时间的穿插使用过程中导致发簪杆部的鎏金层磨损，从而导致鎏金层厚度存在差异。上述两种解释从装饰性与实用性两方面给出了发簪鎏金层厚度差异的可能性解释，都具有一定的合理性。

发簪采用“套扣”的方式进行连接而非单体铸造成型。至于发簪为什么采用“套扣”的方式进行连接始终没有找到有力的证据来进行解答，第一种推测是发簪制作时主要考虑的是装饰效果和制造成本，结合发簪黄铜鎏金的特点，缺失的发簪尾部可能是纯金等材质制作而成；此外丁翠萍[1]的研究从考古方面也证实了存在

1 丁翠萍：《考古出土的两宋时期首饰研究》，吉林大学，2009年，第9－18页。

多种材质混合制成的发簪，这也增加了推测的可信度。第二种推测是“套扣”的连接方式是古代的一种制作工艺，或许古人认为“套扣”的连接方式更加符合当时发簪的使用习惯，使用过程中发簪的插拔或许更加方便。对于发簪为什么采用“套扣”连接而非单体铸造成型制造的解释在本文中只是给出了猜测，期待在后续的工作中找到直接证据来揭开心中疑惑。

上文对发簪的材质和制作工艺进行了分析，为更好地确定发簪样式，需要研究铜天官人的造型风格、制作背景、服饰特点等方面来明确发簪的样式。

（二）铜天官人服饰研究

斋戒铜人中的铜天官人立于四方如意足底座上，头戴七梁冠，冠中正额饰以立体刻如意纹，颜题左右两侧雕刻对称云纹状装饰式样，发簪穿过六瓣花形簪孔，贯穿冠耳两侧，簪尾缺失；长梁冠系于后脑正中双耳上缘高度位置；耳前冠带系于胸前并呈“八”字飘下。铜天官人内着窄袖衣，外着袖宽圆领长袍；颈处饰有“方心曲领”并系于颈后，呈蝴蝶结状；背中间有三组垂至底板的绦带；铜天官人身左右两侧玉带下依次坠有玉璜、玉玦、如意云头、珠子及流苏组成的佩玉组合。

此斋戒铜人根据档案记载为清朝时期制作，但在冠式、服饰、配饰等造像风格上与清朝时期人员的造像风格具有明显的差异。这种差异主要体现在：

1.冠样式的差异。据查阅文献资料发现：明代时期以七梁冠中的梁数来对王公大臣的品级进行区分。《明会典》记载：公冠、侯冠、伯冠分别对应八梁、七梁、六梁，一品冠为七梁、二品冠为六梁、三品冠为五梁、四品冠为四梁、五品冠为三梁、六品七品冠为二梁、八品九品冠为一梁[1]；据此可以得出铜天官人的品级是很高的，应为侯冠中一品冠。

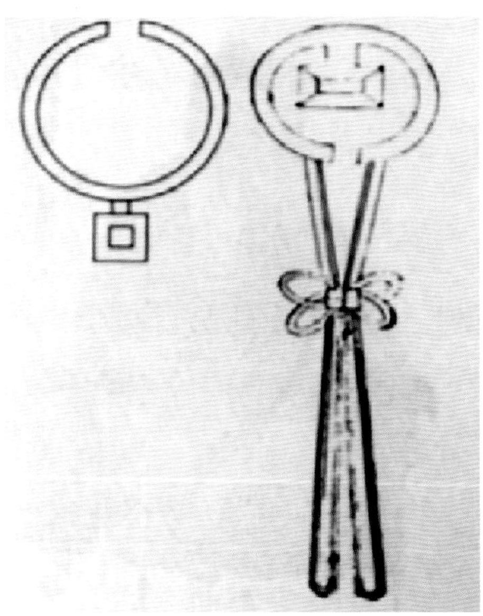

图3　左图：宋绘画中的“方心曲领”；
右图：明代《三才图会》中的“方心曲领”

2.铜天官人所着服饰的差异。铜天官人的服饰出现了明代服饰显著的装饰特征“方心曲领”。早在汉代《释名 · 释衣服》对曲领就有了最早的记载：“曲领在内，所以禁中衣领上横壅，其状曲也。”《新唐书 · 舆服志》中对“方心曲领”也有记录；《礼记集说》中记载：“今朝有方心曲领，以白罗为之，方二寸许，缀于圆领之上，以系于颈后结之也。”经过唐宋的发展，方心曲领的样式也在不断地变化，至明代时“方心曲领”形成了上圆下方并伴有系带的璎珞形装饰[2]〔图3〕。

此外，明代官员服式主要有朝服、祭服、公服及常服等款式，对于此铜天官人所着的具体服饰仍需要遵循史籍来进行确认。据《大明会典》对文武官员服饰的记载，朝服主要是参加重大活动所穿的服装；祭服主要是用于祭祀活动；公服即办公服，

1　许晓：《孔府旧藏明代服饰研究》，苏州大学 2014 年硕士论文，第 14 — 15 页。

2　高颖、余玉霞：《谈方心曲领中的天圆地方之说》，《现代装饰（理论）》2012 年第 10 期。

多用于重大朝会；常服主要是平时工作时穿的服装[1]。根据铜天官人的等级可以推测所着服饰应为朝服和祭服中的一种。

朝服。凡大祀庆成……则文武官各服朝服。梁冠，赤罗衣，白纱中单，俱用青饰领缘，赤罗裳，青缘，赤罗蔽膝，大带用赤白二色绢，革带，佩绶，白袜，黑履。一品至九品，俱以冠上梁数分等第。一品冠，七梁……绶用绿、黄、赤、紫四色丝，织成云凤四色花锦，下结青丝网，绶环二，用玉[2]。

祭服。凡上亲祀郊庙社稷，文武官分献陪祀，则服祭服。一品至九品，青罗衣，白纱中单，俱用皂领缘。赤罗裳，皂缘，赤罗蔽膝，方心曲领。其冠带佩绶等第，并同朝服[3]。

朝服与祭服主要区别一方面是颜色上的区别：朝服用赤，祭服用青；另一方面，祭服中有“方心曲领”而朝服没有；其余的特征两者并无不同[4]。通过上文的文献考证，同时结合铜天官人的用途、头部所戴的“长梁冠”和衣着中“方心曲领”特点基本可以确定其所着服饰为明代祭服。据此可以确定此铜天官人的发簪样式为明代发簪样式。

此外，对于斋戒铜人服饰朝代归属的确定，明十三陵神道两侧的翁仲造像在服饰上的特点进一步佐证了铜天官人所着服饰为明代风格〔图4〕。明十三陵神道两侧翁仲像身着的服饰与铜天官人的服饰具有极高的相似度，都具有明代服饰中典型的“长梁冠”和“方心曲领”。清朝入关后多沿袭明朝制度，祭天活动也是制度沿袭的一种体现。

图4 左图：明十三陵翁仲像；右图：修复后的铜天官人像（局部）

同时，在对铜天官人头部发簪孔的观察可以看出，发簪尾部为六瓣花形簪孔。其明显小于发簪头部的簪孔，说明了发簪形制为锥形，进而也证实了发簪的样式。

斋戒铜人主要用于祭天活动中的祭天礼程中，皇帝祭天时采用“铜人示警”是明清两朝的一种制度。采用身着明代服饰的铜人进行祭天活动，一方面是利用手持刻有“斋戒”字样如意的铜天官人提醒皇帝斋戒；另一方面也存在利用前朝的人物造像警示清朝领导者吸取前朝灭亡教训的意味。

综合上述的研究可以明确此斋戒铜人中铜天官人为所戴“长梁冠”，身着“方心曲领”装饰的明代服饰，据此确定了缺失发簪的样式为锥形。发簪样式的确定为后续发簪在修复中的补配解决了文物修复可行性上的障碍。

1 郑艺鸿：《明皇陵石刻文官服饰考》，《装饰》2015 第 5 期，第 76 — 77 页。
2 （明）李东阳等撰、申时行等重修：《大明会典》卷六一 “冠服二・文武官冠服”，广陵书社，2007 影印本，第 1053 页。
3 （明）李东阳等撰、申时行等重修：《大明会典》卷六一 “冠服二・文武官冠服”，广陵书社，2007 影印本，第 1057 页。
4 郑艺鸿：《明皇陵石刻文官服饰考》，《装饰》2015 第 5 期。

斋戒铜人中铜天官人的人物形象历史上有记载的多是有名的谏臣或者是对国家有突出贡献的能臣，例如唐代谏臣魏徵、明成祖时期司礼监太监刚炳和明代太常寺乐官冷谦等；但是对于此斋戒铜人塑造的人物形象无法通过现有的证据来证明具体是哪位历史人物，留下了些许遗憾。

四 总 结

故宫博物院藏斋戒铜人中铜天官人及发簪的成分检测表明铜天官人为青铜材质；发簪为黄铜材质，采用"金汞齐"的方法进行整体鎏金处理；同时检测分析发现发簪头部和杆部鎏金层厚度存在差异，并对发簪鎏金层厚度差异和"套扣"的连接方式进行了可能性的解释。

结合铜天官人所处时代背景和服饰特征，重点对铜天官人"长梁冠"和"方心曲领"的服饰特点进行文献资料研究，确定了铜天官人所着服饰为明代祭服，并结合十三陵翁仲石像和铜天官人头发簪孔的形制确定了缺失发簪的样式为锥形。

附记：感谢故宫博物院文保科技部屈峰、段佩权、邹非池和刘思麟在文章结构、科技检测和影像方面提供的专业指导，以及文保科技部同人王有亮、高飞、尚素红、金大朝、荀燕、尹航的大力帮助，在此一并致以诚挚的感谢。

[作者单位：故宫博物院文保科技部]

清代宫廷珍宝材料的种属鉴定、分类及病害特征研究*

Study on the Identification, Classification, and Diseases Characteristics of Precious Materials Used by the Qing Imperial Court

罗涵

Luo Han

内容提要：

清代宫廷珍宝器物、建筑装饰、园林造景中所用的珍稀材料品类丰富、名目繁杂。本文在前人研究的基础上，梳理了清代档案中珍宝材料名称并结合文物实物的无损检测结果，较为系统地总结了故宫珍宝材料的主要类别。根据化学成分以及同生命体的关系可将故宫珍宝材料划分为无机材料和有机材料。无机材料包括宝石类、玉石类、金属类和人工烧制材料类；有机材料根据有机体的属性可划分为与动物相关的牙骨类、角甲类、皮毛类、羽毛类、珠贝类，与植物相关的木质部类、木叶皮类、果核类、树胶质类。同时根据文物修复实例归纳了各类材料物理化学性质、常见用法和病害情况，为今后相关珍宝文物的保护修复操作提供参考。

关键词：

珍宝材料　拉曼光谱　红外光谱

ABSTRACT:

Precious materials selected for producing objects, interior décor, or garden landscaping in the Qing dynasty (1644-1911) imperial court are rich in categories and complex in nomenclature. Based on previous studies, court archives records and non-destructive testing of the physical objects, this article systematically summarizes main categories of precious materials used in the Qing court. According to the chemical composition and the relationship with living organisms, these precious materials can be divided into inorganic materials and organic materials. The former include gems, jade, metals, and artificially fired materials, while the latter can be divided, according to the properties of organisms, into animal-related dental bones, horns, fur, feathers, pearl shells, and plant-related xylem, wood, leaf, bark, fruit pits, and resin. At the same time, this article also summarizes the physical and chemical properties, common usage, and disease conditions of various materials based on conservation case studies, and provides references for the protection and restoration of related objects in the future.

KEYWORDS:

precious materials, Raman Spectrum, FTIR Spectrum

* 本文受故宫博物院科研课题《养心殿镶嵌类文物中珠宝玉石材料的病害分析及保护修复研究》（课题编号：WB10302011816）项目资金支持。

一 研究背景

故宫博物院院藏文物186万余件（套），25个门类，一级藏品8000余件（套），堪称文物宝库。藏品以清宫旧藏器物为主，各门类器物特别是百宝嵌器物的制作均有使用金银珠玉、竹木牙角等珍贵、稀有的材料。在乾隆时期，对珍贵材料的运用更是扩展到了建筑装饰和庭院造景之中，处处可见石玉常青、翠羽恒色，无一不彰显紫禁城"仰观宇宙之大、俯察品类之盛"的宇宙万物观念。这些器物价值不菲，或浑然天成、或精工巧制，可称为"珍宝"。因此，本文将清代宫廷里用于制作各类装饰和珍宝器物的、珍稀的、具有经济价值和观赏性的材料统称为珍宝材料。

最初对珍宝材料的系统梳理是新中国成立后对文物名称、等级的集中评定，参考清宫黄条结合文物命名规则，形成包含部分材料信息的文物底账名称。而后，前人对珍宝材料的研究则从四方面入手：其一，结合文物实物考证档案中珍宝材料的名称、来源以及使用方法。如杨伯达先生通过清宫档案对"云玉""云石""绿玉"进行了实名考证[1]。邓淑苹先生对台北"故宫博物院"所藏伊斯兰玉器镶嵌方式及镶嵌材料进行了详细的研究[2]。郭福祥老师对玛纳斯碧玉的来源进行档案和实物的梳理比对[3]。许晓东老师通过对琥珀外观特征的观察和档案查阅，确定了古代琥珀器物材料的来源[4]；并在对清宫旧藏印度珍宝及其清仿品的开展研究时提及嵌石搭配的记录[5]。徐琳老师对故宫馆藏和田玉文物、齐家文化等早期玉文化[6]及清代宫廷翡翠的类型及特点进行过深入分析[7]。刘岳老师研究象牙、犀角器物材料所对应的工艺技艺[8]。赖惠敏老师对清代宫廷朝贡贸易影响下的红珊瑚材料来源进行阐述[9]。其二，结合宝石学知识和科学检测分析，准确判定珍宝材料的种属。如陈东和博士使用XRF能谱、拉曼光谱、光致发光谱等无损方法分析台北"故宫博物院"收藏的痕都斯坦玉器及其他器物所嵌宝石的种属，准确鉴别了红宝石、蓝宝石、祖母绿、尖晶石等宝石材料[10]。赵桂玲老师、赵兰用拉曼光谱鉴定清宫档案中所述"云产石"为翡翠[11]。黄英、罗涵曾对故宫藏和田玉、翡翠器物及其上镶嵌的宝石做拉曼光谱的鉴定，确定红色嵌石的重要品种有红宝石和尖晶石。其三，就故宫收藏文物中包含的各类珍宝材料的汇总研究，如徐启宪先生在《故宫博物院院藏文物珍品大系——宫廷珍宝》一书的导言中论述了故宫宫廷珍宝材料的种类，将故宫珍宝材料分为有机材料和无机材料两类，重点阐述了故宫珍宝文物的使用功能、等级观念、来源和历史艺术价值[12]。陈夏生女士以《溯古话今谈故宫珠宝》一书总结了自己多年来在清宫珠宝服饰方面的研究成果，以宝玉石材料矿物学分类为基础，对台北"故宫博物院"所藏的清宫皇室珠宝

1 杨伯达：《"云玉"、"云石"、"绿玉" 之名实考析》，《故宫博物院院刊》2010 年第 4 期。
2 邓淑苹：《导言》，《国色天香——伊斯兰玉器》，台北 "故宫博物院"，2014 年，第 10 页。
3 郭福祥：《乾隆宫廷玛纳斯碧玉研究》，《故宫博物院院刊》2015 年第 2 期。
4 许晓东：《清代宫廷琥珀艺术》，《文物》2011 年第 3 期。
5 许晓东：《清宫旧藏印度珍宝》，《故宫博物院院刊》2013 年第 6 期。
6 徐琳：《故宫博物院藏齐家文化玉璧综述》，《故宫博物院院刊》2016 年第 3 期。
7 徐琳：《翠华玉意两逢迎 清代宫廷中的翡翠》，《紫禁城》2018 年第 5 期。
8 刘岳：《犀盏波浮琥珀光 犀角酒具的使用》，《紫禁城》2016 年第 2 期。
9 赖惠敏：《珊瑚与清代的朝贡贸易》，《宫廷与异域》，厦门大学出版社，2017 年，第 47 页。
10 陈东和：《十七至十九世纪印度玉器镶嵌宝石探讨》，《越过昆仑山的珍宝》，台北 "故宫博物院"，2015 年，第 300 页。
11 赵桂玲：《故宫旧藏 "云产石" 释疑》，《故宫博物院院刊》2010 年第 4 期。
12 徐启宪：《导言》，《故宫博物院院藏文物珍品大系——宫廷珍宝》，上海科学技术出版社，2004 年。

进行深入论述。详细叙述了珍珠、珊瑚、琥珀、石英质宝石、红色透明宝石、绿松石、孔雀石、青金石、钻石、金星玻璃、点翠、象牙、砗磲、玳瑁、沉香等材料的特点、应用、分类、产地、维护方式、简要的鉴定和鉴赏方法[1]。其四，各类珍宝材料特别是有机材料的保护修复方法，如龟裂琥珀的封护与黏结、象牙材料的修复养护等[2]。

前辈们对清宫旧藏珍宝器物的材料研究多以经验判断、档案核查为主，辅以有限的仪器鉴定，早期的工作虽然较少运用科技手段，但成果丰硕。受当时文物保管要求和仪器条件的限制，相应的研究成果较少涉及院藏珍宝文物材质的科技鉴定，未能完全解答档案记录能否和现今材料名称相匹配的问题；也尚未从保护角度出发认识材料性质、总结常见病害，故给本文留下一些探讨空间。

二 清宫档案中的珍宝材料

珍宝材料的名称和种类在清宫各类档案中均有详细的记载，如清代宫廷《各作成做活计清档》《记事录》《内务府陈设档》制作图稿档案以及文物随附黄条中都有包含材料名称的记录〔图1〕。

（1：佩纸画样，标注：蚌丁坠角、珊瑚花头、水晶顶针、绿苗石坠角、银母鞘珊瑚靶小刀、紫英石坠角、珊瑚解锥、珊瑚坠角。2：石朝珠，黄条：松石念珠一盘，金星玻璃佛头、塔，镶嵌蓝宝石背云，碎小正珠记念，红宝石小坠角四个）

图1 图稿档案、黄条中的珍宝材料注名

---

1 陈夏生：《溯古话今——谈故宫珠宝》，台北“故宫博物院”，2012 年。

2 Christina Bisulca, Paul C.Nascimbene, Variation in the Deterioration of Fossil Resins and Implications for the Conservation of Fossils in Amber, American Museum of Natural History, 2012 Number3734, p.19. 龚伟：《纳米羟基磷灰石在古象牙修复及 QCM-D 芯片中的应用研究》，西南交通大学硕士论文，2018 年。

以清代宫廷《各作成做活计清档》[1]为例，造办处六十余个专业作坊中和珍宝材料关联度最高的器作有金玉作、玉作、累丝作、牙作、杂活作、造屏风宝座处、玻璃厂、如意馆等。《活计档》记录了宫廷器物的搭配、制作、改制的过程，留下了材料使用、收储、辨识的信息。如“雍正元年 玉作 正月十三日，怡亲王交东珠数珠一盘（计一百零八颗随珊瑚佛头、松石计念、塔、瓓子背云、夹间珍珠七颗、红宝石坠角四个，锦匣盛）。奉旨：数珠上计念，条子短些收拾。钦此。（于二十三日收拾得东珠数珠一盘，打结子填夹间青金珠八个，怡亲王呈进讫。）”雍正元年玉作四月“二十五日 怡亲王交鹅子玉一块，王谕着画样遵此（于二十六日画得双鸠盒样，呈怡亲王看，奉王谕准做，遵此于七月初二做双鸠一壹件配珊瑚珠二个）怡亲王呈进讫”；杂活作“二十四日保德交黑色蛤蜊片一片做鼻烟壶用，记此（于四月十一日做得黑色蛤蜊鼻烟壶壹件，郎中保德持去讫。）”辨识材料的记录如雍正元年四月二十五日玉作记：“本日怡亲王谕鱼骨、画眉石着西洋人认看，遵此于二十八日传得西洋人冯秉正 郎世宁任看鱼骨、画眉石，据伊详称此鱼骨不认得，画眉石比黑铅微软，此亦写得字等语。怡亲王呈进讫。”

《养心殿造办处收贮物件清册》分材料种类、品种记录了收储器物情况，详细描述了材料的颜色、质地和外形状态，如软玉材料记为白玉、青玉、碧玉、乌玉、礤玉；琥珀类材料记为“琥珀”“蜜蜡”“金珀”“龙油珀”“黑珀”等；珍珠类材料记东珠、珍珠、蚌珠、养珠。描述外观形态有“矿金”(自然矿产形状)、“碎松石”“珊瑚枝破坏”等。描述对材料的改善处理有“烧汉斑白玉”“烧红石珠”等。

由以上记录可看出，档案中大多数珍宝材料名称准确并详细描述了颜色、质地和外形状态。但也有材料名称如画眉石、紫母绿、避风石、黑色石、瀚海石子、苗石等指代不明确。一是因为古代官员、工匠的辨识能力受制于当时的科学认知，无法辨识某些材料，也容易混淆外观相似材料；二是因时境变迁，材料名称改变后无法对应。所以在文物研究过程中，应结合现代的科学检测手段来辨识和比对。

三 文物中珍宝材料的观察和测试分析

2016年文保科技部迁入新址后，科技分析同传统修复工作的结合更加紧密。在珍宝馆改陈、养心殿修缮等文物修复项目中，经由我院同人共同努力，使用观察和无损方法准确鉴定了各种珍宝材料。选取近年保护修复的16件珍宝文物使用拉曼和红外光谱仪进行矿物种属判定，仪器样品情况如表1、表2、图2所示。

表1 测试仪器和条件

方法	测试项目	测试仪器和条件
拉曼光谱	宝玉石材料、矿物颜料	美国Bwtek公司Iraman-plus型号便携拉曼光谱仪器。激光波长为785nm，分辨率为3.5cm^{-1}，扫描范围为200-3200cm^{-1}
		英国Renishaw公司的INVIA2000拉曼光谱仪，激光波长为785nm或532nm
红外光谱	无机材料、有机材料	美国Thermo Fisher iN10 Mx傅里叶显微红外光谱仪。MCT检测器，扫描范围4000-675cm^{-1}，分辨率为4cm^{-1}，扫描次数64次
		美国Agilent4300HandheldFTIR便携红外光谱仪。扫描范围4000-650cm^{-1}，分辨率4cm^{-1}，扫描次数16，采样类型：漫反射

1 中国第一历史档案馆、香港中文大学文物馆编：《清宫内务府造办处档案总汇》第一册，人民出版社，2005年，第93－142页、第172－181页。

表2 使用珍宝材料制作的文物列表

	文物号及文物底账名称	样品编号	检测位置
1	故102246痕都斯坦玉刀柄	R001/R002/R003	图3-1
2	故9986铜镀金嵌珠宝盘	R004	图3-2
3	新7284乾隆成金胎绿珐琅彩镶红蓝宝石高足带托盖碗	R005/R008/R009	图3-3
4	故105492碧玺雕松鼠葡萄佩	R008-1	图3-4
5	故10380东珠朝珠	R006/OR001	图3-5
6	故210203紫桧边嵌牙骨珐琅大吉葫芦挂屏	R007/RY002/RY006(IR006)/OR004	图3-6、7、8
7	故210238紫桧边嵌料花梅花式挂屏	R010/RY004(IR004)/RY007(IR007)	图3-9、10
8	故209015花梨嵌螺甸玉石人物顶竖柜	0R002/OR005/RY008/RY009(IR009)	图3-11、12
9	故126603碧玉盆玉石珊瑚菊花盆景	OR003	图3-13
10	故126348青玉菊瓣洗式盆玉花象牙叶水仙盆景	RY001(IR001)	图3-14
11	故105911翠根螭耳炉	IR002	图3-15
12	故182467硬木玻璃灯	RY003(IR003)/RY010	图3-16
13	故125462雕漆海棠式盆料石杏花盆景	RY005	图3-17
14	故179166铜镀金嵌松石云顶八宝	IR005	图3-18
15	故126735五色玻璃盆蜜蜡刘海戏金蟾盆景	IR008	图3-19
16	故126733青金石长方盆珊瑚枝蜜蜡苗石山子盆景	RY011-1/RY011-2	图3-20

图2 部分玉石类材料的拉曼光谱图、红外光谱图及检测位置

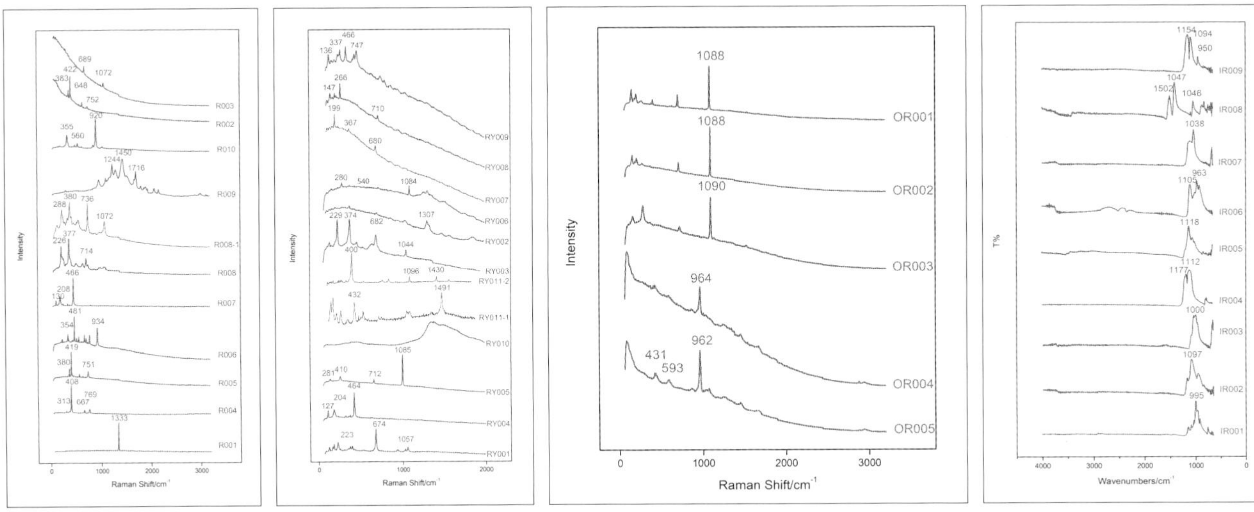

图3-1 宝石类材料的拉曼光谱图　图3-2 玉石材料的拉曼光谱图　图3-3 有机材料的拉曼光谱图　图3-4 各种宝玉石材料的红外光谱图

图3 部分珍宝材料的拉曼及红外光谱

拉曼和红外光谱所获谱线如图3所示，据相关文献[1]分析如下：

宝石系列中，R001出现1333cm^{-1}是钻石C-C单键引起的本征峰。R002和R005出现刚玉族矿物的特征峰，380cm^{-1}、383cm^{-1}、419cm^{-1}、422cm^{-1}-[AlO_6]的弯曲振动、579cm^{-1}、646cm^{-1}、648cm^{-1}、751cm^{-1}、752cm^{-1}-[AlO_6]的伸缩振动。R003出现祖母绿特征峰，689cm^{-1}-Be-O伸缩振动峰、1072cm^{-1}-[SiO_4]的伸缩振动峰。R004出现尖晶石特征峰，313cm^{-1}-Mg在四面体位置跃迁、408cm^{-1}-四面体内的Mg对称弯曲振动、667cm^{-1}、769cm^{-1}-Mg-O的对称伸缩振动造成。R006出现金绿宝石的568cm^{-1}Be-O弯曲振动、679cm^{-1}、934cm^{-1}Be-O伸缩振动，再根据表面猫眼效应判断为金绿宝石猫眼。水晶和玛瑙同为石英质玉石，主要成分为SiO_2，拉曼光谱R007水晶和RY004玛瑙出现127cm^{-1}、130cm^{-1}、204cm^{-1}、208cm^{-1}-[SiO_4]的旋转振动或平移振动，464cm^{-1}、466cm^{-1}-[SiO_4]的弯曲振动。IR004红外光谱峰1177cm^{-1}、1112cm^{-1}与硅氧键相关，为石英质矿物。R008和R008^{-1}均为碧玺，其成分复杂，峰位有诸多变化：1000^{-1}200cm^{-1}区间为Si-O的伸缩振动、700～900cm^{-1}为B-O伸缩振动、200～380cm^{-1}为硅氧四面体组成的六连环的畸变伸缩振动峰。R009出现石榴石355cm^{-1}-[SiO_4]的旋转振动峰、560cm^{-1}-[SiO_4]的面外弯曲振动峰、920cm^{-1}-[SiO_4]的对称伸缩振动峰，符合其谱峰特征。R010萤石出现977cm^{-1}、1244cm^{-1}、1450cm^{-1}、1716cm^{-1}可能为稀土元素的发光谱。

玉石的拉曼谱图RY001出现179cm^{-1}和223cm^{-1}-M-O振动和晶格振动、674cm^{-1}-[SiO_4]的对称伸缩振动、1057cm^{-1}-[SiO_4]的不对称伸缩振动，符合和田玉的谱线特征。另红外谱图IR001出现600～800cm^{-1}区间Si-O-Si对称伸缩振动和800-1200cm^{-1}区间的Si-O-Si、O-Si-O反对称伸缩振动和Si-O伸缩振动，是典型的透闪石谱线。RY002出现翡翠的374cm^{-1}-M-O振动和晶格振动、695cm^{-1}-[SiO_4]的面外弯曲振动、1034cm^{-1}、1307cm^{-1}-[SiO_4]的

1 王荣：《中国早期玉器科技考古与保护研究》，复旦大学出版社，2020 年，第 22 — 233 页；范建良、郭守国等：《拉曼光谱（785nm）在翡翠检测中的应用》，《光谱学与光谱分析》2007 年第 10 期；常晶晶：《古代壁画中颜料及染料的拉曼光谱研究》，吉林大学博士学位论文，2010 年；任佳、叶晓红等：《二里头遗址绿松石的红外光谱产地识别》，《光谱学与光谱分析》2015 年第 35 期（10）；姚雪：《宝石拉曼数据库的建立》，昆明理工大学硕士学位论文，2008 年。

对称伸缩振动。IR002红外光谱出现翡翠特征的1177cm^{-1}、1097cm^{-1}、961cm^{-1}的谱峰由Si-O-Si引起的非对称振动。RY003出现蛇纹石特征峰，229cm^{-1}-TO旋转和平移振动、M-O振动和晶格振动，374cm^{-1}-[SiO_4]的弯曲振动、682cm^{-1}-[SiO_4]的对称伸缩振动、1044cm^{-1}-[SiO_4]的不对称伸缩振动。蛇纹石红外谱峰也落在硅氧基团的振动区域。RY005出现方解石典型谱峰其中最强峰1085cm^{-1}是[CO_3]的对称伸缩振动造成的。RY006青金石中出现280cm^{-1}、1084cm^{-1}是其中方解石的峰、540cm^{-1}为青金石的特征峰，是S3-对称伸缩振动造成的。RY007滑石出现199cm^{-1}、367cm^{-1}，RY008叶蜡石出现147cm^{-1}、266cm^{-1}均为TOT旋转和的平移振动、M-O振动和晶格振动、680cm^{-1}和710cm^{-1}-[SiO_4]的对称伸缩振动，两者均为层状硅酸盐矿物。RY009出现地开石特征峰：337cm^{-1}-[SiO_4]的面内弯曲振动峰、466cm^{-1}-[SiO_4]的面外弯曲振动峰、747cm^{-1}-Si-O-Al的平移振动。IR009红外光谱符合地开石特征，1154cm^{-1}、1094cm^{-1}-Si-O的伸缩振动、950cm^{-1}-OH摆动。RY010出现玻璃的1000cm^{-1}至2000cm^{-1}的峰包。孔雀石、蓝铜矿、绿松石使用985nm波段激光检测难以获得特征谱线，所以多使用532nm的拉曼或红外光谱进行检测。RY011-1孔雀石和RY011-2蓝铜矿为共生矿物，化学成分为碱式碳酸铜，孔雀石出现432cm^{-1}晶格振动、1491cm^{-1}-[CO_3]的不对称伸缩振动。蓝铜矿出现400cm^{-1}晶格振动、1096cm^{-1}-[CO_3]的对称伸缩振动。孔雀石红外光谱出现1502cm^{-1}、1407cm^{-1}-[CO_3]的不对称伸缩振动、1046cm^{-1}-[CO_3]的对称伸缩振动。绿松石红外呈现1118cm^{-1}、1053cm^{-1}-[PO_4]伸缩振动。

有机材料中的东珠、螺钿、珊瑚都属于珠贝类材料，珍珠和螺钿有特殊的珍珠光泽，红珊瑚生长方向的横截面有特征的同心圆纹理。它们的主要无机成分均为碳酸钙，另有少量的碳酸镁，钙质珊瑚还含有少量的硫酸钙和氧化铁，所以OR001、OR002和OR003均出现1088cm^{-1}-1090cm^{-1}的特征峰为[CO_3]的对称伸缩振动。另出现的154cm^{-1}、209cm^{-1}、285cm^{-1}为Ca、CO_3的平移晶格振动、705cm^{-1}为[CO_3]的面外弯曲振动。牙骨质材料的主要无机成分为羟基磷酸钙，所以都出现962cm^{-1}、964cm^{-1}特征峰。区别象牙和骨质主要观察表面结构，象牙横截面有莱兹纹，纵面有纵向纹理，骨质表面有空管状骨质纹理〔见图4〕。诸如翠羽的特征颜色及毛丝结构、玳瑁点状颜色聚集都具有鉴定意义，可通过放大观察予以分辨〔见图5〕。

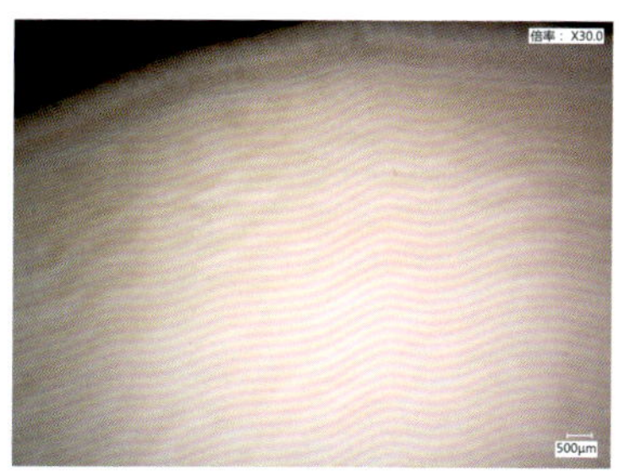

图4-1　象牙横截面的莱兹纹

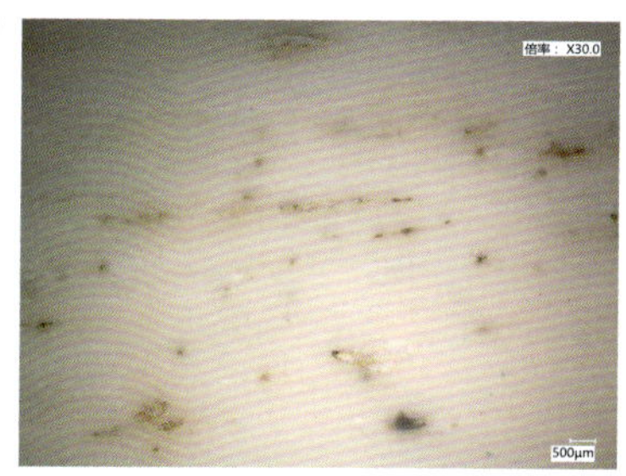

图4-2　骨质表面的空管构造

图4　象牙和骨的结构对比

图5-1　翠羽的特征颜色和毛丝结构

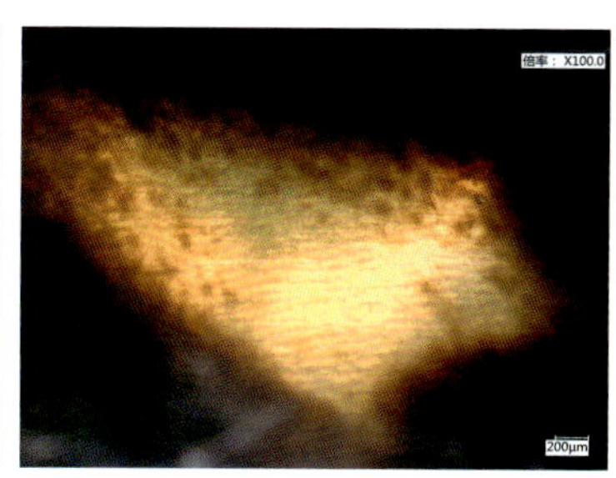

图5-2　玳瑁内部的点状颜色聚集

图5　象牙和骨的结构对比

综上结果表明故宫珍宝材料种属同底账名称、器物铭文或黄签记录基本一致，详见表3。

表3　部分珍宝材料的拉曼光谱和红外光谱特征峰

编号	拉曼位移特征峰	结论	底账名称
R001	1333cm^{-1}	钻石	/
R002	383cm^{-1}、422cm^{-1}（最强）、648cm^{-1}、752cm^{-1}	红宝石	/
R003	689cm^{-1}（强）、1072cm^{-1}（强）	祖母绿	/
R004	313cm^{-1}、408cm^{-1}（最强）、667cm^{-1}、769cm^{-1}	尖晶石	铭文：红宝石
R005	380cm^{-1}、419cm^{-1}（最强）、579cm^{-1}、646cm^{-1}、751cm^{-1}	蓝宝石	蓝宝石
R006	354cm^{-1}、481cm^{-1}（最强）、568cm^{-1}、679cm^{-1}、934cm^{-1}	金绿宝石	猫睛
R007	130cm^{-1}、208cm^{-1}、466cm^{-1}（最强）	水晶	/
R008	226cm^{-1}、377cm^{-1}（最强）、714cm^{-1}	碧玺	档案：红宝石
R008-1	228cm^{-1}、340cm^{-1}、736cm^{-1}（最强）、1072cm^{-1}	碧玺	碧玺
R009	355cm^{-1}、560cm^{-1}、920cm^{-1}（最强）	石榴石	/
R010	977cm^{-1}、1244cm^{-1}、1450cm^{-1}（最强）、1716cm^{-1}	萤石	/
RY001	179cm^{-1}、223cm^{-1}、674cm^{-1}（最强）、1057cm^{-1}	和田玉	青玉
RY002	374cm^{-1}、695cm^{-1}、1034cm^{-1}、1307cm^{-1}（最强）	翡翠	翠
RY003	229cm^{-1}、374cm^{-1}（最强）、682cm^{-1}、1044cm^{-1}	蛇纹石	/
RY004	127cm^{-1}、204cm^{-1}、464cm^{-1}（最强）	玛瑙	玛瑙
RY005	281cm^{-1}、410cm^{-1}、712cm^{-1}、1085cm^{-1}（最强）	方解石	/
RY006	280cm^{-1}、540cm^{-1}、1084cm^{-1}（最强）、1308cm^{-1}、1370cm^{-1}	青金石	/
RY007	199cm^{-1}（最强）、367cm^{-1}、680cm^{-1}	滑石	石
RY008	147cm^{-1}、266cm^{-1}（最强）、710cm^{-1}	叶蜡石	石
RY009	136cm^{-1}、337cm^{-1}（最强）、466cm^{-1}、747cm^{-1}	地开石	石
RY010	1000cm^{-1}至2000cm^{-1}的峰包	玻璃	玻璃
RY011-1	432cm^{-1}、1491cm^{-1}	孔雀石	苗石
RY011-2	400cm^{-1}、1096cm^{-1}、1430cm^{-1}	蓝铜矿	
OR001	154cm^{-1}、705cm^{-1}、11088cm^{-1}（最强）	珍珠	东珠
OR002	154cm^{-1}、209cm^{-1}、705cm^{-1}、1088cm^{-1}（最强）、	贝壳	螺钿
OR003	285cm^{-1}、717cm^{-1}、1090cm^{-1}（最强）	珊瑚	珊瑚
OR004	964cm^{-1}（最强）、	象牙	牙
OR005	431cm^{-1}、593cm^{-1}、962cm^{-1}（最强）	骨质	/
IR001	1152cm^{-1}、1092cm^{-1}、995cm^{-1}、960cm^{-1}、917cm^{-1}、757cm^{-1}	和田玉	青玉
IR002	1177cm^{-1}、1097cm^{-1}、961cm^{-1}	翡翠	翠
IR003	1038cm^{-1}、1000cm^{-1}	蛇纹石	/
IR004	1177cm^{-1}、1112cm^{-1}	玛瑙	玛瑙
IR005	1118cm^{-1}、1053cm^{-1}	绿松石	松石
IR006	1105cm^{-1}、963cm^{-1}、920cm^{-1}	青金石	/
IR007	1038cm^{-1}	滑石	石
IR008	1502cm^{-1}、1407cm^{-1}、1046cm^{-1}	孔雀石	/
IR009	1154cm^{-1}、1094cm^{-1}、950cm^{-1}	地开石	石

四　讨论

1. 珍宝材料的名称对应

结合前人研究成果和近年来实验，以雍正元年—二年玉作、杂活作、累丝作、镶嵌作出现的珍宝材料名称为例〔详见表4〕，部分名称古今对应、指代清晰、分类明确，而另一些材料需要在今后的工作中继续验证。

表4　部分活计档中珍宝材料的名称及对应情况

状态	部分档案中的材料名称
古今一致	金、银、金刚石、蓝宝石、翡翠石、水晶、玛瑙、孔雀石、青金、松石、寿山石、大理石；玻璃、珐琅；珊瑚、砗磲、黑色蛤蜊片；象牙、虬角、牛角、羚羊角、玳瑁、羊角、犀角；紫檀木、花梨木、檀香木、黄杨木、斑竹、伽南香；菩提、桃核、扁桃核、椰子、椰瓢、龙眼菩提、核桃、兰枝核、兰芝核、鲜荔枝皮等
古今对应	白玉、青玉、碧玉、乌玉、礤玉——和田玉中不同的颜色品种； 琥珀、蜜蜡、金珀、龙油珀、蜡珀、黑珀——不同品种的琥珀/蜜蜡，均为石化树脂； 东珠、珍珠、蚌珠、养珠——天然或养殖珍珠，东珠有产地限定； 硝子石、西洋玻璃、红玻璃、金星五彩玻璃、葡萄色玻璃、温都那石——料器玻璃； 红宝石——泛指红色宝石，经鉴定有尖晶石、红宝石及其他红色的宝石； 云产石——翡翠； 水晶、黄水晶、墨晶、茶晶——不同颜色的水晶； 珊子、猫睛——有猫眼效应的金绿宝石称猫眼； 碧牙西——碧玺； 催生石——青金石 青金绿苗石——孔雀石和蓝铜矿共生岩
尚待验证	鹅子玉、宝灵石、避风石、黑色石、鱼骨、空心石子、画眉石、黄宝石、洋晶、瀚海石子、特克角、黑珠皮、银母、布尔哈羊皮、洋漆、西洋黑铅、红铅、竹珠、荆州石（绿松石）、沙鱼皮、英石、有水紫英石、绿英石、紫母绿、白端石、丹巴嘎铜、朱砂、假宝石、纫馔石、松都绿、天降石、止血石、御风石、天庆石、武定石、五福石、永安蜡石、牛油石、古容石、灵璧石、花石、西山石、湖广石、关东石、乌拉石、木变石、云母石片、黑画石、火石、礞石、红毛火石、油青石等。

2. 珍宝材料的分类

徐启宪先生于《故宫博物院院藏文物珍品大系》丛书珍宝卷开篇，给故宫珍宝材料一个正式的分类，将其分为无机珍宝和有机珍宝两大类[1]。其中无机珍宝包括金属类、钻石类、宝石类和玉石类，有机珍宝包括珍珠、珊瑚、玳瑁、象牙等。然而徐先生在文中亦指出"人类对珍宝的认识和概念在不同的历史时期不尽相同"，有些曾被视为珍宝的稀有之物在现代社会变得很容易获得，有些在当时普遍运用的材料因技术发展更难以制作。所以现代宝石学中天然宝玉石的分类仅能作为故宫珍宝材料分类的参考，尚无法还原清代宫廷用材的真实面貌。比如清代宫廷中使用非矿物材料如翠鸟羽同金属、伽南香同金属结合，制作金点翠屏风、金累丝伽南香手镯等组合器物，再如鹿角、牛羊角、橄榄核、山楂核、菩提子等有机材料可以制作成精巧珍贵的工艺珍宝。总之，单单以矿物类珠宝玉石材料的分类来总结，不足以展现明清宫廷特别是清代宫廷珍贵材料的多样性，珍宝材料的外延应当有相应的扩展。根据上述情况，将故宫珍宝材料简要分类如表5所示。

故宫珍宝材料根据化学成分的不同以及同生命体的关系首先划分为无机材料和有机材料。在无机材料中，按照生成方式分为天然产出的材料和人工制作的材料。天然产出的矿物材料根据化学成分和结晶方式分为天然宝石和天然玉石。天然宝石是指自然界产出的，具有美观、稀少、耐久特质的，可以加工为装饰品的

1　徐启宪：《导言》，《故宫博物院院藏文物珍品大系》，上海科学技术出版社，2004 年，第 16 — 28 页。

矿物单晶或双晶；天然玉石是指天然产出，具有美、久、少特质的矿物集合体，少数为非晶质，古有释义：石之美者，玉也[1]。根据故宫玉石材料的物理性质（如硬度、韧性）、雕刻属性和珍贵性，参考《系统宝石学》，将天然玉石再划分为珍贵玉石、普通玉石和美石三类。金属材料和玻璃陶瓷类材料的原料为天然产出，在使用之前经过了人工的炼制或烧制，所以划分为人工材料。金属材料在故宫珍宝器物中可做基材、链接材料和配件，具金属光泽，富有延展性，容易导电和导热性质的物质，文物中最常见的金属材料有金、银、铜、铁、锡、铅等。玻璃陶瓷类材料为玻璃态非晶质材料，颜色和花纹均可人为设计，丰富了文物的装饰效果。

有机材料则同生命体相关，是多种动植物的不同组织结构。动物体系中，硬质组织都成为珍宝材料的来源，或为含少量蛋白质的钙的碳酸盐或磷酸盐，如贝壳类、牙骨类，或为主要由蛋白质组成的角甲类、皮毛类。这类材料有韧性，适宜雕刻，也容易染色。海洋生物中，珊瑚是珊瑚虫的骨骼，珍珠是贝母排异反应生成的珠状物，螺钿是以贝母的壳体或者夜光螺的螺壳为原料，也有大型鱼类的牙齿和骨骼。陆地生物中，大量哺乳类动物的骨骼、牙齿、角被运用到文物当中，如象牙和鹿角。动物系列中的软性材料——羽丝类、皮毛类较多出现在服饰中，但在珍宝文物中也应用广泛，常用到翠羽、孔雀翎毛、雉鸡羽同纸胎、金属相结合成独特的“点翠”“点羽”工艺，既可以制作大型屏风、也可以点缀首饰，也会用到羊皮、牛皮作为珍宝文物的装饰材料。

植物系列材料多以树胶质的化石、珍贵竹木为主，辅以果实中的果核、树皮质等。琥珀是树脂经过数百万年以上的埋藏作用而石化。大漆为漆树脂，经过制漆刷漆的工序制作而成的漆器嵌件，可镶嵌于百宝屏风或家具上。紫檀、黄花梨等珍贵木材既作为家具文物的本体材料，也可做镶嵌材料。菩提子、山楂子、橄榄核等果实，也常被串成礼佛用的持珠和佛珠等。

表5 故宫珍宝材料的简要分类

大类	来源	细类	品种
无机	天然	宝石类	钻石、红宝石、蓝宝石、尖晶石、绿柱石（祖母绿、海蓝宝石）、托帕石、水晶、碧玺、石榴石、金绿宝石（甸子）、萤石
		玉石类	贵重玉石：和田玉、翡翠
			普通玉石：绿松石、青金石、玛瑙、孔雀石、黑曜石
			美石：寿山石（田黄）、滑石、方解石、砚石
	人工	金属类	金、银、铜、铁、锡
		玻璃陶瓷类	料器、玻璃、珐琅、陶瓷
有机	动物	珠贝类	珊瑚、珍珠、贝壳、螺壳
		牙骨类	象牙、骨质、鹿角、虬角
		角甲类	玳瑁、牛角、羊角、犀角、盔犀鸟喙
		羽丝类	鸟羽（翠鸟羽、孔雀羽、雉鸡羽等）、蚕丝
		皮毛类	牛皮、羊皮、珍珠鱼皮
	植物	木质部类	竹制品、木制品（沉香等、煤精）
		木叶皮类	桦皮、竹黄、菩提叶、纸制品
		果核类	榄核、菩提子、山楂子
		树胶脂	琥珀（石化树脂）、漆

1 张培莉主编：《系统宝石学》，地质出版社，2006 年，第 3 页。

3. 各类珍宝材料的病害特征

材料的物理化学性质直接决定了材料加工性能、病害情况和保护修复时的操作风险，所以同类材料在前期制作和后期保护上具有相近的特点，同类材料的保护修复操作可互相借鉴。

无机天然宝玉石材料一般具备良好的雕刻、琢磨的加工属性，在文物中多以裸石、雕件、嵌石、嵌件、盆景花叶、盆景山石、珠串、坠角的形式出现，总体较为坚固、材料本身的病害特征并不明显，常见病害为外覆的尘污、少数材料有变色、裂纹的病害。宝玉石材料中也有较为脆弱的品种，硬度低如莫氏硬度小于3的滑石、寿山石、叶蜡石等，解理发育的如萤石、方解石，结构疏松多孔如绿松石，可溶于水如蓝铜矿等，都应予以特别关注。天然金属材料可做成器皿、首饰、嵌件、丝状连接材料。金银延展性好可制作金银箔，也可以磨成粉末用于其他材料的表面装饰。铁质材料较为刚健，可做内芯、加固材料，铅、锡则用于焊接和垫色。金属材料的病害同制作方式相关，常见有尘污、变形、弯折、断裂、表面划痕磨损、锈蚀等。玻璃类材料常制作成独立器物、灯具、镜面，也有部分参照天然宝玉石材料的使用方法，雕刻成各类嵌件和配件，常见病害除尘污以外，要重点关注玻璃类材料本身的云雾化、龟裂、风化、剥离、裂隙、断裂、磨损和彩绘层损伤。

有机材料的莫氏硬度一般小于3.5，均易受到环境的温湿度影响而变色、变形，也容易在潮湿环境中滋生伤害本体的霉菌或受其他生物破坏。动物材料中的珠贝、牙骨类、角甲类和植物材料中木本质、果核、石化树脂和漆都属硬质材料，雕刻性能良好，多以雕件、嵌件、盆景枝干花叶、底座、珠串等形式出现，角甲类材料因其热塑性和热黏合性，还可以制成角灯和器物随形框架。常见病害有尘污、划痕、干裂、磕缺、破损、粉状剥离、变色、变形、白化、虫蛀、霉菌等。其中牙骨类、角甲类材料常应用染色工艺，包括浸染法、附着法和描绘法，产生褪色、颜色层起翘缺失等病害；琥珀在自然老化中出现裂纹-龟裂-粉化的变化过程；漆器则因温湿度变化会产生自然的纹裂，局部也可起翘和鼓包。

有机动物的软质材料如羽毛、皮质、丝质仅含蛋白质不含无机矿物质，虽具有良好的柔韧性但也更加脆弱，常见病害有尘污、霉菌、虫蛀等。羽毛材料多数与纸胎或金属胎结合，可制作首饰、盆景花叶、屏风嵌件、羽扇等，常见毛丝脱落；皮毛质材料可作为法器、武备、靴鞋、衣着配饰和配盒的材料，多使用染色工艺，常见划痕、磨痕、破损、抽胀变形、硬化、褪色等病害；蚕丝丝织物则用于珍宝文物的珠串绳结、流苏、盆景枝干外覆包裹，常见断裂、糟朽。植物类软性材料木皮、木叶可本体使用，如使用桦皮制成凤鸟或外覆于其他材料，也可制纸，用于点翠胎体、首饰底托、器物内部贴纸、盔头纸胎、盆景枝干外覆材料、加固材料，常见病害为变色、起翘、破损、褶皱、糟朽、霉菌。

有关认识

1.根据化学成分以及同生命体的关系可将故宫珍宝材料划分为无机材料和有机材料。无机材料包括宝石类、玉石类、金属类和人工烧制材料类；有机材料根据原有机体的属性可划分为与动物相关的牙骨类、角甲类、皮毛类、羽毛类、珠贝类，与植物相关的木质部类、木叶皮类、果核类、树胶质类。此分类方法同现代宝石学分类存在差异。

2.档案中珍宝材料名称包含材料颜色、块度、材料处理方式、来源信息，珍宝材料的现代名称同清代档案基本吻合，也存在部分材料如画眉石、紫母绿、避风石、瀚海石子等的实际指代有待我们继续探讨。

3.归纳了各类珍宝材料的常见病害，同类材料的保护修复方法可相互借鉴。除普遍的外覆尘污及表面颜色层损伤之外：无机天然宝玉石材料、有机硬质材料一般具备良好的雕琢属性，其中硬度低、解理发育、部分有机成分尚易发生变化的材料会出现磨损、绺裂、磕缺、龟裂等病害；金属材料常见病害有变形、弯折、断裂、表面划痕磨损、锈蚀等；玻璃类材料常见病害有云雾化、龟裂、裂隙、断裂、剥离、磨损。有机动物类的软质材料如羽毛、皮质、丝质含蛋白质，常见病害有变色、变形、硬化、霉菌、虫蛀、糟朽等。植物类软性材料如木皮、木叶可本体使用也可制纸，常见病害为变色、起翘、破损、褶皱、糟朽、霉菌。

致谢：

本文便携红外光谱检测由故宫博物院文保科技部屈雅洁完成，部分拉曼光谱检测由刘瀚文完成，部分文物由孔艳菊、孙鸥、张潇、展菲、张毅修复。文章得到了故宫博物院器物部工艺组徐琳老师、张林杰老师、刘岳老师，宫廷历史部织绣组阮卫平老师、景闻，家具组宋永吉老师、赵赢赢，宫廷部宗教组老师们的大力协助，在此谨以致谢。还要感谢中山大学丘志力教授、上海博物馆谷娴子老师对本文的指导和支持。

[作者单位：故宫博物院文保科技部]

两件明代祖先画像的检测与研究

The Detection and Research of Two Ming-Dynasty Ancestral Portraits

高翔

Gao Xiang

内容提要：

烟台博物馆藏《明代男子画像》《明代女子画像》为两件立轴祖先画像。作品因年久失修，画面空鼓起翘严重、纵向折痕分布密集，被送到故宫博物院文保科技部进行检测和抢救性修复。两件立轴均有重新装裱修复的痕迹，重修过程使部分原始文物信息丢失，又因作品久存库房鲜有学者关注研究，长期以来学界对两件作品的认识还不充分。本文尝试通过对画像中人物服制和绘画技法等方面的分析，对两幅立轴祖先画像的绘制年代、人物身份进行考证。进而结合科技检测数据，对其重修时的方法及特点进行分析，推测重修和装裱的年代和原因。

关键词：

明代祖先画像　明代服饰　补服图案　江南画法　装裱

ABSTRACT:

The Portrait of Man in the Ming Dynasty and *The Portrait of Woman in the Ming Dynasty* collected by Yantai Museum are two hanging scroll of ancestral portraits. Due to disrepair over a long period of time, the paintings are severely hollowing and warped, while vertical creases are densely distributed. Therefore, they were sent to the Palace Museum's Conservation Department for testing and emergency conservation. Traces of remounting and renovation were found in both paintings, causing partial loss of the information on original paintings. Meanwhile, because the works have been kept in storage for a long time, few scholars have paid attention to them. Thus, for a long time, the academic circles have not gained sufficient understanding on the two works. This article attempts to verify the date of the two hanging scrolls' creation, identity of the characters portrayed by analyzing the costumes and painting techniques of the characters in the portraits. Then combined with scientific and technological testing data, the methods and characteristics of the restoration were analyzed, while the age and reasons for the remounting were speculated.

KEYWORDS:

ancestral portraits of the Ming dynasty, Ming dynasty costumes, badge motif on official surcoat, Jiangnan painting technique, mounting

一 引 言

烟台博物馆藏《明代男子画像》〔图1〕、《明代女子画像》〔图2〕因年久破损严重，于2019年送至故宫博物院文保科技部进行抢救性修复。打开这两幅作品时，发现画卷破损状况相当严重，包括裱边在内的整幅画作，布满了折痕，有些折痕处甚至已经酥脆断裂〔图3〕，细看还发现，沿着肖像边缘有整齐地裁剪后拼贴在褙托绢上的痕迹〔图4〕。

面对这两幅几乎真人等大、破损状况严重的明代祖先画像，会让我们想去进一步了解画像的绘制年代和人物身份。但是由于烟台博物馆所藏这两幅祖先画像的文物档案资料匮乏，加之历史上又经多次重裱修复，遗失原始信息[1]，且鲜有学者关注研究，因此很难从文物现状或文献资料上获知更多的信息。因此，只能衣冠取人，根据画像中绘制的服饰、冠饰和器具样式，以及绘画的风格特点去推测像主的人物身份和画像的绘制年代和地区。

图1 《明代男子画像》
烟台博物馆藏

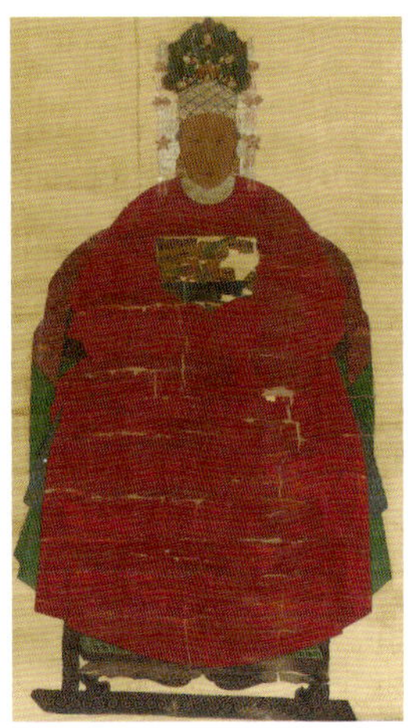

图2 《明代女子画像》
烟台博物馆藏

图3 可见光下修前照

图4 修前照局部

二 时代归属与身份判定

图5 《明代男子画像》 烟台博物馆藏

两幅画像均为绢本设色工笔重彩画，画面尺寸接近，男子像画心横86.6厘米、纵153.4厘米，女子像画心横86.4厘米、纵153.1厘米。其中男子像所绘头戴平翅乌纱帽〔图5〕，属于典型的明朝官员日常搭配常服时所佩戴的冠式。帽身乌黑、高耸于头顶，帽翅与帽身同色，成平直扁宽的椭圆形。山东博物馆藏有一件明代平翅乌纱帽〔图6〕，帽身由前屋、后山两部分组成，

1 从装裱的形制来看，这两幅画像历史上曾经历过装裱修复。其中，人物的背景被换成空白的补绢，被裁剪掉的画面内容是因为破损严重，还是背景中有不想被保留下来的内容或文字，现已无从查证，但是可以确定，最原始的文物信息已在上次修复时有部分丢失。此外，这类祖先肖像的绘制，画作上一般不会留下画师的名字，签条题识也是丢失后补的，因此这就为我们了解这一对男女祖先肖像的身份和资料又增加了难度。

前屋底紧贴头部，后山高起，内空以放置发髻，帽身用细竹篾作胎，铜丝作帽底框架，黑漆纱包裹外层，由皮革作内衬，帽翅以金属丝作椭圆形回折对接，用黑纱将其包裹[1]。其样式与《明代男子画像》中所绘的头冠基本一致。据此可以确定两幅画像描绘的对象为明代人物无疑。

图6 明代平翅乌纱帽 山东博物馆藏（出处：吕健：《大明华裳——山东博物馆藏明代传世服装》，《山东艺术》2020年第4期）

《明代男子画像》中，像主身着大红色暗花常服，常服为上衣下裳连属的直身式长袍，圆领、大襟右衽，大袖，左右两侧出摆。暗花为四合如意云纹〔图7〕，是明代最高贵的衣料之一，也是明代官服缎料的标志性纹样，流行于明中期[2]。与上海松江明墓出土的花缎云纹相同〔图8〕，内穿贴里，中服褡护[3]，领口露出的部分为褡护领口，衣身前有双禽云纹方形补子。章纹的样式作为官员品阶的体现，可以真正意义上做到"见服能识官，识饰而知品"的效果，这也是明代官服制度中突出的一个特点[4]。

《明代男子画像》中的章纹部分由于绢本酥脆起翘严重导致画面信息有所缺失，但现存的画面中依然可见自然浮动的云气和一俯一仰姿态的双禽。那么画像中章纹绘制的究竟是什么图案呢？笔者尝试由此切入，根据明代不同时期补服中飞禽的造型及冠服样式的变化做初步考证，以此探析图像的内容、像主身份以及画像所属时代范围。

根据目前所见明代墓葬出土补服样本和博物馆、私人收藏的明代传世祖先肖像绘画，多发现有相似造型的飞禽。上海潘允徵墓出土的缎绣鸂鶒补子〔图9〕，上部绣有祥云，下部绣有太湖石、牡丹和枝条盘错的松竹梅，中间绣有一对鸂鶒，两翼张开俯仰于花丛之间。鸂鶒头顶绘有羽毛，脚掌带蹼，尾巴犹如船舵。私人收藏的明装官服祖先肖像〔图10〕，其所绘补子横跨整个胸部，祥云均匀分布，上部绘有一轮红日，下部绘有海水湖石，宽大的革带挡住了另一只鸟的位置，但是从下方这只的姿态仍然可以看出所绘为鸂鶒。与之

图7 《明代男子画像》服饰暗纹 烟台博物馆藏

图8 中国纹样全集中收录的明代花缎

图9 潘允徵墓出土的缎绣鸂鶒补子

1 吕健：《大明华裳——山东博物馆藏明代传世服装》，《山东艺术》2020年第4期。
2 刘畅：《明代官袍结构与规制研究》，北京服装学院硕士学位论文，2017年。
3 《明宣宗实录》卷一至卷一五，台北："中央"研究院历史语言研究所，第1771－1788页。
4 于芹：《群玉山头见，瑶台月下逢——山东博物馆"衣冠大成——明代服饰文化展"解析》，《山东艺术》2020年第5期。

图10 明装官服祖先像补子局部 （出处：《明清祖先像图式研究》吴卫鸣著，社会科学文献出版社，2020年）

图11 烟台博物馆藏《明代男子画像》补子

相较，烟台博物馆藏《明代男子画像》〔图11〕画面残破严重，但依稀可见用黑线勾画的祥云，除此之外还能看出上下分布着两只飞禽，头顶处有翠绿色的帆状羽毛，脖子与背部呈暗紫色，眉纹白色呈柳叶状，羽毛呈绿色，两翼羽毛向左右张开，还可认出带璞的红色脚掌和扁圆的类似鸭子的嘴。明代《三才图会》中曾见有关鸂鶒的记述："五色尾，有毛，如船舵，小于鸭。"[1]尾部的羽毛呈扇状，是类似鸳鸯的一种水鸟，翅为蓝色，足和喙为红色。我们对比烟台博物馆藏明代人物画像中章纹的样式与明代不同出处的章纹样式，不难发现其相似性。〔图12〕

还需注意的是，在章纹样式中鸂鶒与锦鸡的样式最容易混淆，因为二者的造型颇为一致〔图13〕。但是鸂鶒为水禽，足部呈璞状，锦鸡则呈尖爪状，且鸂鶒的尾羽短小，而锦鸡尾部有两根明显的长尾羽。故排除了锦鸡纹样的可能性。综上所述，烟台博物馆藏《明代男子画像》章纹中的飞禽与鸂鶒的特征最为吻合，本文初步推断这幅《明代男子画像》的章纹所绘图案为鸂鶒。再据《明会典》记载，明洪武二十四年（1392）朝廷对常服的样式进行了更定，文官章纹的图案依品次分别为：一品仙鹤、二品锦鸡、三品孔雀、四品云雁、五品白鹇、六品鸬鹚、七品鸂鶒、八品黄鹂、九品鹌鹑、杂职练鹊[2]。由此来看，《明代男子画像》中所绘应为明代七品文官着常服的样式，故男子像主生前当官至七品。

除据补子样式判定画像像主官阶和时代外，画像中所绘服饰细节亦可作为判定像主身份的重要参考依据。该男子画像右手搭在椅子扶手上，左手扶革带。在明代，革带系在袍服之外，由皮质缀以带銙组成，是代表身份和地位的重要配饰。明代早期的腰带是实束的，但后期就不实束了[3]，常服使用的一般为双挞尾革带，革带上镶嵌的带銙数量较多，尺寸较大，有的甚至达20块之多，所以革带并不是将腰带真正意义上的扎起来，而是虚悬于腰部，为避免滑落，通常都是用手托举，以示威严庄重。带銙的材质按照品阶划分：一品为玉、二品花犀、三品金钑、四品素金、五品银钑花、六品七品素银、八品九品乌角[4]。再看烟台博物馆藏《明代男子画像》中，人物带銙的颜色近于灰色，且并未描绘出有雕刻花纹的细节，从玉佩的颜色及形制来看，接近于素银的材质。据此故宫博物院文保科技部又通过无损检测手段进行分析，发现在腰带玉佩测试区域的图谱部分，其玉佩处颜色的主要元素为铅〔图14-1、图14-2〕，

1 （明）王圻：《三才图会·鸟兽》卷一，上海古籍出版社，2002 年，第 2163 页。
2 《大明会典》卷六一，江苏广陵古籍刻印出版社，1989 年，第 1058 页。
3 于芹：《群玉山头见，瑶台月下逢——山东博物馆"衣冠大成——明代服饰文化展"解析》，《山东艺术》2020 年第 5 期。
4 《大明会典》卷六一，江苏广陵古籍刻印出版社，1989 年，第 1058 页。

	例证	中心纹样线描图	特征对比		
			头部	尾部	足部
烟台博物馆藏明代人物画像					
大明会典图例					
民间藏明代人物画像					
潘允徵墓出土缎绣鸂鶒补子					

图12 不同出处的明代补纹及特征

	例证	中心纹样线描图	特征对比		
			头部	尾部	足部
Ladder to the clouds《天梯：中国阶级中的阴谋与传统》					
大明会典图例					

图13 锦鸡与鸂鶒特征对比

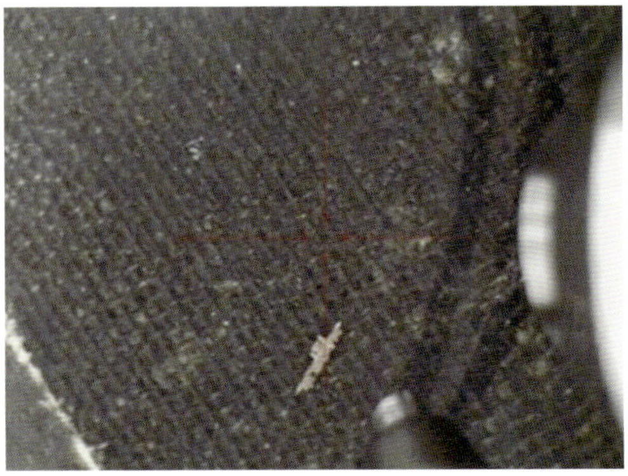

图14-1 腰带玉佩测试区域

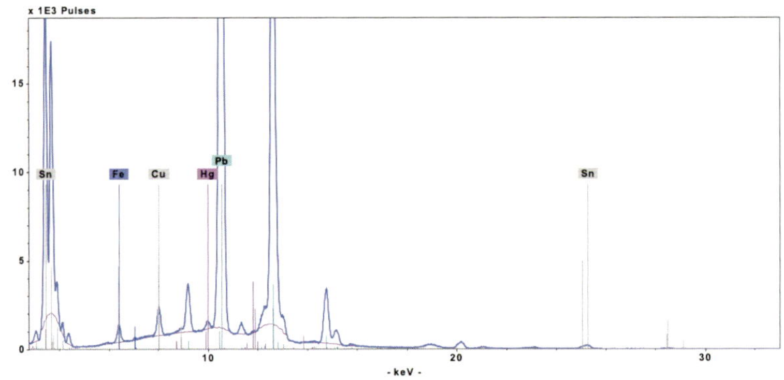

图14-2 测试区域图谱

图15 《沈度像》（出自：徐小虎，《明清肖像画发展探微——以南京博物院所藏为例》，书画世界，2021年）

是墨和铅白调和出近灰调的颜色。因此，本文推测该画像中男子应该是佩戴着素银材质的革带，配饰特征和等级与常服补子所显示的官阶品级正好吻合。

借助于对《明代男子画像》的判定，再来审视与之配套的《明代女子画像》。明代在冠服制度上对于“夫妇齐体”的追求达到了极致，命妇冠服制定于洪武二十四年，其间经历过几次改制，到永乐三年基本确定礼服和常服两种，常服为圆领缀以补子，补子纹样随夫或儿子的品秩。这幅女像的服饰和男像几乎一模一样，身穿大红色常服缀以鸂鶒纹补子。由此可见，这两幅像主确为一对夫妻。画师在服饰的绘画技法上虽以单线勾勒，并以颜色平涂，但细节特点的呈现极为准确，暗花纹样、衬里、补子的样式等都做了真实的描绘。是故，《明代女子画像》当与《明代男子画像》配套，表现的是七品命妇服制规格。

在此基础上，还可进一步借助章纹的发展演变轨迹，缩小两幅明代人物画像的绘制时代范围。明代冠服体制建立之初，并未使用“补子”作为品级的标识，随着官服制度的不断完善，经过了多次调整，才逐步将“补子”纳为官服体制的一部分。明朝初期保留了元朝“胸背”的称谓，“胸背”本意指的是人的胸部和背部，后因服饰章纹的位置分布于胸前背后，被引申为特指的纹样名称。明代早期补服受前朝影响，图案比较简洁，且尺寸较大（边长大于40厘米）通常采用“定人定织”的方式，以单一的金色织于袍服之上。在《沈度像》中可以看到明早期补服的样式〔图15〕，画中可见补子图案由金线直接织在衣料上并横跨于整个胸前。

“补子”的称谓至明中后期的嘉靖年间才开始使用，所以在明朝中后期官服出现了“胸背”和“补子”共治的时期，这两种称谓并非官制上的区别，而是织造工艺上的不同[1]。前者是先织后缝，后者是先缝后绣，织造

1 刘畅：《基于明官袍标本的胸背和补子规制新证》，《装饰》2020 年第 9 期。

图16 白罗银狮子补 （出处：何继英，《上海明墓出土补子》，上海文博论丛，2002年）

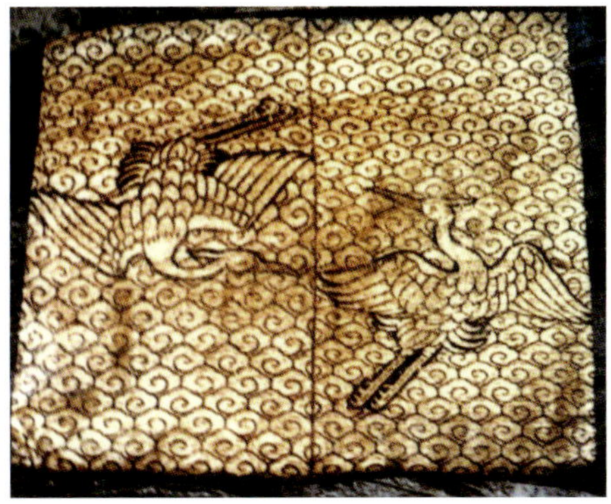

图17 顾东川墓锦织鹭鸶补 （出处：何继英，《上海明墓出土补子》，上海文博论丛，2002年）

图18 诸纯臣墓缎绣鹭鸶补 （出处：何继英，《上海明墓出土补子》，上海文博论丛，2002年）

章纹为“胸背”；缝缀章纹为“补子”[1]。

明代文献明确记载使用章纹的是常服[2]。明代官员的常服为平面剪裁的圆领大袍，由于剪裁的原因，通常先将章纹的样式织好，再将袍服的正背面两片衣料拼接起来，我们从明墓出土补子样本可以看到前胸后背分别有一条纵向的接缝〔图16〕。在织绣图案时对工匠的技术要求很高，缝合时需要将左右两片图案精准地对齐，稍有不慎便会出现接缝处图案错位的情况。为了保证图案的完整性，图案设计时一般将两禽或大部分身体安置于补子一侧，让两禽在方形补子中呈对角线分布[3]，以避开接缝的位置〔图17〕。这种剪裁缝合的技术不仅增加了工艺的难度，也一定程度上造成织物的浪费。

明代中后期开始出现由单独一块织料缝合在常服上的补服样式，也就是先缝后绣的工艺，这样既美观又非常实用，官员升迁或补子破旧时可以直接将补子替换。所以文官补子图案中的双禽位置也不必再局限于对角线的构图，很多采用了上下构图〔图18〕。从胸背到补子的变化，可以帮助我们大致判断服装的早晚时代，一般来说，胸背章服相对较早，补子章服相对较晚[4]。据此来看，《明代男子画像》中的章纹是上下构图的样式，且画像中并未画出章纹的接缝痕迹，画像主所穿的服装很可能是采用了先缝后绣工艺的补服。因此可以推测画像主人大致可能是嘉靖年间或嘉靖年以后的官员。

三 绘画风格与绘制特色

在基本判定两幅明代祖先画像的绘制时代、人物等级身份之后，本文将进一步关注画像的绘画风格与画派归属问题。与画像服饰采用单线勾勒和简单平涂相反，两幅肖像的面部刻画得极其细致传神，两位像主从容自然地目视着前方，显示出一派雍容风雅的气质特点。活跃于17世纪上半叶的清代文学家张庚在其编

1 刘畅：《明代官袍结构与规制研究》，北京服装学院硕士学位论文，2017年。
2 王渊：《补服形制研究》，上海华东大学博士学位论文，2011年。
3 张丽：《明代补服的发展变化和文官图案禽鸟造型的演变》，《设计理论》2018年第6期。
4 于芹：《群玉山头见，瑶台月下逢——山东博物馆“衣冠大成——明代服饰文化展”解析》，《山东艺术》2020年第5期。

著的《国朝画征录》中指出："写真有两派，一重墨骨，墨骨既成，然后傅彩，以取气色之老少，其精神早传于墨骨中矣，此闵中曾波臣之学也；一略用淡墨，勾出五官部位之大意，全用粉彩渲染，此江南画家之传法。"据此可知，其将肖像画的写实方法概括为墨骨法和粉彩法（江南法）。万历十年，意大利传教士利玛窦来华，波臣与他切磋画技，并取其所长加以融合。概括来说，其画法特点乃先用淡墨线勾出轮廓和五官的位置，以强调骨法用笔，这与传统画法的标准基本相同，在此基础上，再用淡墨渲染出阴影及凹凸变化，使面部具有素描般的立体真实效果。与此不同的是"江南画法"，乃是以线传神作为基本标准，先将五官位置、面部轮廓及衣裳佩环轮廓用单墨线勾描，再配合浓重的工笔重彩画法进行施染绘色。

细观烟台博物馆藏两幅明代祖先画像中人物面部和手部肌肉的绘制，均先用墨线勾勒轮廓，然后依照面部墨线的轮廓用土黄、胭脂配以少量赭石进行晕染。但这种晕染并没有表现出更为丰富的中间色调，以及细致入微的骨骼肌肉关系，只在眉毛、眼窝、鼻梁及鼻翼两侧的法令纹处进行虚淡的分染，通过削弱单一墨线勾勒带来的生硬感，使线和面的转折达到微妙和谐的效果。之后，再以白粉、藤黄、朱膘等颜料依照对象的肤色、血气进行调配，均匀平涂于面部，达到浑然天成的自然效果。这种画法并不同于后来受到西洋绘画影响的流派那样，近乎精确地表现出面部骨骼的肌肉结构关系，再通过反复烘染，达到富于立体的真实效果。所以，烟台博物馆藏这两幅祖先画像是典型的以"江南法"绘制的人物肖像。

有关两幅肖像画的面容绘制，还有两个特点尤其值得关注。其一是人物眼睛的表现。蒋骥在《传神秘要》中有一章节提到，点睛的取神方法和眼珠上下的分寸。"人之瞳神，有上视、平视、下视、怒视之别。视下则无神，视上失之太高。下视则眼珠下半藏在下眼皮内。上视反此。高远，则下半眼珠略带上，其眼珠下半亦带圆意；或上半眼珠竟小半在上眼皮内，而下半眼珠竟极圆。又有下半眼珠之下，下眼皮之上，中间微露一丝空地，其神愈出者。至眼亦有大小，不可任意为之。当以鼻之大小比数大抵写照。"[1]而这两幅画像刻画眼睛的方法基本符合这一规律，像主的眼珠上半部分被上眼皮遮住，下半部分露出完整的圆形眼球，并与下眼皮留有一丝孔隙，以表现像主平视远方，从容庄重的神情。敷色以赭石和淡墨调成琥珀色层层积染加深，烟煤点出眼珠中的瞳孔，瞳孔外的眼白用白粉点染，眼珠清朗通透的质感很好地呈现出来。再将浓墨沿上眼睑弧线勾出一条黑线以提神，下眼睑以胭脂、赭石加白粉调和出浅淡的肉色，以清淡的线条渲染眼角、泪堂和下眼睑。上下眼皮用笔轻重的变化，亦是取神之要领。

另外一点，则是画师客观真实地描绘出两位像主面部的特征。而这些特征的刻画亦符合《传神秘要》中人像刻画传神的要领，即"传神以远取神法，画者须于未画部位之先，即留意其人行、止做、卧歌呼，谈笑见其天真，发现神情外露此处，细致观察后落笔自有生趣"[2]。画家对眉毛、头发、胡须的刻画，会依照两位人物不同的特点做出用笔、敷色方法的区别。女像精致的柳叶造型细眉，画师以浅淡细腻的绒毛状笔触表现。细窄的双眼皮和微微上扬的外眼角及右眼下方的双层眼袋，是画家对像主瞬间表情的敏感捕捉。男像粗犷的一字横眉，则是先以淡墨依照眉弓结构有规律地渲染，再用浓墨和白粉根根分明地勾提出硬朗的线条，花白的眉毛、胡须和两鬓斑白的发丝，暴露出像主已到花甲之年。女像颏结节（下巴颏儿）处〔图19〕和男

1 （清）蒋骥：《传神秘要》，《文渊阁四库全书》子部一一四，台湾"商务印书馆"，2008年，第742页。
2 （清）蒋骥：《传神秘要》，《文渊阁四库全书》子部一一四，台湾"商务印书馆"，2008年，第741页。

像右眼下方的肉痣，以及分布于两人双颊的老年斑〔图20〕，这些细微且真实的特征被画家尽收笔底。使两幅画像与其他造型处理偏向程式化、概念化的肖像有所不同。具体的特点和个性化的细节描绘，表现出画像“如镜取影”般自然可信的特质，达到了真实、传神、富有生命力的视觉效果。因此，两幅画像应是画师与像主面对面，以写生的方式完成的。

除人物面部采用典型“江南法”绘制外，两幅肖像画的衣饰部分的用线方硬概括，均以单线勾勒并加以朱砂平涂罩染，衣纹处用深红色做了简要分染，以表现衣服的褶皱感，被厚重颜料层遮盖住的线条，则再用深红色进行复勾，之后用细笔在衣袍上用深红色勾勒出四合如意云纹的暗花纹，使线条参与到形体结构表现中。我们通过高光谱扫描1805nm单波段图像〔图21〕，可以看到女子像的底稿线。其中领口部位可以看到明显的双线，即画师在第一遍用墨线定型时勾勒的墨线和赋色后复勾的彩线。这种先用墨线定位并勾勒轮廓形象，再用重色赋彩的方法也符合典型的江南画法。

综上所述，这两幅祖先肖像从绘画技法、风格来看，并未受到西方绘画重光影、以面代线的造型理念的影响，而是以传统的江南画法绘制完成的。

图19 《明代女子画像》面部

图20 《明代男子画像》面部

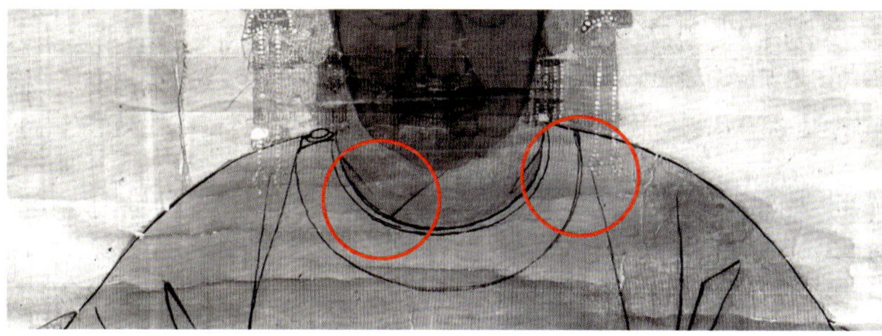

图21 高光谱扫描1805nm单波段图像，可以看到女子像的底稿线

图22 正反两面100倍显微镜下 绢本补子部分

还有一点值得注意，前面我们提到这两幅画像破损严重，尤其是衣服补子部分缺失严重。由于整幅画像均为工笔重彩，如果是胶重导致画面破损严重，那么为什么只在补子部分大面积起翘剥落呢？为解决这一疑问，我们借助显微镜观察补子部分的颜料状况，发现整个补子部分的绢丝上全部附着着金粉，又取补子部分

掉落的绢样本在显微镜下进行了正反两面观察，发现金粉附着在绢之上、颜料层之下〔图22〕。由此可知，在绘制这幅画像补子图案之前，画师用金粉调胶平涂于补子部分，或者刷胶满贴金箔做过打底之后，再进行补子图案的绘制。由于在贴金或调制金粉时需要用到大量浓胶固定，胶的比重过大，或是造成此处绢本老化酥脆的原因之一。因年代久远且保存情况不好，现在已很难用肉眼看到金色，但可以想象，这两幅肖像画在绘制之初金光璀璨、熠熠生辉的效果。祖先像上金光夺目的华丽官服也成为炫耀社会地位的标志[1]。

四 装裱工艺的特点与宫廷装裱的区别

综观整幅画面不难发现，这两幅祖先画像面部和手部的刻画极其生动逼真，画像造型舒展大方，而服饰和坐具虽描绘了很多细节但显得刻板生硬，这表明服饰和坐具很有可能是画师的徒弟完成的，而面部和手是由更专业的肖像画师完成的。在传世的祖先肖像中，面部、服饰各自为政的情况比较常见[2]，民间画师手中常藏有家传的底样，很多画像是在前人绘制的基础上重新覆画的。有的画像甚至是生前先绘制头像，过世之后再将头部贴于整幅画像上的，俗称“贴脸”，像极了今天的PhotoShop。所以在一些画像头部和衣领位置可以看到拼贴的接缝。烟台博物馆藏两幅肖像画也有拼贴痕迹，但并不是沿着头部轮廓，整个人物边缘都有明显剪贴痕迹〔图23〕，人像是沿着外轮廓裁剪下来，再重新贴到补绢上的，头部和身体是完整的一体，并不是前面提到的“贴脸”方法，这种情况在以往修复案例中颇为少见。那么这两幅画像为什么会有裁剪拼贴的痕迹呢？

图23 《明代男子画像》局部可见清晰的裁剪边缘

图24 《明代女子画像》透光照

为此，本文尝试对比清宫旧藏作品的装裱形式，进一步探讨两幅明代祖先肖像画的装裱修复工艺的方式、特点、时间及其背后的原因和意图。

在故宫博物院文保科技部对两幅画像进行修复之前，分别给这两幅祖先肖像做了透光分析。发现人物面部和服饰背面分布着许多宽窄不同的补条，是明显的修复痕迹〔图24〕，且通过透光照可以看到命纸层的纸张是由小张纸拼接而成的，这为我们探寻画像的装裱和修复历史提供了思路。图中所见画心分层剖面图〔图25〕，从画面到褙纸共四层。在传统绢本书

1 吴卫鸣：《明清祖先像图式研究》，社会科学文献出版社，2020年，第79页。

2 邵彦：《宗法社会的面孔》，《北方美术》2014年第2期。

画装裱中，先在背面托一层命纸，以保护画心，之后再进行装裱。在宫廷装裱中命纸一般使用整张的单宣或绵连，而民间的装裱为了节省材料和降低成本，通常会选用小张纸进行拼接。修复过程中，我们通过揭褙，取样命纸，经过样品染色后观察有粗细两种纤维〔图26〕，较粗的呈红棕色，有胶衣，为桑构韧皮纤维，较细的呈蓝色，挺硬两端尖细，特测为竹纤维，因此该纸张推测为竹皮混料纸张。而竹纸造价低廉，且在清末到民国时期广泛应用于民间。

这两幅立轴人物画像比较特殊的一点是，人物边缘整齐的裁剪痕迹，我们在同样倍数的显微镜下观察，画像人物部分和托绢部分绢丝的排列情况，发现两种绢有明显的区别〔图27〕，虽然都是单经双纬的织法，但画像人物部分所用绢的纬线是合并在一起织造的，而托绢部分所用绢的纬线是分开成两股织造的，两种绢的薄厚和疏密都有明显的差异，相比较而言画像人物部分所用的绢更厚更密，而托绢的绢更薄更稀疏。在同一幅画像作品中会出现两种不同的绢，推测其原因有两个：一是重修的年代较晚，其绢的织造工艺和方法发生了变化；二是重修时为了尽可能使画作平整均匀，刻意选用更薄更稀疏的绢作为托绢来修补画作。

从装裱的样式来看，两幅立轴的天头、地头均采用深湖色花绫，隔水和裱边采用米色素绢。在清代宫廷装裱中，这种两色式的装裱多用于文人画。用作装裱的花凌通常以花青和藤黄等植物色染出，其规格越高花凌选取的纹样越华丽。我们又通过100倍下的显微镜观察两幅明代祖先画像天地头花凌的纹样〔图28〕，发现其织造工艺粗糙稀疏，且看不出明显的纹样。而这两幅立轴的天头、地头比例相较于一般立轴，尺寸较短，可能是重新装裱时考虑到悬挂屋墙高度来定做的。天头所镶惊燕质地为普通的米色纸条，而清宫延续下来的装裱样式中，惊燕应与天头材质相同，可见烟台博物馆藏的这两件立轴

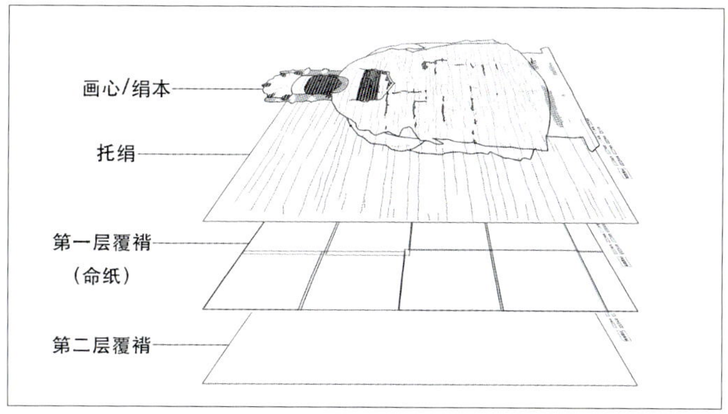

图25　画心分层剖面图

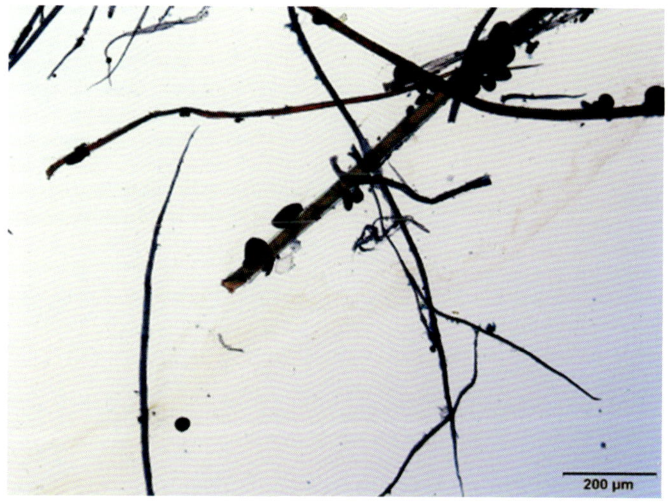

图26　纸张纤维显微镜成像结果

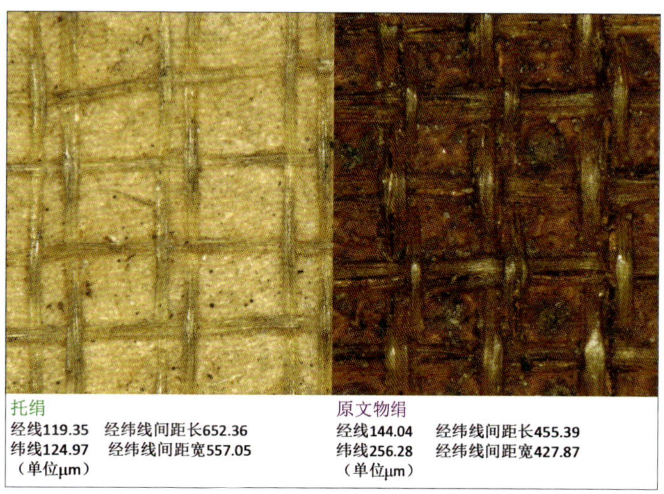

图27　100倍显微镜下画像人物部分绢与托绢的对比

图28 《明代男子画像》天头花凌在100倍显微镜下

图29 清宫旧藏徐扬《松竹梅》轴原裱铜鼻的样式

图30 明代人物画像铜片及铜丝制两种铜鼻样式 烟台博物馆藏

画像，从装裱样式来看并不标准，且规格也不是很高。

除此之外，细看不难发现，杆上的四枚铜鼻，中间两枚是用宽度为0.5 毫米的铜片制成，边上两枚是由细铜丝制成的〔图29〕。形制不一样的两种铜鼻为我们提供了这两幅画修复及重装的年代线索，从明代延续到清代的宫廷装裱来看，早期的铜鼻多用铜片弯制而成，以清宫原状旧藏的徐扬绘《松竹梅》轴为例，可以看到铜鼻均为铜片弯制而成的样式〔图30〕。清晚期到民国时期，铜丝工艺的发展使得铜鼻多改用铜丝弯制而成，这两幅《明代祖先画像》内侧两枚为铜片制铜鼻，外侧的两枚为细铜丝制成的铜鼻，细铜丝制的铜鼻应为重修时替换或增加的。

综上所述，从两幅画像装裱所用的材料及样式来看，应为清晚期至民国时期民间重新装裱的。而重修装裱的过程中，采用了沿着绢本肖像边缘裁剪后，直接贴在新绢上的修复方法，这种修复方式在今天看来属于不得已而为之的方法，因为绢托绢的方式粘合力不够，就迫使在黏合时要使用比较黏稠的糨糊，而贴完补条的画心和新的托绢黏合在一起增加了画心的厚度，使得画心薄厚不均，这就造成了立轴在日后卷起、打开以及存放时造成二次损坏。这也是今天所见这两幅明代祖先画像破损和保存状况如此糟糕的原因。

当时为什么会采用这种修复方法呢？本文推测原因可能有两种，一是这类祖先肖像画和用于收藏传世的画作相比有实际的使用功能，其作为祭祖仪式的物品悬挂在宗庙祠堂内，长期暴露于不稳定的环境中，受自然因素和人为保护不力影响，使其受到虫蛀、受潮发霉、污渍等不可逆的损坏，故而采取如此抢救性修复方式。二是因为祖先肖像背景部分有记录或描绘家族成员不愿意被后人看到的内容，故在重修装裱时被裁剪掉，是有意为之的人为干预结果。

五 结 论

在明代，随着文人画家与职业画家的分道扬镳，肖像画也逐渐走入民间，在民间出现了越来越多的“写真”画师，尤其以这种祖先肖像为代表。本文通过对烟台博物馆藏《明代男子画像》《明代女子画像》中人物服饰样式的分析以及绘画技法风格特点进行研究，指出这两幅立轴祖先肖像画应为明代嘉靖年间或以后所绘制的七品文官及其夫人着常服的祖先肖像画。我们借助科学技术检测手段，结合其装裱样式来看，两幅立轴均不是明代原裱，期间经历过至少两次的装裱修复，重修装裱的时间应为清末到民国时期。其不规范的修复方法，使得两幅画像保存到今天已是破旧不堪，也给重新修复带来了很大的挑战：既要最大限度地保留其历史文物信息，在不改变文物原有样式的基础上进行修复，又要避免修复后可能带来的二次损伤，使文物最大限度地延年益寿。通过本文的研究，不仅可以更为深入地了解这两幅明代人物画像的基本情况、文物信息和绘画特点，还可以为进一步细化明代祖先肖像绘画的技法及时代风格提供一个案例，了解明代民间祖先肖像画的地域特征和时代风格。同时，其修复装裱的样式也给我们今天的修复提供一些新的认识，有助于为今后研究同时代风格的绘画及装裱带来参考。

[作者单位：故宫博物院文保科技部]

明清宫廷黄釉瓷的科学研究

Scientific Research on Yellow-Glazed Porcelain of the Ming and Qing Courts

侯佳钰　江建新　邬书荣　江小民　李合　康葆强　冀洛源

Hou Jiayu　Jiang Jianxin　Wu Shurong　Jiang Xiaomin　Li He　Kang Baoqiang　Ji Luoyuan

内容提要：

黄釉瓷是中国古陶瓷发展史上非常重要的单色釉品种，从明初至清末一直均有烧造，是历史上最重要的"供御"瓷器之一。然而，明清宫廷黄釉瓷器的釉料配方、成分、釉层颜色特点和发展脉络及其影响因素等尚待进一步研究；此外，在修复保护宫廷黄釉瓷器时还缺乏量化的科学数据和标准。鉴于此，本文以故宫博物院文物资料、故宫南大库出土及景德镇御窑厂遗址出土的54片明清两代12朝黄釉瓷器样品为研究对象，利用能量色散X射线荧光光谱仪、光学显微镜、分光光度计等多种分析手段，对宫廷黄釉瓷进行了测试与研究。本文不仅梳理了明清两代宫廷黄釉瓷器釉层结构、成分、颜色的特点及发展脉络，还探究了釉色的影响因素，重点揭示了明代弘治娇黄釉的特点。总之，本工作可为明清黄釉瓷器的修复保护、鉴定研究以及仿复制提供科学数据和参考标准。

关键词：

宫廷黄釉　弘治娇黄釉　成分　釉色

ABSTRACT:

Yellow-glazed porcelain is a very important monochromatic glaze variety in the history of ancient Chinese ceramics. It was continuously fired from the beginning of the Ming dynasty (1368-1644) to the end of the Qing dynasty (1644-1911), and is one of the most important porcelains "commissioned by the imperial court" (*gongyu*) in history. However, its formula, composition, color characteristics of the glaze layer, development context and influencing factors still need to be further studied. In addition, quantitative scientific data and standards are still wanting for its restoration and preservation. In view of this, combined with materials collected by the Palace Museum, fifty-four porcelain samples from twelve reigns of the two dynasties unearthed from the Forbidden City's South Storage (*Nan daku*) site and that of the Jingdezhen Imperial Porcelain Manufactory are analyzed using multiple analytical methods such as energy dispersive X-ray fluorescence spectrometer, optical microscope, and spectrophotometer. Not only the characteristics and development of the glaze's layer structure, composition, color are sorted out, but also the influencing factors of glaze color explored. In particular, the characteristics of the yellow glaze of the Hongzhi period (r. 1488-1505) are revealed. In short, this work provides scientific data and reference standards for the restoration, preservation, authentication, and reproduction of the Ming and the Qing yellow-glazed porcelain.

KEYWORDS:

imperial yellow-glazed porcelain, yellow glaze of the Hongzhi reign, composition, glaze color

中国低温铅釉技术始现于战国时期[1]，之后在唐三彩、宋辽三彩以及元代琉璃构件上大放光彩。明清时期，为满足皇家宫廷使用需求及彰显皇帝权力，宫廷低温黄釉瓷器在景德镇御窑厂应运而生。据统计，故宫博物院藏有36万余件陶瓷器，其中近三分之一为明清宫廷黄釉瓷器[2]。已有一些学者对黄釉瓷器进行过科技研究，发现中国历代低温黄釉均为铁呈色[3]，但明代以前低温黄釉的色调不是真正的黄色，弘治朝黄釉瓷器达到历史最高水平[4]。然而，明清历代宫廷黄釉瓷器的釉料配方、成分、釉层颜色特点和发展脉络及其影响因素等尚待进一步研究；此外，在修复保护宫廷黄釉瓷器时还缺乏量化的科学数据和标准。因此，系统开展明清宫廷黄釉瓷器的科学研究工作显得尤为必要。

本文利用光学显微镜、X射线荧光光谱仪、分光光度计等现代分析仪器，对54片明清两代12朝的黄釉瓷器样品进行分析，以期科学揭示或表征明清黄釉瓷的釉层成分、釉色特征并探究其釉色的影响因素，其中重点揭示弘治娇黄釉特点，为修复保护、鉴定研究以及仿复制明清宫廷黄釉瓷器提供借鉴参考及标准依据。

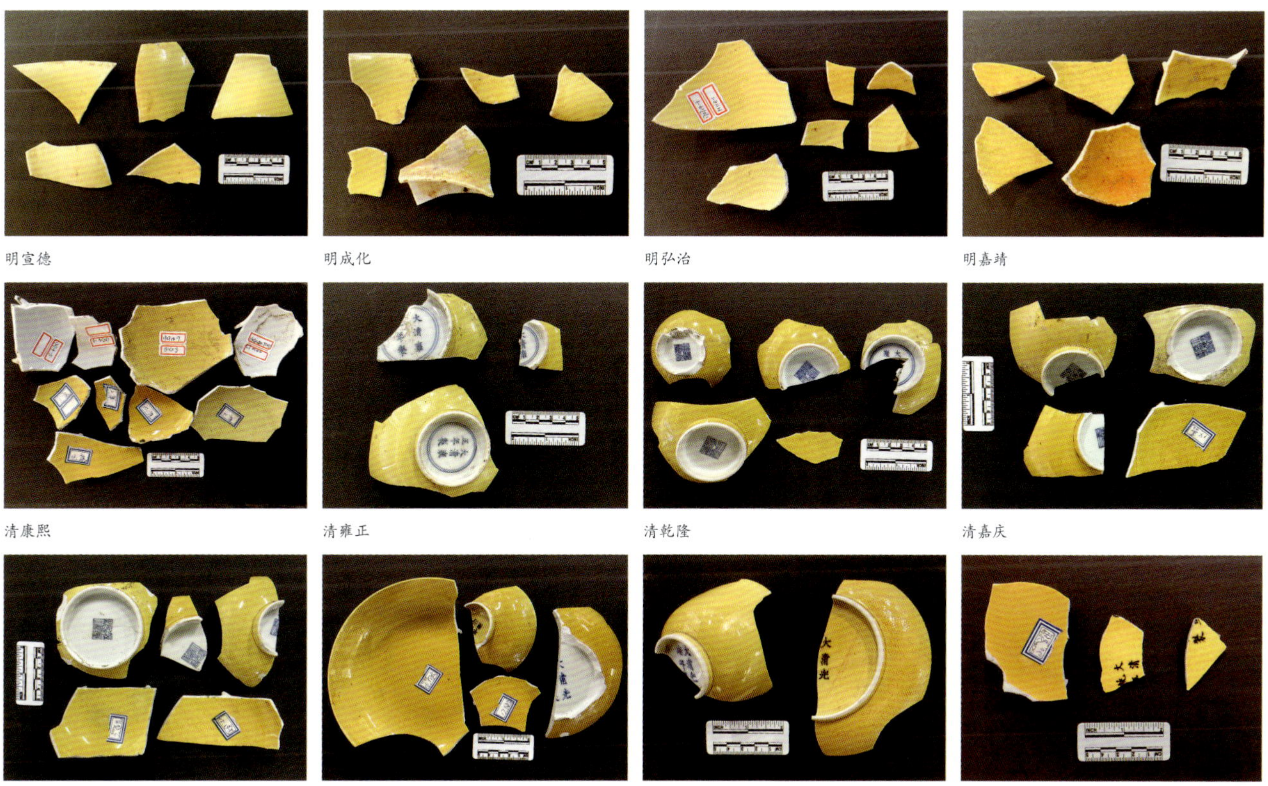

明宣德 明成化 明弘治 明嘉靖

清康熙 清雍正 清乾隆 清嘉庆

清道光 清同治 清光绪 清宣统

图1 明清黄釉瓷器照片

1 ［英］Nigel Wood、Ian Freestone：《"玻璃浆料"装饰战国陶罐的初步检测》，《古陶瓷科学技术3：国际讨论会论文集ISAC'95》，上海科学技术文献出版社，2009年，第17－22页；谢明良：《中国古代铅釉陶的世界》，石头出版股份有限公司，2014年；郎剑锋、崔剑锋：《临淄战国齐墓出土釉陶罍的风格与产地——兼论我国铅釉陶的起源问题》，《华夏考古》2017年第2期。

2 李卫东：《御用色瓷之美——故宫博物院藏明代黄釉瓷器赏析》，《艺术市场》2019年第5期；李卫东：《御用色瓷之美——故宫博物院藏清代黄釉瓷器》，《艺术市场》2020年第9期。

3 张福康、张志刚：《中国历代低温色釉的研究》，《硅酸盐学报》1980年第1期。

4 张福康：《中国古陶瓷的科学》，上海人民美术出版社，2000年，第136页。

一 样品及测试方法

（一）明清黄釉瓷器样品

本文测试的样品包括明代黄釉20片（宣德、成化、弘治、嘉靖）和清代黄釉34片（康熙、雍正、乾隆、嘉庆、道光、同治、光绪、宣统）。其中明代黄釉瓷片除弘治1号样品外，其他均出土于景德镇御窑厂遗址；所有清代纪年款黄釉瓷片和弘治1号样品为故宫博物院藏（出土自2014年故宫南大库发掘的瓷片埋藏坑）[1]。样品照片如图1所示。

（二）测试方法

采用德国Leica公司的MZ16A型实体显微镜对样品断面进行显微结构分析，观察面为瓷片自然断面。

采用美国EDAX公司生产的Eagle Ⅲ XXL微聚焦型能量色散X射线荧光光谱分析仪测试样品的化学成分，束斑直径300μm，电压25kV，电流600μA，测试时间300s，采用自建的定量曲线算出样品的定量分析结果。

采用美国X-Rite公司的Color i5分光光度计对样品表面进行颜色测试，选取干净平滑的釉面区域，测量光谱范围为400~700nm。

二 测试结果

（一）光学显微镜结果

表1为明清两代宫廷黄釉断面显微镜图片（100倍）、样品来源、瓷片两面施釉情况及黄釉层厚度。从断面显微图片可以看出，观察的所有明代黄釉瓷器样品，黄釉均施于透明釉上，黄釉厚度平均值为93μm；而所有清代瓷器样品，黄釉均施于胎体之上，其黄釉厚度平均值为62μm。

表1　黄釉断面光学显微镜图片、瓷片两面施釉情况及黄釉层厚度

朝代	代表样品的断面显微照片（100倍）	序号	样品来源	施釉情况	黄釉层厚度（μm）
明宣德	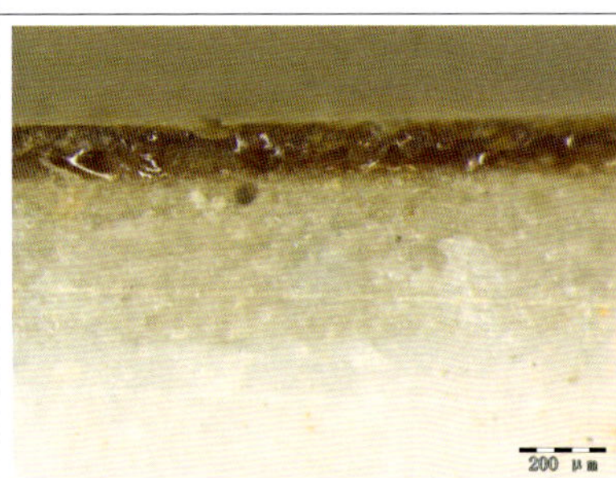	1	景德镇御窑厂遗址	双面施黄釉	110
		2	景德镇御窑厂遗址	双面施黄釉	120
		3	景德镇御窑厂遗址	双面施黄釉	120
		4	景德镇御窑厂遗址	双面施黄釉	70
		5	景德镇御窑厂遗址	双面施黄釉	120

1　故宫博物院考古研究所：《故宫南大库瓷片埋藏坑发掘简报》，《故宫博物院院刊》2016 年第 4 期。

（续表）

朝代	代表样品的断面显微照片（100倍）	序号	样品来源	施釉情况	黄釉层厚度（μm）
明成化		1	景德镇御窑厂遗址	双面施黄釉	100
		2	景德镇御窑厂遗址	双面施黄釉	70
		3	景德镇御窑厂遗址	双面施黄釉	90
		4	景德镇御窑厂遗址	一面施黄釉，一面底部施透明釉	60
		5	景德镇御窑厂遗址	双面施黄釉	80
明弘治	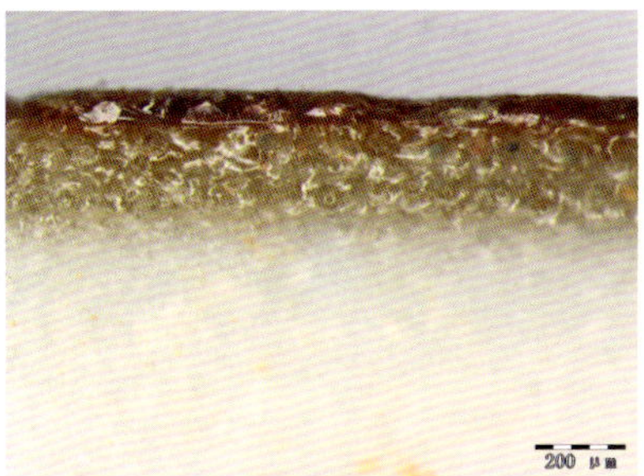	1	故宫南大库遗址	双面施黄釉	87
		2	景德镇御窑厂遗址	一面施黄釉，一面底部施透明釉	90
		3	景德镇御窑厂遗址	双面施黄釉	130
		4	景德镇御窑厂遗址	双面施黄釉	70
		5	景德镇御窑厂遗址	一面施黄釉，一面底部施透明釉	80
		6	景德镇御窑厂遗址	双面施黄釉	80
明嘉靖	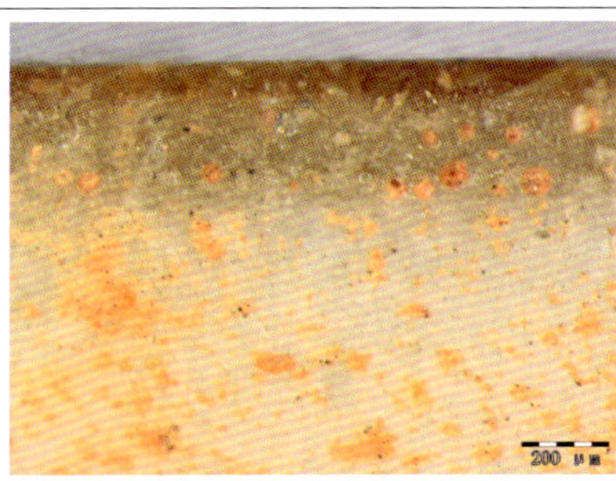	1	景德镇御窑厂遗址	双面施黄釉	130
		2	景德镇御窑厂遗址	双面施黄釉	80
		3	景德镇御窑厂遗址	双面施黄釉	90
		4	景德镇御窑厂遗址	双面施黄釉	85
清康熙		1	故宫南大库遗址	一面施黄釉，一面施透明釉	45
		2	故宫南大库遗址	一面施黄釉，一面施透明釉	45
		3	故宫南大库遗址	双面施黄釉	50
		4	故宫南大库遗址	一面施黄釉，一面施透明釉	55
		5	故宫博物院文物资料	双面施黄釉	110
		6	故宫博物院文物资料	双面施黄釉	55
		7	故宫博物院文物资料	双面施黄釉	57
		8	故宫博物院文物资料	双面施黄釉	64
清雍正		1	故宫南大库遗址	一面施黄釉，一面施透明釉	60
		2	故宫南大库遗址	一面施黄釉，一面施透明釉	40
		3	故宫博物院文物资料	一面施黄釉，一面施透明釉	41

（续表）

朝代	代表样品的断面显微照片（100倍）	序号	样品来源	施釉情况	黄釉层厚度（μm）
清乾隆	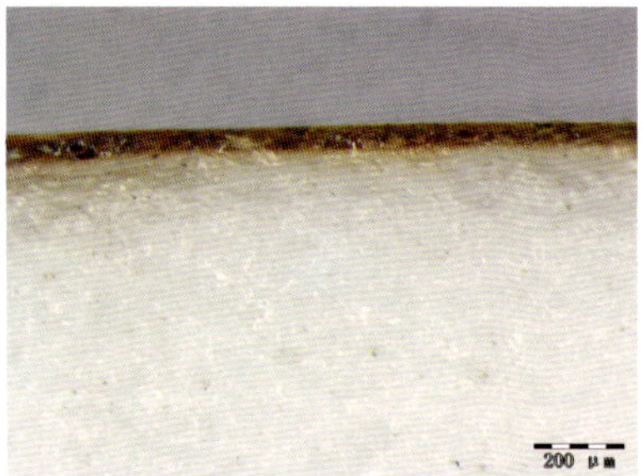	1	故宫南大库遗址	一面施黄釉，一面施透明釉	65
		2	故宫南大库遗址	双面施黄釉	70
		3	故宫南大库遗址	双面施黄釉	70
		4	故宫博物院文物资料	一面施黄釉，一面施透明釉	37
		5	故宫博物院文物资料	一面施黄釉，一面底部施透明釉	50
清嘉庆		1	故宫南大库遗址	双面施黄釉	120
		2	故宫南大库遗址	双面施黄釉	50
		3	故宫博物院文物资料	双面施黄釉	56
		4	故宫博物院文物资料	双面施黄釉	83
清道光	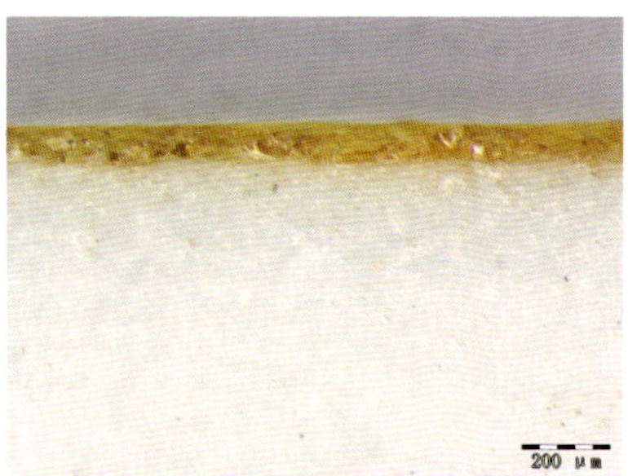	1	故宫南大库遗址	一面施黄釉，一面施透明釉	50
		2	故宫南大库遗址	一面施黄釉，一面施透明釉	90
		3	故宫博物院文物资料	双面施黄釉	85
		4	故宫博物院文物资料	双面施黄釉	90
		5	故宫博物院文物资料	双面施黄釉	62
清同治	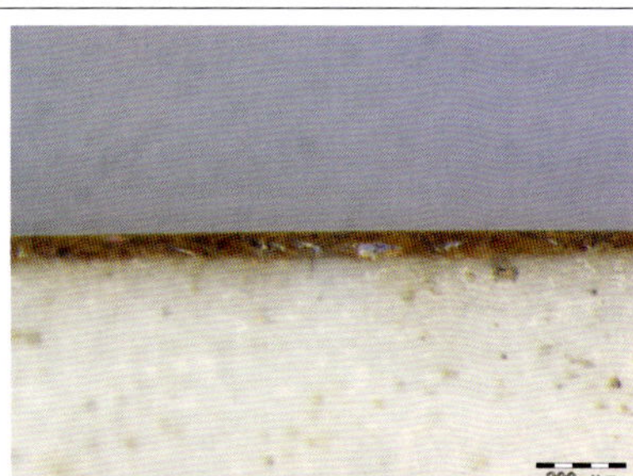	1	故宫博物院文物资料	双面施黄釉	57
		2	故宫博物院文物资料	双面施黄釉	67
		3	故宫博物院文物资料	双面施黄釉	78
		4	故宫博物院文物资料	一面施黄釉，一面施透明釉	83
清光绪	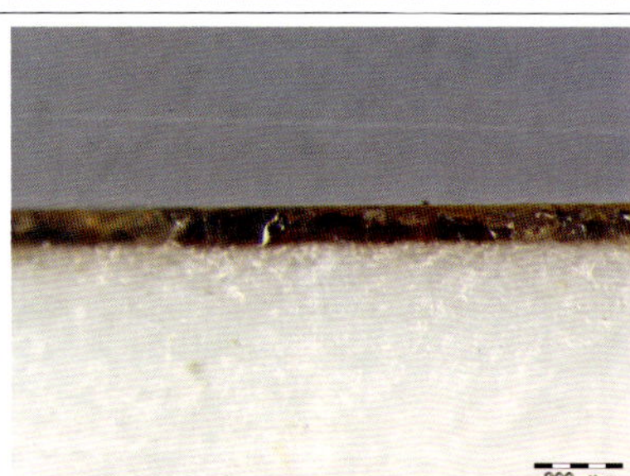	1	故宫博物院文物资料	双面施黄釉	57
		2	故宫博物院文物资料	双面施黄釉	67

（续表）

朝代	代表样品的断面显微照片（100倍）	序号	样品来源	施釉情况	黄釉层厚度（μm）
清宣统		1	故宫博物院文物资料	双面施黄釉	78
		2	故宫博物院文物资料	双面施黄釉	83
		3	故宫博物院文物资料	双面施黄釉	44

（二）能谱测试结果

表2为明清历代宫廷黄釉瓷器釉层成分含量的平均值。从表2中可以看出，明清两代宫廷黄釉瓷器的釉层均为低温颜色釉，釉层中主要成分为PbO、SiO_2、Al_2O_3，属于PbO-SiO_2-Al_2O_3体系，其中Fe_2O_3为呈色氧化物。

表2 明清两代宫廷黄釉瓷器釉层成分含量的平均值（wt%）

	Na_2O	MgO	Al_2O_3	SiO_2	PbO	K_2O	CaO	Fe_2O_3
宣德	0.84	0.30	5.09	44.99	45.99	0.73	0.69	1.36
成化	0.69	0.31	3.66	41.56	51.75	0.40	0.29	1.34
弘治	0.83	0.32	5.91	43.09	46.42	0.88	0.77	1.77
嘉靖	0.76	0.27	6.96	41.34	47.69	0.71	0.57	1.70
康熙	0.73	0.41	6.15	40.38	49.71	0.43	0.40	1.78
雍正	0.69	0.37	7.55	39.05	49.98	0.53	0.29	1.53
乾隆	0.75	0.35	5.87	39.53	50.75	0.43	0.29	2.02
嘉庆	0.69	0.48	7.32	42.55	45.86	0.55	0.44	2.10
道光	0.75	0.26	4.82	37.98	53.72	0.40	0.17	1.90
同治	0.65	0.23	5.52	36.72	53.34	0.41	0.16	2.97
光绪	0.68	0.30	10.17	35.74	50.46	0.58	0.14	1.93
宣统	0.88	0.36	8.08	38.90	48.92	0.69	0.21	1.95

（三）釉层颜色测试结果

样品颜色测试结果以L、a、b、c、h表示。其中L为明度，a为红绿坐标，b为黄蓝坐标，c为饱和度，h为色相。样品釉面颜色结果列于表3中，从表中可以看出明清两代宫廷黄釉瓷器釉面明度值L较高、在63～73之间；从C*和h°的结果来看，样品釉面属于饱和度较高的黄色釉层。

表3 釉层颜色

	L*	a*	b*	C*	h°
宣德	70.81	-0.89	39.85	39.87	91.4
成化	68.44	-0.19	42.05	42.06	90.4

（续表）

	L*	a*	b*	C*	h°
弘治	68.79	1.14	43.68	43.72	88.74
嘉靖	63.74	2.58	44.2	44.29	86.63
康熙	70.01	1.75	45.53	45.63	88.10
雍正	72.09	0.46	44.49	44.50	89.40
乾隆	67.93	3.35	51.12	51.24	86.33
嘉庆	65.66	4.25	48.08	48.32	85.45
道光	65.89	3.64	51.57	51.73	86.07
同治	63.80	7.36	54.36	54.87	82.36
光绪	67.96	3.73	45.33	45.52	85.60
宣统	65.12	4.34	54.87	55.06	85.48

三　分析与讨论

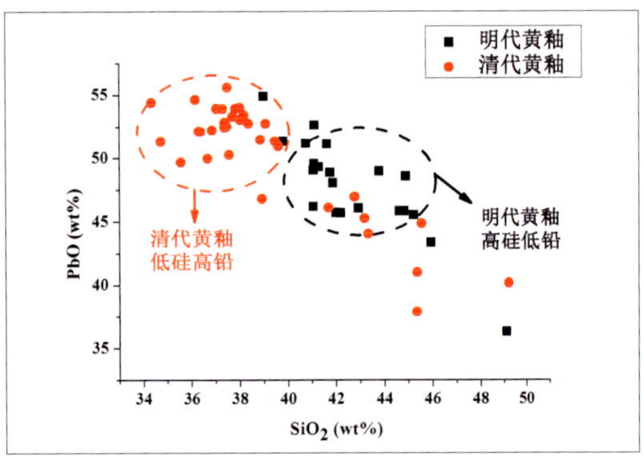

图2-1

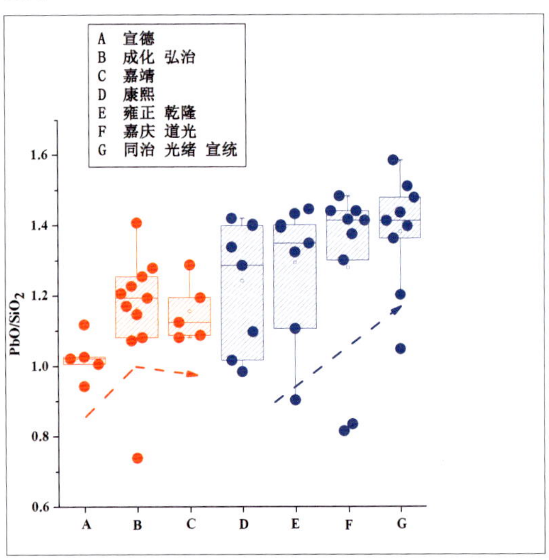

图2-2

图2-2　明清宫廷黄釉PbO和SiO_2含量

（一）明清黄釉瓷器釉层成分

从表2来看，明清两代宫廷黄釉瓷器釉层中PbO含量在45%～54%、SiO_2含量在35%～45%，Al_2O_3含量在3%～10%，并含有1.3%～3%的Fe_2O_3，即明清两代宫廷黄釉均为铁呈色的低温铅釉，且明清两代瓷釉配方具有一定的相似性。关于官窑瓷器低温釉配方，清乾隆年间的《陶说》[1]中记载“黄色，用黑铅末一斤、碾赭石一两二钱合成”，但此配方中缺少硅质原料。在清嘉庆年间的《景德镇陶录》[2]中记载“浇绿釉，用炼过的黑铅末加古铜末、石末合成”。此配方中则提到“石末”原料用于制釉。结合上述文献，可以推测宫廷黄釉是由含铅物质（黑铅末）、石英类矿物（石末）以及含铁呈色物质（赭石）三者烧制而成。

为了研究黄釉原料中含铅物质和石英类原料的比例，本文将明清两代黄釉成分中PbO和SiO_2含量做成散点图〔图2-1〕。可以看出明代黄釉SiO_2大部分在41%～45%之间、PbO在45%～50%之间，而清代黄釉SiO_2大部分集中于36%～40%、PbO集中于50%～55%；故明代黄釉呈现出高硅低铅的特征，清代黄釉呈现出低硅高铅的特征。为了进一

1　熊寥、熊微编注：《中国陶瓷古籍集成》，（清）朱琰：《陶说》，上海文化出版社，2006年，第379页。

2　熊寥、熊微编注：《中国陶瓷古籍集成》，（清）蓝浦：《景德镇陶录·陶务条目》，上海文化出版社，2006年，第495页。

步探讨明清各朝宫廷黄釉特点，本文将涉及的样品按照耿宝昌先生撰写的《明清瓷器鉴定》[1]一书中关于黄釉瓷的发展规律细分为A宣德，B成化、弘治，C嘉靖，D康熙，E雍正、乾隆，F嘉庆、道光和G同治、光绪、宣统。从〔图2-2〕可以看出，明代黄釉PbO/SiO_2在1～1.2且呈现出先升高后降低的趋势，而清代黄釉PbO/SiO_2在1.2～1.4且呈现出逐渐升高的趋势。PbO/SiO_2的变化规律代表了明清历代黄釉瓷釉原料配方或者烧成工艺的时代差异。

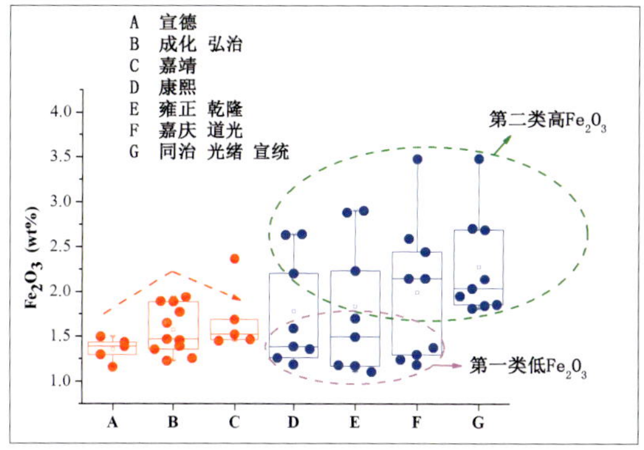

图3 明清宫廷黄釉Fe_2O_3含量

根据文献可知，宫廷黄釉瓷的制釉原料主要采用含铁较高的赭石原料。赭石在我国传统陶瓷釉层着色剂和彩绘颜料方面使用得非常广泛[2]。根据明清各朝代黄釉中Fe_2O_3含量箱式图〔图3〕可知，明代Fe_2O_3含量虽然较为集中、基本分布于1.5%左右，但也随着时代早晚呈现出先升高后降低的趋势。而清代黄釉根据Fe_2O_3含量明显可分为两类：第一类黄釉中Fe_2O_3含量平均值在1.3%左右，与明代接近，这类样品在清代早中期数量较多；另一类黄釉中Fe_2O_3含量平均值较高，达到了2.6%，这类样品在清代中晚期较多出现。Fe_2O_3含量反映了釉层原料中赭石的添加量，故可推测景德镇御窑厂窑工有意在第二类样品釉层原料中添加了比第一类样品多一倍的赭石含量。明清时期宫廷等级规范严格，黄釉瓷也可分为祭祀用瓷、生活用瓷、陈设用瓷等，生活用瓷也可根据使用者的不同而具有不同的等级[3]。故清代低Fe_2O_3和高Fe_2O_3两类样品的差别有可能是根据瓷器使用功能或者使用者的等级差别而分别配釉烧制的。

表4 明清黄釉与原料中SiO_2、Fe_2O_3、Al_2O_3的含量及理论计算结果（wt%）

	SiO_2	Fe_2O_3	Al_2O_3
明清黄釉平均成分	40.07	1.86	6.41
石末	0.88	97.44	0.09
赭石	9.38	39.82	38.84
高岭土	36.01	47.69	0.99
102石末+8赭石(理论计算)	46.17	1.44	0.74

如前所述，宫廷黄釉是由含铅物质（黑铅末）、石英类矿物（石末）以及含铁物质（赭石）三者烧制而成，但釉料配方中三者的比例如何呢？由于低温含铅陶瓷釉层在高温烧成中，铅存在一定程度上的挥发，造成烧成后的釉层成分与原始配方有一定差异；但其他主要成分硅、铁、铝等挥发量较少，故以下主要以釉层中SiO_2、Fe_2O_3、Al_2O_3的含量来讨论配方中石末和赭石的加入比例。经文献查阅，明清景德镇御窑厂并无关于宫廷黄釉瓷器釉料配方具体比例的明确记载。但明代万历年间《工部厂库须知》中明确记载了同为低温铅黄

1 耿宝昌：《明清瓷器鉴定》，紫禁城出版社、两木出版社，1993年。
2 张福康：《中国古陶瓷的科学》，上海人民美术出版社，2000年，第20页。
3 刘伟：《帝王与宫廷瓷器》，故宫出版社，2012年，第133－145页。

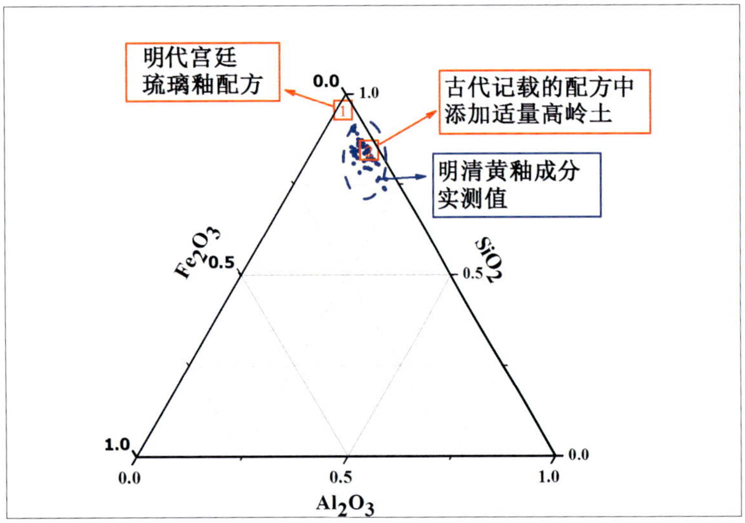

图4 明清黄釉与原料中SiO_2、Fe_2O_3、Al_2O_3分布图

釉的宫廷建筑琉璃釉配方“黄色一料：黄丹三百六斤，马牙石一百二斤，黛赭石八斤”[1]，该文献中石英类矿物与含铁物质的比例为102∶8。根据前人所测景德镇地区石末和赭石的成分[2]，可以大体估算出上述配方烧制成的黄釉成分中SiO_2、Fe_2O_3、Al_2O_3的理论计算结果，如表4所示，SiO_2、Fe_2O_3、Al_2O_3含量分别为46.17%、1.44%、0.74%。可以发现上述配方与实际明清黄釉相比，SiO_2和Fe_2O_3的含量较为近似，但Al_2O_3的含量明显偏低〔图4〕。研究表明陶瓷釉层中的Al_2O_3能改善釉的性能，提高化学稳定性，防止釉面龟裂[3]。我国传统陶瓷釉层中的Al_2O_3主要由原料中的黏土矿物引入，而在景德镇传统制瓷原料中，黏土矿物主要为高岭土[4]。高岭土可起到提高釉料悬浮性与稳定性的作用。根据明清黄釉的成分可推测，景德镇御窑厂的窑工很可能在低温铅釉的釉料中添加了少量高岭土原料作为釉层的改善剂。如在上述古代配方中添加适当的高岭土，计算出的SiO_2、Fe_2O_3、Al_2O_3含量即可落入实际明清黄釉成分区内，如图4所示。

（二）明清黄釉瓷器釉层颜色

将表3中的样品釉面明度值画入〔图5-1〕中。明度即色彩的明暗程度，反映的是被测物体对光的反射率高低。从〔图5-1〕中可以看出明清黄釉整体明度值相差不大，明度值均分布在62～72范围内，但明清各时代从早到晚都呈现出明度值逐渐下降的趋势。明宣德黄釉明度值较高，在68～74之间；成化弘治时期明度值略微降低，分布在65～72之间；明晚期的嘉靖黄釉明度值更低，在62～65之间。清康熙黄釉明度值恢复到明初较高的水平，绝大多数在68～74之间；雍正乾隆时期黄釉明度略微降低，更多样品集中在68～72之间；嘉庆道光时期黄釉明度分布较广，平均值为67；同治光绪宣统时期黄釉明度进一步降低，较多样品集中在62～66之间。故明清两代宫廷黄釉明度均各自呈现出由明到暗的变化过程。

图5-2反映了不同时期黄釉样品色度角h的分布。色度角即色彩的相貌，范围在0～360之间，色彩空间规定0为红色、90为黄色、180为绿色、270为蓝色。从图5-2可以看出，虽然明清黄釉色度角均围绕着90度黄色分布，但清代样品的色度角较明代样品有所降低，并且明清各朝代的色度角也呈现逐渐降低的趋势。明宣

1 （明）何士晋：《工部厂库须知》，人民出版社，2013年，第130页。
2 张忠铭、朱长河：《景德镇陶瓷颜色釉传统原料的研究》，《中国陶瓷工业》1955年第2期。
3 李家驹：《陶瓷工艺学》，中国轻工业出版社，2008年，第166－167页。
4 李其江：《中国古代名瓷传统工艺》，江苏凤凰美术出版社，2020年，第252－253页。

德黄釉色度角基本大于90、即呈现中黄色偏绿的颜色；成化弘治黄釉色度平均值接近90正黄；嘉靖黄釉色度角分布于85～88之间，故呈现出黄中偏红的颜色；康熙时期虽然有个别样品色度角接近甚至大于90，但平均值为88，故也呈现出黄中略微偏红的釉色；雍正乾隆时期色度整体与康熙相似；嘉庆道光黄釉虽然部分与清早中期的色度近似，但也有一部分样品色度在84左右，釉色泛红；清晚期同治光绪宣统黄釉平均色度值继续降低、平均值为84。故明清两代，宫廷黄釉色度均呈现出由黄中偏绿到正黄到黄中偏红的变化过程。

图5-3反映了不同时期黄釉样品饱和度c的分布。饱和度值反映了色彩的鲜艳程度，数值越高饱和度越高。从图5-3可以看出，明清两代黄釉的饱和度值从35到60呈现出逐代上升的过程。明宣德黄釉饱和度值较低，平均值在40；成化弘治黄釉饱和度分布较广，平均值提高到43；嘉靖黄釉虽然个别样品饱和度较低，但整体饱和度值分布在46左右；清康熙黄釉饱和度值较嘉靖有继续略微升高的现象；雍正乾隆黄釉部分样品釉色饱和度与康熙时期接近，但也有部分样品饱和度值在50以上；嘉庆道光黄釉饱和度平均值已升高到50；清晚期同治光绪宣统很大一部分黄釉的饱和度值均高于55。故从整体上看，明清两代宫廷黄釉的釉色呈现出由清淡到浓艳的变化过程。

结合所有样品的明度值、色度值及饱和度值，可以看出随着时代发展明代宫廷黄釉从早期的略偏绿的清淡明亮的黄釉颜色，发展到颜色正黄的明亮釉色，晚期呈现出黄中偏红且较暗的釉色；清代宫廷黄釉从早期的黄中略微偏红且浓淡适中的明亮釉色，发展到黄中偏红的釉色，晚期呈现出黄中更加偏红且较为浓艳的较暗釉色。

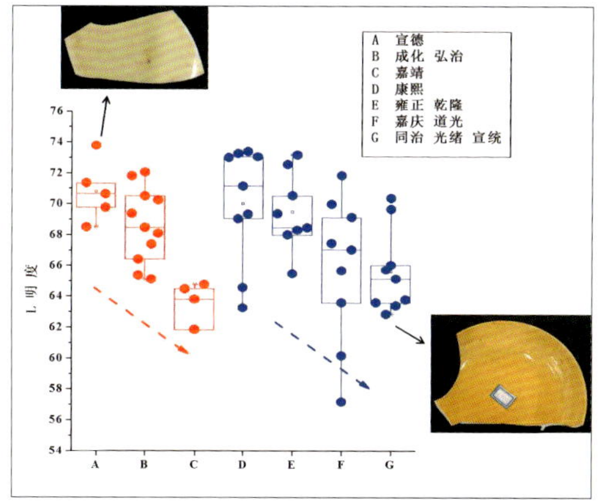

图5-1

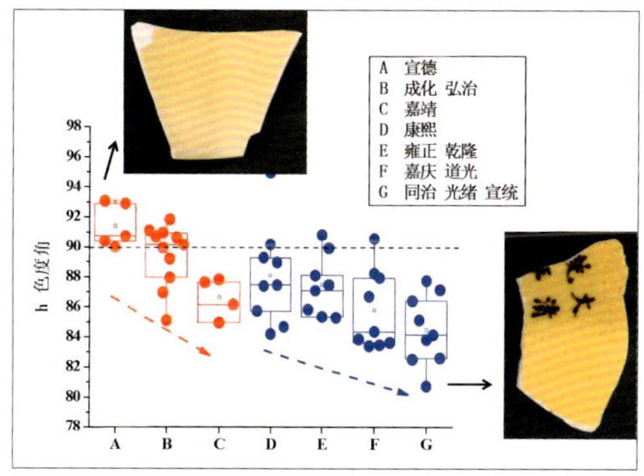

图5-2

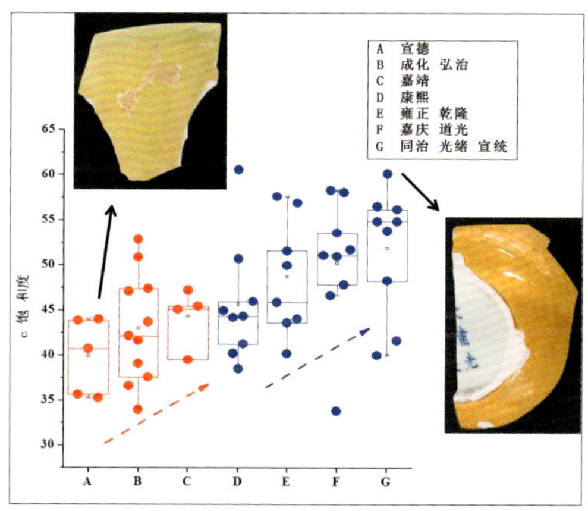

图5-3

图5 明清黄釉颜色Lch变化趋势

（三）明清黄釉瓷器釉层厚度和成分对颜色的影响

如前分析，明清宫廷黄釉瓷器的釉层属于含铅较高的低温透明颜色釉，故其釉层厚度、呈色剂（Fe_2O_3）含量、助熔剂（PbO）含量均会对釉色产生影响。如图6-1所示，为宫廷黄釉釉色明度值与釉层厚度之间的关系，可以发现黄釉的釉层厚度越大，釉色明度值越低，即黄釉越厚，釉色越暗。大体来说，当光源照射进黄色釉层后，除镜面反射外，入射光会经过黄釉及胎体的吸收之后，反射回釉面，即成为人眼观察到的釉层表面的光线，而明度值即反映了返回光线的强弱。故黄釉釉层越厚，光线在釉层中的吸收和损耗越

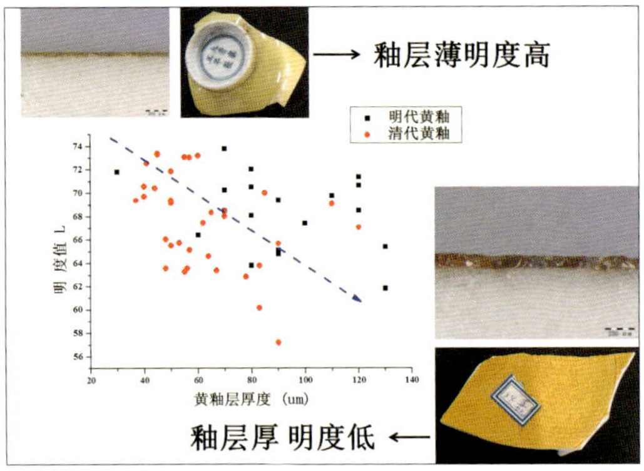

图6-1

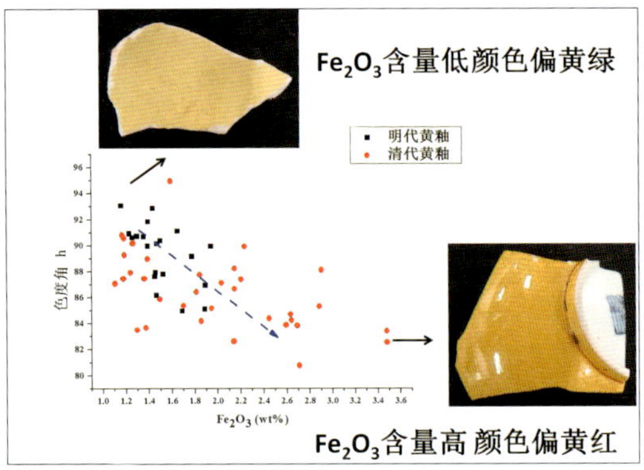

图6- 2

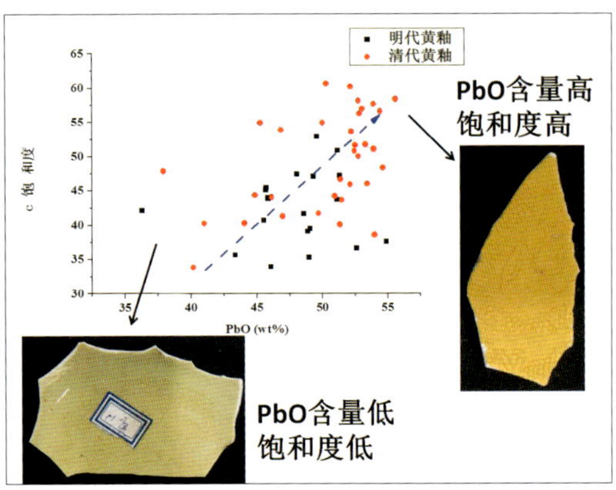

图6-3

图6　釉层厚度、Fe_2O_3含量、PbO含量与釉层颜色的关系

多，返回光线即会越弱，造成其明度值降低。

图6-2反映了釉面色度角与釉层呈色剂（Fe_2O_3）含量之间的关系。可以发现黄釉中Fe_2O_3含量越高、色度角越小，釉色越偏红。明清宫廷黄釉瓷器均在中性或氧化气氛中烧成，故釉层中的铁主要以Fe^{3+}的形式存在于釉层玻璃体当中。根据*Colour Generation and Control in Glass* 研究可知，Fe^{3+}在玻璃体中可强烈吸收紫外线并延伸至可见光区，使玻璃呈现黄绿色[1]。也有前人从实验考古学进行验证，发现铅釉中Fe_2O_3含量从1%提高到5%，釉层颜色从象牙色变化到棕黄色[2]。

图6-3反映了釉色饱和度与釉层中助熔剂（PbO）含量之间的关系。可以发现黄釉中PbO含量越高，饱和度值亦越高。在铅硅玻璃中，Fe^{3+}更有利于以低配位四面体[FeO_4]的形式存在，再加上铅硅酸盐玻璃本体在可见光蓝色波段的消光现象，故可使釉层黄色饱和度增大[3]。

（四）弘治娇黄釉的特点

已有前人古陶瓷专家研究“黄釉是弘治颜色釉最负盛名的品种，也是整个明代黄釉烧制最成功之作”[4]。弘治黄釉又被称为娇黄釉，从以上的分析可以看出其釉层结构、釉料及釉色的特点。

从釉层结构来看，弘治时期黄釉均施于厚度在200～300 μm的透明釉上，透明釉中存在大量气泡，由于低温黄釉较为透明且厚度较小，故可从弘治黄釉表面观察到下方透明釉中的气泡。这种大量的气泡可对入射光产生散射效果，故弘治娇黄釉更显温润。而清代黄釉直接施于胎体之上，从表面无法观测到大量气泡，而可在部分样品釉层上观察到表面的微小裂纹或者釉内未熔杂质，如图7所示。

弘治娇黄釉中PbO含量平均值为47%、SiO_2含量平均值为43%、Fe_2O_3含量平均值为1.77，釉层厚度平均为90 μm，Lch值分别为69、44和89。弘治娇黄釉的釉层结构、釉料成分使得其娇黄釉呈现出色度正黄、颜色雅

1　［英］C. R. Bamford：*Colour Generation and Control in Glass*, Elsevier Scientific Publishing Company，1977, PP.35-38。

2　［英］Nigel Wood：*Chinese Glazes*，University of Pennsylvania Press，2011, PP.160-161。

3　陈福、武丽华、赵恩录等：《颜色玻璃概论》，化学工业出版社，2009 年，第 87 页。

4　冯先铭：《中国陶瓷》，上海古籍出版社，2006 年，第 511 — 512 页。

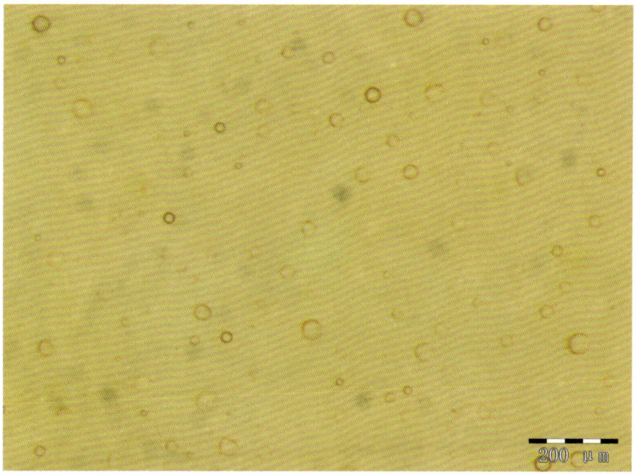

1 弘治黄釉显微照片（100倍）

2 弘治娇黄釉瓷片照片

3 康熙黄釉显微照片（100倍）可观察到表面微小裂纹

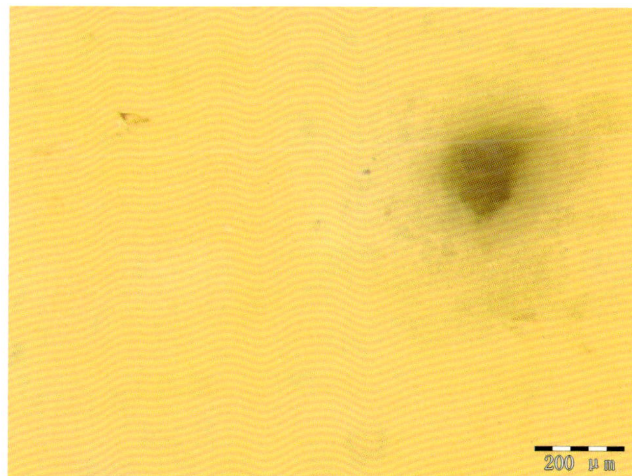

4 光绪黄釉显微照片（100倍）可观察到釉内未熔杂质

图7　明清黄釉瓷对比

致的明亮颜色，达到了中国历代低温黄釉的釉色顶峰。

四　结　语

本文对54片明清两代12朝的黄釉瓷器样品进行分析，得出以下结论：

（1）釉层结构方面：观察的20件明代黄釉厚度平均值为93μm，施于透明釉上；34件清代黄釉厚度平均值为62μm，施于胎体之上。

（2）釉层成分方面：明代黄釉PbO/SiO_2较低，在1～1.2，且呈现出先升高后降低的趋势；清代黄釉PbO/SiO_2较高，在1.2～1.4，且呈现出逐渐升高的趋势。明代黄釉Fe_2O_3含量随着时代早晚呈现出先升高后降低的趋势；清代黄釉可分为低Fe_2O_3和高Fe_2O_3两类样品，这有可能是瓷器使用功能或者使用者的等级差别造成的。

（3）釉层颜色方面：明代黄釉从早期明亮而偏绿的釉色，发展到晚期较暗而偏红的釉色；清代黄釉从早期明亮且偏红的釉色，发展到晚期更加偏红的浓艳釉色。

（4）釉层颜色影响因素方面：黄釉层越厚，釉色明度值越低；黄釉中Fe_2O_3含量越高、色度角越小，釉色越偏红；黄釉中PbO含量越高，饱和度值亦越高。

（5）弘治娇黄釉的特点：黄釉成分中PbO、SiO_2、Fe_2O_3的含量均适中，明度较高、饱和度适中且色度角为90正黄。此外，黄釉表面可观察到下方透明釉中的大量气泡，使得黄釉更显温润。

本文不仅梳理了明清两代宫廷黄釉瓷器釉层结构、成分、颜色的特点及发展脉络，还探究了釉色影响因素，揭示了弘治娇黄釉的特点，可为明清黄釉瓷器的保护、修复、鉴定、仿复制提供借鉴参考和标准依据。

致谢

本研究得到了故宫博物院科研课题项目（KT2018-13）的资助。

[作者单位：故宫博物院、景德镇陶瓷考古研究所]

瓷胎画珐琅的彩绘工艺研究
——以故宫南大库出土雍正款珐琅彩黑地梅竹碟的彩绘复原为例

Research on the Polychrome Painting Techniques of Painted Enamel Porcelain: A Case Study of Restoring Enamel Dish with Plum Blossoms and Bamboo on Black Ground and Yongzheng Reign Mark Unearthed from the Forbidden City's South Storage

杨玉洁　王光尧　雷勇

Yang Yujie　Wang Guangyao　Lei Yong

内容提要：

彩绘工艺完成于宫廷造办处的瓷胎画珐琅，不仅是承载帝王兴趣及审美意志的御用造作代表，更是17世纪中、西工艺技术融合的典型,于乾隆朝停止烧造。近年来，随着研究人员对内府档案整理、文物样品检测分析渐多，研究与讨论更为深入，其彩绘颜料、参与人员、技术交流路径等问题渐出迷雾。基于文献材料、以往研究成果并结合工艺田野考察，本文对故宫南大库出土雍正款珐琅彩黑地梅竹碟残件的装饰图案、彩绘颜料、绘制步骤、绘画技法、烧成方式进行推论分析并通过复制的方法进行佐证，借以丰富宫廷瓷胎画珐琅在彩绘工艺方面的研究与讨论。

关键词：

瓷胎画珐琅　彩绘工艺　黑地梅花

ABSTRACT:

The painted enamel porcelain, of which the painting was completed at the Imperial Workshops, not only embodies the emperor's interest and aesthetics in Qing-dynasty's (1644-1911) imperially commissioned manufacturing system, but also typifies the integration of Chinese and European craftsmanship in the 17th century. During the Qianlong reign (1736-1795), the imperially-commissioned painted enamel porcelain production gradually dwindled, leading to the mysterious descriptions left in late-Qing scholarly notes. In recent years, increasing efforts dedicated to studying palace archives, test and analysis of samples bring research and discussion to new depth, unveiling previous mysteries surrounding color pigments, participants, and channels for technical exchange. Based on the literature materials, previous research results and field investigations of craftsmanship, this article infers and analyzes the decorative patterns, painting pigments, painting procedures and techniques, and firing methods of the fragmented enamel dish with plum blossoms and bamboo on black ground and Yongzheng reign mark excavated from the Forbidden City's South Storage (*Nandaku*). It is corroborated by the method of reproduction, so as to enrich the research and discussion on the painting process of imperially commissioned painted enamel porcelain ware.

KEYWORDS:

painted enamel porcelain, polychrome painting techniques, plum blossoms on black ground

图1 故宫南大库出土黑地梅花瓷胎画珐琅残件

2014年8月，故宫博物院考古研究所在故宫西南部南大库区域发掘一处器物埋藏坑，集中出土了数万片瓷器残片，其中包含一件款识为“雍正年制”的黑地梅花盘残件，见图1。2016年，故宫博物院相关研究人员通过对该残件进行X射线荧光光谱分析、激光诱导击穿光谱（LIBS）等无损分析方法进行了科学检测，证实所使用部分颜料中含有硼元素，符合以往研究珐琅料的化学组成特征[1]，同时，与雍正十年各作成做活计档中珐琅处所记：“着烧珐琅画黑地白梅花四寸瓷盘一对”[2]的尺寸与绘画题材有所对应，是传世品所不多见的雍正时期瓷胎画珐琅作品。

一 瓷胎“黑地梅竹”装饰的考证及名称

在陶瓷釉上彩绘作品中，绘画主题以外的留白背景为黑色，俗称“黑地”或“墨地”。康熙朝便有墨地五彩、墨地三彩瓷，故宫南大库出土的画珐琅黑地梅花瓷盘残件由十几片碎片拼接而成，缺失面积约占三分之一，敞口浅腹，内壁仅施白釉，外壁以黑色为地，绘制一棵梅花树，黄蕊白瓣的梅花及花苞或簇或点绽于老干嫩枝间，树干底部两侧绘有翠竹，大部分因色彩剥落严重呈黄色。底款彩料已脱落，但留存彩料剥落后在釉面上的熔融痕迹：外粗内细双方框内书“雍正年制”（雍字缺失）。

雍正朝的瓷胎画珐琅作品与康熙朝的图案化装饰风格有所不同，多是以自然写实的祥瑞花鸟绘画配以诗印。诗、书、画、印群组于方圆空间，不仅形成了雍正朝瓷胎画珐琅疏朗别致的文雅品格，更被崇为彩绘瓷器的审美巅峰，开创了陶瓷釉上彩绘装饰历史上的新风格。

于工，这得益于雍正时期造办处行政管理制度上的改革，宫廷与地方的进一步互通促使宫廷画珐琅制作技术的成熟。雍正六年，在怡亲王主理下成功炼制出旧有西洋珐琅颜色九种和新添珐琅颜色九种，色彩的丰富为实现富丽多彩的绘画奠定了重要材料基础。同时，西方油性介质的运用，更使陶瓷绘画突破了以往仅靠水料以线、面造形的局限，亦为运用点染技法完成精细描摹提供了条件。材料技术的突破，使平面的纸本、绢本花鸟书画得以顺利移写至立体瓷胎。

于艺，有赖雍正皇帝对“内廷恭造之式”[3]和“秀气”“细致”的提示，以及其对“徐熙、黄筌工细一派”写生花鸟绘画的推崇，富丽且不失田园野逸之趣的自然写实风格成为清初时期宫廷花鸟绘画的主流。在雍正朝官拜大学士，曾任礼部侍郎、户部尚书的江苏常熟人蒋廷锡之作品深受康、雍两帝青睐，被认为是当时宫廷花鸟绘画的正统所在，在《石渠宝笈初编》所收录的其画作中，有康熙皇帝题跋的画作达半数之多[4]。另从雍正三年，“奏事太监刘玉、张玉柱、陈璜交鲜南红萝卜一个。传旨，照此样着郎世宁画一张，蒋廷锡画一张。

1 贾翠等：《故宫南大库出土黑的珐琅彩瓷的科学分析和工艺研究》，《故宫博物院院刊》2018年第1期。

2 朱家溍选编：《养心殿造办处史料辑览 第一辑 雍正朝》，故宫出版社，2013年，第319页。

3 《养心殿造办处史料辑览 第一辑 雍正朝》，第116页。

4 郑艳、恽寿平：《蒋廷锡与清初宫廷花鸟画》，《中国国家博物馆馆刊》2011年第1期。

该配什么画好看，着它们配合着画。钦此”[1]的记录所示，在雍正宫廷，蒋廷锡与郎世宁显然成为为中、西绘画的典型代表，对同一写生实物的绘制也会有对比或切磋绘法之意。而蒋廷锡对西方绘法自康熙时期就秉持吸收、借鉴态度，其《牡丹扇面》题：“戊戌六月，戏学海西烘染法。”[2]对西画之法的融汇变通使其写实作品兼具清逸和妍丽品格，其画作之题材、技法自然成为宫中画珐琅临摹及创作的粉本，例如雍正瓷胎画珐琅朱雀图碗、雍正珊瑚红地花卉纹碗等作品的彩绘画面元素便皆可从蒋廷锡写生之作《塞外花卉图》寻见出处。

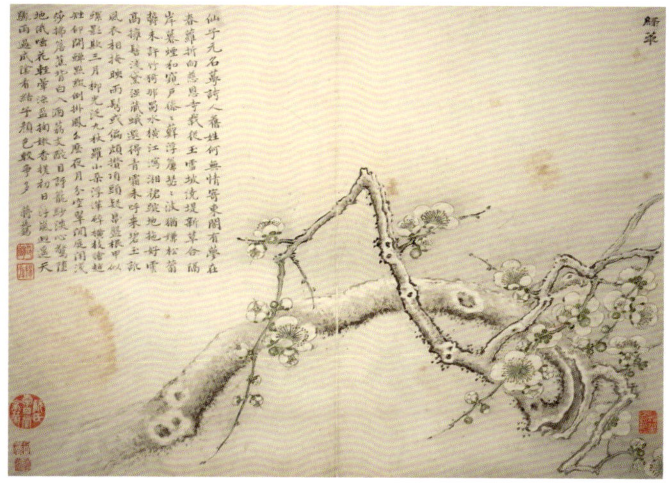
图2 蒋廷锡《绿萼梅花图》

尽管出土的黑地梅竹碟已残缺，但胎体薄透细腻，釉水莹亮，釉上绘画工整妍丽，配色文雅，黑彩油润，墨线勾画得苍劲老干以写意手法完成，但浓淡晕染，阴阳分明亦可见西方绘画的影响，花朵、竹叶则皆以细线勾描轮廓，填以淡彩，内部设色深浅变化衔接自然，尤其梅花花瓣施玻璃白为底，而花瓣根部与边缘色彩以嫩绿色由浅至淡晕染均匀，花丝、花蕊点染细致精微，将腴润粉嫩表现得恰到好处。这种兼勾并晕、点染合用的绘制技法与翰林画家蒋廷锡所绘《绿萼梅花图》颇有异曲同工之妙，见图2。梅、竹作为坚韧、高洁品性的象征一直是文人画中常见题材，梅竹题材绘于陶瓷之上并不鲜见，尤其从雍正朝宫廷珐琅做活计中，我们可以发现雍正皇帝对“一树梅”这一绘画题材的偏爱：

> 雍正三年：“总管太监张起麟交珐琅红地白梅花鼻烟壶一件，传旨：尔照此鼻烟壶画下样，等后如做鼻烟壶俱照此样烧造”。
>
> 雍正八年：“内务府总管海望持出黑地珐琅一树梅鼻烟壶一件，奉旨：着照样烧造，钦此”。

雍正九年“内务府总管海望持出白瓷碗一件，传旨：着将此碗画梅花，或本色，或红色地章，烧珐琅”[3]。色地梅花装饰在雍正时期宫廷珐琅作中的鼻烟壶、碗、盘等器物上尤为多见，见图3。甚至在台北“故宫博物院”所整理 的一百四十余件雍正朝画珐琅作品中以梅为绘画题材的数量约达五分之一[4]，其中，与以梅竹共同装饰的作品在《陈设档》中

图3 铜胎画珐琅黑地梅花鼻烟壶

1 《养心殿造办处史料辑览 第一辑 雍正朝》，第 69 页。
2 聂崇正：《清宫绘画与“西学东渐”》，紫禁城出版社，2010 年，第 63 页。
3 《养心殿造办处史料辑览 第一辑 雍正朝》，第 61、270、296 页。
4 余佩瑾：《金成旭映：清雍正珐琅彩瓷》，台北“故宫博物院”，2013 年，第 4 — 7 页。

图4 珐琅彩黑地白梅碟

图5 红地梅竹先春碗

图6 残片装饰纹样补全平面图

以“瓷胎画珐琅黄地梅竹*寸盘”为名，在1935年参加伦敦艺术国际展览会时，参考郭葆昌先生对文物名称的设定，以珐琅彩为类别并取意梅竹先春进行命名，更名为“珐琅彩梅竹先春盘”[1]。另台北“故宫博物院”现藏“珐琅彩瓷黑地白梅碟”一对，在器物大小、造型、设色特点方面与出土的黑地梅竹盘类似，见图4，但是其在绘制题材中没有竹，且造型和设色相对概括和写意。反而出土文物与红地梅竹先春碗在纹样的题材、布局、设色、晕染等绘制点染技法方面更为相近，见图5。因此，作者参照黑地白梅花碟的装饰布局、红地梅竹先春碗的设色及晕染方法，对出土黑地梅竹碟的图案纹样进行了样稿临摹及补全，见图6。

二 雍正朝宫廷珐琅作的彩绘颜料使用及烧炼

（一）宫廷珐琅作彩绘颜料来源

清宫廷画珐琅在康熙初始实验阶段有赖于景德镇的瓷胎彩绘颜料，而广东画珐琅匠带入的西洋珐琅料与自练珐琅颜料亦为清宫画珐琅获得成功提供了关键的材料基础，从可考的文献来看，清宫珐琅作所使用的颜料自生产之初便非独一来源，雍正时期亦是如此：

> 雍正元年：“庄亲王着李国屏交避风石四块，西洋黑铅一匣，红铅一匣，自来铜手镯十五个，西洋烧珐琅颜色二匣，传旨交养心殿造办处，钦此。”
>
> 雍正六年：“本月初十日，怡亲王交西洋珐琅颜料，月白色、白色、黄色、绿色……以上共九样，旧有西洋珐琅料月白色、白色、黄色、绿色……以上共九样，新炼珐琅颜色月白色、白色、黄色、浅绿色……以上共九样，新增珐琅料软白色、秋香色、淡松黄绿色……以上共九样。”[2]

雍正七年，“怡亲王交年希尧送来画珐琅人周岳、吴士琦二名，吹釉炼珐琅人胡大有一名（并三人籍贯小折一件），细竹画笔二百枝、土黄料三斤十二两、雪白料三斤四两、大绿一斤、白炼矾红一斤、白炼黑

1 《参加伦敦中国艺术国际展览会出品图说》第二册《瓷器》，上海商务印书馆，1936 年。

2 中国第一历史档案馆、香港中文大学文物馆：《清宫内务府造办处档案总汇 3 雍正六年起雍正七年止 1728 — 1729》，人民出版社，2011 年，第 167 页。

钩料八两（随小折一件），郎中海望奉王谕着将珐琅料收着有用处用，其周岳等三人着在珐琅作行走。遵此。"[1]可见，在雍正时期西方进口珐琅颜料、清宫自产珐琅颜料、景德镇传统陶瓷彩绘颜料在宫廷珐琅作中皆作为珐琅料收储使用，因此，同一时期甚至同一件瓷胎画珐琅作品使用不同来源的颜料不无可能。

对文物残片进行显微观察，可以辨析出的色彩约有9种，具体呈色和状态详见表一。

表一　故宫南大库出土珐琅彩黑地梅竹盘残件显微镜下呈色样态及位置简汇表

物理状态描述	出土后呈色	绘制位置
干涩薄样	黑色	树干及梅花勾线
透明玻璃凸起样	褐色透明	部分树干表面
	绿色透明	部分花萼及竹叶面层
不透明玻璃凸起样	黄色	花蕊及花心
	黑棕色	黑地
粉质凸起样	白色	花瓣及花苞底层
	浅黄色	花瓣及花苞面层
	黄白色	竹叶底层
	粉红色	花丝及花心勾线部分

2015年，故宫博物院研究人员对南大库出土的雍正黑地珐琅彩残片进行检测分析，大面积的黑地为铅硼玻璃颜料，黄色花蕊为复合铅锡锑黄，花萼绿色中有铜、锡、锑元素，粉红色金着色，而竹叶的表层玻璃质感绿色为铜着色的铅玻璃[2]。显微镜下呈黑棕色的黑地，使用铅、硼为熔剂，黄色花蕊存在锑着色元素，这与中国传统的低温色釉的化学组成有较大差异[3]，推测与西方珐琅工艺相关，竹叶表层透明绿色则与中国传统低温铅釉的化学组成表现一致，且显微观察与景德镇釉上彩中常见的"苦绿"相同。可见，该作品的绘制既使用了中国传统釉上彩绘料，又使用与西方珐琅工艺相关的颜料，与雍正朝珐琅作原料来源丰富的文献记录相符合，充分证明宫中所制珐琅彩瓷在颜料使用上并非皆为珐琅颜料。

（二）彩绘颜料的烧炼

清康、雍、乾宫廷自制的画珐琅颜料在清宫玻璃厂炼制，并有西洋传教士参与。但采用什么料石炼制，如何炼制，并无具体文献可考。在部分原材料的使用上，我们可以从造办处珐琅作炼制珐琅的记录中参见，诸如雍正十一年："今炼月白珐琅十斤、红珐琅二斤、松绿一斤、黄色一斤八两、白珐琅二斤、紫色一斤八两、青珐琅三斤、绿珐琅四斤，买硼砂二十一斤十四两银六两五钱六分二厘五毫，砒霜九斤六两银四两六钱八分七厘五毫，定粉二十一斤银二两三钱一分，石绿二斤十二两银二两二钱，洋青一斤银六钱四分，白砂壶

1　中国第一历史档案馆，香港中文大学文物馆：《清宫内务府造办处档案总汇 3 雍正六年起雍正七年止 1728 — 1729》，人民出版社，第 626 页。

2　贾翠等：《故宫南大库出土黑地珐琅彩瓷的科学分析和工艺研究》，《故宫博物院刊》2018 年第 1 期。

3　张福康：《我国古代釉上彩研究》，《硅酸盐学报》1980 年第 8 卷第 4 期，第 349 页。

十个银二钱五分共银十六两六钱五分”[1]，记录中涉及了珐琅颜料炼制的相关材料，如硼砂、定粉、砒霜、石绿、洋青、梅子、高锡片、铅、松香、土粉等原材料。在乾隆朝《照金塔式样成造珐琅塔一座销算底册》中详计各珐琅颜色烧炼所使用的料石及配比：“每斤珐琅料用：马牙石面十两，计四十五斤十四两。定粉八两五钱，计三十九斤。盆硝八两五钱，计三十九斤。砒霜一两二钱，计五斤八两。硼砂三两六钱，计十六斤八两，紫石一两五钱，计六斤十四两。配黄色每斤用轿顶锡四两、黑铅四两；配青色每斤用顶圆子二两、洋青二两；配月白色每斤用石绿一两，洋青二两，配大红色每斤用红铜末六两，配绿色每斤用红铜末一两，石绿三两，配紫色每斤用青紫石二两，配粉红色每斤用金叶五分，镪水二两，硇砂二两”[2]，这些材料与目前样品部分颜色检测中所出现的化学成分有所相关，所以不排除画珐琅颜料的烧炼亦可采用这些原材料。

其实，中国传统釉上彩颜料与西洋珐琅颜料在制作工艺上的差别是“生”与“熟”，即是否进行预熔发色。大部分景德镇传统釉上彩颜料是将含不同着色金属的矿石直接研磨后混合铅熔剂所制，彩绘并二次低温烧成后才能显现鲜艳的彩色，为生料。康熙时出现的釉上蓝色是中国传统釉上彩绘颜料进行预发色的开端，通过煅烧使钴矿石预先在高温下呈现蓝色后，再用于低温彩绘，这是因为钴的呈色温度很高，直接低温烧成黑色而非蓝色。而西方画珐琅彩颜料是将含不同着色金属的矿石分别根据不同的呈色温度进行高温烧制后水萃形成熔块，完成预先发色，后磨碎成色彩丰富的色粉进行彩绘，二次低温烧成的过程并非发色的过程，是软化后与瓷釉面黏合的过程[3]。雍正四年：“郎中海望持出（入珐琅作），四色珐琅四块（重一百十六两），奉旨：着配珐琅用，钦此。”此处四色珐琅以“块”为计入单位，即可能为炼制完成未磨成粉的玻璃熔块。

然而，西洋进口珐琅颜料是西方针对铜胎而为，进口珐琅料与瓷釉的热膨胀系数差距相对较大，大面积施彩往往会出现烧破或保存过程中釉彩剥落的现象，但现存雍正时期瓷胎画珐琅作品的颜料与瓷釉结合基本良好，可见所使用珐琅料已然通过原料的调整，与瓷釉适应。

1.高温熔融后水淬　2.水淬后形成玻璃熔块　3.研磨玻璃熔块　4.研磨成画珐琅颜料

图7　颜料复炼过程

文献中珐琅颜料烧炼的料石记录及化学成分检测数据提供了画珐琅颜料试炼的可能性。针对出土残件上面积最大、保存最为完好且证实与西方工艺相关的珐琅黑料进行了烧炼实验：按照配料—搅拌—熔融—冷淬—研磨—烘干—过筛的程序[4]，将原料放入坩埚中熔融成玻璃液，后倒入冷水通过淬冷的方式形成熔块[5]，磨细成粉状干燥后，用松节油调

1　配月白色每斤用石绿一两，洋青二两，配大红色每斤用红铜末六两，配绿色每斤用红铜末一两，石绿三两，配紫色每斤用青紫石二两，配粉红色每斤用金叶五分，镪水二两，硇砂二两”

2　王世襄：《梵华楼珐琅塔和珐琅塔则例》，《故宫博物院院刊》1986年第4期，第68页。

3　刘良佑：《故宫所藏珐琅器的研究》，台北“故宫博物院”，1976年，第56页。

4　江西省陶瓷公司《手册》编写小组：《陶瓷颜料》，1978年，第46页。

5　祝桂洪：《景德镇陶瓷传统工艺》，江西高校出版社，2004年，第156页。

和绘制，在 800～950区间不同温度下进行试烧，发现所有样区的发色与残片实物相似，但温度最高者与瓷面结合度越好，见图7。

三 黑地梅竹碟的绘制及烧成工艺

故宫出土黑地梅竹碟残件，因处于地下埋藏环境近三百年，部分颜色脱落严重，尤其是竹叶被腐蚀后的颜料粉质感较强，底层较为细节的渲染色彩难以查辨，且表层透明玻璃质感的颜料仅在部分地方零星存在，但是通过与同时期相类作品的观察对比，以及陶瓷彩绘工艺的考察与复制实验，亦可对颜料的调和方式、施彩工艺、烧成次数进行推论分析。

（一）颜料调和方式

乾隆八年唐英所编《陶冶图册》所记洋彩："所用颜色与珐琅色同，其调法有三：一用芸香油；一用胶水；一用清水。盖油色便于渲染；胶水便于拓抹；而清水之色便于堆填也"。中国传统陶瓷釉上彩绘的颜料调和技法与中国传统绘画介质类似，使用胶水与清水调和颜料，由于瓷釉面不吸水，颜料会采用桃胶或牛胶进行调和成胶水料勾线，赋色则多使用清水料，将颜料研磨调和与清水混合至一定的浓稠度进行堆填。康熙朝西方绘画和画珐琅艺术东传后，以油调和颜料的方法传入宫廷：

> 雍正六年："郎中海望奉启知怡亲王谕：闻得西洋人说：烧珐琅调色用多尔那们油。尔着人到武英殿露房去查。如有，等画上用小珐琅片时用此油。"[1]
>
> 雍正七年："五月初五日，太监张玉柱、王常贵交来冰片油二玻璃瓶(连瓶共重三十一两八钱)，传旨：着烧珐琅用。钦此。"[2]
>
> 雍正九年活计档中开始出现芸香露："三十日，满毗传为瓷碗上画珐琅用芸香露一斤，交笔贴士。"[3]

多尔们那油、冰片油、芸香油等油料都曾在宫廷造办处珐琅作画珐琅使用。其实，采用油料调和颜料，是利用其黏性和顺滑性加强釉面与颜料的黏结，方便浓淡渲染，同时利于走线，以便完成精细入微的绘制，油料成分最终会在烧造过程中烧失。目前，景德镇陶瓷绘画多采用经济方便的本土油料，且根据需求更为细化，例如乳香油相对黏合度更高，便于勾勒出细致线条，但基于行笔流畅及挥发速度的考虑，往往加入适当樟脑油进行稀释。渲染颜色则采用煤油进行调配，这种油料相对润滑及延展性更好，方便于颜色的渐变渲染。

观察样品发现线条的凝聚比较立体，并无胶水料比较扁平的特征。黑地的铺设并无水料堆填所致的边缘

1 中国第一历史档案馆、香港中文大学文物馆：《清宫内务府造办处档案总汇 3 雍正六年起雍正七年止 1728 — 1729》，人民出版社，2011 年，第 167 页。

2 《清宫内务府造办处档案总汇 4 雍正七年起雍正九年止 1729 — 1731》，第 177 页。

3 《清宫内务府造办处档案总汇 5 雍正九年起雍正十一年止 1731 — 1733》，第 172 页。

凸起，因此黑色颜料推测采用油料进行调和，粉红色、黄色、黄白色类渲染色亦是采用油料方能完成，而褐色、绿色、白色等凸起的颜色则是采用清水料进行堆填完成。

（二）烧成次数及方法

图8　陶冶图中洋彩二次烧成所使用的明、暗炉

图9　烧制珐琅所用的马弗炉

瓷胎画珐琅在瓷釉上完成与宣纸工笔绘画类似的效果，勾线方式相近，但施彩工艺截然不同。宣纸工笔绘画赋彩讲究“三矾九染”，意指绘画过程中层层矿物颜料的渲染，在不同阶段需要有明矾水固定以便更好地色彩叠加。然而，瓷釉并非吸水性的材质，瓷胎画珐琅施彩主要通过两种方式：一种是利用水、油两种调和介质不相溶的化学特性，实现颜色覆盖与叠加。例如样品中梅花花瓣，底层的白色花瓣用清水调和的白颜料进行堆填，待干燥后采用以油调和的材料在白颜料上面轻轻渲染，实现白色花瓣上的渐变色彩，以先堆后染的方式完成。再如树干部分先用油调和黑色进行勾画、点染再罩敷一层棕色水料，丰富树干的色彩与立体感，是以先染后罩的方式完成。另一种是采用烧烤来完成瓷绘颜料的固色以实现颜色的叠加，即“以烧代矾”。例如，样品中梅花黄色的花蕊点在了黑地上，若非将黑地提前烧成固色，那么黄色点在黑色上会出现便捷混溶的污染现象，因此，有时介于颜色叠加的需求，画珐琅彩绘需要两次及以上的低温烧成，因此，该黑地梅竹碟应当经过至少两次的低温烧成。

关于烧成的窑炉，唐英对宫廷画珐琅的烧制记录为“小件则用明炉，炉类珐琅所用口门向外，周围炭火，器置铁轮其下托以铁，又将瓷器送入炉中，傍以铁钩拨轮令其旋转，以匀火气，以画料光亮为度”，见图8，这与清代广州外销通草画所绘西洋烧珐琅的马弗尔炉一致，见图9[1]。通过人工旋转进行开口低温烤花的烧烤方式，优势是能够随时观察画珐琅作品的烧制情况，但却有效率低、易破损且不能

1　杨玉洁、唐奇：《珐琅彩、洋彩和粉彩的工艺联系与区别》，《佛山陶瓷》2018 年第 4 期，第 43 页。

烧造大件的缺陷，这也是康雍时期宫廷画珐琅作品无大件的重要原因。

（三）施彩过程

玻璃质感的颜料多以水为介质进行调和，可以覆盖在洗染颜料上，不但能够透出底部彩色，而且表面呈现凸起透明玻璃质感，这种颜料实为中国传统的生料。不透明的颜料多是以水调和的乳浊白色为底，其上附有洗染颜色，而洗染颜色便是使用油料进行调和的颜色，用于渲染色彩，为熟料。通过对样品各种色彩颜色叠加关系以及陶瓷彩绘工艺的考察分析，利用显微镜观察发现残余彩料的叠压关系见表二。

表二

观察部位	色彩由下及上叠压关系
梅花花瓣	黑色勾线—白色铺底—嫩黄色渲染—粉红色撕筋—黄色点蕊
梅花花苞	黑色勾线—白色铺底—嫩黄色渲染
梅花花托	黑色勾线—淡黄色铺染—苦绿色罩覆
竹　叶	黑色勾线—淡黄色铺染—苦绿色罩覆
梅　枝	黑色勾线—淡黄色铺染—苦绿色罩覆
梅　干	黑色勾线—棕褐色晕染—透明色罩覆

注：梅花花托、竹叶、梅枝部分因腐蚀严重，粉质高较强未能查辨具体细节，以呈现的淡黄色概之。

由此，试推出样品的彩绘步骤为：勾线画图—铺黑色地—低温烧成—填白色花瓣、花苞—渲染花瓣、花苞、嫩枝—绘制花丝、点蕊（撕筋、结果）—罩覆有色透明颜料—低温烧成，根据推论所得以上彩绘步骤，进行工艺复制，简要过程如图10所示，所得结果如图11所示，能够较好地复原出黑地梅竹碟的原貌。

勾线　油料颜色渲染　覆盖水料颜色

图10　彩绘基本步骤

图11　黑地梅竹碟复制品

四　结　论

故宫南大库出土雍正款瓷胎画珐琅黑地梅花盘残件上一树梅与翠竹的绘制精微细致，技法上兼勾并晕，点染合用与康雍时期宫廷花鸟绘画代表蒋廷锡一派风格一致。宫廷画珐琅能够将精微的书画艺术移绘至瓷胎，得益于雍正时期宫廷与地方人员、材料互通下的技术进步以及皇帝本人对“秀雅”内廷恭造风格的推崇。相类作品在《陈设档》以“瓷胎画珐琅梅竹四寸碟”为称，在1925年参加伦敦艺术国际展览会时，定名为“珐琅彩梅竹先春碟”。

雍正时期，造办处活计档记录宫廷珐琅作所使用的画珐琅颜料既有中国传统的陶瓷釉上彩绘颜料，又有西方进口珐琅颜料和国产珐琅颜料，这与出土残件的检测结果得到相互印证，证实宫廷御制画珐琅作品的彩绘并非全部采用珐琅料。从颜料炼制工艺来看，中国传统陶瓷釉上彩绘颜料与西方珐琅颜料的区别在于是否进行“预熔”处理，前者为未经预熔的生料，后者为经预熔处理的熟玻璃料。出土文物的“黑地”为经过预熔处理的珐琅颜料，通过预熔冷淬的方式复炼该颜料并进行试绘，烧成后效果与文物发色基本一致。

通过显微观察绘制痕迹发现，颜料调和采用油和水两种介质。其中，黑地与黑勾线，以及渲染色彩使用油料进行调和，花瓣的白色与表面透明玻璃质感的颜色以清水进行调和，暂未发现胶水调和的颜料。根据颜料的物理、化学性质及叠加工艺分析，该文物彩绘经过两次及以上的低温烤花，推论其彩绘工艺顺序为勾线画图—铺黑色地—低温烧成—填白色花瓣、花苞—渲染花瓣、花苞、嫩枝—绘制花丝、点蕊—罩覆有色透明颜料—低温烧成。根据以上彩绘步骤能够复制出接近文物原貌的画珐琅作品。

[作者单位：故宫博物院文保科技部]

史学新增量：十年明代宫廷史研究综述

New Increments in Historiography: A Review of Ming Court History Research in the Past Decade

宋继刚　　Song Jigang

故宫科研团队依托故宫博物院得天独厚的资源，从2005年开始，相继确立了对于明代宫廷史18个议题的研究，院领导对此予以政策、人员、经费上的大力支持。尤其是近十年来，故宫博物院整合了多个研究室，汇集了一批专业人才，划拨专项经费用于学术会议的召开和学术成果的出版。《故宫学刊》时任执行主编赵中男作为学术带头人，从2009年9月故宫紫禁城出版社出版"明代宫廷史丛书"首批4种，到2020年9月"中国宫廷史研讨会暨《中国宫廷史研究概要》（草纲）座谈会"圆满结束，十年间全程参与，研究团队不仅保证了会议、专著、论文在数量和质量上的持续产出，而且通过跨学科、跨领域的频繁交流，在社会上产生了积极的影响，明代宫廷史研究已成为史学研究的创新增长点。

从图书出版来看，截止到2015年，已出版"明代宫廷史研究丛书"11种15册，名单如下：《明代宫廷戏剧史》、《明代宫廷陶瓷史》、《明代宫廷建筑史》、《明代宫廷典制史》（上、下册）、《明代宫廷家具史》、《明代宫廷教育史》（上、下册）、《明代宫廷女性史》、《明代宫廷园林史》（上、下册）、《明代宫廷织绣史》、《明代宫廷政治史》（上、下册）、《明代宫廷绘画史》。这些已经出版的专著，不仅展现了著者扎实的史学功底，也建构起明代宫廷史的主要研究框架，圈定了这一领域的基本研究范围。

故宫科研团队逐渐形成了"一年两会"制度，即每年基本保证上下半年举行两次学术会议，由《故宫学刊》时任执行主编赵中男编审作为学术召集人，邀请海内外专家积极参会，宣读并交流宫廷史的最新研究成果。故宫博物院自2010年9月至2020年9月，先后举办多场以宫廷史为主题的国际国内学术会议，不仅涵盖了对明代宫廷史具体内容的各自论述，还有对于生活史的专题论述，以及中国古代宫廷脉络分析、明清宫廷史对比、中外宫廷史对比。多次高质量、高规格的学术会议，为成果发布与观点交锋提供了优质平台，院内《故宫博物院院刊》《故宫学刊》《紫禁城》等知名杂志也为新成果刊发提供了渠道。

汇总这些与明代宫廷史研究相关的成果与观点，可以发现学者们对以下十几个议题进行了深入探讨：

一　宫廷范围

学者们对宫廷范围的认识发生了很大的变化，从最初的局限于皇宫大内逐渐向紫禁城的辐射面扩展，并对活动于其中的各种群体、存在于其中的各种事物予以探究。明史学会会长、中国社会科学院历史研究所商传指出，宫廷的范围通常认为就是皇宫，唐宋以前，京师和皇宫是全国最好的地方，其经济、文化诸方面让人最为向往，而宋明以后，因为整个社会发生转型与变迁，皇宫里的人都想看看外面是什么样子。中国明史学会常务副会长、北京大学历史系教授王天有在《明代宫廷史研究的几个问题》中指出，宫廷史研究的核心问题就是家天下的问题，要去认知皇帝的家在国家、天下中的地位和影响。

中国社会科学院历史所卜宪群认为，宫廷研究中首先应有一个地理概念，在宫廷格局中，不同人所处之区域、位置有特定的政治含义，也影响了政治行为。中国古代的许多宫廷已经通过考古发掘而逐渐呈现，从先秦、秦汉至隋唐再到明清，大量宫廷遗址提供了丰富的研究资源，使宫廷史成为中国历史研究的一个新增长点。南开大学历史学院教授何孝荣认为宫廷史是以帝后为中心的统治集团在宫中的历史，它包括政治、经济、军事、文化、思想、社会诸多方面，又与上述诸类有所不同，突出了“宫廷”二字，界定不能过于广泛，如果太广泛，则与明代政治史、经济史、军事史等重合。

《故宫学刊》赵中男指出，宫廷的核心是皇帝，不是固定的建筑，政治上的宫廷是随着皇帝的移动而移动的，地方上也可以对宫廷斗争做出回应，因此可以扩展宫廷史研究的范围。赵中男在《中国宫廷史研究的若干设想》一文中认为宫廷史的核心与突出的内容是政治史，一切宫廷事务、活动都是围绕权力展开，要关注宫廷政治权力的运作。宫廷研究应限定于大一统王朝形成之后，宫廷是帝国权力的中心，所有的权力、财富向其汇聚，在汇聚之后又像灯光一样向外辐射，在不同的领域发挥作用，使它们打上宫廷的烙印。

台湾东吴大学徐泓认为，研究宫廷要了解皇帝和他的周围，以皇权研究为例，故宫就是体现皇权的空间。从宫廷研究的内容上看，犯规的人，因其事件情节非常精彩，容易被记录下来得以广泛传播，但那些不犯规、循规蹈矩之人也应该受到重视，要挖掘他们与宫廷之间的紧密联系。故宫博物院王敬雅认为，宫廷史的界限是模糊的，中外宫廷史研究概莫能外，但正因为模糊，反倒可以进行不同程度的延伸。东北师范大学亚洲文明研究院赵轶峰指出，未必所有的研究领域都能高度理论化，有些宫廷史研究的特定内容可以选择模糊化处理。

中国社会科学院历史所卜宪群认为，宫廷史有广义和狭义之分，先选择狭义的一方入手，以宫廷为中心，而不是简单地认为宫廷与全国所有的事情都产生联系，从而落入一个广义范畴，最终失去宫廷特色。北京大学历史系李伯重认为明朝重要决策几乎都在紫禁城做出，因此明史研究离不开宫廷史。宫廷是一个有形的空间，但更重要的是人，宫廷内有皇帝、家属、服务人员，外有为皇帝管理国家的大臣和为大臣服务的人。全世界没有一个宫廷像中国这样有这么多人口，他们的数量、年龄结构、性别比例、组织方式、分工、社会等级都可以论述，也可以借鉴其他专家对宫廷人口的研究成果，进行量化研究。

故宫博物院王子林认为宫廷史首先应该有一个空间感，众多的宫殿有各自不同的功能。了解不同场所之间的距离，再结合史料，有助于加深理解宫廷事件。如明朝权阉魏忠贤住在乾清宫旁边，一举一动影响着皇帝睡眠的质量。中国社会科学院历史研究所鱼宏亮认为宫廷史应该写出皇权荫蔽的部分，如皇帝的私人生活这些不常暴露在公众和国家视野下的内容。宫廷史不要泛化，一旦泛化就变成了一部通史。

故宫博物院任万平指出，故宫是一个特殊的空间，是明清两朝的政治中心，政治汇聚于此，而政治中心要分出一大部分归于宫廷，因此研究明清历史多数要与宫廷史紧密联系。宫廷史与空间直接相关，在这个特殊的空间，由特殊人物形成了特殊的社会关系，也构成了特殊的机构，产生特殊的功能，发生的很多事件，其功利色彩特别鲜明。有些事虽然发生在宫廷，却也属于国家问题。

安徽理工大学柏桦指出，宫廷史不能局限在一个皇宫之中，要看到皇宫的辐射面，经济和法律层面都有体现。宫廷司法的适用范围实际上可以锁定宫廷史的研究对象，宦官、宫女、奴隶，合起来应有百万人口，这在七八千万人口的明朝是非常大的一个数额，应引起重视。以宫廷司法所涉及的人群为例，皇帝的司法行为不能算作宫廷司法，如果把皇帝司法纳入宫廷，就相当于将整个明朝法律纳入宫廷史范围，这是错误的。中国政法大学教授林乾认为，宫廷的范围应该包括陵寝，因为明清陵寝完全按照宫廷的规矩进行管理，属于宫廷的一种延伸。

二　宫廷政治

宫廷中生活着皇帝、后妃、太子等受人侍奉的群体，还有太监、宫女、侍卫、太医、杂役等服务群体，他们在不同程度上参与了皇帝主导的宫廷政治，学人们论述的对象也不仅仅是皇帝与大臣，还有卷入政治的各色人等。皇帝本人永远是宫廷史论述的重中之重。赵中男在研究皇帝遗诏和即位诏时发现，明仁宗朱高炽即位时并没有先帝朱棣的遗诏，这不符合明代皇位继承的硬性规定，体现了宫廷政治波谲云诡的一面，但明仁宗在后续的操作中增加了大臣四次劝进以及补充三条即位理由，实际上补足了没有遗诏这个手续上的缺项，反映了他与父亲朱棣以及兄弟之间千丝万缕的矛盾或者恩怨。

东北师范大学亚洲文明研究院赵轶峰以明宣宗《御制官箴》为中心，探讨了皇帝的皇权运行观念和国家核心体制。官箴排序体现了皇帝心中对于中央到地方各机构重要性的排序，都督府最先，意味着军队系统在皇帝心中尤为重要，太常寺、大理寺比较靠前，而通政司位置靠后，反映了明代前期的政治局势的变化。中国社会科学院历史研究所副研究员陈时龙围绕明世宗朱厚熜在紫禁城中的一系列政治活动，分析了这位皇帝集权心态的养成，从最初受到大臣掣肘到最后的驾驭朝臣，皇宫成为皇帝完成心理和生理蜕变的舞台。

武汉大学历史学院谢贵安在《论皇帝形象的历史塑造——以〈明实录〉对明代皇帝形象书写为例》一文中认为，《明实录》对皇帝形象进行了正负两面的塑造：正面形象包括天命所归的神仙、道德高尚的楷模、禀赋过人且好学的模范、勤政治国的典范、宽容刚毅的性格、雄杰奇伟的相貌，负面形象则重点突出贪玩、荒淫等特质。塑造负面形象只是主旋律中的变音和杂声，并未改变官方对皇权的大力讴歌，塑造正面形象才是《明实录》的主要使命。

北京行政学院高寿仙在《圣化与魔化——图像与文字中的朱元璋形象》一文中指出应该从象征意义上理解朱元璋的两类画像，美丑皆非真实容貌，它们分别是神圣化和妖魔化的产物，满足了人们对于圣主形象的建构和暴君角色的想象。在文字形象的塑造方面，不同时期的作者以个人对朱元璋的理解进行塑形，使得朱元璋的形象更加丰富。澳门理工大学王熹在《真实与虚构：朱元璋的家世与官方私人著述的神化及迷信》一文中指出，朱元璋有意神化本人，圣化其家族，并不断暗示文臣自己与神佛道的奇特缘分，群臣揣摩上意，写下了符合皇帝意愿的内容。东北师范大学历史文化学院王慧明在《明武宗自封官号与史书形象》一文中认为，明武宗生前力图为自己建构一个勇武的皇帝形象，而士大夫希望皇帝的举动可以符合儒家政治理念，二者产生冲突，武宗死后，其勇武形象很快被士大夫与明世宗建构的荒淫形象所覆盖。

君臣在朝堂之上、宫廷之内都有频繁的互动，甚至波及民间社会并产生反馈，这些内容共同构成了宫廷政治。常州大学吕杨在《正德十六年：中枢政治势力的博弈——以杨廷和内阁权为视角》一文中指出，在武宗亡殁造成的皇位空缺时期，在后妃势力的支持下，杨廷和在一定程度上复苏了阁权，并直接影响了朝廷政治运作。但是随着明世宗逐渐掌控了政治权力，对于前期的妥协让步予以推翻，进而依赖皇权使用高压手段来打击反对者，完成了皇权与阁权的重新整合，将正德元老逐渐清除，树立起皇帝的绝对权威。

陈时龙在《论明代皇帝与阁臣的互动》一文中展现了内阁票拟面对不同情况的运作过程，其中涉及明代皇帝与内阁大臣之间的文书往返，既有阁臣通过制度对于皇权的限制，也有皇帝通过干预执行环节对于臣权的压缩。陈时龙又在《论天启初年的内阁票拟》一文中详述了天启朝初期君臣之间对待票拟的不同态度及相应的文书往返流程，体现了皇权与臣权的一种既合作又对抗的状态。

赵中男指出，明代宫廷中司礼监的批红，更多是要参考内阁的票拟内容，主要是抄写功能，票拟内容很少被推翻，但是抄什么不抄什么由太监把控。一旦皇帝放权怠政，皇帝意见或太监意见与内阁不一致时，往往由内阁和宦官先行沟通，在票拟时重新起草令人满意的内容，再由太监抄成红字。外臣张居正和内官冯保的合作可视为一种工作流程上的需要，不能简单视作外臣依附内官，趋炎附势。

中国社会科学院历史研究所张兆裕《万历初"王大臣案"的再认识》，和黑龙江大学历史文化旅游学院雒雪《王之宷与梃击案初探》两篇论文，讨论了万历初期与中期的两起宫廷恶性事件。张兆裕认为王大臣案本身并不复杂，但由于处理过程牵涉外朝内廷众多重要人物，使得此案成为一个多方角力的政治事件，显示了宫廷政治的复杂性。雒雪指出梃击案是一场明代宫廷内部的政治斗争与阴谋，同样反映了宫廷内部的混乱和宫廷斗争的激烈，审案人王之宷最后被诬陷致死即是争斗的直接后果。黑龙江大学胡凡《王之宷与万历晚期宫廷史发展的走向》一文从"梃击案"的细节入手，分析王之宷作为低级官员如何在纷繁复杂的政治变局中探寻真相，但案件的最终判定却推翻了王之宷的结论，展现了明代宫廷内部斗争的残酷与激烈程度。皇帝的刻意回护使得以郑贵妃、郑国舅为代表的集团未受打击，而此后的红丸案可以说是梃击案的延续，同样是郑氏集团对于最高权力的觊觎并付诸实施。

天津社会科学院历史研究所张献忠在《庙堂与天下：晚明公共舆论与宫廷政治》一文中指出，随着晚明时期商品经济的发展，文化专制政策开始有所松动，对思想和社会的控制亦有所放松，在江南地区形成了与庙堂相抗衡的力量。讲学结社、书坊刻书使得各类政治事件与朝廷决策被更多人了解，促进了公共舆论的形成。晚明公共舆论与宫廷政治处于对立状态，皇权在实际运作中出现了削弱情况，庙堂与天下的对立也是当时社会转型的一个重要标志。

宫廷辅政群体成为明代宫廷政治运作的一大特色，他们与内阁群体并不重合，其职权、经历各有特色。中国社会科学院历史研究所赵现海指出，永乐时期的内阁不仅在形成之中，也经历了一个分化的过程，分成了三个政治群体，一以杨荣、金幼孜为代表，二以杨士奇、蹇义为代表，三以夏原吉为代表，由于永乐、洪熙、宣德三朝皇帝对三个政治集团的定位不同，导致他们虽同属内阁，但实际的政治影响差别很大。另外，中书舍人在实际的宫廷政治运作中，不仅仅担任书写员，还可以起草诏书，甚至为内阁诸臣进行一些政治上的谋划，打击其他政治势力，最主要的原因就是他们的衙署与内阁空间相近、关系密切。

赵中男在《永乐至正统初期的辅政群体及其作用》一文中指出，由永乐至正统初期，每个皇帝都有一个较为稳定的辅政群体，尤其是仁宗和宣宗，帮助皇帝实施统治，其成员由于受到皇帝特殊信任与授权，因此权力和地位往往高于六部和内阁的官员，除才干超群之外，这些人往往与皇帝、太子关系密切，具有特殊的宫廷政治背景。以往研究较为关注废除丞相之后的内阁，但实际上辅政群体的作用超过内阁，且许多成员并非内阁大学士。

三　宫廷典制

宫廷典制主要论述了各种宫廷礼仪活动，分析其对于宫廷乃至整个国家政治、文化诸方面的影响。山东师范大学朱亚非在《从外国朝贡中反映的明朝宫廷生活》一文中指出，明朝官方对外交往的活动许多都是在宫廷中进行的，如皇帝接见、使节派遣、回赐、册封。会同馆、市舶司、四夷馆与宫廷、外朝多个部门一起建构起明朝的朝贡规则，并以规矩对朝贡国进行制约。

南开大学常建华在《明洪武时期宫廷的正旦节庆》一文中展示了明朝贺正与正旦礼仪的发展过程。各种仪式既体现了朝贡国对于明朝统治及其在东亚影响力的认同，又有地方政权对于中央政府统治的认同，体现了“大一统文明之治”。常建华在《明洪武时期宫廷的正旦礼仪与节庆》一文继续以明初宫廷的正旦礼仪为切入点，探讨正旦礼仪在国家礼仪体系中的重要地位。对比元明正旦朝会礼仪后指出，明朝正旦朝会并未展现出民族反抗、民族斗争的内容，它的基调是大一统，延续了元朝的部分仪式，不因宣传口号是“驱除鞑虏”而废除元代的一切礼仪制度。在洪武初期，国家各项制度处于草创阶段，各项礼仪仍在不断整合变动之中，但礼仪活动在国家政治生活、外交活动中的重要地位却一直不曾改变。

黑龙江大学历史文化旅游学院胡凡以明代神乐观为对象连发三文，在《明代神乐观创置初探》一文中指出，神乐观的存在既是明代社会政治生活的需要，也是对明以前祭祀活动的继承与发展。神乐观作为主要贯彻儒家礼仪的祭祀机构，以道士为乐舞生，负责儒家祭祀活动，表明道教已经渗入国家政治生活。在《明代神乐观建置再探》一文中指出，明代神乐观既是负责国家祭祀的机构，又是天坛五大建筑之一，神乐观乐舞生的选用、数额、考核及升迁也有严格的规定。在《论明代神乐观的功能》一文中再次强调，明代神乐观不仅负责国家祭祀的具体事务，同时也是国家最高的音乐教育机构，对王府及属国用乐均有指导作用。每逢国家遭遇灾害，神乐观道士以道教祈禳形式为国家斋醮祈福。

东北师范大学历史文化学院王慧明在《明留都南京宫廷典制演变初探》一文中认为，随着迁都北京，明太祖在南京建立的祭祀体系虽继续保留，但祭祀典礼均处于停滞状态，不再与北京祀典同步而行。明世宗以制礼作乐自任，将两京并存的郊祀诸项全部归并于北京，除以孝陵为中心的祖先祭祀仍彰显其重要性之外，南京常规礼仪活动已与地方政府并无二致，遭到大幅度降杀。南京市博物馆骆鹏在《南京明故宫太庙井出土龙泉青瓷罐研究》一文中指出，由于迁都北京使得南京太庙祭祀废弛，导致南京太庙缺乏必要的维护与供给，前期制作的一些物品沿用到明中期，这与瓷器研究中用朝代更替作为断代的标准不同，研究南京祭祀制度要充分考虑南京太庙的实际情况。

东北师范大学亚洲文明研究院李媛在《明代登极告祭仪略论——兼与清代告祭仪之比较》一文指出，明代登极告祭仪以仁宗为分割点，之前为皇帝亲祭，而后则为遣官告祭。告祭的象征意义就是告知作用，与中国传统社会的伦理观念相关，行大事必先告诉天地祖宗。黑龙江大学历史文化旅游学院朱皓轩在《洪武、永乐时期藩属正旦朝贡述论》一文指出，永乐时期各地藩属的正旦朝贡活动日益加强，原因有二，一是获得更多赏赐，二是放松海禁促进了朝贡贸易活动。正旦朝贺本质上是在节日期间明廷与藩属之间以经济为基础的政治交流。

中国社会科学院历史研究所张兆裕《明代皇帝所行弥灾礼述论》一文梳理了有明一代的弥灾礼，提出弥灾礼的举行，基本是按照遣告、修省、露祷的顺序，皇帝躬祷郊坛的情况很少发生。弥灾礼继承了前代诸多礼制，也是明代弥灾文化的组成部分，尤其是皇帝在弥灾礼中的表现成为其是否勤政爱民的标志。

南开大学博物馆刘毅在《明宪宗与昌平皇陵改制》一文将研究点集中在皇帝陵寝上，成化朝发生一系列因帝后合葬而挑战陵寝祖制的事件，使明宪宗朱见深对昌平地区的皇陵葬制予以修改，开启了多位皇后合祔于皇陵、皇贵妃从葬昌平陵区之例，其影响一直持续到明末。十三陵特区研究所刘少华在《明世宗对天寿山陵区的改制及其政治寓意》一文中指出，帝王死后的居所与帝王生时的居所宫廷相对应，明世宗与前代皇帝陵寝规制的差别，体现了皇帝要通过陵寝改制来塑造本人正统地位的意图。明世宗将嘉靖以前皇帝陵寝予以更改，为亡父兴王在湖北再建陵墓，意在显示兴王血脉的独立性。

美国柯盖德大学鲁大维在《全球史视野下的明朝军事大典》一文中，聚焦明代军事大典，指出明朝早期积极利用各种媒体塑造并传播大典的壮观场面，利用文臣诗赋传播圣君形象，至中后期，政治文化发生变化，文臣开始排斥军事大典，甚至在公开场合语多批评。军事大典有多重含义，它是一种消遣方式、一种运动爱好、一种军事训练、一种政治符号、一种个人兴趣、一种宫廷典制。从欧亚文化史角度看，明代皇室畋猎也是欧亚畋猎文化的组成部分。

四　宫廷司法

关于明代宫廷之中是否存在司法以及其性质如何，专家们看法不一。以南开大学柏桦（后任职于安徽理工大学）为代表，认为存在宫廷司法，指出《大明律》中有十分之一的条款涉及宫廷，还设有专门的《宫卫律》。由于古代法律公开承认不平等，即便犯罪性质相同，一旦事涉宫廷，必须从重处理。明代的一大特点是新皇帝即位，通常会将前朝皇帝所定之律废除，另行一套，但弘治以后，历代皇帝不再废律，只对条例进行补充，构成了律例体制。宫廷中的各个部门还有自己的则例，可以在办案之时，执行不同的条款。

宫廷司法的执行过程中，办案者往往在追求程序正义的时候，忽略了实质正义，法律规定法官如果错判则要视为同罪，因此轻易不定死罪，也导致了宫廷司法中的官官相护，以求免责。普通案件，宫廷内部按规章自行处置，但若案件与宫廷联系紧密，则不能完全依靠宫廷内部消化，需引入宫廷以外的刑部来办案定罪。从这个角度看，与宫外相比，宫廷本身没有一套完整的法律系统。

柏桦又在《明代宫廷司法与宫廷生活》一文中再次强调，《大明律》所涉宫廷律条与宫廷特有的则令、告示、禁约等构成了一整套法规体系。在外朝司法之外，锦衣卫诏狱、东西厂以及司礼监等机构共同运作起内廷司法体系。宫廷中杖责以下都是独立执行，宦官犯罪则交给司礼监处理，有禁锢、充军（充净军）等特殊刑罚措施。这种特殊的宫廷司法制度使得宫中法律程序较为随意，也导致了行贿受贿之风盛行，甚至滋生了偷盗敛财行为。

柏桦在《论明代宫廷法规》一文中指出，中国传统法律系统有宫、官、国、野、军五种形式，分别对不同的人群进行规范。宫法以君主为核心，主要是基于君主安全方面的考虑。明代宫廷法规属于“宫”的范畴，宫法仅仅限于宫廷，但事涉宫廷的犯罪则不局限于宫法，不但可以延伸到其他法规，而且必须请旨裁定，既显示出宫廷犯罪的特殊性，也显示出普遍性，更有其局限性。赵中男也认为尽管宫廷中的专制权力不太受到制约，以独特的方式运行，使宫廷成为一个特殊的社会区域，但如果没有一套完整的司法和管理体系，偌大的宫廷无法正常运转。

柏桦与高金合撰的《论明代“交结近侍官员律”》一文中指出，近侍群体由于其身在禁中，属于内官，而内外官员的交结实为皇帝大忌，“交结内侍”的罪名上可以与十恶不赦大罪相连接，下可以统领各类犯罪，是一个“口袋”罪，可以囊括很多人。“交结近侍”罪名的出现既是对群臣结党的限制，也是对皇帝周围人员的规范。

东北师范大学亚洲文明研究院赵轶峰有不同看法，认为“宫廷司法”的提法有再商榷的空间，宫廷中的生活与常规理解的生活差别很大，这个空间中有一个至高无上的权力管控所有，因此对犯罪行为的处罚并不能按照国家司法体系执行。《大明律》中的大量条款不对应宫廷中发生的事情，难以直接进行约束和惩罚，真正具有法律效力的是皇帝、后妃们的旨意，但这些旨意是否可以上升为法？进而迈入司法领域？如何看待君主、权力与宫廷的关系？

关于宫廷司法的执行者，常州大学吕杨在《明代宫廷司法的主体——司礼监、都察院和锦衣卫》一文指出，明代宫廷司法真正的主体是司礼监，而都察院和锦衣卫属于执行者。都察院承袭了汉朝刺史制度，以小制大，到中叶时期，集侦查、审判、检查、监察四权为一，实际上分割了刑部和大理寺的一部分司法职能，加之皇帝赋予了一定司法权力，因此都察院被认为是司法机构。锦衣卫受皇帝指令执行诏狱，捕人入诏狱就是执行内廷司法的过程。

柏桦认为，宦官和锦衣卫二者既互相监督又互相利用，都对皇帝负责，由于有共同的利益，因此勾结最紧密。一旦皇帝怠政，不常见锦衣卫，那么权力实际上就向宦官倾斜。诏狱既是国家监狱，又是皇家监狱。由于锦衣卫负责诏狱，因此研究宫廷司法，这个群体绝不能忽略，诏狱相当于高等级监狱，普通犯人没有资格入狱。从现实需求角度出发，设置诏狱是非常必要的，因为这些犯人掌握国家机密，法庭式公开审理容易泄密。

五　宫廷艺术

明代宫廷艺术是用皇权滋养而成，其用料、工艺、资金投入不计成本，呈现出一批批灿烂夺目的艺术品，也直接反映了不同历史时期的国力与社会风尚。不过当时并没有消费品、艺术品等差别，几乎都是宫廷奢侈品。

故宫博物院古器物部刘岳通过考察明代宗室墓葬中出土的宫廷玉器，指出此类玉器仍延续了传统的用玉体系，以新疆和田玉为主流，而朝贡者通过朝贡贸易的形式，将玉石运到中原地区。若仔细考察品相，质量上乘的卖给江南商人牟取厚利，比较次一点的才作为贡品。台北“故宫博物院”南院处阙碧芬《明代宫廷丝绸设计与风格演变》一文，从定陵出土的明神宗龙袍图案入手，指出不同样式的龙纹对应着服装设计或使用上的差别，而云纹与当时的佛经配图高度一致，反映了云纹在当时的流行，在明代宫廷丝绸图案中，几乎所有的装饰都有吉祥的寓意。当然，图案表现形式与社会生产水平紧密相连，明代初期的丝绸图案延续元末风格，有些丝绸质量甚至不如宋元，应是战乱导致了生产停滞或技术断层，明中期经济复苏，富贵图样不断涌现，至明代晚期商业繁荣，社会风气奢靡，更强调图案装饰性，形式也更加丰富多样。

英国格拉斯哥大学艺术史系韩婧对宫廷服饰的色彩、技艺进行了考证，在《明代宫廷服饰的“色”与“技”》一文的论述中涉及了科技考古领域的诸多问题，结合文献和模拟实验的结果，剖析服饰的呈色、染色和方法，并在此基础上探讨染料和染色技术的发展对于服色的影响。清华大学美术学院张燕芬在《明代内府金银器的制作机构与产品风貌》一文中认为，明代金银器可分为内府造、藩国造和民间造三种，其中内府制作的金银器有相对明确的制作标准，展现出礼制庄严和等级差异，品质最高，影响最广，也最能体现明代的主流审美。

赵中男在《从正统到天顺：明代宫廷文化发展缓慢原因初探》一文以宫廷文物作为切入点，指出宣德时期宫廷文化发达，背后有宫廷财政的大量投入，皇帝个人也十分支持，但对国家财政和社会造成了严重的侵害。正统初年限制奢靡，土木之变又使得国力短绌，宫廷消费开支被大幅削减，导致了此时期宫廷文化的相对沉寂，留存的文物数量较少。清华大学美术学院高宗帅在《明洪武朝工艺美术的分期》一文中指出，以洪武八年和洪武二十年为界，洪武朝工艺可分为三期。前期面貌是多元杂融，唐宋古制与蒙元遗风皆有体现，中期在政治高压下，形制严苛，后期则逐渐趋于生活化，满足了礼制及市民生活的需要。

华东师范大学美术学院熊瑛在《明末宫廷丝绸新样》一文中认为，受到明代帝后喜好的直接影响，宫廷丝绸新样往往能在内廷形成一种风气，新样纹饰往往被宫人集体使用，但在袍服色彩趋同、花样一致的情况下，身份差别日渐模糊，与等级森严的礼制有所违背，两者的矛盾也显示出宫廷社会的进步。熊瑛在《重议宋款刻丝〈万寿图〉的年代与用途——以图像为中心的探讨》一文指出，台北“故宫博物院”所藏名为宋款刻丝《万寿图》并非宋代之物，而与明代定陵出土的实用织绣极为相似，推测应是明代人出于以新冒旧企图索取高价而制成，这与当时人们急切盼望得到宋代之物的愿望相吻合。

熊瑛在《明代宫廷织绣饰金的演变与影响》一文中通过对现存宫廷织绣的研究，指出明代前后期宫廷织绣饰金的面貌差异较大，在制作工艺、色彩搭配、使用对象上都有所体现。黄金作为一种色彩，在成化、弘治之后，其等级意味日趋淡薄，而装饰作用逐渐增强，加之奢风侵染、织技高超，饰金丝绸为官民朝野所青睐，僭服屡出、官禁无力局面的出现不仅是审美的变化，也反映了明代章服制度的逐渐松弛。熊瑛在《明末内廷服饰风尚衍变——以〈明宫词〉为中心的探讨》指出，明代宫廷服饰在常服上受到礼制的限制较弱，受到民间风尚影响较多，一般认为是宫廷风尚影响民间，而实际上是风尚的双向交流。明朝为防止权势之家干政，在民间挑选后妃人选，她们对于服饰的民间喜好也带入宫中。帝后的喜好主导了服饰的主要方向，后妃的选择与江南闺阁女子的喜好相通。内臣服饰以精致奢华为主，审美不是主导因素，而是对于权力、欲望的炫耀。观看明代绘画，陪伴在皇帝身边的宦官和锦衣卫都是服饰精美。

清华大学美术学院尚刚认为宫廷是中国古代工艺的核心，代表着当时的最高水平，谈论中国工艺美术史，宫廷艺术是非常重要的章节。宫廷艺术代代不同，不断出新，每个时代都有其代表艺术形式，如唐代的金银器、元代的丝绸、明清的画珐琅，各种元素融入其中，音乐、舞蹈也是宫廷艺术的重要承载体。清华大学美术学院李骐芳在《明代皇帝与宗室间的器物流转》一文中指出，器物作为一种情谊的载体，在宫廷与藩府之间不断流转，大致有赏赐、收缴、进献和奏求四种方式，体现了帝王家的厚意与薄情，也反映了亲疏关系及国力强弱。

东北师范大学亚洲文明研究院赵轶峰指出宫廷中弥漫着权力的气息，巨大的权力常常缔造或聚集起全社会最精细的文化与艺术，如宣德时期的掐丝珐琅。君主对人可能是暴虐的，但文化上又可以是一个推动者，这是权力集中带来的结果。赵中男在《浅析田义墓藏石刻的价值与意义》一文中指出，万历朝太监田义的坟墓上精美的雕刻展现了当时的艺术风格，对比明中叶宫廷庙宇及民间寺院的雕饰类型，田义墓藏石刻延续了明中叶以来工艺的发展趋势。而完成田义墓藏石刻的高级工匠则是皇帝钦点的，也是专制权力的结果。

中央美术学院人文学院尹吉男认为当下对于宫廷画家及其画作的研究，存在着对作品没有进行细致划分的缺陷，非宫廷画作多被纳入宫廷画作范畴，直接影响了结论的真实性与可靠性。宫廷画师的非宫廷画作大致分为三类，一是在入宫供职之前的画作，二是退休出宫之后的画作，三是在业余时间的画作。帝王、后妃的画作无疑是宫廷绘画的重要组成部分，这里涉及国家性与个人性关联的问题。在宫廷之中，更多的还是突出国家性从而弱化了个人性，除非个人性比如皇帝的特殊喜好与性格足够影响国家各方面的运作，进而影响了画作的国家性，才可以将个人性与国家性进行对比研究。

六　宫廷生活

宫廷生活包含诸多内容，既有日常生活，又有娱乐活动，都伴随着物料与钱币的支出，而不同时期的价值取向也蕴含其中。武汉大学历史学院谢贵安指出，宫廷娱乐是宫廷生活非常重要的组成部分，与皇帝本人的人性紧密相关，当皇帝的娱乐天性得到一定程度的满足，朝政与娱乐良好结合时，政治可以出现相对稳定的状态，反之，因无法满足娱乐愿望与需求，皇帝往往出现离经叛道、胡作非为的情况，不利于稳定。内阁大学士以程朱理学等高标准要求皇帝，忽视皇帝本人的娱乐天性，因此常与皇帝关系不睦，而宦官常因满足皇帝的娱乐需求，与皇帝关系紧密，导致了两种势力之间的对立和争斗。宫廷娱乐看似是小事一件，但如果涉及皇帝本人则会在政治上产生巨大影响，旧时代僵化的制度无法提供正常的渠道和完善的制度来满足皇帝走出宫廷，游览山河，体察民情的意愿，也压制了皇帝的人性。谢贵安在《明代皇帝宫廷娱乐特征述论》中又总结了明代宫廷娱乐活动的诸多特征，既有内容和形式上的丰富性，又有因皇帝不同而产生的差异性，既有对传统娱乐的承袭性，又有因时代进步、时尚融入和西器东传而烙上的时代性，既有敦睦亲亲的生活性，又有关于国计民生、国家治乱的政治性。

赵轶峰在《宫廷生活史研究的方法与内容》中强调，宫廷生活比较独特，它和外部社会缺乏共性，因而普通社会史研究方法在各个方面不适用于宫廷生活史研究。宫廷生活当中要注意区分政治属性和生活属性，尤其是宫廷生活环境、建筑、器物等承载的文化艺术的气息。宫廷生活史研究还要包括礼仪制度方面独特的内容和文化精神，宫廷中宦官、宫女等独特人群的生活，宫廷生活资料需求与外界社会的互动和影响，以及宫廷生活和政治的紧密联系等等。赵轶峰认为"宫廷社会史"的提法有再商榷的空间。常规理解的社会生活与宫廷中的生活有很大不同，主要指民间的部分。宫廷的特殊性在于这个小社会有一个至高无上的权力管控所有，因此这里的社会交流、商品交换、婚姻都与外面不同。

南开大学常建华认为，宫廷的等级制度是宫廷这个"小社会"在社会史层面上的切入点，在紫禁城这个空间中，上至皇帝，下至宫女太监，构成了一个小社会。宫廷以往被定位成一个封闭的单位，实际上它与整个社会密切相关，从风气、风尚流布的角度看，一般都是各地看首都，首都看宫廷，宫廷看贵族，由此出发，对饮食、服饰以及其他文化产生了影响。传统社会史研究将宫廷因素排除在外，实际上民间过节受到了宫廷、官府不同程度的影响。从前多把宫廷和社会对立甚至隔离起来，现在应找寻二者之间的关联性。

北京行政学院高寿仙指出，由于宫廷的特殊性，使得研究其他地区的理论或方法不能简单移植到北京宫廷乃至北京社会上，如国家与地方的两分法就不适用于北京地区。宫廷不是孤立、封闭的存在，不是高悬于北京社会之上且与本地无关，应该在研究中将它时时刻刻放在北京社会中来理解，同时又不能落入西方社会史研究的范式窠臼。

东北师范大学历史文化学院刘晓东《洪武朝宫廷生活的特点》一文指出，宫廷生活从广义上说是日常生活，衣食住行娱乐皆在其中，从私人生活的角度入手，洪武朝宫廷生活是精雅生活与民间生活的一个交融。台湾"中央研究院"历史语言研究所姜明翰与高致华合撰《朱元璋弈事考》从明太祖下围棋的史料和民间传说入手，探讨了围棋与朱元璋之间的复杂关系，朱元璋虽热衷于围棋，有所参悟，但仍视其为不良嗜好并予以禁止，反映了本人的矛盾心理。

故宫博物院马顺平《豹与明代宫廷》一文从明代宫廷中的豹入手，认为明代前期，西域各国进贡之豹是宫廷中豹的主要来源，而到了武宗朝，土豹（猞猁）成为宫中豹的大宗，但这其实并不是豹。故宫博物院资料信息中心许冰彬在《从〈明宣宗御制集〉看朱瞻基娱乐生活中的施政理念》指出，明宣宗的宫廷娱乐生活具有多面性，既有皇帝满足私欲，劳民伤财的一面，又有借由娱乐发现政治含义，转化为施政理念的一面。

西南大学历史文化学院陈宝良在《明代宫廷生活史及其相关问题初识》一文中指出，内宫与外廷、宫廷与民间、宫廷生活中的中外关系，这些是研究宫廷生活必须要处理好的问题。生活史的关键在于厘定一代之制度，明宫生活受到制度约束，礼制、法律、规范、生活融于一处。明代宫廷生活的主体是人及其与之相关的活动，要注意明代宫廷人员的分类和时代变迁。

黑龙江大学历史文化旅游学院吴如功在《火曰炎上——明代北京重大宫廷火灾善后中的君臣冲突》一文中指出，明代是中国历史上宫廷火灾频发的历史时期，宫廷火灾的善后不仅包括受损建筑的修复与重建，更包括帝王与朝臣之间因宫廷火灾灾异性所展开的权力博弈以及之后的一系列政局变动。围绕火灾善后产生的君臣冲突实则是儒家礼仪文化对中国社会发展进程影响的缩影。广西师范大学历史学院刘祥学和林牧合撰《明代宫廷香料消费述论》一文指出，各地土贡、域外朝贡、宫廷采购成为明代宫廷香料的三大来源，内府设有专司负责收储及使用香料，香料的消费主要有国家祭祀活动、赏赉与折俸、宫廷生活用香三类，香料消费成为统治阶层的一个参照物。

宫廷医官和宫廷画家是身处大内服务皇家的特殊群体，他们的经历见证了宫廷生活的丰富多彩，而他们的升迁降黜也成为宫廷政治斗争的一部分。廊坊师范学院程彩萍在《医术与仕途：明代中期以来宫廷医官之生存状态探微》一文中对明代宫廷医官群体进行了介绍，宫廷医官依靠皇帝的信任和恩宠为自己创造了有利的政治环境，但其群体人数的膨胀引起了朝臣的恐慌与不满，双方展开博弈。最终朝臣通过重新制定医官选任、考核、晋升制度对医官群体进行了约束。医官欲立足宫廷与官场，需妥善处理与皇权和文官的关系。浙江大学美术学院赵晶在《〈武职选簿〉所载明代宫廷画家史料辑考》一文中指出，明代兵部《武职选簿》中存在不少明代宫廷画家家族官职袭替情况的材料，对研究部分宫廷画家的籍贯、生卒年、官职升迁及袭替、家庭出身、存世作品创作时间，以及明代画院制度、宫廷画家来源等具有重要作用，可订正部分画史中的错误记载。

赵晶在《周全及其〈狮子图〉研究——兼谈明代成、弘时期的狮子贸易》一文中，运用艺术、文献、生物等知识，推测明代宫廷画师周全并未亲自见到幼狮，所画图像是仿照成年雄狮而作。撒马尔罕在维持与明朝的狮子贸易时要考量以下因素：第一，保证狮子是活的；第二，狮子要经过驯化；第三，狮子的外观要威武；第四，只进贡雄狮。前三点用以满足明朝宫廷对瑞兽的需求，而不贡雌狮则是为了保证狮子贸易的可持续性，不让雌雄狮子在明朝宫廷交配繁育后代，确保明廷对于进贡狮子的需求。

赵晶在《明代宫廷画家郭纯的生平与绘画》一文中，从宫廷画师郭纯入手，指出明代宫廷画家资料稀少的原因：第一，宫廷职业画师自幼学画但诗文水平有限，不同于文人画家的诗文传世；第二，宫廷画作多不署名，且晚明时期轻视职业画家，导致相关藏品及资料较少。而郭纯由于同著名文士结交，并获得永乐、洪熙诸帝的器重，所以资料相对丰富。

十三陵特区管理委员会刘少华在《佛与日常生活：明定陵出土生活用品中的佛教元素》一文以定陵陪葬品中的生活用品为对象，指出佛教元素大量出现在帝后的日常用品中，反映出万历时期宫廷的佛教信仰已经渗透到日常生活的方方面面。柏桦建议将宫词纳入宫廷史研究的范围，认为自有文学作品以来，关于宫廷的猜度与描述很多，明清两代尤巨，宫词就是民间对于宫廷的猜测。这些宫词朗朗上口，谱曲之后还可以演唱，研究者将众多的宫词进行搜集整理，对其进行注释和解读，这有利于拓展宫廷史研究范围，改变以往站在宫里看宫里的传统方式，尝试站在宫外看宫里。

七 宫廷文物

书画及各类器物是宫廷文物的大宗，宫廷人员不仅在外搜集，在内也不断制作，丰富的文物成为研究有明一代人物、制度、文化等的重要依据。故宫博物院宫廷部研究馆员郭福祥《故宫博物院明代文物概况》一文指出，故宫博物院所藏明代文物相对较少，大致一万件，仅占院藏文物总量的5%左右，但这些宫廷文物十分集中，种类非常齐全，几乎涵盖了明代宫廷生活的诸多方面，某些文物已经超越了使用层面而具有了等级礼制意义。

故宫博物院章宏伟在《永乐前期宫廷藏书考》一文中指出，前代宫廷的旧藏、个人进献使得永乐时期的宫廷藏书日益丰富，可以尝试利用现存《永乐大典》残卷来尽力恢复所收的具体书目。天津师范大学历史文化学院吴义、单楷合撰《秘书监与明代宫廷藏书管理之关系》一文，指出明初废除秘书监，使得宫廷藏书长期无人管理，不仅导致搜书活动减少，图书分类整理混乱，出借管理制度宽松，官员盗窃成风，还间接导致了明朝后期宫廷藏书的散佚。台湾“中国文化大学”美术学系吴美凤《谁是画中人——明人“四季赏玩图”探析》一文，重点分析了2014年秋大英博物馆《明：皇朝盛世五十年特展》中首次公之于世的《四季赏玩图》卷，从构图、用笔、设色以及人物表现方式推断，并与明代皇帝对比，指出画中皇帝应为明宪宗。

浙江大学人文学院赵晶在《明代宫廷书画收藏考略》一文中认为，明代宫廷书画收藏十分丰富，至明清鼎革之际散佚殆尽。宫廷书画收藏主要包括接收前代遗存、查抄籍没书画以及帝后、大臣、宫廷画家新创作书画。明中期以后，宫廷收藏书画的散佚为私人收藏家群体的崛起提供了契机。香港理工大学人文学院郭嘉辉在《新发现的朱元璋御制集》一文中指出，现藏于台北“故宫博物院”及中国国家图书馆的《大明太祖皇帝御制集》，无论在辑录的范围、编目的分类，皆远比《明太祖御制文集》优胜，当中所载诏令不乏“白话诏令”及《明太祖实录》编纂前的诏令原件，其原始性及珍贵史料价值尤为突出。

宫廷家具展现出严格的等级，而皇帝的宝座尤其突显皇权独尊含义。吴美凤从明代诸帝朝服坐像中的宝座入手，结合坐姿、屏风及历史背景，分析皇帝宝座变化与时代变迁的关联。历代帝王图或左侧坐或右侧坐，从明英宗开始，身着朝服正面朝前，开启以后明清诸帝的朝服坐像模式。因为坐像都是祭祀时使用，所以皇帝宝座质地、形状的差距也可以推测出画中皇帝在后人心目中的位置高低以及尊重程度。吴美凤又通过《“君尊如天，臣卑如地”——明代宫廷内的起坐之间》一文展现了宫廷坐具差别反映的明代君臣关系。皇帝本人有形制多样、雕饰繁复的坐具，还会根据不同身份赐予大臣和近侍们规格不一的坐具，如小杌凳、连椅、凳杌，帝王的至尊思想会直接反映在宫廷器用上。

八 宫廷教育

明代宫廷的经筵讲读是对皇帝本人和皇子进行教育的重要手段，而文臣与太子结成师生关系对未来的政治局势产生了直接影响。中国社会科学院赵现海认为，经筵讲读表面上是一个单纯的教育问题，但其背后的政治目的非常明确，即内阁通过这种传授的形式，与皇太子、皇帝形成一种师徒关系，密切其与皇太子、皇帝的关系，然后与宦官集团进行对抗，并打击其他官员。黑龙江大学历史文化旅游学院胡凡认为，明代宫廷教育很成规模，宫中的大本堂、图书馆，都是接受儒家教育的重要场所，皇子就藩后仍要继续接受教育。朱元璋在宫廷教育中建立的学习体制也影响到后来的宫廷设计，永乐之后内阁成员授课，这些文臣与皇子们尤其是太子结成一种关系，成为将来权力集团的雏形。

武汉大学历史学院谢盛在《明代太子教育官员的选择与冲突》一文中指出，东宫太子讲官必须符合朝臣心中的儒雅士大夫形象，不仅要饱读诗书，对外貌也有高要求。讲官长期受到正统观念熏陶，常以历史上的宦官专权事件来警醒太子，不可避免地与太子的东宫宦官发生冲突，这种对立和冲突严重影响了东宫教育的成效。中央民族大学历史文化学院王帅在《经筵日讲与天启政治初探》一文中否定了传统印象中明熹宗朱由校是文盲的说法，从《明实录》《天启起居注》及明人文集中可知朱由校的经筵日讲基本不断，皇帝通过讲授提高了文化水平和执政能力，而阁臣也通过经筵日讲参与到了天启朝政务中，影响了当朝的政治走向。

中山大学历史学系孙天觉在《明思宗讲筵情况研究》一文中认为，明思宗朱由检是明代后期参与讲筵活动最认真、最积极的皇帝，对于此项活动有明显的实用主义倾向，他希望利用讲筵与阁臣、讲官议论政事，而讲章之中多有针对时局而发的议论，崇祯朝的讲筵活动为君臣当面议政提供了机会。黑龙江大学历史文化旅游学院雒雪在《明代幼帝教育》一文中将明英宗、神宗、熹宗三位冲龄践祚的小皇帝作为对象，指出这几个幼帝不仅要长时间接受学识的传授，更要担负起家国天下的重任，而这对于幼童来讲是一件望而却步的事情，加之强势讲官不懂得因材施教，激化了君臣之间的矛盾，出现了后来的“问题皇帝”。

中国社会科学院历史研究所刘中玉在《从〈承华事略〉到〈养正图解〉——试论元明宫廷教育中形象教材的使用》一文中指出，宋代以来文人对于绘画非常重视并亲自参与图像制作、确定风格，元代的王恽和明代的焦竑有很高的艺术修养和鉴赏能力，可以编写出高质量的带有人物形象的绘图教材。两部书都产生于东宫预政时期，尽管当时的政治斗争非常复杂，但王、焦二人都想通过带有儒家政治取向的教材来影响帝国继承人，完成儒家的治世理想。

九　宫廷宦官

明代宦官按官阶、职权、活动场所等分为多个小群体，最为引人注目的仍是生活在皇宫之中的宦官。故宫博物院许冰彬《试析明代官宦内操的兴衰及其特点》对宦官在皇宫大内进行的军事操演进行了总结，由于宦官自身的生理、心理特点，总体而言，正德以来的内操大多只能算作皇帝的一种宫廷军事体育娱乐项目，它或许可以起到调剂枯燥的宫禁生活之用，但在军事上的作用微乎其微，更近似于一种仪仗队，其战斗力亦难说强大。山东师范大学地方史研究所朱亚非对于明代宫廷经常派遣宦官从事外交活动进行了论述，指出各国进贡给明朝的阉人因为熟悉本国事务，因此可充当明朝的使节；经过宫廷对于宦官的文化教育，宦官才学和表达能力较为出众，可充使节；宦官是皇帝的家奴，是皇家的家臣，也体现了明朝对于外邦的重视。加之出使活动有为皇室采购环节，必须由宦官经手，而后归入皇室内库。

南开大学历史学院庞乃明《关于内书堂的几个问题》一文指出，内书堂对宦官的教育和培养是有贡献的，其设置与未来的宦官专权并无必然联系，这只是明代在政治制度设计上的缺陷，宦官专权产生的根本原因在于皇帝的懒惰无能。南开大学历史学院何孝荣在《太监王振与明英宗》一文中认为王振是自幼入宫而非当过九年教官，他与明英宗之间感情非常深厚，明英宗被瓦剌军俘获，王振被认为是罪魁祸首，但皇帝对王振念念不忘，甚至复位后仍予以褒奖，展现了君臣之间复杂而奇特的关系。

东北师范大学历史文化学院齐畅《麦福与嘉靖朝政局》一文通过对宦官麦福墓志铭的研究，结合相关史料，指出宦官麦福参与了嘉靖朝中后期的多个重大事件，打破了以往学界认为嘉靖朝无权阉的旧认知。苏州大学历史学院侯德仁在《明代宫廷史研究价值》一文中强调了《酌中志》对于明代宫廷史研究的重要作用，该书作者刘若愚是万历时期的宦官，亦具有自己的史学观和学术思想。北京师范大学文学院李真瑜在《明代宦官与宫廷戏剧之关系》一文中指出，明代宦官职掌宫中剧乐机构，是宫廷演出的管理者，其中的学艺官（俗称习艺太监）和近侍承应也会参加具体演出，另外，负责戏剧的钟鼓司，其掌门宦官品级很高，可借助戏剧出现在皇帝周围，进而争宠弄权。

中国社会科学院历史研究所明史研究室赵现海在《明初宦官的多民族身份与东亚视野》一文中驳斥了新清史将明清两朝视为两种性质不同政权的谬论，认为明朝虽标榜“驱逐胡虏，恢复中华”，但在政治制度、国家疆域等诸多方面延续了元朝的格局，明代宦官身份非常复杂，具有一定的国际性，即是这种多元化的表征。北京在元朝即已成为欧亚整个区域内一个民族融合的中心地带，明朝对此进行了继承，边疆开拓和对外往来活动频繁，多民族身份的宦官也发挥了重要作用。

武汉大学历史学院谢盛在《魏忠贤文盲考辨》一文通过梳理多种史料，对学界普遍认为的魏忠贤是文盲观点进行了质疑，提出在当时这是东林党抹黑魏忠贤的手段，而魏忠贤本人在内书堂有受教育经历，是正规宫廷教育培养的知识型宦官，因此能够阅读文书，参与政务，纯文盲是无法弄权的。武汉大学历史学院吴兆丰在《“化宦”：明中期士大夫对宦官的新认知与行动》一文中认为士大夫利用内书堂读书制度教化宦官，反映出经世之学并未因君权高涨与心学流行而流于平庸，反而要积极作为。

南开大学历史学院何孝荣在《佛教抑或伊斯兰教？——也论郑和的宗教信仰》一文中指出郑和作为明朝著名的宦官，其宗教信仰复杂而多元，主要崇奉佛教，尤其是藏传佛教，其次是道教，以天妃信仰为主，再次是伊斯兰教，但他并非一位虔诚的穆斯林。南开大学历史学院李建武（后任职于廊坊师范学院）在《明代内官形象》一文中以“内官”称谓来代指人们常用的“宦官”“太监”，通过塑像、图画、文字中描绘的内官容貌及服饰来重构内官形象，并通过内官服饰的变化审视明初至明末服饰规定的变化以及社会风气的变迁。

李建武在《论明太祖对宫廷宦官的认识与任用》一文中指出明太祖虽然对宦官制定了诸多限制，但在实际政治运作过程中，皇帝对宦官的任用大大超出了先前设定的范围。洪武时期即开始了宫廷宦官奉命出差、军中传命、抚谕外夷、宣谕宗室、奉使外国，甚至赈济灾荒、监督盐务、购买战马、核定钱粮，不仅事务的种类繁多，而且出差的次数频繁。

柏桦指出，按照宫官国野军五法体系看，明朝初年就有宫法，洪武五年的《宦官禁例》，同样的罪行如骂人，宦官要加等处罚。奸党罪三条之一就是交结内侍，涉及的内官要凌迟，这不是《大明律》的规定，执行的就是宫法。明代号称十万宦官，并不都在皇宫里，东、南、西、北苑，千寿山都有太监，加上各地的镇守太监和太监带着的火者，这是一个特殊的群体。因为皇帝要将自己的精神和意图贯彻到每一个地方，宦官也要承担教化任务，导致十万之众也不敷用。

十 宫廷建筑

宫廷建筑的定性与范围经历了一番变化。最初，学人们对于明代宫廷建筑的定位还是以北京紫禁城为主，兼及南京皇宫与凤阳宫城，而后，将城外园林苑囿也纳入其中。学人们不仅研究建筑本身，还从建筑的兴建、使用分析其政治作用，摆脱了单纯研究建筑历史的束缚。

故宫博物院杨新成指出，由于现存资料的限制，使得研究重点多集中于北京紫禁城的宫殿上，通过故宫的多次古建筑维修工作，发现即使经历了清代的多次维修和重建，在一些宫殿结构上仍保留着明代的痕迹。宫殿建筑具备两个明显的属性，第一是建筑属性，即建筑本体，第二是制度属性，涉及宫殿的使用者和功能。虽然史书中记载了王府以下直至平民的房屋规制，但到皇帝层面，这些规定都不存在了，要看到宫廷建筑的特殊性。另外，按照清代紫禁城的宫殿名来讲述明代宫廷是不严谨的，应该结合文献、考古等进行区分。杨新成在《明代北京皇家苑囿沿革简述》一文中，展现了皇家苑囿的布局、规模以及艺术成就，对紫禁城内的花园，皇城内的东西苑进行了详细考证，其结论主要依据文献、苑囿遗存及舆图的梳理、对比而得出。

中国社会科学院考古所孟凡人认为，北京城的宫廷建筑均创建于永乐时期，除此之外明成祖还在全国兴建了大量的宗教建筑，其中有一些精美壮丽的建筑可称之为“皇室家庙”，也应纳入宫廷建筑的范围之中。以往学界对于宫廷建筑的范畴和主要内涵界定未见成说，根据个人经验，宫廷建筑的使用和行为主体必是皇帝，并能成为国家最高权力和礼制象征的标志性建筑。所以，皇帝生前起居和理政的宫城，祭天等礼制建筑，死后安息和祭祀的陵寝，乃是宫廷建筑的核心。另外，凡是皇帝御建和为皇室服务的重要建筑，都可泛称为宫廷建筑。

武汉大学旅游管理学院张薇在《明代宫廷园林初探》一文中表达了明代宫廷园林资料的相对匮乏，实物资料尤为少见，因此研究主要从文献资料来考察，而《酌中志》作为当朝资料更显珍贵，经过考证，颐和园并非清代首建，而是在明代行宫的基础上发展而成，明代宫廷园林与北京的白云观等道教场所关系密切。清华大学建筑设计研究院、建筑与文化遗产保护研究所陶金在《明世宗明堂式道教建筑初探——“神王”追求的物质载体》一文中指出，明世宗以明堂的名义修建天坛大享殿，而后又以大享殿的形制设计建造了一系列道教建筑，这种将明堂一类的儒家礼仪建筑形式嫁接到道教祭祀建筑的行为，是一种对于自身形象的重塑，达到一种“亦神亦王”的境界，在价值取向上，明世宗看似抬升了道教的地位，而实际上却是用儒学的价值对其所崇奉的道教进行了改造。

台湾师范大学历史系朱鸿在《明初燕王府地点评议》一文中认为，永乐年间根据燕王府而修建紫禁城，其地点本无异议，但有学者认为燕王府是利用元大都工程旧基改造，形成了西苑说与元大内说的对峙，从与朱棣关系密切的文臣文集中可推断，燕王府应该还在西苑，即元西内而非大内。故宫博物院王子林在《元大内与紫禁城中轴线东移探析》一文认为，明代紫禁城与元宫相比，轴线东移，完全摆脱了元大内轴线的控制，使得紫禁城得以按照南京紫禁城的规制进行设计和建造，形成统一的建筑风格，以便突出统一的建筑思想。

北京联合大学刘少华在《正统时期北京的营建工程》一文中，围绕正统时期明英宗对于北京地区的陵墓、宫殿、城墙等一系列工程营建，指出其背后的目的一是强调自己乃天命所归，二是定都北京，因为迁都后朝局有反复，并未最后定都。由于永乐、洪熙、宣德朝的政治变化，使得英宗的即位并不顺利，因此将天寿山地区的皇帝陵寝进行修缮本身是要强调自己尊崇祖先，奉行祖制，进而表明统系的传承以及天命所归。三殿二宫（奉天、华盖、谨身三大殿和乾清、坤宁二宫）都是皇权的象征，也是尊祖的表现，对于灵济宫、城隍庙以及北京城池的大规模修缮表明了定都的决心。而后不幸发生了土木之变，蒙古大军兵临北京城下却无法攻克，也与正统时期的城防加固有直接关系。

赵中男指出，明英宗的时代正是旧臣老去，新臣上位的阶段，新旧交替的矛盾与内外矛盾在此时充分体现出来。至于北京城三大殿被焚后长期不曾重建，与永乐时期国力透支过多直接相关，而宣德、正统时期国力恢复，有能力对北京城进行新一轮的“装修”和重建，而所用建筑材料都是永乐时期储存的，因此并未大伤民力。另外，关于还都南京的争议，实际上在永乐后期到正统时期，朝廷有很强的一股势力要还都南京，反对定都北京，甚至在土木之变后徐有贞的南迁之议也是顺应当时的一股需求，并非奸臣自保，主动逃跑。

十一　宫廷女性

宫廷女性包括后妃及宫女，尤其是后妃们程度不一地参与了明代政治的运作，影响了国家走向。法国滨海大学马骊《明代后宫之制：皇宫中的“色”与“权”及其政治影响》一文，介绍了明代后宫妃嫔的生活和命运，以及由此引发的权力与欲望之间的对峙与制衡。故宫博物院方小济《从〈明实录〉中看明代宫廷后妃的生活状况》一文认为，明代随着程朱理学的盛行，整个社会对女性的约束和禁锢达到了顶峰，宫廷后妃们虽拥有至高的地位，但受到明太祖的严格管控，洪武朝的后宫生活如同幽禁。

黑龙江大学历史文化旅游学院戴上檬在《明代废后探论》一文中指出，明代宫廷先后出现四位废后，表面原因是失宠被废，实际上每次废后事件背后都隐藏着宫廷内部尔虞我诈且不为人知的一面，是宫廷斗争导致了废后。南开大学历史学院刘玉在《明代皇贵妃封号初探》一文中认为，景泰朝出现了明朝第一个皇贵妃，成化朝正式用金册金宝册封皇贵妃，嘉靖朝贵妃使用金册金印，以别于皇贵妃的金册金宝。

台湾“中央研究院”历史语言研究所邱仲麟在《明代宫人的生活与生命历程》一文中指出，以往对于宫人生活幽怨的负面描述，更多是一种出于“男性中心论”的士大夫想象，从宫人的实际生活配给上看，除例行工作外，基本上较民间安稳许多，明代后期出现的资深宫女与宦官之间的“对食”在某种程度上弥补了生活上的缺憾。明亡之后，还有若干宫女回忆，崇祯年间在宫中生活美好，是一段难忘的时光。

中央民族大学历史文化学院肖晴在《明代后妃刊印佛经论略》等文中，探讨了明太宗徐皇后、明神宗生母李太后、神宗王皇后、郑贵妃四位后妃动用宫廷力量刊印佛经的行为，指出后妃的身份、地位比较特殊，刊印佛经的初衷并不只是单纯的宗教信仰，其中蕴含着深层的政治欲望，也给国家经济造成了极大的负担。首先，在政权合法性遭到质疑之时，后妃们可以通过宗教信仰的形式来为政权的合理性、合法性寻求舆论的支持，进而巩固政权；其次，在承平时期，后妃可以通过宗教活动来宣示个人的权力与地位，使其政治影响力突破宫闱的束缚，获得民众的响应；第三，宗教活动成为国本之争的政治工具。

十二　宫廷宗教

宫廷宗教活动包括诸多内容，刻书刊画、祝祷修省、兴建寺院都体现了浓厚的宫廷味道。故宫博物院图书馆翁连溪在《明内府刊刻佛教版画考略》一文中指出，明代内府刊刻的佛教题材版画，品种丰富，雕刻精美。洪武、永乐、景泰年间都曾刊刻精美的版画，内容涉及汉地和藏地佛教，明代内府刊刻佛教版画为历代内府刊刻版画之最。

北京行政学院高寿仙《国家祀典、儒家理念与民族信仰的冲突与交融》一文，为研究民俗信仰的分层与交融，以及宫廷与北京社会的联系提供了一个窗口。北京东岳庙祭祀在明朝虽已列入国家祀典，得到皇帝的大力支持，但由于其与儒家的某些原则有所背离，因此受到质疑。安徽大学历史系周致元在《自然灾害背景下明世宗的宫中修省》一文中指出，嘉靖时期，明世宗因自然灾害而进行宫中修省，虽然大多以宗教名义实行，但实际上与宗教关系不大，其主旨在于让个人或群体道德按照儒家伦理进行净化，实质上仍是在各种神意旗帜下推行的政治活动。

故宫博物院宫廷部刘盛在《青词与嘉靖政治》一文中认为，青词作为一种道教祈愿文体，并不天然地带有歌功颂德一类的政治色彩，尽管撰写质量优异的青词之人会获得明世宗的青睐，但并不起到决定性作用，充其量只是大臣官场荣枯的催化剂或润滑油。北京行政学院高寿仙在《南明永历初年一次夭折的改历事件》一文中提出，南明永历宫廷士大夫对西方传教士态度不一，尽管传教士获得了一些士大夫的支持，连皇帝的生母及皇后都皈依天主教，但是传教士制定的西洋新历未行一年，即遭到抗议而被废除。历法是关系到宫廷政治的敏感问题，西洋新历带有一种对于士大夫认知的颠覆作用，因此受到强烈抨击和抵制。

南开大学历史学院何孝荣在《孝定李太后与晚明佛教的复兴》一文中指出，万历时期，明神宗生母孝定李太后大力提倡佛教，并宣扬自己是九莲菩萨、观音菩萨，修建寺庙，礼敬僧人，广发布施，刊刻佛经，促进了晚明佛教的复兴。

中央美术学院遗产系陈捷在《汉藏交融化净土——智化寺神圣空间的意义塑造》一文中指出，智化寺由明正统时期著名太监王振捐资兴建，并获得御赐匾额，与宫廷关系密切，在皇权影响下，寺院的藻井和天花借鉴了宫殿的布局，而与传统佛教艺术差别很大，通过建筑、造像、绘画、法器共同建构了一个佛国净土。

十三　明清宫廷对比

明清两代共用同一个紫禁城，宫廷规制亦多有延续，但统治集团的差异使得两代宫廷在多方面出现了明显差异，也体现了不同的政治取向。

天津师范大学历史文化学院肖立军在《明清宫廷决策程序比较——以章奏批阅之优先权为例》一文中认为，明代经历了中书省先看奏章并进行筛选，进而发展到皇帝先看奏章，最后演变为皇帝可看可不看，大体由内阁票拟、司礼监批红的过程。而清代则先是削弱宦官在章奏传递中的作用，提高了内阁作用，至雍正朝军机处的设立，皇帝先看章奏，军机处官员领命处理。这一系列的转变展示了皇帝中央集权日益加强，重视决策权，要第一时间掌握章奏内容。

赵中男在《从后妃、亲王的不同作用看明清宫廷政治的差异》一文中指出，明代形成了宗室亲王不干政的制度，成为皇权政治发展、贵族政治削弱的标志之一。后妃、外戚也是有条件参与政治活动，明代在防范后宫、外戚干政上取得了明显的成功。明代具有较强的官僚政治传统，贵族政治因素并不浓厚。与之形成鲜明对比的是，清代一直有亲王参与政务，甚至以摄政王的身份代替皇帝理政，贵族政治气息浓厚，也导致了家族势力支持后妃干政的传统。清代具有贵族政治加民族统治的传统，官僚政治传统相对较弱。从某种意义上讲，明末反政府势力的主要目的是推翻这个政权，而不是完全推翻这个制度；但清末的辛亥革命则不仅要推翻这个政权，还要推翻这个制度，这个变化固然包含了反对皇权专制的时代进步，同时也含有反对贵族政治的某些因素。

中国传媒大学王永恩在《明清宫廷戏曲管理之比较》一文中指出，从管理体制上看，明代宫廷戏曲管理有内廷与外廷之分，分别由钟鼓司和教坊司承担。钟鼓司为皇帝服务，而教坊司隶属礼部，为朝廷服务。清代钟鼓司变成分管礼仪乐舞的机构，不再管理戏曲演出，而南府和景山成为新的戏曲管理机构，南府后改名为升平署，清末又出现了以长春宫太监为主的戏班。明代宫廷在演出规模和次数上都远逊于清代，且管理机构职能也相对单一，而清代宫廷演出管理机构多次变迁，管辖范围也不断变化，统治者对戏曲的喜好极大地左右了管理机构的功能。

故宫博物院古建部李燮平在《明清外朝与内廷》一文中指出，紫禁城由外朝和内廷组成，外朝以三大殿为主，内廷以后三宫为主。明朝常朝在奉天门，百官走掖门，不走中间两边的王门；清代则简化处理，平常掖门不开，大朝之时开掖门。清代改在乾清门听政，明代的乾清门不奉特旨，外官不得入内，因此没有朝所功能。明代的常朝反映了紫禁城的原始规划，清代的御门听政实际上反映了紫禁城宫殿制度和政治变化的关系。

南开大学杜家骥在《明清两代宫廷之差异初探》一文中指出，明清宫廷最明显的差异为供职于皇宫中的人员，明代主要是太监宦寺，清代则削减太监，供职较多的是内务府旗人包衣（奴仆）男妇及其他匠、役、僧等群体，在“男女之防”上，对外部男性入宫的禁限，不像明代那样森严。清代将宫廷护卫机构及官兵内移至紫禁城中，使得日常入宫之人远较明代为多，甚至接近或深入后宫区。

中国社会科学院历史所张兆裕在《明清典籍中的皇城及所反映的问题》一文中认为，皇城是帝王生活和工作的所在，也是宫廷政治赖以发生的重要地点。现在找不到明代官方对于皇城内宫殿及其位置的完整披露，民间也无记载，而清代《清会典》《国朝宫史》等官修专书和私修《日下旧闻考》对皇宫及宫殿门亭有详细记录。这种差别体现了明清两朝官方和社会不同的心态。

南开大学法学院柏桦在《论明清私阉律例》一文中指出，明清律例严禁官民之家役使阉割之人，乃是基于防止僭越。明清两代私自净身者数量迥异，不是禁例、禁令宽严的问题，而是宦官是否得势的问题。明代宦官涉足政治、经济，其显者地位尊崇、生活优渥，对民间有很大的诱惑力，而清代废除宦官衙门，宦官无法介入政治、经济，对民间失去了往日的诱惑。赵中男在《明清帝王"上朝勤政"之别——兼论明清政治分支领域的比较》一文中指出，明代士大夫政治比较突出，宦官政治的事件和影响都无法与之相比，表现为内阁和六部的决策建议基本上被皇帝采纳；清代贵族政治较为突出，上层贵族在大部分时间内是决策主体，士大夫政治基本消失。明代中后期决策方式转变之后，皇帝已经无须通过上朝决策政务，清朝皇帝上朝的很多内容都是举行宫廷礼仪，不全是处理政务。明清两朝皇帝在上朝之外处理了大量政务，因此上朝频繁并不能作为勤政的标志。

台湾"中国文化大学"美术学系吴美凤在《祝寿活动大不同——明清帝王万寿圣节比较》一文中对比了明清两朝帝王庆祝自己生辰的庆典，指出明代帝王在宫中修建道场，举行水陆法会，宫廷画家受命绘画法会用画，而清代帝王不仅在宫中庆贺，还要在京城沿街搭棚演戏，宫廷画家绘制《万寿图》记录庆典盛况，大张旗鼓，举国欢庆。北京社会科学院满学研究所赵志强在《明清皇宫匾额文字之比较》一文提出，明代匾额文字仅汉文一种，而清代则有满、汉、蒙三种文字，反映了明清两朝宫廷文化的差异，一为一元，一为多元。

山东师范大学历史与社会发展学院朱亚非和袁小湉合撰《明清宫廷接受西学异同之比较——以万历、康熙两朝为例》一文指出，明清时期天主教始终未能真正融入儒家文化占主体的中国社会，一旦天主教与中国传统文化发生剧烈冲突，天主教便很难立足，西学和传教士也被殃及，逐渐淡出明清宫廷乃至中国社会。武汉大学历史学院谢盛在《明清两朝宫廷西器研究的现状与差异》一文中认为，由于明清两代西器东传的程度不同，相关史料存留不均，导致学界在明清两个时段的研究上用力不等、差异明显。学人们对于清宫西器的研究无论从数量、范围、方法都远超过明宫西器，并且结合近代历史，想从西方物质文化东传的角度来解释中国近代变革的原因。

武汉大学历史学院谢贵安在《明清实录比较研究》一文中认为，《实录》是宫廷编纂的重要资料，通过对比可知，明清两朝在文化上有极大的承传性和相同性，都是对中华文明和中华文化体制的继承和发展。《明实录》采用"编年附传体"，而《清实录》没有人物附传。南开大学何孝荣认为明清宫廷的一大差别是明代皇帝多是驻留京城，清朝皇帝多是园居理政。清朝统治者在园治园，在园治国，在园交通天下。中国社会科学院历史研究所万明在《传承与重塑：万寿寺的历史记忆》一文中指出，万寿寺自明朝建寺起，即以为皇家进行佛事祝厘闻名，清朝延续这一传统，并对寺院进行重修扩建，不仅引发了新一轮的皇家祝厘，还通过庙市这一寺院的延伸，将皇家与民间、宗教与世俗连接起来。

南开大学历史学院孙笑颜《明清宫廷禽肉办纳小考》一文通过梳理档案文献中明清两朝宫廷对于禽肉的办纳，指出明代禽肉来源主要以地方上贡、宫内司牲司饲养和宫人外出采购三途为主，而清代除了宫中饲养部分外，还专门设置了买办肉处进行鸡鸭的采买，清代另有打牲户通过采捕纳赋的方式向宫廷提供野禽。通过梳理明清禽肉办纳制度，可以看出两朝的宫廷饮食都经历了一个由俭入奢的过程，也对社会崇俭崇奢的风气产生了直接影响。

中国人民大学刘文鹏在《明清时期南苑行宫体制初探》一文中指出，鉴于清代行宫数量特别多，可以用行宫体制进行归纳。行宫中的建筑、园林不应单独研究，否则无法体现行宫的概念。辽金时代南苑已经出现，元代继承，直到明代才用围墙把南苑围起来，清代承袭了明代的围墙和宫门，继续进行管理。辽金捺钵、元代飞放泊、明代南海子、清代南苑，并不是线性发展的历史。学者刘浦江有文指出，辽金的捺钵在一定程度上弱化了都城的政治功能，新清史学者强调迁徙和多都城，但是就清朝而言，它从未形成多都城，只有唯一的统治中心。辽金时期，从南海子东一直到通州都是打猎的范围，明朝天顺、正德、嘉靖皇帝经常来南海子，而清朝皇帝来南苑是继承了明朝的行宫制度。

南开大学刘毅指出，以帝陵为例，明代皇陵的孝陵及十三陵及宋朝皇陵规制差别很大，而与辽金元皇陵在风格上有一定的延续性。如十三陵中的明楼，在宋以前的帝陵中是不存在的，明楼中还有石碑，这种规制的墓碑在汉唐宋都不存在，而在房山金朝帝陵存在。明代藩王墓也有很多北方辽、金、西夏的因素，这种现象值得重新思考。有关陵墓规格，汉唐帝陵是一个城的模样，而明清帝陵则是一个宫的模样，前朝后寝，是巨大紫禁城的一个缩小版，这个模式与辽金的承接性更强。明代帝陵绝不是照抄唐宋，而是融合了多民族王朝的文化，从陵墓上也可以看出中国文明真的是多元一体。元朝帝陵中帝后并坐，这在传统汉族王朝中是不可能的，外朝官员不应该看见皇后，且正史中的后妃传也是模式化描述，文字干瘪。但是，在宫廷中，皇后的影响力不可忽视，加之死后地位是生前地位的延续，因此皇后在宫廷中甚至朝堂上的作用应重新考量。

十四　中外宫廷对比

中外宫廷对比研究有助于深入了解明代宫廷的时代特色，开拓宫廷史研究的新视野。故宫博物院单霁翔认为，鉴于近年来欧美一些国家进行帝国比较史研究，故宫博物院作为国际知名的宫廷博物馆应开展中外宫廷史对比研究，大体构想有三：第一，以此项研究在学术领域内落实习近平主席“一带一路”的战略构想，将“一带一路”上诸多国家的宫廷史纳入对比研究范畴，发掘宫廷史层面的文化交流。第二，促进宫廷博物馆的学术发展，发掘多国宫廷博物馆本身的文化价值，联合宫廷文物藏品较为丰富、宫廷史研究实力较强的国家，发起成立相当于“国际宫廷史学联合会”的学术群体，加强不同领域内的交流合作。第三，将研究视野拓展至中外交流之前各国宫廷自身的发展情况，归纳宫廷演变脉络，对已发生的中外交往，重点探寻宫廷因素对交流所起的作用，将宫廷差异与文化交流的研究结合起来。创办《宫廷史丛刊》，收录各项科研成果，推动和促进这项研究乃至整个中国宫廷史的研究进程。

英国维多利亚与艾尔伯特博物馆陆於平，在《明代紫禁城后宫与奥斯曼帝国托普卡帕宫“哈仑”（harem）比较初探》一文中指出，欧美学者经常使用阿拉伯字“哈仑”（harem）作为“后宫”的代名词，对应中国皇室妃嫔，将中国宫廷与伊斯兰宫廷的女性制度画上等号。这种看法一方面是东方主义遗留下的历史观点，另一方面近代早期的中国和伊斯兰宫廷在组织宫廷妇女上确实有明显的共同之处，即皇帝一般有众多妃嫔居住在皇宫内部，与外朝分隔，由宦官和宫女负责守卫和侍奉。

台湾东吴大学徐泓指出以往学界过分强调宫廷历史的黑暗面，实际上中国宫廷也有进步的一面，如宫廷财政与国家财政分离，合理选拔官员，这些使得王朝能够长期延续。赵中男在《中外宫廷史对比研究的几点浅见》一文中指出，从宫廷辅政势力、决策机构与机制、宫廷女性群体及其地位和作用、宫廷财政及其运行方式、宫廷与宗教的关系、宫廷文化与专制权力的关系六方面入手，可以进行中外宫廷史的对比研究。以各国帝王为首的宫廷权力集团对于文化、精致生活等方面的追求，导致了发达的宫廷文化，影响了世界历史的进程。

柏桦在《凯旋门与午门献俘之政治内涵比较》一文中，关注中国古代和欧宫廷在军事典礼方面的差异，欧洲百余处凯旋门及其上的战争雕塑展示了战败者的耻辱，中国明清两朝午门献俘仪式则通过降者不杀来进行感化，当宫廷文化中的军事理念落实成为对内对外国策之时，既体现了强势人物个人的价值取向，也在一定程度上形塑了国家文化与民族性格，一则张扬，一则含蓄，也是一种儒家的文化传统。北京大学历史系教授徐凯提出要关注中外宫廷之间封闭与开放的差别，西方的宫廷如欧洲宫廷开放性强，皇室或王室成员与社会贤达、名流甚至娱乐界关系密切，这与中国明清宫廷的相对封闭性截然不同。

十五　理论方法创新

明代宫廷史乃至中国宫廷史的研究需要理论和方法的创新，应区别于以往关于政治、经济、社会等方面的常规研究，着重突出宫廷意味。

故宫博物院李文儒认为，明代宫廷史研究丛书可以不局限于已有议题，对于宫廷医疗史、娱乐史都可以进行论述，也可以申请立项，考虑实际材料的限制，不能单独立项者一并归入生活史项目。故宫博物院既有宫廷的特色，也有博物馆的特色，有文献，有文物，而且难能可贵的是宫廷历史上重大事件的场所还在，这是不可替代的优势。希望学人们利用这些便利条件，发挥学术个性，坚持学术立场，不受社会上歪风影响，如搞收藏者在宫廷艺术品值钱与否上纠缠不已，研究者要发掘中华传统美学的价值。

北京大学历史系徐凯指出以往不被重视的一些史料在今天得到了充分关注，这些历史碎片可以填补一些空缺，研究者还要分析这些碎片在历史研究过程中可以提供哪些独到见解。《故宫学刊》编辑部编审赵中男指出宫廷史不能单纯进行碎片化研究，对于宫廷历史碎片如某个器物的研究，如果不将其置于整体范围内，不涉及大的议题，不涉及大的趋势与体系，就会陷入无意义的研究。

中国社会科学院历史研究所杨艳秋认为宫廷史研究正当其时，中国宫廷文化丛书、紫禁城丛书的出版，故宫研究中心的成立，都是其蓬勃发展的表现。宫廷史研究本身即是跨学科，在未来研究中要注意以下五点：第一，要从学科发展的角度审视宫廷史，正确认识宫廷史作为历史学分支的地位；第二，要有整体视野，贯通整个历史时段，将宫廷史放在历史发展的进程中予以探讨；第三，要具备大视野，北京大学明清史研究中心主任徐凯教授提出的“大明清”“大故宫史”的概念值得借鉴；第四，要拥有国际视野，这与中国古代宫廷史的发展相一致，从全球的角度来进行中外宫廷的比较研究；第五，要有文化视野，认识到宫廷史是传统文化的重要组成部分。

辽宁师范大学赵毅首先肯定了故宫博物院学人对于宫廷史研究的贡献，而后指出，现有图书成果在创新性上仍有待加强，要注意以“宫廷史”为范围的学术论著与政治史、社会史、家族史等著作的差别，突出宫廷的独特属性，另外在文字表述方面，由于学人多采取传统的历史学研究及表达方式，使得论著在可读性方面略显不足，不便于拓展读者群体。中国的帝制时代，宫廷即是国家的代表，而皇帝及其亲眷居住于此，宫廷又成为一个家族活动的重要场所，可以从家族史、宗族史的角度再丰富一下宫廷史的研究思路。

故宫博物院朱鸿文认为中国有3000多年的宫廷史，丰富的宫廷文化是中华优秀文化的重要组成部分，具有不可替代性。宫廷是权力源头，宫廷势力对于整个国家进行控制、监管和干预；宫廷是一个场域，作为国家文献的管理储存中心、礼仪实践中心、学术中心、国家高端艺术中心，宫廷的活动对国家层面、社会层面产生了不可估量的影响。厦门大学陈支平认为宫廷史在以往传统士大夫的眼中似乎被忽视了，也导致其长期得不到研究者的重视。在故宫博物院领导的支持下，故宫的宫廷史研究发展迅速，以明宫史最为突出。

赵中男展示了《中国宫廷史研究概要》的框架和写作进度，其中明代宫廷史占有重要地位，一定程度上为中国宫廷史研究提供了模式，希望得到专家们的支持。武汉大学旅游规划设计院张薇提出可以根据现有资源撰写一本《明清宫廷史研究概要》，将明清宫廷史研究的内容申报国家重大社科基金项目，组建更大规模的团队，集中优势资源，用前期成果做积淀，提炼理论，展现明清宫廷的独特之处。赵中男指出，宫廷由于其独特性，使得它包含的林林总总不能全然与宫廷之外的相似形式等量齐观，因此在理论建构方面要慎之又慎。

中国社会科学院历史研究所赵现海提出，能否将宫廷史研究上升为一种视角和方法？政治史研究中将政治活动、制度、文化分开论述，但是在古代，这些内容都会体现在一个人身上，不能简单分割。宫廷看似封闭，但却最开放。城墙、护城河代表封闭，但外界所有的信息都能通过各种手段传入宫廷。另外，不能专注于对宫廷落后、停滞方面的批判，有必要认识到正面积极的内容，如宫廷长时间有效地管理了如此大规模的区域、众多的族群、纷繁的宗教。

故宫博物院闫宏斌指出，中国宫廷史是近年兴起的重要学术课题，而国内外学人对于宫廷史普遍缺乏全面、系统的研究，而宫廷史的某些分支如政治、生活、文化、财政、艺术、教育等也存在理论不足的情况。尽管由故宫举办了多次宫廷史主题的学术会议，出版了明代宫廷史研究丛书，在学术领域产生了影响，但对整个中国宫廷史来说，仍需改变相对分散、琐碎的研究方式，继续汇聚学术力量，进一步整合故宫文化资源。希望能够探索出宫廷史研究的新理论和新方法，开拓新领域，借鉴国际宫廷史研究的理论成果，确立中国宫廷史在国际学术界的特殊地位，进一步扩大故宫博物院的学术影响力。

十六 总 结

明代宫廷史十年来的发展，呈现出三大变化。

第一，研究理论从借鉴传统政治、历史、文化等理论向突出宫廷意味的认知转变，避免宫廷史与传统政治史、经济史、文化史的高度重合，进而消融其宫廷意味。

第二，研究对象从以帝后为主向宫廷服务群体倾斜，日渐弱化帝后个人政治行为对宫廷政治的代表性，将帝后行为重新归于国家政治框架之中。具体范围也从聚焦皇宫大内向宫廷辐射面如园林、皇庄、敕建寺观等转变，强调其宫廷性质。

第三，研究方法从简单对比向深度对比分析转变，横切（如何看待洪武时期政治、军事、文化、社会生活之间的密切联系）、竖切（如何认识宫廷着装风尚在不同时代的变化）、编织（外交使节如何游走于各国宫廷之中并发挥积极作用）、缝合（如何理解同一时期明朝与外邦在宫廷礼仪、朝贡贸易上的联系）皆是建立在认真对比之上的深入分析。

这些变化代表了学人们对明代宫廷史的重新认知、深入总结和理论更新，倡导者不断完善研究体系并敢于打破已有的旧框架，让新的宫廷史研究体系更加符合时代的要求，不但要在学术成果数量上勇于争先，也要在理论和方法上引领潮流。

[作者单位：长春师范大学历史文化学院]

图书在版编目（CIP）数据

故宫学刊. 第二十三辑 / 王子林编. — 北京 ：故宫出版社，2022.7

ISBN 978-7-5134-1483-8

Ⅰ. ①故… Ⅱ. ①王… Ⅲ. ①故宫－研究－北京－丛刊 Ⅳ. ①K928.74-55

中国版本图书馆CIP数据核字(2022)第120434号

故宫学刊

第二十三辑

故宫博物院　编
执行主编：王子林
副 主 编：许冰彬

出 版 人：章宏伟
责任编辑：王冠良　任　晓
英文编辑：周　怡
装帧设计：李　猛
责任印制：常晓辉　顾从辉
出版发行：故宫出版社
地址：北京市东城区景山前街4号　邮编：100009
电话：010-85007817　010-85007800
邮箱：ggcb@culturefc.cn
印　　刷：北京雅昌艺术印刷有限公司
开　　本：889毫米×1194毫米　1/16
印　　张：32.25
字　　数：800千字
版　　次：2022年7月第1版
2022年7月第1次印刷
书　　号：ISBN 978-7-5134-1483-8
定　　价：180.00元